実践日本語教育スタンダード

山内 博之　編

橋本 直幸　金庭 久美子　田尻 由美子　山内 博之　著

ひつじ書房

目　次

序章　実践日本語教育スタンダードとは……1

第1章　言語活動・言語素材と話題……5

1.1　食………14
　1.1.1　食名詞／1.1.2　飲食構文／1.1.3　調理構文／1.1.4　外食構文／1.1.5　健康構文／1.1.6　食その他

1.2　酒………22
　1.2.1　酒名詞／1.2.2　飲酒構文／1.2.3　酔い構文／1.2.4　酒構文／1.2.5　規則構文／1.2.6　酒の歴史構文／1.2.7　酒その他

1.3　衣………28
　1.3.1　衣名詞／1.3.2　着脱構文／1.3.3　流行構文／1.3.4　縫製構文／1.3.5　手入れ構文／1.3.6　デザイン構文／1.3.7　衣その他

1.4　旅行………36
　1.4.1　旅行名詞／1.4.2　準備構文／1.4.3　移動構文／1.4.4　案内・観光構文／1.4.5　温泉構文／1.4.6　宿泊構文／1.4.7　海外構文／1.4.8　旅行その他

1.5　スポーツ………43
　1.5.1　スポーツ名詞／1.5.2　体の動き構文／1.5.3　ルール構文／1.5.4　勝負構文／1.5.5　練習構文／1.5.6　チーム構文／1.5.7　プロスポーツ構文／1.5.8　試合・大会構文／1.5.9　マナー構文／1.5.10　応援構文／1.5.11　怪我構文／1.5.12　スポーツその他

1.6　住………53
　1.6.1　住名詞／1.6.2　居住構文／1.6.3　建築・補修構文／1.6.4　防犯構文／1.6.5　住その他

1.7　言葉………59
　1.7.1　言葉名詞／1.7.2　話す構文／1.7.3　書く構文／1.7.4　読む構文／1.7.5　聞く構文／1.7.6　外国語構文／1.7.7　言語能力構文／1.7.8　言葉の歴史構文／1.7.9　コミュニケーション構文／1.7.10　言葉その他

1.8　文芸・出版………65
　1.8.1　文芸・出版名詞／1.8.2　読書構文／1.8.3　出版構文／1.8.4　図書館構文／1.8.5　文芸・出版その他

1.9　季節・行事………70
　1.9.1　季節・行事名詞／1.9.2　行事構文／1.9.3　季節構文／1.9.4　春構文／1.9.5　梅雨構文／1.9.6　夏構文／1.9.7　秋構文／1.9.8　冬構文／1.9.9　季節・行事その他

1.10　文化一般………75
　1.10.1　文化一般名詞／1.10.2　保護・継承・伝播構文／1.10.3　異文化交流構文／1.10.4　文化一般その他

2.1　町………78
　2.1.1　町名詞／2.1.2　町の様子構文／2.1.3　居住構文／2.1.4　位置・方角構文／2.1.5　施設構文／2.1.6　町その他

2.2　ふるさと………83
　2.2.1　ふるさと名詞／2.2.2　生育構文／2.2.3　変化構文／2.2.4　郷愁構文／2.2.5　ふるさとその他

2.3　交通………86
　2.3.1　交通名詞／2.3.2　利用構文／2.3.3　運転構文／2.3.4　道路構文／2.3.5　自動車構文／2.3.6　鉄道・バス構文／2.3.7　飛行機構文／2.3.8　船舶構文／2.3.9　事故構文／2.3.10　交通問題構文／2.3.11　交通その他

2.4　日常生活………94
　2.4.1　日常生活名詞／2.4.2　生活構文／2.4.3　睡眠構文／2.4.4　通勤・通学構文／2.4.5　外出構文／2.4.6　日常生活その他

2.5　家電・機械………98
　2.5.1　家電・機械名詞／2.5.2　使用・操作・設置構文／2.5.3　処理・処分構文／2.5.4　開発・普及構文／2.5.5

目　次

製品構文／2.5.6　家電・機械その他

2.6　家事……… 103
2.6.1　家事名詞／2.6.2　家事全般構文／2.6.3　掃除構文／2.6.4　洗濯構文／2.6.5　道具構文／2.6.6　両立・分担・放棄構文／2.6.7　家事その他

2.7　パーティー……… 108
2.7.1　パーティー名詞／2.7.2　開催・進行構文／2.7.3　招待構文／2.7.4　準備構文／2.7.5　パーティーの内容構文／2.7.6　家事その他

2.8　引越し……… 112
2.8.1　引越し名詞／2.8.2　転居・居住構文／2.8.3　部屋探し構文／2.8.4　引越し作業構文／2.8.5　引越しその他

2.9　手続き……… 117
2.9.1　手続き名詞／2.9.2　手続き内容構文／2.9.3　書類作成構文／2.9.4　申請・交付構文／2.9.5　期限構文／2.9.6　手続きその他

2.10　恋愛……… 122
2.10.1　恋愛名詞／2.10.2　アプローチ構文／2.10.3　告白構文／2.10.4　交際構文／2.10.5　周囲の反応構文／2.10.6　別れ構文／2.10.7　相手構文／2.10.8　恋愛その他

2.11　結婚……… 129
2.11.1　結婚名詞／2.11.2　出会い構文／2.11.3　求婚構文／2.11.4　条件構文／2.11.5　親族構文／2.11.6　愛情構文／2.11.7　婚約・婚姻構文／2.11.8　挙式構文／2.11.9　祝福構文／2.11.10　結婚生活構文／2.11.11　離婚構文／2.11.12　結婚その他

2.12　出産・育児……… 138
2.12.1　出産・育児名詞／2.12.2　出産構文／2.12.3　検診構文／2.12.4　成長構文／2.12.5　育児構文／2.12.6　子供の行動構文／2.12.7　育児の悩み構文／2.12.8　保育構文／2.12.9　出産・育児その他

2.13　思い出……… 146
2.13.1　思い出名詞／2.13.2　記憶構文／2.13.3　人生・経験構文／2.13.4　思い出その他

2.14　夢・目標……… 149
2.14.1　夢・目標名詞／2.14.2　希望構文／2.14.3　挫折構文／2.14.4　努力構文／2.14.5　迷い構文／2.14.6　目標達成構文／2.14.7　夢・目標その他

2.15　悩み……… 153
2.15.1　悩み名詞／2.15.2　悩み構文／2.15.3　我慢構文／2.15.4　努力構文／2.15.5　迷い構文／2.15.6　失敗構文／2.15.7　挫折構文／2.15.8　相談構文／2.15.9　病気構文／2.15.10　自殺構文／2.15.11　悩みその他

2.16　死……… 159
2.16.1　死名詞／2.16.2　死構文／2.16.3　臓器移植構文／2.16.4　葬式構文／2.16.5　成仏・幽霊構文／2.16.6　死その他

3.1　家族……… 163
3.1.1　家族名詞／3.1.2　親子関係構文／3.1.3　同居・別居構文／3.1.4　遺産構文／3.1.5　家族その他

3.2　友達……… 168
3.2.1　友達名詞／3.2.2　信頼関係構文／3.2.3　再会構文／3.2.4　付き合い構文／3.2.5　友達その他

3.3　性格……… 171
3.3.1　性格名詞／3.3.2　性格の変化構文／3.3.3　相性構文／3.3.4　外向性構文／3.3.5　協調性構文／3.3.6　勤勉性構文／3.3.7　知性構文／3.3.8　強さ構文／3.3.9　金銭感覚構文／3.3.10　性格一般構文／3.3.11　性格その他

3.4　感情……… 177
3.4.1　感情名詞／3.4.2　喜怒哀楽構文／3.4.3　敬意構文／3.4.4　感謝・いたわり構文／3.4.5　侮蔑構文／3.4.6　好悪構文／3.4.7　憎悪・嫉妬構文／3.4.8　信頼構文／3.4.9　情構文／3.4.10　感情その他

3.5　容姿……… 182
3.5.1　容姿名詞／3.5.2　体型構文／3.5.3　顔・容姿構文／3.5.4　評価構文／3.5.5　容姿その他

3.6　人づきあい……… 185
3.6.1　人づきあい名詞／3.6.2　コミュニケーション構文／3.6.3　紹介構文／3.6.4　相談構文／3.6.5　信頼構文／3.6.6　約束構文／3.6.7　噂構文／3.6.8　誤解構文／3.6.9　親疎構文／3.6.10　親切さ構文／3.6.11　人づきあいその他

3.7　喧嘩・トラブル……… 191
3.7.1　喧嘩・トラブル名詞／3.7.2　喧嘩構文／3.7.3　いじめ構文／3.7.4　暴力構文／3.7.5　トラブルの原因構文／3.7.6　解決構文／3.7.7　喧嘩・トラブルその他

3.8　マナー・習慣……… 195
3.8.1　マナー・習慣名詞／3.8.2　贈答構文／3.8.3　マナー構文／3.8.4　服装構文／3.8.5　保護・継承・伝播構文／3.8.6　異文化構文／3.8.7　マナー・習慣その他

4.1　学校(小中高)……… 200
4.1.1　学校(小中高)名詞／4.1.2　入学・卒業構文／4.1.3　通学・出欠構文／4.1.4　授業構文／4.1.5　指導構文／4.1.6　課外活動構文／4.1.7　いじめ構文／4.1.8　校則構文／4.1.9　進路構文／4.1.10　学校(小中高)その他

目　次

4.2　学校(大学)………209
　4.2.1　学校(大学)名詞／4.2.2　入学・卒業構文／4.2.3　通学・出欠構文／4.2.4　授業構文／4.2.5　指導構文／4.2.6　単位構文／4.2.7　研究・ゼミ構文／4.2.8　課外活動・アルバイト構文／4.2.9　奨学金構文／4.2.10　社会連携構文／4.2.11　校風構文／4.2.12　学校(大学)その他

4.3　成績………218
　4.3.1　成績名詞／4.3.2　採点・評価構文／4.3.3　成績構文／4.3.4　成績その他

4.4　試験………221
　4.4.1　試験名詞／4.4.2　受験構文／4.4.3　及落構文／4.4.4　試験の目的構文／4.4.5　試験対策構文／4.4.6　解答構文／4.4.7　採点構文／4.4.8　不正則構文／4.4.9　試験結果に対する気持ち構文／4.4.10　神頼み構文／4.4.11　試験の難易度構文／4.4.12　試験その他

4.5　習い事………228
　4.5.1　習い事名詞／4.5.2　練習構文／4.5.3　習い事の目的構文／4.5.4　習い事その他

4.6　調査・研究………231
　4.6.1　調査・研究名詞／4.6.2　研究構文／4.6.3　研究手法構文／4.6.4　結論構文／4.6.5　不正構文／4.6.6　発表構文／4.6.7　調査・研究その他

5.1　音楽………237
　5.1.1　音楽名詞／5.1.2　音楽構文／5.1.3　演奏構文／5.1.4　音楽活動構文／5.1.5　音楽その他

5.2　絵画………242
　5.2.1　絵画名詞／5.2.2　素描・画法構文／5.2.3　修復構文／5.2.4　展覧会・所蔵構文／5.2.5　発表構文／5.2.6　作品構文／5.2.7　技術構文／5.2.8　色構文／5.2.9　絵画その他

5.3　工芸………247
　5.3.1　工芸名詞／5.3.2　技術構文／5.3.3　展覧会・所蔵構文／5.3.4　伝統構文／5.3.5　工芸その他

5.4　写真………250
　5.4.1　写真名詞／5.4.2　撮影構文／5.4.3　保存構文／5.4.4　デジカメ構文／5.4.5　写真の技術構文／5.4.6　写真その他

5.5　映画・演劇………254
　5.5.1　映画・演劇名詞／5.5.2　演技構文／5.5.3　制作構文／5.5.4　公開・評価構文／5.5.5　内容構文／5.5.6　映画・演劇その他

5.6　芸道………259
　5.6.1　芸道名詞／5.6.2　伝統構文／5.6.3　茶道構文／5.6.4　生け花構文／5.6.5　書道構文／5.6.6　香道構文／5.6.7　芸道その他

5.7　芸術一般………263
　5.7.1　芸術一般名詞／5.7.2　創作構文／5.7.3　鑑賞構文／5.7.4　競争構文／5.7.5　作品描写構文／5.7.6　技術構文／5.7.7　芸術一般その他

5.8　趣味………267
　5.8.1　趣味名詞／5.8.2　趣味構文／5.8.3　充実構文／5.8.4　趣味その他

5.9　コレクション………270
　5.9.1　コレクション名詞／5.9.2　収集構文／5.9.3　自慢構文／5.9.4　価値構文／5.9.5　コレクションその他

5.10　日曜大工………273
　5.10.1　日曜大工名詞／5.10.2　製作構文／5.10.3　販売構文／5.10.4　技術構文／5.10.5　日曜大工その他

5.11　手芸………276
　5.11.1　手芸名詞／5.11.2　製作構文／5.11.3　かわいらしさ構文／5.11.4　手芸その他

5.12　ギャンブル………279
　5.12.1　ギャンブル名詞／5.12.2　ギャンブル構文／5.12.3　ギャンブルの目的構文／5.12.4　法律構文／5.12.5　感情構文／5.12.6　ギャンブルその他

5.13　遊び・ゲーム………283
　5.13.1　遊び・ゲーム名詞／5.13.2　技術構文／5.13.3　アクションゲーム構文／5.13.4　カードゲーム構文／5.13.5　パズルゲーム構文／5.13.6　囲碁構文／5.13.7　将棋構文／5.13.8　ゲームの影響構文／5.13.9　ゲームの内容構文／5.13.10　遊び・ゲームその他

6.1　宗教………290
　6.1.1　宗教名詞／6.1.2　信仰構文／6.1.3　教義構文／6.1.4　参拝構文／6.1.5　布教構文／6.1.6　宗教対立構文／6.1.7　宗教文化構文／6.1.8　宗教その他

6.2　祭り………296
　6.2.1　祭り名詞／6.2.2　儀式構文／6.2.3　目的構文／6.2.4　由来構文／6.2.5　祭りその他

7.1　歴史………300
　7.1.1　歴史名詞／7.1.2　出来事構文／7.1.3　調査・研究構文／7.1.4　歴史の勉強構文／7.1.5　著述構文／7.1.6　人物構文／7.1.7　魅力構文／7.1.8　歴史その他

目　次

8.1　メディア………306
　8.1.1　メディア名詞／8.1.2　報道構文／8.1.3　放送構文／8.1.4　新聞・雑誌構文／8.1.5　人権構文／8.1.6　メディアその他

8.2　芸能界………311
　8.2.1　芸能界名詞／8.2.2　芸能構文／8.2.3　魅力構文／8.2.4　デビュー・引退構文／8.2.5　ゴシップ構文／8.2.6　評価構文／8.2.7　芸能界その他

9.1　通信………316
　9.1.1　通信名詞／9.1.2　郵便構文／9.1.3　電話・ファックス構文／9.1.4　インターネット構文／9.1.5　通信販売構文／9.1.6　通信その他

9.2　コンピュータ…………322
　9.2.1　コンピュータ名詞／9.2.2　操作構文／9.2.3　インターネット構文／9.2.4　トラブル構文／9.2.5　コンピュータの構造構文／9.2.6　コンピュータその他

10.1　買い物・家計………327
　10.1.1　買い物・家計名詞／10.1.2　買い物構文／10.1.3　家計構文／10.1.4　保険構文／10.1.5　預貯金構文／10.1.6　借金構文／10.1.7　買い物・家計その他

10.2　労働………333
　10.2.1　労働名詞／10.2.2　労働構文／10.2.3　人事・評価構文／10.2.4　福利厚生構文／10.2.5　交渉構文／10.2.6　労働その他

10.3　就職活動…………339
　10.3.1　就職活動名詞／10.3.2　活動構文／10.3.3　就職試験構文／10.3.4　景気構文／10.3.5　就職活動その他

10.4　ビジネス………343
　10.4.1　ビジネス名詞／10.4.2　経営構文／10.4.3　お金構文／10.4.4　教育構文／10.4.5　ビジネスその他

10.5　株………348
　10.5.1　株名詞／10.5.2　取引構文／10.5.3　市場構文／10.5.4　株その他

10.6　経済・財政・金融………351
　10.6.1　経済・財政・金融名詞／10.6.2　景気構文／10.6.3　消費構文／10.6.4　物価構文／10.6.5　財政構文／10.6.6　貧富構文／10.6.7　経済・財政・金融その他

10.7　国際経済・金融………356
　10.7.1　国際経済・金融名詞／10.7.2　貿易構文／10.7.3　為替・通貨構文／10.7.4　国際経済・金融その他

10.8　税………359
　10.8.1　税名詞／10.8.2　税構文／10.8.3　税金構文／10.8.4　税制構文／10.8.5　税その他

11.1　工業一般………363
　11.1.1　工業一般名詞／11.1.2　製造・加工構文／11.1.3　産業革命構文／11.1.4　工業一般その他

11.2　自動車産業………366
　11.2.1　自動車産業名詞／11.2.2　自動車の性能構文／11.2.3　製造・販売構文／11.2.4　社会問題構文／11.2.5　自動車産業その他

11.3　重工業………370
　11.3.1　重工業名詞／11.3.2　鉄鋼構文／11.3.3　造船構文／11.3.4　重工業その他

11.4　軽工業・機械工業………373
　11.4.1　軽工業・機械工業名詞／11.4.2　繊維工業構文／11.4.3　機械工業構文／11.4.4　製紙工業構文／11.4.5　軽工業・機械工業その他

11.5　建設・土木………377
　11.5.1　建設・土木名詞／11.5.2　工事構文／11.5.3　反対運動構文／11.5.4　建設・土木その他

11.6　エネルギー………381
　11.6.1　エネルギー名詞／11.6.2　発電構文／11.6.3　環境対策構文／11.6.4　誘致構文／11.6.5　エネルギーその他

11.7　農林業………385
　11.7.1　農林業名詞／11.7.2　農業構文／11.7.3　林業構文／11.7.4　酪農・畜産業構文／11.7.5　流通構文／11.7.6　バイオテクノロジー構文／11.7.7　農林業その他

11.8　水産業………390
　11.8.1　水産業名詞／11.8.2　水産業構文／11.8.3　魚・加工品構文／11.8.4　水産業その他

12.1　事件・事故………394
　12.1.1　事件・事故名詞／12.1.2　事件・事故構文／12.1.3　捜査構文／12.1.4　逮捕・起訴構文／12.1.5　防犯・治安構文／12.1.6　火災構文／12.1.7　交通事故構文／12.1.8　遺失物構文／12.1.9　事件・事故その他

12.2　差別………402
　12.2.1　差別名詞／12.2.2　差別構文／12.2.3　政策構文／12.2.4　差別その他

12.3　少子高齢化………406
　12.3.1　少子高齢化名詞／12.3.2　少子化構文／12.3.3　高齢化構文／12.3.4　人口問題構文／12.3.5　支援構文／12.3.6　少子高齢化その他

目　次

12.4　社会保障・福祉 ………… 411
12.4.1　社会保障・福祉名詞／12.4.2　奉仕活動構文／12.4.3　公的保障構文／12.4.4　福祉構文／12.4.5　社会保障・福祉その他

13.1　政治 ………… 415
13.1.1　政治名詞／13.1.2　国家構文／13.1.3　政治家構文／13.1.4　国会構文／13.1.5　官僚構文／13.1.6　地方自治構文／13.1.7　政治その他

13.2　法律 ………… 420
13.2.1　法律名詞／13.2.2　立法構文／13.2.3　法律構文／13.2.4　司法構文／13.2.5　法律その他

13.3　社会運動 ………… 424
13.3.1　社会運動名詞／13.3.2　社会運動構文／13.3.3　社会運動その他

13.4　選挙 ………… 428
13.4.1　選挙名詞／13.4.2　出馬構文／13.4.3　選挙運動構文／13.4.4　選挙戦構文／13.4.5　投票構文／13.4.6　報道構文／13.4.7　選挙その他

13.5　外交 ………… 434
13.5.1　外交名詞／13.5.2　国交構文／13.5.3　領土構文／13.5.4　移民・移住構文／13.5.5　外交交渉構文／13.5.6　国際交流構文／13.5.7　外交その他

13.6　戦争 ………… 439
13.6.1　戦争名詞／13.6.2　戦闘構文／13.6.3　軍備構文／13.6.4　被害構文／13.6.5　平和構文／13.6.6　補償構文／13.6.7　戦争その他

13.7　会議 ………… 446
13.7.1　会議名詞／13.7.2　会議構文／13.7.3　会議その他

14.1　人体 ………… 450
14.1.1　人体名詞／14.1.2　体格構文／14.1.3　機能構文／14.1.4　遺伝・生殖構文／14.1.5　進化構文／14.1.6　研究構文／14.1.7　人体その他

14.2　医療 ………… 456
14.2.1　医療名詞／14.2.2　発症・負傷構文／14.2.3　原因構文／14.2.4　治療構文／14.2.5　入退院・通院構文／14.2.6　医療その他

14.3　美容・健康 ………… 465
14.3.1　美容・健康名詞／14.3.2　身だしなみ構文／14.3.3　理美容構文／14.3.4　化粧構文／14.3.5　健康増進構文／14.3.6　体の状態構文／4.3.7　原因構文／14.3.8　美容・健康その他

14.4　動物 ………… 472
14.4.1　動物名詞／14.4.2　生態・成長構文／14.4.3　習性構文／14.4.4　ペット構文／14.4.5　捕獲・研究構文／14.4.6　動物その他

14.5　植物 ………… 479
14.5.1　植物名詞／14.5.2　生態・生長構文／14.5.3　栽培構文／14.5.4　バイオテクノロジー構文／14.5.5　植物その他

15.1　気象 ………… 484
15.1.1　気象名詞／15.1.2　季節構文／15.1.3　天候構文／15.1.4　天気予報構文／15.1.5　気象その他

15.2　自然・地勢 ………… 489
15.2.1　自然・地勢名詞／15.2.2　陸地構文／15.2.3　山構文／15.2.4　川構文／15.2.5　海構文／15.2.6　風景構文／15.2.7　自然・地勢その他

15.3　災害 ………… 494
15.3.1　災害名詞／15.3.2　災害発生構文／15.3.3　避難・救助構文／15.3.4　被害構文／15.3.5　防災構文／15.3.6　救済・復興構文／15.3.7　災害その他

15.4　環境問題 ………… 499
15.4.1　環境問題名詞／15.4.2　環境問題構文／15.4.3　対策構文／15.4.4　環境問題その他

15.5　宇宙 ………… 504
15.5.1　宇宙名詞／15.5.2　天体・宇宙構文／15.5.3　調査・開発構文／15.5.4　ロマン構文／15.5.5　宇宙その他

16.1　算数・数学 ………… 508
16.1.1　算数・数学名詞／16.1.2　計算構文／16.1.3　図形構文／16.1.4　グラフ構文／16.1.5　統計構文／16.1.6　算数・数学その他

16.2　サイエンス ………… 513
16.2.1　サイエンス名詞／16.2.2　研究・実験構文／16.2.3　化学構文／16.2.4　物理構文／16.2.5　サイエンスその他

16.3　テクノロジー ………… 519
16.3.1　テクノロジー名詞／16.3.2　研究・開発構文／16.3.3　研究手法構文／16.3.4　結果構文／16.3.5　操作構文／16.3.6　インターネット構文／16.3.7　トラブル構文／16.3.8　テクノロジーその他

目　次

第2章　話題に従属しない実質語……527

17.01　名・定義・分類・等級／17.02　存在・出現／17.03　位置関係／17.04　量／17.05　推移・過程／17.06　時間関係／17.07　関係・関連／17.08　因果関係／17.09　類似・相違／17.10　特徴・様相／17.11　難易／17.12　強弱／17.13　変化／17.14　程度・限度／17.15　蓋然／17.16　意識・無意識／17.17　条件・譲歩／17.18　疑問・不定／17.19　数／17.20　挨拶・決まり文句

第3章　私的領域（場所）の言語活動と難易度……541

第4章　大学という場所における言語活動……577

索引………613

序章
実践日本語教育スタンダードとは

山内博之

　実践日本語教育スタンダードの目的は、言語活動と言語素材という2点において、日本語教育に有用な情報を提供することである。
　言語活動は日本語学習者の生活と関わるものであり、言語素材は日本語の体系と関わるものである。学習者は、日本語の素材（語彙・文法）を学ぶことによって日本語による言語活動能力を高め、自らの生活を豊かなものにしていく。また、自らの生活を豊かにするために日本語による言語活動能力を高めたいと思うのであれば、日本語の素材（語彙・文法）を学ぶ必要が生じる。つまり、学習者にとっては、言語活動と言語素材の関係は、以下の図のようになっているということである。

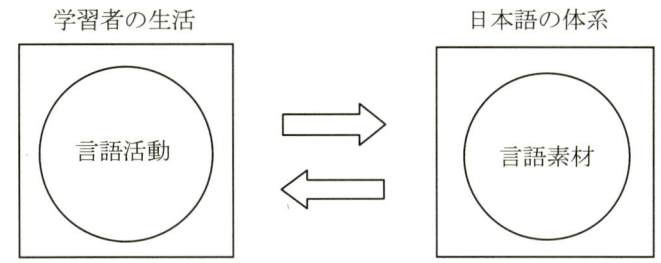

　言語活動と言語素材のどちらか一方が欠けてしまっては、効果的に日本語を学び・教えることができないであろうということが、本スタンダードが扱う範囲を言語活動と言語素材の2点に定めた理由である。
　語学教育のスタンダードとして定評のあるものに、ACTFL 言語運用能力基準と CEFR がある。これら両者には言語素材に関する記述がなく、言語活動に関する記述があるのみであるが、その理由は明確である。ACTFL 言語運用能力基準は American Council on the Teaching of Foreign Languages によって開発されたもので、汎言語的基準を示すことが目的である。また、CEFR は Council of Europe によって開発されたもので、欧州統一基準を示すことが目的である。両者とも個別の言語に特化したものではなく、言語の違いを超えた広範囲の基準を示すことを目的とするものであり、だから、個別の言語に関する記述がないのだと考えられる。しかし、「日本語教育スタンダード」と銘打って日本語という個別の言語に特化した形でスタンダードを作成するのであれば、言語活動と言語素材の両者を射程に入れるのは必須のことであるように思われる。
　本書のタイトルである『実践日本語教育スタンダード』の「実践」は、言語活動と言語素材を結びつけることによって、本スタンダードが真に「実践的」となることを願って付けたものである。学習・教育・評価に生きるスタンダードとは、言語活動と言語素材がうまく融合したスタンダード

のことなのではないだろうか。

　本書は、以下の4章構成になっている。

　　第1章　言語活動・言語素材と話題
　　第2章　話題に従属しない実質語
　　第3章　私的領域（場所）の言語活動と難易度
　　第4章　大学という場所における言語活動

　まず、第1章では、言語活動と言語素材を「話題」によって分類した。言語活動を説明する最も強力な要素は話題であり、話題という要素を含んでいない言語活動はおそらく存在しない。また、言語活動だけでなく、言語素材も話題で分類することにより、両者が話題を媒介にして結びつくことになる。言語素材は使用するために存在するものなので、言語活動と結びつかないことには、その存在意義がなくなってしまう。そのようなことを考え、第1章では、言語活動と言語素材の両者を話題によって分類した。なお、第1章に収録した言語活動例の数は1500であり、収録した実質語数は8110である。

　第2章では、話題に従属しない実質語を、「時間関係」「因果関係」「量」などという概念によって分類した。第1章では言語活動と言語素材を話題によって分類したわけであるが、言語素材の中には話題によって分類できない語がある。たとえば、「昔」「理由」「大きい」「たくさん」などの実質語がそれに当たる。これらの語は、ある特定の話題での言語活動で頻出し、その他の話題ではあまり出現しないというようなことが考えにくい。したがって、これらは話題に従属しない実質語であると考えられる。第2章では、このような話題に従属しない実質語の分類を試みた。なお、第2章に収録した実質語数は1760である。また、第1章と第2章を合わせた収録語の異なり数、つまり、本書全体において扱った実質語の総数は9306である。

　第3章では、言語活動の「場所」による分類を行なった。ある場所でどのような言語活動が行なわれるのかということは、概ね予想できるのではないかと思われる。たとえば、銀行に行けば、口座を開設したり、他の口座にお金を振り込んだりするための言語活動を行なうことになる。また、レストランに行けば、何か食べ物を注文するための言語活動を行なうことになる。このように、ある場所でどのような言語活動を行なうのかということは概ね予想でき、さらに、その言語活動の難易度も概ね予想できる。第3章では、言語活動を場所によって分類することにより、場所に従属するタイプの言語活動については、場所によって難易度が決定することを示した。なお、第3章に収録した場所の数は698である。

　第4章では、「大学」における言語活動のリストを示した。第1章では「話題」に焦点を当て、第3章では「場所」に焦点を当てたが、大学は、あらゆる話題の言語活動が行なわれ得る場所ではないかと考えられる。また、特に日本における日本語学習者にとって、大学という場所は決して無視することのできない場所であろうと思われる。そこで、第4章では、大学という場所に焦点を当

て、そこでの言語活動をリストアップした。リストアップした言語活動例の数は500である。

　以上が本書の概略である。冒頭で述べたように、本書は言語活動と言語素材の両者を扱っているのであるが、一点お断りしておきたいのは、本書が扱っている技能にはやや偏りがあるということである。本書では、第1章、第3章、第4章で言語活動に触れているが、どの章においても「話す」技能しか扱っていない。「話す」以外の技能に関しては、ACTFL言語運用能力基準やCEFRなどからの日本語教育へのアレンジを行なっていただければと思う。言語素材については第1章と第2章で扱い、第1章では、「語彙・構文表」という本書独自の表から「文」が自然に産出されるという工夫を行なった。つまり、第1章の「語彙・構文表」においては、「話す」技能のみでなく、「話す」「書く」という2つの産出技能に焦点を当てたということである。また、「語彙・構文表」に収録されている実質語の総数は8110であり、そのすべてを100の話題で分類し、さらに、ＡＢＣという三段階のレベル設定も行なっている。したがって、「語彙・構文表」に収録されている語自体については、産出技能のみではなく、四技能全般に広く利用できるものではないかと思われる。第2章に収録した「話題に従属しない実質語」についても同様である。要は、山頂は話技能だが、中腹は産出（話す＋書く）に関わり、裾野は四技能全体に広がっているというような全体像を想定して、スタンダードを作成したということである。

　なお、本書における研究は、文部科学省科学研究費特定領域研究「代表性を有する大規模書き言葉コーパスの構築：21世紀の日本語研究の基盤整備」（平成18〜22年度）の成果の一部である。単に補助金をいただいただけでなく、筆者が所属していた日本語教育班内での議論や全体会での発表に対するコメント、ご意見は本当に有益であった。記して感謝の意を表したい。

　また、本書には、山内(編)(2008)という試作版がある。つまり、本書の企画が2008年以前からあったということであるが、本書の出版までには予想以上に長い時間がかかってしまった。辛抱強く原稿を待ち続けてくださったひつじ書房房主の松本功氏と、試作版から編集を担当してくださった板東詩おり氏にも感謝の言葉を申し上げたいと思う。

《参考文献》

牧野成一(監修)(1999)『ACTFL−OPI試験官養成マニュアル（1999年改訂版）』アルク

山内博之(編)(2008)『日本語教育スタンダード試案　語彙』ひつじ書房

吉島茂・大橋理枝(他)(訳・編)(2004)『外国語教育Ⅱ−外国語の学習、教授、評価のためのヨーロッパ共通参照枠−』朝日出版社

第1章
言語活動・言語素材と話題

橋本直幸・金庭久美子・田尻由美子・山内博之

　本章では、言語活動と言語素材のリストを話題別に提示する。言語活動のリストとは、言語活動の内容が記されたロールカードのリストのことであり、本章に掲載したロールカードの数は1500である。言語素材のリストとは、語彙を構文という観点からまとめた表のことで、本章に収録した語の総数は8110である。また、言語活動と言語素材を分類する枠として設定した話題の数は100である。以下、話題、言語活動のリスト、言語素材のリストについて順に解説していく。

　まず、話題について解説する。話題は、言語活動と密接に関わる形で設定した。日本での生活を前提とすると、言語活動は「サバイバル」の言語活動と「ポストサバイバル」の言語活動に分類できる。サバイバルの言語活動とは、日本で生活するために不可欠であると思われる言語活動のことであり、ポストサバイバルの言語活動とは、日本で生活するために必ずしも不可欠であるとは思われない言語活動のことである。サバイバルの言語活動は、「生活」という領域の話題によって支えられる言語活動であり、ポストサバイバルの言語活動は、「人文」「社会」「自然」という3つの領域の話題によって支えられる言語活動である。それを示したのが、次の表1である。

表1　言語活動のタイプと話題の領域

言語活動のタイプ	言語活動を支える話題の領域
サバイバル	生活
ポストサバイバル	人文、社会、自然

　表1の中の「生活」という領域には、次の表2に示すように、「1. 文化」「2. 人生・生活」「3. 人間関係」「4. 学校・勉強」という4つの分野があり、その下位には「1.1 食」「1.2 酒」など合計40の「話題」が存在する。

表2　「生活」領域の分野と話題（4分野40話題）

分野	話題
1. 文化	1.1 食、1.2 酒、1.3 衣、1.4 旅行、1.5 スポーツ、1.6 住、1.7 言葉、1.8 文芸・出版、1.9 季節・行事、1.10 文化一般
2. 人生・生活	2.1 町、2.2 ふるさと、2.3 交通、2.4 日常生活、2.5 家電・機械、2.6 家事、2.7 パーティー、2.8 引越し、2.9 手続き、2.10 恋愛、2.11 結婚、2.12 出産・育児、2.13 思い出、2.14 夢・目標、2.15 悩み、2.16 死

3. 人間関係	3.1 家族、3.2 友達、3.3 性格、3.4 感情、3.5 容姿、3.6 人づきあい、3.7 喧嘩・トラブル、3.8 マナー・習慣
4. 学校・勉強	4.1 学校（小中高）、4.2 学校（大学）、4.3 成績、4.4 試験、4.5 習い事、4.6 調査・研究

また、表1にある「人文」「社会」「自然」という領域の下位には、それぞれ、次の表3～表5に示す分野と話題がある。

表3 「人文」領域の分野と話題（3分野16話題）

分野	話題
5. 芸術・趣味	5.1 音楽、5.2 絵画、5.3 工芸、5.4 写真、5.5 映画・演劇、5.6 芸道、5.7 芸術一般、5.8 趣味、5.9 コレクション、5.10 日曜大工、5.11 手芸、5.12 ギャンブル、5.13 遊び・ゲーム
6. 宗教・祭り	6.1 宗教、6.2 祭り
7. 歴史	7.1 歴史

表4 「社会」領域の分野と話題（6分野31話題）

分野	話題
8. メディア	8.1 メディア、8.2 芸能界
9. 通信・コンピュータ	9.1 通信、9.2 コンピュータ
10. 経済・消費	10.1 買い物・家計、10.2 労働、10.3 就職活動、10.4 ビジネス、10.5 株、10.6 経済・財政・金融、10.7 国際経済・金融、10.8 税
11. 産業	11.1 工業一般、11.2 自動車産業、11.3 重工業、11.4 軽工業・機械工業、11.5 建設・土木、11.6 エネルギー、11.7 農林業、11.8 水産業
12. 社会	12.1 事件・事故、12.2 差別、12.3 少子高齢化、12.4 社会保障・福祉
13. 政治	13.1 政治、13.2 法律、13.3 社会運動、13.4 選挙、13.5 外交、13.6 戦争、13.7 会議

表5 「自然」領域の分野と話題（3分野13話題）

分野	話題
14. ヒト・生き物	14.1 人体、14.2 医療、14.3 美容・健康、14.4 動物、14.5 植物
15. 自然	15.1 気象、15.2 自然・地勢、15.3 災害、15.4 環境問題、15.5 宇宙
16. サイエンス	16.1 算数・数学、16.2 サイエンス、16.3 テクノロジー

第 1 章　言語活動・言語素材と話題

　以上のように、「言語活動の遂行を支える」という観点から、2 タイプ 4 領域 16 分野 100 話題という分類を行なった。100 種類の具体的な話題名の設定については、ウェブサイト上で公開されている『新書マップ』や、ヤフー株式会社が運営するディレクトリ型検索エンジン「Yahoo! Japan」の「Yahoo! カテゴリ」、日本十進分類法（NDC）の分類などを参考にしながら、著者の一人である橋本が行なった。話題設定の詳細については、橋本（2008）を参照していただきたい。

　次に、言語活動のリストについて述べる。言語活動のリストについては、14 ページ以降にロールカードの表が掲載されているので、それを見ながら、この解説を読んでいただけるとわかりやすいが、本章では、言語活動はロールカードという形で示してある。つまり、「～してください」というようなタスクの形で言語活動の内容を示したということである。

　ただし、本書は教材集ではないので、ロールカードをそのままの形で使用することを想定してはいない。たとえば、ロールカードで使用されている言葉を学習者に利用されないようにするというような配慮はしていない。教室等で使用する場合には、ロールカードの文言を多少修正する、あるいは、学習者の母語に翻訳してからカードを渡す、などというようにしていただければ問題はなくなる。

　ロールカードには、「単語」「単文」「複文」「単段落」「複段落」という 5 段階の難易度の設定がなされている。「単語」とは、単語を発していれば遂行できるという言語活動のレベルのことである。ただし、実際には、単語のみを発していればよいということではなく、「名詞＋です。」「動詞＋ます。」「イ形容詞＋です」「ナ形容詞＋です」や、あるいは、それらを疑問文にした形が発せられることになる。また、「○○、お願いします。」のような「一語＋慣用句」のようなものも、「単語」レベルの発話であると考えた。

　「単文」については、単文を発することによって遂行できる言語活動のレベルということである。同様に、「複文」「単段落」「複段落」についても、それぞれ、複文を発することによって遂行できる言語活動のレベル、単段落を発することによって遂行できる言語活動のレベル、複段落を発することによって遂行できる言語活動のレベルということである。

　ただし、本章のロールカードを教室などで実際に使用する際には、注意が必要である。ロールカードのレベル設定はかなり慎重に行なったつもりではあるが、学習者の会話の相手となる教師やテスターの応答次第では、たとえば、「複段落」のタスクが「単段落」や「複文」のレベルのタスクになってしまうというように、レベルが下がってしまう可能性がある。ロールカードを実際に使用する際には、そのような点に配慮していただければと思う。

　ロールカードの表は、縦は難易度順の配列になっているが、横は「職業的領域」「私的領域（場所）」「私的領域（人）」というような言語活動の領域別の配列になっている。「職業領域」とは、特定の職業に従事している人しか行ない得ない言語活動の領域のことである。具体的には、「客から注文をとる」「新製品の特徴と使用法を取引先に説明する」「経済学の講義をする」などの言語活動の領域のことである。

　「私的領域」は、特定の職業に従事している人しか行ない得ない言語活動ではなく、日本に住ん

第1章　言語活動・言語素材と話題

でいる人であれば誰でも行なう可能性のある言語活動の領域である。そのうち、「私的領域（場所）」とは、その場所においてのみ行なわれる言語活動の領域のことである。たとえば、「食堂」「銀行」などでの言語活動がそれに当たる。「とんかつ定食をお願いします。」という発話は、主に「食堂」で行なわれ、他の場所ではほとんど行なわれない。「口座を作りたいのですが。」という発話も、主に「銀行」で行なわれ、他の場所ではほとんど行なわれない。「私的領域（場所）」の言語活動は、その場所にいる職業人と話をする言語活動であるので、「職業領域」の言語活動とは、ちょうど裏表の関係にあると言える。

「私的領域（人）」は、ある「場所」にいる職業人と話をする言語活動の領域ではなく、友人、恋人、先輩・後輩、配偶者、子供、親戚などと行なう言語活動の領域のことである。たとえば、「友人を映画に誘う」「子供の教育について夫と議論する」という言語活動がそれに当たる。「友人を映画に誘う」「子供の教育について夫と議論する」という言語活動は、特定の「場所」でしか行ない得ない言語活動ではなく、どんな「場所」でも行ない得る言語活動である。しかし、「映画に誘う」という言語活動は、相手が「友人」であるということが重要なことであろうし、「子供の教育について議論する」のは、相手が「夫」であるということが重要なことであるように思われる。つまり、「私的領域（場所）」の言語活動とは「場所」に従属する言語活動であり、一方、「私的領域（人）」の言語活動とは「人」に従属する言語活動のことであると言える。なお、言語活動のレベルと領域の詳細については、山内（2009）を参照していただきたい。

次に、言語素材のリストについて述べる。15ページ以降に言語素材のリストが掲載されているので、それらを見ながらこの解説を読んでいただけるとわかりやすい。本章の冒頭でも述べたように、言語素材のリストとは、語彙を構文という観点からまとめた表のことなのであるが、これを「語彙・構文表」と呼ぶことにする。

本章の語彙・構文表に掲載されている語は8110語であるが、収録語の決定は、以下のA、B 2つの方法によって行なった。

A.『日本語能力試験出題基準〔改訂版〕』の「語彙」に収録されている約8000語を、主観により話題に分類する。その際、1つの語が複数の話題に分類される場合もある。また、どの話題にも分類されない語もある。
B.「現代日本語書き言葉均衡コーパス（2009年度領域内公開版）」（以下、BCCWJ）から統計的手法により話題別特徴語を抽出する。手順は以下のとおりである。
（1）BCCWJの書籍データ（流通実態サブコーパス　10451サンプル、生産実態サブコーパス 9121サンプル）を対象とし、話題ごとのサンプル群を作成する。サンプル群の作成にあたっては、各サンプルに付与されているNDC（日本十進分類法）を用いる。たとえば、「食」という話題の場合、「383.8 飲食史」「498.5 食品．栄養」「588 食品工業」「596 食品．料理」というNDCが付与されているサンプルを「食」のサンプル群とする。
（2）各話題のサンプル群を「対象コーパス」、それを除く書籍データ全体を「参照コーパス」とし、

第1章　言語活動・言語素材と話題

対数尤度比（log-likelihood ratio、LLR）により対象コーパスの「特徴語」を抽出する。これを各話題の「話題特徴語」とする。対数尤度比の算出にあたっては、形態素解析辞書 UniDic-1.3.9（MeCab 版）を用いて形態素解析を行ない、対象コーパス、参照コーパスそれぞれの語数を数えた後、以下の計算式により特徴度を算出する。

$$LLR=2(a\log(a)+b\log(b)+c\log(c)+d\log(d)-(a+b)\log(a+b)-(a+c)\log(a+c)$$
$$-(b+d)\log(b+d)-(c+d)\log(c+d)+(a+b+c+d)\log(a+b+c+d))$$

（a は当該語の対象コーパスでの出現数、b は当該語の参照コーパスでの出現数、c は当該語以外の語の対象コーパスでの出現数、d は当該語以外の語の参照コーパスでの出現数。）

(3) 抽出された特徴語のうち、1つのサンプルにしか現れていないものを除外する。
(4) 抽出された特徴語のうち、『日本語能力試験出題基準』未収録の語を各話題に収録する。その際、「日常生活」のように対応する NDC が不明確で、BCCWJ からサンプル群を抽出できない話題は除外する。また、「日曜大工」「就職活動」など BCCWJ に対応する書籍サンプルが少ないものについても除外する。

語彙・構文表は、話題ごとにまとまりを持ち、ある構成を成している。たとえば、15 ページの「『1.1 食』の言語活動を支える構文」を見ると、以下のように書かれている。

```
1.1.1 食名詞    1.1.1.1 食名詞：具体物   1.1.1.2 食名詞：抽象概念
1.1.2 飲食構文  1.1.2.1 飲食構文：叙述   1.1.2.2 飲食構文：修飾
1.1.3 調理構文  1.1.3.1 調理構文：叙述   1.1.3.2 調理構文：修飾
1.1.4 外食構文  1.1.4.1 外食構文：叙述   1.1.4.2 外食構文：修飾
1.1.5 健康構文  1.1.5.1 健康構文：叙述   1.1.5.2 健康構文：修飾
1.1.6 食その他
```

「食」だけでなく、どの話題でも最初に挙げられているのは「名詞の表」であり、「名詞の表」には「名詞（具体物）の表」と「名詞（抽象概念）の表」の2つがある。両者の分類は、それほど厳密ではないのだが、実体があって目に見えるもの、また、「（ここに）〜がある」「（ここに）〜がいる」などの存在文の主語になりやすいものを「名詞（具体物）」とし、そうではないものを「名詞（抽象概念）」とした。上記の「食」においては、「1.1.1.1 食名詞：具体物」が「名詞（具体物）の表」で、「1.1.1.2 食名詞：抽象概念」が「名詞（抽象概念）の表」となっている。

次の「1.1.2 飲食構文」「1.1.3 調理構文」「1.1.4 外食構文」「1.1.5 健康構文」が「食」という話題の言語活動を支えるための中心となる表である。「1.1.1.1 食名詞：具体物」と「1.1.1.2 食名詞：抽象概念」に収録されている名詞が動詞や形容詞・形容動詞などと組み合わされ、構文として示されている。たとえば、「1.1.2 飲食構文」については、まず、「1.1.2.1 飲食構文：叙述」において、名詞と動詞が助詞を介して結びつく形で表が作られている。つまり、これは語が列挙されただけの

第1章　言語活動・言語素材と話題

単なる語彙表ではなく、この表に基づいて発話するだけで文ができる表になっているということである。そして、「1.1.2.2 飲食構文：修飾」においては、主に形容詞・形容動詞が名詞を修飾する形で表が作られており、そのまま発話するだけで名詞句ができるという表になっている。「1.1.3 調理構文」「1.1.4 外食構文」「1.1.5 健康構文」についても同様である。

　さらに言えば、これらの表は、文や名詞句を生み出すだけではない。「1.1.2 飲食構文」「1.1.3 調理構文」「1.1.4 外食構文」「1.1.5 健康構文」の四者は、「食」という話題で結びついているので、これらの表から作られる文や名詞句をうまく組み合わせていけば、「食」という話題についての段落が形成できるということになる。語彙・構文表から段落が生み出される仕組みの詳細については、山内（2010）を参照していただきたい。

　最後の「1.1.6 食その他」には、1.1.1～1.1.5に収録できなかった語が、1つの表としてまとめられている。

　話題の数は全部で100であるが、すべての話題について、同様の方式で表が掲載されている。つまり、どの話題においても、以下のような構成で語彙・構文表が配列されているということである。

（1）名詞（具体物）の表
（2）名詞（抽象概念）の表
（3）構文（叙述）の表
（4）構文（修飾）の表
（5）その他の表

　なお、細かいことではあるが、語彙・構文表の中では、以下のように記号を使い分けている。

表6　語彙・構文表における記号

記号	例	解説
【　】	【食べ物】	本書での意味分類による名詞群の名前を表す。
《　》	《人》	本書での意味分類によらない名詞群の名前を表す。
「　」	「ネクタイ」	名詞群ではなく、語（名詞）を表す。

　また、「構文（叙述）の表」についてであるが、深層格の「動作主」「経験者」は省略し、記述していない。つまり、人がガ格名詞となっている時は、それを表示しない。人がガ格名詞となる動詞は非常に多いので、いちいち書いていると煩雑であるというのが、「動作主」と「経験者」を表示しない理由である。

　本章の語彙・構文表を見ていただければわかるが、すべての表のすべての語について、ＡＢＣという三段階でレベル表示を行なっている。ただし、同じＡＢＣでも、その内容は、「名詞（具体物）の表」と「名詞（抽象概念）の表」「構文（叙述）の表」「構文（修飾）の表」とでは異なっている。

第1章　言語活動・言語素材と話題

　まず、「名詞（具体物）の表」においては、次の表7の基準（α基準）を適用してレベル設定を行なっている。

表7　具体物を表す語に関する基準（α基準）

レベル	記述
A	一般的な日本人が非常に身近であると感じる語。
B	一般的な日本人がやや身近であると感じる語。
C	一般的な日本人が身近であるとは感じない語。

　次の表8は、「抽象概念を表す語」についての基準（β基準）であり、本章の語彙・構文表においては、「名詞（抽象概念）の表」「構文（叙述）の表」「構文（修飾）の表」に適用されている。

表8　抽象概念を表す語に関する基準（β基準）

レベル	記述
A	この語が使えないと、最低限の会話が成り立たない。あるいは、ティーチャートークでも使えそうな、やさしい語であると感じられる。
B	まとまった話をするためには、この語が使えた方がいい。このレベルの語群が使用できれば、とりあえず困ることはない。
C	この語が使用されると、話の抽象度・詳細度がぐっと高まったように感じられる。やや専門的になったようにも感じられる。

　α基準とβ基準の記述を読めばわかるように、α基準は「親密度」を基にして構成し、β基準は、まとまった話をするための「必要度」のような概念を基にして構成している。「具体物を表す語」と「抽象概念を表す語」とでレベル判定の基準を変えた理由については、山内（2012）を参照していただきたい。

　なお、それぞれの語のレベル設定については、本章の著者である橋本・金庭・田尻が分担して行なった。3名がそれぞれの主観でレベル設定を行なったわけであるから、そのレベル設定は十分な信頼性を持つものではないという批判が出るだろうと思われるが、それはそのとおりである。しかし、語彙・構文表における語のレベル設定は、レベル設定自体に意味があるのではない。語を構文という観点で分類することによって、パラディグマティックに対立する語が同じ語群として分類されるので、その語群全体を眺めることによって、語のレベル設定が非常に行ないやすくなっているということが、語彙・構文表におけるレベル設定の特徴なのである。

　15ページの「1.1.1.1　食名詞：具体物」の表に、【料理名：固体】という分類がある。その部分のみを取り出したものが、次の表9である。17ページの「1.1.2.1　飲食構文：叙述」の表と合わせて見れ

第 1 章　言語活動・言語素材と話題

ばわかるが、表 9 の名詞は、どれも助詞「を」を介して動詞「食べる」と結びつくという意味で、パラディグマティックに対立していると言える。

表 9 「1.1.1.1 食名詞：具体物」の【料理名：固体】

意味分類	A	B	C
【料理名：固体】	カレー、パン、ごはん、サラダ、うどん、そば	サンドイッチ、ステーキ、ハンバーグ、刺身	ライス、粥、実、麺、漬物、〜漬け

　このようなパラディグマティックに対立する語群を眺めると、語同士を直接比較できるようになるため、個々の語のレベル設定が非常に行ないやすくなる。先に示したα基準とβ基準の記述は、慎重に考えて作成したものではあるが、それぞれの記述と個々の語を照らし合わせるのみだと、作業者間での揺れが大きくなりやすい。しかし、たとえば「うどん、粥、カレー、ごはん、刺身、サラダ、サンドイッチ、ステーキ、そば、〜漬け、漬物、パン、ハンバーグ、実、麺、ライス」というパラディグマティックに対立する語群が与えられていて、それをＡＢＣに分類するのであれば、個々の語と記述を照らし合わせるのみでなく、語同士の比較も可能になるので、レベル設定が行ないやすくなる。

　ここでの鍵は、単に「語同士の比較が可能」ということではない。「パラディグマティックに対立する語同士の比較が可能」、つまり、「同じ文の同じ位置に現れ得る語同士の比較が可能」ということに大きな意味がある。たとえば、「病院」と「ビール」ではレベルの比較がしにくい。しかし、「病院」と「診療所」、「ビール」と「冷酒」であれば比較がしやすくなる。「病院」と「診療所」、「ビール」と「冷酒」はそれぞれパラディグマティックに対立しており、同じ文の同じ位置に現れ得る語同士だからである。

　また、表 9 を見ると、「パスタ」と「ラーメン」が入っていないことに気づく。「パスタ」と「ラーメン」が入っていないことに気づくことができるのも、パラディグマティックに対立する語が集められていることの賜物である。従来よく見られた五十音順の配列による語彙表では、よほどのパスタフリーク、ラーメンマニアでない限り、「パスタ」や「ラーメン」がないことには気づかないものと思われる。表 9 のように、「うどん」や「そば」が集められているからこそ、「パスタ」「ラーメン」がないことに気づくことができるのではないか。

　本章の語彙・構文表を教育に活用される際、不足している語があることに気づかれたなら、それらの語を足して使用していただければいいのではないかと思う。個々の語のレベル設定に疑問を持たれた場合も、適宜変更して使用していただければと思う。さらに、ＡＢＣという三段階ではなく、たとえば五段階の分類が必要だという場合には、さらに細かく分類していただければよいだろう。パラディグマティックに対立する語を集めて示すことによって、このようなことが行ないやすくなっていることが、この語彙・構文表の特徴である。

　本章の語彙・構文表にとって最も大切なものは、そこに収録されている語ではなく、語を収録し

第1章　言語活動・言語素材と話題

ている「枠組み」である。語彙は、文法とは違い、人によって使用の実態が相当に異なるものである。それならば、従来の語彙表のような、中身が固定化した1つの表を示すだけでは原理的に不十分であろう。そのような考え方に立ち、本章の語彙・構文表を作成した。

　本章の著者は、橋本・金庭・田尻・山内の4名であるが、最後に、その役割分担について述べておく。本章の作業の分担は、以下のとおりである。

　　ロールカードの作成　　　　　：金庭・田尻
　　ロールカードのチェック・修正：山内
　　語彙・構文表の作成　　　　　：橋本
　　個々の語のレベル設定　　　　：金庭・田尻・橋本
　　語彙・構文表のチェック　　　：山内
　　解説の執筆　　　　　　　　　：山内

《参考文献》

橋本直幸（2008）「コーパスを利用した日本語教育語彙リスト作成のための基礎研究」『代表性を有する書き言葉コーパスを利用した日本語教育研究』(文部科学省科学研究費特定領域研究『日本語コーパス』平成19年度研究成果報告書・日本語教育班)

山内博之（2009）「『話』技能ガイドライン試案」鎌田修・山内博之・堤良一（編）『プロフィシェンシーと日本語教育』ひつじ書房

山内博之（2010）「学習・教育・評価のための日本語教育スタンダード（話技能）」『ヨーロッパ日本語教育』第14号、ヨーロッパ日本語教師会

山内博之（2012）「非母語話者の日本語コミュニケーション能力」野田尚史（編）『日本語教育のためのコミュニケーション研究』くろしお出版

第1章　言語活動・言語素材と話題

【1.1 食】

	職業的領域	私的領域（場所）	私的領域（人）
単語	あなたはレストランの店員です。お客さんにある料理の値段を聞かれました。答えてください。	レストランで案内係が人数やたばこを吸うかどうかなどについて尋ねています。答えてください。	昨日あなたは餃子をたくさん食べました。友達に何個食べたか聞かれました。答えてください。
単文	あなたはレストランの案内係です。人数やたばこを吸うかどうかなどについて聞いてください。	レストランで食事が終わりました。デザートの注文をしてください。	友達があなたの食べているお菓子を見ています。勧めてください。
複文	あなたはレストランのホール係りです。ランチセットが売り切れたので他の料理をすすめてください。	レストランで店員が持ってきた料理が、注文したものと違っていました。とりかえてもらってください。	この前友達に作ってもらった料理の中で、おいしかったものの作り方を聞いてください。
単段落	あなたはエスニックレストランの店員です。あなたの国の伝統的な料理を出したら、それがどういう料理なのか聞かれました。材料や調理法などを教えてあげてください。	あなたは食事つきの寮に入寮しました。寮母に、自分の国の食の習慣について説明し、自分に合った食事を出してもらえるよう、お願いしてください。	以前に食べておいしかった料理の名前が思い出せません。友達にその料理の特徴を話して、名前を教えてもらってください。
複段落	あなたは貿易会社の社員です。あなたの国の珍しい食べ物を日本へ輸出したいです。その食べ物の魅力や価格を説明し、交渉してください。	あなたが食べた食品に農薬が混入しており、健康面で被害を受けました。その食品を作った会社のサービスセンターに行って、どのような被害を受けたのか説明し、治療費・慰謝料などを要求してください。	農業技術の発展や輸入食品の増加によって、季節を問うことなく何でも食べられるようになりました。その功罪について友達と話し合ってください。

第1章　言語活動・言語素材と話題

「1.1 食」の言語活動を支える構文

1.1.1 食名詞　1.1.1.1 食名詞：具体物　1.1.1.2 食名詞：抽象概念
1.1.2 飲食構文　1.1.2.1 飲食構文：叙述　1.1.2.2 飲食構文：修飾
1.1.3 調理構文　1.1.3.1 調理構文：叙述　1.1.3.2 調理構文：修飾
1.1.4 外食構文　1.1.4.1 外食構文：叙述　1.1.4.2 外食構文：修飾
1.1.5 健康構文　1.1.5.1 健康構文：叙述　1.1.5.2 健康構文：修飾
1.1.6 食その他

1.1.1.1 食名詞：具体物

意味分類	A	B	C
【食べ物】	食べ物、料理	飯	
【食事】	朝ごはん、昼ごはん、晩ごはん、ランチ	お昼、夕飯、昼食、おかず	主食、定食
【料理名：固体】	カレー、パン、ごはん、サラダ、うどん	サンドイッチ、ステーキ、ハンバーグ、刺身、実、麺、そば	ライス、粥、漬物、〜漬け
【料理名：液体】		スープ	汁
【菓子・デザート】	お菓子、デザート、おやつ、飴、ケーキ、アイスクリーム、ガム、クリーム	ゼリー	あられ
【飲み物】	飲み物、お茶、コーヒー、牛乳、水、お酒、ジュース、ビール	紅茶、湯、ウイスキー、ワイン、生、カクテル	蒸留酒
【食材】		材料、食品、具、素材	食材
			農産物、産物、恵み
	肉、牛肉、豚肉、鶏肉、卵	にわとり、ポーク	
	魚	エビ、鮭、カツオ	
	米	小麦、豆、大豆、穀物	

第1章　言語活動・言語素材と話題

		野菜、人参、大根、じゃがいも、トマト、ピーマン、玉ねぎ、茄子	ネギ、にんにく、生姜、唐辛子、パセリ、きゅうり、椎茸、キャベツ、白菜、芋、ゴボウ、かぼちゃ、かぶ、オリーブ、〜菜、葉	
		果物、フルーツ、オレンジ、レモン	ぶどう、実	果実
			皮、生地	
			チーズ、餅	
		水	湯	熱湯
【調味料】		バター、砂糖、醤油、塩、ソース	調味料、油、脂、ジャム、胡椒、酒、酢、味噌	食塩、〜油、胡麻、昆布、みりん、だし汁
【調理器具】		フライパン、鍋、包丁、ガス、缶、瓶	道具、釜、ボール、蓋、やかん、ポット、タイマー、レンジ、ナプキン、刃、大匙、小匙、オーブン、ざる、〜庫	フィルター、布巾
【調理の場所】		台所		
【水分】			水分、湯気	スチーム、水気
【食器】		お皿、茶碗、カップ、グラス、コップ	食器、器具、容器、入れ物、皿、椀、碗、丼、鉢、湯飲み	器〈ウツワ〉
		スプーン、ナイフ、箸、フォーク		匙、ストロー
		瓶、缶	ポット	水筒、筒、壺
			盆	膳
【飲食店】		レストラン	喫茶店、食堂	喫茶
【メニュー】		メニュー	コース	定食
【飲食業】		ウェートレス	コック、マスター、ボーイ、シェフ	給仕
【行列】			行列	
【栄養・カロリー等】			カロリー、栄養、ビタミン、成分、脂肪、カルシウム、塩分、コレステロール	糖、色素、蛋白、脂質

1.1.1.2 食名詞：抽象概念

第1章　言語活動・言語素材と話題

意味分類	A	B	C
【食】		食	
【好み】		好き嫌い、好み	嗜好
【味】	味	香り、刺激	風味、味付け、うまみ
【品質・産地等】		質、品質、品種	産地
【分量】	量	分量	適量
【調理】		調理	
【腕前】		腕	腕前、手際
【外食】		外食	
【メニュー】		献立	
【バランス】		バランス	
【食欲・空腹】			食欲、空腹
【お代わり】			お代わり
【炊事】			炊事
【団らんの場所】			食卓、茶の間

1.1.2.1 飲食構文：叙述

名詞群	助詞	述語 A	述語 B	述語 C
【食べ物】【食事】【料理名：固体】【料理名：液体】【菓子・デザート】【飲み物】【食材】	を	食べる	召し上がる、いただく、味わう	食う
【食べ物】【食事】【料理名：液体】【菓子・デザート】【飲み物】【食材】	を	飲む		
【食べ物】【食事】【料理名：固体】【菓子・デザート】【飲み物】【食材】	を		噛む、かじる	噛み切る
【食べ物】【食事】【料理名：固体】【料理名：液体】【菓子・デザート】【飲み物】【食材】	を		なめる、吸う、飲み込む	しゃぶる
―	―		食事する	

1.1.2.2 飲食構文：修飾

修飾語 A	B	C	名詞群

第1章　言語活動・言語素材と話題

おいしい、悪い、良い	旨い、まずい		【食べ物】【食事】【料理名：固体】【料理名：液体】【菓子・デザート】【飲み物】【食材】【調味料】
甘い、辛い、苦い、酸っぱい	甘口(の)、あっさり(した)、さっぱり(した)、渋い、塩辛い、薄い	生臭い、〜味(の)、素朴(な)	
	和風(の)、洋風(の)、西洋(の)、〜風(の)		
	家庭(の)、母(の)、主婦(の)	おふくろ(の)	
	伝統(の)、民族(の)		
好き(な)、嫌い(な)	苦手(な)		【食べ物】【食事】【料理名：固体】【料理名：液体】【菓子・デザート】【飲み物】【食材】【調味料】【味】

1.1.3.1 調理構文：叙述

名詞群	助詞	述語		
		A	B	C
【食べ物】【食事】【料理名：固体】【料理名：液体】【菓子・デザート】【飲み物】【食材】	を	作る	調理する	こしらえる
【食材】【調味料】	を	使う	使用する	
		入れる	足す、加える	
		焼く	沸かす、加熱する、焦がす、温める、蒸す、煮る、炊く、ゆでる、揚げる、炒める	煮込む、炙る、煎る、保温する
			冷やす、冷ます、冷蔵する、冷凍する	
		切る	刻む、折る、割く、ちぎる、割る、おろす	
		洗う	研ぐ	
			剥く、剥ぐ、剥がす	
			包む、巻く、挟む	くるむ

— 18 —

第1章　言語活動・言語素材と話題

			砕く、つぶす	
			握る、固める、丸める、練る	
			漬ける	浸す
			散らす、塗る	まぶす
		混ぜる	混ぜ合わせる	
			膨らます	
			薄める、溶かす、溶く、絞る	濾す
【食材】【調味料】	が	焼ける	沸く、沸騰する、煮える、温まる	
			冷える、冷める	
			固まる、膨らむ、膨れる、挟まる	発酵する、絡む
【食べ物】【食事】【料理名：固体】【料理名：液体】【菓子・デザート】【飲み物】【食材】	を	入れる	盛る、注ぐ、つぐ、乗せる、飾る	添える、デコレーションする
【食べ物】【食事】【料理名：固体】【料理名：液体】【菓子・デザート】	が	できる	仕上がる、完成する、できあがる	
【飲み物】	が	入る		
【料理名：固体】【料理名：液体】【菓子・デザート】【食材】	が		溶ける、くっつく	とろける

1.1.3.2　調理構文：修飾

修飾語			名詞群
A	B	C	
たくさん(の)、多い、少ない	たっぷり(の)、少々(の)		【食べ物】【食事】【料理名：固体】【料理名：液体】【菓子・デザート】【飲み物】【食材】【調味料】【味】
熱い、冷たい	ぬるい		^
	軟らかい、固い、滑らか(な)		^

— 19 —

第1章　言語活動・言語素材と話題

有名(な)、珍しい、心配(な)	安心(な)、安全(な)、高級(な)、贅沢(な)、新鮮(な)、貴重(な)、粗末(な)、不安(な)、本格的(な)、上等(な)、缶詰(の)、温室(の)、冷凍(の)、冷蔵(の)、生(の)	格別(な)、究極(の)、名高い、有機(の)、添加物(の)、遺伝子組み換え(の)	
	粉(の)、塊(の)、粒(の)	丸ごと(の)、粉末(の)、微塵切り(の)、切れ目(のある)、薄切り(の)	【食べ物】【食事】【料理名：固体】【料理名：液体】【菓子・デザート】【食材】
上手(な)、下手(な)、うまい	得意(な)		【食べ物】【食事】

1.1.4.1 外食構文：叙述

名詞群	助詞	述語 A	述語 B	述語 C
【飲食店】	で		外食する	
【飲食店】	を		予約する	
【食べ物】【食事】【料理名：固体】【料理名：液体】【菓子・デザート】【飲み物】	を	頼む	注文する、追加する	
		出す	運ぶ、届ける	
		おごる	御馳走する	振る舞う
【料理名：固体】【料理名：液体】【菓子・デザート】【食材】【飲み物】【飲食店】	が		はやる、流行する	

1.1.4.2 外食構文：修飾

修飾語 A	修飾語 B	修飾語 C	名詞群
高い、安い	高級(な)、贅沢(な)、上等(な)、本格的(な)、手ごろ(な)		【飲食店】【食べ物】【料理名：個体】【料理名：液体】【菓子・デザート】【飲み物】
有名(な)、人気(の)	流行(の)、ブーム(の)		

1.1.5.1 健康構文：叙述

名詞群	助詞	述語 A	述語 B	述語 C

— 20 —

第1章　言語活動・言語素材と話題

【カロリー・栄養素】	を	取る	補う	補給する、摂取する
【カロリー・栄養素】	を		減らす、制限する	絶つ
―	―	太る、痩せる		
【カロリー・栄養素】	を		消費する	
【栄養・カロリー等】	が	高い、低い		

1.1.5.2 健康構文：修飾

修飾語			名詞群
A	B	C	
高い、低い	豊富(な)		【栄養・カロリー等】

1.1.6 食その他

	A	B	C
量に関する接尾辞	〜匹、〜枚、〜キログラム、〜グラム、〜リットル、〜センチメートル、〜個、〜杯	〜切れ、〜カロリー、〜匙、〜皿、〜分、〜キロカロリー、〜ミリリットル、〜ミリグラム	〜束、〜包み、〜塊
調理法に関する接尾辞		〜方	

第 1 章　言語活動・言語素材と話題

【1.2 酒】

	職業的領域	私的領域（場所）	私的領域（人）
単語	あなたは居酒屋の店員です。客がビールを注文しています。ビールの数を聞いてください。	バーでお酒を注文してください。	好きなお酒の種類を聞かれました。答えてください。
単文	あなたは居酒屋の店員です。客にある酒の味が甘いかどうかを聞かれました。答えてください。	バーでお勧めの酒を聞いてください。	あなたも友達もお酒が好きです。飲む量について友達に尋ねてください。
複文	あなたはバーで働いています。あと30分で閉店時間なので、お客さんにラストオーダーを聞いてください。	バーで自分の好みを伝えて、お勧めのカクテルを作ってもらってください。	昨日の飲み会で、すごく酔っ払ってしまって何をしたか覚えていません。昨日のことを友達に聞いてください。
単段落	あなたは酒屋の店員です。ペルノーという酒の特徴を聞かれました。教えてあげてください。	バーで、以前に飲んだおいしいカクテルを注文したいのですが、名前を忘れてしまいました。どんなカクテルだったのか説明して、同じものを作ってもらってください。	あなたの国には、パーティーでの特別な酒の飲み方があります。どんな飲み方なのか、友達に教えてあげてください。
複段落	あなたは貿易会社の社員です。あなたの国の酒を日本の商社に販売しましたが、ほとんど売れないという苦情が来ました。そのお酒の魅力を説明し、販売方法を提案してください。	行きつけのバーのマスターから、「客が少ない日が多いので、バーをやめてサラリーマンになりたい」という相談を受けました。バーの魅力やバーという場所の大切さについて述べ、マスターの転職を思いとどまらせてください。	友達は酒税の引き上げには反対だと言っていますが、あなたは賛成です。その根拠を示し、なぜ酒税を引き上げるべきか、あなたの意見を述べてください。

第1章　言語活動・言語素材と話題

「1.2 酒」の言語活動を支える構文

1.2.1 酒名詞　1.2.1.1 酒名詞：具体物　1.2.1.2 酒名詞：抽象概念
1.2.2 飲酒構文　1.2.2.1 飲酒構文：叙述　1.2.2.2 飲酒構文：修飾
1.2.3 酔い構文　1.2.3.1 酔い構文：叙述　1.2.3.2 酔い構文：修飾
1.2.4 酒構文　1.2.4.1 酒構文：叙述　1.2.4.2 酒構文：修飾
1.2.5 規則構文　1.2.5.1 規則構文：叙述　1.2.5.2 規則構文：修飾
1.2.6 酒の歴史構文　1.2.6.1 酒の歴史構文：叙述　1.2.6.2 酒の歴史構文：修飾
1.2.7 酒その他

1.2.1.1 酒名詞：具体物

意味分類	A	B	C
【酒】	酒、ビール、ワイン、赤、白	アルコール、ウイスキー、シャンパン	生ビール、〜酒、カクテル、蒸溜酒、ドライ、焼酎、ラム、エール
【食器】	グラス	杯	
【割るもの】	水、氷、レモン	湯、炭酸、生姜、蜂蜜	
【つまみ】	料理	刺身、鯛、キャベツ、アイス、〜焼き	〜漬け
【酔った人】		酔っ払い	
【道具】	瓶	〜庫、ボトル	樽、タンク、〜槽
【醸造元】			修道院、オーナー、〜商事
【原料】	米、果物	原料、小麦、麦、ぶどう、そば菌、穀物	果実、アミノ酸、糖、酵素、添加物
【保存場所】		地下、倉庫	蔵
【飲酒場所】	レストラン	バー	酒場

1.2.1.2 酒名詞：抽象概念

意味分類	A	B	C
【銘柄】		品種	銘柄
【飲酒】		飲酒	
【味】	味、〜味	味わい、甘み、個性、香り、刺激	風味
【飲酒の機会】	パーティー、正月、祭り	お祝い、花見、〜会、宴会、〜祭	歓迎会、送別会
【飲み方】		ストレート、ハーフ	

第1章　言語活動・言語素材と話題

【相性】		相性	
【愛好家】			愛好家、常連
【品質・産地等】		質、品質、品種	産地
【症状】		頭痛、吐き気、めまい	
【介抱】		面倒、助け	介抱
【恥】		恥	
【度数】			度数
【保存】			
【醸造法】			醸造、発酵、蒸留
【製法】		製法、技術、レシピ	仕立て、手作り、工程
【品種】		種、品種	
【成分】		成分	〜入り
【保存・管理】		保存、管理	貯蔵
【温度・湿度】		温度、湿度	
【気候・風土】		気候	風土
【ストレス】		ストレス	
【法】		法、法律	
【成人】	二十歳	成人	
【アルコール中毒】		中毒、依存	
【量】		量	容量
【過多】		〜過ぎ	
【事故】	事故		
【宗教】		宗教	
【神】		神様	神

1.2.2.1 飲酒構文：叙述

名詞群	助詞	述語		
		A	B	C
【酒】	を	飲む	召し上がる、いただく、楽しむ	味わう
【酒】	を	入れる	注ぐ、つぐ、酌む	
【酒】 【割るもの】	を で		薄める、割る	
【酒】	を		冷ます、冷やす、温める	
【つまみ】	を	食べる	つまむ	

— 24 —

第1章　言語活動・言語素材と話題

【酒】	に		合わせる	
【つまみ】	を			
【つまみ】	が	合う		
【酒】	に			
【酒】	を		確かめる	吟味する
—	—	酔う	祝う、盛り上がる	
《人》	に		つぐ、勧める	
【酒】	を			
—	—		乾杯する	

1.2.2.2 飲酒構文：修飾
なし

1.2.3.1 酔い構文：叙述

名詞群	助詞	述語		
		A	B	C
【酒】	で／に	酔う	酔っ払う	
【記憶】	を		なくす、失う	
《出来事》	を	忘れる		
酔って		歌う、寝る、笑う、泣く、踊る	喧嘩する、叱る、吐く、叫ぶ	
【酔った人】《人》	を		乗せる、帰す、説得する、寝かせる、起こす	介抱する
酔い	を		冷ます	
—	—		後悔する、反省する、悔やむ	
【酒】	に	強い、弱い		
—	—		恥ずかしい	

1.2.3.2 酔い構文：修飾
なし

1.2.4.1 酒構文：叙述

| 名詞群 | 助詞 | 述語 | | |
| | | A | B | C |

— 25 —

第1章　言語活動・言語素材と話題

【醸造元】《人》	が	作る	漬ける、混ぜ合わせる、殺菌する	蒸留する、発酵する
【酒】	を			
【酒】	を		保存する、管理する	寝かせる
【道具】	で			
【酒】	が		出回る、流通する	
【酒】	が		腐る	劣化する
【酒】	を		輸入する、輸出する	
【度数】	が		高い、低い	

1.2.4.2 酒構文：修飾

修飾語			名詞群
A	B	C	
おいしい、悪い、良い	繊細(な)、まずい、うまい		【酒】
甘い、辛い、苦い、酸っぱい、軽い	甘口(の)、あっさり(した)、さっぱり(した)、渋い、塩辛い、滑らか(な)、薄い		【酒】
熱い、冷たい	ぬるい		【酒】
強い	〜やすい		【酒】
有名(な)、珍しい	高級(な)、贅沢(な)、貴重(な)、本格的(な)、上等(な)	格別(な)、名高い、究極(の)	【酒】

1.2.5.1 規則構文：叙述

名詞群	助詞	述語		
		A	B	C
《政府・国など》	が		許す、許可する、認める	
【飲酒】	を			
《政府・国など》	が		禁止する	禁じる
【飲酒】	を			
《政府・国など》	が	決める	定める	制定する
【飲酒】	を			
【法律】	で			

1.2.5.2 規則構文：修飾
なし

第1章　言語活動・言語素材と話題

1.2.6.1 酒の歴史構文：叙述

名詞群	助詞	述語		
		A	B	C
【神】	に		供える、捧げる	
【酒】	を			

1.2.6.2 酒の歴史構文：修飾

なし

1.2.7 酒その他

	A	B	C
量に関する接尾辞	〜杯、〜リットル	〜カロリー	
アルコール度数に関する接尾辞		〜度	

第1章　言語活動・言語素材と話題

【1.3 衣】

	職業的領域	私的領域（場所）	私的領域（人）
単語	あなたはブティックの店員です。お客さんに、ある服の値段を聞かれました。答えてください。	靴屋で靴を買う時に、店員に色を靴の色を聞かれました。答えてください。	友達に服のサイズを聞かれました。答えてください。
単文	あなたは靴屋の店員です。客に足のサイズを聞いてください。	ブティックの店員に、服を試着したいことを伝えてください。	友達の服のボタンがとれました。つけ直すことを申し出てください。
複文	あなたはブティックの店員です。客の希望するサイズは今在庫がありません。客に注文すれば来週入ることを伝えてください。	あなたはブティックにいます。今着ている服に合うズボンやアクセサリーを、店員に選んでもらってください。	友達が素敵な服を着ているので、ほめてあげてください。
単段落	あなたはブティックの店員です。客に、入学式の服装についてアドバイスを求められました。どのような着方をしたらよいか、最近の流行も考えながら、アドバイスしてください。	デパートで水着を買いましたが、一回洗っただけで着られなくなってしまいました。苦情を言って、返金してもらってください。	昨日、駅／町中ですごく変な格好をした人を見ました。とても印象的で忘れられないので、友達に、どんな格好をしていたのか、詳しく説明してあげてください。
複段落	あなたはファッションレポーターをしています。あなたの国では今、どんなファッションが流行しているのか、また、これから何が流行しそうか、日本のテレビ番組に出演して、2分ほどで話をしてください。	非常に高価で珍しい生地が手に入ったので、仕立て屋に服を作ってもらいました。しかし、できあがった服の着心地はよくありません。材質の特徴をしっかりつかむことの大切さを説き、仕立て屋を説教して、生地の代金を弁償してもらってください。	あなたの友達は、毎日とても露出度の高いセクシーな服を着て学校に来ます。場を考えることや、服装の乱れは心の乱れだと受け取られることなどを話し、学校に来る時には少し控えるよう、友達を説得してください。

第1章　言語活動・言語素材と話題

「1.3 衣」の言語活動を支える構文

1.3.1 衣名詞　1.3.1.1 衣名詞：具体物　1.3.1.2 衣名詞：抽象概念

1.3.2 着脱構文　1.3.2.1 着脱構文：叙述　1.3.2.2 着脱構文：修飾

1.3.3 流行構文　1.3.3.1 流行構文：叙述　1.3.3.2 流行構文：修飾

1.3.4 縫製構文　1.3.4.1 縫製構文：叙述　1.3.4.2 縫製構文：修飾

1.3.5 手入れ構文　1.3.5.1 手入れ構文：叙述　1.3.5.2 手入れ構文：修飾

1.3.6 デザイン構文　1.3.6.1 デザイン構文：叙述　1.3.6.2 デザイン構文：修飾

1.3.7 衣その他

1.3.1.1 衣名詞：具体物

意味分類	A	B	C
【衣料】	服、洋服、着物	衣装、衣服、和服	衣類、衣料、アイテム
【上着】	シャツ、セーター、ワイシャツ、上着、スーツ、コート、ワンピース	エプロン、ドレス、ブラウス、毛皮、背広	ジャンパー
【ズボン】	ズボン、スカート、ジーンズ、パンツ、ジーパン		スラックス、袴
【下着】	パンツ	下着	肌着
【目的別衣類】	パジャマ、制服	浴衣、ユニフォーム、水着	寝巻き、軍服、喪服
【履物・靴下】	靴、靴下	サンダル、ブーツ、ソックス	草履、下駄、ヒール、ストッキング、足袋
【鞄】	かばん、バッグ	ハンドバッグ	
【眼鏡・コンタクトレンズ】	眼鏡、コンタクトレンズ		
【帽子・マスクなど】	帽子	マスク	冠、面
【小物】	ハンカチ、ネクタイ、ベルト、マフラー	手袋	帯、スカーフ
【アクセサリー・香水】	アクセサリー、指輪	ネックレス、ブローチ、宝石、リボン、ダイヤ、ダイヤモンド、真珠、バッジ、首飾り	チェーン
		香水	

第1章　言語活動・言語素材と話題

【媒体】	テレビ、雑誌	広告、ショー	〜誌
【ファッションに関する職業】	モデル	デザイナー	ディレクター
【裁縫道具】	ミシン	はさみ、針	
【素材】		素材	
		糸、絹、毛、皮、毛糸、羽根	ナイロン、綿、ウール、羊毛、麻、化繊、繊維、〜織り、木綿
【生地】		布、生地	織物
【部分】	ポケット、ボタン		袖、ファスナー
【染料】			染料、染め、藍
【手入れ用品】	アイロン	ハンガー、ブラシ	
【クリーニング】		クリーニング	ドライクリーニング
【虫】		虫	
【店】			百貨店

1.3.1.2 衣名詞：抽象概念

意味分類	A	B	C
【ファッション】	ファッション		装束
【服装】		格好、姿、スタイル、服装	見かけ、身なり
【好み】		好き嫌い、好み	嗜好
【流行】	人気	ブーム、流行	モード
【特集】		特集	企画
【組み合わせ】			組み合わせ、ペア、お揃い
【裁縫】		裁縫	
【サイズ】		サイズ	寸法、丈
【色】	色、〜色、黒、白、赤、青、緑、茶色、黄色	カラー、トーン、真っ黒、真っ白、真っ青、真っ赤、ピンク、茶、紺、紫、金、銀、オレンジ、灰色、透明、グレー、焦げ茶、ブルー	藍
【装飾】		装飾、刺繍、飾り	

— 30 —

第1章　言語活動・言語素材と話題

【デザイン】	模様	デザイン、柄、パターン	意匠、紋様、モチーフ、コンセプト
【柄】		直線、無地、縞、柄	幾何、ライン、格子、紋
【形状】			膨らみ
【伝統】		民族、伝統	
【光沢】		艶、輝き	光沢
【魅力】		ポイント、アクセント、魅力	
【汚れ】		匂い、汚れ、かび、しわ	
【裸・裸足】		裸	裸足

1.3.2.1 着脱構文：叙述

名詞群	助詞	述語		
		A	B	C
【衣料】【上着】【下着】【目的別衣類】	を	着る		羽織る、着用する
《人》	に		着せる	
【衣料】【上着】【下着】【目的別衣類】	を			
【ズボン・スカート類】【履物・靴下など】	を	履く		
【帽子・マスクなど】	を	かぶる		
《人》	に		かぶせる	
【帽子・マスクなど】	を			
【眼鏡・コンタクトレンズ】	を		かける	
	する			
「ネクタイ」	を		締める	
【小物】【アクセサリー・香水】	を		巻く、ぶらさげる	巻きつける、ねじる
【ファッション】【服装】	を			アレンジする
【衣料】【上着】【ズボン・スカート類】【下着】【目的別衣類】【履物・靴下など】【眼鏡・コンタクトレンズ】【帽子・マスクなど】【小物】【アクセサリー・香水】	を	脱ぐ、取る	外す	緩める
【衣料】【上着】【下着】【目的別衣類】	に	着替える、変える		

第1章　言語活動・言語素材と話題

【衣料】【上着】【ズボン・スカート類】【下着】【目的別衣類】	を	着替える、変える	
【衣料】【上着】【ズボン・スカート類】【下着】【目的別衣類】【履物・靴下など】【眼鏡・コンタクトレンズ】【帽子・マスクなど】【小物】【アクセサリー・香水】	を	選ぶ、決める	
【ファッション】【服装】	に	悩む、迷う	
【衣料】【上着】【ズボン・スカート類】【下着】【目的別衣類】【履物・靴下など】【眼鏡・コンタクトレンズ】【帽子・マスクなど】【小物】【アクセサリー・香水】【ファッション】【服装】	に	こだわる、凝る	

1.3.2.2 着脱構文：修飾
なし

1.3.3.1 流行構文：叙述

名詞群	助詞	述語		
		A	B	C
【衣料】【上着】【ズボン・スカート類】【下着】【目的別衣類】【履物・靴下など】【眼鏡・コンタクトレンズ】【帽子・マスクなど】【小物】【アクセサリー・香水】	が		はやる、流行する	
【衣料】【上着】【ズボン・スカート類】【下着】【目的別衣類】【履物・靴下など】【眼鏡・コンタクトレンズ】【帽子・マスクなど】【小物】【アクセサリー・香水】	が	出る	載る	
【媒体】	に			

1.3.3.2 流行構文：修飾
なし

1.3.4.1 縫製構文：叙述

名詞群	助詞	述語		
		A	B	C

第1章　言語活動・言語素材と話題

名詞群	助詞	述語 A	B	C
【衣料】【上着】【ズボン・スカート類】【下着】【目的別衣類】【履物・靴下など】【眼鏡・コンタクトレンズ】【帽子・マスクなど】【小物】【アクセサリー・香水】	を	作る		あつらえる、仕立てる
【衣料】【上着】【ズボン・スカート類】【下着】【目的別衣類】【履物・靴下など】【眼鏡・コンタクトレンズ】【帽子・マスクなど】【小物】【アクセサリー・香水】【素材】	を		編む、縫う	織る
【衣料】【上着】【ズボン・スカート類】【下着】【目的別衣類】【履物・靴下など】【眼鏡・コンタクトレンズ】【帽子・マスクなど】【小物】【アクセサリー・香水】【素材】【部分】	を	付ける		
		切る		
			折る、合わせる、重ねる	ねじる
			染める、着色する	配する

1.3.4.2 縫製構文：修飾

修飾語			名詞群
A	B	C	
厚い、薄い、	丈夫(な)		【衣料】【上着】【ズボン・スカート類】【下着】【目的別衣類】【履物・靴下など】
小さい、大きい、ちょうど、太い、ぴったり(の)	緩い、だぶだぶ(の)、ぶかぶか、窮屈（な）		

1.3.5.1 手入れ構文：叙述

名詞群	助詞	述語		
		A	B	C
【衣料】【上着】【ズボン・スカート類】【下着】【目的別衣類】【履物・靴下など】【眼鏡・コンタクトレンズ】【帽子・マスクなど】【小物】【アクセサリー・香水】【部分】	が		汚れる、縮む、縮れる、破れる	褪せる、ほころびる、裂ける
【衣料】【上着】【ズボン・スカート類】【下着】【目的別衣類】【履物・靴下など】【眼鏡・コンタクトレンズ】【帽子・マスクなど】【小物】【アクセサリー・香水】【部分】	を		汚す、破く、破る	

第1章　言語活動・言語素材と話題

【衣料】【上着】【ズボン・スカート類】【下着】【目的別衣類】【履物・靴下など】【眼鏡・コンタクトレンズ】【帽子・マスクなど】【小物】【アクセサリー・香水】【部分】【傷み】	を	修繕する	繕う
【衣料】【上着】【ズボン・スカート類】【下着】【目的別衣類】【履物・靴下など】【眼鏡・コンタクトレンズ】【帽子・マスクなど】【小物】【アクセサリー・香水】	を	洗う、たたむ	干す、乾かす、絞る	すすぐ、ゆすぐ
【傷み】	を		落とす	

1.3.5.2 手入れ構文：修飾

修飾語			名詞群
A	B	C	
簡単(な)、大変(な)	楽(な)、面倒(な)		「手入れ」

1.3.6.1 デザイン構文：叙述

なし

1.3.6.2 デザイン構文：修飾

修飾語			名詞群
A	B	C	
きれい(な)、おしゃれ(な)、すてき(な)	美しい、さわやか(な)、高級(な)、地味(な)、派手(な)、華やか(な)、モダン(な)、若々しい、シンプル(な)、鮮やか(な)	エレガント(な)、安っぽい、ヤング(な)、シック(な)、簡素(な)	【衣料】【上着】【ズボン・スカート類】【下着】【目的別衣類】【履物・靴下など】【ファッション】【服装】【色】【デザイン】【柄】
汚い、きれい		醜い、みすぼらしい	
人気(の)	流行(の)、ブーム(の)		
黒い、白い、赤い、青い、黄色い、茶色い	真っ赤(な)、真っ白い、真っ黒(な)、真っ青(な)、ピンク(の)、茶(の)、紺(の)、紫(の)、金(の)、銀(の)、オレンジ(の)、灰色(の)、透明(の)、グレー(の)、ブルー(の)、焦げ茶(の)、〜色(の)	藍(の)	

第1章　言語活動・言語素材と話題

薄い	濃い		【色】
好き(な)、嫌い(な)	苦手(な)		【ファッション】【服装】【色】【デザイン】【柄】

1.3.7 衣その他

	A	B	C
サイズに関する接尾辞	〜センチメートル	〜号	
衣類の数え方に関する接尾辞	〜枚	〜着、〜足	

第1章　言語活動・言語素材と話題

【1.4 旅行】

	職業的領域	私的領域（場所）	私的領域（人）
単語	あなたは列車の乗務員です。乗客に到着時刻を聞かれました。答えてください。	あなたはホテルに泊まっています。フロントで部屋番号を言って鍵をもらってください。	友達に旅行の写真を見せたら、そこがどこなのか聞かれました。答えてください。
単文	あなたは空港の手荷物検査のゲートの係員です。どうしていいかわからずに困っているお客さんに、指示を出してください。	飛行機の客室乗務員に入国カードを示し、入国カードの書き方を尋ねてください。	友達が旅行に行くそうです。行き先を聞いてください。
複文	あなたは旅行会社の社員です。客の希望に合ったパック旅行を勧めてください。	旅行会社に行き、事情を話して、飛行機の便を変更してください。	夏休みに友達と旅行しようと思っています。友達と話して、行き先を決めてください。
単段落	あなたはツアーガイドです。朝、集合場所に集合した日本人客に、今日のスケジュールを説明してください。	今空港にいます。あなたは預けたスーツケースを受け取らないまま、うっかり入国してしまいました。係員に事情を説明し、対処してもらってください。	友達に、ちょっと珍しいお土産を買ってきました。どんな意味・由来があるものなのか詳しく説明し、お土産を渡してください。
複段落	あなたは観光局の広報担当です。昨年あなたの国で起こった事件が原因で観光客が少なくなってしまいました。その後とった対策について説明し、観光客を呼び戻せるよう、日本の旅行社の営業担当にアピールしてください。	あなたは、パックツアーに参加して海外旅行をしています。パンフレットや事前の説明とは違うことばかりで、強いストレスを感じました。旅先から旅行会社の責任者に電話し、旅行代金の返金と慰謝料を要求してください。	友達と、あなたの国の観光客誘致について話しています。観光客の増加に伴う施設整備や経済効果、国としての問題点などについてあなたの意見を述べてください。

第1章　言語活動・言語素材と話題

「1.4 旅行」の言語活動を支える構文

1.4.1 旅行名詞　1.4.1.1 旅行名詞：具体物　1.4.1.2 旅行名詞：抽象概念
1.4.2 準備構文　1.4.2.1 準備構文：叙述　1.4.2.2 準備構文：修飾
1.4.3 移動構文　1.4.3.1 移動構文：叙述　1.4.3.2 移動構文：修飾
1.4.4 案内・観光構文　1.4.4.1 案内・観光構文：叙述　1.4.4.2 案内・観光構文：修飾
1.4.5 温泉構文　1.4.5.1 温泉構文：叙述　1.4.5.2 温泉構文：修飾
1.4.6 宿泊構文　1.4.6.1 宿泊構文：叙述　1.4.6.2 宿泊構文：修飾
1.4.7 海外構文　1.4.7.1 海外構文：叙述　1.4.7.2 海外構文：修飾
1.4.8 旅行その他

1.4.1.1 旅行名詞：具体物

意味分類	A	B	C
【同行者】	家族、友達	恋人、親友、友人、仲間	お供
【行き先】	国、外国		
	海、島、温泉	泉、湖、〜湖、砂漠、国境、水平線、高原、山頂	氷河
	教会、神社、寺	〜寺、城、名所、塔、宮殿	遺跡、聖堂、寺院
	公園	遊園地	パーク、〜ランド
	レストラン		パブ
	町		街並み、街道
	祭り	行事	カーニバル、闘牛、サーカス
【交通手段】		乗り物	
	自転車		
	飛行機	ジェット機	航空、エアー
	電車、新幹線	汽車、鉄道、列車	私鉄、寝台、夜行
	船、ボート	フェリー	
	車、バス	レンタカー	
【チケット】	切符、券	チケット	
【座席】	席	指定席、自由席、座席	
【時刻表】		時刻表	ダイヤ
【客】	客	乗客	
【交通拠点】	駅、空港、港	〜港	停留所
【ガイド】		ガイド、通訳、マネージャー	添乗員、乗務員

第1章 言語活動・言語素材と話題

【持ち物】	荷物		必需品
	カメラ、ビデオ、地図	スーツケース、下着、着替え、パスポート弁当、ガイドブック	水筒、衣類、旅券、身の回りのもの
	お金、カード	硬貨	外貨
		忘れ物	
【宿泊施設】	ホテル	旅館、テント	宿、別荘、民宿、山荘、コテージ
【部屋】	部屋	和室、ルーム、客室	
【館内施設】	シャワー、風呂、トイレ、レストラン	バー、バスルーム	ロビー、フロント、露天
【食事】	朝ごはん、晩ごはん	朝食、夕食、夕飯	
【お土産】	お土産		
【トラブル】	事故、事件	トラブル、面倒	
【病気】	病気	下痢	時差ぼけ
【すり】		泥棒	すり
【記録】	写真、手紙、葉書	レポート、リポート、日記、エアメール	
【温泉】	温泉	湯	
【ビザ】			ビザ
【税関】	大使館	税関	

1.4.1.2 旅行名詞：抽象概念

意味分類	A	B	C
【旅行】	旅行	旅	ツアー
【旅行の種類】		修学、新婚、社員、卒業	
		ドライブ、ピクニック、ハイキング	航海
		日帰り	
【旅行の形態】	一人、グループ	個人、団体	ツアー、パッケージ
【人数】		人数	
【旅行の目的】	買い物、遊び、温泉	見物、海水浴、観光、記念、見学、出張、食、撮影、登山、紅葉	

第1章　言語活動・言語素材と話題

【スケジュール】	予定	計画、日程、スケジュール、コース、プラン	
【旅行の時期】	休み、夏休み	暇、休暇、連休	余暇
【国内／海外】		海外、国内	
【街】	町		ストリート、タウン、シティ、市街
【エリア・名所】		周辺、名所	エリア、スポット、リゾート
【交通機関】		交通、乗り物	交通機関
【ルート】		ルート、コース	経路、航路
【料金】		料金	運賃
		往復、片道	
【送迎】		見送り	送迎
【準備】	準備、用意、支度、予定	計画、検討、手続き、打ち合わせ、検査、予約	下調べ、手配、申し込み
【情報】		天気予報、候、両替、為替	
【価格】	値段	価格	割引
【名物・特産】		名物	名産、特産
【疲労】		疲れ、疲労	
【効果・効能】		効果、刺激	効き目
【検査】		検査	審査
【課税・免税】		免税	課税
【習慣】	マナー	習慣	慣習
【時差】		時差	

1.4.2.1 準備構文：叙述

名詞群	助詞	述語		
		A	B	C
【持ち物】	を	持つ、準備する、用意する	手続きする、備える	支度する、荷造りする
【交通手段】【宿泊施設】	を		予約する、取り消す、申し込みする、申し込む	手配する

第1章　言語活動・言語素材と話題

【旅行】【行き先】【交通手段】【宿泊施設】	を	調べる	計画する、検討する	
【持ち物】	を	忘れる		
ー	ー	両替する		
【持ち物】	が			かさむ、かさばる

1.4.2.2 準備構文：修飾

修飾語			名詞群
A	B	C	
楽しい、面白い	つまらない、愉快(な)		【旅行】
	不安(な)、心細い		
		ゆったり(した)	【旅行】【スケジュール】

1.4.3.1 移動構文：叙述

名詞群	助詞	述語		
		A	B	C
【行き先】【交通拠点】【宿泊施設】	に	行く	向かう、移動する	
【行き先】	を		尋ねる、訪れる、回る	巡る
【行き先】【交通拠点】【宿泊施設】	を	出る	出発する	発つ
【行き先】【交通拠点】【宿泊施設】	で	会う	出会う、待ち合わせる	
【行き先】【交通拠点】【宿泊施設】	から		合流する、参加する	
【行き先】【交通拠点】【宿泊施設】	を		経由する	
【行き先】【交通拠点】【宿泊施設】	に	寄る	立ち寄る	
【行き先】【交通拠点】【宿泊施設】	に		近づく	
【行き先】【交通拠点】【宿泊施設】	に	着く	到着する	たどり着く
【交通手段】	に	乗る	乗り換える、乗車する	乗り込む
【交通手段】	を	降りる	下車する	
【交通手段】	が	走る、飛ぶ	運行する	

1.4.3.2 移動構文：修飾

修飾語			名詞群
A	B	C	
便利(な)	不便(な)		【交通手段】【交通機関】
速い、遅い			

第1章　言語活動・言語素材と話題

1.4.4.1 案内・観光構文：叙述

名詞群	助詞	述語		
		A	B	C
【行き先】	を		案内する、ガイドする	
【職業】	が		通訳する	
【職業】	が		同行する	
【旅行】《人》	に			
《相手》	を		迎える、出迎える、送る、見送る	
《場所》	で			
【トラブル】	に	注意する	用心する	
【土産】	を	買う、もらう	購入する	
《人》	と		交渉する	
《場所》	で		迷う	
《場所》	を		さ迷う	

1.4.4.2 案内・観光構文：修飾

修飾語			名詞群
A	B	C	
有名(な)、人気(の)			【行き先】【街】【エリア・名所】
遠い、近い			
きれい(な)	美しい		
危ない	安全(な)、危険(な)		

1.4.5.1 温泉構文：叙述

名詞群	助詞	述語		
		A	B	C
【温泉】	に	入る		
—	—	休む	休養する	
【温泉】	が	出る	湧く	
【温泉】	が		澄む、濁る	

1.4.5.2 温泉構文：修飾

修飾語	名詞群

― 41 ―

第1章　言語活動・言語素材と話題

A	B	C	
	柔らかい	滑らか(な)	【温泉】
有名(な)、人気(の)、静か(な)	隠れた		

1.4.6.1 宿泊構文：叙述

名詞群	助詞	述語		
		A	B	C
【宿泊施設】	に	泊まる	宿泊する、滞在する	

1.4.6.2 宿泊構文：修飾

修飾語			名詞群
A	B	C	
高い、安い	高級(な)、贅沢(な)、上等(な)、本格的(な)、手ごろ(な)		【宿泊施設】【部屋】
有名(な)、人気(の)			

1.4.7.1 海外構文：叙述

名詞群	助詞	述語		
		A	B	C
《国・外国》	に	入る	入国する	渡航する
《国・外国》	を	出る		

1.4.7.2 海外構文：修飾

修飾語			名詞群
A	B	C	
遠い、近い			「国」
	安全(な)、危険(な)		「国」

1.4.8 旅行その他

なし

第1章　言語活動・言語素材と話題

【1.5 スポーツ】

	職業的領域	私的領域（場所）	私的領域（人）
単語	あなたはスポーツクラブの受付で働いています。プールが何階にあるか聞かれました。答えてください。	野球場で自分の席を探していたら、係員に指定席の番号を聞かれました。答えてください。	あなたはボーリングが大好きです。友達にベストスコアを聞かれたので、答えてください。
単文	あなたはあるスタジアムで働いています。今日はどんなゲームがあるのか、お客さんに聞かれました。答えてください。	あなたはプロ野球の球場に来ました。球場に来るのは初めてなので、応援の仕方がわかりません。周りの人に聞いてみてください。	あなたはサッカーが大好きです。友達もサッカーが好きなようです。好きなチームや選手について聞いてください。
複文	あなたはスポーツジムの受付で働いています。今日は、故障のため使えないトレーニングマシンがあります。受付に来た会員にそのことを話してください。	あなたは、あるサッカースタジアムに来たのですが、間違って敵の応援席のチケットを買ってしまいました。係の人に事情を話し、席を変えてもらってください。	あなたは柔道を始めたいと思っています。友達に、どこで習えるか、どんなものを買う必要があるのかなどを聞いてください。
単段落	あなたはテニスのコーチです。選手のフォームがよくないので、スマッシュ（レシーブ）の仕方を、練習後に、口頭でわかりやすく説明してあげてください。	あなたはドラゴンズの熱狂的なファンで、よく球場に来ます。初めて球場に来た隣の席の人に、応援の仕方を尋ねられました。詳しく教えてあげてください。	友達と、テレビでサッカーの試合を見ています。友達はサッカーのルールを知らないので、得点の仕方や反則など、サッカーのルールを教えてあげてください。
複段落	あなたはテレビのスポーツ解説者です。最近スポーツ選手が薬物使用で出場を取り消されるという報道がありました。番組の中で、運動のための薬物の利用方法や問題点について解説し、あなたの意見を述べてください。	あなたはサッカーの大ファンで、よくスタジアムに試合を見に行きます。しかし、最近、スタジアムの閉鎖という案が出ています。ファンと地元住民との話し合いの場で、経済効果や地元スポーツの活性化などの点から、スタジアム存続に賛成する意見を述べてください。	プロ野球の世界では、高卒の未成年の選手でも億単位の契約金をもらうことがあります。あなたの友達は、それをあまりよく思っていないようです。社会的な影響力の大きさや選手生命の短さなどの点から、一野球ファンとして賛成の意見を述べてください。

第1章 言語活動・言語素材と話題

「1.5 スポーツ」の言語活動を支える構文

1.5.1 スポーツ名詞　1.5.1.1 スポーツ名詞：具体物　1.5.1.2 スポーツ名詞：抽象概念

1.5.2 体の動き構文　1.5.2.1 体の動き構文：叙述　1.5.2.2 体の動き構文：修飾

1.5.3 ルール構文　1.5.3.1 ルール構文：叙述　1.5.3.2 ルール構文：修飾

1.5.4 勝負構文　1.5.4.1 勝負構文：叙述　1.5.4.2 勝負構文：修飾

1.5.5 練習構文　1.5.5.1 練習構文：叙述　1.5.5.2 練習構文：修飾

1.5.6 チーム構文　1.5.6.1 チーム構文：叙述　1.5.6.2 チーム構文：修飾

1.5.7 プロスポーツ構文　1.5.7.1 プロスポーツ構文：叙述　1.5.7.2 プロスポーツ構文：修飾

1.5.8 試合・大会構文　1.5.8.1 試合・大会構文：叙述　1.5.8.2 試合・大会構文：修飾

1.5.9 マナー構文　1.5.9.1 マナー構文：叙述　1.5.9.2 マナー構文：修飾

1.5.10 応援構文　1.5.10.1 応援構文：叙述　1.5.10.2 応援構文：修飾

1.5.11 怪我構文　1.5.11.1 怪我構文：叙述　1.5.11.2 怪我構文：修飾

1.5.12 スポーツその他

1.5.1.1 スポーツ名詞：具体物

意味分類	A	B	C
【スポーツ】	スポーツ、運動	競技	種目
	自転車、柔道、水泳、テニス、マラソン、スキー、スケート、相撲、ダンス、ボート、ヨット、ランニング、ゴルフ、剣道、ラグビー	格闘技、ボード、競走、体操、鉄棒	
【スポーツをする場所】	プール、グランド	グラウンド、リング、道場、土俵、コート、テニスコート、コース、会場	
【スポーツの道具】		道具、器具	
	ボール、球		まり
	バット		
		縄、綱、ひも、ロープ	
	ゴール		
【ユニフォーム】		ユニフォーム、水着、帯	
【メンバー】	コーチ	監督	キャプテン、親方
	先輩	後輩、弟子、仲間、メンバー	

第1章　言語活動・言語素材と話題

			エース、レギュラー	ベンチ
【審判】			審判	
【方法】			鈴、太鼓、笛	
【選手】			選手、プレーヤー	力士、投手
【試合】		ゲーム、オリンピック、ワールド〜	試合、大会、レース	ナイター

1.5.1.2 スポーツ名詞：抽象概念

意味分類	A	B	C
【ルール】	ルール	規則、決まり	規定、規約、規格
【警告】		アウト、違反、判定	警告、失格
【点】	点	レコード、点数、記録、得点、ポイント、手数	
【採点】		採点、判定	審査
【敵】	相手	敵、ライバル	
【味方】		味方、仲間	
【戦い】		競争、試合、対戦、戦い、勝負、〜戦、対決	マッチ
【攻撃】		攻撃、打撃、ショット	反撃、攻め
【守備】		守り	守備
【動き・動作】		動き、動作	
【作戦】		作戦	戦術
【エリア】	ゴール		陣、エリア、ライン
【チャンス】		チャンス	
【結果】		勝敗	結果
【勝ち】	勝ち	勝利	
【負け】		負け	敗北、敗戦
【対抗・引き分け】	引き分け		
【練習】	練習	訓練、稽古、トレーニング、合宿、修行	
【成果】			成果
【能力】	力、レベル	腕、才能	腕前、技、技能、特技
【順位】		トップ	ビリ
【チーム】	チーム		陣

— 45 —

第1章　言語活動・言語素材と話題

【ポジション】			バック	サイド
【団結】	一体			団結、結束、チームワーク、連帯
【マナー】			作法、態度、礼、礼儀	行儀、エチケット、しきたり
【調子】			調子	
【精神】	気持ち		精神	メンタル
【努力】			努力、我慢	
【目標】			目標、意志、意義、憧れ	志、信念、情熱、インパクト
【プレッシャー】				プレッシャー
【自信】			自信	うぬぼれ
【熱中】			夢中、熱中、集中、真剣	一心
【試合時期】			シーズン	オフ
【試合の構成】			決勝、前半、後半、ハーフ	リーグ、ラウンド
【形態】			団体、チーム、個人、代表	
【賞】			賞、賞品、賞金	タイトル、褒美、名誉
			金、銀、銅、優勝	
【記録】			レコード、記録	
【応援】			応援、激励	
【応援席】				スタンド、ベンチ
【客】	客		観客、ファン	観衆
【プロ】	プロ、チャンピオン		ベテラン、一流、名人、スター、エース、メジャー、横綱	玄人
【アマチュア】	アマチュア		素人、新人	初歩
【人気】	人気		憧れ、目標、ブーム	
【現役】			現役、OB	
【病名・けが】	怪我		骨折、疲れ、吐き気、めまい、日焼け、疲労	あざ、ひび

1.5.2.1 体の動き構文：叙述

名詞群	助詞	述語		
		A	B	C

— 46 —

第1章　言語活動・言語素材と話題

—	—	泳ぐ、走る、動く	滑る、潜る、跳ねる、飛び込む、ジャンプする、構える	ひっくり返る、ターンする、着地する
【スポーツの道具】	を	入れる、出す、取る、投げる	打つ、蹴る、パスする、転がす、回す、持ち上げる、漕ぐ、守る、キャッチする、キックする、パスする、タッチする、シュートする	操る、打ち込む、突っ込む、スイングする、放る
【スポーツの道具】	が	入る、出る	転がる	
【敵】	を	投げる	押さえる、倒す、掴む、ぶつる、殴る、突く、ひっくり返す	
【敵】	と		組む	

1.5.2.2 体の動き構文：修飾

修飾語			名詞群
A	B	C	
速い、遅い	すばやい、ゆっくりとした		【動き・動作】

1.5.3.1 ルール構文：叙述

名詞群	助詞	述語		
		A	B	C
【ルール】	に		従う	
【ルール】	を		守る	
【ルール】	に		違反する	
【ルール】	を		破る	
《禁止事項》	を		禁止する	禁じる

1.5.3.2 ルール構文：修飾

修飾語			名詞群
A	B	C	
難しい、簡単(な)	複雑(な)		【ルール】

1.5.4.1 勝負構文：叙述

名詞群	助詞	述語		
		A	B	C

— 47 —

第 1 章　言語活動・言語素材と話題

【敵】	と	戦う	勝負する、争う、競争する、対戦する	競う
【敵】	を		攻める、攻撃する	
【味方】【チーム】「ゴール」	を		守る	
【敵】	を		防ぐ	
【点】	を	取る	得る	
【点】	が	入る		
【審判】	が		採点する	審査する
【敵】	に	勝つ	勝利する、勝る	逆転する
【敵】	に	負ける	敗れる	敗北する
【敵】	を		破る、やっつける、苦しめる	負かす、圧倒する
—	—		倒れる、参る	しくじる
【敵】	を		追う	
【敵】	に		追いつく	
【試合】	を		リードする	制する、逆転する

1.5.4.2 勝負構文：修飾

修飾語			名詞群
A	B	C	
強い、弱い			【敵】

1.5.5.1 練習構文：叙述

名詞群	助詞	述語		
		A	B	C
—	—	練習する	磨く、鍛える	補強する、強化する
【練習】【スポーツ】	に		熱中する	打ち込む
【練習】【スポーツ】	を	続ける		
【能力】	が	上がる	向上する	
—	—	頑張る	努力する、燃える	奮闘する、もがく、意気込む
—	—		我慢する、堪える	

1.5.5.2 練習構文：修飾

修飾語	名詞群

第1章　言語活動・言語素材と話題

A	B	C	
	基本(の)、応用(の)	基礎の	【練習】
	きつい、楽(な)		【練習】

1.5.6.1 チーム構文：叙述

名詞群	助詞	述語		
		A	B	C
《人》	を		育てる	育成する、養成する
【チーム】	に	入る	所属する、協力する	加入する
【メンバー】	が	入れる	加える、選ぶ	
《人》	を			
【メンバー】	が	変える	交替する、チェンジする	
《人》	を			
《人》	に			
【メンバー】	が		まとめる、指揮する	率いる、統率する
【チーム】	を			
【チーム】	が		まとまる	結束する、団結する
【チーム】	を	助ける	救う、支える	増強する、補強する

1.5.6.2 チーム構文：修飾

修飾語			名詞群
A	B	C	
良い	最高(の)		【チーム】【メンバー】
強い、弱い			【チーム】

1.5.7.1 プロスポーツ構文：叙述

名詞群	助詞	述語		
		A	B	C
—	—	やめる	引退する	
—	—		復活する、よみがえる、カムバックする	
《人》	に		憧れる	
【選手】【プロ】【メンバー】	を		目指す	志す
【選手】【プロ】【メンバー】	を		諦める	

第1章　言語活動・言語素材と話題

| 【選手】【プロ】【メンバー】の【引退】 | を | 悲しむ | 惜しむ |

1.5.7.2 プロスポーツ構文：修飾

修飾語			名詞群
A	B	C	
有名(な)、人気(の)			【スポーツ】【選手】【チーム】

1.5.8.1 試合・大会構文：叙述

名詞群	助詞	述語		
		A	B	C
【試合】	を	開く〈ヒラク〉	開催する	
【試合】	を	終える	閉会する	
【試合】	が	始まる	スタートする	
【試合】	を	やめる	中止する	
【試合】	を		延期する、延長する、伸ばす、中止する	
【試合】	に	出る	出場する	
【試合】	に	進む	進出する	
【試合】	を		棄権する	
【試合】	で	入賞する	優勝する	
【賞】	を	もらう	獲得する、逃す	
《具体的な記録》	を		記録する	
【記録】	を	作る	残す、破る	樹立する
―	―		活躍する	
―	―		後悔する、悔やむ、反省する	
―	―		誓う	

1.5.8.2 試合・大会構文：修飾

修飾語			名詞群
A	B	C	
	満員(の)		【試合】
素晴らしい、良い	最高(の)		

1.5.9.1 マナー構文：叙述

― 50 ―

第1章　言語活動・言語素材と話題

名詞群	助詞	述語		
		A	B	C
【マナー】	を		守る、重視する	重んじる
【チーム】	を		乱す	
ー	ー	挨拶する	握手する	

1.5.9.2 マナー構文：修飾

修飾語			名詞群
A	B	C	
良い、悪い			【マナー】

1.5.10.1 応援構文：叙述

名詞群	助詞	述語		
		A	B	C
【試合】【スポーツ】	を	見る	観覧する	
《人》	を		応援する、励ます	激励する
【楽器】	を	叩く	鳴らす、吹く	
ー	ー	叫ぶ、歌う	拍手する	
【試合】	が		盛り上がる	
【試合】	に	来る	来場する	

1.5.10.2 応援構文：修飾

修飾語			名詞群
A	B	C	
賑やか(な)、静か(な)	華やか(な)		【応援】

1.5.11.1 怪我構文：叙述

名詞群	助詞	述語		
		A	B	C
ー	ー	怪我する	溺れる、吐く、故障する	負傷する、つまづく
ー	ー		倒れる、参る、衰える	ダウンする、ばてる
《体の部位》	を	折る	傷める	
《体の部位》	が	折れる	折れる、傷む、しびれる	

1.5.11.2 怪我構文：修飾

修飾語			名詞群
A	B	C	
軽い、重い			【病名・けが】

1.5.12 スポーツその他

	A	B	C
点数・順位に関する接尾辞	〜点	〜位、〜着	
力に関する接尾辞		〜力	

第1章　言語活動・言語素材と話題

【1.6 住】

	職業的領域	私的領域（場所）	私的領域（人）
単語	あなたは建築士です。施主に設計図を見せたら、「ここは何ですか」と聞かれました。答えてください。	あなたは家を買おうと思っています。不動産屋で、マンションと一戸建てのどちらが希望か聞かれました。答えてください。	友達に、あなたの家の部屋の数を聞かれました。答えてください。
単文	あなたは建築士です。ある日本人の家を設計することになりました。希望の間取りを聞いてください。	不動産屋と一緒に中古住宅を見に来ました。いつ建てられた物件なのか聞いてください。	友達が住宅情報誌を見ています。気に入った物件があるか、聞いてください。
複文	あなたは建築現場の監督です。これからAさんの家の工事を開始します。隣近所にそのことを伝えてください。	両親と一緒に住みたいと思っています。不動産屋でバリアフリーの中古マンションを探してもらってください。	友達が、最近バリアフリーの家を建てたそうです。住み心地を聞いてみてください。
単段落	あなたは建築現場の監督です。施主に、使用した建築資材について詳しく説明してください。	あなたは家を建てたいと思っています。どんな家が建てたいのか、設計士に詳しく説明してください。	日本の家は、あなたにとっては、いろいろ不便なところがあります。どんなところが不便なのか、また、あなたの国の家とはどう違うのか、友達に詳しく説明してください。
複段落	あなたは不動産会社の社員です。客は、都心の賃貸住宅に住みたいと考えているようですが、賃貸よりも販売に重点を置くという会社の方針があるので、郊外に家を買うことを勧め、客を説得してください。	あなたは自宅を新築しました。建物は設計図どおりなのですが、実際には、ピアノを置くスペースが十分ではありませんでした。ピアノを置くということは、設計段階で何度も確認したことです。建築会社に行って、建築のやり直しか、建築代金の割り引きを要求してください。	子供たちが大きくなってきたので、家を建てることを考えています。あなたは、子供たちにはそれぞれ一部屋ずつ与える方が、教育上望ましいと考えています。しかし、あなたの夫は、「子供が孤立してしまう」と言って、それに反対しています。夫を説得してください。

「1.6 住」の言語活動を支える構文

1.6.1 住名詞　1.6.1.1 住名詞：具体物　1.6.1.2 住名詞：抽象概念
1.6.2 居住構文　1.6.2.1 居住構文：叙述　1.6.2.2 居住構文：修飾
1.6.3 建築・補修構文　1.6.3.1 建築・補修構文：叙述　1.6.3.2 建築・補修構文：修飾
1.6.4 防犯構文　1.6.4.1 防犯構文：叙述　1.6.4.2 防犯構文：修飾
1.6.5 住その他

1.6.1.1 住名詞：具体物

意味分類	A	B	C
【建物】		建物	物件
	家、うち	お宅、住宅、ハウス	住居、住まい、宅、家屋、自宅
	アパート、マンション、ビル、城	集合住宅、団地、ビルディング、寮	貸家、別荘、高層マンション、高層住宅、社宅、屋敷、邸宅、本館、公団住宅、公営住宅
【職業】		大工、不動産	
【設計】		図面、平面	
【建築資材】	木、石	木材、材木、板、鉄、コンクリート、陶器、ボード、煉瓦	セメント、藁、タイル、磁器、〜材、石灰、無垢、パネル
【庭・門・倉庫など】	庭	芝	中庭、芝生、屋外、敷地
	門	正門、塀	柵、構え、垣根、堀
		車庫、倉庫、物置	蔵、ガレージ、バルコニー
【部屋・設備】			外壁
	入口、出口、玄関	出入り口	ロビー
	台所	キッチン、ダイニング、食堂	勝手、流し、食卓
	お風呂、シャワー	浴室、バス	浴槽
	トイレ	便所、お手洗い	水洗便所、便器
	部屋、教室、ホール	リビング、寝室、和室、室内、スタジオ、ルーム	間〈マ〉、〜室、座敷、居間、客間、書斎、待合室、応接室、茶の間、控え室
	廊下、階段	エスカレーター、段	はしご、手摺

		押し入れ、物置	収納
		屋上、地下	縁側
【内装】		壁	床、外壁、クロス
		柱、基礎	桁、土台
			屋根、軒、天井、煙突、瓦
	戸、ドア、窓、ガラス、扉		雨戸、ふすま、障子
			床の間
【家具】		家具	
	机、テーブル		食卓
	椅子	ソファー、シート、ベンチ	腰掛け
		畳	じゅうたん、カーペット
		カーテン	幕
	本棚	棚、たんす、戸棚、ロッカー	
【機器】	電気	電灯、明かり、照明機器、電球、ライト、ランプ、ろうそく	灯、蛍光灯、エアコン、配線
【寝具】	ベッド		寝台
	布団	枕、シーツ、座布団、毛布	夜具
【鍵】	鍵	金庫、留守番	

1.6.1.2 住名詞：抽象概念

意味分類	A	B	C
【住】			住
【建築】		建築	
【景観】		景色	景観
【日当たり】		日当たり、日差し	
【デザイン】		デザイン	外観
【工法】			工法
【引き渡し】			引き渡し
【コスト】			ローン、賃貸、コスト

【登記】			登記
【機能】			断熱、耐震、エコ、防水、強度、防災、バリアフリー
【防犯】		対策、防犯	阻止、防火
【留守】		留守	
【トラブル】		泥棒、火事、犯罪	
【賃貸】			賃貸
【賃料】			賃料
【損傷】		汚れ、傷み、傷、かび	さび、ひび
【補修】			修補、メンテナンス

1.6.2.1 居住構文：叙述

名詞群	助詞	述語		
		A	B	C
【建物】《場所》	に	住む		住まう
【建物】《場所》	で	生活する	暮らす	
【建物】	を	買う	購入する	発注する
【建物】	を	借りる		
【建物】	に	入る	入居する	

1.6.2.2 居住構文：修飾

修飾語			名詞群
A	B	C	
新しい、古い	築年数が浅い		【建物】【建築】
大きい、小さい			
広い、狭い		広々(とした)	
遠い、近い			
便利(な)	不便(な)		
	快適(な)	心地良い	

1.6.3.1 建築・補修構文：叙述

名詞群	助詞	述語		
		A	B	C
【建物】	を	建てる	建築する、新築する	

第1章　言語活動・言語素材と話題

【建築資材】	で			
【建物】	を		設計する	
【建築】	に			着工する
【建物】	が	できる、建つ	完成する、できあがる	施工する
【建物】 【内装】【家具】【機器】	に を		取り付ける、設置する	備え付ける
【建物】【内装】	が	壊れる	倒れる、傷む、腐る、崩れる、傾く、荒れる、割れる	剥げる、きしむ
「雨」	が		漏る、漏れる	
【建物】【内装】【家具】【機器】【損傷】	を		修理する、補修する、リフォームする	再建する、補強する

1.6.3.2 建築・補修構文：修飾

修飾語			名詞群
A	B	C	
	丈夫(な)	頑丈(な)	【建物】【建築】【デザイン】
きれい(な)、おしゃれ(な)、すてき(な)	美しい、高級(な)、地味(な)、派手(な)、モダン(な)、シンプル(な)、華やか(な)	安っぽい、簡素(な)	
	西洋(の)、洋風(の)、和風(の)、〜式(の)、〜風(の)、近代(の)、伝統(の)	欧米(の)、折衷(の)	
		木造(の)	
	激しい、ひどい		【損傷】

1.6.4.1 防犯構文：叙述

名詞群	助詞	述語		
		A	B	C
ー	ー		警備する、戸締りする	
【トラブル】	を		防ぐ	
【トラブル】	から		守る	
【建物】	を			

— 57 —

第1章　言語活動・言語素材と話題

【建物】	から	盗む		
《物》	を			

1.6.4.2 防犯構文：修飾

修飾語			名詞群
A	B	C	
	しっかり(した)	厳重(な)	【防犯】

1.6.5 住その他

	A	B	C
広さに関する接尾辞			〜坪
軒数に関する接尾辞		〜軒	
階数に関する接尾辞	〜階	〜階建て	
部屋の明るさに関する接尾辞			〜ワット
デザインに関する接辞		和〜、洋〜、〜式、〜風	

第1章　言語活動・言語素材と話題

【1.7 言葉】

	職業的領域	私的領域（場所）	私的領域（人）
単語	あなたはホテルのレストランで働いています。お客さんに「chopstickは日本語で何ですか？」と聞かれました。答えてください。	日本語の授業で、先生に、あなたの国の言葉には漢字があるか聞かれました。答えてください。	友達に何歳の時に文字を覚えたか聞かれました。答えてください。
単文	あなたは日本語教師です。学生が母語でメモをしました。何を書いたか尋ねてください。	今、日本語の授業中です。先生がわからない言葉を言いました。先生に質問してください。	友達と話している時に、友達が知らない言葉を使いました。意味を尋ねてください。
複文	あなたは翻訳家です。ある本の翻訳を頼まれましたが、専門の分野以外の翻訳はできません。断ってください。	街で知らない言葉を聞きましたが、辞書を引いても意味がわかりませんでした。日本語学校の教員室に行って、先生に質問してみてください。	スピーチのための原稿を書きましたが、自分の日本語に自信がありません。友達に添削を頼んでください。
単段落	あなたは電器屋の店員です。新しい電子辞書の機能を客に説明してください。	日本語ボランティア教室に行ったら、ボランティア教師から、あなたの国の言葉と日本語の違いを聞かれました。文法や文字などの違いを説明してあげてください。	今日友達が話していた冗談（だじゃれ・語呂合わせ）の意味を、別の友達に教えてあげてください。
複段落	あなたは日本語教師です。市役所の国際交流課に行って、職場や生活の場で外国人が日本語を使用することの大切さを説き、市の生活保健センターを日本語ボランティアのために使用できるよう、お願いしてください。	会社の面接で「敬語」の使用について聞かれました。敬語の難しさ、必要性等について、あなたの意見を述べてください。	外国語学習は早く始めるほどいいと言う人もいれば、子供のうちは母国語を大事にした方がいいと言う人もいます。友達が5歳の子供に英語を習わせるべきか迷っています。あなたの意見を述べ、アドバイスしてあげてください。

第1章　言語活動・言語素材と話題

「1.7 言葉」の言語活動を支える構文

1.7.1 言葉名詞　1.7.1.1 言葉名詞：具体物　1.7.1.2 言葉名詞：抽象概念

1.7.2 話す構文　1.7.2.1 話す構文：叙述　1.7.2.2 話す構文：修飾

1.7.3 書く構文　1.7.3.1 書く構文：叙述　1.7.3.2 書く構文：修飾

1.7.4 読む構文　1.7.4.1 読む構文：叙述　1.7.4.2 読む構文：修飾

1.7.5 聞く構文　1.7.5.1 聞く構文：叙述　1.7.5.2 聞く構文：修飾

1.7.6 外国語構文　1.7.6.1 外国語構文：叙述　1.7.6.2 外国語構文：修飾

1.7.7 言語能力構文　1.7.7.1 言語能力構文：叙述　1.7.7.2 言語能力構文：修飾

1.7.8 言葉の歴史構文　1.7.8.1 言葉の歴史構文：叙述　1.7.8.2 言葉の歴史構文：修飾

1.7.9 コミュニケーション構文　1.7.9.1 コミュニケーション構文：叙述　1.7.9.2 コミュニケーション構文：修飾

1.7.10 言葉その他

1.7.1.1 言葉名詞：具体物

意味分類	A	B	C
【器官】	口、歯	のど、舌	唇
【辞書】	辞書	辞典	百科辞典・百科事典、字引
			英和、和英、漢和
【資料】		資料	
			和歌、万葉集、古事記、〜抄

1.7.1.2 言葉名詞：抽象概念

意味分類	A	B	C
【言葉・言語】	言葉、〜語、英語	国語、方言	言語
【話し言葉】	会話	書き取り、スピーチ、聞き取り、話し言葉	口語、発話
【聞き手】			聞き手
【語・語彙】	言葉	語、語彙	
		熟語、単語、用語	漢語、略語、語句、略、暗号、フレーズ
			語源、ルーツ
【意味】	意味	ニュアンス	意
【文法用語】	ルール	文法、規則、決まり	

第1章 言語活動・言語素材と話題

			用法
		活用	末尾
		肯定、否定	打ち消し、真偽、偽
		名詞、代名詞、形容詞、形容動詞、動詞、副詞、助詞、助動詞、接続詞、自動詞、他動詞、数詞	詞、辞、不定
			格
			人称
		受身	受動
		時、現在、過去、未来	
			命題、詞
			主語、述語
		数	単数、複数
			文語
			談話
【例】		例	用例
【意味】	意味		
			同義、比喩
【語種】			固有、借用
【語構成】		合成、複合	派生
【文字】	字	文字	表記
	片仮名、平仮名、漢字、数字	仮名、ローマ字、アルファベット	英字
		送り仮名、振り仮名、部首、読み	
		仮名遣い、五十音	字体
【スペル】			綴り
【音・声】	音、声	音声	音〈オン〉
	アクセント、発音		清濁、母音、ピッチ、拍、周波数
【敬語】		敬語	言葉遣い
【敬意・待遇】		尊敬	敬意

— 61 —

【バリエーション】		方言、標準語、共通語	
【世代】		年代、若者、世代	
【規範】	ルール	規則	規範
【語学】			語学
【母語】			母語、ネイティブ
【訳語】			訳語
【英文・和文】			英文、和文、漢文
【レベル】		初級、上級	片言、初歩

1.7.2.1 話す構文：叙述

名詞群	助詞	述語		
		A	B	C
【言葉・言語】	を	話す	発話する	
《人》	と	会話する		
【器官】	を	当てる	丸める、鳴らす	震わせる

1.7.2.2 話す構文：修飾

なし

1.7.3.1 書く構文：叙述

名詞群	助詞	述語		
		A	B	C
【言葉・言語】【文字】	を	書く	記入する、記す	

1.7.3.2 書く構文：修飾

なし

1.7.4.1 読む構文：叙述

名詞群	助詞	述語		
		A	B	C
【言葉・言語】	を	読む		

1.7.4.2 読む構文：修飾

1.7.5.1 聞く構文：叙述

名詞群	助詞	述語		
		A	B	C
【言葉・言語】	を	聞く		

1.7.5.2 聞く構文：修飾

なし

1.7.6.1 外国語構文：叙述

名詞群	助詞	述語		
		A	B	C
【言葉・言語】	を		翻訳する、訳す	
【言葉・言語】	に			
【言葉・言語】	が		通じる、使える	

1.7.6.2 外国語構文：修飾

修飾語			名詞群
A	B	C	
難しい、簡単(な)、易しい			【言語・言葉】【語・語彙】【文法用語】【文字】【スペル】【音・声】【敬語】

1.7.7.1 言語能力構文：叙述

名詞群	助詞	述語		
		A	B	C
【言葉・言語】【文字】【語・語彙】	が		上達する、伸びる	
【言葉・言語】【文字】【語・語彙】	が	分かる	通じる	
【言葉・言語】【文字】【語・語彙】	を	勉強する、覚える	学習する、学ぶ、暗記する	
【言葉・言語】【文字】【語・語彙】	を		習得する	

1.7.7.2 言語能力構文：修飾

— 63 —

第1章　言語活動・言語素材と話題

なし

1.7.8.1 言葉の歴史構文：叙述

名詞群	助詞	述語		
		A	B	C
【言葉・言語】	が	変わる	変化する、乱れる	

1.7.8.2 言葉の歴史構文：修飾

なし

1.7.9.1 コミュニケーション構文：叙述

名詞群	助詞	述語		
		A	B	C
【言葉・言語】	が		通じる、通用する	
【言葉・言語】	を	間違う	誤る	
【言葉・言語】	を		略す、略する、縮める、省略する	

1.7.9.2 コミュニケーション構文：修飾

修飾語			名詞群
A	B	C	
	はっきり(とした)	あいまい(な)	【言葉・言語】【意味】
	丁寧(な)、失礼(な)	ぞんざい(な)、無礼(な)	

1.7.10 言葉その他

	A	B	C
画数に関する接尾辞			～画
人称に関する接尾辞			～人称
言語に関する接尾辞	～語		

第1章　言語活動・言語素材と話題

【1.8 文芸・出版】

	職業的領域	私的領域（場所）	私的領域（人）
単語	あなたは本屋の店員です。お客さんに本の値段を聞かれたので、答えてください。	本屋で本を買いました。カバーをかけるかどうか聞かれたので、答えてください。	今読んでいる本のタイトルを聞かれました。答えてください。
単文	あなたは図書館員です。図書館の休館日について問い合わせがありました。答えてください。	図書館で「タテ社会の人間関係」という本を探しています。図書館員にその本がある場所を聞いてください。	あなたも友達もたまたま同じ本を読んでいます。いつ、どこで買ったか、友達に聞いてください。
複文	あなたは出版社の社員です。原稿を頼んでいる先生に電話をして、締切日の確認をしてください。	取り寄せていた本が入荷したという電話があったので、本屋に取りに行きました。カウンターで本を受け取ってください。	何か日本語で書かれた本を読みたいと思っています。友達に、自分の好みを伝えて、お薦めの本を教えてもらってください。
単段落	あなたは図書館員です。今月の推薦図書の内容について、問い合わせがありました。その本の内容を話してください。	あなたは、論文を書くために必要な本を探しに図書館に行きました。しかし、その本は、岡田教授に長期貸し出し中でした。岡田教授の研究室に行って事情を話し、本を借りてください。	最近「砂の女」という小説を読みました。友達にそのストーリーについて聞かれたので、詳しく教えてあげてください。
複段落	あなたは、ある文学賞の審査員をしています。最終選考に2つの作品が残りました。あなたは「冬の雨」という作品を推しています。その作品の良さと作家の将来性を述べ、反対している審査員の意見を変えさせてください。	あなたは芥川賞を受賞しました。記者のインタビューに答え、これまでの自分の足跡をたどりながら、喜びと感謝の言葉を述べてください。	あなたは日本の漫画が大好きです。日本の漫画は大人にも読まれていますが、あなたの友達はそれが変だと言います。日本の漫画の素晴らしさや、作品としての完成度の高さなどを説明し、友達の意見を変えさせてください。

第1章　言語活動・言語素材と話題

「1.8 文芸・出版」の言語活動を支える構文

1.8.1 文芸・出版名詞　1.8.1.1 文芸・出版名詞：具体物　1.8.1.2 文芸・出版名詞：抽象概念

1.8.2 読書構文　1.8.2.1 読書構文：叙述　1.8.2.2 読書構文：修飾

1.8.3 出版構文　1.8.3.1 出版構文：叙述　1.8.3.2 出版構文：修飾

1.8.4 図書館構文　1.8.4.1 図書館構文：叙述　1.8.4.2 図書館構文：修飾

1.8.5 文芸・出版その他

1.8.1.1 文芸・出版名詞：具体物

意味分類	A	B	C
【本】	本		書籍、書物、ブック
【作家】		作家、詩人	
【本の種類】	雑誌、辞書、教科書、テキスト	絵本、コミック、ガイドブック、辞典、図鑑、聖書、単行本	百科辞典・百科事典、シリーズ、全集、字引、新書、同人誌、〜誌、文庫本、年鑑
【書店】	店	書店	書房
【清書】	メモ		清書、下書き
【原稿】			原稿
【文字】		文字	フォント
【絵】	絵	画像	挿し絵
【本の部分】	ページ	目次、表紙	索引、訳、カバー、巻末、綴り
【読者】		ファン	読者
【古本】			古本
【図書館】	図書館		文庫、ライブラリー
【蔵書】			蔵書
【貴重書】			写本、複製

1.8.1.2 文芸・出版名詞：抽象概念

意味分類	A	B	C
【作品】	話	作品、名作、原作	著作、著書
【著者】		作者	著者、筆者
			〜著
【雑誌の形態・内容】		特集	連載、季刊

第1章　言語活動・言語素材と話題

【ジャンル】		文学、小説、物語、	文芸、童話、児童文学、ミステリー
		リポート・レポート、日記、記録	伝記、随筆、評論、概論、概説、エッセー、人文書
	歌	詩、俳句	歌〈か〉、歌謡、句、短歌
		脚本、シナリオ	戯曲、台本
	漫画	アニメ、アニメーション、キャラクター	
			短編、長編
		現実、伝説、歴史	冒険、空想、神話、忍者
【ネタ元】		経験、体験、現実	
			空想
		伝説、歴史	神話
【時代区分】		時代	古典
		中世、近代、現代	
【感動】		感動	
【原典】			原書、原典
【文章】	文章、文		せりふ、文体、本文
			文脈
【締切】			期限、締め切り
【デザイン】		デザイン	レイアウト
【版】			初版、版、改訂、絶版
【批評】		評価	批評、書評
【人気】	人気	傑作、ベストセラー	駄作
【貸借】		貸し出し	
【期限】		期限	

1.8.2.1 読書構文：叙述

名詞群	助詞	述語		
		A	B	C
【本】【本の種類】【ジャンル】【作品】	を	読む	味わう、読み上げる	講読する、朗読する
ー	ー	読書する		
【本】【本の種類】【ジャンル】【作品】	に		感動する	

第1章　言語活動・言語素材と話題

1.8.2.2 読書構文：修飾

修飾語			名詞群
A	B	C	
古い、新しい			【本】【本の種類】【作品】【ジャンル】
厚い	薄い		
楽しい、面白い	つまらない、愉快(な)		
	ばからしい、ばかばかしい	高尚(な)、学術的(な)	
	感動的(な)		
有名(な)、人気(の)	著名(な)		【本】【本の種類】【作品】【ジャンル】【作家】

1.8.3.1 出版構文：叙述

名詞群	助詞	述語		
		A	B	C
【本】【本の種類】【ジャンル】【作品】	を	書く	創作する、描く、記す	執筆する、創造する、描写する、著す
【本】【本の種類】【ジャンル】【作品】	を		訳す、翻訳する	
【著者・作家】	が			模倣する、引用する
《他の作品》	を			
【著者・作家】	が	出す	提出する	
【原稿】	を			
【原稿】	を		締め切る	
【本】【本の種類】【ジャンル】【作品】	を		編集する	
【著者・作家】【書店】	が	出す、売る、並べる	載せる、発表する、発行する、出版する	掲載する、刊行する、創刊する
【本】【本の種類】【ジャンル】【作品】	を			
【本】【本の種類】【ジャンル】【作品】	を		刷る、印刷する	

第1章　言語活動・言語素材と話題

【本】【本の種類】【ジャンル】【作品】	を	評価する	批評する

1.8.3.2 出版構文：修飾
なし

1.8.4.1 図書館構文：叙述

名詞群	助詞	述語		
		A	B	C
【本】【本の種類】【ジャンル】【作品】	を	貸す、借りる、返す	返却する	
【本】【本の種類】【ジャンル】【作品】	を	見る、読む		閲覧する
【本】【本の種類】【ジャンル】【作品】	を	探す、見つける		
【本】	を	聞く	尋ねる	
《人》	に			
【図書館】	が	持つ		所蔵する
【本】【本の種類】【ジャンル】【作品】	を			

1.8.4.2 図書館構文：修飾

修飾語			名詞群
A	B	C	
多い、少ない、たくさん(の)			【本】【本の種類】【ジャンル】
珍しい	貴重(な)		
便利(な)、親切(な)		不便(な)	【図書館】

1.8.5 文芸・出版その他

	A	B	C
数え方に関する助数詞	～冊		
号数に関する助数詞		～号	～巻、～集、～編
出版に関する助数詞			～版
構成に関する助数詞		～章、～段、～行	～節

第1章　言語活動・言語素材と話題

【1.9 季節・行事】

	職業的領域	私的領域（場所）	私的領域（人）
単語	あなたは観光局の職員です。首都の昨日の最高気温を聞かれました。答えてください。	デパートでクリスマスプレゼントを買いました。クリスマス用の包装にしていいか聞かれました。答えてください。	友達に、今年の旧正月はいつか聞かれました。答えてください。
単文	あなたは観光局の職員です。あなたの国の地図がほしいという客に対し、どの地域の地図が必要なのか尋ねてください。	駅前のケーキ屋さんに行って、クリスマスケーキの予約をしてください。	桜のきれいな季節になりました。友達を花見に誘ってください。
複文	あなたは観光局の職員です。今の季節の服装についての問い合わせがありました。あなたの国は標高差がある（面積が広い）こともふまえて、答えてください。	来月、海外旅行をします。旅行会社に電話をして、今の季節の服装について聞いてください。	夏を涼しく過ごすためにはどうすればいいか、友達に相談されました。アドバイスしてください。
単段落	あなたはバレンタインチョコレート売場の店員です。お客さんが買おうかどうしようか迷っています。お客さんが買いたくなるよう、今年お薦めのチョコについて詳しく説明してあげてください。	毎年、母の誕生日に花束を贈っていますが、今年はちょうど還暦なので、思い出に残るような花束を贈りたいと思います。どのような花束にしたいか、花屋さんに詳しく説明してください。	子供の時のクリスマスの思い出について友達に聞かれました。サンタクロースについてのエピソードを話してあげてください。
複段落	あなたは市の広報担当です。あなたの市では毎年花火大会が行われます。しかし、今年は不況で企業からの協賛金が集まらず、開催を見送ることになりました。テレビの報道番組で開催中止に至った経緯を話し、全国のファンに理解を求めてください。	小学校の豆まき大会に招かれ、あなたの国の似たような伝統行事のことを生徒たちの前で話すことになりました。あなたの国の伝統行事について説明し、伝統を守っていくことの大切さを生徒たちに理解してもらってください。	最近、正月に伝統的なおせち料理を食べない家庭が増えていることをどう思うか、友達に聞かれました。それが望ましいことかどうか、あなたの意見を述べてください。

第1章　言語活動・言語素材と話題

「1.9 季節・行事」の言語活動を支える構文

1.9.1 季節・行事名詞　1.9.1.1 季節・行事名詞：具体物　1.9.1.2 季節・行事名詞：抽象概念
1.9.2 行事構文　1.9.2.1 行事構文：叙述　1.9.2.2 行事構文：修飾
1.9.3 季節構文　1.9.3.1 季節構文：叙述　1.9.3.2 季節構文：修飾
1.9.4 春構文　1.9.4.1 春構文：叙述　1.9.4.2 春構文：修飾
1.9.5 梅雨構文　1.9.5.1 梅雨構文：叙述　1.9.5.2 梅雨構文：修飾
1.9.6 夏構文　1.9.6.1 夏構文：叙述　1.9.6.2 夏構文：修飾
1.9.7 秋構文　1.9.7.1 秋構文：叙述　1.9.7.2 秋構文：修飾
1.9.8 冬構文　1.9.8.1 冬構文：叙述　1.9.8.2 冬構文：修飾
1.9.9 季節・行事その他

1.9.1.1 季節・行事：具体物

意味分類	A	B	C
【冷房器具・道具】	クーラー	冷房、扇風機	扇子、うちわ
【暖房器具】	ストーブ	暖房	
【春の行事】		花見、田植え、雛祭り	
		オリエンテーション	
【夏の行事】		海水浴、キャンプ	
【秋の行事】	スポーツ、運動	収穫	
【冬の行事】	クリスマス、正月		
【紅葉・落葉】		紅葉〈コウヨウ〉、落ち葉	
【仲秋】		満月	
【遊び道具】	スキー、スケート	そり	
【雨具】	傘	レインコート	

1.9.1.2 季節・行事名詞：抽象概念

意味分類	A	B	C
【暦】	カレンダー		暦
【行事】		行事	催し
【祭り】	祭り	〜祭	
【祝い】		お祝い	
【余暇】		レジャー	レクリエーション、娯楽
【季節】	季節、春、夏、秋、冬	四季、シーズン	
【休み】	夏休み	連休	

【故郷】		ふるさと、故郷	
【天候】	雨、台風、雪、氷	吹雪、梅雨	雨天
【正月】	正月	元日、新年	
【出会い・別れ】		出会い、別れ	

1.9.2.1 行事構文：叙述

名詞群	助詞	述語		
		A	B	C
【行事】【祭り】	を	する、行う	実行する、実施する	催す

1.9.2.2 行事構文：修飾

修飾語			名詞群
A	B	C	
珍しい	伝統(の)	固有(の)	【行事】【祭り】
違う	異なる、ユニーク(な)	独自(の)、特融(の)、固有(の)	

1.9.3.1 季節構文：叙述

名詞群	助詞	述語		
		A	B	C
【季節】	が	変わる	変化する、移る	

1.9.3.2 季節構文：修飾

なし

1.9.4.1 春構文：叙述

名詞群	助詞	述語		
		A	B	C
《動作主》	が	出る	卒業する	
《学校など》	を			
《動作主》	が	入る	入学する	
《学校・会社など》	に			

第1章 言語活動・言語素材と話題

1.9.4.2 春構文：修飾

修飾語			名詞群
A	B	C	
	穏やか(な)、さわやか(な)	すがすがしい	【季節】

1.9.5.1 梅雨構文：叙述

名詞群	助詞	述語		
		A	B	C
《物》	が		腐る	湿気る

1.9.5.2 梅雨構文：修飾

なし

1.9.6.1 夏構文：叙述

名詞群	助詞	述語		
		A	B	C
―	―	帰る	帰京する	

1.9.6.2 夏構文：修飾

修飾語			名詞群
A	B	C	
	厳しい	猛烈(な)	「暑さ」

1.9.7.1 秋構文：叙述

名詞群	助詞	述語		
		A	B	C
《動作主》	が		刈る、取り入れる、収穫する	
《作物等》	を			
《作物等》	が	できる		実る

1.9.7.2 秋構文：修飾

修飾語			名詞群
A	B	C	
	穏やか(な)、さわやか(な)	すがすがしい	【季節】

1.9.8.1 冬構文：叙述

名詞群	助詞	述語		
		A	B	C
《場所》	に	帰る	帰京する	

1.9.8.2 冬構文：修飾

修飾語			名詞群
A	B	C	
	厳しい	猛烈(な)	「寒さ」

1.9.9 季節・行事その他

	A	B	C
新年に関する接頭辞		初〜	

第1章　言語活動・言語素材と話題

【1.10　文化一般】

	職業的領域	私的領域（場所）	私的領域（人）
単語	あなたは観光ガイドです。日本人観光客があなたの国の料理の写真を指して名前を聞いています。答えてください。	ホームステイ先でホストマザーにいつもフォークと箸のどちらを使っているか聞かれました。答えてください。	テレビで、あなたの国の踊り（衣装、楽器）が紹介されています。友達に、その名前を聞かれたので、答えてください。
単文	あなたは観光ガイドです。今、あなたの国の観光施設（寺、教会）にいます。この場所は撮影禁止であることを日本人観光客に伝えてください。	ホームステイ先で、あなたの国にはない飾り物を見つけました。ホストファミリーに名前を聞いてください。	友達が、あなたが持っている民族衣装に興味を持っています。どこで買ったのか、いつ着るのかなどを教えてあげてください。
複文	あなたは観光ガイドです。日本人観光客があなたの国のお酒を紹介してほしいと頼んでいます。自由時間に店に案内することを約束してください。	ホームステイ先ではあちこちでスリッパをはきかえます。なぜはきかえるのか聞いてください。	友達に豚肉の料理を勧められましたが、宗教上の理由で食べられません。理由を言って、断ってください。
単段落	あなたは観光ガイドです。今お客さんを、レストラン街に連れて来ました。解散する前に、チップの金額と渡し方のルールを説明してください。	大学の異文化間コミュニケーションの授業で、あなたの感じたカルチャーショックについて聞かれました。詳しく説明してください。	あなたの国の年中行事について、友達に聞かれました。詳しく説明してください。
複段落	あなたは観光ガイドです。現在案内している観光ルートは客の評判がよくありません。上司に現在の観光ルートの問題点を指摘し、あなたの国の文化、風習を伝えることができる新しい観光ルートを提案してください。	小学校の異文化交流の授業に呼ばれました。結婚と子供の誕生に関する、あなたの国の習慣・風習について、その詳細と意義を述べてください。	日本のお歳暮・お中元の習慣について、友達と話しています。友達は不要だと言いますが、あなたはそう思いません。これまでのこの習慣のあり方と、その影響について述べ、残すべきだということを主張してください。

第1章　言語活動・言語素材と話題

「1.10 文化一般」の言語活動を支える構文

1.10.1 文化一般名詞　1.10.1.1 文化一般名詞：具体物　1.10.1.2 文化一般名詞：抽象概念

1.10.2 保護・継承・伝播構文　1.10.2.1 保護・継承・伝播構文：叙述　1.10.2.2 保護・継承・伝播構文：修飾

1.10.3 異文化交流構文　1.10.3.1 異文化交流構文：叙述　1.10.3.2 異文化交流構文：修飾

1.10.4 文化一般その他

1.10.1.1 文化一般：具体物

意味分類	A	B	C
【地域・民族】	国、町、村	地方、地域	
		民族	
【文化財】			文化財
【後継ぎ】		後継ぎ	

1.10.1.2 文化一般名詞：抽象概念

意味分類	A	B	C
【文化】		文化	風俗、風習、慣習、慣行、慣例、民俗
【自慢】		自慢	
【特徴】		特徴	
【伝統】		伝統	
【摩擦】		摩擦	

1.10.2.1 保護・継承・伝播構文：叙述

名詞群	助詞	述語 A	述語 B	述語 C
【文化】【伝統】【文化財】【特徴】	を		守る、保護する	
【文化】【伝統】【文化財】【特徴】	を		受け継ぐ、残す、継ぐ	
【文化】【伝統】【文化財】【特徴】	を	紹介する	広める、伝える	
【文化】【伝統】【文化財】【特徴】	が		広まる、伝わる	
【文化】【伝統】【文化財】【特徴】	を		自慢する	誇る

1.10.2.2 保護・継承・伝播構文：修飾

修飾語 A	修飾語 B	修飾語 C	名詞群

— 76 —

第1章　言語活動・言語素材と話題

珍しい	伝統(の)	固有(の)	【文化】
	豊か(な)		

1.10.3.1 異文化交流構文：叙述

名詞群	助詞	述語		
		A	B	C
【文化】【伝統】【文化財】【特徴】	が		交わる、交流する	
【文化】【伝統】【文化財】【特徴】	が	違う	異なる	
【文化】【伝統】【文化財】【特徴】	を		認める、理解する	尊重する
【摩擦】	が	起きる	生じる、生ずる、起こる	

1.10.3.2 異文化交流構文：修飾

修飾語			名詞群
A	B	C	
いろいろ(な)	さまざま(な)	多様(な)	【文化】
違う	異なる、ユニーク(な)	独自(の)、特融(の)、固有(の)	

1.10.4 文化一般その他
なし

第1章　言語活動・言語素材と話題

【2.1 町】

	職業的領域	私的領域（場所）	私的領域（人）
単語	あなたは町の観光案内所で働いています。観光客に、案内所の隣の建物が何か聞かれました。答えてください。	あなたは町を歩いていたら、観光客に、駅は右か左か聞かれました。答えてください。	友達に、日用品の買い物はどこでするか聞かれました。いつも買い物をするスーパーの名前を教えてください。
単文	あなたは町の観光案内所で働いています。観光客が、町の有名な遺跡に行きたいと言っています。何で行けばいいか教えてあげてください。	あなたは今友達と町を歩いています。面白い形のビルが見えます。そのビルが何か、友達に尋ねてください。	駅にいる友達から、あなたの家に行きたいと電話がありました。どのぐらいかかるか、教えてあげてください。
複文	あなたは町の観光案内所で働いています。壁に貼ってある地図を見ている観光客に声をかけ、町の案内パンフレットを渡してください。	今駅前のバス停にいます。バスで病院へ行く方法を聞かれました。教えてあげてください。	友達があなたの家に来ます。学校からあなたの家までの道順を教えてあげてください。
単段落	あなたは町の観光案内所でガイドとして働いています。今、観光客を町の有名な遺跡に案内しました。その遺跡の歴史を説明してください。	町を歩いている時に、市民センターまでの道を聞かれました。市民センターは町のはずれにあって地図にも載っていません。行き方をわかりやすく教えてあげてください。	あなたの町の商店街について友達に聞かれました。どんな店があってどんな雰囲気なのか、商店街のことがよくわかるよう、説明してあげてください。
複段落	あなたは市会議員です。市の歴史的な景観を守るための企画を考えています。議会で、その企画を説明し、予想される観光客の動向等について述べてください。	あなたの町の有名な史跡が、開発によってなくなろうとしています。市役所の担当部署に行って、史跡を残す意義を話し、その史跡を残すよう交渉してください。	今あなたの町では再開発が進んでいます。古い家屋の取り壊しや道路の拡張などをするのだそうですが、あなたは日本文化の保護のために、それはするべきではないと思っています。同じ町に住んでいる友達に、あなたの意見を述べてください。

― 78 ―

第1章 言語活動・言語素材と話題

「2.1 町」の言語活動を支える構文

2.1.1 町名詞　2.1.1.1 町名詞：具体物　2.1.1.2 町名詞：抽象概念

2.1.2 町の様子構文　2.1.2.1 町の様子構文：叙述　2.1.2.2 町の様子構文：修飾

2.1.3 居住構文　2.1.3.1 居住構文：叙述　2.1.3.2 居住構文：修飾

2.1.4 位置・方角構文　2.1.4.1 位置・方角構文：叙述　2.1.4.2 位置・方角構文：修飾

2.1.5 施設構文　2.1.5.1 施設構文：叙述　2.1.5.2 施設構文：修飾

2.1.6 町その他

2.1.1.1 町名詞：具体物

意味分類	A	B	C
【公共施設・公的機関】	警察	交番、消防、消防署	～署
	大使館	役所、県庁	役場
		税務署、税関	
	病院		
	銀行、郵便局		
【文教施設】	大学、小学校、中学校、高校、高等学校、幼稚園	短大	校舎
	図書館、映画館	美術館、動物園、～園、劇場、博物館	
	ホール	講堂	
	公園、プール、グランド	コート、テニスコート	広場
【商業施設】	店、デパート、スーパーマーケット	店屋、商店、売店、ショップ	問屋
	薬局	八百屋、床屋、書店	洋品店
	レストラン	喫茶店、食堂	
	ホテル	旅館	民宿、モーテル
【会社・工場】	会社、事務所	オフィス	支店
		新聞社	
		工場	
【交通拠点】	駅、空港、港	～港、停留所	桟橋
	ガソリンスタンド	ドライブイン、インターチェンジ	
【寺社・教会】	教会、神社、寺	～寺	寺院

第1章　言語活動・言語素材と話題

【遺跡・歴史的建造物】	城	跡、宮殿	碑、遺跡
【タワー等】		塔、タワー	
【住宅】	アパート、マンション、ビル	ビルディング、寮、団地、高層マンション、高層住宅	社宅、屋敷、邸宅、本館、貸家、別荘

2.1.1.2　町名詞：抽象概念

名詞分類	A	B	C
【町・行政区画】	国、町、村	県、市、区、郡、州、街	
【町のジャンル】	町	都会、都市、都心、都、首都	市街
		田舎	郊外
		下町	城下、漁村、田園、〜街
【地域】		地域、地区	一帯
【町の様子】	人気〈ヒトケ〉	活気、人込み、混雑	密集
【建物】		建物	
【施設】		施設	
【名所】		名所	文化財
【位置】		位置	
【相対位置】	上、下、隣、左、右、横	左右、上下、斜め、真上、真下	斜（はす）
	そば、隣、近く、遠く	近所、回り、周辺、周囲、辺り、〜沿い	付近、へり、ほとり、傍ら、道端、遠方、身近、一帯、沿線、沿岸、近郊
【方角】		方角	
	北、南、西、東	東西、南北	

2.1.2.1　町の様子構文：叙述

名詞群	助詞	述語		
		A	B	C
【町・行政区画】【町のジャンル】	が	混む	汚れる、乱れる、しいんとする、混雑する	密集する
【町・行政区画】【町のジャンル】	が		発展する、賑わう、栄える	

― 80 ―

第1章 言語活動・言語素材と話題

2.1.2.2 町の様子構文：修飾

修飾語			名詞群
A	B	C	
新しい、古い			【町・行政区画】【町のジャンル】【地域】
広い、狭い			【町・行政区画】【町のジャンル】【地域】
高い、低い			【町・行政区画】【町のジャンル】【地域】
きれい(な)、汚い	美しい		【町・行政区画】【町のジャンル】【地域】
静か(な)、うるさい	騒々しい、のどか(な)	やかましい	【町・行政区画】【町のジャンル】【地域】
暑い、寒い、涼しい、暖かい	厳しい、温暖(な)、穏やか(な)		【町・行政区画】【町のジャンル】【地域】

2.1.3.1 居住構文：叙述

名詞群	助詞	述語		
		A	B	C
【町・行政区画】【町のジャンル】	に	住む	暮らす、滞在する	落ち着く
【町・行政区画】【町のジャンル】	で	生活する	暮らす	

2.1.3.2 居住構文：修飾

なし

2.1.4.1 位置・方角構文：叙述

名詞群	助詞	述語		
		A	B	C
【町・行政区画】【町のジャンル】	が	ある	位置する	
《場所》【方角】	に			

2.1.4.2 位置・方角構文：修飾

修飾語			名詞群
A	B	C	
遠い、近い、遠く(の)、近く(の)			【町・行政区画】

2.1.5.1 施設構文：叙述

なし

2.1.5.2 施設構文：修飾

修飾語			名詞群
A	B	C	
	公共(の)	公(の)	【施設】

2.1.6 町その他

	A	B	C
住所に関する接尾辞		〜丁目、〜番地	
建物に関する接尾辞		〜軒	

第1章　言語活動・言語素材と話題

【2.2 ふるさと】

	職業的領域	私的領域（場所）	私的領域（人）
単語	あなたは空港の売店で働いています。あなたの故郷の特産品がそこで売られています。客にその名前を聞かれたので、答えてください。	アルバイトの面接で出身地を聞かれました。答えてください。	友達に故郷の有名な土産物は何か聞かれました。答えてください。
単文	あなたは会社の人事課で働いています。今から、アルバイトの面接をします。応募者の出身地を尋ねてください。	あなたは同窓会の受付係です。名前とクラスを確認してください。	友達に、今故郷の家に誰か住んでいるか聞かれました。誰が住んでいるか答えてください。
複文	あなたは、あなたの故郷の特産品を扱っている店で働いています。故郷の自慢の梨の試食をすすめてください。	地方物産展でいろいろな地域の特産品を見ています。あなたの故郷の食べ物があり、懐かしくなりました。もっとたくさんほしいので、入手方法を尋ねてください。	友達に、どんな時に故郷を思い出すか聞かれました。答えてください。
単段落	あなたは歌手です。最近故郷のことを歌った歌を発表しました。歌番組で司会者に故郷のどんな情景を歌ったものか聞かれました。答えてください。	あなたは地方物産展に行きました。あなたの故郷の伝統工芸の人形について詳しく説明し、それがあるかどうか尋ねてください。	あなたの故郷は20年前とずいぶん変わりました。どこがどのように変わったのか、友達に話してください。
複段落	あなたは番組制作者です。各地の故郷の良さを伝える番組を企画しました。社内会議でその企画の意義、具体的な案、番組の与える影響等について述べてください。	あるテレビ局の「故郷紹介」という番組に応募したら、選考会に呼ばれました。番組スタッフに、自分の故郷の良さと、その良さを守ることの意義をアピールしてください。	あなたは日本人と結婚しています。日本人の夫（妻）は、都会に住み続けたいと考えているようですが、あなたは故郷に住むべきだと考えています。故郷に住むことの良さを話し、夫（妻）を説得してください。

第1章　言語活動・言語素材と話題

「2.2 ふるさと」の言語活動を支える構文
2.2.1 ふるさと名詞　2.2.1.1 ふるさと名詞：具体物　2.2.1.2 ふるさと名詞：抽象概念
2.2.2 生育構文　2.2.2.1 生育構文：叙述　2.2.2.2 生育構文：修飾
2.2.3 変化構文　2.2.3.1 変化構文：叙述　2.2.3.2 変化構文：修飾
2.2.4 郷愁構文　2.2.4.1 郷愁構文：叙述　2.2.4.2 郷愁構文：修飾
2.2.5 ふるさとその他

2.2.1.1 ふるさと名詞：具体物

意味分類	A	B	C
【ふるさとの家族・友達】	家族	一家、両親	肉親
	家	実家	
		先祖、祖先	
	友達	友、友人、親友、仲良し、知人、知り合い	旧知
【帰省時期】	夏休み、正月	盆	

2.2.1.2 ふるさと名詞：抽象概念

意味分類	A	B	C
【ふるさと】		田舎、生まれ、故郷、ふるさと、国	郷里、郷土、地元
		国	本国、母国
【思い出】	思い出	記憶	
【生育】		出身、生まれ、育ち	生育
【変化】		変化	一変

2.2.2.1 生育構文：叙述

名詞群	助詞	述語		
		A	B	C
【ふるさと】《場所》	で	生まれる	育つ、成長する	
【ふるさと】《場所》	を	出る	離れる	

2.2.2.2 生育構文：修飾

なし

2.2.3.1 変化構文：叙述

名詞群	助詞	述語

		A	B	C
【ふるさと】《場所》	が	変わる	変化する	一変する
【ふるさと】《場所》	を		開発する	
【変化】	に	びっくりする、驚く		
【ふるさと】《場所》	を		失う、なくす	

2.2.3.2 変化構文：修飾
なし

2.2.4.1 郷愁構文：叙述

名詞群	助詞	述語		
		A	B	C
【ふるさと】《場所》	を	思う、思い出す、心配する		
【ふるさと】《場所》	に	帰る	戻る	

2.2.4.2 郷愁構文：修飾

修飾語			名詞群
A	B	C	
	懐かしい、恋しい		【ふるさとの家族・友達】【ふるさと】【思い出】
悲しい、残念(な)	寂しい、切ない		【思い出】

2.2.5 ふるさとその他
なし

第1章　言語活動・言語素材と話題

【2.3 交通】

	職業的領域	私的領域（場所）	私的領域（人）
単語	あなたはバスの運転手です。バスの行き先を聞かれました。答えてください。	駅の切符売り場にいます。「空港」駅までの切符を買ってください。	あなたの国では車は右側を走るか左側を走るか聞かれました。答えてください。
単文	あなたは駅員です。お客さんが、市役所に行きたいと言っています。どの駅で降りればいいのか教えてあげてください。	駅の切符売り場の前で、おばあさんが電車の運賃がわからなくて困っています。行き先を聞いて運賃を教えてあげてください。	友達が、家に遊びに来てほしいと言っています。あなたの家からの行き方を聞いてください。
複文	あなたは航空会社の案内係です。台風の影響で出発が遅れることをアナウンスしてください。	あなたは切符を間違えて買ってしまいました。駅員に言って取り替えてもらってください。	あなたは初めて寝台列車（長距離フェリー）に乗ることになりましたが、初めてなので不安です。旅に詳しい友達に相談してください。
単段落	あなたは航空会社で働いています。ある客が預けた荷物が、間違って他の空港に送られてしまったようです。事情を説明してお詫びをし、その荷物がすぐに自宅に送られるよう手配することを話してください。	あなたの利用するバス路線はよくバスが遅れます。バス会社のサービスセンターに行き、現状を詳しく説明して改善を要求してください。	今度、あなたの国に行く友達から、日本とあなたの国の切符の買い方の違いを聞かれました。鉄道、バス、地下鉄などについて詳しく教えてあげてください。
複段落	あなたは鉄道会社の社長です。最近列車の脱線事故があり、多くの死傷者を出しました。記者会見の場で謝罪し、今後の対策について述べてください。	新しい鉄道路線の敷設が計画されています。多くの人が反対していますが、自治会は賛成の方向で話を進めています。あなたは、自治会の代表者です。自治会の会合の場で、この計画の内容と期待される効果について述べ、反対者に理解を求めてください。	あなたの町では高速道路の建設が計画されています。友達にあなたの意見を求められました。高速道路建設の長所と短所に触れながら、あなたの意見を述べてください。

第1章　言語活動・言語素材と話題

「2.3 交通」の言語活動を支える構文

2.3.1 交通名詞　2.3.1.1 交通名詞：具体物　2.3.1.2 交通名詞：抽象概念
2.3.2 利用構文　2.3.2.1 利用構文：叙述　2.3.2.2 利用構文：修飾
2.3.3 運転構文　2.3.3.1 運転構文：叙述　2.3.3.2 運転構文：修飾
2.3.4 道路構文　2.3.4.1 道路構文：叙述　2.3.4.2 道路構文：修飾
2.3.5 自動車構文　2.3.5.1 自動車構文：叙述　2.3.5.2 自動車構文：修飾
2.3.6 鉄道・バス構文　2.3.6.1 鉄道・バス構文：叙述　2.3.6.2 鉄道・バス構文：修飾
2.3.7 飛行機構文　2.3.7.1 飛行機構文：叙述　2.3.7.2 飛行機構文：修飾
2.3.8 船舶構文　2.3.8.1 船舶構文：叙述　2.3.8.2 船舶構文：修飾
2.3.9 事故構文　2.3.9.1 事故構文：叙述　2.3.9.2 事故構文：修飾
2.3.10 交通問題構文　2.3.10.1 交通問題構文：叙述　2.3.10.2 交通問題構文：修飾
2.3.11 交通その他

2.3.1.1 交通名詞：具体物

意味分類	A	B	C
【車】	車、タクシー、バス	自動車、トラック、パトカー	乗用車
		中古車	新車
【電車】	電車、新幹線、地下鉄	汽車、鉄道、モノレール、列車	機関車、寝台、貨物、私鉄
【船舶】	船、ボート、ヨット	〜船、潜水艦、フェリー	汽船、漁船、船舶
【航空】	飛行機	ヘリコプター、ジェット機、ロケット	ジャンボ
【オートバイ】	オートバイ		
【自転車】	自転車		
【徒歩】	足	徒歩	
【道】	道	通り、道路、歩道、車道、大通り、横断歩道、高速道路、〜道	並木道、街道、路上
	交差点		十字路
	角	突き当り	四つ角
	坂		
	橋		桟橋、鉄橋、踏み切り

— 87 —

第1章　言語活動・言語素材と話題

	トンネル		
【交通拠点】	駅、空港、港		停留所、港湾、滑走路
	入口、出口、駅前	改札、プラットホーム	桟橋
	駐車場、ガソリンスタンド		
【料金】		料金	運賃
【切符】	切符	定期、定期券、回数券、〜券、パス	
【交通網】	道、橋、トンネル	道路、インターチェンジ、高速道路、〜道、歩道	国道、〜路、幹線道路
	海、川		運河、針路、海路、航路
	空		
【電車の種類】		普通、特急、急行	準急、回送
【自動車部品】		部品	車体、ボディー、車内、内装、エアコン、パーツ、リア、〜輪

2.3.1.2 交通名詞：抽象概念

意味分類	A	B	C
【乗り物】		乗り物	
【交通】		交通	交通機関
【交通利用の目的】			運輸、海運、航海、運送、回送、運航
【直通】			直通
【不通】			不通
【編成】			編成
【線路】	線路	ルート	路線、本線、ライン
【上り・下り】	上り、下り		
【行先】	〜行き	〜発、方面	系統
【終点】		終点	
【最終・始発】		最終、始発	
【車掌】			車掌
【乗降】		乗り換え、乗り越し	
【車内】		座席	吊革

【定員】		定員	
【運転】		運転	
【駆動】			駆動
【事故】	事故		
【交通規則】	ルール	決まり、規則	
【交通に関する職業】	警察		公安
【罰則】			罰金、起訴
【事故原因】		原因	
	酒、スピード	アルコール、渋滞、ミス	居眠り、過失、余所見
【交通問題】		渋滞、騒音	ラッシュ
【空気】		空気、大気	

2.3.2.1 利用構文：叙述

名詞群	助詞	述語		
		A	B	C
【乗り物】【車】【電車】【船舶】【航空機】【オートバイ】【自転車】【徒歩】	で	動く	移動する、ドライブする	
【乗り物】【車】【電車】【船舶】【航空機】【オートバイ】【自転車】【徒歩】	で		通勤する、通学する、出勤する	
【乗り物】【車】【電車】【船舶】【航空機】【オートバイ】【自転車】【徒歩】	で		届ける、運ぶ、送る、配達する	輸送する、運搬する
《物》	を			

2.3.2.2 利用構文：修飾

修飾語			名詞群
A	B	C	
便利(な)	不便(な)		【乗り物】【交通】

2.3.3.1 運転構文：叙述

なし

2.3.3.2 運転構文：修飾

修飾語			名詞群
A	B	C	
速い、遅い、ゆっくり(な)		のろい	【乗り物】【車】【電車】【船舶】【航空機】【オートバイ】【自転車】
危ない	危険(な)、安全(な)		【運転】
	荒い、荒っぽい、丁寧(な)、慎重(な)		【運転】

2.3.4.1 道路構文：叙述

名詞群	助詞	述語		
		A	B	C
【道】	が		曲がる、カーブする	
【道】《場所》	がに		通じる、つながる	至る
【道】	が		開通する	
【道】	を	通る	通行する	
【道】	を		横切る、横断する	
【道】	を		抜ける	くぐる

2.3.4.2 道路構文：修飾

修飾語			名詞群
A	B	C	
広い、狭い、細い	まっすぐ(な)		【道】【交通網】

2.3.5.1 自動車構文：叙述

名詞群	助詞	述語		
		A	B	C
【車】【オートバイ】	に	乗る	乗車する	またがる
【車】【オートバイ】	を／から	降りる	下車する	
【車】【オートバイ】	を		運転する、動かす	
【車】【オートバイ】	を	止める	駐車する、停車する	
【車】【オートバイ】【部品】	にを		取り付ける	装着する、搭載する
【部品】	が	動く、働く		作動する

2.3.5.2 自動車構文：修飾
なし

2.3.6.1 鉄道・バス構文：叙述

名詞群	助詞	述語		
		A	B	C
【電車】	に	乗る	乗車する	
【電車】	を／から	降りる	下車する	
【電車】	を		運転する、動かす	
【電車】	が		発車する	
【電車】	に		乗り換える	
【電車】	が		遅れる	
【電車】	が		開業する	
「吊革」	を		掴む、握る	

2.3.6.2 鉄道・バス構文：修飾
なし

2.3.7.1 飛行機構文：叙述

名詞群	助詞	述語		
		A	B	C
【航空機】	を		操縦する	操る
【航空機】	が		離陸する	

2.3.7.2 飛行機構文：修飾
なし

2.3.8.1 船舶構文：叙述

名詞群	助詞	述語		
		A	B	C
【船舶】	を		操縦する、漕ぐ	
【船舶】	が		浮かぶ	

第1章 言語活動・言語素材と話題

2.3.8.2 船舶構文：修飾
なし

2.3.9.1 事故構文：叙述

名詞群	助詞	述語 A	述語 B	述語 C
【事故】	を		起こす	
【事故】	が		起きる、起こる、発生する	
【乗り物】【車】【電車】【航空機】【船舶】【オートバイ】【自転車】	に／と	当たる	衝突する、ぶつかる、接触する	
【乗り物】【車】【電車】【航空機】【船舶】【オートバイ】【自転車】	を	当てる	ぶつける	かする、擦る
《物》	に			
【乗り物】【車】【オートバイ】【自転車】	が		飛び出す	突っ込む
【電車】	が		脱線する	
【船舶】	が		沈む	沈没する
【航空機】	が	落ちる	墜落する	
【乗り物】【車】【オートバイ】【自転車】	が		轢く、はねる	
《人》	を			
【乗り物】【車】【オートバイ】【自転車】	が		追い越す、オーバーする、割り込む	
ー	ー	怪我する、死ぬ	死亡する	
【交通規則】	に		従う	
【交通規則】	を		守る	
【交通規則】	に		違反する	
【交通規則】	を		破る	
《禁止事項》	を		禁止する	禁じる

2.3.9.2 事故構文：修飾

修飾語	名詞群

第1章　言語活動・言語素材と話題

A	B	C	
怖い	安全(な)、危険(な)、恐ろしい		【乗り物】【運転】【道】【車】

2.3.10.1 交通問題構文：叙述

名詞群	助詞	述語		
		A	B	C
【道】	が	混む	渋滞する、混雑する	
【空気】	が		汚れる	
【乗り物】【車】【電車】【船舶】【航空機】【オートバイ】	が		汚染する、汚す	
【空気】	を			

2.3.10.2 交通問題構文：修飾

修飾語			名詞群
A	B	C	
うるさい	騒々しい		【乗り物】【交通】【交通網】
汚い	臭い		【空気】【道】

2.3.11 交通その他

	A	B	C
自動車の数え方に関する接尾辞		〜台	
電車の車両の数え方に関する接尾辞			〜両
電車の本数に関する接尾辞		〜本	
飛行機・船の便数に関する接尾辞		〜便	
道に関する接尾辞		〜道	

【2.4 日常生活】

	職業的領域	私的領域（場所）	私的領域（人）
単語	あなたは花屋の店員です。客に、ある花の名前を聞かれました。答えてください。	ケーキ屋でケーキを買った時に、家までの時間を聞かれました。答えてください。	道で友達に会いました。行き先を聞かれたので、答えてください。
単文	あなたは宅配便のドライバーです。不在連絡票を入れておいた家から電話がありました。いつなら家にいるのか聞いてください。	あなたは魚屋で魚を買います。ワタ（内臓）をとってもらってください。	暇だったので、友達に電話しました。何をしていたのか、聞いてください。
複文	あなたの会社は土曜日は隔週の勤務です。次の土曜日は出勤日ですが、子供の学校の行事があるので休みたいです。隣の席の佐藤さんに、勤務を代わってもらえるよう頼んでください。	クリーニング屋にクリーニングを頼みます。汚れている箇所を示して、染み抜きをしてもらってください。	友達に電話をしましたが、留守でした。留守電に明日の待ち合わせ時間を録音してください。
単段落	あなたはホームセンターの店員です。「上手なお掃除の仕方の講習会」で、お客さんたちに、どんなところを、何を使って、どのように掃除すればきれいになるのか説明してください。	あなたの住んでいるアパートではゴミ当番という仕事があります。その仕事内容を、新しい入居者に詳しく説明してあげてください。	洗濯物の干し方は、日本とあなたの国では全然違います。どこがどう違うのか、友達に詳しく説明してあげてください。
複段落	あなたは教師です。学生のA君は、夜中にオンラインゲームやチャットなどをしているせいか、遅刻や居眠りが多いです。学生の現在の状態について指摘し、生活のリズムを整えるよう、教員室で説教してください。	田舎の土地を売って都会へ行こうとしている友達に対し、田舎と都会の暮らしの利点と欠点を話し、思いとどまるように説得してください。	現代人は豊かさや便利さを忘れているような気がします。しかし、友達にそう言ってもわかってもらえません。友達に理解してもらえるよう、今と昔の生活を比較しながら、あなたの意見を述べてください。

第1章　言語活動・言語素材と話題

「2.4 日常生活」の言語活動を支える構文

2.4.1 日常生活名詞　2.4.1.1 日常生活名詞：具体物　2.4.1.2 日常生活名詞：抽象概念

2.4.2 生活構文　2.4.2.1 生活構文：叙述　2.4.2.2 生活構文：修飾

2.4.3 睡眠構文　2.4.3.1 睡眠構文：叙述　2.4.3.2 睡眠構文：修飾

2.4.4 通勤・通学構文　2.4.4.1 通勤・通学構文：叙述　2.4.4.2 通勤・通学構文：修飾

2.4.5 外出構文　2.4.5.1 外出構文：叙述　2.4.5.2 外出構文：修飾

2.4.6 日常生活その他

2.4.1.1 日常生活名詞：具体物

意味分類	A	B	C
【会社】	会社		
【学校】	学校、レッスン		
【日用品】		製品、日用品、用品	
【掃除道具】		ほうき、ブラシ、雑巾、バケツ	塵取り、布巾、ホース
【裁縫道具】	アイロン	針	
【たばこ】		灰皿、ライター	
【洗面・医療】	石鹸、ティッシュペーパー	歯磨き、ちり紙、包帯、タオル、おむつ、ナプキン	
【洗剤】		洗剤	
【工具】		くぎ、ねじ、ピン、スプリング	ボルト、ファスナー

2.4.1.2 日常生活名詞：抽象概念

意味分類	A	B	C
【生活】	生活		暮らし
【衣食住】			衣食住
【仕事】	仕事	用、用事	
【眠り】		寝坊	
【徹夜・夜更かし】		徹夜	夜更かし

2.4.2.1 生活構文：叙述

名詞群	助詞	述語		
		A	B	C
－	－	生活する	暮らす、過ごす	

第1章　言語活動・言語素材と話題

2.4.2.2 生活構文：修飾
なし

2.4.3.1 睡眠構文：叙述

名詞群	助詞	述語		
		A	B	C
―	―	起きる	冷める、起床する、目覚める	
―	―	寝る、眠る、休む		
《人》	を		寝かせる	

2.4.3.2 睡眠構文：修飾

語			名詞群
A	B	C	
眠い			《人》

2.4.4.1 通勤・通学構文：叙述

名詞群	助詞	述語		
		A	B	C
《場所》	に	行く	通う	
―	―		通勤する、通学する	

2.4.4.2 通勤・通学構文：修飾
なし

2.4.5.1 外出構文：叙述

名詞群	助詞	述語		
		A	B	C
《場所》	に	行く	出かける	
―	―		外出する	
《場所》	から	帰る	戻る	
―	―		うろうろする、ぶらぶらする	

2.4.5.2 外出構文：修飾
なし

― 96 ―

2.4.6 日常生活その他
なし

【2.5 家電・機械】

	職業的領域	私的領域（場所）	私的領域（人）
単語	あなたは電気屋の店員です。洗濯機売り場が何階にあるか聞かれました。答えてください。	電気屋で冷蔵庫を買いました。あなたは現金で払いたいと思っています。支払いは現金でいいか聞かれたので、答えてください。	友達があなたの国へ行きます。あなたの国の電圧は何ボルトか聞かれました。答えてください。
単文	あなたは電気屋の店員です。客が新製品のパンフレットを探しています。声をかけて、パンフレットを渡してください。	電気屋でテレビを買いました。配達を頼んでください。	あなたと友達はまったく同じビデオカメラを持っています。どこで買ったのか、また、いくらだったのか、友達に聞いてください。
複文	あなたは電気屋の店員です。あるお客さんがエアコンを買いました。店の都合も考えながらお客さんの予定を聞き、取り付け工事の日を決めてください。	あなたは数日前に、エアコンを買いました。今日の午前中に取り付け工事に来てくれる予定だったのですが、夕方になってもまだ来ません。店に電話してください。	あなたは新しい炊飯器を買おうと思っています。どんな炊飯器がいいか、友達に相談してください。
単段落	あなたは電気屋の店員です。お客さんから、ある電化製品の使い方がわからないという電話がありました。丁寧に教えてあげてください。	5年ぐらい使った洗濯機の調子がよくありません。電気屋に電話し、洗濯機の状態を説明して修理を頼んでください。	友達があなたの国へ行きます。電気のプラグの形状や電圧を聞かれたので、詳しく説明してあげてください。
複段落	あなたは、家電メーカーの社員です。今、新製品の開発を担当しています。これまでの商品のどこが不便で、どう改善すればいいのか、客層やニーズの変化なども踏まえて、社長にあなたの意見を述べてください。	テレビからの出火が原因で部屋の一部が燃えました。担当者に電話して、使い方に問題はなかったことを説明した上で、世間に対する製造者の責任と使命について述べ、損害賠償に応じるよう求めてください。	家電の規格の国際的な統一について、友達に意見を聞かれました。いい点と悪い点を挙げ、あなたの国がどのようにすればいいか、意見を述べてください。

第1章 言語活動・言語素材と話題

「2.5 家電・機械」の言語活動を支える構文

2.5.1 家電・機械名詞　2.5.1.1 家電・機械名詞：具体物　2.5.1.2 家電・機械名詞：抽象概念
2.5.2 使用・操作・設置構文　2.5.2.1 使用・操作・設置構文：叙述　2.5.2.2 使用・操作・設置構文：修飾
2.5.3 処理・処分構文　2.5.3.1 処理・処分構文：叙述　2.5.3.2 処理・処分構文：修飾
2.5.4 開発・普及構文　2.5.4.1 開発・普及構文：叙述　2.5.4.2 開発・普及構文：修飾
2.5.5 製品構文　2.5.5.1 製品構文：叙述　2.5.5.2 製品構文：修飾
2.5.6 家電・機械その他

2.5.1.1 家電・機械名詞：具体物

意味分類	A	B	C
【電化製品】	冷蔵庫	レンジ	
	テレビ、ビデオ		
	ラジオ、ステレオ	ラジカセ、テープレコーダー、スピーカー	
		カセット（テープ）、マイク	マイクロホン
	クーラー	暖房、冷房、扇風機、こたつ	スチーム
	コンピュータ、パソコン、ワープロ		
	電話、携帯	ファックス	内線、テレックス、インターホン、トランジスター
		受話器	
		ライト、ランプ、照明、電灯	
【部分】		部品、本体、付属品	消耗品
	ボタン、スイッチ、コード	アンテナ、レバー	
	電池	バッテリー	乾電池
【説明書】		ガイド、説明書	手引き
【汚れ・破損】		汚れ、かび	ひび、破損、さび

2.5.1.2 家電・機械名詞：抽象概念

第1章　言語活動・言語素材と話題

意味分類	A	B	C
【機械】		機械、製品	～機、～器
【機能】		機能	
【操作】		操作	
【故障】		故障	破損
【中古】		中古	

2.5.2.1 使用・操作・設置構文：叙述

名詞群	助詞	述語 A	B	C
【電化製品】	を	使う	使用する、活用する、扱う	取り扱う
【部分】	を	押す、引く、入れる、点ける、消す	操作する	
【電化製品】【部分】	を		備える、設置する、取り付ける	備え付ける、据える
【電化製品】	が		使える	重宝する

2.5.2.2 使用・操作・設置構文：修飾

修飾語 A	B	C	名詞群
便利(な)	不便(な)		【機能】
簡単(な)、大変(な)	楽(な)、面倒(な)		【操作】

2.5.3.1 処理・処分構文：叙述

名詞群	助詞	述語 A	B	C
【電化製品】【部分】	が	壊れる	故障する、割れる、さびる、傷む	破損する
【電化製品】【部分】	を	壊す	分解する、破壊する	
【電化製品】【部分】	を	調べる、直す	修理する、整備する、手入れする、点検する、チェックする	修繕する、調整する
【電化製品】	を	売る	販売する	

— 100 —

【電化製品】	を	買う	購入する	
【電化製品】	を	捨てる	引き取る	廃棄する、処分する
【電化製品】	が	もつ	使える	

2.5.3.2 処理・処分構文：修飾

修飾語			名詞群
A	B	C	
古い			【電化製品】

2.5.4.1 開発・普及構文：叙述

名詞群	助詞	述語		
		A	B	C
【電化製品】	を		発明する、開発する	
【電化製品】	を		発売する、売り出す	
【電化製品】	が		広まる、普及する	

2.5.4.2 開発・普及構文：修飾

修飾語			名詞群
A	B	C	
便利(な)	不便(な)		【電化製品】
新しい、古い			【電化製品】

2.5.5.1 製品構文：叙述

なし

2.5.5.2 製品構文：修飾

修飾語			名詞群
A	B	C	
高い、安い	高価(な)、手ごろ(な)		【電化製品】

2.5.6 家電・機械その他

	A	B	C
家電製品の数え方に関する接尾辞		〜台	

製品の製造元に関する接尾辞		〜製	
製品のタイプに関する接尾辞		〜式、〜型、〜タイプ	

第1章　言語活動・言語素材と話題

【2.6 家事】

	職業的領域	私的領域（場所）	私的領域（人）
単語	あなたは家事代行サービス会社の社員です。今は月火水だけ行っていますが、お客さんから木曜日も来てほしいと言われました。承諾してください。	あなたは家事代行サービスを頼みました。その人に、いつも掃除と洗濯のどちらを先にしているか聞かれました。答えてください。	友達に嫌いな家事は何か聞かれました。答えてください。
単文	あなたは家事代行サービス会社の社員です。お客さんに買い物を頼まれました。何を買うのか聞いてください。	家事代行サービスの人が来ました。部屋の掃除を頼んでください。	日本人の友達の家に遊びに行きました。皿洗いを申し出てください。
複文	あなたは会社員です。妻（夫）が入院したので、子供の世話と家事をしなければなりません。上司に話し、休暇をもらってください。	あなたは家事代行サービスの人に台所の掃除を頼みましたが、あまりきれいになっていません。やり直すように言ってください。	友達の部屋は、整理整頓されていてとてもきれいです。友達が喜ぶように、理由を言って褒めてあげてください。
単段落	あなたは会社員です。母が倒れ、しばらく介護休暇をとったことがあります。社内の介護休暇の説明会で、その時の経験を話してください。	あなたはとても忙しいので、週に1度、家事代行サービスを利用することにし、今申し込みに来ています。会社の人にどんな家事をどのようにしてもらいたいか聞かれました。詳しく説明してください。	友達にレンジフードの掃除の仕方を聞かれました。詳しく説明してあげてください。
複段落	あなたは会社員です。介護休暇をとったためか、解雇されそうになっています。人事部に行って、介護休暇をとることが法的に問題のないことを述べ、解雇が不当であることを主張してください。	あなたと妻（夫）は共稼ぎで家事を分担しています。地域の集まりであなたの国の家事分担について話すように頼まれました。あなたの国の共働きの現状を説明し、料理、洗濯、掃除などの分担について話をしてください。	あなたたちは共働きですが、妻（夫）はまったく家事をしません。家事を平等に行うことが合理的であることを説明し、また、具体的な分担方法も提案して、妻（夫）に協力を依頼してください。

第1章　言語活動・言語素材と話題

「2.6 家事」の言語活動を支える構文

2.6.1 家事名詞　2.6.1.1 家事名詞：具体物　2.6.1.2 家事名詞：抽象概念
2.6.2 家事全般構文　2.6.2.1 家事全般構文：叙述　2.6.2.2 家事全般構文：修飾
2.6.3 掃除構文　2.6.3.1 掃除構文：叙述　2.6.3.2 掃除構文：修飾
2.6.4 洗濯構文　2.6.4.1 洗濯構文：叙述　2.6.4.2 洗濯構文：修飾
2.6.5 道具構文　2.6.5.1 道具構文：叙述　2.6.5.2 道具構文：修飾
2.6.6 両立・分担・放棄構文　2.6.6.1 両立・分担・放棄構文：叙述　2.6.6.2 両立・分担・放棄構文：修飾
2.6.7 家事その他

2.6.1.1 家事名詞：具体物

意味分類	A	B	C
【道具】		道具	
【道具】	石鹸	洗剤、雑巾、ほうき、ボトル、ワイヤ	～剤、スプレー、塩素、パウダー
【場所】	家	風呂場、バスルーム、キッチン、リビング、ベランダ、室内、和室、我が家	浴槽、壁面、ラック
		インテリア、クッション、ソファー、小物、機器、座布団、～庫	
【汚れ】	ごみ	臭い、汚れ、ほこり、かび	塵、くず、滓〈カス〉

2.6.1.2 家事名詞：抽象概念

意味分類	A	B	C
【家事】		家事、手伝い、おつかい	
【掃除】	掃除	片付け	清掃
【洗濯】	洗濯		
【クリーニング】	アイロン	クリーニング	ドライクリーニング
【入手】			市販、
【主婦】		主婦	
【役割】		役割、分担	
【両立】			両立
【共働き】		共働き	
【家事の苦労】		苦労	手間
		悩み、ノイローゼ	
【職業】			家政婦

第1章　言語活動・言語素材と話題

2.6.2.1 家事全般構文：叙述

名詞群	助詞	述語		
		A	B	C
―	―	働く、手伝う		

2.6.2.2 家事全般構文：修飾

修飾語			名詞群
A	B	C	
きれい(な)		ぴかぴか(の)	《物》【場所】
汚い		不潔(な)	《物》【場所】【汚れ】
嫌い(な)	苦手(な)		【家事】

2.6.3.1 掃除構文：叙述

名詞群	助詞	述語		
		A	B	C
【場所】《物》	を	掃除する	片付ける、整理する、整える、揃える、しまう	
【汚れ】《物》	を	消す、捨てる	吸う、どける、外す、除く、剥がす、剥ぐ、落とす	除去する
《害虫等》	を	殺す	退治する	
【場所】	が		詰まる、溜まる、匂う、汚れる	
【汚れ】	が	付く		染み込む、付着する
【汚れ】【場所】《物》	を		拭く、磨く、掃く	

2.6.3.2 掃除構文：修飾

修飾語			名詞群
A	B	C	
汚い		頑固(な)、しつこい	【汚れ】

2.6.4.1 洗濯構文：叙述

名詞群	助詞	述語		
		A	B	C

第1章　言語活動・言語素材と話題

《衣類》「洗濯物」	を	洗う、洗濯する		すすぐ
《衣類》「洗濯物」	を		乾かす、吊るす、干す	
《衣類》「洗濯物」	を	分ける	漬ける、裏返す、殺菌する	
《衣類》「洗濯物」	を	たたむ	丸める	
《衣類》「洗濯物」	が		縮む	

2.6.4.2 洗濯構文：修飾

修飾語			名詞群
A	B	C	
汚い		頑固(な)、しつこい	【汚れ】
大事(な)、大切(な)			「衣類」

2.6.5.1 道具構文：叙述

名詞群	助詞	述語		
		A	B	C
【道具】	を	使う	使用する、活用する	愛用する

2.6.5.2 道具構文：修飾

修飾語			名詞群
A	B	C	
便利(な)	不便(な)		【道具】

2.6.6.1 両立・分担・放棄構文：叙述

名詞群	助詞	述語		
		A	B	C
【家事】	と			両立する
《両立させるもの》	を			
【家事】	を		分担する	
【家事】	を		担当する	
【家事】	を			放棄する

2.6.6.2 両立・分担・放棄構文：修飾

修飾語	名詞群

A	B	C	
大変(な)	きつい		【家事】

2.6.7 家事その他
なし

第1章　言語活動・言語素材と話題

【2.7 パーティー】

	職業的領域	私的領域（場所）	私的領域（人）
単語	あなたはパーティー会場で働いています。あなたが配っているカクテルの名前をお客さんに聞かれました。答えてください。	パーティーの受付で、名前を言って会費を払ってください。	友達と週末にパーティーに行く約束をしています。友達に場所（時間）を聞かれたので、教えてあげてください。
単文	あなたはパーティー会場で働いています。荷物をたくさん持ったお客さんがいます。預かることを申し出てください。	今から、研究室の友達と飲み会をします。先輩に、乾杯の発声をお願いしてください。	友達に、パーティーに誘われました。日にちを確認し、OKの返事をしてください。
複文	あなたはパーティー会場で、コーディネーターとして働いています。打ち合わせに来たお客さんが料理（会場に置く花）で迷っています。アドバイスしてあげてください。	あなたは友達の誕生パーティーの幹事です。レストランを予約しましたが、人数が変更になりました。レストランに電話して、変更をお願いしてください。	友達がパーティーの会費を集めていますが、今お金がありません。後から払ってもいいか聞いてください。
単段落	あなたはパーティー会場でコーディネーターとして働いています。パーティーの幹事にパーティーの流れを説明し、問題がないか確認してください。	来月、友達の結婚式の二次会をします。サプライズをしたいので、店の人にどんなことをしたいのか話し、打ち合わせてください。	友達の結婚パーティーに行きました。今までに見たこともないぐらい素敵なウェディングドレスだったので、どんなドレスなのか、出席できなかった友達に話してあげてください。
複段落	あなたは宴会場のマネージャーです。あなたの会社では宴会終了時にアンケートをとっています。アンケート結果をふまえた改善案を作成したので、社長に提案してください。	あなたは友人の出版記念パーティーのお祝いのスピーチを頼まれました。友人のこれまでの苦労話や出版にまつわるエピソードを交えながら、スピーチをしてください。	あなたは日本の宴会に初めて参加しました。自分の国のパーティーとの共通点・相違点を挙げ、その差を生みだしている文化的背景にも触れながら、友達に感想を述べてください。

第1章　言語活動・言語素材と話題

「2.7 パーティー」の言語活動を支える構文

2.7.1 パーティー名詞　2.7.1.1 パーティー名詞：具体物　2.7.1.2 パーティー名詞：抽象概念
2.7.2 開催・進行構文　2.7.2.1 開催・進行構文：叙述　2.7.2.2 開催・進行構文：修飾
2.7.3 招待構文　2.7.3.1 招待構文：叙述　2.7.3.2 招待構文：修飾
2.7.4 準備構文　2.7.4.1 準備構文：叙述　2.7.4.2 準備構文：修飾
2.7.5 パーティーの内容構文　2.7.5.1 パーティーの内容構文：叙述　2.7.5.2 パーティーの内容構文：修飾
2.7.6 家事その他

2.7.1.1 パーティー名詞：具体物

意味分類	A	B	C
【会場】	場所	会場	
	ホテル、レストラン、家	ホーム、家庭	
【受付】		受付	フロント
【主人】		主人	
【客】	客	ゲスト	
【服装】		服装、衣装、格好	
【アクセサリー等】	アクセサリー、指輪	ネックレス、ブローチ、宝石、リボン、ダイヤ、ダイヤモンド、真珠、バッジ、首飾り	
【イベント】	歌、音楽、写真、ゲーム	くじ、くじ引き	見せ物、余興
【プレゼント】	プレゼント、土産	贈り物、お祝い	

2.7.1.2 パーティー名詞：抽象概念

意味分類	A	B	C
【パーティー】	パーティー	宴会、祝い、〜会、セレモニー	催し
【記念】		記念	
	結婚、誕生日、卒業	合格、就職	
【司会】		司会	
【主役】		主役	

2.7.2.1 開催・進行構文：叙述

名詞群	助詞	述語		
		A	B	C

【主人】【司会】	が		祝う	
【主役】【記念】	を			
【主人】【司会】	が		披露する	
【主役】【記念】	を			
【主人】	が	開く〈ヒラク〉	開催する、主催する	催す
【パーティー】	を			
【パーティー】	が	始まる	開始する、開会する	
【主人】【司会】	が	始める	進行する、進める	
【パーティー】	を			
【客】【主役】	が	入る	入場する	
【主人】【司会】	が		スピーチする、ダンスする、拍手する、乾杯する	
【主役】【客】				
【パーティー】	が	終わる	終了する、閉会する	
【主人】【司会】	が	終える	終了する	
【パーティー】	を			

2.7.2.2 開催・進行構文：修飾

なし

2.7.3.1 招待構文：叙述

名詞群	助詞	述語		
		A	B	C
【客】	を	呼ぶ、誘う	招待する、招く、もてなす	
【パーティー】	を		計画する、予定する	
【パーティー】	に	行く、集まる		
【パーティー】	に	出る	出席する、参加する	
【パーティー】	を	休む	欠席する	

2.7.3.2 招待構文：修飾

修飾語			名詞群
A	B	C	
たくさん(の)	大勢(の)、わずか(な)		【客】
珍しい			【客】

第1章　言語活動・言語素材と話題

2.7.4.1 準備構文：叙述

名詞群	助詞	述語		
		A	B	C
【パーティー】【プレゼント】《食べ物》《飲み物》《場所》	を	準備する、用意する		手配する
―	―		改まる、着飾る	

2.7.4.2 準備構文：修飾

なし

2.7.5.1 パーティーの内容構文：叙述

なし

2.7.5.2 パーティーの内容構文：修飾

修飾語			名詞群
A	B	C	
おしゃれ(な)、すてき(な)	地味(な)、派手(な)、モダン(な)、華やか(な)	安っぽい、簡素(な)	【パーティー】【服装】【アクセサリー等】
楽しい、面白い	愉快(な)		【パーティー】【イベント】
	つまらない	月並(な)	【パーティー】【イベント】

2.7.6 家事その他

	A	B	C
券に関する接尾辞		～券	
費用に関する接尾辞		～代	

第1章　言語活動・言語素材と話題

【2.8 引越し】

	職業的領域	私的領域（場所）	私的領域（人）
単語	あなたは引越し会社の社員です。今、引越しの荷物を運んでいます。他の社員に引越し先の部屋番号を聞かれたので、答えてください。	あなたは今、引越しの最中です。引越し会社の人に、段ボールの中身を聞かれたので、答えてください。	あなたは引越しをしました。友達に、何市に引越したのか聞かれました。答えてください。
単文	あなたは引越し会社の社員です。今から、引越しの荷物を運び入れます。何号室か、他の社員に聞いてください。	あなたは今、引越しの最中です。手伝いに来てくれた友達に、次にどの荷物をどこに運ぶか指示を出してください。	友達から「引越しをした」という電話がありました。場所や家賃について聞いてください。
複文	あなたは引越し会社の社員です。客が指定した日は引越しが多いので、日にちや時間を変えてもらえるよう頼んでください。	あなたは来月、アパートを出ようと思っています。不動産屋に行って、退去するための手続きを教えてもらってください。	最近あなたは引越しました。友達にその町のそのアパートを選んだ理由について聞かれました。答えてください。
単段落	あなたは不動産会社の社員です。部屋を借りに来た外国人に、家賃のシステムや最初にかかるお金について説明してください。	あなたは寮を出てアパートに引越そうと思い、不動産屋に行きました。そこで敷金や礼金のシステムについて聞いて驚くと、不動産屋の人が、あなたの国のシステムについて聞いてきました。説明してあげてください。	あなたの友達が引越すと言っています。あなたも先月引越しをしたばかりです。トラックの手配や電気、ガス、水道などの手続きについて、詳しく教えてあげてください。
複段落	あなたは不動産会社を経営しています。客が、物件の購入をとりやめると言っています。不動産を所有することの利点を具体的にいくつか挙げ、とりやめを思いとどまるよう交渉してください。	引越し会社の社員の対応がひどく、非常に不満を持ちました。会社に電話をして、社員の対応を詳しく説明し、さらに、本来ならばどうすべきであるかも述べ、料金の割引を要求してください。	友達があなたの国の不動産屋の話を聞きたがっています。不動産契約の方法について日本とあなたの国を比較し、それぞれのいい点や問題点について話してください。

第1章　言語活動・言語素材と話題

「2.8 引越し」の言語活動を支える構文

2.8.1 引越し名詞　2.8.1.1 引越し名詞：具体物　2.8.1.2 引越し名詞：抽象概念
2.8.2 転居・居住構文　2.8.2.1 転居・居住構文：叙述　2.8.2.2 転居・居住構文：修飾
2.8.3 部屋探し構文　2.8.3.1 部屋探し構文：叙述　2.8.3.2 部屋探し構文：修飾
2.8.4 引越し作業構文　2.8.4.1 引越し作業構文：叙述　2.8.4.2 引越し作業構文：修飾
2.8.5 引越しその他

2.8.1.1 引越し名詞：具体物

意味分類	A	B	C
【住宅】	アパート、マンション、家、部屋	団地、寮、住宅、集合住宅	社宅、公団住宅、貸家、貸間、下宿
【空室】		空き	
【日当たり】		日差し、日当たり	
【家賃】		家賃	
【ペット】	ペット		
【楽器】	ピアノ	楽器	
【家主】		大家、家主	
【不動産屋】		不動産屋	
【保証人】		保証人	
【業者】			業者、運送業
【荷物】	荷物		
	冷蔵庫、テレビ、ベッド、本棚、本	家具、たんす、食器、棚	衣類
【届け】		届け、転居届け	
【書類】		住民票	戸籍
【役所】		役所	役場

2.8.1.2 引越し名詞：抽象概念

意味分類	A	B	C
【引越し】		引っ越し、転居	
【引越しの契機】	結婚	離婚、同居	別居
		独立、上京、入学、卒業	
		就職、独立	転勤、赴任
【希望】		希望、要求	要望

【築年数】		中古	新築
【広さ】		広さ	
【方角】		方角	
【交通の便】	駅		沿線、停留所
【圏内】			〜圏
【徒歩】		徒歩	
【周辺環境】	隣、そば	近所、周辺、付近、周囲、周り、辺り、〜沿い	
【防犯】		防犯	治安
【契約】		契約、手続き	
【見積もり】		見積もり	

2.8.2.1 転居・居住構文：叙述

名詞群	助詞	述語 A	B	C
【住宅】《場所》	に		引越す、越す、移転する	転居する
【住宅】《場所》	を		去る、離れる	
【住宅】《場所》	に	住む	居住する	落ち着く
【住宅】《場所》	で	生活する	暮らす	

2.8.2.2 転居・居住構文：修飾

なし

2.8.3.1 部屋探し構文：叙述

名詞群	助詞	述語 A	B	C
【住宅】《場所》	を	探す、見つける		
【業者】【家主】《人》	に	聞く、相談する	尋ねる	
【住宅】《場所》	を	借りる		
【業者】【家主】	が	貸す		
【住宅】《場所》	を			
【住宅】《場所》	を		契約する	
《金》	を	払う	支払う	
【業者】【家主】	に			

第1章　言語活動・言語素材と話題

【ペット】	を	飼う	飼育する	
【楽器】	を	弾く	演奏する	

2.8.3.2 部屋探し構文：修飾

修飾語			名詞群
A	B	C	
新しい、古い	(築年数が)浅い		【住宅】
広い、狭い		広々(とした)	【住宅】

2.8.4.1 引越し作業構文：叙述

名詞群	助詞	述語		
		A	B	C
【業者】	が		運ぶ	運搬する
【荷物】	を			
【業者】	が		包む、詰める、組み立てる	
【荷物】	を			
【業者】	が		解く	
【荷物】	を			
【業者】	が		ぶつける、傷つける	
【荷物】	を			
【住宅】《内装等》	に			
【業者】	が	手伝う、助ける		
【引越し】	を			

2.8.4.2 引越し作業構文：修飾

修飾語			名詞群
A	B	C	
重い、軽い			【荷物】
大変(な)	きつい、面倒くさい		【引越し】「仕事」
プロ(の)	専門(の)		【業者】

2.8.5 引越しその他

	A	B	C
沿線に関する接尾辞		〜沿い	

— 115 —

| 圏域に関する接尾辞 | | | ～圏 |

第1章　言語活動・言語素材と話題

【2.9　手続き】

	職業的領域	私的領域（場所）	私的領域（人）
単語	あなたは市役所の窓口で働いています。住民票の写しの発行料がいくらか聞かれました。答えてください。	レンタルビデオ屋に行きましたが、会員証を忘れました。電話番号で会員番号がわかると言われたので、電話番号を言ってください。	あなたはテニス部の部員です。友達に部費の金額を聞かれました。答えてください。
単文	あなたは市役所の窓口で働いています。印鑑登録をしに来た人がいます。申請用紙を渡し、それに記入するよう指示してください。	あなたは引越しをしたので、市役所に転入届を出しに来ました。インフォメーションで、住民課の場所を聞いてください。	友達が奨学金を受け取りに行くと言っています。受け取りに必要なものを教えてあげてください。
複文	あなたは市役所の窓口で働いています。印鑑登録の申請用紙の書き方が間違っているので、申請者に、書き直すよう指示してください。	あなたはスポーツクラブの会員ですが、退会したいと思っています。受付で退会の方法を聞いてください。	あなたは今日在籍証明書（成績証明書）をもらいました。それがなぜ必要なのか友達に聞かれました。答えてください。
単段落	あなたは携帯電話販売店の店員です。お客さんに、どのような料金設定があるのか詳しく説明してください。	日本の会社に就職が内定し、日本の大学の卒業証明書だけでなく、母国の学校の卒業証明書も出すように言われました。あなたの国の書類の取得方法を説明して、時間がかかることを述べ、提出の期限を延ばしてもらってください。	友達があなたと同じ奨学金に申し込みたいと言っています。申し込み方法や必要書類、応募資格、選考のポイントなどを詳しく教えてあげてください。
複段落	あなたは会社員です。あなたの会社は予算申請の手続きが非常に複雑で、買いたいものが思うように買えません。このままでは業務に支障が出かねないので、上司に現状を説明し、改善の提案をしてください。	あなたの子供は日本で生まれて14歳になりました。あなたは来月で在留資格がなくなるので、すぐに帰国しなければいけません。子供の卒業まで在留資格を延長してもらえるよう、入国管理局の担当官を説得してください。	日本に滞在する外国人の指紋をとって政府が管理する指紋押捺制度が、最近復活しました。友達がこのことに興味を持っているようなので、指紋押捺制度に対するあなたの意見を友達に述べてください。

— 117 —

第1章　言語活動・言語素材と話題

「2.9 手続き」の言語活動を支える構文

2.9.1 手続き名詞　2.9.1.1 手続き名詞：具体物　2.9.1.2 手続き名詞：抽象概念
2.9.2 手続き内容構文　2.9.2.1 手続き内容構文：叙述　2.9.2.2 手続き内容構文：修飾
2.9.3 書類作成構文　2.9.3.1 書類作成構文：叙述　2.9.3.2 書類作成構文：修飾
2.9.4 申請・交付構文　2.9.4.1 申請・交付作業構文：叙述　2.9.4.2 申請・交付作業構文：修飾
2.9.5 期限構文　2.9.5.1 期限構文：叙述　2.9.5.2 期限構文：修飾
2.9.6 手続きその他

2.9.1.1 手続き名詞：具体物

意味分類	A	B	C
【公的機関】	警察	交番、消防、消防署	〜署
【役所】		役所、県庁、大使館	役場
【税務署】		税関、税務署	
【病院】	病院	医院	
【郵便局】	郵便局		
【銀行】	銀行		
【提出先】		窓口、受付	フロント
【書類】		書類、用紙	文書
		欄	
		住民票	戸籍、契約書
【証明】		印鑑、証明、領収書	判、判子、しるし
【コピー】	コピー	複写	写し
【項目】	名前、住所	性別、生年月日、姓、名	姓名
【フリガナ】		振り仮名	

2.9.1.2 手続き名詞：抽象概念

意味分類	A	B	C
【手続き】		手続き	
【制度】		制度、システム	
【依頼】		依頼	
【請求等】			請求、督促
【登録・加入】		登録、加入	脱退
【申告】		届け、申請	申告
【訴え】			訴え

第1章　言語活動・言語素材と話題

【変更】		変更	
【契約】		契約	
【貸借・返却】		返却	返還、返済
【支払】			送金、納入
【所定】			所定
【本人・代理】		本人、代理	
【メンバー】		メンバー、会員	
【期限】		締め切り、期限	期日
【提出】		提出	
【延長】		延長、延期	
【遅れ】			手遅れ
【確認】		チェック、確認	
【発行・交付】		発行、配布	交付

2.9.2.1 手続き内容構文：叙述

構文	助詞	名詞群		
		A	B	C
【役所】【税務署】【病院】【郵便局】【銀行】《機関》	に	払う	支払う	
《金》	を			
【役所】【税務署】【病院】【郵便局】【銀行】《機関》	に		申請する、申し込む、届ける	申告する
《申告内容》	を			
《団体》	に	入る	登録する	加入する
《団体》	を	やめる		脱退する
【役所】【税務署】【病院】【郵便局】【銀行】《機関》	に		依頼する	請求する、催促する
《依頼内容》	を			
《内容》	を		契約する	
《内容》	を	変える	変更する	
【役所】【税務署】【病院】【郵便局】【銀行】	が		認める、証明する	
《内容》	を			

2.9.2.2 手続き内容構文：修飾
なし

2.9.3.1 書類作成構文：叙述

名詞群	助詞	述語 A	B	C
【書類】	に	書く	記入する、記す、記載する	
《内容》	を			
《内容》	を		認める、確認する	
【書類】《内容》	を	コピーする	写す、複写する、控える	

2.9.3.2 書類作成構文：修飾

修飾語 A	B	C	名詞群
	必要(な)		【書類】【証明】

2.9.4.1 申請・交付作業構文：叙述

名詞群	助詞	述語 A	B	C
【書類】	を	出す	提出する	
【役所】【税務署】【病院】【郵便局】【銀行】《機関》	が		受け付ける	
【書類】	を			
【役所】【税務署】【病院】【郵便局】【銀行】《機関》	が		発行する、配布する	交付する
【書類】	を			
【役所】【税務署】【病院】【郵便局】【銀行】《機関》	が		確かめる、確認する、チェックする	
【書類】	を			

2.9.4.2 申請・交付作業構文：修飾

修飾語 A	B	C	名詞群
大変(な)、簡単(な)、簡潔(な)	面倒くさい	たやすい	【手続き】

第1章　言語活動・言語素材と話題

親切(な)	丁寧(な)		「対応」
速い、遅い			「対応」
便利(な)	不便(な)		【制度】
	必要(な)、不要な		【手続き】

2.9.5.1 期限構文：叙述

名詞群	助詞	述語		
		A	B	C
【役所】【税務署】【病院】【郵便局】【銀行】《機関》	が		締め切る、切る	
【書類】	を			
【書類】	が		遅れる、間に合う	
【期限】	に			
【役所】【税務署】【病院】【郵便局】【銀行】《機関》	が	延ばす	延長する、延期する	
【期限】	を			

2.9.5.2 期限構文：修飾

修飾語			名詞群
A	B	C	
早い、遅い		余裕がある	【期限】

2.9.6 手続きその他

	A	B	C
書類に関する接尾辞		～書、～証	

― 121 ―

第1章　言語活動・言語素材と話題

【2.10 恋愛】

	職業的領域	私的領域（場所）	私的領域（人）
単語	あなたは結婚相談所の職員です。相談所に来た人に、入会金はいくらか聞かれました。答えてください。	ある人気歌手のファンの集いに行ったら、そこに来ていた魅力的な異性に、恋人がいるか聞かれました。答えてください。	あなたは今度の日曜日にデートをする予定です。友達に誰と会うのか聞かれました。答えてください。
単文	あなたは結婚相談所の職員です。入会を申し込みに来た人に、まず申し込み用紙に記入するよう伝えてください。	あなたは最近恋人ができ、楽しくて成績が落ちてしまいました。先生に注意されたので、謝ってください。	友達がデートをするそうです。いろいろ質問してください。
複文	あなたは結婚相談所の職員です。相談者が次の面談日の希望を伝えてきましたが、その日は都合が悪いので、変えてもらってください。	あなたは今の恋人と結婚できるかどうか気になっています。占い師のところに行って、占ってもらってください。	いつも食堂で見かける、気になる異性がいます。デートに誘ってください。
単段落	あなたは占い師です。恋愛運を見てほしいという客に占いの結果を説明し、それをもとにアドバイスをしてあげてください。	恋愛で悩んでいる会社の新人に、あなたの恋愛について聞かれました。あなたの過去の恋愛について話してあげてください。	あなたは最近、とても感動的な恋愛映画を見ました。友達にそのストーリーを話し、感想を聞いてください。
複段落	あなたは出会い系サイトを運営しています。ある学校のPTAの代表者があなたの事務所に来て、サイトの閉鎖を要求しています。サイトの会員のニーズ・利用実態や、健全な利用を促すために講じている方策などについて説明し、閉鎖の必要がないことを主張してください。	あなたは日本人の恋人と結婚したいと思っていますが、相手の両親は大反対しているそうです。今日は、その両親のところに挨拶に行きます。恋人に対するあなたの思いや今後の計画などを詳しく話して、まったく心配がないことをわかってもらい、結婚の許しを得てください。	あなたは最近、大恋愛の末、結婚しました。久しぶりに会った友達に、その出会いから、二人の間に起こった障害とその結末、プロポーズから結婚式の様子まで、友達がうらやましがるように詳細に話してあげてください。

第1章　言語活動・言語素材と話題

「2.10 恋愛」の言語活動を支える構文

2.10.1 恋愛名詞　2.10.1.1 恋愛名詞：具体物　2.10.1.2 恋愛名詞：抽象概念
2.10.2 アプローチ構文　2.10.2.1 アプローチ構文：叙述　2.10.2.2 アプローチ構文：修飾
2.10.3 告白構文　2.10.3.1 告白構文：叙述　2.10.3.2 告白構文：修飾
2.10.4 交際構文　2.10.4.1 交際構文：叙述　2.10.4.2 交際構文：修飾
2.10.5 周囲の反応構文　2.10.5.1 周囲の反応構文：叙述　2.10.5.2 周囲の反応構文：修飾
2.10.6 別れ構文　2.10.6.1 別れ構文：叙述　2.10.6.2 別れ構文：修飾
2.10.7 相手構文　2.10.7.1 相手構文：叙述　2.10.7.2 相手構文：修飾
2.10.8 恋愛その他

2.10.1.1 恋愛名詞：具体物

意味分類	A	B	C
【恋愛の相手】	友達	同僚、同級生	
	彼、彼女、相手	恋人、パートナー	
【カップル】		カップル	
【容姿】	顔、ファッション	身長、美人、スタイル、化粧	メーク
【占い】		血液型、星座	
【デートの内容】	映画、旅行、買い物	食事、鑑賞	御馳走
【デートスポット】	図書館、映画館、デパート、公園、レストラン	美術館、博物館、動物園、劇場、〜園	
【デートの日】		週末	
【プレゼント】	プレゼント	贈り物	

2.10.1.2 恋愛名詞：抽象概念

意味分類	A	B	C
【恋愛】	恋	愛、恋愛、ラブ	
【青春】	春	青春、年ごろ	
【タイプ】		好み、タイプ、理想	好き好き
【自慢】		自慢	
【ライバル】		敵、ライバル	
【条件】		条件	
【性格】	性格	キャラクター、キャラ	
【学歴】		学歴	

第1章　言語活動・言語素材と話題

【出会い】		出会い、きっかけ	
【駆け引き】			駆け引き、遣り取り
【告白】		告白	
【申込】		申し込み	
【噂】		噂	
【人目】			人目
【交際】		交際、付き合い	
【デート】		デート、お出かけ	誘い
【約束】	約束		
【待ち合わせ】		待ち合わせ	
【記念日】	誕生日、クリスマス	記念日	
【気持ち】	気持ち	心理、感情、愛情、思い、ハート	情、願望、こだわり
		ラブ	欲望、下心、好感、性欲、快感、親密、ハッピー、愛着、本心、奥底
【片思い】		片思い	思い込み、妄想
【言葉】		フレーズ	口癖
【行為】		キス、セックス	エッチ
【過ち】		浮気	不倫、過ち
【秘密】		秘密	
【内緒】		内緒	
【別れ】		別れ	
【原因】		原因、きっかけ	
		喧嘩	すれ違い
【後悔】		後悔	代償
【未練】			未練、執着
【嫉妬】		嫉妬	
【心中】			心中

2.10.2.1 アプローチ構文：叙述

名詞群	助詞	述語		
		A	B	C
【恋愛の相手】	に		アプローチする、近づく	アピールする

第1章　言語活動・言語素材と話題

【恋愛の相手】	を	探す、見つける		
【恋愛の相手】	を		攻める、狙う	
【性格】【容姿】【学歴】《条件となること》	が	合う	一致する	
【条件】	に			
【性格】【容姿】【学歴】《条件となること》	が			満たす
【条件】	を			
【恋愛の相手】【性格】【容姿】【学歴】《条件となること》	を		気に入る	思い描く、妄想する
【恋愛の相手】	に		惚れる、恋する	
【恋愛の相手】【恋愛】	を		占う、診断する	
【恋愛の相手】	を	誘う		
【デート】【デートの内容】【デートスポット】	に			
【恋愛の相手】	を		誘惑する	揺さぶる
《人》	から		奪う	略奪する
【恋愛の相手】	を			
【恋愛の相手】	に	やる、あげる、プレゼントする	贈る	
【プレゼント】	を			

2.10.2.2 アプローチ構文：修飾

修飾語			名詞群
A	B	C	
	積極的(な)、消極的(な)、大胆(な)、ストレート(な)		【駆け引き】【告白】【申込】【性格】
	突然(の)	思いがけない	【駆け引き】【告白】【申込】

2.10.3.1 告白構文：叙述

名詞群	助詞	述語		
		A	B	C
【恋愛の相手】	に	言う	打ち明ける、伝える、告白する	告げる
【気持ち】	を			

【告白】【恋愛の相手】	を		受ける、受け入れる、受け止める	
【告白】【恋愛の相手】	を	断る	拒否する	
【恋愛の相手】	を		ふる	

2.10.3.2 告白構文：修飾

修飾語			名詞群
A	B	C	
好き(な)、大好き(な)	恋しい		【恋愛の相手】《人》

2.10.4.1 交際構文：叙述

名詞群	助詞	述語		
		A	B	C
【恋愛の相手】	と		付き合う、交際する、くっつく	
【デート】	に	行く		
【恋愛の相手】	と	会う	待ち合わせる	
【デートスポット】《場所》	で			
【恋愛の相手】	に	やる、あげる、プレゼントする	贈る	
【プレゼント】	を			
【恋愛の相手】	と		キスする、エッチする	
【恋愛の相手】	を		見つめる	くすぐる
【恋愛の相手】	に		ささやく、伝える	
【プレゼント】	を			
《気持ち》	が		弾む、盛り上がる	
【恋愛の相手】	を	愛する		
【恋愛の相手】	を		信じる、信頼する、信用する	

2.10.4.2 交際構文：修飾

修飾語			名詞群
A	B	C	
		健全(な)	【交際】
うれしい、楽しい	幸せ(な)		【デート】【気持ち】
	純粋(な)	純情(な)、真剣(な)	【気持ち】

第1章　言語活動・言語素材と話題

	順調(な)		【交際】

2.10.5.1 周囲の反応構文：叙述

名詞群	助詞	述語		
		A	B	C
【恋愛】【恋愛の相手】【カップル】【交際】【告白】	に	驚く、びっくりする		
【恋愛】【交際】	に		気付く	
【カップル】《人》	を	見る	見かける	
【カップル】《人》	を		冷やかす	
【恋愛の相手】《人》	を		勧める	促す
《人》	に	言う、話す、聞く、相談する		
【告白】《人》	を	助ける	サポートする、手助けする	
《人》	に		アドバイスする	
【恋愛】【カップル】【恋愛の相手】【交際】	を		ねたむ、嫉妬する、うらやむ	
【恋愛】【交際】	を		認める、許す	公認する
【恋愛】【交際】【別れ】	に		賛成する	
【恋愛】【交際】【別れ】	に		反対する	
【恋愛】【交際】【告白】【別れ】	を	止める		

2.10.5.2 周囲の反応構文：修飾

修飾語			名詞群
A	B	C	
	うらやましい		【カップル】【恋愛の相手】【恋愛】【交際】
	恥ずかしい		【恋愛】【交際】「見られること」

2.10.6.1 別れ構文：叙述

名詞群	助詞	述語		
		A	B	C
《気持ち》	が		揺れる	揺らぐ
【恋愛の相手】	と	別れる		
【恋愛の相手】	を		ふる	

第1章　言語活動・言語素材と話題

【恋愛の相手】	に		失恋する	
【恋愛の相手】	と		喧嘩する	もめる
《動作主》	が	泣く	落ち込む、悲しむ	
【恋愛の相手】	に		冷める、失望する、がっかりする	
《気持ち》	が		すれ違う	
【告白】【過ち】【別れ】	を		後悔する、悔やむ、反省する	
【過ち】【恋愛の相手】	に		懲りる	
【恋愛の相手】【恋愛】【別れ】	を			引き摺る
【恋愛の相手】【恋愛】	に			執着する

2.10.6.2 別れ構文：修飾

修飾語			名詞群
A	B	C	
	不満(な)		【気持ち】
悲しい	寂しい、切ない		【気持ち】
嫌い(な)			【恋愛の相手】

2.10.7.1 相手構文：叙述

なし

2.10.7.2 相手構文：修飾

修飾語			名詞群
A	B	C	
	わがまま(な)、控えめ(な)、勝手(な)、ストレート(な)	さり気ない、前向き(な)	【恋愛の相手】
苦手(な)、嫌い(な)			【恋愛の相手】
きれい(な)		セクシー(な)	【恋愛の相手】
人気(のある)			【恋愛の相手】

2.10.8 恋愛その他

なし

第1章　言語活動・言語素材と話題

【2.11 結婚】

	職業的領域	私的領域（場所）	私的領域（人）
単語	あなたは結婚式会場のスタッフです。お客さんに式場の部屋の名前を聞かれました。教えてあげてください。	友達の結婚式に来ました。受付の人に名前を聞かれたので、答えてください。	あなたはもうすぐ結婚します。結婚式の衣裳はドレスと着物のどちらが好きか、婚約者に聞かれました。答えてください。
単文	あなたは結婚式会場のスタッフです。式の前に、お祝いの電報があることを親族に伝えてください。	今、友達の結婚披露宴に来ています。テーブルの飲み物がなくなったので、式場の人に頼んでください。	友達から「来年の夏に結婚する」と電話がかかってきました。いろいろ質問してください。
複文	あなたはウェディングプランナーです。今日で結婚式の打ち合わせは終わったのですが、もう一度打ち合わせをする必要が出てきました。お客さんに電話して、打ち合わせの場所と日時を決めてください。	あなたはウェディングプランナーと結婚式の相談をしています。前回決めた日取りと時間の変更をお願いしてください。	先輩の結婚式に招待されました。来ていく服やお祝いの金額について、友達に相談してください。
単段落	あなたは結婚式の司会者です。仲人のいない結婚式なので、二人のなれそめを出席者に紹介してください。	あなたは結婚することになりました。あなたが希望する披露宴の料理やドレスのデザインなどについて、式場の人にできるだけ詳しく説明してください。	あなたは来月結婚します。久しぶりに会った友達に、出会いから今までのことを、独身の友達がうらやましくなるように詳しく話してください。
複段落	あなたは神父です。結婚前の男女のために勉強会を開いています。結婚の意義、男女の役割、あるべき家族の姿について具体的な例を交えながら話してください。	離婚の調停で家庭裁判所にいます。あなたが考える理想の家庭・夫婦像と現実とのずれを説明し、どうしても離婚したいということを裁判官に訴えてください。	シングルマザーの生き方について友達と話しています。あなたの意見を述べてください。

「2.11 結婚」の言語活動を支える構文

2.11.1 結婚名詞　2.11.1.1 結婚名詞：具体物　2.11.1.2 結婚名詞：抽象概念

2.11.2 出会い構文　2.11.2.1 出会い構文：叙述　2.11.2.2 出会い構文：修飾

2.11.3 求婚構文　2.11.3.1 求婚構文：叙述　2.11.3.2 求婚構文：修飾

2.11.4 条件構文　2.11.4.1 条件構文：叙述　2.11.4.2 条件構文：修飾

2.11.5 親族構文　2.11.5.1 親族構文：叙述　2.11.5.2 親族構文：修飾

2.11.6 愛情構文　2.11.6.1 愛情構文：叙述　2.11.6.2 愛情構文：修飾

2.11.7 婚約・婚姻構文　2.11.7.1 婚約・婚姻構文：叙述　2.11.7.2 婚約・婚姻構文：修飾

2.11.8 挙式構文　2.11.8.1 挙式構文：叙述　2.11.8.2 挙式構文：修飾

2.11.9 祝福構文　2.11.9.1 祝福構文：叙述　2.11.9.2 祝福構文：修飾

2.11.10 結婚生活構文　2.11.10.1 結婚生活構文：叙述　2.11.10.2 結婚生活構文：修飾

2.11.11 離婚構文　2.11.11.1 離婚構文：叙述　2.11.11.2 離婚構文：修飾

2.11.12 結婚その他

2.11.1.1 結婚名詞：具体物

意味分類	A	B	C
【相手】	相手		
		同級生、同僚	
		同い年	
【容姿】	顔	身長、スタイル、美人	
【親族】	家族、家、兄弟、親	親戚、親類、姉妹、両親、父親、母親	
【客】	客		
	友達	親戚、親友	親族、近親者
		人数	
【仲人】			仲人、証人
【式場】	教会、神社、寺、ホテル、レストラン	式場、ガーデン、〜寺	
		舞台、受付、会場	フロント

2.11.1.2 結婚名詞：抽象概念

意味分類	A	B	C
【出会い】		出会い、きっかけ	
【紹介】	紹介	見合い	斡旋、縁談
【チャンス】		チャンス	縁、タイミング

第1章　言語活動・言語素材と話題

【求婚】		申し込み	求婚
【意志】		意志、決意	
【条件】	仕事、性格	条件、職業、収入、借金、学歴、相性	年収
【同居】		同居	別居
【同意】		同意	
【愛情】		愛、愛情	
【婚約】	約束	婚約	
【結婚】	結婚	再婚	婚姻、縁組
【届け出】		届け出、届け	
【籍】			籍、戸籍
【破棄】		中止、キャンセル	破棄
【指輪】	指輪		
【証明書】		証明書	
【署名】	サイン	署名	
【衣装】		衣装、ドレス	ベール
【化粧】		化粧	ヘア、メーク
【装飾】		飾り、花束	
【家族】		親子、義父、姑	
【準備】	準備	打ち合わせ	
【式】		式、儀式、セレモニー	宴
【主役】		本人、主役、カップル	当人
		婿、嫁、花嫁	
【神】		神、神様	司教、修道
【人生】		一生、人生	
【お祝い】		お祝い、祝い	
【新婚】		新婚	
【夢・希望】	夢	希望、期待	
【夫婦】	夫、妻	夫婦、パートナー	配偶者
【暮らし】	生活	家庭	
【揉め事】		喧嘩、溝	揉め事
【後悔】		後悔	
【束縛】		束縛	
【浮気】		浮気	

第1章 言語活動・言語素材と話題

【愛人】			愛人
【離婚】		離婚	
【親権】			親権
【養育】			養育
【和解】			和解
【慰謝料】			慰謝料
【法律】			民法、条文
【裁判】			判例、事由、事案、要件
【申し立て】			申し立て、控訴
【財産】			分与

2.11.2.1 出会い構文：叙述

名詞群	助詞	述語		
		A	B	C
【相手】	と		出会う	
《人》	に	紹介する		
【相手】	を			
《人》	に			譲る
【相手】	を			
【相手】	を		だます	

2.11.2.2 出会い構文：修飾

修飾語			名詞群
A	B	C	
	突然(の)、偶然(の)		【出会い】

2.11.3.1 求婚構文：叙述

名詞群	助詞	述語		
		A	B	C
【相手】	に		申し込む	
【結婚】	を			
【相手】【意志】【求婚】	を		受ける、受け入れる	
【求婚】	を	断る	拒否する	
【相手】	を		説得する	押し切る

第1章　言語活動・言語素材と話題

【結婚】	を	決める	決意する、決断する	
【結婚】	を	約束する		

2.11.3.2 求婚構文：修飾

修飾語			名詞群
A	B	C	
	積極的(な)、消極的(な)、大胆(な)、ストレート(な)		【求婚】【意志】

2.11.4.1 条件構文：叙述

名詞群	助詞	述語		
		A	B	C
【条件】	が	合う	一致する	
【性格】【容姿】【職業】【経済力】【学歴】	が	合う	一致する	
【条件】	に			
【相手】	に			妥協する
【相手】	が			満たす
【条件】	を			
【相手】	に		満足する	

2.11.4.2 条件構文：修飾

修飾語			名詞群
A	B	C	
	ぴったり(の)		【相手】【条件】

2.11.5.1 親族構文：叙述

名詞群	助詞	述語		
		A	B	C
【相手】	を	紹介する		
【親族】	に			
【相手】【親族】	に	挨拶する		
【婚約】【結婚】	に		同意する、賛成する	
【婚約】【結婚】	を		許可する、許す	
【婚約】【結婚】	に		反対する	

第1章 言語活動・言語素材と話題

2.11.5.2 親族構文：修飾

修飾語			名詞群
A	B	C	
		正式(な)	【紹介】

2.11.6.1 愛情構文：叙述

名詞群	助詞	述語		
		A	B	C
【相手】	を	愛する、信じる		

2.11.6.2 愛情構文：修飾

なし

2.11.7.1 婚約・婚姻構文：叙述

名詞群	助詞	述語		
		A	B	C
【相手】	と	約束する	婚約する	
【相手】	と	結婚する	再婚する	
《役所》	に		届ける	
《役所》	に	出す	提出する	
【届け出】	を			
【届け出】	を			受理する
【婚約】【結婚】	を	やめる	中止する、キャンセルする	破棄する

2.11.7.2 婚約・婚姻構文：修飾

修飾語			名詞群
A	B	C	
	重大(な)		【意志】

2.11.8.1 挙式構文：叙述

名詞群	助詞	述語		
		A	B	C
【婚約】【結婚】	を	準備する、用意する		
【婚約】【結婚】	を		打ち合わせる	

第1章　言語活動・言語素材と話題

【式】	に	呼ぶ	招待する、招く	
《人》	を			
【式】	を		挙げる	
《人》	に		通知する、知らせる	
【結婚】	を			
【客】《人》	に	送る	郵送する	
【招待状】	を			
【結婚】を		約束する	誓う	宣誓する
《口づけ》	を			交わす
《祈り》	を		捧げる	
《指輪》	を		交換する	はめる
―	―	サインする	署名する	

2.11.8.2 挙式構文：修飾

修飾語			名詞群
A	B	C	
きれい(な)			【主役】【衣装】【化粧】【装飾】
うれしい	感激(の)	感無量(な)	【式】

2.11.9.1 祝福構文：叙述

名詞群	助詞	述語		
		A	B	C
【結婚】	を	喜ぶ	祝う	祝福する
【お祝い】	を	送る、やる		
【主役】《人》	を		冷やかす	

2.11.9.2 祝福構文：修飾

修飾語			名詞群
A	B	C	
	おめでたい		【結婚】
	ありがたい		【お祝い】

2.11.10.1 結婚生活構文：叙述

名詞群	助詞	述語

第1章　言語活動・言語素材と話題

		A	B	C
【夫】【妻】	に			尽くす
【夫】【妻】	と		喧嘩する	もめる
【生活】【夫】【妻】	を		我慢する	
【生活】【夫】【妻】	に		堪える	
【生活】【夫】【妻】	に		冷める、失望する	
【結婚】	を		後悔する、悔やむ	
【夫】【妻】	を		縛る	束縛する

2.11.10.2 結婚生活構文：修飾

修飾語			名詞群
A	B	C	
	円満(な)		【暮らし】
うれしい、楽しい	幸せ(な)		【暮らし】

2.11.11.1 離婚構文：叙述

名詞群	助詞	述語		
		A	B	C
－	－		浮気する	
【夫】【妻】	と		離れる	別居する
－	－	別れる	離婚する	
【生活】	を		解消する	清算する
【生活】	が			破綻する
【夫】【妻】	と		争う	
【裁判】	で			
【夫】【妻】	と			和解する
【裁判】	で			
【夫】【妻】	と		話し合う	協議する
【夫】【妻】	を			引き止める
【慰謝料】	を		計算する	算定する
【慰謝料】	を	払う	支払う	

2.11.11.2 離婚構文：修飾

修飾語	名詞群

第 1 章 言語活動・言語素材と話題

A	B	C	
		けがらわしい、不潔(な)	《行動》【夫婦】【浮気】

2.11.12 結婚その他

	A	B	C
式に関する接尾辞			〜状

【2.12 出産・育児】

	職業的領域	私的領域（場所）	私的領域（人）
単語	あなたは保育園の先生です。子供を迎えに来たお母さんに、今日は何時間昼寝をしたか聞かれました。答えてください。	子供の健康診断の受付で、子供の生年月日を聞かれました。答えてください。	友達が、あなたの子供を見て、名前（年）を聞きました。答えてください。
単文	あなたは保育園の先生です。月曜日に保育園にやってきた子供たちに、週末何をしたか聞いてください。	昨日、初めての子供が生まれました。おむつの付け方を看護師さんに聞いてください。	友達から「赤ちゃんが生まれた」と電話がありました。名前や誕生日などを聞いてください。
複文	あなたは保育園の先生です。A君の様子がおかしいと思ったら、熱がありました。お母さんに、迎えに来てくれるよう電話をしてください。	3日前に子供が生まれました。育児休暇をとりたいので、職場の上司に申し出てください。	あなたには1歳の子供がいます。仕事に復帰したいので、近くに住んでいる母親に、保育園への送り迎えなどをお願いしてください。
単段落	あなたはベビーシッターです。今日は病気の子供の世話をしました。どのような世話をしたのか、そして、子供の様子はどうだったのか、母親に詳しく話してください。	子供が最近いろいろ悪いことをするようになって、あなたはとても困っています。保健所の育児相談に行って、どんなことをするのか詳しく話し、相談に乗ってもらってください。	あなたの国には、子供の健やかな成長を願う儀式があります。どんな儀式なのか、友達に詳しく教えてあげてください。
複段落	あなたは産婦人科の医師です。半年間も定期健診に来なかった妊婦に、妊娠・出産の重大さやリスクについてわかりやすく説明しながら、お腹の子供のためにも、自分自身のためにも、定期健診は決して怠るべきではないと諭してください。	保育園を増やす会の代表として、ある国会議員の事務所に行き、女性の社会進出や少子高齢化などの観点から、育児環境を整備することの必要性を訴えてください。	友達と育児休暇の話をしています。あなたの国の育児休暇の現状と問題点を説明し、これからの育児休暇のあり方について、あなたの意見を述べてください。

第1章　言語活動・言語素材と話題

「2.12 出産・育児」の言語活動を支える構文

2.12.1 出産・育児名詞　2.12.1.1 出産・育児名詞：具体物　2.12.1.2 出産・育児名詞：抽象概念
2.12.2 出産構文　2.12.2.1 出産構文：叙述　2.12.2.2 出産構文：修飾
2.12.3 検診構文　2.12.3.1 検診構文：叙述　2.12.3.2 検診構文：修飾
2.12.4 成長構文　2.12.4.1 成長構文：叙述　2.12.4.2 成長構文：修飾
2.12.5 育児構文　2.12.5.1 育児構文：叙述　2.12.5.2 育児構文：修飾
2.12.6 子供の行動構文　2.12.6.1 子供の行動構文：叙述　2.12.6.2 子供の行動構文：修飾
2.12.7 育児の悩み構文　2.12.7.1 育児の悩み構文：叙述　2.12.7.2 育児の悩み構文：修飾
2.12.8 保育構文　2.12.8.1 保育構文：叙述　2.12.8.2 保育構文：修飾
2.12.9 出産・育児その他

2.12.1.1 出産・育児名詞：具体物

意味分類	A	B	C
【妊婦】		妊婦	
【胎児】	赤ちゃん		胎児
【体】		ホルモン	子宮、乳房
【助産師】		助産師	
【子供】	子供、赤ちゃん	赤ん坊、幼児、ベビー、新生児、小児	～児、乳幼児、乳児
	息子、娘、女の子、子、孫	お嬢さん、お子さん	せがれ、御子息
		双子、長男、長女、末っ子、後継ぎ	
【家族】	親	親子、両親	父母、母子、配偶者
【父親】	お父さん、パパ	父、父親、おやじ、お父様	
【母親】	お母さん、ママ	母、お母様、母親	おふくろ
【祖父】	おじいさん	祖父母	
【祖母】	おばあさん	祖母	
【病気】	風邪、病気、熱	下痢、アレルギー、肥満	自閉、症候、痙攣、不全、高熱
【病院】	病院	医院、小児科、産婦人科	～医
【体の部位】	手、足、顔、目、耳、鼻、口、体	手足、腎臓	
【分泌】			分泌

第1章　言語活動・言語素材と話題

【出生届】		届け、出生届、届け出	
【役所】		役所、保健所	役場
【戸籍】			戸籍
【排泄物】		おしっこ	
【食】		レシピ、食	
【母乳】		おっぱい	母乳
【栄養】		カルシウム、蛋白質	
【道具】		哺乳瓶、おむつ	
【お宮】	神社	お宮	
【遊び道具】	本、おもちゃ、人形		玩具
【童謡】	歌、お話		童謡
【場所】	公園	遊園地	
【保育施設】	保育園、幼稚園		
【育児に関する機関】		厚生省、PTA	
【育児に関する仕事】			保母
【育児に関する病気】		ノイローゼ	

2.12.1.2 出産・育児名詞：抽象概念

意味分類	A	B	C
【妊娠】		妊娠	
【出産・誕生】		誕生、出産	
【年齢・月齢】			生後
【喜び】		喜び、感動、感激	
【産後】		産後	
【先天的】		生まれつき	先天的
【死】			死因
【名前】	名前		
【漢字】	漢字		当て字
【希望】		望み、希望、期待、願い、祈り	
【共働き】		共働き、共稼ぎ	
【産休】	休み	休暇、産休	

— 140 —

第1章　言語活動・言語素材と話題

【成長】		成長、育ち	発育
【愛情】		愛、愛情、触れ合い	絆
【育児】		育児、しつけ、子育て	
【仕事・役割】	仕事	役目、役割	
【子供の行動】		泣き声	人見知り
【心配】	心配	不安	
【反抗】		わがまま、勝手	欲求
【悩み】		苦労、困難、悩み	苦痛、苦
【虐待】			虐待
【サポート】		サポート、手助け、ケア、アドバイス	参画
【休暇】	休み	休暇	
【食】		食	

2.12.2.1 出産構文：叙述

名詞群	助詞	述語 A	B	C
【子供】	を		産む、出産する	
【子供】	が	生まれる	誕生する	
【子供】	に			恵まれる
【病院】	が		取り上げる	
【子供】	を			
【出産・妊娠】	に			立ち会う
【出産・妊娠】	を		待ち望む、望む	
【妊娠】【出産・誕生】	を	喜ぶ	祝う	
【妊娠】【出産・誕生】	に		感動する、感激する	
【出生届】	を	出す	届ける、提出する	
【子供】	に		名付ける、命名する	
《固有人名》	と			
【神社】	に		参る	
【健康】【妊娠】【出産・誕生】	を		祈る	

2.12.2.2 出産構文：修飾

修飾語	名詞群

第1章　言語活動・言語素材と話題

A	B	C	
	順調(な)		【出産・誕生】
大変(な)	きつい		【出産・誕生】
心配(な)	不安(な)		【出産・誕生】
うれしい	感激	感無量(な)	【出産・誕生】
	おめでたい		【出産・誕生】

2.12.3.1 検診構文：叙述

名詞群	助詞	述語		
		A	B	C
【病院】	が	見る	予防する、診断する、診察する、検査する	
【子供】	を			
【病院】	が	注射する		
【子供】	に			
【病院】	を			受診する

2.12.3.2 検診構文：修飾

なし

2.12.4.1 成長構文：叙述

名詞群	助詞	述語		
		A	B	C
【子供】	が		育つ、生長する	

2.12.4.2 成長構文：修飾

修飾語			述語
A	B	C	
	順調(な)		【成長】
早い、遅い			【成長】

2.12.5.1 育児構文：叙述

名詞群	助詞	述語		
		A	B	C
【子供】	を	世話する	育てる、養う	養育する

第1章　言語活動・言語素材と話題

【子供】	を	愛する	かわいがる、甘やかす	
【子供】	を	怒る	怒鳴る、叱る	
【子供】	に	怒る		
【子供】	を		抱く、抱える、抱っこする、おんぶする	
【子供】	を	褒める		
【子供】	に		話しかける、構う	
【子供】	を		寝かせる	
【子供】	を		慣らす	
【子供】の《おむつ》	を	換える、外す		
《場所》	を	掃除する	片付ける、整理する、整える、揃える、しまう	
【子供】【健康】	を	心配する	はらはらする	
ー	ー	頑張る	努力する	奮闘する
【子供】	が		悩ます	
【親】	を			

2.12.5.2 育児構文：修飾

修飾語			名詞群
A	B	C	
大変(な)			【育児】
厳しい	優しい、甘い		【育児】

2.12.6.1 子供の行動構文：叙述

名詞群	助詞	述語		
		A	B	C
【子供】	が	投げる、壊す		
《物》	を			
【子供】	が		散らかす、汚す、	
《物》	を			
【子供】	が	食べる	かじる、こぼす、くわえる、なめる、飲み込む	しゃぶる
《物》	を			
【言葉】	が	分かる		認識する

— 143 —

第1章 言語活動・言語素材と話題

【子供】	が		理解する	
【言葉】	を			
【子供】	が		反抗する、抵抗する	
【親】	に			
【子供】	が	笑う		
【子供】	が	泣く		
【子供】	が	話す、言う、歌う		
【子供】	が	歩く、走る、散歩する、遊ぶ	這う、転ぶ	
【子供】	が		騒ぐ、暴れる、叫ぶ	
【子供】	が	落ちる	転ぶ、倒れる	
【子供】	が	寝る、眠る、休む		
【子供】	が		要求する	ねだる

2.12.6.2 子供の行動構文：修飾

修飾語			名詞群
A	B	C	
かわいい	かわいらしい、幼い		【子供】「行動」
うるさい、賑やか(な)	わがまま、騒々しい		【子供】「行動」
楽しい、面白い	愉快(な)		【子供】「行動」
心配(な)	不安(な)		【成長】「行動」

2.12.7.1 育児の悩み構文：叙述

名詞群	助詞	述語		
		A	B	C
ー	ー		悩む、苦しむ	
【子供】	が		悩ます	
【親】	を			
【育児】	を			放棄する
【子供】	を			虐待する
《人》	と		対立する	もめる
《人》	を	助ける	サポートする、手助けする、ケアする、アドバイスする	
《人》	に	相談する		

— 144 —

2.12.7.2 育児の悩み構文：修飾
なし

2.12.8.1 保育構文：叙述

名詞群	助詞	述語		
		A	B	C
【子供】	を		預ける、預かる	
【子供】	を	入れる		
【保育施設】	に			
《仕事》	を	休む		
【休暇】	を	取る		取得する

2.12.8.2 保育構文：修飾
なし

2.12.9 出産・育児その他

	A	B	C
妊娠に関する接辞	〜か月	妊娠〜か月	
成長に関する副詞		生後	
お祝いに関する接頭辞		初〜	
命名に関する接尾辞			〜画、当て字

— 145 —

第1章　言語活動・言語素材と話題

【2.13 思い出】

	職業的領域	私的領域（場所）	私的領域（人）
単語	あなたは結婚式のビデオを撮る会社に勤めています。お客さんに、屋外での撮影が可能か聞かれました。答えてください。	あなたは同窓会に来ました。受付で名前を聞かれたので答えてください。	子供の時に好きだったおもちゃが何か、友達に聞かれました。答えてください。
単文	あなたはカメラマンです。今から家族写真を撮ります。カメラの方を見るよう指示を出してください。	あなたは同窓会に来ました。ある人がとても懐かしそうに話しかけてきますが、あなたは誰だかわかりません。名前を聞いてください。	友達の写真を見せてもらっています。その写真について、いろいろ聞いてください。
複文	あなたは結婚式用のビデオの制作会社に勤めています。結婚式で、二人の紹介ビデオを流します。二人が最初にデートした場所を紹介したいので、どこか教えてもらってください。	卒業式のパーティーで、先生に、思い出に残ったことは何か聞かれました。一人ずつ順番に、一言ずつ話しています。あなたも答えてください。	友達に思い出の写真を見せています。いつどこで何を撮った写真なのか、友達に話してください。
単段落	あなたは俳優です。先日、大先輩のAさんが亡くなりました。追悼テレビ番組があなたとAさんの思い出を取材に来たので、エピソードを話してください。	あなたはもうすぐ留学を終えます。ゼミの時間に、先生に、留学中一番大変だったことは何か聞かれました。エピソードを交えながら、答えてください。	友達にあなたの思い出の品を見せています。その品にはどんなエピソードがあるのか、友達に詳しく教えてあげてください。
複段落	あなたは教師です。あなたのクラスの生徒たちも、もうすぐ卒業です。最後のホームルームで、生徒たちとの思い出を話し、巣立っていく教え子たちを激励してください。	そろそろあなたの留学生活も終わります。お別れ会で、あなたの日本での思い出についてスピーチし、お世話になった先生や友達に感謝の気持ちを述べてください。	過去の思い出にとらわれ、新しい恋ができない友達がいます。あなた自身の失恋の経験と、そこから立ち直った時のことを話し、友達に前向きなアドバイスをしてあげてください。

第1章　言語活動・言語素材と話題

「2.13 思い出」の言語活動を支える構文

2.13.1 思い出名詞　2.13.1.1 思い出名詞：具体物　2.13.1.2 思い出名詞：抽象概念
2.13.2 記憶構文　2.13.2.1 記憶構文：叙述　2.13.2.2 記憶構文：修飾
2.13.3 人生・経験構文　2.13.3.1 人生・経験構文：叙述　2.13.3.2 人生・経験構文：修飾
2.13.4 思い出その他

2.13.1.1 思い出名詞：具体物

意味分類	A	B	C
【記録】	写真、本、ビデオ、アルバム	日記	

2.13.1.2 思い出名詞：抽象概念

意味分類	A	B	C
【思い出】	思い出	記憶	郷愁
【経験】		経験、体験	
【人生】		人生	歩み
【時代】		時代	
【過去】	昔	当時、過去	ひところ
【教訓】			教訓

2.13.2.1 記憶構文：叙述

名詞群	助詞	述語 A	述語 B	述語 C
《思い出す内容》	を	思い出す	振り返る	顧みる、たどる
《忘れた内容》	を	忘れる		
【思い出】	を		残す、記録する、語る	著す、記す
【思い出】	を			とどめる
【記録】	に			
【思い出】	が		残る	
【記録】	に			

2.13.2.2 記憶構文：修飾

修飾語 A	修飾語 B	修飾語 C	名詞群
	はっきり(とした)、鮮やか(な)		【思い出】

— 147 —

| | ぼんやり(とした)、微か(な)、わずか(な)、あいまい(な) | | 【思い出】 |

2.13.3.1 人生・経験構文：叙述

名詞群	助詞	述語		
		A	B	C
「人生」	を			歩む
《経験する内容》	を		経験する、体験する	
《後悔する内容》	を		後悔する、悔やむ、反省する	

2.13.3.2 人生・経験構文：修飾

修飾語			名詞群
A	B	C	
楽しい、うれしい、悲しい	苦い、恥ずかしい、懐かしい、辛い〈ツライ〉、悔しい、切ない		【経験・体験】
初めて(の)、最初(の)	初(の)		【経験・体験】
いちばん(の)			【思い出】

2.13.4 思い出その他
なし

第1章　言語活動・言語素材と話題

【2.14 夢・目標】

	職業的領域	私的領域（場所）	私的領域（人）
単語	あなたは塾の講師です。学生がある大学に入るために、必要な偏差値を聞いています。答えてください。	塾に入るための申し込みに来ています。どこの大学を志望しているか聞かれました。答えてください。	友達に、目標とする人は誰か聞かれました。答えてください。
単文	あなたは入試の面接官です。将来の夢を聞いてください。	神社にお参りに来ました。友達に、絵馬にどんな願いごとを書くか聞いてください。	友達に、子供の時の将来の夢を聞かれました。どんな職業につきたかったか答えてください。
複文	あなたは高校の先生です。生徒の進路選択の参考になるように、若者の夢・目標について語ってもらう講演会を企画しました。Aさんに講演を依頼してください。	あなたは将来、したい勉強があり、大学を探しています。ある大学の説明会の相談ブースに行って、それができるかどうか聞いてください。	友達に、日本留学の目的を聞かれました。答えてください。
単段落	あなたは高校の進路指導の先生です。自分の夢をあきらめかけている生徒に、あなたから見たその生徒の長所を、それを物語るその学生のエピソードとともに話し、励ましてください。	大学の面接で将来の夢を尋ねられました。帰国後の計画を、順を追って詳しく説明してください。	あなたは、子供のころからの夢を実現しました。夢を実現するまでのエピソードを友達に語ってください。
複段落	あなたはプロ野球の選手です。今、インタビューを受けています。これまでに、どんな夢を持ってどう実現してきたのか、また、どんな挫折をどう乗り越えてきたのか、子供たちが夢を持てるよう、話してください。	あなたは、中学校で講演を頼まれました。これまでの人生でどんな夢を持ち、どんな努力をして今に至ったのか、100人ほどの中学生の前で話してください。	友達にあなたの国のA氏について聞かれました。Aという人物は偉業を成し遂げた人として知られています。どんな偉業をどう成し遂げたのか、また、どうして尊敬されているのか、具体的なエピソードを交えながら話してください。

「2.14 夢・目標」の言語活動を支える構文

2.14.1 夢・目標名詞　2.14.1.1 夢・目標名詞：具体物　2.14.1.2 夢・目標名詞：抽象概念
2.14.2 希望構文　2.14.2.1 希望構文：叙述　2.14.2.2 希望構文：修飾
2.14.3 挫折構文　2.14.3.1 挫折構文：叙述　2.14.3.2 挫折構文：修飾
2.14.4 努力構文　2.14.4.1 努力構文：叙述　2.14.4.2 努力構文：修飾
2.14.5 迷い構文　2.14.5.1 迷い構文：叙述　2.14.5.2 迷い構文：修飾
2.14.6 目標達成構文　2.14.6.1 目標達成構文：叙述　2.14.6.2 目標達成構文：修飾
2.14.7 夢・目標その他

2.14.1.1 夢・目標名詞：具体物

意味分類	A	B	C
【神仏】	神様	神、仏	

2.14.1.2 夢・目標名詞：抽象概念

意味分類	A	B	C
【夢・目標】	夢	目標	
【希望】		望み、希望、欲	志望、念願、待望、執着、欲望
【志】		意思、意志	志、志向
【憧れ】		憧れ	
【空想・現実】			空想
		現実	
【未来】		将来、未来	
【努力】		努力	
【経験】		経験、体験	
【挫折】		壁、障害	
【諦め】		諦め、戸惑い、絶望	

2.14.2.1 希望構文：叙述

名詞群	助詞	述語 A	述語 B	述語 C
《内容》	に		憧れる	
【夢・目標】【希望】【志】	を	持つ	抱く、描く、追う、追いかける	
《具体的な目標》	を		目指す、望む	志す
《決断内容》	を	決める	決心する、決意する	

第1章　言語活動・言語素材と話題

| 【夢・目標】【希望】【志】 | を | | 語る | |
| 【夢・目標】【希望】【志】 | に | | 向かう | |

2.14.2.2 希望構文：修飾

修飾語			名詞群
A	B	C	
大きい、小さい			【夢・目標】
遠い、近い			【夢・目標】

2.14.3.1 挫折構文：叙述

名詞群	助詞	述語		
		A	B	C
—	—		失望する、がっかりする	
【夢・目標】	に		破れる、挫折する	
【夢・目標】【希望】【志】	を	諦める		
《気持ち》	が		折れる、沈む	
《壁》	に		突き当る、ぶつかる	

2.14.3.2 挫折構文：修飾

修飾語			名詞群
A	B	C	
		がっくり(した)	【経験】

2.14.4.1 努力構文：叙述

名詞群	助詞	述語		
		A	B	C
—	—	頑張る	努力する、張り切る、粘る	もがく
《内容》	に		こだわる	執着する
《内容》	に		熱中する	

2.14.4.2 努力構文：修飾

なし

2.14.5.1 迷い構文：叙述

名詞群	助詞	述語		
		A	B	C
【夢・目標】	に		迷う、ためらう	

2.14.5.2 迷い構文：修飾
なし

2.14.6.1 目標達成構文：叙述

名詞群	助詞	述語		
		A	B	C
【夢・目標】【希望】【志】	を		達成する	遂げる、やり遂げる、やり通す、貫く、果たす、叶える
【夢・目標】【希望】【志】	が		叶う	
【夢・目標】【希望】【志】	に		達する	到達する

2.14.6.2 目標達成構文：修飾

名詞群			名詞群
A	B	C	
難しい	困難(な)		【夢・目標】

2.14.7 夢・目標その他
なし

第1章　言語活動・言語素材と話題

【2.15 悩み】

	職業的領域	私的領域（場所）	私的領域（人）
単語	あなたは心療内科の看護師です。患者に病名を聞かれたので、医師から聞いた病名を伝えてください。	心療内科の受け付けで、担当の先生の名前を聞かれました。答えてください。	悩みがある時に相談するのは誰か、友達に聞かれました。答えてください。
単文	あなたは心療内科の看護師です。次回の診察の日時を患者に伝えてください。	健康診断で、悩みごとについて聞かれました。特にないので、そのことを伝えてください。	友達に、何か悩みがあるか聞かれました。特に悩みがないことを伝えてください。
複文	あなたはカウンセラーです。たくさんの患者がいるので、これ以上予約を入れることができません。予約をしに来た人に、他の先生を紹介してください。	同じクラスにいじわるな友達がいて不登校になりそうです。先生が心配して話しかけてきました。落ち着いた場所でゆっくり相談に乗ってもらえるか、聞いてみてください。	あなたはアパートの隣人がうるさいので困っています。友達にその話をして、気分を紛らわせてください。
単段落	あなたは大学のカウンセリング室で働いています。新入生のガイダンスで、カウンセリング室について説明し、必要な時はいつでも来室するよう呼びかけてください。	あなたは最近つらいことがたくさんあって、かなり落ち込んでいます。学校のカウンセリングルーム（心療内科）に行って、悩みを話してください。	Aさんは深刻なホームシックのようです。なぜそう思うのか、最近のAさんの様子やエピソードを、他の友達に話してください。
複段落	あなたは高校の先生です。担任のクラスの生徒が大学受験に失敗し、さらに失恋もして、生きていく自信がないと言って落ち込んでいます。自分にもいくつかの挫折の経験があることを、エピソードを交えながら話し、励ましてあげてください。	あなたは母国で大学受験に失敗して日本に来ましたが、日本での生活で新たな希望を得ることができました。市が主催する国際交流会で、あなたの人生の挫折と希望についてスピーチしてください。	友達から「もう死にたい」と電話がかかってきました。すぐに友達の家に行き、世の中のいろいろな例を引き合いに出しながら、かけがえのない命の尊さを、その友達にわかってもらってください。

第1章　言語活動・言語素材と話題

「2.15 悩み」の言語活動を支える構文

2.15.1 悩み名詞　2.15.1.1 悩み名詞：具体物　2.15.1.2 悩み名詞：抽象概念
2.15.2 悩み構文　2.15.2.1 悩み構文：叙述　2.15.2.2 悩み構文：修飾
2.15.3 我慢構文　2.15.3.1 我慢構文：叙述　2.15.3.2 我慢構文：修飾
2.15.4 努力構文　2.15.4.1 努力構文：叙述　2.15.4.2 努力構文：修飾
2.15.5 迷い構文　2.15.5.1 迷い構文：叙述　2.15.5.2 迷い構文：修飾
2.15.6 失敗構文　2.15.6.1 失敗構文：叙述　2.15.6.2 失敗構文：修飾
2.15.7 挫折構文　2.15.7.1 挫折構文：叙述　2.15.7.2 挫折構文：修飾
2.15.8 相談構文　2.15.8.1 相談構文：叙述　2.15.8.2 相談構文：修飾
2.15.9 病気構文　2.15.9.1 病気構文：叙述　2.15.9.2 病気構文：修飾
2.15.10 自殺構文　2.15.10.1 自殺構文：叙述　2.15.10.2 自殺構文：修飾
2.15.11 悩みその他

2.15.1.1 悩み名詞：具体物

意味分類	A	B	C
【相談相手】	家族、兄弟、先生	親友、恋人、姉妹、カウンセラー	〜医、クライアント、他者
【体】		ホルモン	皮質、交感、視床下部
【薬】	薬		抗〜

2.15.1.2 悩み名詞：抽象概念

意味分類	A	B	C
【人生】		人生	身の上
【悩み・苦痛】		悩み、苦労、困難	苦、苦痛
【原因】	理由	原因	種
【恋愛】	恋	失恋、嫉妬、浮気	過ち
【失敗】		失敗、誤り、挫折、ミス	過失
【性格】	性格		
【虐待】			虐待
【容姿】	顔	スタイル	
【コンプレックス】		コンプレックス	劣等感
【気持ち】		不快	思い込み、妄想、欲求、試練、脅威、強迫、情動、葛藤、性欲、

第1章　言語活動・言語素材と話題

			願望、罪悪感、充足
【心】	心		深層、内面
【挫折】		壁	
【諦め】		諦め、戸惑い、絶望	
【愚痴】	文句	愚痴	
【恥・後悔】		恥、後悔	
【相談】	相談	カウンセリング	
【同情】		同感	
【宗教】		神、仏	
		仏教	
			経、経典、掟、自律
【病気・症状】		溜め息、ノイローゼ、シック、憂鬱、ストレス	鬱病、鬱、幻想、潰瘍、症例、疾患
【治療】		治療	療法、臨床
			催眠

2.15.2.1 悩み構文：叙述

名詞群	助詞	述語		
		A	B	C
【恋愛】【失敗】【孤独】【性格】【虐待】【容姿】【嫉妬】【コンプレックス】【能力】【進路】【人生】	に		苦しむ、悩む、思い込む、凹む、傷つく、弱る	悲観する、陥る、苦心する
【恋愛】【失敗】【孤独】【性格】【虐待】【容姿】【嫉妬】【コンプレックス】【能力】【進路】【人生】	を		嘆く、ぼやく	
【悩み】	が		解決する	
《気持ち》	を	表す		投影する、顕在化する

2.15.2.2 悩み構文：修飾

修飾語			名詞群
A	B	C	
	苦しい、苦い、辛い〈ツライ〉、たまらない		【人生】【悩み・苦痛】
寂しい、悲しい		哀れ(な)、空しい	【人生】【悩み・苦痛】

— 155 —

第1章　言語活動・言語素材と話題

大変(な)、うるさい	面倒くさい、迷惑(な)	厄介(な)	【悩み・苦痛】
	孤独(な)		【人生】

2.15.3.1 我慢構文：叙述

名詞群	助詞	述語		
^	^	A	B	C
【恋愛】【失敗】【孤独】【性格】【虐待】【容姿】【嫉妬】【コンプレックス】	を		我慢する	こらえる、辛抱する
【恋愛】【失敗】【孤独】【性格】【虐待】【容姿】【嫉妬】【コンプレックス】	に		堪える	葛藤する

2.15.3.2 我慢構文：修飾

なし

2.15.4.1 努力構文：叙述

名詞群	助詞	述語		
^	^	A	B	C
ー	ー	頑張る	努力する、張り切る、粘る	もがく
《内容》	に		こだわる	執着する
《内容》	に		熱中する	

2.15.4.2 努力構文：修飾

なし

2.15.5.1 迷い構文：叙述

名詞群	助詞	述語		
^	^	A	B	C
【夢・目標】	に		迷う、ためらう	

2.15.5.2 迷い構文：修飾

なし

2.15.6.1 失敗構文：叙述

名詞群	助詞	述語

第1章　言語活動・言語素材と話題

		A	B		C
—	—	ミスする	失敗する		しくじる、損なう
—	—		恥じる、(恥を) かく、後悔する、悔やむ		

2.15.6.2 失敗構文：修飾
なし

2.15.7.1 挫折構文：叙述

名詞群	助詞	述語		
		A	B	C
—	—		失望する、がっかりする	
【夢・目標】	に		破れる、挫折する	
【夢・目標】【希望】【志】	を		諦める	
《気持ち》	が		折れる、沈む	
《壁》	に		突き当る、ぶつかる	

2.15.7.2 挫折構文：修飾
なし

2.15.8.1 相談構文：叙述

名詞群	助詞	述語		
		A	B	C
【相談相手】	に	言う、話す、相談する		
【悩み】	を			
【相談相手】	が	心配する	慰める、応援する、励ます	案じる
《人》	を			
【相談相手】	が	助言する	アドバイスする、忠告する	
《人》	に			
【相談相手】	が		同情する、共感する	
《人》	に			
【相談相手】	が			踏み込む、干渉する
《人》	に			

2.15.8.2 相談構文：修飾

— 157 —

なし

2.15.9.1 病気構文：叙述

名詞群	助詞	述語		
		A	B	C
—	—		狂う、叫ぶ、はげる、弱る	
《頭》	が			むしる
《髪》	が	抜ける		
【病院】	を			受診する
【薬】	を			処方する
【ホルモン】	を			分泌する
【薬】	を			服用する

2.15.9.2 病気構文：修飾

なし

2.15.10.1 自殺構文：叙述

名詞群	助詞	述語		
		A	B	C
—	—		自殺する	心中する

2.15.10.2 自殺構文：修飾

なし

2.15.11 悩みその他

なし

第1章　言語活動・言語素材と話題

【2.16 死】

	職業的領域	私的領域（場所）	私的領域（人）
単語	あなたは看護師です。患者が亡くなり、家族が来ました。亡くなったのが何時か聞かれたので、答えてください。	友達が亡くなりました。友達のバイト先の店長から電話があり、葬儀の場所を聞かれました。答えてください。	亡くなった恩師の葬儀に行きます。友達に葬儀の日にちを聞かれたので、答えてください。
単文	あなたは葬儀屋です。今、電話で葬儀の依頼を受けました。遺族の自宅にいつ行けばいいか聞いてください。	葬式に行きました。お香典を渡しながら、何か言ってください。	友達が黒い服を着ています。どうしたのか聞いてください。
複文	あなたは葬儀屋です。電話で葬式を依頼されました。宗教によって式のスタイルが異なることを述べ、宗教を聞いてください。	今、学校にいます。職員室に電話があり、友人の訃報を知らされました。お通夜に参列したいので、先生に事情を話して、早退させてもらってください。	今年、友達のお父さんが亡くなりました。年賀状のことを聞かれたので、どうすればいいか教えてあげてください。
単段落	あなたは葬儀屋です。間違いがあってはいけないので、喪主に、葬儀の手順を詳しく説明してください。	朝起きると、重い持病を持っていたルームメイトが息をしていなかったので、救急車を呼びました。ルームメイトの親に電話をして、状況を詳しく説明してください。	文化人類学を専攻している友達から、あなたの国の葬儀の方法について聞かれました。詳しく説明してあげてください。
複段落	あなたは社長です。社員が勤務時間中に亡くなりました。社葬で、社長として哀悼の意を述べてください。	あなたの親しい人が亡くなりました。お葬式で、その人とのエピソードなどを交えながら、お別れのスピーチをしてください。	脳死患者に対する延命治療の功罪について、人道的な側面や、家庭や病院などの経済的な側面から、あなたの意見を友達に述べてください。

第1章　言語活動・言語素材と話題

「2.16 死」の言語活動を支える構文
2.16.1 死名詞　2.16.1.1 死名詞：具体物　2.16.1.2 死名詞：抽象概念
2.16.2 死構文　2.16.2.1 死構文：叙述　2.16.2.2 死構文：修飾
2.16.3 臓器移植構文　2.16.3.1 臓器移植構文：叙述　2.16.3.2 臓器移植構文：修飾
2.16.4 葬式構文　2.16.4.1 葬式構文：叙述　2.16.4.2 葬式構文：修飾
2.16.5 成仏・幽霊構文　2.16.5.1 成仏・幽霊構文：叙述　2.16.5.2 成仏・幽霊構文：修飾
2.16.6 死その他

2.16.1.1 死名詞：具体物

意味分類	A	B	C
【死者・故人】		死者	故人
【病気】	病気、怪我		病状、転移、胃癌
【自殺の道具】	ガス、ガソリン	毒	薬品、農薬
【遺書】			遺書
【遺族】			遺族、近親者
【死に場所】	病院		自宅、病室、病棟、救急病院、救急病棟
【儀式】		葬式	喪、葬儀、儀礼、通夜、祈祷
【葬式の道具】	花		祭壇、棺
【墓地】		墓	墓地
【遺骨】			遺骨、遺体
【移植する臓器】	目	胃、肺	大脳、臓器

2.16.1.2 死名詞：抽象概念

意味分類	A	B	C
【死】		死、死亡	迎え
【呼吸】		息、呼吸、心臓	
【命】		命	
【原因】		原因	死因
【事故】	事故		
【自殺】		自殺	心中
【自殺の原因】		悩み、いじめ、憂鬱	苦、暴行
【殺人】		殺人	暗殺
【ターミナルケア】			ターミナルケア
【延命】			延命、尊厳、ありのまま

第1章　言語活動・言語素材と話題

【治療・移植】		治療	移植
【判断】		判断、判定	
【意志】		意志、希望	志
【悲しみ】	残念		
【慰め】		慰め	
【宗教】		宗教	
【故人】			
【神・魂】	神様	神、仏、魂	霊魂
【生前】			生前
【天国】		天国、あの世	天、極楽
【地獄】		地獄	
【幽霊】		幽霊	霊魂

2.16.2.1 死構文：叙述

名詞群	助詞	述語 A	述語 B	述語 C
―	―	死ぬ	亡くなる、死亡する	
《人》	を		亡くす	
《息》	を		引き取る	
《命》	を		落とす	
【呼吸】	が	止まる	停止する	
―	―	吊る	刺す、飛び込む	噛み切る
【自殺】	を		図る	
《人》	を	殺す		

2.16.2.2 死構文：修飾

修飾語 A	修飾語 B	修飾語 C	名詞群
		気の毒(な)、哀れ(な)	【死】【遺族】
悲しい、寂しい、かわいそう	苦しい、たまらない	惜しい	【死】【遺族】

2.16.3.1 臓器移植構文：叙述

名詞群	助詞	述語 A	述語 B	述語 C

― 161 ―

第1章　言語活動・言語素材と話題

《臓器》	を			移植する
《移植の意思》	を		宣言する	表明する

2.16.3.2 臓器移植構文：修飾

修飾語			名詞群
A	B	C	
難しい			【治療】【移植】【判断】

2.16.4.1 葬式構文：叙述

名詞群	助詞	述語		
		A	B	C
《人》	を		見送る、送る	悼む、偲ぶ
―	―		悲しむ、嘆く	惜しむ
《人》	を		埋める、流す、燃やす	埋葬する

2.16.4.2 葬式構文：修飾

修飾語			名詞群
A	B	C	
	豪華(な)、立派(な)	簡素(な)、厳か(な)	【儀式】

2.16.5.1 成仏・幽霊構文：叙述

名詞群	助詞	述語		
		A	B	C
―	―		化ける	
―	―		浮かぶ	

2.16.5.2 成仏・幽霊構文：修飾

なし

2.16.6 死その他

	A	B	C
死者に関する接辞			享年～才、故～

第1章　言語活動・言語素材と話題

【3.1 家族】

	職業的領域	私的領域（場所）	私的領域（人）
単語	あなたは保険の外交員です。あるお客さんから、自分の生命保険の受取人が家族の誰になっているか聞かれました。答えてください。	友達と演劇を見に来ています。その劇は家族内の登場人物がとても多く、人間関係を把握するのが大変です。友達に舞台上の人が誰か聞かれたので、答えてください。	友達に、兄弟は何人か聞かれました。答えてください。
単文	あなたは遊園地の警備員です。1人でいる子供を見かけたので、お母さんはいるかどうか聞いてください。	友達の親戚の家に遊びに行ったら、40歳ぐらいの女の人がいました。友達に、その人が誰か聞いてください。	あなたの父親（母親）がどこで何をしているか友達に聞かれました。答えてください。
複文	あなたは警察官です。地域の安全のために住民調査をしています。ある家で家族構成を聞いてください。	国から夫（妻）が来ます。大家さんに夫（妻）がどんな人なのか話し、一緒に住んでもいいか聞いてください。	日本では基本的に長男が家を継ぐそうです。あなたはその家のシステムに興味があります。日本人の友達に説明してもらってください。
単段落	あなたは保険の外交員です。生命保険に入りたがっていないお客さんに、保険に入ることのメリットを説明し、ぜひ入るよう勧めてください。	国から夫（妻）と2人の子供が日本に来ました。日本に来ることになった経緯と家族がそれぞれどんな人であるかを話し、しばらくの間一緒に住めるよう大家さんに頼んでください。	あなたの家族のエピソードを友達に話し、普通の家族とは違う、すごくおもしろい家族なのだということをわかってもらってください。
複段落	あなたはイベント会社の社員です。親子で楽しめる「家族の日」のイベントを企画しました。クライアントの前で、自分の企画の内容とその意図および予想される効果について話し、企画を通してください。	あなたは市主催の講座でスピーチをします。あなたの国の家族形態の変化や、家族に対する考え方の変化を説明し、その変化が望ましいものであるかどうか、あなたの意見を述べてください。	核家族化について友達と話しています。核家族化によって生じる問題とその対応策について話してください。

第1章　言語活動・言語素材と話題

「3.1 家族」の言語活動を支える構文

3.1.1 家族名詞　3.1.1.1 家族名詞：具体物　3.1.1.2 家族名詞：抽象概念
3.1.2 親子関係構文　3.1.2.1 親子関係構文：叙述　3.1.2.2 親子関係構文：修飾
3.1.3 同居・別居構文　3.1.3.1 同居・別居構文：叙述　3.1.3.2 同居・別居構文：修飾
3.1.4 遺産構文　3.1.4.1 遺産構文：叙述　3.1.4.2 遺産構文：修飾
3.1.5 家族その他

3.1.1.1 家族名詞：具体物

意味分類	A	B	C
【家族】	家族、家	～家、氏、一家	親族
【男女】		男女	
【親】	親	親子、両親	父母
	お父さん、パパ	父、お父様、父親、おやじ	
	お母さん、ママ	母、お母様、母親、姑	おふくろ
【祖父母】	おじいさん	祖父、祖父母	
	おばあさん	祖母	
【夫婦】		夫婦、夫妻、カップル	配偶者、婚姻
	夫	主人、旦那	婿
	奥さん	妻、夫人、女房、嫁	家内
【子】	子供	子、お子さん、	子息、せがれ、孤児
	息子	長男	坊や、坊ちゃん
	娘	長女、～女	
		末っ子	
		養子	
【孫】	孫		
【先祖】		先祖、祖先	
【子孫】		子孫	
【兄弟】	兄弟	姉妹	
	お兄さん、お姉さん	兄、姉	
	弟、妹	弟さん、妹さん	
【親戚】		親戚、親類	
		おじ、おば、おじさん、おばさん	
		おい、めい	
		いとこ	

第1章　言語活動・言語素材と話題

| 【遺伝】 | 性格 | スタイル、癖 | |

3.1.1.2 家族名詞：抽象概念

意味分類	A	B	C
【家庭】		家庭	
【世帯】			世帯
【肉親】			肉親、近親者、血縁
	血	つながり	絆
【戸籍】			戸籍、籍
【喧嘩】		喧嘩、反抗	
【仲良し】		仲良し	
【同居・別居】		同居	別居
【独立】		独立	
【後継ぎ】		後継ぎ	
		後〈アト〉	
【財産】		財産	
【遺言】		遺言	
【法】			民法、法定、法的
【相続順位】		順	

3.1.2.1 親子関係構文：叙述

名詞群	助詞	述語 A	述語 B	述語 C
【子】	が		独立する	
【親】【家族】	から			
【家族】【親】【祖父母】【夫婦】【子】【孫】【兄弟】【親戚】【肉親】【義理】	が		喧嘩する	
【家族】【親】【祖父母】【夫婦】【子】【孫】【兄弟】【親戚】【肉親】【義理】	に		反抗する	

3.1.2.2 親子関係構文：修飾

修飾語 A	修飾語 B	修飾語 C	
	そっくり(な)		【親】【子】【兄弟】

— 165 —

第1章　言語活動・言語素材と話題

	厳しい、優しい、甘い		【親】
	円満(な)		【夫婦】【家庭】
	義理(の)、養子(の)		【親】【子】【兄弟】
本当(の)		実(の)	【親】【子】【兄弟】

3.1.3.1 同居・別居構文：叙述

名詞群	助詞	述語 A	B	C
【家族】【親】【祖父母】【夫婦】【子】【孫】【兄弟】【親戚】【肉親】【義理】	と	住む	暮らす	
【家族】【親】【祖父母】【夫婦】【子】【孫】【兄弟】【親戚】【肉親】【義理】	と		同居する	別居する
【家族】【親】【祖父母】【夫婦】【子】【孫】【兄弟】【親戚】【肉親】【義理】	と		離れる	

3.1.3.2 同居・別居構文：修飾

なし

3.1.4.1 遺産構文：叙述

名詞群	助詞	述語 A	B	C
【財産】【遺言】	を		残す	
【家族】【親】【祖父母】【夫婦】【子】【孫】【兄弟】【親戚】【肉親】【義理】	と	分ける		分割する
【財産】	を			
【財産】	を		継ぐ	

3.1.4.2 遺産構文：修飾

修飾語 A	B	C	名詞群
多い、少ない			【財産】

3.1.5 家族その他

	A	B	C

第1章　言語活動・言語素材と話題

| 一族に関する接尾辞 | | ～家 | ～氏 |

第 1 章　言語活動・言語素材と話題

【3.2 友達】

	職業的領域	私的領域（場所）	私的領域（人）
単語	あなたは日本語の先生です。学生に、英語の「best friend」は日本語で何か聞かれました。答えてください。	友達が飲み会で倒れ、救急車を呼びました。かけつけてきた救急隊員に2人の関係を聞かれました。答えてください。	友達に、日本人の友達の数を聞かれました。答えてください。
単文	あなたは小学校の先生です。いつも仲良しの二人が一緒に泣いています。理由を聞いてください。	高校の同窓会に行きました。顔が変わってしまって、名前を思い出せない人がいます。名前を聞いてください。	友達の卒業アルバムを友達と一緒に見ています。隣に写っている人が誰なのか、友達に聞いてください。
複文	あなたは学校の先生です。宿題の内容を、今日休んだ生徒に伝えてもらいたいと思っています。誰か伝えてくれる生徒はいないか、クラスで聞いてみてください。	日本語が話せないBさんと一緒にパーティーに行きました。会場にいる友達にBさんを紹介し、友達になってくれるよう、お願いしてください。	日本人の友達に、どんな時に自分の国の友達を思い出すか聞かれました。答えてください。
単段落	あなたは学校の先生です。あなたのクラスのAは、悪い友達に誘われて毎日遊んでいるようで、成績がどんどん下がっています。授業後にAを呼んで、最近のAの態度や行動を客観的に説明し、それについてどう思うか聞いてください。	過去に、いろいろ助けてくれた友達が入院したので、ずっと看病しています。看護師が、どうしてそんなに一生懸命看病するのか不思議に思っているようです。看護師に、過去の2人のエピソードを詳しく話してあげてください。	あなたの友達のAさんが、日本人の友達をほしがっています。日本人の友達に、Aさんがどんなに素敵でおもしろい人か、エピソードを交えながら話し、友達になってくれるよう頼んでみてください。
複段落	あなたは学校の先生です。ある生徒が、友達ができないと真剣に悩んでいます。その生徒の性格の魅力的な点について、過去のエピソードを交えながら話し、どうすれば友達が作れるか、アドバイスしてあげてください。	あなたはスピーチコンテストに出場しました。人が生きていく上で一番大切なものは友達だということを、具体的なエピソードを交えながら主張してください。	友達を助けて死んでしまったドラマを見た後で、真の友情とはどんなものか友達に聞かれました。ドラマの内容に対するあなたの解釈や意見を述べながら、あなたの考える真の友情について、友達に話してあげてください。

第1章　言語活動・言語素材と話題

「3.2 友達」の言語活動を支える構文

3.2.1 友達名詞　3.2.1.1 友達名詞：具体物　3.2.1.2 友達名詞：抽象概念
3.2.2 信頼関係構文　3.2.2.1 信頼関係構文：叙述　3.2.2.2 信頼関係構文：修飾
3.2.3 再会構文　3.2.3.1 再会構文：叙述　3.2.3.2 再会構文：修飾
3.2.4 付き合い構文　3.2.4.1 付き合い構文：叙述　3.2.4.2 付き合い構文：修飾
3.2.5 友達その他

3.2.1.1 友達名詞：具体物

意味分類	A	B	C
【友達】	友達	友人、親友、友	旧知
		知人、知り合い	
		他人	
		仲良し	
	グループ	仲間、同僚、集まり	
【学校】	クラス、学校、クラブ	同級	
【仕事】	会社、仕事		
【町】	町	近所、団地	

3.2.1.2 友達名詞：抽象概念

意味分類	A	B	C
【相手】	相手		連れ
		味方、同士・同志	
		敵、ライバル	
【友情】		友情	
【信頼】		信頼、信用	
【きっかけ】		きっかけ	
【共通】		共通	
【趣味・性格】	趣味、性格	興味、関心	

3.2.2.1 信頼関係構文：叙述

名詞群	助詞	述語		
		A	B	C
【友達】	を	信じる	信頼する、信用する	
【友達】	を		疑う	

3.2.2.2 信頼関係構文：修飾

修飾語			名詞群
A	B	C	
	固い、確か(な)		【友情】【信頼】

3.2.3.1 再会構文：叙述

名詞群	助詞	述語		
		A	B	C
【友達】	と	会う	再会する	

3.2.3.2 再会構文：修飾

修飾語			名詞群
A	B	C	
うれしい	懐かしい、久しぶり(の)		「再会」

3.2.4.1 付き合い構文：叙述

なし

3.2.4.2 付き合い構文：修飾

修飾語			
A	B	C	
深い	親しい		【友達】
	浅い		【友達】

3.2.5 友達その他

なし

第1章　言語活動・言語素材と話題

【3.3 性格】

	職業的領域	私的領域（場所）	私的領域（人）
単語	あなたは映画の脚本家です。頑固だが情にはもろいヤクザの役名を考えました。スタッフに聞かれたので、その名前を言ってください。	あなたの勉強のスタイルについて、朝型か夜型か先生に聞かれました。答えてください。	友達に、担任のA先生は優しいか怖いか聞かれました。答えてください。
単文	あなたは広告代理店の調査部に勤めています。今、モニターを集めて好感度調査をしています。芸能人の写真を1枚ずつ見せながら、印象を聞いてください。	心理テストの結果表を見せてもらいました。自分がどんな性格なのか、カウンセラーに尋ねてください。	友達に、どんな占いを信じているか、聞いてください。
複文	あなたは営業マンです。明日、知り合いが紹介してくれた会社に行くことになりました。友達に電話して、その会社の担当者がどんな性格なのか聞いてください。	部室で、テニス部の先輩に、次の部長はAさんとBさんのどちらがいいか聞かれました。性格的な面から見てAさんの方がいいということを、先輩に言ってください。	仕事のパートナーとしてどんな性格の人がいいか、友達に聞かれました。答えてください。
単段落	あなたは次のプロジェクトのリーダーにAさんを推薦したいと思っています。会議で、Aさんの性格がよくわかるエピソードを交えながら、推薦理由を述べてください。	あなたは今就職活動をしています。面接で、自分の性格について説明するよう求められました。なるべく、短所も長所に聞こえるように、うまく説明してください。	日本では血液型で性格を占うことが多いそうです。友達に、あなたの国ではどんな性格占いがあるか聞かれました。詳しく説明してあげてください。
複段落	あなたは人事の仕事をしています。今日は新人教育セミナーで、社内の指導者に話をします。若者の性格の変化と最近の若者の特徴を述べ、新人をしっかり育てるためにどうすればいいか、話してください。	あなたは、アフターサービスでいつも商品の点検に来る技術者の性格が好きではありません。その性格が客への対応にも表れていると思います。会社に電話をして、その人の性格と客への対応の関係を述べ、解決方法を提案してあげてください。	リーダーの適性について友達と話しています。身近に接したことのある上司や歴史上の人物などの例をひきながら、リーダーに必要な条件について、あなたの考えを述べてください。

「3.3 性格」の言語活動を支える構文

3.3.1 性格名詞　3.3.1.1 性格名詞：具体物　3.3.1.2 性格名詞：抽象概念
3.3.2 性格の変化構文　3.3.2.1 性格の変化構文：叙述　3.3.2.2 性格の変化構文：修飾
3.3.3 相性構文　3.3.3.1 相性構文：叙述　3.3.3.2 相性構文：修飾
3.3.4 外向性構文　3.3.4.1 外向性構文：叙述　3.3.4.2 外向性構文：修飾
3.3.5 協調性構文　3.3.5.1 協調性構文：叙述　3.3.5.2 協調性構文：修飾
3.3.6 勤勉性構文　3.3.6.1 勤勉性構文：叙述　3.3.6.2 勤勉性構文：修飾
3.3.7 知性構文　3.3.7.1 知性構文：叙述　3.3.7.2 知性構文：修飾
3.3.8 強さ構文　3.3.8.1 強さ構文：叙述　3.3.8.2 強さ構文：修飾
3.3.9 金銭感覚構文　3.3.9.1 金銭感覚構文：叙述　3.3.9.2 金銭感覚構文：修飾
3.3.10 性格一般構文　3.3.10.1 性格一般構文：叙述　3.3.10.2 性格一般構文：修飾
3.3.11 性格その他

3.3.1.1 性格名詞：具体物

なし

3.3.1.2 性格名詞：抽象概念

意味分類	A	B	C
【性格】	性格	心理、人柄、個性、タイプ	人格、気質、気風
【長所・短所】		長所、短所	
【明るさ】	冗談	活気、ユーモア、しゃれ	
【実直】		純粋、無邪気	清純、素朴
【品性】		品	気品
【器用さ】		要領がいい	
【自信】		誇り、自信、自慢	自尊心、名誉、面目、うぬぼれ
【気】		気	
【冷静さ】		冷静、平気、落ち着き	悠々
【不安】		不安、心細い	
【のんき】		のんき、のんびり、気楽、平気、楽観的、気軽	
【頑固さ】			融通
【忍耐】			根気、粘り、意地
【怠惰】			怠慢
【諦め、飽き】		諦め	

| 【謙虚さ】 | | 遠慮、謙虚 | |

3.3.2.1 性格の変化構文：叙述

名詞群	助詞	述語		
		A	B	C
【性格】	が	変わる		

3.3.2.2 性格の変化構文：修飾

なし

3.3.3.1 相性構文：叙述

名詞群	助詞	述語		
		A	B	C
【性格】	が	合う	一致する	

3.3.3.2 相性構文：修飾

修飾語			名詞群
A	B	C	
良い、悪い	ぴったり(の)		「相性」

3.3.4.1 外向性構文：叙述

なし

3.3.4.2 外向性構文：修飾

修飾語			名詞群
A	B	C	
明るい、賑やか(な)	オープン(な)、楽観的(な)、活発(な)、陽気(な)	朗らか(な)	【性格】
面白い	ユニーク(な)		【性格】
暗い		悲観的(な)、陰気(な)	【性格】
	積極的(な)、はきはき、社交的(な)、馴れ馴れしい		【性格】

| 静か(な) | 消極的(な)、おとなしい、そっけない | 臆病(な) | 【性格】 |
| うるさい、賑やか(な) | うっとうしい、面倒くさい | やかましい | 【性格】 |

3.3.5.1 協調性構文：叙述
なし

3.3.5.2 協調性構文：修飾

修飾語			名詞群
A	B	C	
温かい、優しい	ソフト(な)、柔らかい、穏やか(な)	情け深い、温和(な)	【性格】
	繊細(な)	細やか(な)	【性格】
冷たい	ドライ(な)		【性格】
	さっぱり（した）	あっさり(した)	【性格】
	甘い	寛容(な)	【性格】
厳しい			【性格】
	意地悪(な)	悪どい	【性格】
	卑怯(な)、ずるい		【性格】
	強引（な）、強気(な)、荒い、尖った、乱暴(な)、しつこい、激しい、短気（な）	荒っぽい	【性格】
難しい	堅い、わがまま(な)、頑固(な)、勝手(な)		【性格】
	ずうずうしい、厚かましい、率直(な)		【性格】
	生意気(な)	擦れている	【性格】

3.3.6.1 勤勉性構文：叙述
なし

3.3.6.2 勤勉性構文：修飾

修飾語			名詞群
A	B	C	
真面目(な)	まっすぐ(な)、熱心(な)、正直(な)、素直(な)、誠実(な)	生真面目(な)、勤勉(な)、忠実(な)	【性格】
一生懸命（な）	熱心(な)、必死(な)、夢中	一筋（な）	【性格】
	細かい、完璧(な)、几帳面（な）、きっちり(した)、きちっと(した)、慎重(な)、神経質(な)		【性格】

第1章　言語活動・言語素材と話題

		怠慢（な）	【性格】
	適当(な)、そそっかしい、雑(な)、おおざっぱ(な)、いい加減(な)、大胆(な)	荒い、軽率（な）	【性格】

3.3.7.1 知性構文：叙述
なし

3.3.7.2 知性構文：修飾

修飾語			名詞群
A	B	C	
素晴らしい	立派(な)		【性格】
	賢い	賢明(な)、柔軟(な)、知的(な)	【性格】
	ばからしい、ばかばかしい、ナンセンス(な)、単純(な)、ばか(な)		【性格】
	平凡(な)、普通(の)		【性格】
	器用(な)		【性格】

3.3.8.1 強さ構文：叙述
なし

3.3.8.2 強さ構文：修飾

修飾語			名詞群
A	B	C	
強い	頼もしい、心強い、たくましい	勇ましい、勇敢(な)、しぶとい	【気】【性格】
弱い			【気】

3.3.9.1 金銭感覚構文：叙述
なし

3.3.9.2 金銭感覚構文：修飾

修飾語			名詞群
A	B	C	
	堅い、けち(な)、欲張り(な)、欲深い	がっちり(した)、あさましい、卑しい	【性格】
	だらしない、ルーズ(な)、緩い		【性格】

3.3.10.1 性格一般構文：叙述
なし

3.3.10.2 性格一般構文：修飾

修飾語			名詞群
A	B	C	
		おおげさ(な)、オーバー(な)	【性格】
	さわやか(な)、上品(な)	淑やか(な)	【性格】
	ロマンチック(な)、気障(な)、いやらしい		【性格】
	幼稚(な)、幼い、無邪気(な)		【性格】
かわいい	かわいらしい		【性格】
		清純(な)	【性格】
	のんき(な)、のんびり(した)		【性格】

3.3.11 性格その他
なし

第1章　言語活動・言語素材と話題

【3.4 感情】

	職業的領域	私的領域（場所）	私的領域（人）
単語	あなたは広告代理店の社員です。CM作成のために、子供に人気のあるタレントを選びました。上司に、誰を選んだのか聞かれました。答えてください。	街頭インタビューで、ある芸能人の写真を見せられ、好きかどうか聞かれました。答えてください。	クラスで一番おもしろいのは誰か、友達に聞かれました。答えてください。
単文	あなたは映画の制作スタッフです。主役の候補者として、3人の俳優が挙がっています。誰がいいと思うか、監督に言ってください。	ブティックで服装のセンスを褒められました。謙遜してください。	あなたは今友達とテレビ（雑誌）を見ています。そこに出ている俳優やタレントについて、好きかどうか友達に聞いてください。
複文	あなたは会社員です。エレベーターで、隣の課の人に、あなたの課の新人についてのあなたの評価を聞かれました。答えてください。	あなたはお見合いをしました。仲人に電話をして、自分の気持ちを伝え、断ってください。	友達に、Aというタレントが好きかと聞かれましたが、あなたは好きではありません。理由も添えて、友達の質問に答えてください。
単段落	あなたはデパートの販売員です。新人が、嫌な客に会って落ち込んでいます。自分が過去に体験した最も嫌な客のエピソードを話し、慰めてあげてください。	家電量販店で洗濯機を買おうとしましたが、店員の説明がわかりにくく、態度もよくありませんでした。上司を呼びましたが、言い訳ばかりして謝ろうともしません。サービスセンターに電話をして苦情を言ってください。	あなたの指導教官のA先生はとても厳しい人です。友達にA先生についてのエピソードを話し、どれだけ厳しい人かわかってもらってください。
複段落	あなたは、ある会社に所属するカウンセラーです。上司と部下の仕事上及び個人的な関係について、どうすれば両者が信頼し合いながら仕事ができるようになるのか、管理職向けの研修会で解説してください。	あなたは離婚経験があり、そのことで雑誌の取材を受けています。何があって自分の気持ちが変化して離婚に至ったのか詳しく話し、夫婦間の信頼関係を構築するためには何が大切か、あなたの考えを述べてください。	差別について、友達と話しています。差別と、それによって怒る感情、また、その感情が与える社会への影響について、あなたの意見を述べてください。

第1章　言語活動・言語素材と話題

「3.4 感情」の言語活動を支える構文

3.4.1 感情名詞　3.4.1.1 感情名詞：具体物　3.4.1.2 感情名詞：抽象概念
3.4.2 喜怒哀楽構文　3.4.2.1 喜怒哀楽構文：叙述　3.4.2.2 喜怒哀楽構文：修飾
3.4.3 敬意構文　3.4.3.1 敬意構文：叙述　3.4.3.2 敬意構文：修飾
3.4.4 感謝・いたわり構文　3.4.4.1 感謝・いたわり構文：叙述　3.4.4.2 感謝・いたわり構文：修飾
3.4.5 侮蔑構文　3.4.5.1 侮蔑構文：叙述　3.4.5.2 侮蔑構文：修飾
3.4.6 好悪構文　3.4.6.1 好悪構文：叙述　3.4.6.2 好悪構文：修飾
3.4.7 憎悪・嫉妬構文　3.4.7.1 憎悪・嫉妬構文：叙述　3.4.7.2 憎悪・嫉妬構文：修飾
3.4.8 信頼構文　3.4.8.1 信頼構文：叙述　3.4.8.2 信頼構文：修飾
3.4.9 情構文　3.4.9.1 情構文：叙述　3.4.9.2 情構文：修飾
3.4.10 感情その他

3.4.1.1 感情名詞：具体物
なし

3.4.1.2 感情名詞：抽象概念

意味分類	A	B	C
【気持ち・感情】	気持ち、気分	感情	
【表情・態度】		表情、態度、振り、愛想	目つき、顔つき
【喜】		楽しみ、喜び	
【哀】			悲観
【楽】		楽しみ、愉快	
【敬意】			敬意
【感謝】		恩恵	恩
【好意】		好き嫌い、好み	嗜好、好き好き
【憎悪・嫉妬】		恨み、憎しみ、嫉妬	
【疑い】			不審、疑惑
【情】		同情、人情	情け
【憧れ】		憧れ	
【友情】		友情	友好、親善

3.4.2.1 喜怒哀楽構文：叙述

名詞群	助詞	述語

第1章　言語活動・言語素材と話題

		A	B	C
《人》	に	怒る	切れる	憤慨する
《出来事》	を		悲しむ、悲観する	嘆く
《出来事》	を	喜ぶ	楽しむ	

3.4.2.2 喜怒哀楽構文：修飾

修飾語			名詞群
A	B	C	
うれしい、明るい	さわやか(な)、さっぱり(した)、すっきり(した)、すっと(する)、快適(な)	朗らか(な)、快い、軽快(な)、すがすがしい	【気持ち・感情】
	険しい		【気持ち・感情】
悲しい、寂しい	たまらない、切ない	哀れ(な)	【気持ち・感情】
	恥ずかしい	気まり悪い	【気持ち・感情】
楽しい、面白い	愉快(な)		【気持ち・感情】《感情の対象》

3.4.3.1 敬意構文：叙述

名詞群	助詞	述語		
		A	B	C
《人》	を		尊敬する、感心する	敬う、崇拝する、仰ぐ、尊ぶ
《人》	に		恐縮する	恐れ入る
《内容》	を		謙遜する	

3.4.3.2 敬意構文：修飾

修飾語			名詞群
A	B	C	
	丁寧(な)		「態度」
	無礼(な)、失礼(な)	ぞんざい(な)	「態度」

3.4.4.1 感謝・いたわり構文：叙述

名詞群	助詞	述語		
		A	B	C

— 179 —

《人》	に		感謝する、孝行する	
《人》	を			いたわる

3.4.4.2 感謝・いたわり構文：修飾

修飾語			名詞群
A	B	C	
	ありがたい、もったいない、申し訳ない	すまない	【気持ち・感情】

3.4.5.1 侮蔑構文：叙述

名詞群	助詞	述語		
		A	B	C
《人》	を		ばかにする、軽蔑する	侮辱する、中傷する

3.4.5.2 侮蔑構文：修飾

なし

3.4.6.1 好悪構文：叙述

名詞群	助詞	述語		
		A	B	C
《人》	を		好む、気に入る、うらやむ	
《人》	を		嫌う、嫌がる	

3.4.6.2 好悪構文：修飾

修飾語			名詞群
A	B	C	
好き(な)、大好き(な)	恋しい	好ましい、望ましい	《感情の対象》
嫌い(な)、いや(な)			《感情の対象》

3.4.7.1 憎悪・嫉妬構文：叙述

名詞群	助詞	述語		
		A	B	C
《人》	を		憎む、恨む、うらやむ	
《人》	に		嫉妬する	
《人》	を		ねたむ	

3.4.7.2 憎悪・嫉妬構文：修飾

修飾語			名詞群
A	B	C	
	憎い、憎らしい		《感情の対象》

3.4.8.1 信頼構文：叙述

名詞群	助詞	述語		
		A	B	C
《人》	を	信じる	信頼する、信用する	
《人》	を		疑う	

3.4.8.2 信頼構文：修飾

修飾語			名詞群
A	B	C	
		情け深い	【気持ち・性格】

3.4.9.1 情構文：叙述

名詞群	助詞	述語		
		A	B	C
《人》	を			親しむ、慕う
《人》	に		懐く	
《人》	に		憧れる	

3.4.9.2 情構文：修飾

3.4.10 感情その他

なし

第1章　言語活動・言語素材と話題

【3.5 容姿】

	職業的領域	私的領域（場所）	私的領域（人）
単語	あなたはデパートの店員です。客の腕の長さを採寸しました。長さを言ってください。	デパートであなたはワイシャツを買います。首回りの長さを聞かれました。答えてください。	あなたとお母さんの顔の似ている部分はどこか、友達に聞かれました。答えてください。
単文	あなたはデパートの案内係です。母親が子供を探しに来ました。どんな子供か尋ねてください。	あなたは強盗を目撃しました。警察が犯人の服装や容姿について、いろいろ質問するので、答えてください。	友達と町を歩いていると、かっこいい人（きれいな人）を見つけました。友達に教えてあげてください。
複文	あなたは警察官です。ある事件の犯人を探しています。現場近くを歩いている人に犯人の特徴を簡単に話し、見なかったか聞いてください。	あなたはデパートで買い物をしています。足が長く見えるズボンがほしいので、店員に尋ねてみてください。	友達と雑誌を見ています。そこに出ているモデルをどう思うか、友達に聞かれました。どこがよくてどこが悪いか、答えてください。
単段落	あなたはCM制作会社の社員です。今、あるCMに誰を起用するか話し合っています。他の人はAというモデルを推していますが、あなたは絶対にBの方がいいと思っています。主にBの容姿の面から、推薦理由を強く述べてください。	あなたは銀行強盗の犯人を目撃しました。警察で、モンタージュ写真の作成に協力しています。犯人の顔や容姿をできるだけ詳しく話してください。	友達がデートをします。洋服にあまり興味がない友達に、コーディネートを提案し、どうしてそのコーディネートがいいのか、その意図も説明してあげてください。
複段落	あなたは芸能評論家です。今日はテレビ番組で話をすることになっています。美人という基準の歴史的な変容と社会的背景について、具体的な例を挙げながら話してください。	あなたの子供が交通事故に遭い、顔に大けがをしました。このままでは人前に出ることができません。弁護士に、これまでの経緯、子供の将来に対する不安、加害者の対応の悪さ等について話し、整形手術の費用や慰謝料が請求できるよう相談してください。	友達が整形手術を受けると言っていますが、あなたは反対です。友達の気持ちにも理解を示しながら、整形手術に対するあなたの考えを述べ、整形手術を受けた後の展開も予想し、手術を思いとどまらせてください。

第1章　言語活動・言語素材と話題

「3.5 容姿」の言語活動を支える構文

3.5.1 容姿名詞　3.5.1.1 容姿名詞：具体物　3.5.1.2 容姿名詞：抽象概念
3.5.2 体型構文　3.5.2.1 体型構文：叙述　3.5.2.2 体型構文：修飾
3.5.3 顔・容姿構文　3.5.3.1 顔・容姿構文：叙述　3.5.3.2 顔・容姿構文：修飾
3.5.4 評価構文　3.5.4.1 評価構文：叙述　3.5.4.2 評価構文：修飾
3.5.5 容姿その他

3.5.1.1 容姿名詞：具体物

意味分類	A	B	C
【顔】	顔		
【顔のパーツ】	目、口、鼻、耳		
【体のパーツ】	足、手、指		

3.5.1.2 容姿名詞：抽象概念

意味分類	A	B	C
【体格】		体格	体つき
【好み】		好み、タイプ、理想、好き嫌い	好き好き

3.5.2.1 体型構文：叙述

名詞群	助詞	述語		
		A	B	C
―	―	太る、痩せる		

3.5.2.2 体型構文：修飾

修飾語			名詞群
A	B	C	
	がっしり(とした)、貫禄、大柄（な)、丸々(とした)		【体格】
	スマート(な)、華奢(な)		【体格】
細い	小柄(な)		【体格】

3.5.3.1 顔・容姿構文：叙述

なし

3.5.3.2 顔・容姿構文：修飾

修飾語			名詞群
A	B	C	
きれい(な)	美しい、清潔(な)	清い、清らか(な)	【顔】【顔のパーツ】【体のパーツ】
	ハンサム(な)		【顔】
	華やか(な)	優美(な)、きらびやか(な)	【顔】
汚い	みっともない、見苦しい	醜い、不潔(な)	【顔】【顔のパーツ】【体のパーツ】
	派手(な)、濃い		【顔】【顔のパーツ】
	地味(な)、薄い		【顔】【顔のパーツ】

3.5.4.1 評価構文：叙述

名詞群	助詞	述語		
		A	B	C
―	―		もてる	

3.5.4.2 評価構文：修飾

修飾語			名詞群
A	B	C	
人気(のある)			【顔】

3.5.5 容姿その他

なし

第1章　言語活動・言語素材と話題

【3.6 人づきあい】

	職業的領域	私的領域（場所）	私的領域（人）
単語	あなたは新入社員です。さっき来た客に名刺を渡したか、上司に聞かれました。答えてください。	お世話になった人にデパートからお歳暮を贈ります。のし紙に書く言葉は何か、係の人に聞かれました。答えてください。	新しく隣に引っ越して来た人がお菓子をくれました。もらったものは何か、ルームメイトに聞かれました。答えてください。
単文	あなたは会社員です。先日、お菓子を持ってきてくれた取引先の人が来ました。お礼を言ってください。	アパートのごみ捨て場で、近所の人に会いました。天気の話をしてください。	友達が、すごく行きたかったコンサートのチケットをプレゼントしてくれました。お礼を言ってください。
複文	あなたは会社員です。同僚に飲み会に誘われました。断ってください。	お世話になっている先輩と飲みに行きました。会計の時、支払うことを申し出てください。	ある人にとてもお世話になりました。どうお礼をしたらいいか、日本人の友達に相談してください。
単段落	あなたは会社員です。転勤することになり、今日がその職場の最後の出勤日です。朝のミーティングの席上で、職場の人たちに挨拶してください。	20年以上の努力の結果、親友が芥川賞を受賞しました。何かお祝いをしたいのですが、何を贈れば自分の気持ちを表すことができるか、わかりません。デパートの店員に、その友人のことを詳しく話し、贈り物についてアドバイスしてもらってください。	友達に、お中元やお歳暮を贈る意味と、その由来について聞かれました。教えてあげてください。
複段落	あなたは人事課に所属し、新人研修を担当しています。あなたの会社には、役職名ではなく「さん」付けで呼ぶ、というルールがあります。そのルールができることになった経緯や、そのルールが人間関係に与える影響などについて、新人たちの前で話してください。	あなたがいつも行く理髪店のある店員は、腕はよいのですがなれなれしくて不快に思うことがあります。客と店員の関係はどうあるべきかについて店長に話し、その店員にやんわりと注意してもらってください。	最近、孤独死が問題になっています。このような問題を避けるためにはどうすればいいか、近所づきあいのあり方という観点から、友達にあなたの考えを話してください。

「3.6 人づきあい」の言語活動を支える構文

3.6.1 人づきあい名詞　3.6.1.1 人づきあい名詞：具体物　3.6.1.2 人づきあい名詞：抽象概念

3.6.2 コミュニケーション構文　3.6.2.1 コミュニケーション構文：叙述　3.6.2.2 コミュニケーション構文：修飾

3.6.3 紹介構文　3.6.3.1 紹介構文：叙述　3.6.3.2 紹介構文：修飾

3.6.4 相談構文　3.6.4.1 相談構文：叙述　3.6.4.2 相談構文：修飾

3.6.5 信頼構文　3.6.5.1 信頼構文：叙述　3.6.5.2 信頼構文：修飾

3.6.6 約束構文　3.6.6.1 約束構文：叙述　3.6.6.2 約束構文：修飾

3.6.7 噂構文　3.6.7.1 噂構文：叙述　3.6.7.2 噂構文：修飾

3.6.8 誤解構文　3.6.8.1 誤解構文：叙述　3.6.8.2 誤解構文：修飾

3.6.9 親疎構文　3.6.9.1 親疎構文：叙述　3.6.9.2 親疎構文：修飾

3.6.10 親切さ構文　3.6.10.1 親切さ構文：叙述　3.6.10.2 親切さ構文：修飾

3.6.11 人づきあいその他

3.6.1.1 人づきあい名詞：具体物

意味分類	A	B	C
【立場】		パートナー、社員、リーダー、マネージャー、男女、店長、従業員	顧客、同期、部署、全社

3.6.1.2 人づきあい名詞：抽象概念

意味分類	A	B	C
【交流】	コミュニケーション	交流、交際、付き合い	友好、人脈、絆
【おしゃべり】		おしゃべり	
【関係】		仲、関係	
【親しさ】		仲良し	
【言動】			言動、振る舞い
【相談】	相談	忠告、アドバイス	
【共感】		共感、同感	
【干渉】			干渉
【約束】	約束		
【信頼】		思い遣り、信頼	頼り、協同、支え
【好感】		好感	
【噂・秘密】		秘密、噂、内緒	
【誤解】		誤解、間違い、勘違い	行き違い、言い分、思い込み

第1章　言語活動・言語素材と話題

【貸し】		貸し	
【恩】			借り、恩
【他者】			他者
【印象】		居心地、印象	
【本音】		本音、本心	
【建前】		建前	
【人称代名詞】	私、僕	おれ	手前、我
	あなた	君、お宅、お前	手前、我
	みんな、皆さん	皆	諸君
	彼、彼女	やつ	
	彼ら		連中

3.6.2.1 コミュニケーション構文：叙述

名詞群	助詞	述語		
		A	B	C
《人》	と	コミュニケーションする	交流する、交際する	

3.6.2.2 コミュニケーション構文：修飾

修飾語			名詞群
A	B	C	
簡単(な)、難しい			【交流】

3.6.3.1 紹介構文：叙述

名詞群	助詞	述語		
		A	B	C
《人》	に	紹介する		
《人》	を			

3.6.3.2 紹介構文：修飾

なし

3.6.4.1 相談構文：叙述

名詞群	助詞	述語		
		A	B	C

《人》	に	相談する	アドバイスする	
《人》	を		慰める、励ます、応援する	
《人》	に		同情する	
《人》《内容》	を	心配する		案じる
《人》《内容》	に		忠告する	
《人》《内容》	に			干渉する
《人》《内容》	に			踏み込む

3.6.4.2 相談構文：修飾

なし

3.6.5.1 信頼構文：叙述

名詞群	助詞	述語		
		A	B	C
《人》	を	信じる	信頼する、信用する	
《人》	を		だます、引っ掛ける、裏切る、乗せる、疑う	担ぐ、はめる

3.6.5.2 信頼構文：修飾

修飾語			名詞群
A	B	C	
	固い、確か(な)		【信頼】

3.6.6.1 約束構文：叙述

名詞群	助詞	述語		
		A	B	C
《人》	と	約束する	誓う	
《約束内容》	を			
《約束》	を		守る	果たす
《約束》	を		破る、裏切る	破棄する

3.6.6.2 約束構文：修飾

なし

3.6.7.1 噂構文：叙述

第1章　言語活動・言語素材と話題

名詞群	助詞	述語		
		A	B	C
【噂】	を		広める	
【噂】	が		伝わる、広まる、漏れる	

3.6.7.2 噂構文：修飾
なし

3.6.8.1 誤解構文：叙述

名詞群	助詞	述語		
		A	B	C
《誤解する内容》	を	間違える	誤解する、決めつける	
《誤解した内容》	と			
【誤解】	を		解く	
【誤解】	が		解ける	

3.6.8.2 誤解構文：修飾
なし

3.6.9.1 親疎構文：叙述
なし

3.6.9.2 親疎構文：修飾

修飾語			名詞群
A	B	C	
深い	親しい		【関係】
	浅い		【関係】
	不快（な）	嫌悪、暗黙、親密（な）、ぎこちない	【関係】

3.6.10.1 親切さ構文：叙述
なし

3.6.10.2 親切さ構文：修飾

修飾語	名詞群

A	B	C	
親切(な)			《人》

3.6.11 人づきあいその他

	A	B	C
呼称	～さん、～ちゃん、～君		～氏、～殿

第1章　言語活動・言語素材と話題

【3.7 喧嘩・トラブル】

	職業的領域	私的領域（場所）	私的領域（人）
単語	あなたは警察官です。殴り合いの喧嘩で現場に駆けつけると、喧嘩をしている酔っ払いに、何者だと聞かれました。答えてください。	あなたは殴り合いの喧嘩を見ました。駆けつけた警察に、先に手を出したのはどちらか聞かれました。答えてください。	あなたはＡ君に殴られ、顔にあざができています。殴ったのは誰か、友達に聞かれました。答えてください。
単文	あなたは警察官です。通報で、喧嘩の現場に来ました。喧嘩を止めて、原因を聞いてください。	デパートの食器売り場で、棚にかばんをぶつけ、商品を割ってしまいました。それを見ていた売り場の人に謝り、弁償を申し出てください。	友達が、昨日喧嘩をしたと言っています。原因が何か聞いてください。
複文	あなたは弁護士です。土地の境界でもめている人が相談に来ました。あなたは不動産の専門ではないので、別の弁護士を紹介してください。	通信販売で商品（ズボン）を注文しましたが、違うサイズの品物が来ました。店に電話して交換してもらってください。	あなたの友人のＡさんとＢさんは、最近口を利いていません。Ａさんに、どうしたのか聞いてください。
単段落	あなたは観光ガイドです。客が財布をすられました。客から聞いたその時の状況を、警察で詳しく話してください。	隣の人は、いつも夜遅くに友達を連れて来て騒いでいます。特に昨夜はひどかったので、大家さんにどのような状況か詳しく説明し、注意してもらってください。	昨日、街で殴り合いの喧嘩があり、警察が来ました。あなたは、その様子を最初から最後まで見ていました。友達に、その喧嘩のことを詳しく話してあげてください。
複段落	あなたは旅行会社で働いています。今度、海外は初めてというお年寄りの団体がツアーで海外に行きます。事前説明会で、目的地でよく起こるトラブルの具体例や、日本との治安・文化の差異などについて述べ、事前の準備と旅行中の注意点について説明してください。	あなたは、家の隣にある工場の騒音に悩まされています。市役所に行って、騒音の現状を詳しく説明した上で環境権を主張し、他の町での同様のケースについての取り組みのことも話しながら、一刻も早い対策を促してください。	喧嘩の仕方は、日本とあなたの国ではかなり違うように感じています。違う点を挙げて具体的に説明し、その違いを生み出している文化的背景について、あなたの意見を友達に話してみてください。

第1章 言語活動・言語素材と話題

「3.7 喧嘩・トラブル」の言語活動を支える構文

3.7.1 喧嘩・トラブル名詞　3.7.1.1 喧嘩・トラブル名詞：具体物　3.7.1.2 喧嘩・トラブル名詞：抽象概念

3.7.2 喧嘩構文　3.7.2.1 喧嘩構文：叙述　3.7.2.2 喧嘩構文：修飾

3.7.3 いじめ構文　3.7.3.1 いじめ構文：叙述　3.7.3.2 いじめ構文：修飾

3.7.4 暴力構文　3.7.4.1 暴力構文：叙述　3.7.4.2 暴力構文：修飾

3.7.5 トラブルの原因構文　3.7.5.1 トラブルの原因構文：叙述　3.7.5.2 トラブルの原因構文：修飾

3.7.6 解決構文　3.7.6.1 解決構文：叙述　3.7.6.2 解決構文：修飾

3.7.7 喧嘩・トラブルその他

3.7.1.1 喧嘩・トラブル名詞：具体物

意味分類	A	B	C
【財産】	お金	財産、金、不動産	

3.7.1.2 喧嘩・トラブル名詞：抽象概念

意味分類	A	B	C
【喧嘩・トラブル】		喧嘩、トラブル	騒ぎ
【暴力】		暴力	
【暴言】		悪口	
【ショック】		ショック	
【原因】	理由	原因、きっかけ	
【憎悪・嫉妬】		恨み、憎しみ、嫉妬	
【対立】		対立	抗争
【借金】		借金、預金	負債
【誤解】		誤解、間違い、勘違い	行き違い
【迷惑行為】	臭い	迷惑、騒音	
【謝罪】		謝罪	わび
【仲直り】		仲直り	
【弁償】			償い、弁償、賠償
【経験】		経験、体験	

3.7.2.1 喧嘩構文：叙述

名詞群	助詞	述語

第1章　言語活動・言語素材と話題

		A	B	C
《人》	と		喧嘩する、対立する	もめる
《人》	に		反抗する	
《人》	を		憎む、恨む、うらやむ	
《人》	に		嫉妬する	
《人》	を		ねたむ	

3.7.2.2 喧嘩構文：修飾
なし

3.7.3.1 いじめ構文：叙述

名詞群	助詞	述語		
		A	B	C
《人》	を		いじめる、傷つける	
―	―	泣く	傷つく	
《人》	を		避ける、無視する	

3.7.3.2 いじめ構文：修飾

修飾語			名詞群
A	B	C	
	苦い、辛い〈ツライ〉、悔しい		【経験】「出来事」

3.7.4.1 暴力構文：叙述

名詞群	助詞	述語		
		A	B	C
《人》	を		蹴る、殴る、囲む、ぶつ	蹴飛ばす、つねる

3.7.4.2 暴力構文：修飾
なし

3.7.5.1 トラブルの原因構文：叙述

名詞群	助詞	述語		
		A	B	C
《人》	に	貸す、借りる、返す	返却する	

《物》	を			
《人》	から	盗む、取る	奪う	
《物》	を			
—	—	分ける	継ぐ	相続する
《誤解する内容》	を	間違える	誤解する、決めつける	
《誤解した内容》	と			

3.7.5.2 トラブルの原因構文：修飾

修飾語			名詞群
A	B	C	
	汚い、ずるい、卑怯（な）		《人》
うるさい	騒がしい、騒々しい、臭い		《原因となる事物》

3.7.6.1 解決構文：叙述

名詞群	助詞	述語		
		A	B	C
【喧嘩・トラブル】	が		解決する	
《人》	と		仲直りする	
《人》	に	謝る	謝罪する	詫びる
《物》《金額》	を			賠償する、弁償する、償う

3.7.6.2 解決構文：修飾
なし

3.7.7 喧嘩・トラブルその他
なし

第1章　言語活動・言語素材と話題

【3.8 マナー・習慣】

	職業的領域	私的領域（場所）	私的領域（人）
単語	あなたは作法の先生です。次のお稽古日がいつか、生徒に聞かれました。答えてください。	神社で、友達に、お参りの時に手をたたく回数は何回なのか聞かれました。答えてください。	日本人の家を訪問した際、コートを脱ぐのは玄関でいいか、友達に聞かれました。答えてください。
単文	あなたは作法の先生です。玄関の入り方の実習をしています。まごついている生徒に、指示を出してください。	クラシックコンサートで、演奏の最中に隣の人が話をしています。注意してください。	友達が、道端にゴミを投げ捨てました。注意してください。
複文	あなたはマナー教室の先生です。目上の人の家に行った時、どこで手土産を渡せばいいのか、生徒に聞かれました。答えてください。	和菓子のお店で、抹茶を出されました。お茶の飲み方の作法がよくわからないので、お店の人に教えてもらってください。	今度の日曜日に、日本人の家を初めて訪問します。気をつけるべきマナーについて、友達に聞いてください。
単段落	あなたは日本語の先生です。授業の後、学生が「先生、お疲れさまでした」と言いました。その発話が不適切である理由と、その発話が許される場面について、わかりやすく説明してあげてください。	あなたはレストランで食事をしていますが、大変マナーの悪い店員がいます。上司を呼んで、その店員の行動のどんな点がどのように不快だったのか、説明してください。	あなたは先日、高級な懐石料理のお店に行きました。そこで、日本と自分の国のマナーの違いから来る、いくつかの失敗をしました。その時のエピソードを友達に話してください。
複段落	あなたは、会社で、社員研修を担当しています。社内でのコミュニケーショントラブルを分析し、それを回避する方策を学ぶための研修案を考えました。あなたが考える研修案を、上司に提案してください。	教授の退職記念パーティーで、スピーチをします。優しかった教授の心温まるエピソードを話して、これまでの指導に感謝の意を表し、教え子を代表して、お礼の品を渡してください。	あなたはよく敬語がうまいと褒められます。友人に、敬語の使い方について聞かれました。敬語の使用方法と、それを支える敬語使用の意識、さらに、そのような意識が生まれる土壌となる日本の文化・習慣などについて、説明してあげてください。

第1章　言語活動・言語素材と話題

「3.8 マナー・習慣」の言語活動を支える構文

3.8.1 マナー・習慣名詞　3.8.1.1 マナー・習慣名詞：具体物　3.8.1.2 マナー・習慣名詞：抽象概念

3.8.2 贈答構文　3.8.2.1 贈答構文：叙述　3.8.2.2 贈答構文：修飾

3.8.3 マナー構文　3.8.3.1 マナー構文：叙述　3.8.3.2 マナー構文：修飾

3.8.4 服装構文　3.8.4.1 服装構文：叙述　3.8.4.2 服装構文：修飾

3.8.5 保護・継承・伝播構文　3.8.5.1 保護・継承・伝播構文：叙述　3.8.5.2 保護・継承・伝播構文：修飾

3.8.6 異文化構文　3.8.6.1 異文化構文：叙述　3.8.6.2 異文化構文：修飾

3.8.7 マナー・習慣その他

3.8.1.1 マナー・習慣名詞：具体物

意味分類	A	B	C
【贈答品】	プレゼント、挨拶	贈り物、土産、お祝い、お見舞い、お礼	
	手紙		～状
【機会】	誕生日、旅行、結婚、クリスマス	行事、入学、卒業、合格、就職、退職、出産	
【包装】		包み、風呂敷	
【食事】		食事、ディナー	
【場所】	レストラン		
【シェフ】		シェフ	
【食器】	スプーン、フォーク、ナイフ、グラス		
【持ち手】	左手	右手	
【飲み物】	ワイン、酒	シャンパン、ボトル	
【僧・寺】	寺		住職、僧侶、菩提寺
【仏具】			祭壇

3.8.1.2 マナー・習慣名詞：抽象概念

意味分類	A	B	C
【習慣】		習慣、慣れ	慣習、慣行、慣用、風習
【伝統】		伝統	
【地域】	国	地域	

第1章　言語活動・言語素材と話題

【お礼】		お礼、お返し	
【義理】		義理	
【礼儀・作法】	マナー、ルール	礼儀、作法、常識、道徳、気配り、しつけ	良識、しきたり、規範、儀礼、エチケット
【品性】		品	良識、気品
【タブー】		タブー	
【喫煙】		喫煙	
【服装】		服装	
【姿勢】		態度、姿勢	
【礼】	挨拶	礼、お辞儀	
【順番】		順番、順序	
【席】	席	座席	
【場所】		出入り口、奥	床の間
【位置】	上、下		
【儀式】			葬儀、法要、通夜
【宗教】		宗教	宗派
			プロテスタント、浄土真宗、真言宗
【遺族】			親族、遺族、近親者
【死者・遺体】			遺体、死者、遺骨
【生前／死後】			生前、死後
【参拝】		お参り、祈り	
【時期】		新年	彼岸
【作法】		礼	一礼

3.8.2.1 贈答構文：叙述

名詞群	助詞	述語		
		A	B	C
《人》	に	やる、あげる	差し上げる、与える、贈る、渡す	譲る
《金品》	を			
《人》	に	もらう	いただく、受け取る	ちょうだいする
《金品》	を			
《人》	に	くれる	くださる	
《金品》	を			
《人》	に	返す		

《お礼》	を		

3.8.2.2 贈答構文：修飾

なし

3.8.3.1 マナー構文：叙述

名詞群	助詞	述語		
		A	B	C
【習慣】【礼儀・作法】	を		守る	
【習慣】【礼儀・作法】	に		従う	
【習慣】【礼儀・作法】	を		破る	犯す
【習慣】【礼儀・作法】	に		違反する	背く
《禁忌内容》	を		禁止する	禁じる、断つ
《遠慮する事物》	を		遠慮する、控える	

3.8.3.2 マナー構文：修飾

修飾語			名詞群
A	B	C	
	上品(な)	淑やか(な)	《人》【姿勢】
	下品(な)、みっともない、だらしない		《人》【姿勢】
		ふさわしい	《対象》【姿勢】
	謙虚(な)		《人》【姿勢】
	丁寧(な)、失礼(な)、無礼(な)	ぞんざい(な)	《人》【姿勢】

3.8.4.1 服装構文：叙述

名詞群	助詞	述語		
		A	B	C
《衣服》	を	着る		着用する
《衣服》	が		乱れる	

3.8.4.2 服装構文：修飾

なし

3.8.5.1 保護・継承・伝播構文：叙述

第1章　言語活動・言語素材と話題

名詞群	助詞	述語		
		A	B	C
【習慣】【伝統】	が		伝わる、広まる	
【習慣】【伝統】	が	続く		

3.8.5.2 保護・継承・伝播構文：修飾

修飾語			名詞群
A	B	C	
珍しい	伝統(の)	固有(の)	【習慣】【伝統】
	豊か(な)		【習慣】【伝統】

3.8.6.1 異文化構文：叙述
なし

3.8.6.2 異文化構文：修飾

修飾語			名詞群
A	B	C	
いろいろ(な)	さまざま(な)	多様(な)	【習慣】【伝統】
違う、珍しい	異なる	独自(の)、特融(の)、固有(の)、ユニーク(な)	【習慣】【伝統】

3.8.7 マナー・習慣その他
なし

【4.1 学校（小中高）】

	職業的領域	私的領域（場所）	私的領域（人）
単語	あなたは中学校の教員です。生徒に、次の体育の授業はどこに行けばいいのか聞かれました。答えてください。	大学の国際交流サークルで小学校を訪問しました。子供のころ好きだった科目は何か、小学生に聞かれました。答えてください。	小学校の頃、何係りだったか、友達に聞かれました。答えてください。
単文	あなたは中学校の教員です。授業中、私語をやめない生徒に注意してください。	あなたは教育実習で中学校へ行きましたが、職員室の場所がわかりません。通りかかった生徒に聞いてください。	あなたの国では、どのぐらいの小学生が携帯電話を持っているのか、友達に聞かれました。答えてください。
複文	あなたは中学校の教員です。今日の午後の予定が変更になりました。朝の朝礼で、生徒に伝えてください。	外国人の友達の子供が小学校に入学します。どんな手続きが必要なのか、市役所に電話をして聞いてください。	あなたの友達の子供が、5日間、小学校を休んでいると聞きました。友達に電話して、どんな様子か聞いてみてください。
単段落	あなたは高校の教員です。卒業後の進路について、三者面談をしています。生徒の学校での様子や、現在の成績と志望校の合格ラインの関係などについて、母親（父親）に話してください。	友達の子供は、学校でいじめられているようです。日本語が上手ではない友達の代わりに学校に電話をして、どのような状況なのか、担任の先生に詳しく説明してください。	友達と教育制度について話をしています。あなたの国の義務教育のシステムについて話をしてください。
複段落	あなたは小学校の教員です。あなたのクラスで、最近いじめが起きているようです。放課後に学級会を開き、いじめそのものの悪さだけでなく、いじめによって引き起こされる周囲への様々な悪影響について、子供たちにわかりやすく話してください。	あなたは日本の初等教育について研究しています。小学校の教師の集まりで、講演を頼まれました。両国の小学生の違いと、その違いを生む背景、また、今後それが国の将来に与える影響について話をしてください。	ホームステイ先の中学生の子供は、まったく勉強をしません。その子に、その理由を聞き、理解を示しながら、勉強の必要性をわかりやすく話してあげてください。

第1章　言語活動・言語素材と話題

「4.1 学校（小中高）」の言語活動を支える構文

4.1.1 学校（小中高）名詞　4.1.1.1 学校（小中高）名詞：具体物　4.1.1.2 学校（小中高）名詞：抽象概念

4.1.2 入学・卒業構文　4.1.2.1 入学・卒業構文：叙述　4.1.2.2 入学・卒業構文：修飾

4.1.3 通学・出欠構文　4.1.3.1 通学・出欠構文：叙述　4.1.3.2 通学・出欠構文：修飾

4.1.4 授業構文　4.1.4.1 授業構文：叙述　4.1.4.2 授業構文：修飾

4.1.5 指導構文　4.1.5.1 指導構文：叙述　4.1.5.2 指導構文：修飾

4.1.6 課外活動構文　4.1.6.1 課外活動構文：叙述　4.1.6.2 課外活動構文：修飾

4.1.7 いじめ構文　4.1.7.1 いじめ構文：叙述　4.1.7.2 いじめ構文：修飾

4.1.8 校則構文　4.1.8.1 校則構文：叙述　4.1.8.2 校則構文：修飾

4.1.9 進路構文　4.1.9.1 進路構文：叙述　4.1.9.2 進路構文：修飾

4.1.10 学校（小中高）その他

4.1.1.1 学校（小中高）名詞：具体物

意味分類	A	B	C
【学校】	学校	スクール	
	小学校	中学校、高校、高等学校、中学	
		公立、私立	
			付属校
		男子校、女子校、共学	
【専門】		専門、農業	工業、商業、水産、養護
【建物】		校内、寮	校舎
【学内施設】	門	正門	
	プール、グランド	校庭、花壇	
	トイレ、図書館、教室	保健室、講堂、食堂	
【内装】	窓	壁	
【備品】	机、椅子、本棚、テレビ、ストーブ、席、黒板、引き出し	棚、暖房、冷房、ロッカー	
【教科書】	テキスト、教科書	ドリル	教材
【文具】		文房具	
	鉛筆、ボールペン	チョーク、万年筆	コンパス

第1章 言語活動・言語素材と話題

		ノート、紙、メモ、アルバム	フィルム、用紙、便箋、手帳、ファイル	〜帳、
		消しゴム、糊、ラベル	定規、ものさし、名札、はさみ	
【科目名】		英語、音楽、社会、国語、算数、理科、体育、生活	地理、歴史、数学、技術、化学、物理、道徳、語学、保健、習字、〜史、美術、読み書き	総合、公民
【通知表】			通知表	
【試験】		試験、テスト		
【行事】			行事	
		思い出		
		旅行、スポーツ、音楽、卒業、入学	遠足、スピーチ、修学旅行、演劇、合宿、取り組み、合唱、	写生、弁論
		コンクール、コンテスト	〜式、大会、〜祭	

4.1.1.2 学校（小中高）名詞：抽象概念

意味分類	A	B	C
【母校】			母校
【出席】		出席	
【欠席】		欠席、登校拒否	
【遅刻】	遅刻		
【入学・卒業】		入学、卒業	
【退学・休学】		退学、休学	
【授業】	クラス、授業		
【クラス】	クラス、組	学級	
【児童・生徒】	生徒、学生、高校生、小学生、留学生、子供、〜生	児童、新入生、小〜	中等
【上下関係】	先輩	後輩、同級生	
【教員】	先生	校長、教員、教師、カウンセラー	職員、守衛、師、教職員、教諭、教頭
		担当、担任	受け持ち、顧問
【時間割】		時間割、カリキュラム	日課
		日数	
【学期】		学期	
【学習】	勉強	学習	学業

第1章　言語活動・言語素材と話題

【教科】		科目、カリキュラム	教科、単元
【指導】		指導、教育	
【居眠り】			うたた寝、居眠り
【おしゃべり】		おしゃべり	
【学力】	力	学力、成績	偏差値、評定
【試験の種類】			定期、中間、期末
		実力	
【試験の目的】		入学、卒業	
		確認	選考
【受験】		受験	
【休み】	夏休み、休み		
【係】		委員、係、代表、当番	
【クラス活動】	掃除	給食、話し合い、会議、栽培	清掃
【部活動】	クラブ	〜部	課外活動
【アルバイト】	アルバイト		
【塾】		塾	
【奉仕活動】			奉仕
【校則】	ルール	規則、決まり	
【非行】		非行、反抗	
【時期】		思春期	
【進路】		将来、進路	
		希望、目標	志望、志
【問題】		いじめ、喫煙	自閉症
【カウンセリング】		カウンセリング、支援	
【関係機関】			文部科学省

4.1.2.1 入学・卒業構文：叙述

名詞群	助詞	述語		
		A	B	C
【児童・生徒】	が	入る	入学する	
【学校】	に			
【児童・生徒】	が	出る	卒業する	
【学校】	を			

第1章　言語活動・言語素材と話題

【児童・生徒】	が	やめる	退学する	
【学校】	を			
【児童・生徒】	が	休む	休学する	
【学校】	を			

4.1.2.2 入学・卒業構文：修飾

修飾語			名詞群
A	B	C	
	華やか(な)	めでたい	【入学・卒業】

4.1.3.1 通学・出欠構文：叙述

名詞群	助詞	述語		
		A	B	C
【児童・生徒】	が		通学する、登校する、通う	
【学校】	に			
《乗り物》	で			
【児童・生徒】	が	出る	出席する	
【学校】【クラス】	に			
【児童・生徒】	が	休む	欠席する、サボる	
【学校】【クラス】	を			
【児童・生徒】	が	遅刻する	遅れる	
【学校】【クラス】	に			
【児童・生徒】	が	帰る		
【建物】《家》	に			
【児童・生徒】	が		帰宅する	
【先生】	が		帰す	
【児童・生徒】	を			
【建物】《家》	に			

4.1.3.2 通学・出欠構文：修飾

なし

4.1.4.1 授業構文：叙述

名詞群	助詞	述語

第1章　言語活動・言語素材と話題

		A	B	C
【児童・生徒】	が		着席する	
【児童・生徒】 「席」	が に	座る、着く		
【児童・生徒】	が	勉強する、習う	学習する、学ぶ、教わる	
【文具】 《物》	で を	書く、描く、消す、切る	貼る、くっつける、はかる	
【児童・生徒】	が	覚える	暗記する、記憶する	
【児童・生徒】	が	調べる	観察する、実験する	
【児童・生徒】	が		予習する、復習する	自習する
【児童・生徒】	が		実習する、体験する	
【児童・生徒】	が		理解する	
【学習】【教科】	を			
【学習】【教科】	が	分かる		
【児童・生徒】【教員】	が	質問する、聞く	尋ねる	
【児童・生徒】【教員】 《質問内容》	に を			
【児童・生徒】【教員】	が			つまずく
【児童・生徒】【教員】	が	頑張る	努力する	
【児童・生徒】が		寝る、眠る		
【児童・生徒】が		遊ぶ	騒ぐ、暴れる	

4.1.4.2 授業構文：修飾

修飾語			名詞群
A	B	C	
眠い	眠たい		【授業】
楽しい、面白い	つまらない、愉快（な）		【授業】【クラス】
うるさい	騒がしい、騒々しい		【授業】【クラス】

4.1.5.1 指導構文：叙述

名詞群	助詞	述語		
		A	B	C
【教員】	が		受け持つ、担当する	
【クラス】【児童・生徒】	を			

第1章　言語活動・言語素材と話題

【教員】	が	教える	教育する、育てる、指導する	育む
【児童・生徒】	を			
【教員】	が		説明する、解説する	
【児童・生徒】	に			
【児童・生徒】【教員】	が	質問する、聞く	尋ねる	
【児童・生徒】【教員】	に			
《質問内容》	を			
【児童・生徒】【教員】	が	答える		
《質問内容》	に			
【教員】	が	怒る、注意する	叱る、指導する、怒鳴る	
【児童・生徒】	を			
【教員】	が	怒る、注意する	叱る、指導する、怒鳴る	
【児童・生徒】	に			
【教員】	が	褒める		
【児童・生徒】	を			

4.1.5.2 指導構文：修飾

修飾語			名詞群
A	B	C	
厳しい、優しい	甘い		【指導】

4.1.6.1 課外活動構文：叙述

名詞群	助詞	述語		
		A	B	C
【児童・生徒】	が	入る	所属する	
【部活動】	に			

4.1.6.2 課外活動構文：修飾

修飾語			名詞群
A	B	C	
	活発(な)、盛ん(な)		【部活動】

4.1.7.1 いじめ構文：叙述

第 1 章　言語活動・言語素材と話題

名詞群	助詞	述語		
		A	B	C
《人》	を		いじめる、傷つける	
―	―	泣く	傷つく	
《人》	を		避ける、無視する	

4.1.7.2 いじめ構文：修飾

なし

4.1.8.1 校則構文：叙述

名詞群	助詞	述語		
		A	B	C
【学校】【教員】	が		禁止する	禁じる、禁ずる
【校則】	で			
《事柄》	を			
【児童・生徒】	が		守る	
【校則】	を			
【児童・生徒】	が		従う	
【校則】	に			
【児童・生徒】	が		破る	
【校則】	を			
【児童・生徒】	が		違反する	
【校則】	に			
【教員】	が		取り上げる、預かる	没収する
【児童・生徒】	から			
《物》	を			

4.1.8.2 校則構文：修飾

修飾語			名詞群
A	B	C	
厳しい、甘い、自由(な)	緩い		【校則】

4.1.9.1 進路構文：叙述

名詞群	助詞	述語

― 207 ―

		A	B	C
【児童・生徒】	が	進む	進学する、就職する	
《志望先》	に			
【児童・生徒】	が		目指す、望む	志す
《志望先》	を			

4.1.9.2 進路構文：修飾

なし

4.1.10 学校（小中高）その他

	A	B	C
学科に関する接尾辞		〜科	
学年に関する接尾辞	〜年生		
時間割に関する接尾辞		〜時間目	
試験に関する接尾辞		〜次	
行事に関する接尾辞		〜式、〜祭	
部活動に関する接尾辞		〜部	

第1章　言語活動・言語素材と話題

【4.2 学校（大学）】

	職業的領域	私的領域（場所）	私的領域（人）
単語	あなたは大学の教員です。学生から、授業の評価はテストかレポートか聞かれました。答えてください。	初めて行ったサークルで、先輩に学科名を聞かれました。答えてください。	好きな授業は何か、友達に聞かれました。答えてください。
単文	あなたは大学の教員です。授業中にある学生の携帯電話が鳴りました。その学生に注意してください。	学食がとても混んでいます。席が空いているかどうか、その席の隣に座っている人に聞いてください。	講義の後、友達に、これから何をするか聞かれました。答えてください。
複文	あなたは大学の職員です。学生が、締切の後にレポートを提出しようとしています。受け取れないことを言ってください。	親が病気になったので、卒業式を待たずに帰国しようと思っています。大学の事務員に、後で卒業証書を送ってもらえるか、聞いてください。	あなたは今度、学会で発表することになりました。どんな準備をすればいいのか、先輩にアドバイスをもらってください。
単段落	あなたは大学の広報係です。他大学と合同の大学院セミナーで、来場者にあなたの大学を紹介し、魅力をアピールしてください。	あなたは、大学院の面接試験に来ています。大学院でどんな研究をしたいのか、なぜこの大学院を選んだかなど、面接官にきちんと説明してください。	バイト先で知り合った日本人の友達があなたと同じ大学院を受験します。合格するための勉強法を詳しく教えてあげてください。
複段落	あなたは大学の職員です。少子化の時代に大学が生き残っていくためには、大学の改革が不可欠だと考えています。現在の社会情勢から考えられる今後の大学のあり方と、それを踏まえた具体的な改革案とを、会議の席上で述べてください。	あなたは、今、学生大会に参加しています。21世紀の大学はどうあるべきか、社会の中でどのような役割を担っていくべきか、また、そのために学生はどのような活動を行うべきなのか、挙手して、あなたの意見を述べてください。	友達が、ある先生の授業の進め方を批判しています。しかし、あなたは、その先生の授業はとてもいいと思っています。大学の授業とはどうあるべきかを述べ、その上で、その先生の授業のスタイルが優れていることを、友達に主張してください。

第1章　言語活動・言語素材と話題

「4.2 学校（大学）」の言語活動を支える構文

4.2.1 学校（大学）名詞　4.2.1.1 学校（大学）名詞：具体物　4.2.1.2 学校（大学）名詞：抽象概念

4.2.2 入学・卒業構文　4.2.2.1 入学・卒業構文：叙述　4.2.2.2 入学・卒業構文：修飾

4.2.3 通学・出欠構文　4.2.3.1 通学・出欠構文：叙述　4.2.3.2 通学・出欠構文：修飾

4.2.4 授業構文　4.2.4.1 授業構文：叙述　4.2.4.2 授業構文：修飾

4.2.5 指導構文　4.2.5.1 指導構文：叙述　4.2.5.2 指導構文：修飾

4.2.6 単位構文　4.2.6.1 単位構文：叙述　4.2.6.2 単位構文：修飾

4.2.7 研究・ゼミ構文　4.2.7.1 研究・ゼミ構文：叙述　4.2.7.2 研究・ゼミ構文：修飾

4.2.8 課外活動・アルバイト構文　4.2.8.1 課外活動・アルバイト構文：叙述　4.2.8.2 課外活動・アルバイト構文：修飾

4.2.9 奨学金構文　4.2.9.1 奨学金構文：叙述　4.2.9.2 奨学金構文：修飾

4.2.10 社会連携構文　4.2.10.1 社会連携構文：叙述　4.2.10.2 社会連携構文：修飾

4.2.11 校風構文　4.2.11.1 校風構文：叙述　4.2.11.2 校風構文：修飾

4.2.12 学校（大学）その他

4.2.1.1 学校（大学）名詞：具体物

意味分類	A	B	C
【学校（大学）】	大学	大学院、短大、学園、〜大	短期大学、院、カレッジ、学院
		女子大学、共学	
【学内施設】		キャンパス	
		寮	校舎
		正門	
	プール、グランド	校庭、花壇	
	トイレ、図書館、レストラン、教室	食堂、研究室、保健室、売店、博物館、講堂	
【通学手段】	電車、地下鉄、自転車、車、バス	自動車、鉄道、列車、モノレール、汽車	
【授業】	授業、クラス		
		カリキュラム、講座、セミナー	
		前期、後期	
		講義、実験	演習、概論、購読

第1章　言語活動・言語素材と話題

		専門、教養	教職
		選択	聴講、必修
【分野】		分野	
		アート	人文、家政
【単位】		単位	
【学生】	学生、大学生、留学生		
【先生】	先生、	教授、助手、講師、学者、スタッフ、カウンセラー	助教授、教官、学長
【専門・専攻】		学部、研究室、学科、ゼミ	課程、専攻、専修、〜研
		専門	
【課程】		博士	学士、修士
【学会】		学会	
【発表の種類】		発表、ポスター	デモンストレーション
【論文】		論文	
【サークル】	クラブ	〜部、サークル	
【部員】		マネージャー	
【アルバイトの職種】	レストラン	喫茶店、食堂、家庭教師、塾	
	ウェートレス、先生	教師、講師	給仕
【奉仕活動】	ボランティア		奉仕活動
【奨学金】		奨学金	基金

4.2.1.2 学校（大学）名詞：抽象概念

意味分類	A	B	C
【母校】			母校
【歴史】		戦前、戦後	新設、前進
【入学】		入学、卒業、修了、退学、休学	在籍、在学
【卒業・修了】	遅刻	出席、欠席、登校拒否	
【退学】	休み		休講
【成績】		成績	
【単位】		単位	
【研究】	研究		
【業績】			業績
【アルバイト】	アルバイト		

— 211 —

【人気】	人気		
【収入・給料】		給料、収入	
【課外活動】			課外活動
【地域・社会】		地域、社会	
【奨学金の受給等】			受給、滞納、返済
【収入】		収入	
【利子】		利子、利息	
【関係機関】			文部科学省
【答申】			答申
【国庫】			国庫
【助成】		補助	助成

4.2.2.1 入学・卒業構文：叙述

名詞群	助詞	述語		
		A	B	C
【学生】	が	入る	入学する	
【大学】	に			
【学生】	が	出る	卒業する	
【大学】	を			
【学生】	が	やめる	退学する	
【大学】	を			
【学生】	が	休む	休学する	
【大学】	を			

4.2.2.2 入学・卒業構文：修飾

なし

4.2.3.1 通学・出欠構文：叙述

名詞群	助詞	述語		
		A	B	C
【学生】	が		通学する、登校する、通う	
【大学】	に			
《乗り物》	で			
【学生】	が	出る	出席する	

第1章　言語活動・言語素材と話題

【大学】【授業】	に			
【学生】	が	休む	欠席する、サボる	
【大学】【授業】	を			
【学生】	が	遅刻する	遅れる	
【大学】【授業】	に			
【学生】	が	帰る		
【建物】《家》	に			
【学生】	が		帰宅する	
【先生】	が		帰す	
【学生】	を			
【建物】《家》	に			

4.2.3.2 通学・出欠構文：修飾

なし

4.2.4.1 授業構文：叙述

名詞群	助詞	述語 A	B	C
【学生】	が		着席する	
【学生】	が	座る、着く		
「席」	に			
【学生】	が	勉強する、習う	学習する、学ぶ、教わる	
《物》	を	書く、描く、消す、切る	貼る、くっつける、はかる	
【文具】	で			
【学生】	が	覚える	暗記する、記憶する	
【学生】	が	調べる	観察する、実験する	
【学生】	が		予習する、復習する	自習する
【学生】	が		実習する、体験する	
【学生】	が		理解する	
【学習】【教科】	を			
【学生】	に	分かる		
【学習】【教科】	が			
【学生】【教員】	が	質問する、聞く	尋ねる	
【学生】【教員】	に			

《質問内容》	を			
【学生】【教員】	が			つまずく
【学生】【教員】	が	頑張る	努力する	
【学生】	が	寝る、眠る		
【学生】	が	遊ぶ	騒ぐ、暴れる	

4.2.4.2 授業構文：修飾

なし

4.2.5.1 指導構文：叙述

名詞群	助詞	述語		
		A	B	C
【教員】	が		受け持つ、担当する	
【授業】【学生】	を			
【教員】	が	教える	教育する、育てる、指導する	育む
【学生】	を			
【教員】	が		説明する、解説する	
【学生】	に			
【学生】【教員】	が	質問する、聞く	尋ねる	
【学生】【教員】	に			
《質問内容》	を			
【学生】【教員】	が	答える		
《質問内容》	に			
【教員】	が	注意する、怒る	叱る、指導する、怒鳴る	
【学生】	に			
【教員】	が	注意する、怒る	叱る、指導する、怒鳴る	
【学生】	を			
【教員】	が			
【学生】	を	褒める		

4.2.5.2 指導構文：修飾

なし

4.2.6.1 単位構文：叙述

— 214 —

第1章　言語活動・言語素材と話題

名詞群	助詞	述語		
		A	B	C
【学生】	が	取る、もらう		取得する
【単位】	を			
【学生】	が		落とす	
【単位】	を			
【学生】	が			満たす
【単位】	を			
【単位】	が		足りる、不足する	

4.2.6.2 単位構文：修飾
なし

4.2.7.1 研究・ゼミ構文：叙述

名詞群	助詞	述語		
		A	B	C
【教員】【学生】	が	研究する、調べる	調査する	
《研究内容》	を			
【教員】【学生】	が		発表する	
《研究内容》	を			
【教員】【学生】	が	書く		執筆する
【論文】	を			
【教員】【学生】	が		増やす、重ねる、積む	
【業績】	を			

4.2.7.2 研究・ゼミ構文：修飾
なし

4.2.8.1 課外活動・アルバイト構文：叙述

名詞群	助詞	述語		
		A	B	C
【学生】	が	探す、見つける		
【アルバイト】	を			
【学生】	が	誘う	勧誘する	

— 215 —

第1章　言語活動・言語素材と話題

《人》	を			
【サークル】	に			
【学生】	が	入る	所属する	
【サークル】	に			
【学生】	が	やめる		
【サークル】	を			
【学生】	が	続ける		
【アルバイト】【サークル】	を			
【学生】	が		稼ぐ	
【給料・収入】《お金》	を			

4.2.8.2 課外活動・アルバイト構文：修飾

修飾語			名詞群
A	B	C	
人気(の)			【サークル】【アルバイト】

4.2.9.1 奨学金構文：叙述

名詞群	助詞	述語		
		A	B	C
【学生】	が	借りる、もらう	受ける、いただく	
【奨学金】	を			
【学生】	が	返す		返還する、返済する
【奨学金】	を			
【学生】	が			滞納する
【奨学金】	を			
【返済】	が			滞る

4.2.9.2 奨学金構文：修飾

修飾語			名詞群
A	B	C	
	貧しい		「家庭」

4.2.10.1 社会連携構文：叙述

第1章　言語活動・言語素材と話題

名詞群	助詞	述語		
		A	B	C
【大学】	が		協力する	連携する
《社会》《企業》	と			

4.2.10.2 社会連携構文：修飾

なし

4.2.11.1 校風構文：叙述

なし

4.2.11.2 校風構文：修飾

修飾語			名詞群
A	B	C	
盛ん(な)	幅広い		【学校（大学）】
	オープン(な)、自由(な)	開放的(な)	【学校（大学）】
真面目(な)			【学校（大学）】
おしゃれ(な)	モダン(な)		【学校（大学）】
		淑やか(な)	【学校（大学）】
	伝統	保守的(な)	【学校（大学）】
	お嬢さん(の)	気品(ある)	【学校（大学）】

4.2.12 学校（大学）その他

	A	B	C
運営母体に関する接尾辞			～立

【4.3 成績】

	職業的領域	私的領域（場所）	私的領域（人）
単語	あなたは学校の先生です。成績をつけた後で、他の先生から、ある学生の成績を聞かれました。答えてください。	先生に日本語能力試験の点数を聞かれました。答えてください。	大学の成績表が届きました。友達に〇〇という科目の評価を聞かれました。答えてください。
単文	あなたは学校の先生です。採点が終わった後、学生が問5の答えを聞きに来ました。教えてあげてください。	あなたは日本語能力試験を受けました。終わった後、先生にどうだったか聞かれました。どこが難しかったか答えてください。	テストの答案が返却されました。隣の席の友達に点数を聞いてください。
複文	あなたは学校の先生です。他の先生に、ある学生の成績について聞かれました。試験の採点が終わらないとわかりませんが、だいたいの予想はついています。答えてください。	テストの結果があまりよくなかったので先生に呼ばれました。病気だったことを話してください。	「自信がない」と言っていた友達のテストの結果は、とてもよかったようです。どうしていい点がとれたのか、聞いてみてください。
単段落	あなたは大学の教員です。授業の最初のオリエンテーションで成績のつけ方を詳しく説明してください。	テストの模範解答が違っているようです。正しいと主張する先生に、どこがどうおかしいか説明し、模範解答の訂正を求めてください。	あなたの国の大学の単位について友達に聞かれました。どのような方法でどのように成績がつくのか、詳しく説明してください。
複段落	あなたは大学の教員です。教授会で、成績評価の方法について話し合っています。大学教育のあるべき姿や成績評価が学生に与える影響などにも触れながら、成績評価についてのあなたの意見を述べてください。	有名企業に就職が内定したあなたは、2年生対象の大学の就職ガイダンスで話をしてほしいと頼まれました。大学の成績が就職とどのように関わるのか、また、成績以外のどのような要素が重要なのかなど、学業と就職の関係について、後輩達にアドバイスしてあげてください。	あなたの友人は子供の成績をすごく気にしています。そのせいか、最近、子供にも悪い影響が出ているようです。学校の成績で人の幸せが決まるわけではないということを、身近な人の例を挙げながら話し、考え方を変えるよう説得してください。

第1章　言語活動・言語素材と話題

「4.3 成績」の言語活動を支える構文

4.3.1 成績名詞　4.3.1.1 成績名詞：具体物　4.3.1.2 成績名詞：抽象概念

4.3.2 採点・評価構文　4.3.2.1 採点・評価構文：叙述　4.3.2.2 採点・評価構文：修飾

4.3.3 成績構文　4.3.3.1 成績構文：叙述　4.3.3.2 成績構文：修飾

4.3.4 成績その他

4.3.1.1 成績名詞：具体物

意味分類	A	B	C
【試験】	テスト、試験		
【評点】		優、不可	

4.3.1.2 成績名詞：抽象概念

意味分類	A	B	C
【成績】		成績	
【採点】		採点	
【絶対・相対】		絶対評価、相対評価	
【点数】	点	点数、ポイント	
【減点】		減点	
【おまけ】	サービス	部分、おまけ	情け
【満点・零点】		満点、零点	
【罰】	ばつ、丸	三角	
【平常点】		平常点、態度	
	遅刻	出席、欠席	
		発言、発表	
【合格】	パス	合格	
【失格】			失格
【不服】		不満	異議、不服

4.3.2.1 採点・評価構文：叙述

名詞群	助詞	述語 A	述語 B	述語 C
《教員》	が		評価する、判定する、チェックする	
《児童・生徒・学生》《テストなど》	を			
《教員》	が		採点する	

— 219 —

《児童・生徒・学生》《テストなど》	を			
《教員》	が	付ける	減点する	加味する
【点】	を			

4.3.2.2 採点・評価構文：修飾
なし

4.3.3.1 成績構文：叙述

名詞群	助詞	述語		
【成績】	が	上がる	伸びる	
【成績】	が	下がる、落ちる		

4.3.3.2 成績構文：修飾

修飾語			名詞群
A	B	C	
良い、素晴らしい	優秀(な)	優れる	【成績】【点数】
	普通(の)、平凡(な)		【成績】【点数】
悪い	だめ(な)		【成績】【点数】
		惜しい	【成績】【点数】

4.3.4 成績その他

	A	B	C
再試験に関する接頭辞		再〜	
点数に関する接尾辞	〜点		
順位に関する接尾辞		〜位	

第1章 言語活動・言語素材と話題

【4.4 試験】

	職業的領域	私的領域（場所）	私的領域（人）
単語	あなたは試験監督をしています。試験結果を電話で問い合わせることができるか、試験開始前に、受験者に聞かれました。答えてください。	日本語の試験を受けるために試験会場に来ました。会場の入り口で受験番号を聞かれたので、答えてください。	学校で、テストが返却されました。友達にテストの点を聞かれたので、答えてください。
単文	あなたは、ある試験の事務局で働いています。電話で問い合わせがあり、次の試験がいつどこであるのか聞かれました。答えてください。	先生が試験について説明しています。○○が試験範囲に入っているかどうか質問してください。	○○検定試験の結果が返ってきました。結果が書かれた紙を持っている友達に、受かったかどうか聞いてください。
複文	あなたは試験監督をしています。試験中に、受験者から、体調が悪いので退室してもいいか聞かれました。再入室できないことを伝えて、退室を許可してください。	日本語能力試験を受験しようと思っています。本屋に電話して、本屋で受験申し込みができるかどうか聞いてみてください。	もうすぐ大切な日本語の試験があります。何をどう勉強すればいいのか、先輩にアドバイスを求めてください。
単段落	あなたは大学の事務職員です。30分以上遅刻して、期末試験が受けられなくなった学生から、追試験の受験資格を尋ねられました。説明してあげてください。	あなたは、難しい試験に合格しました。勉強法について、先生に聞かれたので、詳しく説明してください。	友達に大学入試について聞かれました。あなたの国の大学の試験科目や出題される内容について、詳しく説明してください。
複段落	あなたは大学の教員です。教授会で、入学試験のあり方について議論しています。現行制度による入学者の現状と問題点を挙げ、これからの入学試験のあり方について、あなたの意見を述べてください。	友達がセンター試験の英語のリスニングテストを受けました。テープレコーダーが作動しなかったのですが、日本語の指示がよくわからず、その場で挙手できなかったそうです。日本語が苦手な友達に代わって大学入試センターの担当者に電話し、再受験の交渉をしてください。	友達と、試験制度について議論しています。あなたの国の試験と日本の試験を比較して、双方の長所と短所を挙げ、理想的な試験制度とはどのようなものか、あなたの意見を述べてください。

「4.4 試験」の言語活動を支える構文

4.4.1 試験名詞　4.4.1.1 試験名詞：具体物　4.4.1.2 試験名詞：抽象概念
4.4.2 受験構文　4.4.2.1 受験構文：叙述　4.4.2.2 受験構文：修飾
4.4.3 及落構文　4.4.3.1 及落構文：叙述　4.4.3.2 及落構文：修飾
4.4.4 試験の目的構文　4.4.4.1 試験の目的構文：叙述　4.4.4.2 試験の目的構文：修飾
4.4.5 試験対策構文　4.4.5.1 試験対策構文：叙述　4.4.5.2 試験対策構文：修飾
4.4.6 解答構文　4.4.6.1 解答構文：叙述　4.4.6.2 解答構文：修飾
4.4.7 採点構文　4.4.7.1 採点構文：叙述　4.4.7.2 採点構文：修飾
4.4.8 不正則構文　4.4.8.1 不正構文：叙述　4.4.8.2 不正構文：修飾
4.4.9 試験結果に対する気持ち構文　4.4.9.1 試験結果に対する気持ち構文：叙述　4.4.9.2 試験結果に対する気持ち構文：修飾
4.4.10 神頼み構文　4.4.10.1 神頼み構文：叙述　4.4.10.2 神頼み構文：修飾
4.4.11 試験の難易度構文　4.4.11.1 試験の難易度構文：叙述　4.4.11.2 試験の難易度構文：修飾
4.4.12 試験その他

4.4.1.1 試験名詞：具体物

意味分類	A	B	C
【試験】	テスト、試験		
【試験形態】		会話、面接、実習、筆記	口述、口頭、マーク
【試験の種類】			定期、中間、期末
		実力	
【筆記具】	ペン、鉛筆、ボールペン		
【願書】			願書
【答案】			答案

4.4.1.2 試験名詞：抽象概念

意味分類	A	B	C
【試験の目的】		入学、卒業、資格、昇進	選考
		確認、チェック	
【受験】		受験	
【問題】	問題、クイズ、質問	課題、問い	問答、質疑
【ヒント】		ヒント	

第1章　言語活動・言語素材と話題

【解答】	答え	解答	
【ど忘れ】			ど忘れ
【準備】	準備、用意		
【傾向】		傾向	
【対策】		対策	
【コピー】	コピー		
【勘】		勘	山
【徹夜】		徹夜	
【評価】		評価	
【正解】		正解	
【間違い】		間違い	
【点数】	点	点数、ポイント	
【減点】		減点	
【おまけ】	サービス	部分、おまけ	情け
【満点・零点】		満点、零点	
【採点記号】	ばつ、丸	三角	
【合格】		合格、満点	
【失格】			落第、失格
【基準】		基準、判定、目安	方針、見込み、見地、観点
【喜び】		喜び	
【驚き】		驚き、興奮	
【強気】		強気	
【不正】		裏口、カンニング、不正	
【隣】	隣		
【神社】	神社、神様	神	

4.4.2.1 受験構文：叙述

名詞群	助詞	述語		
		A	B	C
【試験】【試験形態】【試験の種類】	を	受ける	受験する	

4.4.2.2 受験構文：修飾

なし

第1章 言語活動・言語素材と話題

4.4.3.1 及落構文：叙述

名詞群	助詞	述語 A	述語 B	述語 C
【試験】【試験形態】	に		合格する、受かる、パスする	
【試験】【試験形態】	を		突破する	
—	—	落ちる	失敗する、滑る	
《受験者》	を		落とす	

4.4.3.2 及落構文：修飾

なし

4.4.4.1 試験の目的構文：叙述

名詞群	助詞	述語 A	述語 B	述語 C
《選考対象》《人》	を	選ぶ		選考する
《人》	を		試す、確認する、チェックする	

4.4.4.2 試験の目的構文：修飾

なし

4.4.5.1 試験対策構文：叙述

名詞群	助詞	述語 A	述語 B	述語 C
【試験】【試験形態】	に		備える	
—	—	準備する、用意する		
【試験】【試験形態】	を		申し込む、申請する	
【願書】	を	出す	提出する	
《内容》	を	覚える	暗記する、記憶する	
《内容》	を	コピーする	写す	
《内容》	を		チェックする、確認する、見直す、確かめる	
—	—	起きる	徹夜する	
—	—	答える	解答する	
—	—	あがる	緊張する、どきどきする、あわてる	焦る

4.4.5.2 試験対策構文：修飾
なし

4.4.6.1 解答構文：叙述

名詞群	助詞	述語		
		A	B	C
－	－	チェックする、選ぶ	選択する	マークする
－	－	忘れる		
【問題】	に	合う	正解する	
【問題】	を	間違える、間違う		

4.4.6.2 解答構文：修飾

修飾語			名詞群
A	B	C	
		あやふや(な)	【解答】
		惜しい	【解答】

4.4.7.1 採点構文：叙述

名詞群	助詞	述語		
		A	B	C
－	－		採点する、評価する	
【点】	を	つける		

4.4.7.2 採点構文：修飾
なし

4.4.8.1 不正構文：叙述

名詞群	助詞	述語		
		A	B	C
【隣】	を	見る	覗く	

4.4.8.2 不正構文：修飾
なし

4.4.9.1 試験結果に対する気持ち構文：叙述

名詞群	助詞	述語		
		A	B	C
【結果】	に		落ち込む	
【結果】	に	驚く、びっくりする	興奮する	
【結果】【合格】	を	喜ぶ		

4.4.9.2 試験結果に対する気持ち構文：修飾

修飾語			名詞群
A	B	C	
うれしい、悲しい、残念(な)			【結果】

4.4.10.1 神頼み構文：叙述

名詞群	助詞	述語		
		A	B	C
【合格】	を	願う、頼む	祈る	

4.4.10.2 神頼み構文：修飾

なし

4.4.11.1 試験の難易度構文：叙述

なし

4.4.11.2 試験の難易度構文：修飾

修飾語			名詞群
A	B	C	
難しい			【試験】【問題】
易しい、簡単(な)		たやすい	【試験】【問題】

4.4.12 試験その他

	A	B	C
試験に関する接尾辞		～次	
問題に関する接尾辞		～問	

第1章　言語活動・言語素材と話題

| 点数に関する接尾辞 | 〜点 | | |

第1章　言語活動・言語素材と話題

【4.5 習い事】

	職業的領域	私的領域（場所）	私的領域（人）
単語	あなたはピアノの先生です。見学に来た人に、初心者用のテキストには何を使っているのか聞かれました。答えてください。	あなたはアラビア語の会話教室に行きました。学習歴があるかどうか聞かれたので、答えてください。	子供の時にしていた習い事は何か、友達に聞かれました。答えてください。
単文	あなたはピアノ教室の受付で働いています。申し込みに来た人に、ピアノを習った経験があるかどうか聞いてください。	あなたは手芸教室に通っています。先生にほめられたので、謙遜してください。	友達に、子供の時の習い事について聞かれました。何をどのぐらいしたのか、答えてください。
複文	あなたは書道教室の先生です。新しく入った人に、必要な道具をここで買うか、お店で買って来るか、聞いてください。	あなたは、仕事の都合で、来週の茶道のお稽古を休まなければならなくなりました。先生に連絡してください。	あなたは今、柔道を習っていますが、なかなか強くなりません。すごく強くなった友達に、強くなるための稽古の方法などを聞いてください。
単段落	あなたはスポーツジムで働いています。見学に来た客に、料金システムについて説明してください。	料理教室に通っていますが、いろいろな不満があり、やめようと思っています。退会を申し出ると、理由を詳しく聞かせてほしいと言われました。答えてください。	友達に、塾について聞かれました。あなたの国の塾について、日本と比較しながら、詳しく説明してあげてください。
複段落	あなたは英会話学校で働いています。危機感のない上司に対して、英会話学校が乱立して価格競争が激化している現状を話し、他との差別化を図るための具体的な対策を提案してください。	あなたは英会話学校に通っていますが、授業があまりよくない上に、事前の説明と違う点もあるので、解約したいと思っています。1年分の授業料を前払いしています。契約違反を主張して返金を求め、学校をやめてください。	小さい子供がいろいろなことを習わされることについてどう思うか、友達に聞かれました。英才教育の功罪について、あなたの意見を述べてください。

第1章　言語活動・言語素材と話題

「4.5 習い事」の言語活動を支える構文

4.5.1 習い事名詞　4.5.1.1 習い事名詞：具体物　4.5.1.2 習い事名詞：抽象概念
4.5.2 練習構文　4.5.2.1 練習構文：叙述　4.5.2.2 練習構文：修飾
4.5.3 習い事の目的構文　4.5.3.1 習い事の目的構文：叙述　4.5.3.2 習い事の目的構文：修飾
4.5.4 習い事その他

4.5.1.1 習い事名詞：具体物

意味分類	A	B	C
【習い事】	英語、歌、絵、ピアノ、ダンス	習字、そろばん、演劇、体操	
【塾】		塾	
【月謝】		月謝	

4.5.1.2 習い事名詞：抽象概念

意味分類	A	B	C
【指導・練習】	レッスン	指導、訓練、稽古、講習、トレーニング	教習
【手本】		手本	
【プロ】	プロ	スター	
【しつけ】		礼儀、しつけ	

4.5.2.1 練習構文：叙述

名詞群	助詞	述語		
		A	B	C
【習い事】	を	習う	訓練する、トレーニングする	稽古する
【習い事】	を		嫌がる	

4.5.2.2 練習構文：修飾

修飾語			名詞群
A	B	C	
厳しい、優しい			【指導・練習】【塾】
	面倒(な)		【指導・練習】【塾】
楽しい、面白い	愉快(な)		【指導・練習】【塾】
	熱心(な)		【指導・練習】【塾】

4.5.3.1 習い事の目的構文：叙述

— 229 —

第1章　言語活動・言語素材と話題

名詞群	助詞	述語		
		A	B	C
【プロ】	を		目指す、望む	志す
《親》	が			しつける
《子ども》	を			

4.5.3.2 習い事の目的構文：修飾

なし

4.5.4 習い事その他

	A	B	C
月謝に関する接尾辞		〜代	

第1章　言語活動・言語素材と話題

【4.6 調査・研究】

	職業的領域	私的領域（場所）	私的領域（人）
単語	あなたはある論文の査読をしています。査読をした後で、他の査読者に判定を聞かれました。答えてください。	論文を投稿するのはどの雑誌か、研究室で先生に聞かれました。雑誌名を答えてください。	友達に卒業論文のタイトルを聞かれました。答えてください。
単文	あなたは大学院の教授です。大学院生と研究計画について話しています。テーマ選定の理由を学生に聞いてください。	大学の事務で、研究費の書類がどうなっているか聞かれました。いつまでに出すつもりか答えてください。	いつどこで学会発表をするのか、恋人に聞かれました。答えてください。
複文	あなたは大学院の教授です。学生から頼まれていた論文のチェックが終わったので、研究室に来るよう、学生に電話してください。	あなたは学会誌に投稿する論文を書き上げました。指導教授に見てもらえるよう、お願いしてください。	学会誌に投稿していた論文が採用されたという通知がきました。今まで応援してくれた友達に、報告してください。
単段落	あなたは大学の教授です。学生が書いた論文を読みました。書き方がわかりにくい点を指摘し、どうすればわかりやすくなるか、学生に話してください。	あなたは今修士論文を書いています。指導教員との面接で、現在の進捗状況と今後の予定を話してください。	同じ専門の友達が、今度初めて学会で発表します。あなたは以前に学会発表をしたことがあるので、必要な準備について、詳しくアドバイスしてあげてください。
複段落	あなたが勤務している公立の研究所が、税金の無駄遣いだとして廃止されようとしています。所長であるあなたは、今、役人との会議に出席しています。研究内容を説明してその重要性をアピールし、研究所を存続させるよう主張してください。	あなたは大学院生です。大学院説明会に集まった学部生たちに、あなたの研究室の主な研究テーマや手法、また最近の研究成果などについて詳しく説明してください。	あなたは友人の研究方法はよくないと思っています。研究のあり方についてあなたの考えを述べ、具体的にどのように改善すべきか、友人に話してください。

第1章　言語活動・言語素材と話題

「4.6 調査・研究」の言語活動を支える構文

4.6.1　調査・研究名詞　　4.6.1.1　調査・研究名詞：具体物　　4.6.1.2　調査・研究名詞：抽象概念
4.6.2　研究構文　　4.6.2.1　研究構文：叙述　　4.6.2.2　研究構文：修飾
4.6.3　研究手法構文　　4.6.3.1　研究手法構文：叙述　　4.6.3.2　研究手法構文：修飾
4.6.4　結論構文　　4.6.4.1　結論構文：叙述　　4.6.4.2　結論構文：修飾
4.6.5　不正構文　　4.6.5.1　不正構文：叙述　　4.6.5.2　不正構文：修飾
4.6.6　発表構文　　4.6.6.1　発表構文：叙述　　4.6.6.2　発表構文：修飾
4.6.7　調査・研究その他

4.6.1.1 調査・研究名詞：具体物

	語		
	A	B	C
【研究機関】	大学、病院	研究室、大学院、講座	機関、〜研
		美術館、博物館	
【研究分野】		分野	
		専門	
		医学、科学、文学、地理、数学、技術、科学、生物、哲学、心理、宇宙、化学、〜学、美術	食物、社会科学、考古学、法学、工学
【研究者】		研究者	学芸員
【指導者】		教授	
【発表の道具】	地図	スライド、プログラム、グラフ、表、図、資料、図表	要旨

4.6.1.2 調査・研究名詞：抽象概念

意味分類	A	B	C
【研究】	研究		学術
【種類】		基本、基礎	基盤
		応用	
【共同】		共同	
	グループ、チーム	仲間	学派
【指導】			
【弟子】		弟子	
【目的】		目的、意義	
【引用】		参考、引用	参照

第1章　言語活動・言語素材と話題

【前提】			前置き、前提
【事例】			事例
【仮定】		仮定	
【先行研究】			先行研究、蓄積
【資料・文献】		資料、サンプル、データ	文献、標本
【研究手法】	方法		戦略、手法
		実験、アンケート	記述、実践
【調査・分析】		調査、分析	抽出、解析、計測
【仮説・予測】		仮定、予想、予測	類推
【開発】		開発、発明	創出、試作、構築
【手順】		手順、順序	
【結果】		結果、結論、まとめ	成果
【成功】		成功	
【失敗】		失敗	無効、台なし
【理論】		理論、まとめ、説、論、公式	考察、理屈、論理、学説
【貢献】		貢献	寄与、還元
【発表】		発表	公表
【実用】		実用性	
【論文】		論文	
【発表場所】	授業	学会、ゼミ	演習
【投稿】			投稿
【指摘】	質問	コメント、意見	指摘
		忠告	指摘、助言
【論争】			論争
【特許】			特許
【出願】		申請	出願
【研究費】			助成
			総額

4.6.2.1 研究構文：叙述

名詞群	助詞	述語		
		A	B	C
【研究機関】【研究者】	が	研究する		
《研究内容》	を			

— 233 —

第1章　言語活動・言語素材と話題

【研究機関】【研究者】	が	調べる	調査する、分析する	
《研究内容》	を			
【指導者】	が	教える	指導する	
【弟子】	を			

4.6.2.2 研究構文：修飾

修飾語			名詞群
A	B	C	
		質的(な)、量的(な)	【研究】【調査・分析】
大事(な)	重要(な)、基本的(な)	有益(な)	【研究】【調査・分析】【前提】【理論】
正しい	適切(な)、適当(な)		【研究】【調査・分析】【前提】【理論】
		客観的(な)	【研究】【調査・分析】【資料・文献】

4.6.3.1 研究手法構文：叙述

名詞群	助詞	述語		
		A	B	C
《内容》	と		仮定する、予想する	類推する
《内容》	を		予想する、予測する	類推する
《内容》	を		開発する、発明する	作り出す、創出する、試作する、構築する
《内容》	を			抽出する、解析する
《内容》	を	計る、測る、量る		計測する
《内容》	を		実験する	
《内容》	を	コピーする	まねする	模倣する
《内容》	と	比べる	比較する	
《内容》	を			

4.6.3.2 研究手法構文：修飾

修飾語			名詞群
A	B	C	
新しい			【研究手法】

4.6.4.1 結論構文：叙述

名詞群	助詞	述語

第1章　言語活動・言語素材と話題

		A	B	C
【理論】【結果】	が		成功する、成立する	成り立つ
【研究手法】	が		失敗する	
【研究手法】【先行研究】【資料・文献】	を		まとめる、論じる、論ずる、結び付ける、証明する	導く
【結果】	が			矛盾する
【理論】【結果】	が	役に立つ	貢献する	寄与する、還元する
【研究】【研究分野】	に			

4.6.4.2 結論構文：修飾

修飾語			名詞群
A	B	C	
大事(な)	重要(な)、基本的(な)	有益(な)	【結果】
正しい	適切(な)、適当(な)		【結果】

4.6.5.1 不正構文：叙述

名詞群	助詞	述語		
		A	B	C
【結果】	を		隠す	ごまかす
《人》	を		だます	

4.6.5.2 不正構文：修飾

なし

4.6.6.1 発表構文：叙述

名詞群	助詞	述語		
		A	B	C
【研究】【結果】【理論】	を		発表する	公表する
【媒体】	で／に			
【研究】【結果】【理論】	を		載せる	投稿する
【媒体】	に			
【指摘】	を	もらう	いただく	ちょうだいする
―	―	質問する	コメントする	
《コメント》《質問》	に	答える	反対する	応じる、返答する

― 235 ―

【指摘】	を	指摘する、助言する	忠告する、アドバイスする	
《申請内容》	を		申請する	出願する

4.6.6.2 発表構文：修飾

なし

4.6.7 調査・研究その他

	A	B	C
学問に関する接尾辞		～学	
理論に関する接尾辞		～説、～論	

第1章　言語活動・言語素材と話題

【5.1 音楽】

	職業的領域	私的領域（場所）	私的領域（人）
単語	あなたはバイオリンの先生です。次に使うテキストは何か、生徒に聞かれました。答えてください。	あなたはカラオケボックスにいます。友達に、次に歌う曲を聞かれました。答えてください。	あなたの持っているギターのメーカーを、友達に尋ねられました。教えてあげてください。
単文	あなたはコンサートホールのチケット売り場で働いています。チケットを買いにきたお客さんに、枚数を聞いてください。	あなたは友達とカラオケボックスに行きました。部屋のマイクが壊れているので、お店の人に言ってください。	あなたは友達とテレビを見ています。あなたの好きな曲を歌っている人がいるので、その人が誰なのか、友達に聞いてください。
複文	あなたはコンサートホールで仕事をしています。会場にビデオカメラを持ち込もうとしているお客さんがいます。持ち込み禁止なので、受付に預けなければならないことを伝えてください。	あなたはピアノ教室に通っています。今度、あるコンクールがあるので、それに出たいと思っています。そのことを先生に話してください。	来週、あなたの好きな歌手のコンサートがあります。そのコンサートに友達を誘ってください。
単段落	あなたはバイオリンの先生です。バイオリンの弦と指の押さえ方と音階の関係について、初心者に説明してください。	あなたは音楽事務所のオーディション会場にいます。音楽と接してきたこれまでの自分の歴史について、審査員に話してください。	あなたの国には、珍しい楽器があります。それはどんな楽器なのか、また、どのように演奏するのか、友達に説明してあげてください。
複段落	あなたは町役場の職員です。町にはコンサートホールがありますが、予算がないため、コンサートが開けません。ある音楽事務所に行って、担当者に、音楽の持つ社会的な意義や、地方でコンサートを開く意義について述べ、無料で演奏家を派遣してもらってください。	あなたはあるコンサートに行きましたが、同じ座席番号の人がいて座れなかった上に、係員にチケット偽造の疑いまでかけられてしまいました。コンサートの主催者のところに行き、この事実を伝えて、社会的責任を追及し、払い戻しと慰謝料を請求してください。	友達が、データ交換ソフトウィニーをめぐる問題について興味を持っています。それがどんなソフトなのか、何が問題になったのか、それについてあなたはどう思うのか、詳しく話してください。

第1章　言語活動・言語素材と話題

「5.1 音楽」の言語活動を支える構文

5.1.1 音楽名詞　5.1.1.1 音楽名詞：具体物　5.1.1.2 音楽名詞：抽象概念
5.1.2 音楽構文　5.1.2.1 音楽構文：叙述　5.1.2.2 音楽構文：修飾
5.1.3 演奏構文　5.1.3.1 演奏構文：叙述　5.1.3.2 演奏構文：修飾
5.1.4 音楽活動構文　5.1.4.1 音楽活動構文：叙述　5.1.4.2 音楽活動構文：修飾
5.1.5 音楽その他

5.1.1.1 音楽名詞：具体物

意味分類	A	B	C
【音楽】	音楽	ミュージック	
【音楽のジャンル】	歌、踊り	クラシック、ジャズ、オペラ、ヒット曲、ポップ、バレエ、フォーク、コーラス、ポピュラー	童謡、民謡、〜歌、交響曲、宮廷、歌劇、ロマン、幻想曲、ソナタ、管弦、舞踏
【演奏形態】		オーケストラ、バンド、合唱、ソロ、吹奏楽、	戯曲、楽団
【音】	音	トーン、サウンド	音〈オン〉、響き、音〈ネ〉、音色
		騒音、雑音	物音
【歌詞】		歌詞	
【曲】	曲	ヒット曲	オリジナル、フレーズ
【楽器】	ギター、ピアノ	楽器、バイオリン、太鼓、琴、オルガン、笛、ドラム、鈴、ベル	三味線、弦
【楽譜】		楽譜	
【電子機器】	レコード、テープ、CD、ステレオ	テープレコーダー、ジャケット、オーディオ、シングル	盤、トラック、マイクロフォン
【歌】	歌	ソング	
【踊り】	踊り		
【音楽に関する職業】	歌手	〜家、ミュージシャン、アーチスト、プロデューサー	楽団
【演奏場所】	ホール	スタジオ、舞台	野外
	駅、公園		街角

— 238 —

第1章　言語活動・言語素材と話題

【演奏の機会】	コンクール、コンサート、コンテスト	〜会、〜式、ショー、セレモニー、ライブ	
【場所】			楽屋
【聴衆】	客		聴衆

5.1.1.2 音楽名詞：抽象概念

意味分類	A	B	C
【演奏】		演奏	
【構成】			楽章
【調子】	速さ	テンポ、リズム、	拍
		メロディー、フレーズ、調子	節、旋律
			コード
【発表】		発表	
【デビュー】		デビュー	
【共演】			共演、セッション
【ツアー】			ツアー

5.1.2.1 音楽構文：叙述

名詞群	助詞	述語		
		A	B	C
【音楽】	を	聞く	味わう	
【音楽】	が	流れる		
【電子機器】	で			
【音】	が			響く、共鳴する、調和する
【音】【音色】	が		通る、澄む	

5.1.2.2 音楽構文：修飾

修飾語			名詞群
A	B	C	
明るい、暗い	華やか(な)、豊か(な)、ポップ(な)	朗らか(な)、華々しい、滑稽(な)	【音楽】【音楽のジャンル】
強い、弱い	力強い		【音楽】【音楽のジャンル】
きれい(な)	美しい、ロマンチック(な)		【音楽】【音楽のジャンル】

賑やか(な)、静か(な)	騒々しい、落ち着いた		【音楽】【音楽のジャンル】
	退屈(な)、シンプル(な)	単調(な)	【音楽】【音楽のジャンル】
遅い、速い	のんびり(した)	ゆったり(した)	【音楽】【音楽のジャンル】
	細かい、繊細(な)、シャープ(な)、クール(な)		【音楽】【音楽のジャンル】
人気(の)	流行(の)		【音楽】【音楽のジャンル】

5.1.3.1 演奏構文：叙述

名詞群	助詞	述語		
		A	B	C
【音楽】【音楽のジャンル】【楽器】	を	弾く、打つ	演奏する、鳴らす、吹く、叩く	
【歌】	を	歌う		口ずさむ
―	―	踊る		舞う
【調子】	に	乗る	合わせる	

5.1.3.2 演奏構文：修飾

修飾語			名詞群
A	B	C	
上手(な)、うまい、すばらしい	立派(な)、鮮やか(な)	得意(な)、見事(な)、巧み(な)、巧妙(な)、かなわない	【歌】【踊り】【演奏】

5.1.4.1 音楽活動構文：叙述

名詞群	助詞	述語		
		A	B	C
―	―		デビューする、発表する、売り出す	
【音楽】【音楽のジャンル】	を	作る	作曲する	
【音楽】【音楽のジャンル】	を		録音する、レコーディング	
《人》	と			共演する、セッションする

5.1.4.2 音楽活動構文：修飾

なし

5.1.5 音楽その他

	A	B	C
曲・歌に関する接尾辞	〜曲、〜番		

第1章　言語活動・言語素材と話題

【5.2 絵画】

	職業的領域	私的領域（場所）	私的領域（人）
単語	あなたは画家です。絵の具を買いに画材店に来ました。何色の絵の具か店員に聞かれたので、答えてください。	あなたはピカソ展に出かけました。受付で必要なチケットは何枚か聞かれました。答えてください。	友達に好きな画家の名前を聞かれました。答えてください。
単文	あなたは画家です。画廊で同じ絵をもう1枚書いてほしいと頼まれました。承諾して、期限を聞いてください。	画材店に行きましたが、買いたい筆がありませんでした。入荷日を聞いてください。	あなたの趣味は絵を描くことです。友達に、次はどこで何を描きたいか聞かれました。答えてください。
複文	あなたは画家です。今度個展をすることになりました。近所の喫茶店のマスターに、小さな宣伝のポスターを貼らせてもらえるようお願いしてください。	あなたは美術館にいます。とても素晴らしい銅像があるので、デッサンをしたくなりました。銅像の周りは立ち入り禁止なのですが、その中でデッサンしてもいいか、美術館の人に聞いてみてください。	あなたは絵のモデルが必要です。モデルになってくれるよう、友達に頼んでください。
単段落	あなたは警察官です。壁にスプレーで大きな落書きをした少年たちを逮捕しました。彼らは「これは芸術だ」と言っています。芸術と落書きの違いを説明し、署に連行してください。	あなたの趣味は油絵です。ある日、ふと気付くと、アパートの壁も床も天井も絵の具でかなり汚れています。アパートの管理会社に電話をして状況を詳しく説明し、どうすればいいか相談してください。	友達とピカソの絵を見に行きましたが、友達は、その良さがまったくわからないと言っています。他の画家の絵との違いを説明し、ピカソの良さを友達にわかってもらってください。
複段落	あなたは県の美術館の学芸員です。財政難のため、美術館を閉鎖して所蔵品を売ろうという意見が出ているようです。美術館を代表して会議に出席し、社会の中での美術館の役割と必要性を述べ、存続を主張してください。	あなたの国の絵が日本の美術館にあります。しかし、あなたは、それは本来あなたの国にあるべきものだと考えています。文化庁に行って担当者に意見を述べ、その絵があなたの国に置かれるよう、嘆願してください。	友達は、学校教育には美術は必要がなく、数学や英語などの授業をもっと増やすべきだと言っています。友達に反論し、友達の意見を変えさせてください。

「5.2 絵画」の言語活動を支える構文

5.2.1 絵画名詞　5.2.1.1 絵画名詞：具体物　5.2.1.2 絵画名詞：抽象概念
5.2.2 素描・画法構文　5.2.2.1 素描・画法構文：叙述　5.2.2.2 素描・画法構文：修飾
5.2.3 修復構文　5.2.3.1 修復構文：叙述　5.2.3.2 修復構文：修飾
5.2.4 展覧会・所蔵構文　5.2.4.1 展覧会・所蔵構文：叙述　5.2.4.2 展覧会・所蔵構文：修飾
5.2.5 発表構文　5.2.5.1 発表構文：叙述　5.2.5.2 発表構文：修飾
5.2.6 作品構文　5.2.6.1 作品構文：叙述　5.2.6.2 作品構文：修飾
5.2.7 技術構文　5.2.7.1 技術構文：叙述　5.2.7.2 技術構文：修飾
5.2.8 色構文　5.2.8.1 色構文：叙述　5.2.8.2 色構文：修飾
5.2.9 絵画その他

5.2.1.1 絵画名詞：具体物

意味分類	A	B	C
【絵】	絵	アート、絵画	
		抽象画、油絵、デッサン、デザイン、版画、〜画、ポップ、絵本、アニメ、スケッチ	写生、挿し絵、浮世絵
【絵の題材】		天使、ロマン、ロボット、キャラクター、パロディ、シーン	肖像、月夜、驢馬、自画像、図像、聖母、妖怪、巨人、忍者、向日葵、和歌
【絵に関する職業】		画家	
【子弟】	先生		師匠
		弟子	
【画材】	鉛筆、ペン、ボールペン、ペンキ	万年筆、絵の具、インク、インキ、墨	刷毛、刃物
		キャンパス、画面、ディスプレー	屏風
【仕事場】		アトリエ	
【展覧会】		展覧会、〜展、個展	
【画廊】		ギャラリー、博物館	
【本】		コミック、カタログ、単行本	〜誌

5.2.1.2 絵画名詞：抽象概念

第1章　言語活動・言語素材と話題

意味分類	A	B	C
【絵のモチーフ】	テーマ、モデル	イメージ、印象	構想、モチーフ、コンセプト
【絵に関する技術】		技術	塗り、刷り、散らし、陰影 手法、技法、裏打ち
【色】	色、〜色	カラー、トーン	色彩、彩色
	黒、白、赤、青、緑、茶色、黄色	真っ黒、真っ白、真っ青、真っ赤、ピンク、茶、紺、紫、金、銀、オレンジ、灰色、透明、焦げ茶、ブルー、グレー、ブラック	
【構図】		図、シーン、場面	構図

5.2.2.1 素描・画法構文：叙述

名詞群	助詞	述語		
		A	B	C
【絵】【絵の題材】	を	描く		描きだす
【絵】【絵の題材】	を		塗る	彩色する
【絵】	が			滲む
【職業】【子弟】	を	コピーする	写す、まねる	模倣する、模写する、トレースする

5.2.2.2 素描・画法構文：修飾

なし

5.2.3.1 修復構文：叙述

名詞群	助詞	述語		
		A	B	C
【絵】	を	直す	修復する	

5.2.3.2 修復構文：修飾

なし

5.2.4.1 展覧会・所蔵構文：叙述

名詞群	助詞	述語

— 244 —

第1章　言語活動・言語素材と話題

		A	B	C
【展覧会】	を	開く〈ヒラク〉	開催する、主催する	
【絵】	を	持つ		所蔵する

5.2.4.2 展覧会・所蔵構文：修飾
なし

5.2.5.1 発表構文：叙述

名詞群	助詞	述語		
		A	B	C
【職業】	が		発表する	
【絵】	を			
【職業】	が		載せる、連載する	掲載する
【絵】	を			
【本】	に			

5.2.5.2 発表構文：修飾
なし

5.2.6.1 作品構文：叙述
なし

5.2.6.2 作品構文：修飾

修飾語			名詞群
A	B	C	
明るい、暗い	華やか(な)、豊か(な)	朗らか(な)、滑稽(な)	【絵】【絵のモチーフ】
強い、弱い	力強い		【絵】【絵のモチーフ】
きれい(な)	美しい、ロマンチック(な)		【絵】【絵のモチーフ】
賑やか(な)、静か(な)	騒々しい、落ち着いた		【絵】【絵のモチーフ】
	退屈(な)、シンプル(な)	単調(な)	【絵】【絵のモチーフ】
	のんびり(した)	ゆったり(した)	【絵】【絵のモチーフ】
	細かい、繊細(な)、シャープ(な)、クール(な)	精巧(な)	【絵】【絵のモチーフ】

第1章　言語活動・言語素材と話題

かわいい	かわいらしい、ポップ(な)	愛らしい	【絵】【絵のモチーフ】
	ナチュラル(な)、自然(な)		【絵】【絵のモチーフ】

5.2.7.1 技術構文：叙述

なし

5.2.7.2 技術構文：修飾

修飾語			名詞群
A	B	C	
上手(な)、うまい、素晴らしい	立派(な)、鮮やか(な)、得意(な)	見事(な)、有能(な)、巧み(な)、有望(な)、巧妙(な)、かなわない	【絵に関する技術】【絵に関する職業】

5.2.8.1 色構文：叙述

名詞群	助詞	述語		
		A	B	C
【絵】【絵の題材】	を		塗る	彩色する
【色】	を	付ける	塗る	

5.2.8.2 色構文：修飾

修飾語			名詞群
A	B	C	
黒い、白い、赤い、青い、黄色い、茶色い、黒(の)、白(の)、赤(の)、青(の)、緑(の)、茶色(の)、黄色(の)、〜色(の)	真っ赤(な)、真っ白い、真っ黒(な)、真っ青(な)、ピンク(の)、茶(の)、紺(の)、紫(の)、金(の)、銀(の)、オレンジ(の)、灰色(の)、透明(な)、グレー(の)、焦げ茶(の)、ブルー(の)	藍(の)	【絵】【絵の題材】
薄い	濃い		【絵】【絵の題材】【色】

5.2.9 絵画その他

	A	B	C
色に関する接尾辞		〜色〈ショク〉	

第1章　言語活動・言語素材と話題

【5.3 工芸】

	職業的領域	私的領域（場所）	私的領域（人）
単語	あなたは陶器屋を経営しています。一番売れている品物は何か、客に聞かれました。答えてください。	陶芸の体験コーナーで茶碗を作っています。後から来た客に、今作っている物は何か聞かれました。答えてください。	陶芸が好きな友達に、あなたの国の、焼き物が有名な町の名前を聞かれました。答えてください。
単文	あなたは織物作家です。客がタペストリー作成の依頼に来ました。どんな場所に飾るのか尋ねてください。	骨董品屋で、珍しい図柄の皿を見つけました。値段を聞いてください。	あなたの趣味はガラス工芸です。友達に、最初に作った作品について聞かれました。いつ何を作ったか、答えてください。
複文	あなたは観光地で陶芸の体験教室を開いています。皿を作るコースのみを準備しているのですが、どうしてカップを作るコースがないのか、客に聞かれました。答えてください。	骨董品屋で、珍しい図柄の皿を見つけました。どうしても手に入れたいのですが、値段が高いようです。いろいろな理由を言って、まけてもらってください。	あなたは今日、陶芸教室に行った後で、学校に行きました。服に付いている土を見た友達に、土が付いている理由を聞かれました。答えてください。
単段落	あなたは木工作家です。あなたが作った個性的なテーブルを見たお客さんに、どのようにして作ったのか聞かれました。詳しく説明してあげてください。	骨董品屋に行ったら、贋作が置いてありました。本物だと主張する店主に、あなたがどのような理由で贋作だと判断したのか、詳しく説明してください。	あなたの趣味は彫金です。彫金のことをまったく知らない友達に、作品の作り方をわかりやすく教えてあげてください。
複段落	あなたは、伝統工芸が盛んな町の商工会議所で働いています。伝統を守ろうとする上司に、衰退しつつある町の伝統工芸の現状を述べ、社会のニーズから変化の必要性を説き、具体的に何をすべきか、あなたの戦略を述べてください。	有名な伝統工芸作家に弟子入りを志願しましたが、工芸に対する哲学がないと言われ、断られてしまいました。これまでの修行によって練り上げてきた、あなたの工芸哲学について語り、弟子入りを認めてもらってください。	伝統工芸の継承について友達と話し合っています。伝統工芸を守るために必要となる職人の資質、それを教育するために必要となる環境について、あなたの意見を述べてください。

第1章　言語活動・言語素材と話題

「5.3 工芸」の言語活動を支える構文

5.3.1 工芸名詞　5.3.1.1 工芸名詞：具体物　5.3.1.2 工芸名詞：抽象概念
5.3.2 技術構文　5.3.2.1 技術構文：叙述　5.3.2.2 技術構文：修飾
5.3.3 展覧会・所蔵構文　5.3.3.1 展覧会・所蔵構文：叙述　5.3.3.2 展覧会・所蔵構文：修飾
5.3.4 伝統構文　5.3.4.1 伝統構文：叙述　5.3.4.2 伝統構文：修飾
5.3.5 工芸その他

5.3.1.1 工芸名詞：具体物

意味分類	A	B	C
【工芸の材料】	紙、木、ガラス	木材、板、金〈カネ〉、煉瓦、粘土、シルバー	桐、草木
		糸、絹、綿、革	麻、木綿
【工芸の道具】		接着剤、ボンド	窯
【工芸品の用途】	机、椅子、箱	道具、家具、食器、雑貨、小物、インテリア、棚リング、陶器、器、壺	瀬戸物、磁器、筒、膳、凧、焼き物、鎧、兜
	土産		
【骨董品】		骨董品	
【職業】		デザイナー	
【名前】			銘
【展覧会】		展覧会、〜展、個展	
【工房】			工房

5.3.1.2 工芸名詞：抽象概念

意味分類	A	B	C
【工芸】		工芸、アート	
【工芸のジャンル】		彫刻、織物、刺繍、手芸	
【工芸の技術】			技法、装飾、細工、染め
【デザイン】		グラフィック	紋様、造形
		ゴシック、ルネサンス	〜方形、螺旋
【モチーフ】		シンボル	モチーフ

5.3.2.1 技術構文：叙述

名詞群	助詞	述語		
		A	B	C

第1章　言語活動・言語素材と話題

【工芸のジャンル】【工芸の材料】【装飾】	を		磨く、塗る、飾る、彫る、削る、練る、刻む	細工する
【装飾】	を			施す

5.3.2.2 技術構文：修飾

修飾語			名詞群
A	B	C	
	丁寧(な)		【工芸の技術】

5.3.3.1 展覧会・所蔵構文：叙述

名詞群	助詞	述語		
		A	B	C
【展覧会】	を	開く〈ヒラク〉	開催する、主催する	
【工芸のジャンル】	を			所蔵する

5.3.3.2 展覧会・所蔵構文：修飾

修飾語			名詞群
A	B	C	
珍しい	貴重(な)		【工芸品の用途】「所蔵品」

5.3.4.1 伝統構文：叙述

なし

5.3.4.2 伝統構文：修飾

修飾語			名詞群
A	B	C	
	伝統(の)		【工芸】【工芸の技術】

5.3.5 工芸その他

なし

【5.4 写真】

	職業的領域	私的領域（場所）	私的領域（人）
単語	あなたはプロの写真家です。先日撮った写真について、使ったレンズの種類が何か、写真家の仲間から聞かれました。答えてください。	あなたの趣味は写真を撮ることです。旅先で、カメラを見た人に、被写体が何か聞かれました。答えてください。	最近撮った写真を友達に見せています。撮った場所がどこか聞かれました。答えてください。
単文	あなたはプロのカメラマンです。観光地で集合写真を撮っています。お客さんに声をかけながら、シャッターを押してください。	友達と観光地に来ています。友達と2人の写真を撮りたいので、写真を撮ってくれるよう、通りかかった人に頼んでください。	友達が写真を見せてくれました。撮った場所を聞いてください。
複文	あなたは写真屋です。急ぎの現像を頼まれましたが、約束の時間までにできませんでした。あと少し待ってもらうよう、お客さんに頼んでください。	現像を頼んでいた写真を受け取るために、写真屋に来ました。しかし、引換書を忘れてしまったので、そのことを話して写真を受け取ってください。	友達に写真をあげる約束をしましたが、うまく撮れていませんでした。友達にそのことを話してください。
単段落	あなたはプロの写真家です。写真をきれいに撮る方法について、テレビのワイドショーで話をすることになりました。素人でも簡単にできるコツを話してください。	あなたはネットで写真の現像を注文していますが、注文の手続きがうまくいきません。コールセンターに電話して状況を詳しく説明し、対処法を聞いてください。	あなたの趣味は写真です。最近、写真を始めた友達に、カメラの機種や具体的な撮影の方法などについて、詳しくアドバイスしてあげてください。
複段落	あなたは戦場カメラマンです。今、雑誌のインタビューを受けています。戦場では写真を撮るよりも、目の前の人命を救うべきではないかと、インタビュアーに言われました。その意見に反論し、あなたが戦場で写真を撮る目的と意義について述べてください。	ある会社のホームページにあなたの写真が無断で使用されています。ホームページの管理者に写真の削除をメールで依頼しましたが、無視されました。その会社に電話して、担当者に、これまでのいきさつと肖像権の侵害について述べ、写真の削除と謝罪を要求してください。	最近、インターネットの普及に伴って、ネット上に掲載した写真が無断で転用されるという問題が相次いで起こっています。ネット社会の現状や、著作権・肖像権の保護についてどう思うか、友達に聞かれました。あなたの意見を述べてください。

第1章　言語活動・言語素材と話題

「5.4 写真」の言語活動を支える構文

5.4.1 写真名詞　5.4.1.1 写真名詞：具体物　5.4.1.2 写真名詞：抽象概念

5.4.2 撮影構文　5.4.2.1 撮影構文：叙述　5.4.2.2 撮影構文：修飾

5.4.3 保存構文　5.4.3.1 保存構文：叙述　5.4.3.2 保存構文：修飾

5.4.4 デジカメ構文　5.4.4.1 デジカメ構文：叙述　5.4.4.2 デジカメ構文：修飾

5.4.5 写真の技術構文　5.4.5.1 写真の技術構文：叙述　5.4.5.2 写真の技術構文：修飾

5.4.6 写真その他

5.4.1.1 写真名詞：具体物

意味分類	A	B	C
【写真】	写真	画像、フォト	
【被写体】	モデル	素材	
	子供、動物	建物、風景、景色、自然、記念、ビーチ、人物、鉄道、街角、日常、集合、水中、フード	肖像
【写真の道具】	カメラ	レンズ、シャッター、ストロボ、照明、ネガ、望遠、デジタル、コンパクトカメラ、フラッシュ、オート、機種、フィルム	内蔵、手持ち、光学、フィルター
【アルバム】	アルバム		
【デジカメ】		デジタル	
【記録媒体】		メモリー	
【写真展】		〜展	

5.4.1.2 写真名詞：抽象概念

意味分類	A	B	C
【撮影】		撮影	
【撮影のポイント】		光、焦点、影、フラッシュ、明かり	日光、感度、露出、構図、色合い、スロー、軌跡、痕跡
		一瞬、瞬間、チャンス、ショット	
【写真のサイズ】		ワイド、フル	
【保存】		保存	

5.4.2.1 撮影構文：叙述

名詞群	助詞	述語		
		A	B	C

— 251 —

第1章　言語活動・言語素材と話題

【写真】【被写体】	を	撮る	写す、撮影する、狙う	
【被写体】	を		収める	
【写真】【写真の道具】	に			
【写真の道具】	を		構える	
【写真の道具】	を		合わせる、絞る	
【写真】【被写体】	が		ぼける	ぼやける

5.4.2.2 撮影構文：修飾
なし

5.4.3.1 保存構文：叙述

名詞群	助詞	述語		
		A	B	C
【写真】	を		保存する、残す	

5.4.3.2 保存構文：修飾
なし

5.4.4.1 デジカメ構文：叙述

名詞群	助詞	述語		
		A	B	C
【写真】	を		取り込む、切り取る、修正する	読み込む、補正する

5.4.4.2 デジカメ構文：修飾
なし

5.4.5.1 写真の技術構文：叙述
なし

5.4.5.2 写真の技術構文：修飾

修飾語			名詞群
A	B	C	
明るい、暗い			【写真】
速い、遅い			「シャッタースピード」

第1章 言語活動・言語素材と話題

はっきり(とした)	鮮やか(な)		【写真】

5.4.6 写真その他

意味分類	A	B	C
写真の数え方に関する接尾辞	〜枚		

第1章　言語活動・言語素材と話題

【5.5 映画・演劇】

	職業的領域	私的領域（場所）	私的領域（人）
単語	あなたは映画館で働いています。次の上映開始時間は何時か聞かれました。答えてください。	あなたはお芝居を見に来ました。チケット売り場で、希望する席の種類を聞かれました。答えてください。	好きな映画の名前を友達に聞かれました。答えてください。
単文	あなたは劇場で案内係をしています。席がわからず、うろうろしている客に座席番号を聞いてください。	映画館で前の席の人がおしゃべりをしています。注意してください。	あなたと友達は昨日偶然同じ映画を見ました。どこの映画館で何時に見たか、聞いてください。
複文	あなたは映画の制作会社で働いています。新しい映画を作ることになり、俳優を手配しています。俳優の所属事務所に電話し、出演を打診してください。	映画館に電話をして、見たい映画の上映時間や料金について聞いてください。	あなたはライオンキングのお芝居を見たいと思っています。前に見たいと言っていた友達を誘ってください。
単段落	あなたは最近オープンしたシネマコンプレックスの支配人です。取材に来た雑誌の編集者に、あなたのシネマコンプレックスの良さを、具体例を挙げながらアピールしてください。	以前見た感動的な映画をもう一度見たいと思いレンタルビデオ屋に来ましたが、タイトルがわかりません。店員にそのストーリーを話し、ビデオを探してもらってください。	あなたの国の映画と日本の映画の違いについて、友達に聞かれました。詳しく説明してください。
複段落	あなたは映画監督です。あなたの映画制作の理念と具体的な制作方法について、雑誌のインタビューを受けました。わかりやすく話をしてください。	あなたは、市役所が主催する地域活性化のための会議に出席しています。あなたは、この地域を映画のロケに積極的に使ってもらうことが活性化のための有効な手段だと考えています。この計画とその波及効果を詳しく話し、出席者を納得させてください。	残虐な犯罪シーンを見せる映画が増え、それを真似た犯罪が発生していることが問題になっています。そのことについてどう思うか、友達に聞かれました。あなたの意見を述べてください。

第1章　言語活動・言語素材と話題

「5.5 映画・演劇」の言語活動を支える構文

5.5.1 映画・演劇名詞　　5.5.1.1 映画・演劇名詞：具体物　　5.5.1.2 映画・演劇名詞：抽象概念

5.5.2 演技構文　　5.5.2.1 演技構文：叙述　　5.5.2.2 演技構文：修飾

5.5.3 制作構文　　5.5.3.1 制作構文：叙述　　5.5.3.2 制作構文：修飾

5.5.4 公開・評価構文　　5.5.4.1 公開・評価構文：叙述　　5.5.4.2 公開・評価構文：修飾

5.5.5 内容構文　　5.5.5.1 内容構文：叙述　　5.5.5.2 内容構文：修飾

5.5.6 映画・演劇その他

5.5.1.1 映画・演劇名詞：具体物

意味分類	A	B	C
【映画・演劇】	映画	演劇、芝居、作品	大衆演劇
【役者】	俳優	役者、女優、劇団、タレント	
【映画・演劇の道具】	カメラ	スクリーン、マイク、フィルム衣装、セット	大道具、小道具、幕
【映画・演劇の準備】	準備、用意	セット	
【照明】	電気	電灯、ライト、明かり、電球、照明	灯
【画面】		画面、フレーム	
【スタッフ】		監督、助手、カメラマン、作家、脚本家、プロデューサー、スタッフ	音響、ディレクター
【公開場所】	映画館、ホール	舞台、ステージ、劇場、スタジオ	芝居小屋
【客】		観客	観衆、来場者
【賞】		賞	アカデミー賞

5.5.1.2 映画・演劇名詞：抽象概念

意味分類	A	B	C
【演技】		演技	
【映画・演劇のジャンル】		時代、悲劇、刑事、喜劇、恋愛、怪獣、推理、アクション、アニメ、アニメーション、西部劇	
【起用】			起用
【役】		主人公、主演、出演、役	
		キャラクター、美女	
【デビュー】		デビュー	

【場面】		場面、シーン、ショット	
【構成】	テーマ、ストーリー	場面、脚本、原作、スケッチ	構成、あらすじ、題材、演出、企画、脚色
【演出】			演出
【映像】		映像	
【撮影】		撮影、制作	
【公開】		公演	興業
【人気】	人気	満員、ヒット	
【評価】		感想、コメント	批評、評論
【受賞】		獲得、受賞	
【話題】		話題	

5.5.2.1 演技構文：叙述

名詞群	助詞	述語		
		A	B	C
【役者】	が		演技する、演じる、演ずる	
【役】	を			

5.5.2.2 演技構文：修飾

修飾語			名詞群
A	B	C	
上手(な)、うまい、下手(な)、素晴らしい			【演技】

5.5.3.1 制作構文：叙述

名詞群	助詞	述語		
		A	B	C
【スタッフ】	が	作る	作成する	演出する
【映画・演劇】	を			
【スタッフ】	が	書く	描く、表現する	
【映画・演劇】【映画・演劇のジャンル】	を			
【役者】	が	出る	出演する、主演する	
【映画・演劇】【映画・演劇のジャンル】	に			

第1章　言語活動・言語素材と話題

【スタッフ】	が	使う		起用する
《人》	を			
【スタッフ】	が	準備する、用意する、消す	セットする、点ける	
【映画・演劇の道具】【照明】	を			
【スタッフ】	が	撮る	写す、撮影する、制作する	
【映画・演劇】【映画・演劇のジャンル】	を			

5.5.3.2 制作構文：修飾

修飾語			名詞群
A	B	C	
	大規模(な)		【映画・演劇】【映画・演劇の準備】

5.5.4.1 公開・評価構文：叙述

名詞群	助詞	述語		
		A	B	C
【映画・演劇】【映画・演劇のジャンル】	が		公開する、上映する	
【映画・演劇】【媒体】	で		デビューする	
【客】	が	来る、見る	来場する	
【映画・演劇】	が			動員する
【客】	を			
【映画・演劇】	を		コメントする	批評する、評論する
【映画・演劇】	が	もらう	獲得する、受賞する	
【賞】	を			

5.5.4.2 公開・評価構文：修飾

修飾語			名詞群
A	B	C	
人気(のある)	流行(の)		【映画・演劇】

5.5.5.1 内容構文：叙述

なし

— 257 —

5.5.5.2 内容構文：修飾

修飾語			名詞群
A	B	C	
楽しい、面白い	愉快(な)		【映画・演劇】【役者】【役】【役者】【構成】
	主要(な)		【役】【役者】

5.5.6 映画・演劇その他

意味分類	A	B	C
映画の数え方に関する接辞	〜本		

【5.6 芸道】

	職業的領域	私的領域（場所）	私的領域（人）
単語	あなたは茶道の先生です。生徒に、ある道具の名前を聞かれました。答えてください。	生け花教室で、あなたの国にも生け花があるか、先生に聞かれました。答えてください。	茶道に関心を持っている友達に、お茶をたてたことがあるか聞かれました。答えてください。
単文	あなたは書道の先生です。生徒の筆の持ち方がよくありません。筆を立てるように言ってください。	初めて茶道を習います。不思議な道具があるので、それが何か、先生に聞いてください。	友達に習字をしたことがあるか聞かれました。いつどこでしたか、答えてください。
複文	あなたは書道の先生です。今度大きなコンクールがあります。出展するよう、生徒に勧めてください。	あなたは茶道（生け花／書道）を習ってみたいと思っています。教室に行って、申し込みをしてください。	あなたは茶道を習っていますが、すぐに足がしびれてしまいます。日本人の友達に、どうしたら長く座っていられるか、聞いてみてください。
単段落	あなたは生け花の先生です。今日の花のいけ方の手順を説明してください。	あなたの趣味は茶道です。お茶会で、あなたがお茶をたてました。出したお菓子の名前と由来、また、このお菓子を今の季節に出す理由などを、客に聞かれました。答えてください。	あなたは茶道の稽古中に大失敗してしまいました。その時の様子を、友達に詳しく話してください。
複段落	あなたは書道の先生です。あるシンポジウムでの講演を頼まれました。パソコンが普及し、字を書く必要がなくなった時代に書道をする意味とは何か、また、そのような時代に書道から学べることは何かなど、あなたの意見を述べてください。	あなたは、ある伝統芸能を師匠から学んでいますが、懐古主義的な部分に閉塞感と疑問を抱くようになりました。その伝統芸能の発展のために、今後どうすべきか、とても怖い師匠に意見を述べてください。	あなたの友達は、芸道の世界に見られる伝統的な師匠と弟子の関係を、封建的だと言って否定しています。友達に反論し、芸の道を守るためには徒弟制度的な子弟関係が必要であることを主張してください。

「5.6 芸道」の言語活動を支える構文

5.6.1 芸道名詞　5.6.1.1 芸道名詞：具体物　5.6.1.2 芸道名詞：抽象概念
5.6.2 伝統構文　5.6.2.1 伝統構文：叙述　5.6.2.2 伝統構文：修飾
5.6.3 茶道構文　5.6.3.1 茶道構文：叙述　5.6.3.2 茶道構文：修飾
5.6.4 生け花構文　5.6.4.1 生け花構文：叙述　5.6.4.2 生け花構文：修飾
5.6.5 書道構文　5.6.5.1 書道構文：叙述　5.6.5.2 書道構文：修飾
5.6.6 香道構文　5.6.6.1 香道構文：叙述　5.6.6.2 香道構文：修飾
5.6.7 芸道その他

5.6.1.1 芸道名詞：具体物

意味分類	A	B	C
【師弟】	先生	弟子	
【場所】			〜庵、書院
【道具】		道具	
【茶道の道具】	茶碗	器	
【華道の道具】		桶、バスケット、ワイヤ	高台
【書道の道具】	筆	墨	屏風
【香道の道具】			炉
【花】			紫陽花、藤、菊、牡丹、蔓〈ツル〉、百合

5.6.1.2 芸道名詞：抽象概念

意味分類	A	B	C
【道】		道	
【伝統】		伝統	由緒
【心身】		精神	心身
【趣】			風情、趣向、美学
【鑑賞】		鑑賞	
【表現】		表現	
【後継ぎ】		後継ぎ	
【主人】		主人、亭主	
【客】	客		
【作法】		作法	しきたり
【お茶】	お茶	茶	茶の湯
【味】	味		

第1章　言語活動・言語素材と話題

【生け花】	花	生け花、花束	
【センス】		センス	趣向
【色】		グリーン	色合い
【香り】	香り、匂い		

5.6.2.1 伝統構文：叙述

名詞群	助詞	述語 A	B	C
【伝統】【芸】	を		伝える、継ぐ、受け継ぐ、保護する、守る	
【伝統】【芸】	が		伝わる	
【芸】【趣】	を	褒める	楽しむ、味わう、鑑賞する	
【伝統】【芸】	を		育てる	育成する

5.6.2.2 伝統構文：修飾

修飾語 A	B	C	名詞群
大切(な)、大事(な)	伝統(の)		【伝統】
珍しい	貴重(な)		【伝統】

5.6.3.1 茶道構文：叙述

名詞群	助詞	述語 A	B	C
【主人】	が		もてなす	
【客】	を			
【主人】	が			振る舞う
【客】	に			
【お茶】	を			
【客】	が	楽しむ、ほめる	味わう	
【お茶】【器】	を			

5.6.3.2 茶道構文：修飾

なし

5.6.4.1 生け花構文：叙述

名詞群	助詞	述語		
		A	B	C
【生け花】	を		挿す、生ける、飾る	アレンジする
《表現する内容》	を	表す	表現する	

5.6.4.2 生け花構文：修飾

なし

5.6.5.1 書道構文：叙述

名詞群	助詞	述語		
		A	B	C
《書く内容》	を	書く		
《表現する内容》	を	表す	表現する	

5.6.5.2 書道構文：修飾

なし

5.6.6.1 香道構文：叙述

名詞群	助詞	述語		
		A	B	C
【香り】	を		かぐ	

5.6.6.2 香道構文：修飾

なし

5.6.7 芸道その他

	A	B	C
様々な芸道に関する接尾辞		〜道	
流派に関する接尾辞		〜流、〜派	
華道に関する接尾辞		〜輪	

第1章　言語活動・言語素材と話題

【5.7 芸術一般】

	職業的領域	私的領域（場所）	私的領域（人）
単語	あなたは美術館の事務員です。開館は時間か、電話で問い合わせがありました。答えてください。	友達と美術館に行ったら、2つの展覧会を開催していました。見たいのはどちらか、友達に聞かれました。答えてください。	あなたの国で最も有名な芸術大学の名前を聞かれました。答えてください。
単文	あなたはコンクールで審査員をしています。表彰式で受賞者に、演奏にどんな思いを込めたのか聞いてください。	美術館に行きました。所蔵品（名前や作品名、時代）について、展示室にいる学芸員に聞いてください。	友達が画集を見ています。誰の画集なのか聞いてください。
複文	あなたは美術教室の先生です。生徒が最近とても上達してきています。今度コンクールがあるので、作品を出すよう勧めてください。	あなたはゴッホ展を見に遠くの町から来ました。しかし、うっかり学生証を忘れてしまいました。窓口の人に事情を話して、学割料金で入れてもらってください。	展覧会のチケットがありますが、行けません。友達にあげてください。
単段落	あなたは音楽事務所で働いています。現在企画しているコンサートの詳細を、上司に説明してください。	あなたの町でチャリティバザーを開くことになりました。美大を卒業したあなたは絵に自信があるので、似顔絵を書く店を出したいと考えています。町内会で、その計画の詳細を話してください。	あなたは昨日、歌舞伎を見に行きました。どんなストーリーだったのか、歌舞伎ファンの友達に、詳しく話してあげてください。
複段落	あなたはコンクールの審査委員長です。審査員の大部分は作品Aを推していますが、あなたは、作品Bを最優秀賞に決めました。このコンクールの趣旨と作品A、Bとの関係や、表面には現れにくい作品Bの良さなどについて述べ、審査員たちを納得させてください。	あなたの町には、文化施設が1つもありません。あなたは、町の公聴会に招かれたので、町の文化振興のあるべき姿や文化施設が教育に与える影響などに触れながら、具体案を提示してください。	友達と音楽について議論しています。若い人がポップスやロックしか聴かない原因について分析し、いろいろな音楽に触れ、その良さを理解するためにはどうすべきなのか、あなたの考えを友達に述べてください。

「5.7 芸術一般」の言語活動を支える構文

5.7.1 芸術一般名詞　5.7.1.1 芸術一般名詞：具体物　5.7.1.2 芸術一般名詞：抽象概念

5.7.2 創作構文　5.7.2.1 創作構文：叙述　5.7.2.2 創作構文：修飾

5.7.3 鑑賞構文　5.7.3.1 鑑賞構文：叙述　5.7.3.2 鑑賞構文：修飾

5.7.4 競争構文　5.7.4.1 競争構文：叙述　5.7.4.2 競争構文：修飾

5.7.5 作品描写構文　5.7.5.1 作品描写構文：叙述　5.7.5.2 作品描写構文：修飾

5.7.6 技術構文　5.7.6.1 技術構文：叙述　5.7.6.2 技術構文：修飾

5.7.7 芸術一般その他

5.7.1.1 芸術一般名詞：具体物

意味分類	A	B	C
【競う場】	コンサート、コンクール、コンテスト	展覧会、ショー、〜会	見せ物
【賞】		賞、賞品、賞金、タイトル	褒美
		金、銀、銅、優勝	入賞
【師】	先生		
【弟子】		弟子	
【後継ぎ】		後継ぎ	

5.7.1.2 芸術一般名詞：抽象概念

意味分類	A	B	C
【芸術】		芸術、芸	
【表現】		表現	創造、創作
【技術】		技術	
【ムード】		雰囲気、ムード、印象	
【調和】		バランス	調和
【真贋】	本物	偽物	
【評価】		名作、傑作	駄作
【評判】		批評、評価、批判、コメント	講評、審査、評判
【鑑賞】		鑑賞	
【名誉】			名誉

5.7.2.1 創作構文：叙述

名詞群	助詞	述語

第1章　言語活動・言語素材と話題

		A	B	C
《表現する内容》	を	表す	表現する	
《創造する内容》	を			創造する

5.7.2.2 創作構文：修飾
なし

5.7.3.1 鑑賞構文：叙述

名詞群	助詞	述語		
		A	B	C
【芸術】	を	褒める	楽しむ、味わう、鑑賞する	

5.7.3.2 鑑賞構文：修飾
なし

5.7.4.1 競争構文：叙述

名詞群	助詞	述語		
		A	B	C
【芸術】	を	比べる		競う
【芸術】	を		コメントする	批評する、評論する
【賞】	を	もらう	獲得する、受賞する	逃す
【競う場】	で		優勝する	入賞する

5.7.4.2 競争構文：修飾
なし

5.7.5.1 作品描写構文：叙述
なし

5.7.5.2 作品描写構文：修飾

修飾語			名詞群
A	B	C	
明るい、暗い	華やか(な)、豊か(な)	朗らか(な)、華々しい	【ムード】
強い、弱い	力強い		【ムード】

— 265 —

きれい(な)	美しい		【ムード】
賑やか(な)、静か(な)	騒々しい、落ち着いた		【ムード】
	退屈(な)、シンプル(な)	単調(な)	【ムード】
	のんびり(した)	ゆったり(した)	【ムード】
	細かい、繊細(な)、シャープ(な)、クール(な)	精巧(な)	【ムード】
かわいい	かわいらしい、ポップ(な)	愛らしい	【ムード】
	ナチュラル(な)、自然(な)		【ムード】

5.7.6.1 技術構文：叙述
なし

5.7.6.2 技術構文：修飾

修飾語			名詞群
A	B	C	
上手(な)、うまい、素晴らしい	立派(な)、得意(な)	見事(な)、有能(な)、巧み(な)、鮮やか(な)、有望(な)、巧妙(な)、かなわない	【表現】【技術】

5.7.7 芸術一般その他
なし

第1章　言語活動・言語素材と話題

【5.8 趣味】

	職業的領域	私的領域（場所）	私的領域（人）
単語	あなたは趣味の雑誌の編集者です。先月の特集は読書、先々月は映画でした。次号の特集は何か、書店の人に聞かれました。答えてください。	手芸品店でビーズを見ています。ビーズでいつも作っているものは何か、店の人に聞かれました。答えてください。	あなたの趣味は何か、友達に聞かれました。答えてください。
単文	あなたは老人ホームで働いています。新しく入ったおばあちゃんが退屈そうにしています。おばあちゃんの趣味を聞いてください。	釣具屋でルアーを探しています。場所がわからないので、店員に聞いてください。	友達に、子供のころの趣味を聞いてください。
複文	あなたは雑誌の記者です。多趣味で元気な老人に、電話で取材を申し込んでください。	碁会所に行きたいと思っています。近所の碁会所に電話をして、初心者でも行っていいか聞いてください。	カラオケが趣味の友達に、カラオケボックスに誘われました。カラオケは好きではないので、断ってください。
単段落	あなたは雑誌の記者です。電車マニアの心理について、記事を書きたいと思っています。上司に、記事の内容を詳しく話してください。	学校のバザーの模擬店について話し合っています。趣味でよく作っている豚骨魚介スープのラーメンの店を出したいと提案したら、とても驚かれました。そのような趣味を持つに至った経緯を詳しく話してください。	友達に、今までに一番のめり込んだ趣味は何かと聞かれました。何にどうのめり込んだのか、のめり込み方の程度がよくわかるように、友達に詳しく話してください。
複段落	あなたは保健所の職員です。高齢者を対象にした生きがいセミナーで話をします。趣味を持つことによって元気になった老人の例を挙げながら、趣味が脳や精神に与える効果について解説してください。	あなたの趣味は木工です。仕事の合間に作っているだけなのですが、かなり作品が売れ、いい収入になっています。サラリーマンのための副業セミナーで講演を頼まれたので、あなたの副業の哲学と、趣味を副業にするための具体的な方法について話をしてください。	あなたの友達は、魚釣りに熱中するあまり、奥さんから離婚されそうになっています。趣味と仕事の関係、趣味と家庭生活の関係は本来どうあるべきなのか、友達によく言って聞かせ、友達を離婚の危機から救ってあげてください。

第1章　言語活動・言語素材と話題

「5.8 趣味」の言語活動を支える構文

5.8.1 趣味名詞　5.8.1.1 趣味名詞：具体物　5.8.1.2 趣味名詞：抽象概念
5.8.2 趣味構文　5.8.2.1 趣味構文：叙述　5.8.2.2 趣味構文：修飾
5.8.3 充実構文　5.8.3.1 充実構文：叙述　5.8.3.2 充実構文：修飾
5.8.4 趣味その他

5.8.1.1 趣味名詞：具体物

意味分類	A	B	C
【趣味】	趣味		
	スポーツ、テニス、釣り	登山	
	旅行、散歩	旅、ドライブ、ピクニック、ハイキング	
	映画、音楽、写真、カメラ、読書	演劇、楽器、生け花、手芸	
	料理、お菓子		
	ゲーム、	碁、将棋、手品	
	花		園芸
	切手、時計、人形、おもちゃ、レコード、コレクション	紙幣、硬貨、陶器、おまけ、模型、骨董品	玩具

5.8.1.2 趣味名詞：抽象概念

意味分類	A	B	C
【人生】	生活	人生	
【楽しみ】		楽しみ	
【生甲斐】		生甲斐	
【趣味の時間】	休み	レジャー	余暇

5.8.2.1 趣味構文：叙述

名詞群	助詞	述語		
		A	B	C
【趣味】	を		味わう、楽しむ	
【趣味】	に		熱中する、夢中になる	打ち込む、興じる、興ずる、耽る

5.8.2.2 趣味構文：修飾

なし

5.8.3.1 充実構文：叙述
なし

5.8.3.2 充実構文：修飾

修飾語			名詞群
A	B	C	
	生き生きとした、充実(した)		【人生】

5.8.4 趣味その他
なし

第1章　言語活動・言語素材と話題

【5.9 コレクション】

	職業的領域	私的領域（場所）	私的領域（人）
単語	あなたはビンテージジーンズのお店で働いています。客に、あるジーンズの作られた年代を聞かれました。答えてください。	人形のコレクターイベントに参加しました。隣にいた人から、あなたがコレクションしている種類は何か聞かれました。答えてください。	子供のころ、何の収集がはやっていたか、友達に聞かれました。答えてください。
単文	あなたは骨董品屋です。客が骨董品を売りに来ました。あなたが考えた値段を、客に伝えてください。	コレクションの1つを売りに骨董品屋に来ました。いつどこで手に入れたものか聞かれました。答えてださい。	友達が面白い切手を見せてくれました。どこでいくらで手に入れたのか、聞いてください。
複文	あなたはアンティーク玩具の店で働いています。客が、ある商品を買いに来ました。すでに売れてしまい、人気商品なので入荷予定もわからないことを伝えてください。	あなたの趣味は切手の収集です。ほしいと思っている切手があるのですが、なかなか見つけられません。切手の専門店に電話して、その切手があるか聞いてください。	あなたは、古いブリキのおもちゃを集めています。近くのホールで催されるおもちゃの展示会に、友達を誘ってください。
単段落	あなたは骨董品屋の店員です。客に、ある陶器のことを聞かれました。どのような陶芸家がいつの時代に焼いたものなのか、また、なぜそのようなことがわかるのか、詳しく説明してください。	あなたの趣味は絵の収集です。一番大切にしている風景画が盗まれました。何がどのように描かれている絵なのか、また、部屋の状態はどうなっているのかなど、警察の人に詳しく話してください。	あなたの夫の趣味は、時計のコレクションです。大切な趣味であることはわかるのですが、保管場所や収集費用などで困っています。友達に現状を詳しく話し、相談に乗ってもらってください。
複段落	あなたは美術館の学芸員です。ある投資家が、非常に貴重な浮世絵を自宅に所蔵していることがわかりました。その投資家に、その絵の美術的価値と学術的価値を説明して理解させ、また、専門家による保存の必要性も訴え、美術館での管理と展示に同意してもらってください。	あなたは骨董品屋で売られている仏像を見て、テロ活動によってアフガニスタンから持ち出された物であることに気づきました。文化財の真の所有者が誰なのかということについてあなたの意見を述べ、仏像を文化財保護団体に無償で返還するよう、店主を説得してください。	テロ活動などによって国宝級の文化財が国外に持ち出され、競売にかけられて、時には個人が落札することがあります。このようなことをどう思うか、友達に聞かれました。あなたの意見を述べてください。

第1章　言語活動・言語素材と話題

「5.9 コレクション」の言語活動を支える構文

5.9.1 コレクション名詞　5.9.1.1 コレクション名詞：具体物　5.9.1.2 コレクション名詞：抽象概念

5.9.2 収集構文　5.9.2.1 収集構文：叙述　5.9.2.2 収集構文：修飾

5.9.3 自慢構文　5.9.3.1 自慢構文：叙述　5.9.3.2 自慢構文：修飾

5.9.4 価値構文　5.9.4.1 価値構文：叙述　5.9.4.2 価値構文：修飾

5.9.5 コレクションその他

5.9.1.1 コレクション名詞：具体物

意味分類	A	B	C
【コレクション】	切手、時計、人形、おもちゃ、コレクション、レコード、石	紙幣、硬貨、骨董品、陶器、おまけ、模型	玩具

5.9.1.2 コレクション名詞：抽象概念

意味分類	A	B	C
【収集】		収集	
【価値】		価値	値打ち
【古い】		年代、骨董	

5.9.2.1 収集構文：叙述

名詞群	助詞	述語 A	B	C
【コレクション】	を	集める、探す	揃える、交換する、収集する	
【コレクション】	が		揃う	

5.9.2.2 収集構文：修飾

なし

5.9.3.1 自慢構文：叙述

名詞群	助詞	述語 A	B	C
【コレクション】	を	見せる	自慢する	見せびらかす

5.9.3.2 自慢構文：修飾

なし

5.9.4.1 価値構文:叙述
なし

5.9.4.2 価値構文:修飾

修飾語			名詞群
A	B	C	
高い	高価(な)		【コレクション】
珍しい、変わった	貴重(な)、奇妙(な)		【コレクション】
特別(な)			【コレクション】
新しい、古い			【コレクション】

5.9.5 コレクションその他

	A	B	C
年代に関する接尾辞		〜年代	

第1章　言語活動・言語素材と話題

【5.10 日曜大工】

	職業的領域	私的領域（場所）	私的領域（人）
単語	あなたはホームセンターの店員です。木工用ボンドを売っているか、客に聞かれました。答えてください。	今、ベンチ作りに挑戦しています。背もたれに使う板を買いにホームセンターに来ました。必要な板の長さは何センチなのか、店員に聞かれました。答えてください。	あなたの趣味は日曜大工です。今までに作ったもので一番難しかったものは何か、友達に聞かれました。答えてください。
単文	あなたはホームセンターの店員です。うろうろしている客がいるので、何を探しているのか聞いてください。	ホームセンターに大工道具を買いに来ました。値札がついてないので、店員に値段を聞いてください。	友達の趣味は日曜大工です。次はどんなものを作ってみたいか、友達に聞いてください。
複文	あなたはホームセンターの店員です。客に電話をして、商品の配達時間を伝えてください。	あなたの教室の教卓が壊れてしまい、先生が困っています。あなたは大工仕事が得意なので、修理を申し出てください。	友達は、木工製作が得意です。あなたも挑戦してみたいので、何を作るのが簡単か、聞いてみてください。
単段落	あなたはホームセンターの店員です。客に、チェーンソーの使い方を聞かれました。非常に危険なものなので、使い方を詳しく説明してあげてください。	ホームセンターで小屋の組み立てキットを買い、今、組み立てています。途中で作り方がわからなくなってしまったので、ホームセンターに電話して、店員に今の状況を詳しく説明し、アドバイスしてもらってください。	あなたは日曜大工で物置小屋を作ったことがあります。どのようにして作ったのか、友達に詳しく教えてあげてください。
複段落	あなたはホームセンターの店員です。最近の日曜大工ブームの波に乗り、日曜大工を1つの文化として根付かせ、それによって売り上げを伸ばしたいと考えています。具体的な企画案としてまとめ、店長に提案してください。	あなたの趣味は日曜大工で、町の教室にも通っています。その教室の説明会で、生徒を代表して話をすることになりました。日曜大工の魅力や実用性、また、あなたの家庭に実際に見られたいい変化などを詳しく話し、教室に来ることを勧めてください。	友達は、下手な日曜大工で作った物よりも既製品の方がいいと考えているようです。手作りの作品と既製品の利点・欠点にも触れ、あなたの意見を述べてください。

第1章　言語活動・言語素材と話題

「5.10 日曜大工」の言語活動を支える構文

5.10.1 日曜大工名詞　5.10.1.1 日曜大工名詞：具体物　5.10.1.2 日曜大工名詞：抽象概念
5.10.2 製作構文　5.10.2.1 製作構文：叙述　5.10.2.2 製作構文：修飾
5.10.3 販売構文　5.10.3.1 販売構文：叙述　5.10.3.2 販売構文：修飾
5.10.4 技術構文　5.10.4.1 技術構文：叙述　5.10.4.2 技術構文：修飾
5.10.5 日曜大工その他

5.10.1.1 日曜大工名詞：具体物

意味分類	A	B	C
【作品】		作品、家具	
	机、テーブル		
	椅子	ベンチ	腰掛け
	本棚	台、たんす、戸棚	
【大工道具】		ペンチ、のこぎり、ドライバー、金槌	ねじ回し
【材料】		木材、板	
		くぎ、ねじ、ピン	ボルト
		針金、	
	テープ	ひも、ロープ	
	ペンキ		

5.10.1.2 日曜大工名詞：抽象概念

意味分類	A	B	C
【大工】		大工	
【技術】		技術	
【作業】		作業、製作、制作、加工	
【費用】		費用	

5.10.2.1 製作構文：叙述

名詞群	助詞	述語 A	B	C
【作品】	を	作る	製作する、制作する	こしらえる
【日曜大工の材料】	を		はかる	
【日曜大工の材料】	を	切る	削る、加工する	

第1章　言語活動・言語素材と話題

【日曜大工の材料】	を		つなぐ、つなげる、組み立てる、くっつける、留める	
【日曜大工の材料】	を	打つ	回す	
【日曜大工の材料】	を		磨く	
【日曜大工の材料】【作品】	を		塗る	
【作品】	を		仕上げる	
【作品】	が	できる	完成する、仕上がる	

5.10.2.2 製作構文：修飾

なし

5.10.3.1 販売構文：叙述

なし

5.10.3.2 販売構文：修飾

修飾語			名詞群
A	B	C	
安い、高い	得(な)、手ごろ(な)		【費用】

5.10.4.1 技術構文：叙述

なし

5.10.4.2 技術構文：修飾

修飾語			名詞群
A	B	C	
上手(な)、うまい、素晴らしい	立派(な)、鮮やか(な)、得意(な)	見事(な)、有能(な)、巧み(な)、かなわない	【技術】【作業】

5.10.5 日曜大工その他

なし

第1章　言語活動・言語素材と話題

【5.11 手芸】

	職業的領域	私的領域（場所）	私的領域（人）
単語	あなたは手芸用品店の店員です。レース糸があるか、客に聞かれました。答えてください。	あなたは白い毛糸を買いに手芸用品店に来ました。色味の違う2種類の白い毛糸を出され、必要なのはどちらか聞かれました。答えてください。	あなたは手袋を編みました。使った毛糸玉は何玉か、友達に聞かれました。答えてください。
単文	あなたは手芸用品店の店員です。店にはどんな種類の生地が置いてあるのか、客に聞かれました。答えてください。	友達の家に、とてもかわいいクッションが置いてありました。友達のお母さんが作ったそうです。驚きの気持ちを友達に伝えてください。	友達のズボンが破れてしまいました。あなたは裁縫が得意なので、修繕を申し出てあげてください。
複文	あなたは手芸用品店の店員です。ある客が、スピン麻の糸を注文しています。入荷したので、客に電話をしてください。	あなたは手芸用品店にいます。家には毛糸玉が2つあるので、あといくつ買えば男性用のセーターが編めるのか、店員に聞いてみてください。	友達は裁縫が上手です。あなたも裁縫に挑戦してみたいので、まずどんなものから始めればいいか、アドバイスをもらってください。
単段落	あなたは手芸用品店で働いています。お客さんから、バッグの作り方を聞かれました。詳しく教えてあげてください。	国際交流協会主催の手芸教室に招かれました。あなたの国の伝統的な編み物について説明してください。	あなたの友達が最近一人暮らしを始めましたが、何かと大変なようです。今日は、電話で、ボタンの付け方を聞いてきました。教えてあげてください。
複段落	あなたは手芸用品店で働いています。最近、手作りブームなので売り上げを伸ばすチャンスだと思っています。店長に最近の客の動向を話し、新企画を提案してください。	あなたはカルチャーセンターの手芸コースに参加していますが、コースの運営方法に、いろいろ不満があります。コースの責任者のところに行って、手芸コースの具体的な問題点を指摘し、今後、運営側が行うべきことについて、あなたの意見を述べてください。	あなたの故郷には、昔から伝わる手芸品の刺繍があります。あなたは、その販売をビジネスとして展開することによって、世界中の人に自分の故郷の文化を知ってもらいたいと考えています。その具体的なプランを、友達に話してみてください。

第1章　言語活動・言語素材と話題

「5.11 手芸」の言語活動を支える構文

5.11.1　手芸名詞　5.11.1.1　手芸名詞：具体物　5.11.1.2　手芸名詞：抽象概念
5.11.2　製作構文　5.11.2.1　製作構文：叙述　5.11.2.2　製作構文：修飾
5.11.3　かわいらしさ構文　5.11.3.1　かわいらしさ構文：叙述　5.11.3.2　かわいらしさ構文：修飾
5.11.4　手芸その他

5.11.1.1　手芸名詞：具体物

意味分類	A	B	C
【手芸の材料】	毛糸	糸、毛、綿、布、レース	
		生地、きれ	
【手芸の道具】	ミシン	針	
	型		原型
【手芸作品】	服、洋服、ワンピース	ドレス、衣装	衣類
	かばん、人形、マフラー	手袋、カーテン	

5.11.1.2　手芸名詞：抽象概念

意味分類	A	B	C
【手芸】		手芸	
		裁縫、編み物、刺繍	

5.11.2.1　製作構文：叙述

名詞群	助詞	述語 A	述語 B	述語 C
【手芸作品】	を	作る		あつらえる、仕立てる
【手芸作品】【手芸の材料】	を		編む、縫う	
【手芸作品】【手芸の材料】	を		はかる	
【手芸作品】【手芸の材料】	を	付ける		
【手芸作品】【手芸の材料】	を	切る		
【手芸作品】【手芸の材料】	を		折る、合わせる、重ねる	ねじる
【手芸作品】【手芸の材料】	を		染める、着色する	
【手芸作品】【手芸の材料】	を		詰める	
【手芸作品】	を		仕上げる	
【手芸作品】	が	できる	完成する、仕上がる	

5.11.2.2 製作構文：修飾
なし

5.11.3.1 かわいらしさ構文：叙述
なし

5.11.3.2 かわいらしさ構文：修飾

修飾語			名詞群
A	B	C	
かわいい	かわいらしい、ポップ(な)	愛らしい	【手芸】【手芸作品】

5.11.4 手芸その他

	A	B	C
衣類の数え方に関する接尾辞	〜枚	〜着	

第1章　言語活動・言語素材と話題

【5.12 ギャンブル】

	職業的領域	私的領域（場所）	私的領域（人）
単語	あなたは競馬場で働いています。昨日のレースの払戻金の最高額はいくらだったのか、客に聞かれました。答えてください。	宝くじ売り場で、買う券の枚数を聞かれました。答えてください。	友達に、あなたの国の宝くじの最高当選金額を聞かれました。答えてください。
単文	あなたは宝くじ売り場で働いています。あるお年寄りに、自分のくじが当たっているかどうか調べてほしいと頼まれました。調べて、結果を教えてあげてください。	あなたは初めて競馬場に来ました。隣の人が馬券を破っています。どうして破っているのか、聞いてください。	友達が競馬新聞を見ています。どの馬が勝ちそうか、聞いてください。
複文	あなたはパチンコ屋でアルバイトをしています。今両替機が故障中です。客に両替機のことを聞かれたので、故障のことを話し、他の両替機を使ってもらってください。	あなたは、今日初めて競艇場に行きます。競艇場までは、電車代が無料だと聞きましたが、どうすれば無料になるのかわかりません。駅員に聞いてください。	あなたはパチンコをしてみたいと思っています。パチンコ好きの友達に、一緒に連れて行ってくれるよう、頼んでください。
単段落	あなたは競馬予想師です。客に、メインレースの予想を聞かれました。予想される展開、結果、配当について話してください。また、その予想の根拠も述べてください。	あなたは、共同所有馬主の1人です。馬主連合会の席上で、あなたの国の競走馬の共同所有システムについて聞かれました。説明してあげてください。	あなたの趣味は競馬です。馬場と競走馬の状態を念入りにチェックし、いつも予想を当てています。最近競馬を始めた親友に、予想の当て方を伝授してあげてください。
複段落	あなたは心療内科医です。ギャンブル依存症の患者の家族と面談をしています。まず、この病気の概要と患者の症状を説明し、次に、今後の治療方法と、その方法を選択した理由とを、患者の家族の納得がいくように話してください。	子供の教育上良くないという地元のPTAの意見で、公営競馬場の廃止が検討されています。しかし、競馬場への集客による経済効果や税収のことを考えると、廃止が必ずしもいいとは思えません。町の公聴会で、競馬場の存続を主張してください。	友達と、サッカーくじについて議論しています。サッカーくじ導入の是非と、サッカーくじの収益をどのように使うべきかということについて、あなたの意見を述べてください。

第1章　言語活動・言語素材と話題

「5.12　ギャンブル」の言語活動を支える構文

5.12.1　ギャンブル名詞　5.12.1.1　ギャンブル名詞：具体物　5.12.1.2　ギャンブル名詞：抽象概念

5.12.2　ギャンブル構文　5.12.2.1　ギャンブル構文：叙述　5.12.2.2　ギャンブル構文：修飾

5.12.3　ギャンブルの目的構文　5.12.3.1　ギャンブルの目的構文：叙述　5.12.3.2　ギャンブルの目的構文：修飾

5.12.4　法律構文　5.12.4.1　法律構文：叙述　5.12.4.2　法律構文：修飾

5.12.5　感情構文　5.12.5.1　感情構文：叙述　5.12.5.2　感情構文：修飾

5.12.6　ギャンブルその他

5.12.1.1　ギャンブル名詞：具体物

意味分類	A	B	C
【ギャンブルの種類】	自転車、ボート、カード、パチンコ	競馬、レース	

5.12.1.2　ギャンブル名詞：抽象概念

意味分類	A	B	C
【賭け】		賭け	博打
【損】		損	損害、損失
【運】		運、幸運、不運、幸せ、喜び	
【勝敗】		勝負、勝敗	
【配当】			配当
【夢】	夢		
【ストレス】		ストレス	
【借金苦】		借金、破産、貧乏	負債
【破産】		破産、崩壊	
【自殺】		自殺	心中
【法律】		法律	
【許認可】		許可	
		禁止	

5.12.2.1　ギャンブル構文：叙述

名詞群	助詞	述語		
		A	B	C
【財産】	を	賭ける		
—	—	勝つ、当てる	儲かる、儲ける	

―	―	負ける	敗れる	
【賭け】	が	当たる		的中する
―	―		熱中する、はまる	
―	―		破産する、崩壊する	
―	―	死ぬ	自殺する	心中する

5.12.2.2 ギャンブル構文：修飾
なし

5.12.3.1 ギャンブルの目的構文：叙述

名詞群	助詞	述語		
		A	B	C
【借金】	を	返す		返済する
【借金】	を			取り立てる、催促する
【ストレス】	を		なくす、解消する	

5.12.3.2 ギャンブルの目的構文：修飾
なし

5.12.4.1 法律構文：叙述

名詞群	助詞	述語		
		A	B	C
《政府等》	が		禁止する、禁ずる	禁じる
【ギャンブルの種類】	を			
《政府等》	が		認める、許す、許可する	
【ギャンブルの種類】	を			

5.12.4.2 法律構文：修飾
なし

5.12.5.1 感情構文：叙述
なし

5.12.5.2 感情構文：修飾

修飾語			名詞群
A	B	C	
うれしい、楽しい			「結果」
残念(な)			「結果」

5.12.6 ギャンブルその他

	A	B	C
勝敗に関する接尾辞		～勝、～敗	
オッズに関する接尾辞		～倍	
競馬に関する接尾辞		～着	

【5.13 遊び・ゲーム】

	職業的領域	私的領域（場所）	私的領域（人）
単語	あなたはゲームセンターで働いています。客にクレーンゲームに入っている人形のキャラクター名を聞かれました。答えてください。	友達とゲームセンターに行きました。初めてで何もわからない友達に、あるゲームの1回の料金を聞かれました。答えてください。	あなたはよくゲームセンターに行きます。最近どんなゲームをしているのか、友達に聞かれました。ゲームの名前を答えてください。
単文	あなたはゲームセンターで働いています。客に、両替機がどこにあるのか聞かれました。答えてください。	ゲームセンターに来ました。店の人に、両替機の場所を聞いてください。	友達が数人集まって、何かゲームをしているようです。仲間に入れてもらってください。
複文	あなたはゲームソフト屋で働いています。客に、あるソフトがあるかどうか聞かれましたが、今、店にはありません。取り寄せるかどうか、聞いてください。	おもちゃ屋でゲームを注文しましたが、後日他の店でもっと安く売っていることを知りました。店に電話をして、注文をキャンセルしてください。	あなたは、新しく出たゲームソフトを買いたいと思っていますが、近所の店にはありません。どこに行けばあるか、詳しい友達に聞いてください。
単段落	あなたはゲームセンターで働いています。客に、新しいゲーム機の使い方とルールを聞かれました。説明してください。	あなたが買ったゲームは不具合があっていつも同じところで止まってしまいます。ゲーム会社に電話をして、どこでどんな時に止まるのか、詳しく説明してください。	子供のころによくした遊びについて、友達と話しています。どんな遊びなのか、詳しく説明してあげてください。
複段落	あなたはゲームクリエーターです。自作のゲームソフトを売り込むために、大手企業の担当者に会いに来ました。まず、現在のゲームのトレンドとユーザーの嗜好について述べ、次に、それを踏まえてあなたのゲームソフトの魅力をアピールし、何とか契約を結んでください。	あなたの子供が最近熱中しているゲームは、ひどく暴力的で残虐です。ゲーム会社に電話をして、そのゲームが子供たちに与える悪影響と、子供向けゲームのあるべき姿について述べ、販売停止を要求してください。	あなたはRPGが大好きで、暇があればいつも画面に向かっています。ゲームに熱中し過ぎるはよくないと忠告する友達に、RPGによって創造力や決断力が養われることや、他のゲームにも現実の世界にもない魅力について話し、RPGの素晴らしさと面白さをわかってもらってください。

第1章　言語活動・言語素材と話題

「5.13 遊び・ゲーム」の言語活動を支える構文

5.13.1 遊び・ゲーム名詞　5.13.1.1 遊び・ゲーム名詞：具体物　5.13.1.2 遊び・ゲーム名詞：抽象概念

5.13.2 技術構文　5.13.2.1 技術構文：叙述　5.13.2.2 技術構文：修飾

5.13.3 アクションゲーム構文　5.13.3.1 アクションゲーム構文：叙述　5.13.3.2 アクションゲーム構文：修飾

5.13.4 カードゲーム構文　5.13.4.1 カードゲーム構文：叙述　5.13.4.2 カードゲーム構文：修飾

5.13.5 パズルゲーム構文　5.13.5.1 パズルゲーム構文：叙述　5.13.5.2 パズルゲーム構文：修飾

5.13.6 囲碁構文　5.13.6.1 囲碁構文：叙述　5.13.6.2 囲碁構文：修飾

5.13.7 将棋構文　5.13.7.1 将棋構文：叙述　5.13.7.2 将棋構文：修飾

5.13.8 ゲームの影響構文　5.13.8.1 ゲームの影響構文：叙述　5.13.8.2 ゲームの影響構文：修飾

5.13.9 ゲームの内容構文　5.13.9.1 ゲームの内容構文：叙述　5.13.9.2 ゲームの内容構文：修飾

5.13.10 遊び・ゲームその他

5.13.1.1 遊び・ゲーム名詞：具体物

意味分類	A	B	C
【ゲーム・遊び】	ゲーム、遊び		
	カード	トランプ、じゃんけん、将棋、碁、なぞなぞ、かるた、すごろく、麻雀、札	博打
	コンピュータ	オンライン、機種	
【登場人物】	キャラ	主役、主人公	
		味方	
		敵、犯人、悪者、怪獣、鬼、幽霊	精霊、魔物
	神様	神	術師
【場所】	城	タワー、塔	敷
		倉庫	
		穴	
【ポイント】		宝、宝石、金	黄金
		ポイント	アイテム
【軍備】		軍、軍隊、武力	アイテム、軍備、戦力
【武器】	ピストル	武器	装備、武装、戦力
		銃、ロケット、爆弾、鉄砲	弾、原爆、核
【兵隊】		兵隊、兵士	

第1章　言語活動・言語素材と話題

【飛行機】	飛行機	ジェット機、ロケット	
【船】	船、ボート	潜水艦	軍艦
【古武器】		刀、弓、矢、楯	
【呪文】		魔法	呪文、術
【トランプのマーク】	クラブ、	ダイヤ	絵柄
【将棋】		将棋	
【将棋の駒】		王	駒、歩、香、飛
【碁石】	石	碁	

5.13.1.2 遊び・ゲーム名詞：抽象概念

意味分類	A	B	C
【腕】	レベル	腕、技術	腕前
		〜力	
【素質】		才能	素質
【ルール】	ルール		
【ゲームの内容】		冒険、探検、推理	
【イベント】		イベント	
【操作】		操作	
【攻撃】		攻撃	襲撃、攻略、反撃、略奪
【防御】			防衛、防御、阻止
【スタート・ゴール】	スタート、ゴール、クリア	上がり、リーチ	
【狙い】		ねらい	
【コツ】			定石
【局面】			局面、一手、先手
【ゲームの勝敗】	クリア	勝負、勝敗、大当たり	
	勝ち		
		敗北、負け	
【引き分け】	引き分け		
【夢中】		夢中	
【徹夜】		徹夜	夜更かし
【依存症】		依存	
【トラブル】		犯罪、暴力、トラブル	

第1章　言語活動・言語素材と話題

5.13.2.1 技術構文：叙述

名詞群	助詞	述語		
		A	B	C
【腕】	が		上達する、向上する	
【ルール】【操作】	に		悩む、迷う	

5.13.2.2 技術構文：修飾

修飾語			名詞群
A	B	C	
上手(な)、うまい、素晴らしい	立派(な)、鮮やか(な)、得意(な)	見事(な)、有能(な)、巧み(な)、有望(な)、巧妙(な)、かなわない	【腕】

5.13.3.1 アクションゲーム構文：叙述

名詞群	助詞	述語		
		A	B	C
【登場人物】	が	助ける	救う、救助する	
【登場人物】	を			
【登場人物】	が	集める	稼ぐ	
【ポイント】	を			
【登場人物】《物》	を	動かす	操作する	操る
【登場人物】	が	動かす	操作する	操る
《物》	を			
【登場人物】	が		襲う、狙う、攻撃する、攻める	襲撃する、攻略する
【登場人物】【場所】	を			
—	—			反撃する
【登場人物】	が		守る	防衛する、防御する
【登場人物】【場所】	を			
【登場人物】	が			阻む、阻止する
【登場人物】【攻撃】	を			
【船】【登場人物】	を		沈める	
【登場人物】	から		奪う	略奪する
【登場人物】《物》	を			
【登場人物】	が	撃つ	発射する、落とす	

第1章　言語活動・言語素材と話題

【武器】	を			
【武器】	が	当たる		命中する
【登場人物】【飛行機】【船】【軍備】【場所】	に			
【登場人物】	が	入れる	込める	
【武器】	に			
「弾」	を			
【登場人物】	が	動かす	操縦する	発動する
【飛行機】【船】	を			

5.13.3.2 アクションゲーム構文：修飾
なし

5.13.4.1 カードゲーム構文：叙述

名詞群	助詞	述語		
		A	B	C
【カード】	を	切る、取る、捨てる、置く	配る、配布する、戻す	
－	－		パスする	
－	－	上がる、ゴールする		

5.13.4.2 カードゲーム構文：修飾
なし

5.13.5.1 パズルゲーム構文：叙述

名詞群	助詞	述語		
		A	B	C
【パズル】	が	動く	移動する	
【パズル】	を	動かす	移動する	
【パズル】	を	回す	回転する	
【パズル】	を			はめる
【パズル】	を	落とす		落下させる
【パズル】	を	ずらす		
【パズル】	が	揃う		
【パズル】	が	くっつく、つながる		

— 287 —

第1章 言語活動・言語素材と話題

| 【パズル】 | を | | くっつける、つなげる、揃える、組み合わせる | 組む |

5.13.5.2 パズルゲーム構文：修飾
なし

5.13.6.1 囲碁構文：叙述

名詞群	助詞	述語		
		A	B	C
【碁】【碁石】	を	打つ	囲む	

5.13.6.2 囲碁構文：修飾
なし

5.13.7.1 将棋構文：叙述

名詞群	助詞	述語		
		A	B	C
【将棋】	を	打つ、差す		
【駒】	を	とる、動かす	配置する	
《敵》	を	倒す	攻める、囲む、攻撃する	
【駒】	を		守る	
《敵》	と	戦う	勝負する、争う、競争する、対戦する	競う
【駒】	を		守る	
《敵》	を		防ぐ	
《敵》	に	勝つ	勝利する、勝る	逆転する
《敵》	に	負ける	敗れる	敗北する
《敵》	を		破る、やっつける、苦しめる	負かす、圧倒する
―	―		倒れる、参る	しくじる
《敵》	を		追う	
《敵》	に		追いつく	
《試合》	を		リードする	制する、逆転する

5.13.7.2 将棋構文：修飾
なし

第1章　言語活動・言語素材と話題

5.13.8.1 ゲームの影響構文：叙述

名詞群	助詞	述語		
		A	B	C
—	—		熱中する、はまる	
—	—		徹夜する、夜更かしする	

5.13.8.2 ゲームの影響構文：修飾

修飾語			名詞群
A	B	C	
		おろそか(な)、後回し(の)	《影響を受ける対象》

5.13.9.1 ゲームの内容構文：叙述

なし

5.13.9.2 ゲームの内容構文：修飾

修飾語			名詞群
A	B	C	
面白い、楽しい	愉快(な)	知的(な)	【ゲーム・遊び】

5.13.10 遊び・ゲームその他

	A	B	C
攻撃に関する接尾辞		〜発	
順位に関する接尾辞		〜位	

第1章　言語活動・言語素材と話題

【6.1 宗教】

	職業的領域	私的領域（場所）	私的領域（人）
単語	あなたは神社で働いています。参拝の人に、女性の最初の厄年は何歳か聞かれました。答えてください。	神社でおみくじを引きました。出てきた番号を巫女さんに言って、みくじ箋を受け取ってください。	友達に、あなたの家は仏教かと聞かれました。答えてください。
単文	あなたは神社で巫女として働いています。お祓いをしてもらっている人に、頭を下げたり戻したりする指示を出してください。	あなたは、寺の境内のお賽銭箱の前にいます。お賽銭を入れ、願いごとをしてください。	友達に、○○寺に行こうと誘われました。承諾して、待ち合わせの時間と場所を決めてください。
複文	あなたは観光ガイドです。寺の本堂の中は撮影禁止ですが、病気の母親に見せたいので写真を撮りたいと言っている客がいます。寺の人に許可を求めてください。	悪いことが続いているので、神社でお祓いをしてもらおうと思います。神社に電話をして、料金や手続きについて聞いてください。	来週はクリスマスです。友達にパーティーに誘われましたが、あなたはクリスチャンなので、家族と教会に行きたいと思っています。友達に説明して断ってください。
単段落	あなたは寺で働いています。仏教とヒンドゥー教の違いを、観光客に聞かれました。詳しく説明してあげてください。	観光ガイドが、神社と寺の違いについて間違った説明をしています。観光ガイドに代わって、観光客たちに、両者の違いを正しく説明してあげてください。	あなたの国の神話について友達に聞かれました。ストーリーを教えてあげてください。
複段落	あなたはニュースキャスターです。今日の8時のニュースで解説をすることになっています。今日の特集は「宗教の対立によって起こる国際紛争について」です。宗教の対立と、それによって起こっている紛争について解説し、あなたの意見を述べてください。	あなたの住むマンションの隣の建物で、新興宗教団体が毎日集会を開き、大きな声で奇妙な呪文を唱えています。マンションの代表として市の担当者に会って現状を説明し、住民に与える不安と受忍限度を越す騒音への対策を講じるよう、訴えてください。	あなたの友達が、今世間で話題になっているカルト宗教に入信してしまいました。その宗教の実態を具体例を交えながら話し、宗教とはどうあるべきなのか、あなたの意見を述べ、友達にその宗教をやめるよう、説得してください。

第1章 言語活動・言語素材と話題

「6.1 宗教」の言語活動を支える構文

6.1.1 宗教名詞　6.1.1.1 宗教名詞：具体物　6.1.1.2 宗教名詞：抽象概念
6.1.2 信仰構文　6.1.2.1 信仰構文：叙述　6.1.2.2 信仰構文：修飾
6.1.3 教義構文　6.1.3.1 教義構文：叙述　6.1.3.2 教義構文：修飾
6.1.4 参拝構文　6.1.4.1 参拝構文：叙述　6.1.4.2 参拝構文：修飾
6.1.5 布教構文　6.1.5.1 布教構文：叙述　6.1.5.2 布教構文：修飾
6.1.6 宗教対立構文　6.1.6.1 宗教対立構文：叙述　6.1.6.2 宗教対立構文：修飾
6.1.7 宗教文化構文　6.1.7.1 宗教文化構文：叙述　6.1.7.2 宗教文化構文：修飾
6.1.8 宗教その他

6.1.1.1 宗教名詞：具体物

意味分類	A	B	C
【聖職者】		坊さん、牧師	僧、師、宣教師、司教、祭司、司祭
【宗教施設】	神社、寺、教会	〜寺、お宮	寺院
		鐘、鳥居	神殿、つり鐘
		墓	墓地
【偶像】		仏像	
【仏壇】		仏壇	
【僧侶】		坊さん	僧、和尚、大師、僧侶、上人、禅師

6.1.1.2 宗教名詞：抽象概念

意味分類	A	B	C
【宗教】		宗教、〜教	
		伝統	新興
	仏教	〜派	〜宗、浄土、真宗、真言、大乗、密教、法華
	教会	カトリック、教団	プロテスタント
		神道	
【修行】		修行	
【神仏】	神様	仏、神	
【教え】		教え	思想、信仰
		禅	真理、境地
【預言】		預言	
【信仰】			信心

第1章 言語活動・言語素材と話題

【悟り】			境地、悟り
【往生】			往生
【運命】		運命	
【復活】		復活	
【罪】		罪	
【慈悲】			慈悲
【欲望】		欲	煩悩、欲望
【タブー】	酒、結婚、肉	離婚	
【平和・天国】		平和	福
		天国	極楽、天
【現生】		この世	
【不幸・地獄】		不幸	不吉
		地獄	
【参拝】		お参り、祈り	礼拝、追悼、祝福
【布教・伝播】			伝道
【宗教文化・芸術】		文化、芸術	
	音楽、絵、歌	建物、文学、楽器、オルガン、絵画、彫刻、建築	神話
【宗教行事】	正月、クリスマス	盆、雛祭り	
		祭日、祝日	
【戦争】	戦争	争い、対立	
【仏】			菩薩、如来、般若、諸仏、本尊
【経典・聖書等】		経、念仏	経典、仏法
			法華
		聖書	聖典
【会衆・信徒】			衆生、信徒
		クリスチャン	
【儀式】		供養	
【修行】		修行、座禅	
【出家】			出家
【聖人】			聖、聖人、聖体、聖霊、使徒
【学問】			神学

6.1.2.1 信仰構文：叙述

名詞群	助詞	述語		
		A	B	C
【神仏】【教え】	を	信じる、信ずる	信仰する	
―	―			悟る
―	―			出家する

6.1.2.2 信仰構文：修飾

修飾語			名詞群
A	B	C	
厚い、深い			「信仰心」

6.1.3.1 教義構文：叙述

名詞群	助詞	述語		
		A	B	C
【神仏】【聖職者】【僧侶】【僧】	が		救う、許す	導く、救済する
《人》	を			
【神仏】	が		罰する	咎める
《人》	を			
【罪】	を			償う
【神仏】	が		蘇る、復活する	
【宗教】	が		禁止する	禁じる、禁ずる、断つ
【タブー】	を			
【教え】	を		破る	犯す
【教え】【経典・念仏】	を		唱える、つぶやく	

6.1.3.2 教義構文：修飾

修飾語			名詞群
A	B	C	
厳しい	緩い		【宗教】【教え】
		けがらわしい	《けがらわしさの対象》
	絶対(の)	唯一(の)	【教え】【神仏】

6.1.4.1 参拝構文：叙述

名詞群	助詞	述語		
		A	B	C
【神仏】	を		拝む、祭る	奉る
【神仏】	に		祈る	
【神仏】	に		捧げる	差し出す
《物》	を			

6.1.4.2 参拝構文：修飾
なし

6.1.5.1 布教構文：叙述

名詞群	助詞	述語		
		A	B	C
【聖職者】【僧侶】【僧】	が		広める、伝える	説く、布教する、説教する
【宗教】【教え】	を			
【宗教】【教え】	が		伝わる、広まる	

6.1.5.2 布教構文：修飾
なし

6.1.6.1 宗教対立構文：叙述

名詞群	助詞	述語		
		A	B	C
【宗教】【教え】	が	違う	異なる	
【宗教】【教え】	が		対立する	

6.1.6.2 宗教対立構文：修飾
なし

6.1.7.1 宗教文化構文：叙述
なし

6.1.7.2 宗教文化構文：修飾

第1章　言語活動・言語素材と話題

修飾語			名詞群
A	B	C	
		厳か(な)	【宗教施設】【宗教文化・芸術】【宗教行事】
	豪華(な)、質素(な)、華やか(な)	きらびやか(な)	【宗教施設】【偶像】【仏壇】【宗教文化・芸術】【宗教行事】

6.1.8 宗教その他

	A	B	C
宗教に関する接尾辞		～教	
宗派に関する接尾辞		～派	～宗

第1章 言語活動・言語素材と話題

【6.2 祭り】

	職業的領域	私的領域（場所）	私的領域（人）
単語	あなたは観光ガイドです。伝統的な成人の儀式を見学に来ました。客に成人する年を聞かれたので、答えてください。	あなたは金魚すくいに挑戦しましたが、すぐに失敗してしまいました。お店の人がもう一回するか聞いています。答えてください。	明日は祭日です。友達に、何の日か聞かれました。答えてください。
単文	あなたは、町の祭りでたこ焼きを売っています。店の前を歩いている人に、声をかけてください。	向こうから神輿がやってきます。一緒に歩いている友達に教えてあげてください。	友達と祭りに行く約束をしています。友達に、祭りに行ったら何をしたいか聞かれました。答えてください。
複文	あなたは祭りの実行委員です。外国人実行委員として参加した祭りの感想を、委員長に聞かれました。答えてください。	夏祭りで浴衣コンテストを行うそうです。あなたも参加したいのですが、どこにどのように申し込めばいいのかわかりません。市役所に電話して聞いてみてください。	あなたは、町の祭りに参加して、みこしを担ぎたいと思っています。友達を誘ってください。
単段落	あなたは観光ガイドです。今、ある町の祭りを見学しています。町の人たちが踊っているので、その踊りの由来と、踊りに込められた意味について、観光客に説明してください。	町内会の人たちが、今年の秋祭りは、あなたの国の祭りを参考にしたいと言っています。町内会の人たちに、あなたの国の祭りについて詳しく説明してあげてください。	旅行に行った町で、とても面白い祭りを見ました。友達に、どんな祭だったのか、詳しく話してあげてください。
複段落	あなたは観光ガイドです。ある神聖な祭りを見に来ましたが、祭りを馬鹿にした態度をとる客がいます。その客に、その祭りの歴史と意味や、その土地の人々の祭りに対する思いについて説明し、その客の態度がいかに失礼なものであるか、理解させてください。	町の祭りの実行委員会で、次の祭りについて話し合いをしています。祭りを単なるイベントだと考えている委員が多いようなので、儀礼・なおらい・無礼講などの本来の意味を説明し、祭りが単なるイベントではないこと、また、そうなってはならないことを強く主張してください。	祭りの本質とは何かということについて、友達と話し合っています。祭りは宗教なのか、レクリエーションなのか、それとも、町おこしの手段なのか、祭りの持つ複数の側面に触れながら、あなたの意見を述べてください。

「6.2 祭り」の言語活動を支える構文

6.2.1 祭り名詞　6.2.1.1 祭り名詞：具体物　6.2.1.2 祭り名詞：抽象概念

6.2.2 儀式構文　6.2.2.1 儀式構文：叙述　6.2.2.2 儀式構文：修飾

6.2.3 目的構文　6.2.3.1 目的構文：叙述　6.2.3.2 目的構文：修飾

6.2.4 由来構文　6.2.4.1 由来構文：叙述　6.2.4.2 由来構文：修飾

6.2.5 祭りその他

6.2.1.1 祭り名詞：具体物

意味分類	A	B	C
【場所】	村	農村	
	神社、寺、教会	～寺、お宮	寺院、神殿、墓地、境内、～宮、宮、神宮、堂、石段、両社、門前、宮中、社殿、御所
【人】			村人、親族、巫女、山伏
【道具】	酒	太鼓	たいまつ、装束、仮面、草鞋、扇、獅子
【家族】	家族		
【赤ちゃん】	赤ちゃん	赤ん坊	
【作物】		作物	

6.2.1.2 祭り名詞：抽象概念

意味分類	A	B	C
【祭り】	お祭り、祭り	～祭	祭祀
【行事】	正月、クリスマス	盆、雛祭り	
【祝祭日】		祭日、祝日	
【神仏】	神様	仏、神	
【儀式】		儀式、セレモニー	～の儀、儀礼
	歌、相撲	花火、くじ、宴会、田植え、くじ引き	賛美歌、舞
【掛け声】			掛け声
【祝賀】		祝い	祝賀、年賀、祈願
【成長】		成長	
【生長・豊作】		生長、収穫	豊作
【農業・農耕】		農業	農耕
【天候】	天気、雨	天候	
【悪魔】		悪魔、鬼、霊	～鬼、精霊

【退治】		退治	
【伝説】		伝説	古事、伝承

6.2.2.1 儀式構文：叙述

名詞群	助詞	述語		
		A	B	C
【人】	が		占う、予測する	予言する
【豊作】《内容》	を			
【神仏】	に		捧げる	差し出す
《物》	を			
【神仏】	を		拝む、祭る	奉る
【神仏】	に		祈る	
《物》	を			清める
《物》	を		飾る	
《内容》	を		祝う	祝福する

6.2.2.2 儀式構文：修飾

修飾語			名詞群
A	B	C	
賑やか(な)、静か(な)			【祭り】【儀式】
		厳か(な)	【祭り】【儀式】
珍しい、不思議(な)、変わった			【祭り】【儀式】【掛け声】

6.2.3.1 目的構文：叙述

名詞群	助詞	述語		
		A	B	C
【豊作】【健康】《内容》	を	願う		祈願する
【神仏】	を			崇拝する
【赤ちゃん】	が		育つ、成長する	
―	―		育つ、生長する	実る
【悪魔】	を		退治する、追い出す	追放する、払う

6.2.3.2 目的構文：修飾

なし

第1章　言語活動・言語素材と話題

6.2.4.1 由来構文：叙述

名詞群	助詞	述語		
		A	B	C
【祭り】	が		由来する	
《内容》	に			
【祭り】	が		伝わる	

6.2.4.2 由来構文：修飾

なし

6.2.5 祭りその他

なし

第1章　言語活動・言語素材と話題

【7.1 歴史】

	職業的領域	私的領域（場所）	私的領域（人）
単語	あなたは歴史学の教授です。歴史学の授業で使うテキストの書名を、学生に聞かれました。答えてください。	ある遺跡を見学しています。西暦何年ごろの遺跡だと思うか、観光ガイドに聞かれました。答えてください。	友達に、あなたの国の〇〇時代の王の名前を聞かれました。答えてください。
単文	あなたは観光ボランティアです。今見学している寺がいつ、誰に建てられたのか、観光客に聞かれました。答えてください。	歴史博物館に行ったら、からくり人形が展示してありました。いつの時代のものか、展示室の係員に聞いてみてください。	友達が、家紋がデザインされたクリアファイルを持っています。誰の家紋か、友達に聞いてください。
複文	あなたは歴史資料館の学芸員です。見学者に、以前置いてあった展示物について聞かれました。ある企画展に貸し出し中で、今ここにはないことを伝えてください。	新聞で、室町時代から江戸時代にかけての茶道具の展覧会があることを知りました。千利休の道具があるかどうか、展覧会の主催者に電話で問い合わせてください。	奈良時代と平安時代はどう違うのか興味があります。友達に聞いてみてください。
単段落	あなたは観光ボランティアです。観光客に、〇〇という寺の歴史について聞かれました。詳しく説明してください。	あなたの家には、凝った作りの古い器があります。博物館に電話して、その器の形状、色、模様などを詳しく説明し、いつの時代のものか、教えてもらってください。	あなたの国で最も有名な歴史上の人物は誰か、また、その人はどんな人か、友達に聞かれました。その人物の名前、生い立ち、功績などについて教えてあげてください。
複段落	あなたは考古学者です。河川の改修工事現場で調査をしたところ、巨大な遺跡が見つかりました。それは全国的に見ても珍しい遺跡のようです。市役所の河川課の担当者に、遺跡の保護と河川改修計画の変更を要求してください。	あなたの町にある寺とその庭は、歴史的に非常に価値がありますが、あまり知られていません。市役所の観光課に行って、寺の歴史とその価値について説明し、市の名所としてアピールすべきだと主張してください。	友達は江戸時代の日本の鎖国政策は間違っていたと言いますが、あなたはそうは思いません。鎖国に至るまでの経緯と、その後の文化の発展について説明し、鎖国には意味があるのだということを、友達にわかってもらってください。

第1章　言語活動・言語素材と話題

「7.1 歴史」の言語活動を支える構文

7.1.1 歴史名詞　7.1.1.1 歴史名詞：具体物　7.1.1.2 歴史名詞：抽象概念
7.1.2 出来事構文　7.1.2.1 出来事構文：叙述　7.1.2.2 出来事構文：修飾
7.1.3 調査・研究構文　7.1.3.1 調査・研究構文：叙述　7.1.3.2 調査・研究構文：修飾
7.1.4 歴史の勉強構文　7.1.4.1 歴史の勉強構文：叙述　7.1.4.2 歴史の勉強構文：修飾
7.1.5 著述構文　7.1.5.1 著述構文：叙述　7.1.5.2 著述構文：修飾
7.1.6 人物構文　7.1.6.1 人物構文：叙述　7.1.6.2 人物構文：修飾
7.1.7 魅力構文　7.1.7.1 魅力構文：叙述　7.1.7.2 魅力構文：修飾
7.1.8 歴史その他

7.1.1.1 歴史名詞：具体物

意味分類	A	B	C
【君主】	大統領、王様	天皇、国王、王、王子、王女、将軍、皇帝	殿様、藩主、大名、皇子、皇后
【貴族】		貴族	元老
【侍】	侍	武士	
			奉行、老中
【農民】	農民		
【商人・職人】		商人、職人	
【庶民】			庶民
【軍】		軍、陸軍	
【墓】		墓	古墳
【鉄砲】		武器、鉄砲	
【建造物・遺跡・遺物】	寺、城、神社	～城	宿、遺跡、古墳、～宮、石器、銅器、～鏡、史料

7.1.1.2 歴史名詞：抽象概念

意味分類	A	B	C
【歴史】		歴史、流れ、～史	歩み
【時代】		時代、年代、代、世紀、西暦、世代	世、年号
【時代区分】		原始、中世、近代、現代	古代、古墳、石器、戦国、幕末、紀元～
【国】	国	国家	帝国

第1章　言語活動・言語素材と話題

【人物】		人物、英雄	
【功績】		功績	
【生涯】		一生	生涯
【身分】		出身、生まれ、身、身分、地位、階層	階級
【封建制】			封建
【家来】		家来	家臣、〜使、使節
【事件】	戦争、事件	混乱、戦い、革命、暴動	維新、合戦、開港、即位、海賊、暗殺、襲撃、反乱、内乱、紛争
		災害	飢饉
【領地】		国境、	領地、荘園、領土
【権力】	力	権力	
【政権】		国家、政権、	幕府、藩、〜藩、王朝、朝廷、内閣
【統一・征服】		統一、支配	統治、征服
【出兵】			動員、出兵、上洛
【年貢】			年貢
【繁栄】			繁栄
【衰亡】		滅亡	降伏
【転換・変遷】		変化	転換、変遷
【交流の相手】	外国	大陸、海外	
		商人	宣教師
【宗教】		宗教、〜教	
【技術】		技術	
【学問】		学問	考古学
【発掘】		発掘、発見	出土
【推定】		推定	
【証拠】		証拠、手掛かり	根拠、
【学説】		説	学説
【論争】			論争
【資料】		資料	史料、文書、〜伝
【暗記】		暗記	
【年号】			年号
【作品】	絵、映画、ドラマ	文学、小説、演劇、劇、芝居、伝説、悲劇	〜伝、伝記

第1章　言語活動・言語素材と話題

【主役】	モデル	主役	
【魅力】	人気	魅力、興味、関心	
【ファン】		ファン	
【夢】	夢		
【足跡】		足跡、マップ	
【真相】		事実	真相、実態
【謎】	不思議	謎	

7.1.2.1 出来事構文：叙述

名詞群	助詞	述語 A	B	C
【事件】	が		発生する、起こる、起きる	
【君主】【政権】 【国】【領地】	が を		治める、統一する、支配する	統治する、征服する
【君主】【貴族】【侍】【農民】 《兵・軍隊》	が を			率いる、動員する、出兵する
《都》	に			上洛する
《年貢》	を		収める	
【国】【政権】【貴族】【侍】《一族》	が		栄える	繁栄する
【国】【政権】【貴族】【侍】《一族》	が		衰える、滅亡する、滅びる、滅ぶ、絶える	降伏する
【歴史】【時代】	が	変わる	変化する	転換する
【交流の相手】	と		交流する	
【宗教】【鉄砲】【技術】 【交流の相手】	が から		伝来する、伝わる	
【交流の相手】 【宗教】【鉄砲】【技術】	が を		伝える	
【宗教】【鉄砲】【技術】	が		広まる	
【宗教】【鉄砲】【技術】	を		広める	

7.1.2.2 出来事構文：修飾

修飾語 A	B	C	名詞群

— 303 —

第1章　言語活動・言語素材と話題

恐い	恐ろしい、ひどい		【事件】
新しい	進んだ	先端(の)	【宗教】【技術】【学問】

7.1.3.1 調査・研究構文：叙述

名詞群	助詞	述語		
		A	B	C
【建築物・遺跡・遺物】	を	見つける	発見する	
【建築物・遺跡・遺物】	が		見つかる	出土する
【建築物・遺跡・遺物】	を		発掘する、掘る	
【建築物・遺跡・遺物】【時代】	を		推定する	
【建築物・遺跡・遺物】【時代】	を		証明する	
【建築物・遺跡・遺物】【時代】	を		特定する	
【建築物・遺跡・遺物】	を			さかのぼる
【建築物・遺跡・遺物】【時代】	を		確かめる、確認する、検討する	

7.1.3.2 調査・研究構文：修飾

修飾語			名詞群
A	B	C	
	貴重(な)、重要(な)		【建築物・遺跡・遺物】

7.1.4.1 歴史の勉強構文：叙述

名詞群	助詞	述語		
		A	B	C
【年号】【出来事】【人物】	を	覚える	暗記する	

7.1.4.2 歴史の勉強構文：修飾

なし

7.1.5.1 著述構文：叙述

名詞群	助詞	述語		
		A	B	C
【歴史】【出来事】【人物】	を	書く	描く	執筆する、著す、描写する

第1章　言語活動・言語素材と話題

【歴史】【出来事】【人物】	を		語る、物語る	
【歴史】【出来事】【人物】	を		追う、追いかける	たどる
【歴史】【出来事】【人物】	に		迫る	

7.1.5.2 著述構文：修飾
なし

7.1.6.1 人物構文：叙述
なし

7.1.6.2 人物構文：修飾

修飾語			名詞群
A	B	C	
	偉大(な)、偉い		【人物】

7.1.7.1 魅力構文：叙述
なし

7.1.7.2 魅力構文：修飾

修飾語			名詞群
A	B	C	
ロマンチック(な)	壮大(な)		【夢】【歴史】

7.1.8 歴史その他

	A	B	C
家に関する接尾辞		〜家、〜氏	

第1章　言語活動・言語素材と話題

【8.1 メディア】

	職業的領域	私的領域（場所）	私的領域（人）
単語	あなたはカメラマンです。取材の時、使っているカメラの商品名を通行人に聞かれました。答えてください。	ケーブルテレビの受信契約をしています。衛星放送も見られるAコースと見られないBコースのどちらがよいか聞かれました。答えてください。	友達に好きな番組を聞かれました。番組名を答えてください。
単文	あなたは新聞記者です。今、被疑者の自宅に到着しました。被疑者が出てきたか、他の記者に聞いてください。	駅のスタンドに〇〇新聞を買いに来ましたが、見当たりません。店の人に聞いてください。	友達が図書館で新聞を読んでいます。何の記事を読んでいるのか聞いてください。
複文	あなたはジャーナリストです。A社に電話をして、環境問題特集の取材を申し込んでください。	ある新聞の販売員が来ましたが、あなたは別の新聞を購読しています。理由を言って断ってください。	毎週見ているドラマがありますが、その時間に帰れそうにありません。ルームメイトに電話して、録画をお願いしてください。
単段落	あなたはA新聞の販売員です。最近、A新聞の紙面が大幅に変わりました。担当地区の家に行って、紙面がどのように変わったのか、また、他誌と比べてどこがどのように良くなったのか詳しく述べ、購読を勧めてください。	テレビであなたの国のことを放送していますが、ある習慣についての説明が事実とはまったく異なっています。テレビ局に電話をして、どんな習慣なのか詳しく説明し、訂正を促してください。	昨日、テレビで面白いコマーシャルを見ました。どんなコマーシャルだったのか、友達に詳しく説明してあげてください。
複段落	あなたは出版社の社員です。A国の政治情勢の特集を組みたいと思っています。あまり乗り気でない上司に、取材内容やこの記事の持つ意義と影響力について述べ、取材の許可を得てください。	あるテレビ局の取材を受けて話をしましたが、実際の放送内容は、あなたの意図とはまったく違っていました。テレビ局に電話して、自分の意図と放送内容の食い違いを詳細に説明し、それによって受けた不利益を述べ、慰謝料を要求してください。	テレビコマーシャルの効果について、友達と議論しています。キャッチコピー、音楽、映像などが消費者の行動にどのような影響を与えるのか、テレビコマーシャルの効果について、あなたの意見を述べてください。

第1章　言語活動・言語素材と話題

「8.1 メディア」の言語活動を支える構文

8.1.1 メディア名詞　8.1.1.1 メディア名詞：具体物　8.1.1.2 メディア名詞：抽象概念
8.1.2 報道構文　8.1.2.1 報道構文：叙述　8.1.2.2 報道構文：修飾
8.1.3 放送構文　8.1.3.1 放送構文：叙述　8.1.3.2 放送構文：修飾
8.1.4 新聞・雑誌構文　8.1.4.1 新聞・雑誌構文：叙述　8.1.4.2 新聞・雑誌構文：修飾
8.1.5 人権構文　8.1.5.1 人権構文：叙述　8.1.5.2 人権構文：修飾
8.1.6 メディアその他

8.1.1.1 メディア名詞：具体物

意味分類	A	B	C
【新聞・雑誌】	新聞、雑誌		
		朝刊、夕刊、英字	
【テレビ・ラジオ】	テレビ、ラジオ		
【番組】	歌、音楽、映画、スポーツ、ニュース、料理、趣味、漫画、ドラマ、クイズ	お笑い、ショー、旅、特集	芸能、娯楽、会見、コーナー
【報道に関する職業】		アナウンサー、ジャーナリスト、記者、カメラマン、スタッフ、プロデューサー	ディレクター、デスク、特派員
【会社】		新聞社、〜局	
		本社、支社、支局、他社、各社	
			広報、総務、編成

8.1.1.2 メディア名詞：抽象概念

意味分類	A	B	C
【報道】		報道	ジャーナリズム、媒体
【メディア】		メディア	マスコミ
【記事】		記事、社説、広告	紙面、一面、欄、投書、評論
【新聞社】		新聞社	
【電波・回線】		電波、デジタル	地上波、ケーブル、回線
【番組・チャンネル】	番組、チャンネル		
【収録】			収録

— 307 —

第1章　言語活動・言語素材と話題

【放送】		報道、放送	放映、中継
【受け手】		視聴者	聴衆
【情報】		情報、世論、インフォメーション	
【取材】		取材、調査	追跡
【真実】		現実	真実、実態、真理、ありのまま
【人権】			人権、プライバシー
【匿名】			匿名
【侵害】			侵害

8.1.2.1 報道構文：叙述

名詞群	助詞	述語		
		A	B	C
【メディアの種類】	が		伝える、報道する	
【番組】【情報】	を			
【メディアの種類】	が	調べる	取材する、追いかける	
【情報】《出来事》	を			
【メディアの種類】	が		得る	入手する
【情報】	を			
【メディアの種類】《政府等》	が		操作する、規制する、制限する	統制する
【情報】	を			
【メディアの種類】《政府等》	が		隠す	伏せる
【情報】	を			

8.1.2.2 報道構文：修飾

修飾語			名詞群
A	B	C	
嘘(の)	偽(の)	誇張した、初耳(の)、オーバー(な)、でたらめ(な)、おおげさ(な)	【報道】【記事】【情報】
正しい	確か(な)、正確(な)、確実(な)		【報道】【記事】【情報】

8.1.3.1 放送構文：叙述

名詞群	助詞	述語		
		A	B	C

第1章　言語活動・言語素材と話題

【テレビ・ラジオ】【報道に関する職業】【会社】	が			収録する
【番組】	を			
【テレビ・ラジオ】【報道に関する職業】【会社】	が		放送する、流す、報道する	放映する、中継する
【番組】	を			
【番組】	に	出る		

8.1.3.2 放送構文：修飾

修飾語			名詞群
A	B	C	
新しい	緊急(の)		【情報】

8.1.4.1 新聞・雑誌構文：叙述

名詞群	助詞	述語		
^^	^^	A	B	C
【報道に関する職業】【会社】【新聞社】	が		載せる	掲載する
【情報】	を			
【新聞・雑誌】	に			
【情報】	が		載る	
【新聞・雑誌】	に			
【新聞社】	が		配る、配達する、届ける	
【新聞・雑誌】	を			
【新聞・雑誌】	を	読む		購読する

8.1.4.2 新聞・雑誌構文：修飾

修飾語			名詞群
A	B	C	
	主観的(な)、偏った		【情報】【記事】

8.1.5.1 人権構文：叙述

名詞群	助詞	述語		
^^	^^	A	B	C
【メディアの種類】【報道に関する職業】【会社】	が			侵す、侵害する
【人権】	を			

【メディアの種類】【報道に関する職業】【会社】	を		訴える	告訴する
【メディアの種類】【報道に関する職業】【会社】	が	とる、持つ		
【責任】	を			

8.1.5.2 人権構文：修飾

なし

8.1.6 メディアその他

	A	B	C
新聞紙面に関する接尾辞		〜面	〜欄
放送に関する接頭辞		再〜、生〜	

第1章　言語活動・言語素材と話題

【8.2 芸能界】

	職業的領域	私的領域（場所）	私的領域（人）
単語	あなたは歌手です。新曲のタイトルをファンに聞かれました。答えてください。	ある芸能人のサイン会に行きました。あなたの名前入りのサインを書いてくれるそうです。名前を聞かれたので、答えてください。	あなたはある俳優が出演するテレビ番組が好きです。その番組のチャンネルを友達に聞かれました。答えてください。
単文	あなたはテレビレポーターです。女優のAさんが日本アカデミー賞の最優秀主演女優賞に選ばれました。今の気持ちを聞いてください。	あなたの家の近くの川原でロケをしています。そこで準備をしている人に、何のドラマか聞いてください。	あなたと友達は、同じ歌手の大ファンです。友達が、来月その歌手のコンサートがあると言っています。詳しい情報を知りたいので、友達にいろいろ聞いてみてください。
複文	あなたはシンガーソングライターです。今、ライブをしています。作曲した時の思い出を簡単に述べながら、次の曲を紹介してください。	あなたは毎週〇〇というドラマを見ています。今週は見逃してしまいました。再放送があるかどうかテレビ局に問い合わせてください。	友達はある歌手のファンで、いろいろな情報を持っています。あなたもその歌手のコンサートに行きたいので、チケットの予約の方法などを詳しく聞いてください。
単段落	あなたは俳優です。ある番組にゲストとして出演しています。司会者に撮影の時の苦労話を聞かれました。これまでに最も苦労した撮影について詳しく話してください。	あるテレビドラマで素敵な音楽が流れていました。テレビ局に電話して、どんな話のどんな場面で流れた音楽だったのか詳しく説明し、曲名を教えてもらってください。	あなたは劇団〇〇の劇を見て、とても感動しました。どんなストーリーの劇でどんな場面に特に感動したのか、友達に詳しく話してあげてください。
複段落	あなたは放送局の社員です。中国を舞台にした面白い小説を見つけたので、日中共同制作でドラマ化したいと考えています。上司に、この小説をドラマ化することの意義と世間に与えるインパクトを述べ、ドラマ化の具体案を提示してください。	〇〇国際演劇祭のボランティアに参加したら、ある出版社から、そのことを雑誌の記事にしたいと言われました。取材に来た記者に、あなたの仕事内容とそこでのエピソード、あなたが受けた影響、そこから学びとったことなどを話してください。	友達と、芸能人の犯罪について話しています。芸能人が社会に与える影響、芸能人のあるべき姿、罪を犯した芸能人に対する社会の扱いなどについて、あなたの意見を述べてください。

第1章　言語活動・言語素材と話題

「8.2 芸能界」の言語活動を支える構文

8.2.1 芸能界名詞　8.2.1.1 芸能界名詞：具体物　8.2.1.2 芸能界名詞：抽象概念

8.2.2 芸構文　8.2.2.1 芸構文：叙述　8.2.2.2 芸構文：修飾

8.2.3 魅力構文　8.2.3.1 魅力構文：叙述　8.2.3.2 魅力構文：修飾

8.2.4 デビュー・引退構文　8.2.4.1 デビュー・引退構文：叙述　8.2.4.2 デビュー・引退構文：修飾

8.2.5 ゴシップ構文　8.2.5.1 ゴシップ構文：叙述　8.2.5.2 ゴシップ構文：修飾

8.2.6 評価構文　8.2.6.1 評価構文：叙述　8.2.6.2 評価構文：修飾

8.2.7 芸能界その他

8.2.1.1 芸能界名詞：具体物

意味分類	A	B	C
【芸能に関する職業】	歌手	バンド	
		役者、俳優、女優	
	モデル		
		アイドル、リーダー、コンビ、タレント	芸人、師匠
		スタッフ、マネージャー	ディレクター
【芸能の仕事】	踊り、ダンス、歌	演技、司会、コマーシャル、宣伝、インタビュー	
【映画・演劇】	映画、ドラマ	劇、演劇、歌舞伎、芝居	興行
【きっかけ】	コンテスト	大会	

8.2.1.2 芸能界名詞：抽象概念

意味分類	A	B	C
【芸能】		芸	芸能
【芸歴】			若手、大物
【デビュー・引退】		デビュー、引退	
【役】		役、主役	
【夢・目標】	夢	目標、憧れ	
【希望】		望み、希望、欲	念願、待望、志望、執着、欲望
【ファン】		観衆、ファン	
【人気】	人気	評判、ブーム	
【魅力】		魅力	
【容姿】	顔	服装、スタイル	

第1章　言語活動・言語素材と話題

【ゴシップのネタ】	結婚	離婚、恋愛、交際	
	事件、事故		
【ゴシップの報道】		放送、発表、報道	暴露、講評、掲載
【秘密】		噂、内緒、秘密	
【謝罪・言い訳】		謝罪、言い訳、弁解	
【評価】		批判、コメント、評価	批評、非難

8.2.2.1 芸構文：叙述

名詞群	助詞	述語		
		A	B	C
【芸能に関する職業】	が		演技する、演じる、演ずる	
【役】	を			
【芸能に関する職業】	が	出る	出演する、主演する	
【映画・演劇】【媒体】	に			
【芸能に関する職業】	が	歌う		
【芸能に関する職業】	が	踊る		
【芸能に関する職業】	を		務める	

8.2.2.2 芸構文：修飾

修飾語			名詞群
A	B	C	
上手(な)、うまい、素晴らしい	立派(な)、鮮やか(な)、得意(な)	見事(な)、有能(な)、巧み(な)、有望(な)、巧妙(な)、かなわない	【芸能】

8.2.3.1 魅力構文：叙述

名詞群	助詞	述語		
		A	B	C
【芸能に関する職業】	に		憧れる	

8.2.3.2 魅力構文：修飾

修飾語			名詞群
A	B	C	
	華やか(な)		「世界」「芸能界」

8.2.4.1 デビュー・引退構文：叙述

名詞群	助詞	述語		
		A	B	C
【映画・演劇】【媒体】	に		デビューする	
【芸能に関する職業】	が	やめる	引退する	
【芸能に関する職業】	に		応募する	

8.2.4.2 デビュー・引退構文：修飾

修飾語			名詞群
A	B	C	
	突然(の)、急(な)		【デビュー・引退】
		華々しい	【デビュー・引退】

8.2.5.1 ゴシップ構文：叙述

名詞群	助詞	述語		
		A	B	C
【媒体】	が		伝える、報道する	
【ゴシップのネタ】	を			
【媒体】	が	調べる	取材する、追いかける	
【芸能に関する職業】	を			
【媒体】	が		得る	入手する
【秘密】《情報》	を			
【媒体】	が			
【秘密】【ゴシップのネタ】	を	撮る	放送する、載せる、発表する、報道する	暴露する、公表する、掲載する
【ゴシップのネタ】	を		隠す	
ー	ー	謝る	謝罪する	詫びる
ー	ー		言い訳する、弁解する	
【芸能に関する職業】	を		批判する、コメントする、評価する	けなす、批評する、非難する

8.2.5.2 ゴシップ構文：修飾

修飾語			名詞群
A	B	C	

第1章　言語活動・言語素材と話題

| 嘘(の) | 偽(の) | 誇張した、初耳(の)、オーバー(な)、でたらめ(な)、おおげさ(な) | 【ゴシップの報道】 |

8.2.6.1 評価構文：叙述
なし

8.2.6.2 評価構文：修飾

修飾語			名詞群
A	B	C	
人気(の)	もてる		【芸能の仕事】《人物》
		好評(の)、不評(の)	【芸能の仕事】【映画・演劇】《人物》

8.2.7 芸能界その他
なし

第1章　言語活動・言語素材と話題

【9.1 通信】

	職業的領域	私的領域（場所）	私的領域（人）
単語	あなたは郵便局員です。定型郵便の速達はいくらか聞かれました。答えてください。	国に荷物を送るために郵便局に来ました。マッチやオイルが入っていないか聞かれました。答えてください。	友達に、先月の携帯電話の料金を聞かれました。答えてください。
単文	あなたは宅配便の配達員です。不在だった客から電話があり、明日の午前中に来てほしいと言われました。承諾してください。	郵便局で80円切手を5枚買ってください。	あなたは、ある日本人と知り合いになり、一緒に映画に行くことになりました。その人に、携帯電話の番号とメールアドレスを聞いてください。
複文	あなたはインターネットプロバイダーの会社に勤めています。サーバーに問題が発生したため、インターネットが使えなくなっています。客からの電話に出て、事情を話し、お詫びをしてください。	国の友達に小包を送りたいと思います。できるだけ早く着く方がいいです。郵便局に行って、どんな方法があるか聞いてください。	パソコンが壊れ、Eメールが使えなくなりました。今日、クラスの友達が、授業で使う資料をEメールで送ってくれることになっています。友達に電話をして、事情を話してください。
単段落	あなたは携帯ショップの店員です。最近出た新しい機種に客が興味を持っているようです。客が買いたくなるように、商品について詳しく説明してください。	あなたのパソコンがウィルスに感染してしまいました。サポートセンターに電話をして、感染した時の状況と症状を詳しく説明し、対処法を教えてもらってください。	友達に、インターネットで無料で電話する方法を聞かれました。そのサービスについて詳しく説明してあげてください。
複段落	あなたは中学校の教師です。生徒たちが校内で携帯電話を所持することについて、教員会議で話し合っています。子供たちの置かれている社会的な状況や、所持を許可するための条件などに触れながら、所持を許可すべきであることを主張してください。	あなたの寮では一括してインターネットプロバイダーを申し込んでいますが、いろいろ問題があります。寮の管理者に会って、寮生たちの不満の内容を具体例を挙げながら説明した上で、あるべきサービスの姿を述べ、プロバイダー変更の交渉をしてください。	子供がインターネットを使用することはよくないことだと友達は言っていますが、あなたはそうは思いません。インターネットの長所と短所を述べた上で、子供がインターネットと付き合う具体的な方法を示し、あなたの意見を述べてください。

第1章　言語活動・言語素材と話題

「9.1 通信」の言語活動を支える構文

9.1.1 通信名詞　9.1.1.1 通信名詞：具体物　9.1.1.2 通信名詞：抽象概念
9.1.2 郵便構文　9.1.2.1 郵便構文：叙述　9.1.2.2 郵便構文：修飾
9.1.3 電話・ファックス構文　9.1.3.1 電話・ファックス構文：叙述　9.1.3.2 電話・ファックス構文：修飾
9.1.4 インターネット構文　9.1.4.1 インターネット構文：叙述　9.1.4.2 インターネット構文：修飾
9.1.5 通信販売構文　9.1.5.1 通信販売構文：叙述　9.1.5.2 通信販売構文：修飾
9.1.6 通信その他

9.1.1.1 通信名詞：具体物

意味分類	A	B	C
【手紙】	手紙、葉書	便り	～状
【はがき他】	葉書、切手、封筒	便箋	
【荷物】	荷物	小包、包み、荷	貨物
【郵便の種類】		普通、速達、書留、船便、エアメール、便、小包、年賀状	
【郵便局】	郵便局、ポスト		
【電話】	電話、携帯		
【その他の電信】		電報、ファックス、	テレックス
		アンテナ、電波、電源	ダイヤル、短波、衛星、内線
【コンピュータ】	コンピュータ、パソコン		PC
【インターネット】	インターネット	ネットワーク	ウェブ
【回線】			回線
		デジタル	ADSL、ブロードバンド、アナログ、LAN、ファイバー
【メール】	メール、Eメール		
【職業】			SE
【代金】	カード	現金	

9.1.1.2 通信名詞：抽象概念

意味分類	A	B	C

第1章　言語活動・言語素材と話題

【連絡】		連絡	
【郵便】	郵便		
【郵送・配達】		郵送、配達	
【宛て】	住所	宛名	
【挨拶】			拝啓、敬具
【受け取り】		受け取り	
【通話】		話し中	
【メッセージ】	メッセージ	伝言	
【伝言・留守】		録音	
【プロバイダー】			プロバイダー
【サイト】		サイト	
			URL、HTML
【送受信】		送信、転送	発信
		受信	
【ユーザー】			ユーザー
【接続】		接続、オンライン	アクセス
【道具・その他】		サーバー	ルーター、モデム、端末、ハブ、ブラウザ、配線、ポート
【情報】			プロトコル、IP、TCP
【インストール】			インストール
【障害】		障害	
【安全】			セキュリティー
【パスワード】		パスワード	
【入力】		入力	
【防御】		規制	
【取引】	買い物	注文、購入、販売、申請	売買、購買、取引
【受取】		受け取り	

9.1.2.1 郵便構文：叙述

名詞群	助詞	述語		
		A	B	C
【手紙】【荷物】	を	出す、送る	郵送する	
《相手》	に		宛てる、連絡する	
【手紙】【荷物】	を		配達する、届ける	

第1章 言語活動・言語素材と話題

| 【手紙】【荷物】 | が | 着く | 届く | |
| 【手紙】【荷物】 | を | もらう | 受け取る | |

9.1.2.2 郵便構文：修飾

修飾語			名詞群
A	B	C	
	確か(な)、正確(な)、確実(な)		【郵送・配達】

9.1.3.1 電話・ファックス構文：叙述

名詞群	助詞	述語		
		A	B	C
【電話】	が	鳴る		
【電話】	に	出る		
《相手》	を		呼び出す	
【電話】	を	とる	受ける	取り次ぐ
【電話】	を	かける、する		
【その他の電信】	を	送る		
【メッセージ】	を	入れる	録音する、伝言する、残す	言づける

9.1.3.2 電話・ファックス構文：修飾

修飾語			名詞群
A	B	C	
新しい、古い			「機種」

9.1.4.1 インターネット構文：叙述

名詞群	助詞	述語		
		A	B	C
【コンピュータ】	を		接続する、つなぐ、つなげる	アクセスする
【インターネット】【回線】	に			
【コンピュータ】	が		つながる	
【インターネット】【回線】	に			
【メール】	を	送る	送信する、転送する	発信する
《人》	に			
【メール】	が		届く	

— 319 —

第1章　言語活動・言語素材と話題

【メール】	を	もらう	受け取る	
《人》	から			
【メール】を		返す		
《相手》に		返事する		
【コンピュータ】	を		守る、防ぐ、規制する	
《ウィルス》	から			
【パスワード】を			入力する	

9.1.4.2 インターネット構文：修飾

修飾語			名詞群
A	B	C	
早い、遅い			【接続】
便利(な)			【インターネット】

9.1.5.1 通信販売構文：叙述

名詞群	助詞	述語		
		A	B	C
【コンピュータ】	で	買う、買い物する	購入する	
《物》	を			
【コンピュータ】	で	売る	販売する	
《物》	を			
【コンピュータ】	で		取り寄せる	
《物》	を			
【コンピュータ】	で	払う	支払う	
【お金】	を			
《物》が		着く	届く	
《物》を			受け取る	
《物》を		やめる、返す	取り消す	

9.1.5.2 通信販売構文：修飾

なし

9.1.6 通信その他

第1章　言語活動・言語素材と話題

	A	B	C
手紙・メール・電話に関する接尾辞		〜通	
宛名に関する接尾辞	〜様	御中	〜宛

第1章　言語活動・言語素材と話題

【9.2 コンピュータ】

	職業的領域	私的領域（場所）	私的領域（人）
単語	あなたは電気屋の店員です。あるパソコンのメモリー容量を聞かれました。答えてください。	パソコンを買いに電気屋に来ました。探しているのはノート型とデスクトップ型のどちらか、店員に聞かれました。答えてください。	友達に、今使っているパソコンの機種を聞かれました。答えてください。
単文	あなたはパソコン教室の講師です。どこをクリックするのかわからなくなってしまった生徒に、指示を出してください。	電気屋でパソコンを見ていたら、店員が話しかけてきました。どんなソフトが入っているか聞いてください。	友達が新型のノートパソコンを使っています。使いやすいか聞いてください。
複文	あなたは電気屋の店員です。客に値引きを要求されましたが、それはできません。プリンタやスキャナーをセットにすると安くできることを伝えてください。	大学の情報センターでパソコンを使いたいと思っています。どうすればパスワードを発行してもらえるのか、情報センターの受付で聞いてみてください。	あなたのパソコンがウィルスに感染してしまったようです。どうすればいいのか、パソコンに詳しい友達に聞いてください。
単段落	あなたは電気屋の店員です。店にある2つのパソコンは、見た目はほとんど同じですが、値段が全然違います。客に違いを聞かれたので、詳しく説明してください。	パソコンが壊れたので、電気屋に持って来ました。壊れた時の状況と今の状態を説明し、修理を頼んでください。	エクセルでグラフを作成したら、友達にすごく感心されました。どうやって作ったのか、詳しく説明してあげてください。
複段落	あなたはパソコンメーカーの社員です。あなたの会社のコンピュータを日本企業に売り込みに来ました。デザイン、使いやすさ、処理速度、拡張性、アフターサービスなど、いずれの面でも日本のメーカーに負けないことを説明し、交渉を成立させてください。	あなたの大学のコンピュータ室には、いくつもの問題点があります。今から、大学の情報委員会に呼ばれて話をすることになりました。大学教育におけるコンピュータの重要性を述べた上で現在の問題点を列挙し、改善策を示してください。	OA化の影響について、友達と議論しています。OA化による仕事の質と量の変化について述べ、OA化のあるべき姿を、友達に示してください。

第1章　言語活動・言語素材と話題

「9.2 コンピュータ」の言語活動を支える構文

9.2.1 コンピュータ名詞　9.2.1.1 コンピュータ名詞：具体物　9.2.1.2 コンピュータ名詞：抽象概念

9.2.2 操作構文　9.2.2.1 操作構文：叙述　9.2.2.2 操作構文：修飾

9.2.3 インターネット構文　9.2.3.1 インターネット構文：叙述　9.2.3.2 インターネット構文：修飾

9.2.4 トラブル構文　9.2.4.1 トラブル構文：叙述　9.2.4.2 トラブル構文：修飾

9.2.5 コンピュータの構造構文　9.2.5.1 コンピュータの構造構文：叙述　9.2.5.2 コンピュータの構造構文：修飾

9.2.6 コンピュータその他

9.2.1.1 コンピュータ名詞：具体物

意味分類	A	B	C
【コンピュータ】	コンピュータ、パソコン、ワープロ		PC
【本体／部分】		付属品	消耗品
		モニター	
【メール】	メール、Eメール		
【道具・その他】		サーバー	ルーター、モデム、端末、ハブ、ブラウザ、配線、ポート
【職業】			SE

9.2.1.2 コンピュータ名詞：抽象概念

意味分類	A	B	C
【設置・取り付け】		セット、設置	
【設定】	用意、準備	設定	インストール
【ファイル】		ファイル	文書
		種類、形式	
		部分	一括
【操作】		作成	
		削除、消去	
		保存	
		移動	
		操作、編集	処理

第1章　言語活動・言語素材と話題

		選択	
			承認、確定
		入力	
【文字】	漢字、平仮名、片仮名、数字	文字、ローマ字	
【機能】		機能、性能	
	ワープロ	文章	文書
	メール		
	絵、写真		
	音楽、ビデオ	映像	
		図、図表、グラフ、計算	
	プリント	印刷	
【インターネット】	インターネット	ネットワーク	ウェブ
【接続】		接続	
【回線】			回線
		デジタル	ADSL、ブロードバンド、アナログ、LAN、ファイバー
【パソコンの故障】		故障	警告
【ウィルス】			ウィルス
【感染】		感染	
【障害】		障害	
【安全】			セキュリティー
【パスワード】		パスワード	

9.2.2.1 操作構文：叙述

名詞群	助詞	述語		
		A	B	C
【コンピュータ】【本体／部分】	を	始める、準備する	セットする、取り付ける、設定する、設置する	備え付ける
【コンピュータ】	が		立ち上がる	
【ファイル】【機能】	を		作成する	
【ファイル】【機能】	を	消す	削除する、消去する	
【ファイル】【機能】	を		保存する、残す	

第1章　言語活動・言語素材と話題

【ファイル】【機能】	を		移す、移動する	
【ファイル】【機能】	を	選ぶ	選択する	
【ファイル】【機能】	を		編集する	処理する
《タスク》	を			承認する、確定する
【文字】	を	入れる、押す	打つ、押さえる	

9.2.2.2 操作構文：修飾

修飾語			名詞群
A	B	C	
難しい、簡単(な)、易しい	手軽(な)、複雑(な)	簡易(の)	【設置・取り付け】【設定】【操作】【接続】

9.2.3.1 インターネット構文：叙述

名詞群	助詞	述語		
		A	B	C
【コンピュータ】	を		接続する、つなぐ、つなげる	アクセスする
【インターネット】【回線】	に			
【コンピュータ】	が		つながる	
【インターネット】【回線】	に			
【メール】	を	送る	送信する、転送する	発信する
《人》	に			
【メール】	が		届く	
【メール】	を	もらう	受け取る	
《人》	から			
【メール】	を	返す		
《相手》	に	返事する		
【コンピュータ】	を		守る、防ぐ、規制する	
【ウィルス】	から			
【パスワード】	を		入力する	

9.2.3.2 インターネット構文：修飾

修飾語			名詞群
A	B	C	

— 325 —

第1章　言語活動・言語素材と話題

早い、遅い			【接続】【回線】
便利(な)			【インターネット】

9.2.4.1 トラブル構文：叙述

名詞群	助詞	述語		
		A	B	C
【コンピュータ】	が	壊れる	故障する	
【コンピュータ】	が		固まる	
【コンピュータ】	が		感染する	
【ウィルス】	に			

9.2.4.2 トラブル構文：修飾

修飾語			名詞群
A	B	C	
危ない	危険(な)、安全(な)		【ウィルス】【ファイル】

9.2.5.1 コンピュータの構造構文：叙述

なし

9.2.5.2 コンピュータの構造構文：修飾

修飾語			名詞群
A	B	C	
	複雑(な)、単純(な)	内蔵(の)	【道具・その他】「構造」

9.2.6 コンピュータその他

	A	B	C
パソコンの数え方に関する接尾辞		～台	
メールに関する接尾辞		～通	

第 1 章　言語活動・言語素材と話題

【10.1　買い物・家計】

	職業的領域	私的領域（場所）	私的領域（人）
単語	あなたはデパートの店員です。食器売り場は何階か聞かれました。答えてください。	コンビニで電池を買いました。シールをはるだけでいいか聞かれました。承諾してください。	あなたは近所のスーパーをよく利用します。夜は何時まで開いているか、友達に聞かれました。答えてください。
単文	あなたはデパートの店員です。包装の仕方について、客に、自宅用でいいか聞いてください。	店で洋服を見ていますが、買うつもりはありません。店員に話しかけられたので、答えてください。	ルームメイトが買って来た物を見せてくれました。とてもかっこいいTシャツがあったので、買った店を聞いてください。
複文	あなたは家電売り場の店員です。1週間前に客からの注文を受けて商品を発注しましたが、到着が遅れています。客に電話してそのことを伝え、謝罪してください。	昨日買った洋服は大き過ぎました。買った店に行って、小さいサイズのものと交換してもらってください。	同じ寮の友達が、米や飲み物など重い物を買って帰ってきました。とても疲れたようなので、スーパーのネット販売なら配達してくれることを教えてあげてください。
単段落	あなたは通信販売会社の電話オペレーターです。客から、配送と返品の方法について聞かれました。詳しく説明してください。	花瓶を買って帰り、家で包みを開くと、傷がありました。買った店に電話をして、状況を詳しく説明し、返金してもらってください。	あなたは、給料は少ないのですが、借金をせずに都心に家を買いました。お金を貯める方法を友達に聞かれたので、具体的な方法を詳しく話してあげてください。
複段落	あなたはファイナンシャルプランナーです。依頼主の家計を診断したところ、いくつか問題が見られました。依頼主の家計の今後10年の変化を予測し、必要な備えについて説明をした上で現在の問題点を指摘し、解決策を具体的に示してください。	訪問販売で買った英会話教材を返品しようとしたら、できないと言われました。クーリングオフを定めた法律内容と、今回の契約前後の一連の流れを詳しく話し、法律に照らし合わせても契約解除が認められることを販売会社に主張してください。	友達とコンビニについて話しています。あなたの国ではコンビニはまったく普及していません。もしあなたが実業家なら、どのようにしてあなたの国にコンビニを普及させていくのか、その具体的な戦略を友達に話してください。

第1章　言語活動・言語素材と話題

「10.1 買い物・家計」の言語活動を支える構文

10.1.1 買い物・家計名詞　10.1.1.1 買い物・家計名詞：具体物　10.1.1.2 買い物・家計名詞：抽象概念

10.1.2 買い物構文　10.1.2.1 買い物構文：叙述　10.1.2.2 買い物構文：修飾

10.1.3 家計構文　10.1.3.1 家計構文：叙述　10.1.3.2 家計構文：修飾

10.1.4 保険構文　10.1.4.1 保険構文：叙述　10.1.4.2 保険構文：修飾

10.1.5 預貯金構文　10.1.5.1 預貯金構文：叙述　10.1.5.2 預貯金構文：修飾

10.1.6 借金構文　10.1.6.1 借金構文：叙述　10.1.6.2 借金構文：修飾

10.1.7 買い物・家計その他

10.1.1.1 買い物・家計名詞：具体物

意味分類	A	B	C
【店舗・市場】	店、デパート、〜屋、スーパーマーケット、スーパー	店屋、〜店、商店、ショップ、売店、八百屋	市場、マーケット、支店、問屋、市〈イチ〉、洋品店
【飲食店】	レストラン	喫茶店、食堂	
【店内施設】		売り場、レジ、棚、ケース、台	陳列、展示
【金銭】	お金		金銭
	カード	硬貨、札、現金、小銭	大金、小切手
	お釣り		
【品物】	物	品、〜物、商品	
		名物、予備、おまけ、偽物、〜物	必需品
【財布】	財布	金庫	
【経費】		家賃、〜費、代金、費用、料金	経費、光熱費
【金融機関】	銀行、郵便局		組合、信用金庫
【道具】	カード、通帳	印	

10.1.1.2 買い物・家計名詞：抽象概念

意味分類	A	B	C
【買い物】	買い物	消費	売買、購買
【販売】		販売、発売	
【購入】		購入、消費	
【休業】	休み	定休日	
【代金】	値段	価格、代金、費用、料金、金額、手数料、値	勘定、額、経費

第1章　言語活動・言語素材と話題

【支払方法】	カード	現金		小切手
				月賦、一括
		手数料		
【負担】				負担
【両替】		両替		
【価格】		価格、価値		相場、値打ち
【家計・財産】		家計		生計
		財産		資産
【収入】		予算、収入		所得、財
【支出】		支出		使い道、出費
【集金】		集金		
【贅沢】		贅沢、無駄遣い		浪費
【保険】		保険		
	地震	火災、生命、医療、自動車		損害
【預貯金】		貯金、預金		貯蓄
【残高】				残高、残金
【借金】		借金、借り		負債
【融資】				融資
【返済】				返済、清算
【取り立て】				催促、回収
【損失】				損失
【利子】		利息、利子		
【保証人】		保証人		連帯保証人
【破産】		破産		

10.1.2.1 買い物構文：叙述

名詞群	助詞	述語		
		A	B	C
《物》	を	買う、買い物する	購入する	消費する
【金銭】【代金】	を	払う	支払う	立て替える、賄う
【支払方法】	で			
【金銭】【代金】	を	払う		払い込む
【金銭】【代金】	を	もつ		負担する

— 329 —

10.1.2.2 買い物構文：修飾

修飾語			名詞群
A	B	C	
高い	高価(な)、上等(な)		【品物】
安い	手ごろ(な)、得(な)		【品物】
	もったいない、不要(な)、必要(な)		【品物】

10.1.3.1 家計構文：叙述

名詞群	助詞	述語		
		A	B	C
【金銭】	を	使う		
【金銭】【経費】	を		節約する、削減する	倹約する
【代金】【経費】【支出】	を		抑える	抑制する

10.1.3.2 家計構文：修飾

修飾語			名詞群
A	B	C	
	不安(な)、心細い		【家計・財産】【収入】
		切実(な)	【家計・財産】「状況」

10.1.4.1 保険構文：叙述

名詞群	助詞	述語		
		A	B	C
【保険】	に	入る		加入する
【保険】	を		契約する	
【金銭】【代金】	を	払う	支払う	払い込む
【支払方法】	で			
【金銭】【代金】	を			請求する
【金銭】【代金】	を			給付する

10.1.4.2 保険構文：修飾

修飾語			名詞群
A	B	C	
	安心(な)		【保険】

第1章　言語活動・言語素材と話題

難しい、簡単(な)、易しい	複雑(な)		「説明」

10.1.5.1 預貯金構文：叙述

名詞群	助詞	述語		
		A	B	C
【金銭】	を	入れる	預ける、貯める、貯金する、預金する	貯蓄する
【金銭】	を	出す	引き出す、おろす	払い戻す
【金銭】	が		貯まる	

10.1.5.2 預貯金構文：修飾

なし

10.1.6.1 借金構文：叙述

名詞群	助詞	述語		
		A	B	C
《相手》	から	借りる		
【金銭】	を			
―	―		借金する	
《借主》	に	返す		返済する
【金銭】【借金】	を			
《貸主》	に	貸す		融資する
【金銭】【借金】	を			
《貸主》	に		催促する	取り立てる、回収する
【金銭】【借金】	を			
《借主》	から		催促する	取り立てる、回収する
【金銭】【借金】	を			
―	―		破産する	
《政府等》	が		救う	救済する
《借主》	を			

10.1.6.2 借金構文：修飾

修飾語			名詞群
A	B	C	
	苦しい、辛い〈ツライ〉		【借金】「生活」

― 331 ―

10.1.7 買い物・家計その他

	A	B	C
代金に関する接尾辞		〜料、〜費	

第1章　言語活動・言語素材と話題

【10.2 労働】

	職業的領域	私的領域（場所）	私的領域（人）
単語	あなたはある会社の営業所に勤めています。客から盆休みがあるか聞かれました。ないことを伝えてください。	アルバイト先の店長に、次に来るのは何曜日か聞かれました。答えてください。	友達に、アルバイトをしたことがあるか聞かれました。あなたは経験がありません。答えてください。
単文	あなたはある会社の部長です。部下を呼んで先週の残業時間を聞いてください。	あなたはレストランでアルバイトをしています。調理台に料理ができています。その料理を持って行ってよいか、コックに聞いてください。	ルームメイトが新しいアルバイト先から帰ってきました。アルバイトの様子を聞いてみてください。
複文	あなたはある会社の社員です。育児休暇をとりたいと思っています。部長に相談してください。	アルバイト先に電話して、今日休むことを伝えてください。	あなたは、アルバイトのシフトを変えてもらいたいと思っています。店長に相談してください。
単段落	あなたは会社の総務課に勤めています。ある社員が、育児休暇の取得を希望しています。育児休暇の概要と、取得した場合の給与等の待遇について詳しく説明し、休暇願を出すかどうか確認してください。	派遣会社に登録に来ました。これまでの職歴と特技・技能について詳しく話し、したい仕事の希望も述べ、自分に合う仕事を紹介してもらってください。	友達に、あなたのアルバイトの仕事内容を聞かれました。友達も同じアルバイトをしたいと考えているようです。詳しく説明してあげてください。
複段落	あなたはある会社の部長です。子会社に、まったく業績の上がらない営業マンがいます。その営業マンに、営業に対する基本的な心構えを述べた上で、その営業マンのこれまでの行動を例にとりながら問題点を指摘し、具体的な改善策を示して、励ましてあげてください。	友達の職場は、連日残業があって土日も休めず、友達の疲労はピークに達しています。日本語が上手ではない友達に代わって上司に会い、労働基準法違反に対する労働基準監督署からの指導がどのようなものか詳しく述べ、会社の管理体制を変えるよう、強く要求してください。	友達とワークシェアリングについて議論しています。友達は日本でも早くワークシェアリングを取り入れた方がいいと思っているようです。ワークシェアリングのいい面と悪い面を示し、結論として日本では導入が容易ではないことを述べてください。

第1章　言語活動・言語素材と話題

「10.2 労働」の言語活動を支える構文

10.2.1 労働名詞　10.2.1.1 労働名詞：具体物　10.2.1.2 労働名詞：抽象概念

10.2.2 労働構文　10.2.2.1 労働構文：叙述　10.2.2.2 労働構文：修飾

10.2.3 人事・評価構文　10.2.3.1 人事・評価構文：叙述　10.2.3.2 人事・評価構文：修飾

10.2.4 福利厚生構文　10.2.4.1 福利厚生構文：叙述　10.2.4.2 福利厚生構文：修飾

10.2.5 交渉構文　10.2.5.1 交渉構文：叙述　10.2.5.2 交渉構文：修飾

10.2.6 労働その他

10.2.1.1 労働名詞：具体物

意味分類	A	B	C
【公共サービス】	先生	教師、教員	
	医者	歯医者、看護婦	医師
		公務員	役人、官僚、官
	警官、お巡りさん、警察	刑事、消防	巡査、警部
			検事
【サラリーマン等】		サラリーマン、事務、営業、秘書、従業員、社員	タイピスト
		配達、ドライバー	
		職人、大工、技師、エンジニア、カメラマン	工員
	～屋、店員		業者、問屋
		ボーイ、ウェートレス、コック	給仕
		パイロット、スチュワーデス	
【特殊業】		記者、ジャーナリスト	
		作家、詩人	
		画家	
	歌手、モデル	役者、俳優、女優、タレント	
【その他の職種】		お手伝いさん	使用人
		コーチ、ガイド	
【服装・道具】	スーツ、制服	背広	
	名刺		
【役職】	社長	部長、課長、代表	重役、～長、主任、幹部
【休み】	休み、夏休み、昼休み	休暇、～休み、休日、産休	

第1章　言語活動・言語素材と話題

10.2.1.2 労働名詞：抽象概念

意味分類	A	B	C
【仕事】	仕事	労働、働き、勤め、作業	勤労、就労
【職・職業】		職、職業、〜業	業務、職務
【勤務】		通勤、出勤、勤務	出社
【出張・転勤等】		出張、転勤	赴任
【勤務形態】		交替	
【雇用形態】	アルバイト	パート	正規、派遣、フリーター
【会社】	会社	職場、〜社、企業、勤め先	
【部署】		〜課	セクション
		事務、営業、販売、宣伝、製造	庶務、開発
【休み】	休み、夏休み、昼休み	休暇、産休	有給
【残業】		残業	
【適性】			適性、素質
【給料】	給料	月給、ボーナス、手当	給与、賃金、報酬
		手当	報酬、補助、扶助
【出産・育児】		育児手当、出産手当、通勤手当、住居手当	扶養手当、配偶者手当
【人事】			人事
【役職】		役	職、役職
【上司】		管理職、上司	頭(かしら)
【部下】		部下	
【評価】		評価	
【就職】		就職、採用、雇用	任命
【出世・昇進】			出世、昇進、就任
【異動】		転勤	異動、転任、赴任
【転職】		転職	
【解雇】		首、失業	解雇
【退職】		退職、定年	
【能力】	力	能力、才能	
【人材】			人材、戦力
【病気】	病気	診断、入院	保養

— 335 —

【理由】	理由		事由
【組織】		団体	組合、組織、労組、労使
【要望】	願い	頼み、願い、依頼、要求、申し出	要望、要請
【利害】			利害、待遇
【妥協】			妥結、妥協、譲歩
【ストライキ】		ストライキ、スト、抗議、交渉	闘争、争議

10.2.2.1 労働構文：叙述

名詞群	助詞	述語 A	述語 B	述語 C
【会社】【業界】	で	働く、仕事する		
【仕事】	に			携わる、従事する、就く、就労する
【会社】	に	勤める	勤務する	赴任する
【会社】	に		通勤する、出勤する	出社する
《場所》	に		出張する、転勤する	
―	―	休む		
【休み】	を			取得する
―	―		怠ける、サボる	怠る
―	―	頑張る	張り切る、努力する	
【仕事】	に			打ち込む
【給料】	を	もらう	受け取る、いただく	

10.2.2.2 労働構文：修飾

修飾語 A	修飾語 B	修飾語 C	名詞群
	不規則(な)		【仕事】【勤務】【休み】
		怠慢(な)	【仕事】【勤務】
	優秀(な)	有能(な)、有望(な)、有力(な)	【部下】
忙しい	慌ただしい	多忙(な)	【仕事】【勤務】
暇(な)			【仕事】【勤務】
	いい加減(な)	おろそか(な)	【仕事】【勤務】

10.2.3.1 人事・評価構文：叙述

第1章 言語活動・言語素材と話題

名詞群	助詞	述語		
		A	B	C
【役職】【上司】	が		認める、評価する	
【部下】	を			
【会社】	に		就職する	
【仕事】	に		就職する	就く
《人》	を	使う	雇う、用いる、採用する、雇用する	抱える、任命する
—	—			出世する
【役職】	に			就任する、昇進する
【役職】【上司】	が			取り立てる
【部下】	を			
【役職】	に			
—	—	転勤する		異動する、転任する、赴任する
—	—	転職する		
【役職】【上司】	が	切る		解雇する
【部下】	を			
—	—		失業する	
【会社】【業界】	を	辞める	退職する	
【役職】	が			務まる

10.2.3.2 人事・評価構文：修飾

修飾語			名詞群
A	B	C	
		正当(な)、不当(な)	【評価】

10.2.4.1 福利厚生構文：叙述

名詞群	助詞	述語		
		A	B	C
【休み】	を			取得する
【会社】《国》	が			給付する、受給する
【保険】【手当】【年金】	を			
【会社】《国》	が		認める	認定する

— 337 —

10.2.4.2 福利厚生構文：修飾

修飾語			名詞群
A	B	C	
		充実(の)(した)	「福利厚生」

【病気】【失業】【扶養】を（前表の続き行）

10.2.5.1 交渉構文：叙述

名詞群	助詞	述語		
		A	B	C
【組織】	に	入る	加わる、参加する	加入する
【組織】	を	辞める		脱退する
【組織】【代表】《要求内容》	が を		要求する、依頼する、申し出る	申し入れる、訴える
【組織】【代表】【会社】【役職】	が と		交渉する	
【組織】【代表】【会社】【役職】	が に		抗議する	
【給料】	を			算定する
【組織】【代表】【会社】【役職】	が			妥結する、妥協する、譲歩する
【組織】【代表】【会社】【役職】《メンバー》	が に		呼びかける	
【代表】【組織】	が を		まとめる	団結する
【代表】【組織】	が		まとまる	団結する

10.2.5.2 交渉構文：修飾

なし

10.2.6 労働その他

	A	B	C
業界に関する接尾辞		〜界	

第1章　言語活動・言語素材と話題

【10.3 就職活動】

	職業的領域	私的領域（場所）	私的領域（人）
単語	あなたは会社の受付で働いています。就職の面接に来た学生に、会場は何階か聞かれました。答えてください。	就職の面接会場に来ました。控室で、係の人に名前を聞かれました。答えてください。	あなたは就職活動をしています。友達に、訪問した会社の名前を聞かれました。答えてください。
単文	あなたは就職の面接に来る学生の案内係です。学生が来たので、待合室での座る場所を指示してください。	来週は役員面接があるため、講義を休みます。先生に欠席届を出したら、何があるのか聞かれました。答えてください。	友達が、就職試験の結果通知の紙を手に持っています。結果を聞いてください。
複文	あなたは就職の面接官です。今面接している学生は、営業職希望と書いていますが、あなたの会社は、今年はシステムエンジニアしか採りません。それでもいいのか聞いてください。	あなたは就職活動中で、応募したい会社にいる大学の先輩と面会の約束をしています。会社の受付で、先輩を呼び出してもらってください。	あなたは大学3年生です。そろそろ就職活動を始めなければいけません。どんなことから始めたらいいか、先輩に聞いてください。
単段落	あなたは人事課で働いています。大学のゼミの後輩が会社訪問に来ました。会社がどんな人材を求めているか、詳しく話してあげてください。	あなたは就職活動をしています。熱心に活動していますが、まだ内定はもらえていません。大学の就職課の人に、就職活動の進み具合を聞かれました。詳しく話してください。	あなたは今日、就職の面接を受けました。面接ではいろいろ聞かれて大変でした。同じ業種での就職を考えている友達に、面接の内容を詳しく話してあげてください。
複段落	あなたは人事課で新人の採用を担当しています。大学の会社説明会で、あなたの会社のこれまでの実績と今後の見通し、また、求める社員像について、大勢の学生の前で話してください。	ある会社の最終面接で、その会社の今後のあり方についてどう思うか聞かれました。その会社の特徴を踏まえて、日本での将来性や海外進出の可能性などについて、あなたの意見を述べてください。	友達と、就職試験のあり方について議論しています。優秀な人材とはどのような人材で、その能力を見抜くためにはどのような試験を行えばいいのか、あなたが考える理想の就職試験について、話してください。

「10.3 就職活動」の言語活動を支える構文

10.3.1 就職活動名詞　10.3.1.1 就職活動名詞：具体物　10.3.1.2 就職活動名詞：抽象概念
10.3.2 活動構文　10.3.2.1 活動構文：叙述　10.3.2.2 活動構文：修飾
10.3.3 就職試験構文　10.3.3.1 就職試験構文：叙述　10.3.3.2 就職試験構文：修飾
10.3.4 景気構文　10.3.4.1 景気構文：叙述　10.3.4.2 景気構文：修飾
10.3.5 就職活動その他

10.3.1.1 就職活動名詞：具体物

意味分類	A	B	C
【会社】	会社	職場、〜社、企業、勤め先	
【服装】	スーツ	服装	
【書類】		書類、履歴書	

10.3.1.2 就職活動名詞：抽象概念

意味分類	A	B	C
【就職】		就職	
【募集】		募集	公募
		申し込み、応募	
【調べ・訪問】		訪問	
【希望】		希望	
【条件】		条件	
【学歴】		学歴	経歴、履歴、キャリア
	高校、高等学校、大学、短大	大学院	
【給料】	給料	月給、ボーナス、手当	給与、賃金、報酬
【安定性】		安定	
【試験】	試験、テスト		
【試験形態】		筆記、面接	
【評価基準】		成績、礼儀、特技、常識	
【受験】		受験	
【選考】			選考
【通過】		通過	
【決定】		決定	
【採用】		採用、雇用	

第1章　言語活動・言語素材と話題

【研修】			研修
【差別】		差別	
【差別理由】		性別、学歴	
【景気】		景気、不景気	好況、不況
【影響】		影響	

10.3.2.1 活動構文：叙述

名詞群	助詞	述語		
		A	B	C
【服装】	を	着る		
【服装】	が		改まる	
【会社】	を	探す、調べる		
【会社】	が		募集する、募る	公募する
《人》	を			
【会社】	に		申し込む、応募する	
【会社】	を		訪問する、訪ねる、回る	巡る
【会社】	に	伺う		
【会社】	が		あてはまる、一致する	マッチする
【条件】	に			
【会社】	が			満たす
【条件】	を			

10.3.2.2 活動構文：修飾

修飾語			名詞群
A	B	C	
		改まった	【服装】
有名(な)、人気(の)			【会社】

10.3.3.1 就職試験構文：叙述

名詞群	助詞	述語		
		A	B	C
【試験】【試験形態】	を	受ける	受験する	
【試験】【試験形態】	に		合格する、受かる	
【試験】【試験形態】	に	落ちる		

— 341 —

第1章　言語活動・言語素材と話題

【会社】	が	選ぶ		選考する
《人》	を			
【試験形態】	に	通る	通過する	
【会社】	が		採用する、雇用する	
《人》	を			
【会社】	が	決める	決定する	
《人》	に			
【会社】	に	入る	入社する	
【差別】	を	受ける	感じる、感ずる	

10.3.3.2 就職試験構文：修飾

修飾語			名詞群
A	B	C	
簡単(な)、難しい	楽(な)		【試験】【試験形態】

10.3.4.1 景気構文：叙述

名詞群	助詞	述語		
		A	B	C
【景気】	が		影響する	

10.3.4.2 景気構文：修飾

修飾語			名詞群
A	B	C	
	安定(した)、不安定(な)		【会社】

10.3.5 就職活動その他

	A	B	C
試験に関する接尾辞		〜次	
企業の数え方に関する接尾辞		〜社	

第1章　言語活動・言語素材と話題

【10.4　ビジネス】

	職業的領域	私的領域（場所）	私的領域（人）
単語	商談中に相手の携帯電話が鳴りました。中座してよいか聞かれたので、承諾してください。	スーパーで買い物をしていたら、飲料メーカーの社員からアンケートをお願いされ、飲み物のおまけとしてうれしいのは、エコバックとストラップのどちらか聞かれました。答えてください。	さっきセールスマンが来ました。さっき来たセールスマンが売っている物は何だったか、ルームメイトに聞かれました。答えてください。
単文	あなたはある会社の社長秘書です。社長に電話がかかってきたので、取り次いでください。	あなたは、ビジネスを始めるために必要な物を文房具屋で買いました。領収書を書いてもらってください。	友達がCMの話をしています。あなたはそのCMを見たことがないので、それがいつ見られるのか、友達に聞いてください。
複文	あなたはある会社の社員です。商談中ですが、他の用事があります。話を切り上げてください。	あなたは趣味で作った家具を家具屋に売りたいと思っています。家具屋に電話して、買ってくれる可能性があるかどうか聞いてください。	あなたの友達はCMの制作会社で働いています。友達の新作CMがとても面白かったので、偶然会った別の友達に、そのことを伝えてください。
単段落	あなたは営業マンです。デパートの特設コーナーに集まった客に、1つで何通りにでも使える新製品「らくちん鍋」の使い方を詳しく説明してください。	あなたは今、起業の可能性を探っています。銀行に行って、あなたが考えている事業について詳細に説明し、融資を受けることが可能かどうか聞いてみてください。	○○という有名な会社が倒産し、大きなニュースになっています。○○の倒産を知ってとても驚いている友達に、倒産までの経緯を詳しく話してあげてください。
複段落	あなたは社長です。あなたの会社が不正をしているという新聞記事が出ましたが、事実ではありません。記者会見を開いて、報道内容の1つひとつについて事実と異なることを説明し、新聞社に強く抗議してください。	あなたは起業セミナーに参加し、そこで、自分の起業計画について発表することになりました。現在の社会情勢を分析して、どこにビジネスチャンスがあるかを述べた上で、具体的な起業戦略について話してください。	ある2つの会社の経営統合について友達と話しています。両社の経営理念、資本構成、技術力、マーケットシェアなどを総合的に見ると、経営統合は両社にとって有利であるように思えます。あなたの意見を述べてください。

第1章　言語活動・言語素材と話題

「10.4 ビジネス」の言語活動を支える構文

10.4.1 ビジネス名詞　10.4.1.1 ビジネス名詞：具体物　10.4.1.2 ビジネス名詞：抽象概念
10.4.2 経営構文　10.4.2.1 経営構文：叙述　10.4.2.2 経営構文：修飾
10.4.3 お金構文　10.4.3.1 お金構文：叙述　10.4.3.2 お金構文：修飾
10.4.4 教育構文　10.4.4.1 教育構文：叙述　10.4.4.2 教育構文：修飾
10.4.5 ビジネスその他

10.4.1.1 ビジネス名詞：具体物

意味分類	A	B	C
【企業】	会社	企業、〜商	
【宣伝媒体】	テレビ、ラジオ、雑誌、ティッシュペーパー、ティッシュ	メディア、広告、風船	びら、貼り紙
【ビジネスの道具】	名刺、かばん	スーツ	

10.4.1.2 ビジネス名詞：抽象概念

意味分類	A	B	C
【ビジネス】		商売、営業、ビジネス	事業、業種
【経営】		経営	運営、設立
【独立】		独立	
【合併・統合】		合併、吸収	買収、統合、分割、提携
【上場】			上場
【破産】		倒産、破産	
【成功】		成功	
【失敗】	失敗		
【チャンス】		チャンス	タイミング
【上司】		管理職、上司	
【部下】		部下	
【流行】		ブーム、流行	
【方針】		哲学	方針
【アイデア】		考え、アイデア、発想、知恵	観点、視点
【ニッチ】			隙間
【交渉】		交渉	
【契約】		契約	

第1章　言語活動・言語素材と話題

【妥協】			妥協
【宣伝】		宣伝、広告、コマーシャル	
【告知】		放送、配布	掲載、掲示
【営業】		訪問、営業	
【特典】	プレゼント、サービス	おまけ	
【先着】			先着
【資本】		予算	資本、資金
【利益】		利益、売上、得、収入、黒字	利潤、収益、所得
【支出】		支出	
【損失】		損、赤字	損害、損失
【投資】			投資
【調子】			好調
			不振、不調
【収支】			収支、決算
【借金】		借金、借り	負債
【貸す】			融資
【返す】			返済
【損失】			損失
【礼儀】	マナー	礼儀、挨拶	
【言葉】		敬語	お世辞

10.4.2.1 経営構文：叙述

名詞群	助詞	述語		
		A	B	C
【ビジネス】【企業】	を	作る、始める	興す	手掛ける
【企業】	を		経営する	営む、運営する、設立する
【企業】	から		独立する	
【企業】	が		合併する、吸収する	乗っ取る、買収する
【企業】	を			
【企業】	が			統合する
【企業】	と			
【企業】	が			分割する
【企業】	と			

— 345 —

第1章 言語活動・言語素材と話題

【企業】	を	分ける		分割する
【企業】	が			上場する
《市場》	に			
【ビジネス】	が		成功する	
【ビジネス】	が		失敗する	
【企業】	が		倒産する、つぶれる、破産する	
【チャンス】	を		判断する、狙う	
【チャンス】	を		掴む	逃す
【チャンス】【流行】	に		注目する	着目する
【方針】【アイデア】	を		思いつく	
《相手》	と		交渉する	
《相手》	と		契約する	
《相手》	に			妥協する
【アイデア】【チャンス】	を		諦める	
【アイデア】《商品》	を		宣伝する	
【アイデア】《商品》【媒体】	を に		放送する、載せる、配布する、配る、知らせる	掲載する、掲示する
《相手》	に		通う、営業する	
《相手》	を		訪問する、	

10.4.2.2 経営構文：修飾

修飾語			名詞群
A	B	C	
忙しい	慌ただしい	多忙(な)	【企業】
		健全(な)	【企業】【経営】
新しい、変わった、面白い	新鮮(な)		【企業】【ビジネス】

10.4.3.1 お金構文：叙述

名詞群	助詞	述語		
		A	B	C
《お金》	を		儲ける、得る	
《お金》	が		儲かる	

第1章　言語活動・言語素材と話題

【利益】	を	求める	追求する	
【企業】	が		潤う	
【支出】	を	抑える	抑制する	
【資本】《お金》	を			
【資本】《お金》	を	貸す	融資する	
【資本】《お金》	を	借りる	借金する	
【資本】《お金》	を	返す	返済する	
《お金》	を		催促する、取り立てる、回収する	

10.4.3.2 お金構文：修飾

修飾語			名詞群
A	B	C	
		悪どい	【ビジネス】【経営】

10.4.4.1 教育構文：叙述

名詞群	助詞	述語		
		A	B	C
【上司】	が		伸ばす、育てる	育成する
【部下】	を			
【部下】	が	褒める	持ち上げる	おだてる
【上司】	を			
【上司】	が	注意する	叱る	
【部下】	を			

10.4.4.2 教育構文：修飾

修飾語			名詞群
A	B	C	
良い、素晴らしい		優秀(な)、優れる	【部下】
	普通(の)、平凡(な)		【部下】
悪い	だめ(な)		【部下】

10.4.5 ビジネスその他

	A	B	C
企業の数え方に関する接尾辞		～社	

— 347 —

第1章　言語活動・言語素材と話題

【10.5 株】

	職業的領域	私的領域（場所）	私的領域（人）
単語	あなたは証券会社の社員です。A社の株の現在の価格を客に聞かれました。答えてください。	証券会社に行ったら、受付であなたの担当者の名前を聞かれました。答えてください。	あなたはA社の株を持っています。購入価格はいくらか、友達に聞かれました。答えてください。
単文	あなたは証券会社の受付で働いています。担当者の呼び出しを頼まれました。了解したことを伝えてください。	証券会社に来ています。自分が持っている株が上がったか下がったか、担当者に聞いてください。	新聞の株式欄を見ている友達に、A社の株の値動きについて聞いてください。
複文	あなたは証券会社の社員です。客がある注目株を売却したいと言っています。値上がりが見込めることを話した上で、本当に売っていいのか確認してください。	証券会社に相談に行くことになっていましたが、都合が悪くなりました。電話をして延期してもらい、次の相談日までに有望な株を探しておいてくれるよう頼んでください。	インターネットで株の売買をしたいのですが、どうすればいいのか、よくわかりません。友達に教えてもらってください。
単段落	あなたは証券会社の社員です。客に、A社の最近の業績と今後の見通しについて詳しく説明し、A社の株の購入を勧めてください。	ある証券会社で、新しく株取引を始めることにしました。担当者に、これまでの投資経験について聞かれたので、詳しく説明してください。	ある株を購入するか否かを判断する方法について、友達に聞かれました。あなたの情報収集の方法を、具体例を挙げながら説明してあげてください。
複段落	あなたは証券会社の役員です。今、取締役会で会社の今後の方針について話し合っています。社会情勢の変化と客のニーズの変化について述べ、今後会社が力を入れていくべき方向について意見を出してください。	あなたは株の売買で財産を築きましたが、インサイダー取引の疑いをかけられ、警察で事情聴取を受けています。社会情勢の変化や個々の企業の状況を綿密に分析することによって株価の変動を予測し、大きな利益を得てきたことを、具体例を交えながら説明し、疑いを晴らしてください。	友達が、簡単な投資を始めてみたいと言うので、投資信託を紹介しています。仕組みや運用方法などを他の金融商品と比較しながら説明し、そのメリットとデメリットについて、あなたの意見を述べてください。

第1章　言語活動・言語素材と話題

「10.5 株」の言語活動を支える構文

10.5.1 株名詞　10.5.1.1 株名詞：具体物　10.5.1.2 株名詞：抽象概念
10.5.2 取引構文　10.5.2.1 取引構文：叙述　10.5.2.2 取引構文：修飾
10.5.3 市場構文　10.5.3.1 市場構文：叙述　10.5.3.2 市場構文：修飾
10.5.4 株その他

10.5.1.1 株名詞：具体物

なし

10.5.1.2 株名詞：抽象概念

意味分類	A	B	C
【株】		株	株式、株券、持ち株
【企業】	会社	企業	
【証券その他】			証券、債券、社債
【株価】	値段	値	相場、株価、価額、高値
【取引】			取引、売却、運用、保有、買い
			投資、出資
【上場】			上場
【株主】			株主
【銘柄】			銘柄
			先物、現物、トレンド、新株
【上昇】		上昇	アップ、値上がり
【下降】		下降	ダウン、下落
【市場】			市場、マーケット
【利益】		利益、黒字	利潤、収益、損益
【損失】		損、赤字、打撃	損害、損失、リスク
【配当】		受け取り	割り当て、分配、配分、配当
【景気】		景気、不景気	好況、不況
【影響】		影響	連動

10.5.2.1 取引構文：叙述

名詞群	助詞	述語 A	B	C
【株】【証券その他】	を	買う		取引する、運用する

【株】【証券その他】	を	売る		売却する
【株】【証券その他】	を	持つ		保有する
―	―			投資する
《企業》	に	出す		出資する
―	―		儲ける、儲かる、得る	
【利益】	を		失う	
【配当】	を		受け取る	
【利益】	を			分配する、配分する

10.5.2.2 取引構文：修飾

修飾語			名詞群
A	B	C	
良い	安全(な)		【株】【企業】【銘柄】
危ない、心配(な)、悪い	不安(な)、危険(な)		【株】【企業】【銘柄】

10.5.3.1 市場構文：叙述

名詞群	助詞	述語		
		A	B	C
《企業》	が			上場する
【株価】	が	上がる	上昇する	アップする
《企業》	が	上げる		
【株価】	を			
【株価】	が	下がる	下降する	ダウンする、下落する、落ち込む
《企業》	が	下げる		
【株価】	を			
【景気】	が		影響する	連動する

10.5.3.2 市場構文：修飾

なし

10.5.4 株その他

	A	B	C
株の数え方に関する接尾辞		～株	

第1章　言語活動・言語素材と話題

【10.6 経済・財政・金融】

	職業的領域	私的領域（場所）	私的領域（人）
単語	あなたは銀行員です。普通預金の金利を聞かれました。答えてください。	銀行で口座を開設します。印鑑を持っているか聞かれました。答えてください。	普段使っている口座の銀行名を、友達に聞かれました。答えてください。
単文	あなたは銀行員です。定期預金を解約する客に、必要書類を渡し、記入する箇所を指示してください。	あなたは当面の生活費として、国から多額のお金を送金してもらいました。後日、銀行から電話がかかってきて、送金の目的を聞かれました。答えてください。	財布の中に現金がほとんどありません。ATMがどこにあるか、友達に聞いてください。
複文	・あなたは郵便局員です。窓口に振込依頼書を持ってきた客に、ATMで手続きをした方が手数料が安いことを伝えてください。	日本から母国に送金したいと思いますが、方法がわかりません。どうすればいいか、銀行で聞いてください。	電気・水道・ガスなどの引き落としがあるので、預金残高の不足が心配です。残高不足の場合どうなるのか、友達に聞いてみてください。
単段落	あなたは銀行員です。口座を作りに来たお年寄りに、今はインターネット口座なので通帳がないことを伝え、インターネット口座でできることとその使い方をわかりやすく説明してください。	大学で経済学の授業に出ています。先生に、あなたの国の金融政策について聞かれました。あなたの国の金融政策の概要について説明してください。	友達に、ATMを使った送金方法について聞かれました。詳しく説明してあげてください。
複段落	あなたは中小企業の社長です。設備投資のための融資を求めて銀行に来ました。難色を示す担当者に、あなたの会社の最近の経営状態と仕事の受注状況、さらに設備投資によって見込まれる収益の増加について詳しく話し、何とか融資を受けてください。	情報公開制度を利用して、市の財政情報を得ました。それを他の地方公共団体のものと比較した結果、収支バランスと資本・負債バランスの双方において、あなたの市には大きな問題があることがわかりました。「市の財政を考える会」の集まりで、分析結果と今後とるべき対策について述べてください。	最近政府が、経営破綻の危機にあった銀行に公的資金を投入し、救済しました。友達は不良債権の多い銀行に公的資金を投入する必要はないと言いますが、あなたはそう思いません。国全体の経済活動という観点から、あなたの意見を述べてください。

第1章　言語活動・言語素材と話題

「10.6 経済・財政・金融」の言語活動を支える構文

10.6.1 経済・財政・金融名詞　10.6.1.1 経済・財政・金融名詞：具体物　10.6.1.2 経済・財政・金融名詞：抽象概念

10.6.2 景気構文　10.6.2.1 景気構文：叙述　10.6.2.2 景気構文：修飾
10.6.3 消費構文　10.6.3.1 消費構文：叙述　10.6.3.2 消費構文：修飾
10.6.4 物価構文　10.6.4.1 物価構文：叙述　10.6.4.2 物価構文：修飾
10.6.5 財政構文　10.6.5.1 財政構文：叙述　10.6.5.2 財政構文：修飾
10.6.6 貧富構文　10.6.6.1 貧富構文：叙述　10.6.6.2 貧富構文：修飾
10.6.7 経済・財政・金融その他

10.6.1.1 経済・財政・金融名詞：具体物

意味分類	A	B	C
【金融機関】	銀行、郵便局		組合、信用金庫

10.6.1.2 経済・財政・金融名詞：抽象概念

意味分類	A	B	C
【金銭】	お金		金銭
【預貯金】		貯金、預金	貯蓄
【利子】		率、利息、利子	
【景気・経済】		経済、景気	
【好況】			好況
【不況】		不景気	不況
【予測】		予測	見通し
【景気変動】			循環、変動
		波	周期
		成長	
		悪化	後退、停滞
		回復	
【消費】		消費	
【物価・相場】	値段	価格、物価	相場
【インフレ】			インフレ
【需要】			需要
【供給】			供給
【バランス】		バランス	均衡

第1章　言語活動・言語素材と話題

【財政】		財政	
【財政政策】		刺激	介入、出動、再建
【雇用】		失業、雇用	
【豊か】	金持ち		富豪
【ゆとり】		余裕	ゆとり
【貧困】		貧乏	貧困、窮乏
【格差】		差	格差

10.6.2.1 景気構文：叙述

名詞群	助詞	述語 A	B	C
【景気・経済】	が		成長する	
【景気・経済】	が		伸びる	
【景気・経済】	が		悪化する	後退する、落ち込む、停滞する
【景気・経済】	が		回復する	
【景気・経済】	を		取り戻す	
【景気・経済】	が			抜け出す
【不況】	から			

10.6.2.2 景気構文：修飾

修飾語 A	B	C	名詞群
良い、悪い			【景気・経済】

10.6.3.1 消費構文：叙述

名詞群	助詞	述語 A	B	C
【消費】	が		拡大する	
【消費】	が		縮小する	落ち込む

10.6.3.2 消費構文：修飾

なし

10.6.4.1 物価構文：叙述

第1章 言語活動・言語素材と話題

名詞群	助詞	述語		
		A	B	C
【物価・相場】	が	上がる	上昇する	
【物価・相場】	が	下がる	下降する	落ち込む
【景気・経済】【物価・相場】	が		保つ	維持する
【バランス】	を			

10.6.4.2 物価構文：修飾

修飾語			名詞群
A	B	C	
高い、安い			【物価・相場】

10.6.5.1 財政構文：叙述

名詞群	助詞	述語		
		A	B	C
【金融機関】《国》	が	上げる	引き上げる	
【利子】	を			
【金融機関】《国》	が	下げる	引き下げる	
【利子】	を			
《国》	が		守る、保護する	
【金融機関】	を			
《国》	が		刺激する	
【景気・経済】【財政】	を			
《国》	が			介入する、出動する
【財政】	に			
《国》	が			再建する
【財政】	を			

10.6.5.2 財政構文：修飾

なし

10.6.6.1 貧富構文：叙述

名詞群	助詞	述語		
		A	B	C

第1章　言語活動・言語素材と話題

－	－		栄える	富む
【貧困】	を			克服する
【貧困】	から			抜け出す

10.6.6.2 貧富構文：修飾

修飾語			名詞群
A	B	C	
	豊か(な)、貧しい		《国》《人》など

10.6.7 経済・財政・金融その他

	A	B	C
利率に関する接尾辞	～パーセント	～割、～分	

【10.7 国際経済・金融】

	職業的領域	私的領域（場所）	私的領域（人）
単語	あなたは銀行員です。今、1ドルがいくらか聞かれました。答えてください。	空港の両替所で両替する時、小銭が要るか聞かれました。答えてください。	あなたの国で最も高額な硬貨はいくらか、友達に聞かれました。答えてください。
単文	あなたは空港の両替所で働いています。両替に来た客に、小額紙幣を混ぜるか聞いてください。	両替所であなたの国のお金を日本円に両替してもらってください。	新聞を読んでいるルームメイトに、ユーロの今日のレートを聞いてください。
複文	あなたは空港の両替所で働いています。客に円を500ユーロに換えてくれるよう頼まれました。高額紙幣がなく細かくなってしまいます。それでよいか客に聞いてください。	空港の免税店で買い物をします。円以外の通貨で買って、円でお釣りがもらえるか、聞いてみてください。	今度、友達の国に行きます。日本での換金と現地での換金のどちらがレートがよいか、友達に聞いてください。
単段落	あなたは経済学の専門家です。テレビの取材で、最近の貿易収支についての説明を依頼されました。概況を説明してください。	大学の授業で国際経済について勉強しています。先生に、固定相場制から変動相場制に移行した経緯について聞かれました。移行の経緯を詳しく説明してください。	友達に、日本の紙幣とあなたの国の紙幣の違いについて聞かれました。札の種類や描かれている絵など、日本の紙幣との違いを詳しく説明してあげてください。
複段落	あなたは国際経済の専門家です。ある雑誌社から、EUの通貨統合について取材を受けました。通貨統合の引き金となるEU諸国の経済事情や通貨統合の効果について述べ、EU諸国の今後の動向を予測してください。	大学の授業で国際経済について勉強しています。先生に、最近続く円高が日本経済にどのような影響を与えると思うか聞かれました。円高は日本経済にとってプラスなのかマイナスなのか、根拠を示しながら、あなたの意見を述べてください。	あなたの友達は、世界中の通貨を統合するべきだと考えています。世界通貨統合のメリットとデメリットを示した上で、世界の通貨を統合することについてのあなたの意見を述べてください。

第1章　言語活動・言語素材と話題

「10.7 国際経済・金融」の言語活動を支える構文

10.7.1 国際経済・金融名詞　10.7.1.1 国際経済・金融名詞：具体物　10.7.1.2 国際経済・金融名詞：抽象概念

10.7.2 貿易構文　10.7.2.1 貿易構文：叙述　10.7.2.2 貿易構文：修飾

10.7.3 為替・通貨構文　10.7.3.1 為替・通貨構文：叙述　10.7.3.2 為替・通貨構文：修飾

10.7.4 国際経済・金融その他

10.7.1.1 国際経済・金融名詞：具体物

意味分類	A	B	C
【輸入品・輸出品】	車	米、原料、資源、材料、自動車、食料、食糧、石油、製品	

10.7.1.2 国際経済・金融名詞：抽象概念

意味分類	A	B	C
【国際】	世界	国際	インターナショナル
【貿易】		貿易	交易
【輸出入】		輸出、輸入	
【摩擦】		摩擦	
		黒字、赤字	
【税関】		税関	
【関税】		税、税金	関税
【課税】			課税
【為替市場】		為替	
			市場、相場
			固定、変動
【両替】		両替する	
【株価】	値段	値	
【通貨】			通貨、外貨
		紙幣	貨幣
	円		
【価値】		価値	
【危機】			危機
【調停】			調停、介入
【均衡】		バランス	均衡

10.7.2.1 貿易構文：叙述

名詞群	助詞	述語 A	述語 B	述語 C
《国》《企業》	が		輸出する	
【輸入品・輸出品】	を			
《国》《企業》	が		輸入する	
【輸入品・輸出品】	を			
《国》《企業》	が			課税する
【輸入品・輸出品】	に			

10.7.2.2 貿易構文：修飾

なし

10.7.3.1 為替・通貨構文：叙述

名詞群	助詞	述語 A	述語 B	述語 C
《国》	が			取引する
【通貨】	が		使える、通用する	
【通貨】	を		両替する	
《国》《国際機関》	が			統合する
【通貨】	を			

10.7.3.2 為替・通貨構文：修飾

修飾語 A	B	C	名詞群
高い、安い			【為替市場】

10.7.4 国際経済・金融その他

なし

第1章　言語活動・言語素材と話題

【10.8 税】

	職業的領域	私的領域（場所）	私的領域（人）
単語	あなたはデパートの店員です。ある商品を買った客に、消費税分はいくらなのか聞かれました。答えてください。	税関で、お土産として買った酒の本数を聞かれました。答えてください。	友達に、あなたの国の消費税は何パーセントか聞かれました。答えてください。
単文	あなたは空港税関の担当者です。申告する物はないか聞いてください。	土産物屋で買い物をしています。店員にある商品の値段を聞いたら、4000円だと言われました。消費税込みの値段なのか確認してください。	あなたに手紙が来ました。たぶん税務署からだと思うのですが、自信がありません。友達にその手紙を見せて、税務署からのものであることを確認してください。
複文	あなたはホテルのフロント係です。客が、聞いていた料金より高いと言っています。宿泊料金以外に、サービス料と入湯税が必要であることを伝えてください。	国から両親が来て、デパートで高価な物を買いました。デパートに電話して、免税にならないのか聞いてください。	あなたはアルバイトをして収入を得ています。税金を払う必要があるか、友達に聞いてください。
単段落	あなたは税関の職員です。サボテンの種子をアメリカから持ち込むためにはどうすればいいか、電話で質問がありました。ワシントン条約と輸出許可書の詳細について説明してください。	大学で財政学の授業を受けています。先生に、あなたの国が消費税を導入した経緯について聞かれました。消費税導入の経緯を詳しく説明してください。	友達に、確定申告とは何か聞かれました。なぜ確定申告をするのか、どんな人がしなければならないのかなど、確定申告について詳しく教えてあげてください。
複段落	あなたは税関の職員です。最近、商標権を侵害する物品の密輸入が急増しています。所内の対策会議で、最近の事例を挙げながらその背景を分析し、とるべき対策を提案してください。	車通勤のあなたにとって、車の所有は必要経費です。自営業者には認められている必要経費の控除がなぜ給与所得者には認められないのか、理解できません。「税金を考える会」の会合で、法の不平等性を訴えてください。	あなたは日本の消費税は「いい／よくない」と思っています。自分の国の税の制度と比較しながら、友達と意見を述べ合ってください。

第1章　言語活動・言語素材と話題

「10.8 税」の言語活動を支える構文

10.8.1 税名詞　10.8.1.1 税名詞：具体物　10.8.1.2 税名詞：抽象概念
10.8.2 税構文　10.8.2.1 税構文：叙述　10.8.2.2 税構文：修飾
10.8.3 税金構文　10.8.3.1 税金構文：叙述　10.8.3.2 税金構文：修飾
10.8.4 税制構文　10.8.4.1 税制構文：叙述　10.8.4.2 税制構文：修飾
10.8.5 税その他

10.8.1.1 税名詞：具体物

なし

10.8.1.2 税名詞：抽象概念

意味分類	A	B	C
【税】		税、税金	
【税種】			直接、間接
	国、ガソリン、空港	地方、住民、消費、通行	相続、所得、関税
【使途】			使い道
	サービス	道路、整備、医療	公共、調整
【免税理由】		医療	配偶者、扶養
【免除】			免除、控除
【滞納】			滞納
【所得】	給料	収入	給与、所得
【財源】			財源
【調整】			調整、配分、分配
【導入】			導入
【課税】			課税、徴収

10.8.2.1 税構文：叙述

名詞群	助詞	述語		
		A	B	C
《国》《市町村》	が			課す
【税】	を			
《国》《市町村》	が			課税する
【税】	を		納める	負担する
《国》《市町村》	が			免除する、控除する

— 360 —

【税】	を			
《国》《市町村》	が			取り立てる、徴収する
【税】	を			
【税】	を			滞納する
【税】	を			ごまかす
【申告】	が		漏れる	
【免税理由】	を			申告する
《国》《市町村》	が	上げる	引き上げる	
【税】	を			
《国》《市町村》	が	下げる	引き下げる	
【税】	を			
【税率】	が			応ずる、応じる
【所得】	に			
《国》《市町村》	が			調整する、配分する、分配する
【税】	を			
《国》《市町村》	が			導入する
【税】	を			

10.8.2.2 税構文：修飾

なし

10.8.3.1 税金構文：叙述

なし

10.8.3.2 税金構文：修飾

修飾語			名詞群
A	B	C	
大変(な)	きつい、苦しい、辛い〈ツライ〉		【税】

10.8.4.1 税制構文：叙述

なし

10.8.4.2 税制構文：修飾

修飾語	名詞群

第1章　言語活動・言語素材と話題

A	B	C	
	公正(な)、公平(な)		【税】【課税】【調整】「制度」
	中立(な)		【税】【課税】【調整】「制度」
	明確(な)	簡素(な)	【税】【課税】【調整】「制度」

10.8.5　税その他

	A	B	C
税率に関する接尾辞	パーセント	率	
納税に関する接尾辞		〜年度	

第1章　言語活動・言語素材と話題

【11.1　工業一般】

	職業的領域	私的領域（場所）	私的領域（人）
単語	あなたは工場で働いています。工場見学に来た人に、この工場の従業員は何人か聞かれました。答えてください。	工場見学に来ています。今、見ている製品を買ったことがあるか、工場の人に聞かれました。答えてください。	友達に、あなたの国で最も有名な家電製品の会社の名前を聞かれました。答えてください。
単文	あなたは工場で働いています。工場の倉庫で火災報知機が作動しました。部下に指示を出してください。	工場見学に来ています。今見ているラインでは何が作られているのか、工場の人に聞いてください。	友達と歩いていたら大きな工場がありました。何の工場か、友達に聞いてください。
複文	あなたは、ある生産ラインの班長です。今日は機械の不具合がたびたび発生したため、終業後にミーティングを行おうと思います。そのことを班員に伝えてください。	あなたの町には、高い技術力を誇る町工場があります。その工場に電話して、見学が可能かどうか聞いてみてください。	日本の工業の発展の歴史について調べたいです。どこでどのように調べたらいいか、友達に聞いてください。
単段落	あなたはある家電製品の生産ラインで働いています。ここ数時間で立て続けに不良品が出ました。上司にどんな不良品が出たか報告してください。	あなたの家の隣は工場です。工場から出るにおいや騒音によって、あなたの家族はいろいろな被害を被っています。市役所の苦情相談窓口に行って、状況を詳しく説明してください。	あなたの故郷は古くから織物業が盛んです。友達にあなたの町の織物業の歴史について聞かれました。説明してあげてください。
複段落	あなたの会社はある町に工場の建設を予定しています。あなたは住民への説明会で、会社の方針について説明することになっています。工場建設の目的、将来性、住民への配慮等を説明し、住民の理解を得てください。	大学の授業で、工業化の歴史について述べよと先生に言われました。あなたの国を例にとって、家内制手工業から、問屋制家内工業、工場制手工業へと推移していった過程を説明した上で、その推移を推し進めた要因をあなたなりに分析して述べなさい。	あなたの故郷は人口が多く、大きな港もあるのに、なぜ工業都市として発展しないのか、友達に聞かれました。これまでの状況と発展しない原因について述べ、工業都市として発展するためにはどうすればよいのか、あなたの意見を述べてください。

第1章　言語活動・言語素材と話題

「11.1 工業一般」の言語活動を支える構文

11.1.1 工業一般名詞　11.1.1.1 工業一般名詞：具体物　11.1.1.2 工業一般名詞：抽象概念
11.1.2 製造・加工構文　11.1.2.1 製造・加工構文：叙述　11.1.2.2 製造・加工構文：修飾
11.1.3 産業革命構文　11.1.3.1 産業革命構文：叙述　11.1.3.2 産業革命構文：修飾
11.1.4 工業一般その他

11.1.1.1 工業一般名詞：具体物

意味分類	A	B	C
【工場】		工場	
【設備】		設備	
		倉庫	パイプ、煙突
【原材料】		材料	原料
	ガソリン	油、アルコール	灯油、原油
	石、	土、岩、砂、泥、化石	鉱物、溶岩、岩石、砂利、～土
	金、銀、プラスチック	金属、鉄、ビニール、アルミ	水素、銅、炭素、黄金、鉄鋼、鉛
【機械】		機械	

11.1.1.2 工業一般名詞：抽象概念

意味分類	A	B	C
【工業】		工業	
【製造】		製造、作業、製作、作成	
【加工】		加工	形成、細工
【欠陥】		ミス	欠陥
【革命】		革命	
【方式】		自動、流れ	オートメーション、オートマチック、分業、動力
【産業】		産業	
【発展】		発展、向上	
【短縮】		短縮	
【手間】		手間	
【技術】		蒸気	紡績

11.1.2.1 製造・加工構文：叙述

第1章 言語活動・言語素材と話題

名詞群	助詞	述語		
		A	B	C
《企業》	が	作る	製造する、製作する、作成する	
《物》	を			
《企業》	が		加工する	形成する、細工する
《物》	を			

11.1.2.2 製造・加工構文：修飾

修飾語			名詞群
A	B	C	
	精密(な)		【製造】【加工】

11.1.3.1 産業革命構文：叙述

名詞群	助詞	述語		
		A	B	C
【工業】《国》	が		発展する	向上する
【工業】	が		支える	
《国》	を			
【機械】【方式】	が		縮める、短縮する	
【手間】《作業》	を			
【産業】「産業構造」	が	変わる	変化する	一変する

11.1.3.2 産業革命構文：修飾

修飾語			名詞群
A	B	C	
簡単(な)	単純(な)	簡素(な)	【製造】【加工】
便利(な)			【機械】

11.1.4 工業一般その他

	A	B	C
製造元に関する接尾辞		～製	

第1章　言語活動・言語素材と話題

【11.2　自動車産業】

	職業的領域	私的領域（場所）	私的領域（人）
単語	あなたは自動車工場の工員です。来週のシフトは昼か夜か、新人の期間工に聞かれました。答えてください。	車のショールームで試乗するかどうか聞かれました。答えてください。	友達に好きな車の名前を聞かれました。答えてください。
単文	あなたはレンタカー会社の予約係です。利用日、乗車人数、希望車種等を客に尋ねてください。	ガソリンスタンドで洗車を頼んでください。	友達が新しい車に乗っています。いつ買ったのか聞いてください。
複文	あなたは自動車の販売員です。客が予約した車の入荷が遅れています。客に連絡してください。	あなたは2サイクルエンジンの車に興味があります。自動車の販売店に行って、2サイクルエンジンの長所と短所を聞いてみてください。	車を購入しようと思います。車に詳しい友達に、どんな車がほしいか話し、アドバイスしてもらってください。
単段落	あなたはセルフスタンドの店員です。客から電話があり、セルフスタンドの利用方法を聞かれました。ガソリンの入れ方や料金の払い方を説明してください。	車を運転していて、衝突事故に遭いました。修理工場に電話をして、壊れた箇所や壊れた経緯を話し、修理を頼んでください。	あなたの趣味は車です。車の知識がまったくない友達が車を買おうとしているので、セダン、ワゴン、クーペ、バンの違いと、FFと4WDについて説明してあげてください。
複段落	あなたは自動車販売員です。展示場にやってきたお客さんは、ハイブリッド車以外にはまったく関心がないようです。ハイブリッド車だけが優れているわけではないということを、いくつかの側面から話し、お客さんをハイブリッド車の呪縛から解放してあげてください。	あなたの友人は自動車工場で働いていましたが、体を悪くして解雇されました。あなたは、ラインでの非人間的な労働は、生産方式のあり方そのものに問題があると考えています。日本語が苦手な友人に代わって会社に行き、自動車工場の労働の根源的な問題を指摘して、解雇通告を取り下げてもらってください。	あなたの友達は、ジャストインタイム生産方式ほど優れた生産方式はないと考えているようですが、あなたはそうは思いません。ジャストインタイム生産方式の功罪について述べ、友達の考え方を変えてください。

第1章　言語活動・言語素材と話題

「11.2 自動車産業」の言語活動を支える構文

11.2.1 自動車産業名詞　11.2.1.1 自動車産業名詞：具体物　11.2.1.2 自動車産業名詞：抽象概念
11.2.2 自動車の性能構文　11.2.2.1 自動車の性能構文：叙述　11.2.2.2 自動車の性能構文：修飾
11.2.3 製造・販売構文　11.2.3.1 製造・販売構文：叙述　11.2.3.2 製造・販売構文：修飾
11.2.4 社会問題構文　11.2.4.1 社会問題構文：叙述　11.2.4.2 社会問題構文：修飾
11.2.5 自動車産業その他

11.2.1.1 自動車産業名詞：具体物

名詞群	述語		
	A	B	C
【自動車】	車	カー、自動車	
		〜車、小型、トラック	スポーツカー、ダンプ、クレーン車、ポンプ車、車両、軽、ワゴン、乗用車
【路面】	道	道路	路面
【自動車部品】	エンジン、タイヤ、ハンドル、スイッチ、ブレーキ	モーター、車輪、アクセル、レバー、エアコン、トランク	リア、パネル、スティック、ボディー、パーツ、テール、ドラム、〜輪、エアー、ペダル
【燃料】	ガソリン		
	電気		電力
	ガス		

11.2.1.2 自動車産業名詞：抽象概念

意味分類	A	B	C
【性能】		性能	
【デザイン】		デザイン	ブランド
【スピード】	スピード		
【パワー】		パワー	
【製造国】		国産	
【設計・製造】		設計、製造	
【取り付け】			溶接、装着
【搭載】			搭載
【塗装】			塗装
【修理】		修理	修復
【故障】		故障、パンク	

【広告媒体】	雑誌、テレビ	広告、宣伝、コマーシャル、ショー	
【販売】		販売、発売	
【輸出入】		輸出、輸入	
【環境・大気】		環境、大気、空気	排気
【渋滞】	事故	渋滞	

11.2.2.1 自動車の性能構文：叙述

名詞群	助詞	述語		
		A	B	C
【自動車】	が	動く、走る、進む		
【自動車部品】	が	動く		作動する

11.2.2.2 自動車の性能構文：修飾

修飾語			名詞群
A	B	C	
きれい(な)、おしゃれ(な)、すてき(な)	美しい、高級(な)、地味(な)、派手(な)、モダン(な)、シンプル(な)、華やか(な)	安っぽい、簡素(な)	【自動車】
静か(な)			【自動車】
速い、遅い			【自動車】
	快適(な)	心地良い	【自動車】
	丈夫(な)	頑丈(な)	【自動車】

11.2.3.1 製造・販売構文：叙述

名詞群	助詞	述語		
		A	B	C
【自動車】【自動車部品】	を		設計する	
【自動車】【自動車部品】	を		製造する	
【自動車部品】	を	付ける、取る、外す		溶接する、装着する、取り外す
【自動車】	が			搭載する
【自動車部品】	を			
【自動車】	を		塗る	塗装する
【自動車】【自動車部品】	を	直す	修理する	修復する

第1章　言語活動・言語素材と話題

【自動車】【自動車部品】	が	直る		
【自動車】【自動車部品】	が	壊れる	故障する	
【自動車】【自動車部品】	が		パンクする	きしむ
【自動車】【自動車部品】	を		宣伝する	
【自動車】【自動車部品】	を	売る	販売する、発売する	
【自動車】【自動車部品】	を		輸出する	
【自動車】【自動車部品】	を		輸入する	

11.2.3.2 製造・販売構文：修飾
なし

11.2.4.1 社会問題構文：叙述

名詞群	助詞	述語 A	B	C
【自動車】《排気ガス》	が		汚す、汚染する	
【環境】《大気》《空》	を			
【道】	が	混む	渋滞する、混雑する	
【事故】	が		起きる、発生する	
【自動車】	が		起こす	引き起こす
【渋滞】【事故】	を			
《大気》《空》	が		汚れる	

11.2.4.2 社会問題構文：修飾

修飾語 A	B	C	名詞群
うるさい	騒々しい	やかましい	【自動車】「音」
汚い			【環境・大気】

11.2.5 自動車産業その他

	A	B	C
製造に関する接尾辞		～製	
排気量に関する接尾辞	～リットル		
車の数え方に関する接尾辞	～台		

第1章　言語活動・言語素材と話題

【11.3　重工業】

	職業的領域	私的領域（場所）	私的領域（人）
単語	あなたは鉄鋼会社で働いています。鉄鉱石が次に港に着くのはいつか、上司に聞かれました。答えてください。	社会見学で製鉄所に来ています。高炉の前で、高炉の中の温度は何度だと思うか、製鉄所の人に聞かれました。答えてください。	石油コンビナートを見学したことがあるか、友達に聞かれました。答えてください。
単文	あなたは製鉄所で働いています。上司に指示された仕事が終わりました。報告してください。	社会見学で金の採掘場に来ています。その採掘場はいつごろまで使われていたのか、案内係に聞いてください。	あなたの国ではどこでどんな鉱物が採掘されているのか、友達に聞かれました。答えてください。
複文	あなたは造船所の作業員です。作業が遅れている理由について上司に聞かれました。答えてください。	社会見学で造船所に来ています。船の内部に興味があるので、中を見せてもらえるよう頼んでみてください。	あなたは船が大好きです。近くの造船所は見学可能だと聞きました。友達を誘ってください。
単段落	あなたは、古い鉱山の採掘場の観光施設でガイドとして働いています。工夫たちの様子を再現してある展示の前で、鉱石を掘り出す手順と方法について、観光客に説明してください。	社会見学で鉱山に来ています。採掘方法についての説明を聞きましたが、あなたの国とはまったく違っています。説明の担当者にあなたの国の採掘方法を詳しく説明し、日本でその方法をとらない理由を聞いてください。	昨日、あなたは昔の鉱山の採掘現場を見てきました。鉱山の採掘に関心を持っている友達に、そこでの様子を詳しく説明してあげてください。
複段落	あなたは製鉄所の社員です。新たな工場を作ろうとしたところ、環境汚染を心配した近隣住民から猛反対を受けました。住民集会に出席し、工場で行う作業の内容、排水排気処理の方法と安全性、あなたの会社の安全管理に対する姿勢などを詳しく説明し、建設への理解を得てください。	あなたは環境保護団体のメンバーの1人です。町の石油コンビナートの周辺を調査したところ、基準値を越える様々な汚染物質が、近くの土壌や河川で見つかりました。市役所に調査結果を報告し、考えられる環境や人体への影響を詳しく述べ、早急に対策を講じるよう求めてください。	就職活動をしている友達が、造船会社の面接を受けることになりました。しかし、造船業界についての知識がまったくないようです。世界の造船業の歴史と現状、その中での日本の位置付け、また、現在の造船業が抱える問題とその打開策などについて、友達に詳しく教えてあげてください。

第1章 言語活動・言語素材と話題

「11.3 重工業」の言語活動を支える構文

11.3.1 重工業名詞　11.3.1.1 重工業名詞：具体物　11.3.1.2 重工業名詞：抽象概念

11.3.2 鉄鋼構文　11.3.2.1 鉄鋼構文：叙述　11.3.2.2 鉄鋼構文：修飾

11.3.3 造船構文　11.3.3.1 造船構文：叙述　11.3.3.2 造船構文：修飾

11.3.4 重工業その他

11.3.1.1 重工業名詞：具体物

意味分類	A	B	C
【鉱物・金属】	石	金属、石炭	鉄鋼
	金、銀、	鉄、アルミ	銅、鉛
【鉱山】			鉱山
【船】	船	〜船	船舶、汽船、漁船、フェリー

11.3.1.2 重工業名詞：抽象概念

意味分類	A	B	C
【製鉄】			製鉄
【採掘】			採掘
【造船】		造船	

11.3.2.1 鉄鋼構文：叙述

名詞群	助詞	述語 A	述語 B	述語 C
【鉱物・金属】	を		掘る	採掘する
【鉱物・金属】	を	作る	製造する	
【鉱物・金属】	を		加工する、固める	形成する
【鉱物・金属】	が		溶ける	
【鉱物・金属】	を		溶かす	
【鉱物・金属】	が		さびる	酸化する

11.3.2.2 鉄鋼構文：修飾

修飾語 A	修飾語 B	修飾語 C	名詞群
大きい、重い、重たい			【鉱物・金属】

11.3.3.1 造船構文:叙述

名詞群	助詞	述語		
		A	B	C
【船】	を		製造する	
【船】	を		浮かべる	
【船】	が		浮く、浮かぶ	
【船】	を		沈める	
【船】	が		沈む	

11.3.3.2 造船構文:修飾

なし

11.3.4 重工業その他

	A	B	C
重さに関する接尾辞		〜トン	

第1章　言語活動・言語素材と話題

【11.4 軽工業・機械工業】

	職業的領域	私的領域（場所）	私的領域（人）
単語	旋盤のスイッチがどこか、新人に聞かれました。指さして教えてあげてください。	社会見学で縫製工場に来ています。今あなたが着ている服が作られた国はどこか、工場の人に聞かれました。答えてください。	公民館の隣の工場で作っているものは何か、友達に聞かれました。答えてください。
単文	溶接機のケーブルが切れかかっています。先輩に、予備のケーブルがどこにあるか聞いてください。	社会見学で工場に来ています。目の前の治具にセットされている部品について、それが何に使うものなのか、案内してくれている担当者に聞いてください。	あなたの父親は撹拌機のメーカーに勤めていて、現在、海外赴任をしています。どこで何を作っているのか、友達に聞かれました。答えてください。
複文	新人がスポット溶接をしていますが、うまくいっていません。まず電極を研磨し、それでもうまくいかない時は、電極を交換することを教えてあげてください。	あなたのクラスでは、携帯電話の製造工場の見学を希望しています。クラスを代表して工場に電話し、見学の申し込みをしてください。	最近、工場でのアルバイトをやめました。友達に理由を聞かれたので、答えてください。
単段落	NC旋盤を初めて使う新人に、数値制御装置に位置データと作業順序を読みとらせる方法を説明してください。	あなたの国の発展に、軽工業がどのような役割を果たしてきたのか、先生に聞かれました。答えてください。	友達が、アーク溶接とスポット溶接の違いについて知りたいと言っています。詳しく教えてあげてください。
複段落	あなたは町工場の専務です。たたき上げの溶接工である社長に、アーク溶接ロボットの仕組みを説明し、もし導入すると工場がどのように変わるのかということを複数の面から述べ、導入を決心させてください。	あなたは工場見学をしました。見学の後で、工場長から、あなたの国に工場を移転するためには、どんなことが必要だと思うかと聞かれました。あなたの国で同じような製品を作っている工場の例を挙げつつ、移転の可能性について、あなたの意見を述べてください。	友達が、ファストファッションのお店で売られているTシャツの安さに驚いています。その価格を可能にしている縫製業界の現状と問題点を説明し、さらに、今後、縫製業界が進んでいくべき道について、あなたの考えを述べてください。

「11.4 軽工業・機械工業」の言語活動を支える構文

11.4.1 軽工業・機械工業名詞　11.4.1.1 軽工業・機械工業名詞：具体物　11.4.1.2 軽工業・機械工業名詞：抽象概念

11.4.2 繊維工業構文　11.4.2.1 繊維工業構文：叙述　11.4.2.2 繊維工業構文：修飾

11.4.3 機械工業構文　11.4.3.1 機械工業構文：叙述　11.4.3.2 機械工業構文：修飾

11.4.4 製紙工業構文　11.4.4.1 製紙工業構文：叙述　11.4.4.2 製紙工業構文：修飾

11.4.5 軽工業・機械工業その他

11.4.1.1 軽工業・機械工業名詞：具体物

意味分類	A	B	C
【繊維製品】	服		衣料
【素材】	糸、毛糸	絹、毛、皮、綿	ナイロン、麻、木綿、ウール、羊毛、化繊、繊維
【生地】		生地、布	
【部分】	ポケット、ボタン、袖	襟、裾	ファスナー
【精密機器・電子機器】	時計、カメラ、コンピュータ、パソコン	レジ、ミシン、レンズ、電卓、タイマー	～機、タイプライター、基盤、計器、回路
【紙】	紙		～紙
【製紙原料】	木	木材	材木

11.4.1.2 軽工業・機械工業名詞：抽象概念

意味分類	A	B	C
【原材料】		資源	原料
【繊維産業】		裁縫	紡績
【縫製】		裁縫	
【部品】		部品	
【サイズ】	サイズ		寸法
【電流】		電流、流れ	
【磁気】			磁気
【再生】		再生	
【資源】		資源	

11.4.2.1 繊維工業構文：叙述

第1章　言語活動・言語素材と話題

名詞群	助詞	述語		
		A	B	C
【繊維製品】【素材】	を	縫う	編む	織る
【繊維製品】	を	作る	製造する、製作する	あつらえる、仕立てる
【繊維製品】	を		染める	着色する
【部分】	を	付ける	取り付ける	

11.4.2.2 繊維工業構文：修飾
なし

11.4.3.1 機械工業構文：叙述

名詞群	助詞	述語		
		A	B	C
【精密機器・電子機器】	を	作る	製造する、製作する	

11.4.3.2 機械工業構文：修飾

修飾語			名詞群
A	B	C	
		精密(な)、精巧(な)	【部品】【精密機器・電子機器】

11.4.4.1 製紙工業構文：叙述

名詞群	助詞	述語		
		A	B	C
【紙】	を	作る	製造する	
【原材料】【木材】	を		溶かす、固める	
【紙】	を		再生する	

11.4.4.2 製紙工業構文：修飾

修飾語			名詞群
A	B	C	
大切(な)	貴重(な)		【資源】【製紙原料】
	伝統(の)		「工法」

11.4.5 軽工業・機械工業その他

第1章　言語活動・言語素材と話題

	A	B	C
リサイクルに関する接頭辞		再〜	
製造元に関する接尾辞		〜製	

第1章　言語活動・言語素材と話題

【11.5 建設・土木】

	職業的領域	私的領域（場所）	私的領域（人）
単語	あなたは建設現場で働いています。クレーンの運転士免許を持っているか、上司に聞かれました。答えてください。	家の前で道路工事をしています。工事の時間中は車を出すことができません。今日は車で出かけるか、作業員に聞かれました。答えてください。	東京タワーの高さが何メートルか、友達に聞かれました。答えてください。
単文	あなたは建築現場の監督です。予定どおりの日程で棟上げができるか、大工の棟梁に聞いてください。	家の近所で舗装工事をしています。作業員に工事の期間を尋ねてください。	市役所の改修工事がいつなのか、友達に聞いてください。
複文	あなたは建設会社の社員です。ある家の外壁の改修工事を行うので、近所の人に挨拶をしてください。	家の前の舗装工事が遅れているようです。作業員に遅れている理由を尋ねてください。	明日は下水道の工事で市役所の前の道が通れないことを、同じクラスの友達に教えてあげてください。
単段落	あなたは建設会社の社員です。アパートの建築工程について、依頼主に詳しく説明してください。	あなたは寒冷地に別荘を持っています。水抜きをしなくても凍結しない配管のシステムを考案したので、建築会社の人にその案を説明し、施工可能か聞いてみてください。	あなたの国のあるつり橋は、振動や騒音を緩和するようにできています。どのような原理で振動・騒音を緩和するのか、また、どのような構造になっているのか、友達に説明してあげてください。
複段落	建設会社で働いているあなたは、受注した工事の一部を他の業者に任せていることに問題を感じています。発注者の信頼を裏切っていないか、施工責任を果たせているのか、中間搾取をしていないか、などということを上司に述べ、会社の体質を変えるよう、進言してください。	あなたは長年、市の土木工事の時期と場所を記録しています。市の担当者のところに行って、データを挙げて市の土木工事に計画性がないことを指摘し、どのように土木工事を行っていけばいいのかというあなたの意見を述べてください。	あなたの町の新しい飛行場の建設について、友達があなたの意見を聞きたいと言っています。住民の間には賛成意見も反対意見もあります。まず、双方の意見のポイントを説明し、それを踏まえた上で、あなたの意見を述べてください。

第1章　言語活動・言語素材と話題

「11.5 建設・土木」の言語活動を支える構文
11.5.1 建設・土木名詞　11.5.1.1 建設・土木名詞：具体物　11.5.1.2 建設・土木名詞：抽象概念
11.5.2 工事構文　11.5.2.1 工事構文：叙述　11.5.2.2 工事構文：修飾
11.5.3 反対運動構文　11.5.3.1 反対運動構文：叙述　11.5.3.2 反対運動構文：修飾
11.5.4 建設・土木その他

11.5.1.1 建設・土木名詞：具体物

意味分類	A	B	C
【資材】	木、石	木材、土、鉄、砂、コンクリート、木造、煉瓦、陶器	材木、板、セメント、藁、タイル、磁気、鉄筋、石灰、〜材、瓦、砂利
【治水】	池	水路、下水、〜池、溝、井戸、水道	溜まり、どぶ、土手、堤防、桟橋、雨水、堀、運河、ダム
【道路】	道、	〜道、道路、歩道	桟橋、街路樹
【港・空港】	港、空港、飛行場		
【部分】			杭、梁

11.5.1.2 建設・土木名詞：抽象概念

意味分類	A	B	C
【建設・土木】		建設、工事	土木
【作業】		作業	
【開発】		開発	開拓
【掘削】			採掘
【工法】	方法		工法
【着工】			着工、施行
【運搬】			運搬
【灌漑・排水】			排水、灌漑
【舗装】			舗装
【対策】			耐震、防災
【届け出】		申請	届け出
【発注】		注文	発注
【受注】			請け負い、受注、履行
【賛成】		賛成	
【反対】		反対	

第1章　言語活動・言語素材と話題

【運動】	運動	要求、主張、交渉、抗議	
【権利】		権利、署名、ストライキ、スト	
【景観】			景観、保全
【妥協】			妥協、妥結、譲歩
【中止】	ストップ	中止	阻止、中断
【法律】			民法、政令
【事業】			事業
【見直し】		見直し	

11.5.2.1 工事構文：叙述

名詞群	助詞	述語 A	B	C
【治水】【道路】【港・空港】	を		建設する、工事する	
《場所》	を		開発する	開拓する
《場所》	を		掘る、崩す、砕く、削る	発掘する、採掘する
【建設・土木】	に	始める		着工する、施工する
【資材】	を	運ぶ		運搬する
《土地》	を		埋める	
《土など》	を		盛る、積む	
《水、汚水》	を		流す	排水する
《穴など》	を		塞ぐ	
【道路】	を			舗装する
【道路】【治水】【港・空港】	が	できる	完成する	
【道路】【治水】【港・空港】の【建設・土木】	を			発注する
【道路】【治水】【港・空港】の【建設・土木】	を		引き受ける	受注する
《工事業者》	を	選ぶ		選定する

11.5.2.2 工事構文：修飾

修飾語 A	B	C	名詞群
危ない	危険(な)		【作業】
	公共(の)		【開発】

— 379 —

11.5.3.1 反対運動構文：叙述

名詞群	助詞	述語 A	B	C
—	—	運動する		
【中止】【反対】【賛成】	を		要求する、主張する	
【建設・土木】	に			抗議する
《工事業者》	に		交渉する	
【中止】【対策】	を			
【建設・土木】	を	やめる、ストップする	中止する	阻止する、中断する
《問題》	が		解決する	

11.5.3.2 反対運動構文：修飾

修飾語 A	B	C	名詞群
	無駄(な)、不要(な)		【建設・土木】【開発】【道路】【港・空港】

11.5.4 建設・土木その他

	A	B	C
運動・闘争に関する接尾辞		〜派	

第1章　言語活動・言語素材と話題

【11.6　エネルギー】

	職業的領域	私的領域（場所）	私的領域（人）
単語	あなたは火力発電所で働いています。見学に来た中学生に、燃やしているものは何か聞かれました。答えてください。	社会見学で発電所に来ています。案内係の職員に、あなたの国で一番多いのは何発電か聞かれました。答えてください。	寒がりの友達があなたの部屋に来て、エアコンの設定温度を何度にしているか聞きました。答えてください。
単文	あなたはガス会社のお客様担当係です。ガス開栓の依頼の電話がありました。いつから使うのか聞いてください。	ストーブを買いに家電量販店に来ました。石油ストーブがあるか、店員に聞いてください。	毎月どのぐらいの電気料金を払っているのか、友達に聞いてみてください。
複文	あなたはガス会社のガス点検係です。ある家にガスの点検に来ました。ガス管の交換時期であることを伝えてください。	太陽光発電を自宅に導入した場合の電気料金について知りたいと思っています。電力会社に電話して聞いてみてください。	あなたのルームメイトは、よく電気をつけっぱなしにします。電力の無駄遣いはよくないので、注意してあげてください。
単段落	あなたは電力会社のお客様担当係です。料金表の見方について問い合わせがありました。詳しく説明してください。	今、就職の面接を受けています。あなたはエネルギー管理士の資格を持っているのですが、面接官はその資格を知らないようです。エネルギー管理士について詳しく説明してください。	太陽光発電と太陽熱発電の違いについて、友達に聞かれました。詳しく教えてあげてください。
複段落	あなたはエネルギー資源の専門家です。今、新発電所建設のための会議に出席しているのですが、あなたは新しい発電所を作るよりも、蓄電池併用型の太陽光発電システムを開発し、各家庭で発電を行えるようにすべきだと考えています。挙手をして、あなたの意見を述べてください。	資源エネルギー庁が主催するエネルギー教育フェアに参加し、「持続可能な社会を目指す」というシンポジウムを聞きました。パネリストのエネルギー政策論にはどうしても納得がいかないので、質問の時間になったら、挙手して、あなたのエネルギー政策論を述べてください。	とてもユニークな発電方法に関するテレビ番組を見ました。エネルギー問題に関心のある友達に、その具体的な発電方法と、その方法の利点と問題点を詳しく説明し、将来における普及の可能性について、あなたの意見を述べてください。

第1章　言語活動・言語素材と話題

「11.6 エネルギー」の言語活動を支える構文

11.6.1 エネルギー名詞　11.6.1.1 エネルギー名詞：具体物　11.6.1.2 エネルギー名詞：抽象概念
11.6.2 発電構文　11.6.2.1 発電構文：叙述　11.6.2.2 発電構文：修飾
11.6.3 環境対策構文　11.6.3.1 環境対策構文：叙述　11.6.3.2 環境対策構文：修飾
11.6.4 誘致構文　11.6.4.1 誘致構文：叙述　11.6.4.2 誘致構文：修飾
11.6.5 エネルギーその他

11.6.1.1 エネルギー名詞：具体物

意味分類	A	B	C
【燃料】		燃料	
	ガソリン	石油、油	オイル、灯油
	ガス		
	石炭	化石	
			炭鉱、鉱山
	風、水、火	太陽、地面、地	
		風車	
			原子、核、放射、ウラン、量子、電位
【発電所】		発電所	原発
		電線、電柱	
		燃料	煙突、炉、格納、冷却、制御
【利用目的】		電灯、暖房、冷房	輸送
		工業、産業	
	車	交通、自動車	
		運転	
【利用場所】	家	工場、家庭	

11.6.1.2 エネルギー名詞：抽象概念

意味分類	A	B	C
【エネルギー】	エネルギー		
【発電】		発電	
【電気】	電気	熱、電力	
【環境】	海、空	大気、空気、環境、自然、地下	海域
【事故】	事故		損傷
【対策】		対策	

第1章　言語活動・言語素材と話題

【公害】		害、公害	
【枯渇】		不足	欠乏
【削減・削減】		節約、カット	削減
【資源】		資源	
【誘致】			誘致
【人】		町長	
【官庁】			通産省
【届出】			届け出

11.6.2.1 発電構文：叙述

名詞群	助詞	述語		
		A	B	C
【エネルギー】	を	使う	利用する	
【電気】	を		起こす、発電する	
【電気】	を	送る		
【発電所】	を	動かす	運転する	
【発電所】	が			稼働する

11.6.2.2 発電構文：修飾

修飾語			名詞群
A	B	C	
	大規模(な)		【発電所】【発電】

11.6.3.1 環境対策構文：叙述

名詞群	助詞	述語		
		A	B	C
【燃料】	が		汚す、汚染する	
【環境】	を			
【燃料】	を			処理する、廃棄する、処分する
【環境】	を		守る	
【燃料】	が		枯れる、不足する	
【汚染】【公害】【枯渇】	を	心配する		危ぶむ、案じる
【燃料】【エネルギー】【電気】	を		カットする、節約する	削減する

11.6.3.2 環境対策構文：修飾

修飾語			名詞群
A	B	C	
危ない	危険(な)		【燃料】【発電所】
	豊富(な)、豊か(な)		【資源】
	天然(の)、自然(の)		【エネルギー】【資源】
大切(な)	貴重(な)		【エネルギー】【資源】

11.6.4.1 誘致構文：叙述

名詞群	助詞	述語		
		A	B	C
《自治体等》	が			
【発電所】	を	呼ぶ		誘致する

11.6.4.2 誘致構文：修飾

なし

11.6.5 エネルギーその他

	A	B	C
発電所に関する接尾辞			～基
発電量に関する接尾辞		～ワット	

第1章　言語活動・言語素材と話題

【11.7 農林業】

	職業的領域	私的領域（場所）	私的領域（人）
単語	あなたはりんご農園で働いています。収穫時期がいつなのか、見学者に聞かれました。答えてください。	社会見学で農園に来ています。農園の人に、好きな野菜の名前を聞かれました。答えてください。	あなたの趣味は家庭菜園です。今育てている野菜は何か、友達に聞かれました。答えてください。
単文	あなたはりんご農家でアルバイトをしています。今日の作業内容は何か、その家の人に聞いてください。	社会見学で農園に来ています。あなたの目の前の畑に植えられている作物が何か、案内の人に聞いてください。	友達が持って来てくれたりんごを、友達と2人で食べています。とてもおいしいので、産地を尋ねてください。
複文	あなたはリンゴ農園で働いています。リンゴ狩りに来たお客さんに、今年のリンゴは少し小さいと言われました。大きくならなかった理由について、話してください。	あなたは家庭菜園に興味があります。どんなものが育てやすいか、近所の農家の人に聞いてみてください。	3日間ほど留守にしなければならなくなりました。家庭菜園の水やりを友達に頼んでください。
単段落	あなたの家はトマト農家です。最近トマトを作り始めた農家の人が、苗が大きく育たなくて困っていると言って電話してきました。土の作り方や水の加減など、大きく育てるための方法を詳しく教えてあげてください。	あなたは野菜の苗を植え、すごく慎重に育てたのですが、しばらくして枯れてしまいました。苗を買った店で自分の育て方を詳しく説明し、どこが間違っていたのか教えてもらってください。	あなたの趣味は野菜作りです。いろいろ工夫しているうちに、30坪の畑で自給自足できるようになりました。何をいつ植えてどのように育てるのか、その方法を友達に教えてあげてください。
複段落	あなたは町長です。あなたの町には兼業農家が多いため、補助金の対象を兼業農家にも広げてもらいたいと考えています。県庁の担当部署に行き、補助金の対象枠の拡大が、あなたの町だけでなく、県や国のためにもなるのだということを、根拠を示しながら主張してください。	あなたは体験農業実習に参加しました。日本の食糧自給率は約40％だが、そのことについてどう思うか、また、今後の日本の農業政策はどうあるべきだと思うか、実習の後で、その町の町長に尋ねられました。あなたの意見を述べてください。	若者の農業離れについて、友達と話し合っています。農業を取り巻く現在の状況を説明しながら、若者が農業から離れる原因について考察し、今後の農業のあり方について、あなたの意見を述べてください。

第1章　言語活動・言語素材と話題

「11.7 農林業」の言語活動を支える構文

11.7.1 農林業名詞　11.7.1.1 農林業名詞：具体物　11.7.1.2 農林業名詞：抽象概念
11.7.2 農業構文　11.7.2.1 農業構文：叙述　11.7.2.2 農業構文：修飾
11.7.3 林業構文　11.7.3.1 林業構文：叙述　11.7.3.2 林業構文：修飾
11.7.4 酪農・畜産業構文　11.7.4.1 酪農・畜産業構文：叙述　11.7.4.2 酪農・畜産業構文：修飾
11.7.5 流通構文　11.7.5.1 流通構文：叙述　11.7.5.2 流通構文：修飾
11.7.6 バイオテクノロジー構文　11.7.6.1 バイオテクノロジー構文：叙述　11.7.6.2 バイオテクノロジー構文：修飾
11.7.7 農林業その他

11.7.1.1 農林業名詞：具体物

意味分類	A	B	C
【農作物】		作物、穀物	農産物、品目
	米	小麦、そば、豆、納豆、稲、大豆	米穀、もち米、〜米
	果物、野菜、トマト	ぶどう、茄子、茄子、ほうれん草、キノコ、オレンジ	
		綿、ゴム	麻
	茶		
【花】		苗、葉、芽、根、株、実、果実、豆、種、蜜、茎、〜科	球根、穂、種子、多年草
【農薬】		農薬、肥料	
【田・畑】	畑	田、田んぼ、農場	農地、水田
【木・森林】	木、森、林	森林、大木	樹木、雑木林
【木の種類】		松、杉	檜、〜樹
【材木】	木	木材、板	材木、〜材
【家畜】	牛、馬、豚	家畜	
【ミルク】	牛乳、ミルク		
【肉】	鶏肉、豚肉、牛肉		
【卵】	卵		
【加工品】	チーズ、クリーム		
【遺伝子】		遺伝子、DNA	ゲノム

11.7.1.2 農林業名詞：抽象概念

意味分類	A	B	C

第1章　言語活動・言語素材と話題

【農業】		農業	園芸、農耕、耕作、稲作
【農家】		農家	
【農民】	農民		
【耕地】			耕地、土壌
【手入れ】	世話	手入れ、面倒、	
【日当たり】		日当たり	
【収穫】		収穫	
【開拓】			開拓
【林業】		林業	
【森林の所有】			国有林、私有林
【畜産】		畜産	
【飼育】		飼育	
【流通】		輸送、出荷、流通	
【市場】	市場		
【組合】			農協
【品種】		品種	
【改良】		改良	交配

11.7.2.1 農業構文：叙述

名詞群	助詞	述語 A	述語 B	述語 C
【農作物】【花】	を		栽培する、育てる	植え付ける
【耕地】	を		掘る、耕す	
【農薬】	を		まく	散布する
【農作物】【花】	を		囲む	くるむ
《防護するもの》	で			
【農作物】【花】	に	かける	かぶせる	
《防護するもの》	を			
【農作物】【花】	を	取る	収穫する、刈る	摘む
【耕地】	を			開拓する

11.7.2.2 農業構文：修飾

修飾語 A	B	C	名詞群

第1章　言語活動・言語素材と話題

	安心(な)、安全(な)		【農作物】

11.7.3.1 林業構文：叙述

名詞群	助詞	名詞群		
		A	B	C
【木・森林】	を	切る		伐採する
【木・森林】	を	育てる		
【木・森林】	を		加工する	

11.7.3.2 林業構文：修飾

修飾語			名詞群
A	B	C	
大切(な)	貴重(な)		【木】【森林】

11.7.4.1 酪農・畜産業構文：叙述

名詞群	助詞	名詞群		
		A	B	C
【家畜】	を	飼う	育てる、飼育する	
【ミルク】	を		絞る	
【加工品】	に		加工する	

11.7.4.2 酪農・畜産業構文：修飾

修飾語			名詞群
A	B	C	
	大変(な)		「世話」【飼育】

11.7.5.1 流通構文：叙述

名詞群	助詞	述語		
		A	B	C
【農作物】【花】【ミルク】【肉】【卵】【加工品】	が		流通する	
【農作物】【花】【ミルク】【肉】【卵】【加工品】	を		出荷する	
【農作物】【花】【ミルク】【肉】【卵】【加工品】	を	運ぶ		輸送する

第1章　言語活動・言語素材と話題

【農作物】【花】【ミルク】【肉】【卵】【加工品】	を	買う、食べる、飲む	消費する	

11.7.5.2 流通構文：修飾
なし

11.7.6.1 バイオテクノロジー構文：叙述

名詞群	助詞	述語		
		A	B	C
【遺伝子】	を			組み替える

11.7.6.2 バイオテクノロジー構文：修飾
なし

11.7.7 農林業その他

	A	B	C
農地に関する接尾辞			〜ヘクタール
飼育に関する接尾辞		〜頭	

第1章　言語活動・言語素材と話題

【11.8 水産業】

	職業的領域	私的領域（場所）	私的領域（人）
単語	あなたは市場で働いています。魚を買いに来た客に、目の前の魚が天然か養殖か聞かれました。答えてください。	社会見学で漁船を見に来ています。案内の人に、船内に入りたいか聞かれました。答えてください。	あなたが魚を食べていたら、友達に、その魚の名前を聞かれました。答えてください。
単文	あなたは釣り船の船長です。船上で危ない行為をしている釣り客がいます。急いで注意してください。	社会見学で市場に来ています。どの人の帽子にも番号がついています。帽子をかぶっている人に、その番号の意味を聞いてみてください。	友達とニュースを見ていると、ある魚の初競りの様子が紹介されていました。友達に、その魚の名前を聞いてください。
複文	あなたは漁師です。クラゲがたくさんとれるので、その利用方法について水産研究所に問い合わせてください。	養殖業と栽培漁業の違いがよくわかりません。農林水産省の広報室に電話して、その違いを聞いてみてください。	アンコウはどのぐらいの深さに生息する魚だと思うか、友達に聞かれました。理由を挙げて、あなたの考えを述べてください。
単段落	あなたは魚の養殖をしています。見学に来た人に、おいしい魚を育てるためにどんな工夫をしているか、他の養殖場と比較しながら話してください。	あなたは、今までに見たことのない魚を釣りました。魚類図鑑にも載っていないので、新種かもしれません。市の水産部に電話し、魚の形状等を詳しく報告してください。	魚市場を見学した後で、あなたの国の魚市場との違いは何か、友達に聞かれました。詳しく説明してあげてください。
複段落	あなたは大学で水産資源の研究をしています。水産庁から来た担当者に、日本近海の水産資源がこの数年で激減したことを報告し、その原因についてあなたの意見を述べ、今後国がとるべき対策について助言してください。	あなたの町では、海を埋め立てて空港を建設しようという計画が進んでいますが、生態系に与える影響ははかり知れません。役所に行って担当者と会い、あなたの町の漁業や水産業にとってどのような悪影響があると思われるか、想定できる事態をいくつか挙げ、計画反対の陳情をしてください。	友達と捕鯨について話し合っています。捕鯨に賛成の人もいれば反対の人もいるので、まず、両者の意見のポイントをまとめ、それを踏まえた上で、今後の捕鯨のあるべき姿について、あなたの意見を述べてください。

第1章　言語活動・言語素材と話題

「11.8 水産業」の言語活動を支える構文
11.8.1 水産業名詞　11.8.1.1 水産業名詞：具体物　11.8.1.2 水産業名詞：抽象概念
11.8.2 水産業構文　11.8.2.1 水産業構文：叙述　11.8.2.2 水産業構文：修飾
11.8.3 魚・加工品構文　11.8.3.1 魚・加工品構文：叙述　11.8.3.2 魚・加工品構文：修飾
11.8.4 水産業その他

11.8.1.1 水産業名詞：具体物

意味分類	A	B	C
【海・河川】	海、川	海岸、沖、浜、浜辺、湾、〜海、岸、〜洋	海洋、海峡、沿岸、海辺、流域、海域、海底、〜域
【波】		波、流れ、海流	潮、渦
【港】	港	〜港、灯台	
【水産に関わる職業】		漁師、漁	船頭
【製品】	刺身	瓶詰め、缶詰	
【船舶】	船		
【市場】		市場	
【漁村】			漁村
【魚介】	魚	貝	魚〈ウオ〉、〜魚、魚介
		イカ、イワシ	フグ、鮎、鯖、カツオ、マグロ
		エビ、カニ	
		クジラ	
			昆布、海苔

11.8.1.2 水産業名詞：抽象概念

意味分類	A	B	C
【水産業】		水産業	
【食】		食、食品、フード	〜品
【産卵】			産卵
【漁・釣り】	釣り	漁	捕鯨
【種】		大型、小型、種	同種、脊椎、個体
【水槽】		水槽	
【流通】		流通	
【領海】	海		領海、領域

— 391 —

第1章　言語活動・言語素材と話題

【資源】		資源	めぐみ
【漁獲量】		量、数	
【価格】		値上がり	
【絶滅】		絶滅	生息
【水質】			水質
【権利】		権利、〜権	
【ルール】	ルール	規制	協定、条約、規定、規約

11.8.2.1 水産業構文：叙述

名詞群	助詞	述語		
		A	B	C
【水産にかかわる職業】	が	獲る		捕獲する、採集する、追い込む
【魚介】	を			
【魚介】	が	上がる	獲れる	
【水産にかかわる職業】	が		潜る	
【海・河川】	に			
【水産にかかわる職業】	が		育てる、養う、飼育する	養殖する
【魚介】	を			
【製品】【食品】	を	作る	製造する	
【魚介】	を		加工する	
【製品】【食品】	に			
【魚介】【製品】【食品】	を		包む、包装する、詰める	
【魚介】【製品】【食品】	を	運ぶ、送る		輸送する
【魚介】【製品】【食品】	を		冷凍する、冷蔵する、凍らす	
【漁獲量】	を	減らす	制限する	
【漁獲量】【魚介】【資源】	を		守る	
【絶滅】	を		防ぐ	
【水産にかかわる職業】	が		破る	破棄する
【ルール】	を			
【水産にかかわる職業】	が			侵す
【ルール】【領海】	を			

11.8.2.2 水産業構文：修飾

— 392 —

第1章　言語活動・言語素材と話題

修飾語			名詞群
A	B	C	
珍しい	貴重(な)		【魚介】
	豊富(な)、豊か(な)		「資源」
	安心(な)、安全(な)		【魚介】

11.8.3.1 魚・加工品構文：叙述

なし

11.8.3.2 魚・加工品構文：修飾

修飾語			名詞群
A	B	C	
	天然(の)、瓶詰め(の)、缶詰(の)	旬(の)、〜食用(の)	【魚介】
	国内(の)	〜産(の)	【魚介】
	冷凍(の)、冷蔵(の)		【魚介】

11.8.4 水産業その他

	A	B	C
水揚げ量に関する接尾辞		〜トン	
船の数え方に関する接尾辞		〜艘、〜隻	
船の名前に関する接尾辞			〜丸

【12.1 事件・事故】

	職業的領域	私的領域（場所）	私的領域（人）
単語	あなたは駅員です。今電車が止まっています。人身事故が発生したのかと乗客に聞かれました。答えてください。	夜中に自分の自転車に乗っていたら、警察官に呼びとめられて、自分の自転車かどうか聞かれました。答えてください。	あなたは財布を盗まれたようです。財布に入っていたお金はいくらか、友達に聞かれました。答えてください。
単文	あなたは駅員です。電車の事故があり、まだ復旧の見通しは立っていません。客にいつごろ動くのか聞かれました。答えてください。	夜中に道を歩いていたら、警察官に職務質問を受けました。答えてください。	友達が道端で座り込んでいるのを見つけました。救急車を呼んだ方がいいか尋ねてください。
複文	あなたは警察官です。容疑者を警察に呼んでいます。アリバイを尋ねてください。	あなたはたった今、交通事故を目撃しました。負傷者が出ているようです。怪我の程度はわかりませんが、救急車を呼んでください。	あなたのアパートで事件が起こり、アパートに入ることができません。アパートの前で会った隣人に、その理由を尋ねられました。答えてください。
単段落	あなたは消防士です。今日消火にあたった火災現場の状況について、上司に詳しく報告してください。	あなたは交通事故を目撃しました。今警察官が現場にかけつけたところです。事故の様子を聞かれたので、詳しく説明してください。	あなたは子供のころ、交通事故に遭ったことがあります。どんな事故だったのか、友達に詳しく話してください。
複段落	あなたは警察官です。ある事件について記者会見をすることになりました。被害者、被疑者、捜査状況、犯罪の動機などについて説明してください。	あなたはある事件の容疑者にされてしまい、警察の取り調べ室にいます。事件当日のあなたの行動について詳しく話し、犯行に関わることが不可能であること、また動機がまったくないことを取調官に話してください。	飲酒運転による交通事故について友達と話しています。飲酒運転がなくならない原因について分析し、飲酒運転による交通事故を減らすために、今後警察や政府がとるべき対策について、あなたの意見を述べてください。

第1章　言語活動・言語素材と話題

「12.1 事件・事故」の言語活動を支える構文

12.1.1 事件・事故名詞　12.1.1.1 事件・事故名詞：具体物　12.1.1.2 事件・事故名詞：抽象概念
12.1.2 事件・事故構文　12.1.2.1 事件・事故構文：叙述　12.1.2.2 事件・事故構文：修飾
12.1.3 捜査構文　12.1.3.1 捜査構文：叙述　12.1.3.2 捜査構文：修飾
12.1.4 逮捕・起訴構文　12.1.4.1 逮捕・起訴構文：叙述　12.1.4.2 逮捕・起訴構文：修飾
12.1.5 防犯・治安構文　12.1.5.1 防犯・治安構文：叙述　12.1.5.2 防犯・治安構文：修飾
12.1.6 火災構文　12.1.6.1 火災構文：叙述　12.1.6.2 火災構文：修飾
12.1.7 交通事故構文　12.1.7.1 交通事故構文：叙述　12.1.7.2 交通事故構文：修飾
12.1.8 遺失物構文　12.1.8.1 遺失物構文：叙述　12.1.8.2 遺失物構文：修飾
12.1.9 事件・事故その他

12.1.1.1 事件・事故名詞：具体物

意味分類	A	B	C
【凶器】	ピストル、包丁	武器、凶器、金槌、刀、鉄砲、刃	覆面、拳銃
【警察・警備】	警察、お巡りさん、警官	刑事	警部、巡査
		交番	
		警備員	守衛
【警察の道具】	ピストル		パトカー

12.1.1.2 事件・事故名詞：抽象概念

意味分類	A	B	C
【事件】	事件	犯罪	騒動、トラブル、騒ぎ
		争い、殺人、暴力、強盗、喧嘩、乱暴	襲撃、脅迫、暗殺、抗争、薬物、虐待、暴走、麻薬、殺害、レイプ
【現場】	場所	現場	
【泥棒】	どろぼう、すり	強盗、盗難	略奪
【詐欺】		詐欺	
【薬物】		～錠	麻薬、覚醒剤、～剤、薬物
【行方】		行方不明、家出	
【罪】		罪	過失、過ち、非行、犯行
【手口】	方法		手口
【人質】			人質
【犯行目的】	お金	金、借金、恨み	利害
【自殺】		自殺	心中

第1章　言語活動・言語素材と話題

【犠牲】		死体、犠牲	
【生存】			生存
【犯人】		犯人	加害者
			組織、やくざ、マフィア、ギャング、海賊、賊、親分、〜族、暴走族、〜犯
【捜査】		聴き取り	捜査、下調べ
			手分け
【逮捕】		逮捕	
【手がかり】		心当たり	証拠、証言、消息、つじつま
		足跡	叫び、物音
【疑い】		疑い	疑惑
【真相】		事実	真相、真実
【裁判】		裁判	民事
【検察】			検察
【懲罰】			懲役、刑罰、罰金、処遇
【鑑定】			鑑定
【遺族】			遺族
【逃走】			逃走、逃亡
【自首】			自白、自首
【良心】			良心
【防犯】		防犯、警備	警戒
【治安】		治安、安全	
【再発】			再発
【火災】		火事、火災	
	煙	炎、灰	
【事故】	事故		
		脱線、墜落	沈没、転落
【事故原因】			居眠り
【落とし物】		落とし物	

12.1.2.1 事件・事故構文：叙述

名詞群	助詞	述語		
		A	B	C
【事件】【事故】	を		起こす	

第1章　言語活動・言語素材と話題

【事件】【事故】	が		起きる、発生する	
《人》	と		争う	
─	─		暴れる	
【犯人】	が	殺す、撃つ	殴る、狙う、刺す、縛る、おどかす、轢く、叩く、蹴る	襲撃する、脅迫する、おどす、暗殺する、おびやかす
《人》	を			
【犯人】	が		乱暴する	
《人》	に			
【犯人】【泥棒】	が	盗む、取る	奪う	略奪する、乗っ取る
《金品》	を			
【犯人】	が		だます、裏切る	欺く
《人》	を			
【犯人】	が		とぼける	
【犯人】	が		覗く	
《場所》	を			
【犯人】	が			さらう
《人》	を			
【犯人】	が		恨む	
《人》	を			
【犯人】	が			犯す
【罪】	を			

12.1.2.2 事件・事故構文：修飾

修飾語			名詞群
A	B	C	
	怖い、恐ろしい	物騒(な)	【事件】【事故】
大きい	重大(な)		【事件】【事故】
		愚か(な)	【事件】【事故】

12.1.3.1 捜査構文：叙述

名詞群	助詞	述語		
			A	B	C
【警察】	が	調べる	探る、捜査する	取り調べる、推測する、推

第1章　言語活動・言語素材と話題

【事件】【事故】【犯人】【泥棒】【現場】	を			理する、捜索する
【警察】	が	見つける	発見する、特定する	入手する、照合する
【手がかり】	を			
【手がかり】	が	見つかる		
【警察】	が			潜入する、踏み込む
【現場】	に			
【警察】	が		追う、追いかける、追いつく	追跡する、追及する
【犯人】【泥棒】	を			
【警察】	が			封鎖する
【現場】《道路》	を			
【警察】	が		監視する	取り締まる
【現場】【犯人】【泥棒】	を			
【警察】	が	逃がす	見落とす	逃す
【犯人】【泥棒】	を			
【犯人】【泥棒】	が	逃げる	逃げ出す	逃れる、立ち去る、逃走する、逃亡する
《場所》	に			
【犯人】【泥棒】	が		隠れる	
《場所》	に			
【警察】	が		疑う	
【犯人】【泥棒】	を			

12.1.3.2 捜査構文：修飾

修飾語			名詞群
A	B	C	
		生ぬるい	【捜査】
		合法(の)	【捜査】
		迅速(な)、素早い	【捜査】
	怪しい	不審(な)	《人》「人物」

12.1.4.1 逮捕・起訴構文：叙述

名詞群	助詞	述語		
		A	B	C
【警察】	が		逮捕する、捕ま	摘発する、検挙する

第1章　言語活動・言語素材と話題

【犯人】【泥棒】	を		える、捕える	
【警察】	が	かける		はめる
【犯人】【泥棒】	に			
「手錠」	を			
【検察】	が			起訴する
【犯人】【泥棒】	を			
【検察】	が			立証する
【事件】【事故】【罪】【疑い】	を			
《鑑定人》	が			鑑定する
【事件】【事故】【現場】【手がかり】	を			
【犯人】【泥棒】	が			自白する、自首する
【遺族】	が			咎める、非難する
【犯人】【泥棒】	を			
【犯人】【泥棒】	が		反省する、後悔する	
【犯人】【泥棒】	が			更生する

12.1.4.2 逮捕・起訴構文：修飾

修飾語			名詞群
A	B	C	
		不当(な)	【逮捕】「起訴」

12.1.5.1 防犯・治安構文：叙述

名詞群	助詞	述語		
		A	B	C
【警察】	が		守る、警備する	
《場所》	を			
【警察】	が		防ぐ、防止する	
【事件】	を			
【警察】	が			警戒する
【事件】	を			
【警察】	が			通告する
《人》	に			

— 399 —

第1章　言語活動・言語素材と話題

《問題》	を		

12.1.5.2 防犯・治安構文：修飾
なし

12.1.6.1 火災構文：叙述

名詞群	助詞	述語		
		A	B	C
《建築物》《森林等》	が	焼ける	燃える	燃焼する
《建築物》《森林等》	が			煙る

12.1.6.2 火災構文：修飾

修飾語			名詞群
A	B	C	
	煙い	煙たい	《場所》

12.1.7.1 交通事故構文：叙述

名詞群	助詞	述語		
		A	B	C
【事故】	に		遭う	
《人》《車》《電車》《建物等》	に	ぶつかる	衝突する	
《人》《車》《電車》《建物等》	を		ぶつける	
《電車》《船》《飛行機》	が	落ちる	沈む、脱線する、墜落する	沈没する、転落する
ー	ー	眠る	酔う、無視する	
《道路》【事故現場】	を	過ぎる、通る、出る、渡る	通り過ぎる、越える、越す、飛び出す、横切る	差しかかる
ー	ー	注意する		
【事故】《人》《車》	に		気をつける	

12.1.7.2 交通事故構文：修飾

修飾語			名詞群
A	B	C	

第1章　言語活動・言語素材と話題

ひどい	無茶(な)、目茶目茶(な)、無茶苦茶(な)		「運転」【事故】
まっすぐ(な)	カーブ(の)		「道」

12.1.8.1 遺失物構文：叙述

名詞群	助詞	述語		
		A	B	C
《金品》	を	なくす	落とす	紛失する、喪失する
《金品》	が	なくなる		
【落し物】	を	拾う		
【落し物】	を	見つける	発見する	
【落し物】	が	見つかる		
【警察】	が		預かる	保管する
【落し物】	を			

12.1.8.2 遺失物構文：修飾

なし

12.1.9 事件・事故その他

	A	B	C
事件・事故の数え方に関する接尾辞		～件	

【12.2 差別】

	職業的領域	私的領域（場所）	私的領域（人）
単語	あなたは社会科の先生です。日本で女性に参政権が与えられたのはいつか、授業の後で生徒に聞かれました。答えてください。	○○民族が差別を受けてきたことを知っているか、社会科の先生に聞かれました。答えてください。	あなたの国で、国民全員が参政権を得たのはいつか、友達に聞かれました。答えてください。
単文	あなたはある会社の社員です。アルバイトの学生が廊下で泣いています。職場で嫌がらせを受けた可能性があります。声をかけてください。	映画館の窓口に「本日レディースデー」と書いてあります。「レディースデー」がどういう意味か、窓口の人に聞いてください。	友達とアパルトヘイトについてのテレビを見ています。友達の国で、人種差別があったかどうか聞いてください。
複文	あなたは職場のセクハラ対策委員になりました。何かあれば相談するよう、朝礼で、課の人たちに声をかけてください。	さっき出発した電車のある車両に「女性専用車」と書いてありました。ホームにいる駅員に、その意味を尋ねてください。	日本では、女子大学は多いようですが、男子大学はないようです。友達に、その理由を聞いてください。
単段落	あなたはハラスメント対策の専門家です。テレビの取材で、セクシャルハラスメントとはどのようなものなのか聞かれました。具体例を挙げて説明してください。	あなたは大学の指導教員からアカデミックハラスメントを受けています。大学の相談室に行って、あなたの受けたハラスメントについて詳しく話し、今後の対応について相談してください。	あなたはアルバイト先で外国人差別を経験しました。友達にどんな差別を受けたか詳しく話し、相談に乗ってもらってください。
複段落	あなたは、青年会議所が主催する企業力向上委員会で発言することになりました。今後、日本の企業が発展していくためには、女性社員の能力を引き出す必要があること、どうすればそれを阻む要因を取り除くのかということなどを、具体例を挙げながら示してください。	あなたの町では、多くの外国人が住んでいるにもかかわらず、行政サービスの表示や街路の標識などが日本語のみによって行われています。住民を代表して役所へ行き、現在の問題点を事例を挙げながら述べ、それらに対する解決策を示して、改善を要求してください。	あなたの友達は、悪い人ではないのですが、特定の外国人に対する差別意識を持っています。その差別意識は、ほとんどが偏った情報やうわさに基づくもののようです。あなたの体験を交えながら、その考えが間違っていることを話し、考えを改めさせてください。

第1章　言語活動・言語素材と話題

「12.2 差別」の言語活動を支える構文

12.2.1　差別名詞　12.2.1.1　差別名詞：具体物　12.2.1.2　差別名詞：抽象概念
12.2.2　差別構文　12.2.2.1　差別構文：叙述　12.2.2.2　差別構文：修飾
12.2.3　政策構文　12.2.3.1　政策構文：叙述　12.2.3.2　政策構文：修飾
12.2.4　差別その他

12.2.1.1 差別名詞：具体物

なし

12.2.1.2 差別名詞：抽象概念

意味分類	A	B	C
【差別】		差別	
【国籍】	外国人	民族、人種、国籍、移民	～系、黒人、白人
		出身	出生、先住民、～民、少数、部族
【性別】	男、女、男の子、女の子	性別、男女、女子、男子	ジェンダー、同性
		男性、女性、ウーマン、婦人	ホモ、ゲイ、セクシャル
【障害】		障害	AIDS、自閉症
【身分・家柄】	家	出身、生まれ、身、身分、分	
【宗教】		宗教	信仰
【年齢】	年	年齢	
【学歴・キャリア】		卒業、学歴	キャリア
【差別のきっかけ】		職業、就職、労働、雇用	出世
	結婚		婚姻
		選挙	
【迫害】			迫害、抑圧、束縛、侵害
【中傷】		軽蔑	侮辱、中傷
【誤解】		誤解	
【権利】		権利、～権	人権
【主張】		主張	申し立て、受理
【裁判】		裁判	訴訟、訴え
【政策】			政策、条約
【解放】		解放、支援	参画

第1章　言語活動・言語素材と話題

【法】		憲法、法、法律	刑法、条例
【平等】		平等	均等

12.2.2.1 差別構文：叙述

名詞群	助詞	述語		
		A	B	C
《人》	を		差別する	
《人》	を		いじめる	迫害する、抑圧する、束縛する、侵害する
《行為》	を		強いる	
《人》	を		避ける	
《人》	を		軽蔑する	侮辱する、中傷する
《人》	を		誤解する	

12.2.2.2 差別構文：修飾

修飾語			名詞群
A	B	C	
	平等(の)、公平(な)		「存在」「対応」

12.2.3.1 政策構文：叙述

名詞群	助詞	述語		
		A	B	C
【権利】	を		訴える、主張する	尊重する
《国》《行政》	が		解放する	
【差別】《部落》《奴隷》	を			
《国》《行政》	が	なくす		撤廃する
【差別】【条約】【法律】	を			
【権利】	を		認める、支援する	
《社会》	に		参加する	参画する

12.2.3.2 政策構文：修飾

なし

12.2.4 差別その他

	A	B	C

第1章　言語活動・言語素材と話題

| 権利に関する接尾辞 | | | ～権 |

【12.3 少子高齢化】

	職業的領域	私的領域（場所）	私的領域（人）
単語	あなたは老人介護施設の事務員です。あなたの施設の利用開始時間が何時か聞かれました。答えてください。	子供を送りに保育園に来ました。着替えを持ってきたか、先生に聞かれました。答えてください。	あなたの国の平均寿命は何歳ぐらいか、友達に聞かれました。答えてください。
単文	あなたは老人介護施設のケアマネージャーです。おじいさんの入所を希望する家族に、おじいさんの要介護度を聞いてください。	あなたは近所のおじいさんをデイサービスセンターに連れて来ました。何時に迎えに来ればいいのか、担当者に聞いてください。	友達と一緒に電車に乗ったら、座席に「おもいやりゾーン」と書いてありました。「おもいやりゾーン」とは何か、友達に聞いてください。
複文	あなたは介護福祉士です。入所している老人の具合が急に悪くなったので、家族を呼び寄せてください。	友達の家族は、体が不自由になったおばあさんの世話で大変なようです。市役所に電話して、何か安く利用できるケアサービスはないか聞いてあげてください。	あなたは子供を保育園に入れたいと思っています。どのような手続きをとればいいのか、すでに子供を保育園に入れている友達に聞いてみてください。
単段落	あなたは保育士です。来年度入園する幼児の親から入園準備について電話で質問がありました。詳しく説明してあげてください。	身寄りのないお年寄りが、近所に一人で暮らしています。最近、ますます体が弱くなったようなので、とても心配です。市役所の福祉課に行って、その老人のことを詳しく話してください。	あなたの国の介護サービスにはどのようなものがあるか、友達に聞かれました。詳しく説明してください。
複段落	あなたは介護福祉士です。介護福祉士はその責任と仕事内容のわりに給料が安く、みんな不満を持っています。この問題に興味を持っている政治家から、話を聞かせてほしいと頼まれました。介護福祉士の現状を説明し、処遇の改善策について、あなたの意見を述べてください。	少子化対策の公聴会で、役人たちの前で話をすることになりました。子供を預けて働く必要に迫られている人が大勢いること、しかし、待機児童が多くて預けられないことを、具体例を挙げて説明し、その打開策を提案してください。	友達と少子高齢化社会について話しています。少子化によって引き起こされる社会的な問題を示して、出生率を上げる努力をすべきだと主張し、そのために国や企業がとるべき対策について、あなたの考えを話してください。

第1章　言語活動・言語素材と話題

「12.3 少子高齢化」の言語活動を支える構文

12.3.1 少子高齢化名詞　12.3.1.1 少子高齢化名詞：具体物　12.3.1.2 少子高齢化名詞：抽象概念
12.3.2 少子化構文　12.3.2.1 少子化構文：叙述　12.3.2.2 少子化構文：修飾
12.3.3 高齢化構文　12.3.3.1 高齢化構文：叙述　12.3.3.2 高齢化構文：修飾
12.3.4 人口問題構文　12.3.4.1 人口問題構文：叙述　12.3.4.2 人口問題構文：修飾
12.3.5 支援構文　12.3.5.1 支援構文：叙述　12.3.5.2 支援構文：修飾
12.3.6 少子高齢化その他

12.3.1.1 少子高齢化名詞：具体物

意味分類	A	B	C
【施設】		施設	
	幼稚園、保育園		学童、コミュニティー
	病院	ホーム、医院	
【職業】			ソーシャルワーカー、ケアワーカー、ヘルパー、〜婦
【育児・介護用品】			おむつ
【薬】	薬		
【関係機関】			厚生労働省

12.3.1.2 少子高齢化名詞：抽象概念

意味分類	A	B	C
【子供】	子供		
【出産】		出産、育児	
【少子化】			少子化
【少子化の原因】		共働き、共稼ぎ	
		費用	経費
【制度】		産休、手当	
【老人】		老人、年寄り	老女
【老後】		老後	
【病気】		内臓、脳	痴呆、認知、排泄、疾患、卒中、歩行、大脳
【虐待】			虐待
【リハビリ】		回復、訓練、トレーニング	療養、リハビリテーション、リハビリ
【経済】			年金

第1章　言語活動・言語素材と話題

【支援】		支援、助け	
【給付】			給付、受給
【寿命】		命、寿命	長寿
【調査・評価】			ニーズ、アセスメント
【人口】	人口		
【出生率】			出生率
【寿命】		寿命	
【ブーム】		ブーム	
【バランス】		バランス	均衡
【増減】	プラス、マイナス	増減、増加、減少	激増

12.3.2.1 少子化構文：叙述

名詞群	助詞	述語		
		A	B	C
【子供】	を		出産する、産む	
【子供】	が	生まれる		
【子供】 【施設】	を に	頼む	預ける、任せる	
【施設】 【子供】	が を		預かる	

12.3.2.2 少子化構文：修飾

修飾語			名詞群
A	B	C	
少ない			【子供】

12.3.3.1 高齢化構文：叙述

名詞群	助詞	述語		
		A	B	C
【老人】	を		看病する、介護する、ケアする	看護する、介抱する、介助する
【老人】 【施設】	が に	入る		入所する、入居する

― 408 ―

第1章　言語活動・言語素材と話題

—	—		老いる	
—	—		ぼける	鈍る
《国》	が		支給する	給付する
【年金】	を			
【年金】	を	もらう	受ける	受給する
—	—	死ぬ、亡くなる		

12.3.3.2 高齢化構文：修飾

修飾語			名詞群
A	B	C	
	平均的(な)		【寿命】
		団塊(の)	「世代」
	孤独(な)	一人暮らし(の)	【老人】

12.3.4.1 人口問題構文：叙述

名詞群	助詞	述語		
		A	B	C
【人口】	が	増える	増加する	激増する
【人口】	が	減る	減少する	
【人口】《性別》《世代》	が		偏る	

12.3.4.2 人口問題構文：修飾

修飾語			名詞群
A	B	C	
	急(な)	急激(な)	【増減】

12.3.5.1 支援構文：叙述

なし

12.3.5.2 支援構文：修飾

修飾語			名詞群
A	B	C	
		公的(な)	【支援】
	ありがたい	幸い	【支援】

12.3.6 少子高齢化その他

	A	B	C
割合に関する接尾辞	〜パーセント		

第1章　言語活動・言語素材と話題

【12.4 社会保障・福祉】

	職業的領域	私的領域（場所）	私的領域（人）
単語	あなたは外国人雇用サービスセンターの職員です。英語での対応ができるか、電話で聞かれました。答えてください。	健康保険の手続きをしに市役所に来ました。案内図を見ていたら、どこの課に行きたいのか、職員に聞かれました。答えてください。	あなたの国には年金があるか、友達に聞かれました。答えてください。
単文	あなたは駅員です。車いすの乗客がエレベーターを探しているようです。声をかけてください。	市役所の保険年金課で、健康保険加入の手続きをしています。最初の銀行引き落とし日がいつか聞いてください。	ルームメイトが今「子ども手当」の記事を熱心に読んでいます。支給額を聞いてください。
複文	あなたは市の保険年金課の職員です。国民健康保険の申請に来た人の書類に不備があります。不備を指摘し、修正方法を教えてください。	車いすの友達と旅をしています。駅に行ったらエレベーターがなく、ホームに行けません。駅員に声をかけ、手伝いをお願いしてください。	あなたの国では、老人の医療費はほぼ全額無料です。日本も無料なのか、友達に聞いてみてください。
単段落	あなたは市の戸籍住民課の職員です。外国人登録に来た留学生に、国民健康保険への加入が必要であることを伝え、加入方法と費用について説明してください。	あなたは生活が非常に苦しいので市の社会福祉課に相談に行きました。現在の窮状について詳しく説明し、何らかの補助が受けられないか聞いてください。	あなたは最近、国民健康保険に加入しました。手続きの方法と費用について友達に聞かれたので、詳しく説明してあげてください。
複段落	あなたは、日本で生活する外国人を支援するNPO法人の代表です。市では、外国人のための福祉サービスを行っていますが、その方法が間違っているように思えます。市役所に行って、その間違いを指摘し、どのような福祉サービスを行えば外国人のためになるのか、あなたの意見を述べてください。	あなたの友人は生活保護を受けていましたが、突然支給が打ち切られました。このままでは病気がちな友人とその子供は生きていけません。日本語が上手ではない友達の代わりに市役所に行って、友達の窮状について詳細に説明し、支給の打ち切りは不当であることを述べ、支給の再開を主張してください。	あなたの友人は、個人の生活水準は自己責任なのだから、生活保護制度は必要ないと言っていますが、あなたはそうは思いません。国民の生活を保障する憲法の内容と精神に触れ、また、生活保護がなくなった場合の社会的影響についても述べ、制度の必要性を主張してください。

第1章　言語活動・言語素材と話題

「12.4 社会保障・福祉」の言語活動を支える構文

12.4.1 社会保障・福祉名詞　12.4.1.1 社会保障・福祉名詞：具体物　12.4.1.2 社会保障・福祉名詞：抽象概念

12.4.2 奉仕活動構文　12.4.2.1 奉仕活動構文：叙述　12.4.2.2 奉仕活動構文：修飾

12.4.3 公的保障構文　12.4.3.1 公的保障構文：叙述　12.4.3.2 公的保障構文：修飾

12.4.4 福祉構文　12.4.4.1 福祉構文：叙述　12.4.4.2 福祉構文：修飾

12.4.5 社会保障・福祉その他

12.4.1.1 社会保障・福祉名詞：具体物

意味分類	A	B	C
【社会的弱者】	子供	老人、年寄り、児童、障害者、患者	孤児
【施設】		施設	
	幼稚園、保育園		学童、コミュニティー
	病院	ホーム	医院
【職業】			ソーシャルワーカー、ケアワーカー、ヘルパー
【関係機関】			厚生労働省

12.4.1.2 社会保障・福祉名詞：抽象概念

意味分類	A	B	C
【福祉】		助け、福祉	
【幸福】		幸せ、幸福	
【災害】	地震		震災、被爆
【被災】			被災
【遺族】			遺族
【防災】			防災
【出産・育児】		出産、育児、子育て	
【母子家庭】			母子
【世帯】		家庭	世帯
【老後】		老後	
【世話】		看病、介護、ケア	看護、介抱、介助
【入居】			入所、入居
【在宅】			自宅、在宅、居宅

第1章　言語活動・言語素材と話題

		高齢	老い、老年、老齢
【病気】			痴呆、疾病、重度
【リハビリ】		回復、訓練、トレーニング	療養、リハビリテーション、リハビリ
【問題】			虐待
【活動】	ボランティア	寄付	募金、奉仕
【保護】		保護	収容
【世話】	世話	面倒	
【保障】		保障	扶助
			公的
【政策】			施策
【連携】			連携
【保険】		保険	
【保険の種類】		医療、雇用	介護
【加入】		加入	
【年金】		年金	共済
【負担】		負担	
【支給】		支給	給付、受給
【手当・補助】		手当、補助	
【受給者】			被〜
【額】			額、月額

12.4.2.1 奉仕活動構文：叙述

名詞群	助詞	述語 A	B	C
《社会》	に			奉仕する
《お金》	を		寄付する	募金する
《国》《行政》	が		保護する	収容する
【社会的弱者】	を			
【社会的弱者】	を	手伝う、世話する		

12.4.2.2 奉仕活動構文：修飾

修飾語 A	B	C	名詞群

		自主的(な)	「活動」

12.4.3.1 公的保障構文：叙述

名詞群	助詞	A	B	C
		A	B	C
【保険】	に	入る		加入する
【年金】	を	払う	納める、負担する	
《国》	が		支給する	給付する
【年金】	を			
【年金】	を	もらう	受ける	受給する

12.4.3.2 公的保障構文：修飾

なし

12.4.4.1 福祉構文：叙述

なし

12.4.4.2 福祉構文：修飾

修飾語			名詞群
A	B	C	
金持ち(の)	豊か(な)、貧しい、貧乏(な)		【世帯】《人》
重い、悪い		重度(の)	【病気】
		高額(の)	「医療費」
		公的(な)	【福祉】

12.4.5 社会保障・福祉その他

なし

第1章　言語活動・言語素材と話題

【13.1 政治】

	職業的領域	私的領域（場所）	私的領域（人）
単語	あなたは政治家Aの秘書です。パーティーで、ある人物がAに話しかけてきましたが、Aはそれが誰だかわからないようです。その人物の肩書を耳打ちしてください。	社会見学で国会議事堂に来ています。案内係が、現在の国会議員の人数は何人かというクイズを出しました。答えてください。	あなたの国の大統領の任期は何年か、友達に聞かれました。答えてください。
単文	あなたは政治家です。明日の予定を秘書に聞いてください。	ある政治家が駅前で演説をしています。その政治家の政党と名前を通行人に聞いてください。	テレビで、あなたの国の首相が、ある日本人と握手しています。その日本人が誰か、友達に聞いてください。
複文	あなたは新聞記者です。〇〇党の党首に取材を申し込んでください。	国会議事堂に電話をして、20名の団体の見学の予約をしてください。	まもなく国会が解散するようです。いつ解散すると思うか、友達に聞かれました。理由も添えて、あなたの予想を述べてください。
単段落	あなたは政治家Aの秘書です。ある新聞社の取材で、Aの経歴を尋ねられました。学歴や当選回数、入閣などについて詳しく話してください。	あなたは国際交流会の場で、〇〇大統領の就任演説を日本語で紹介するように頼まれました。概略を話してください。	政治に興味がある友達に、あなたの国の政党について聞かれました。主要な政党とその政策について、詳しく教えてあげてください。
複段落	あなたは、あるテレビ局の解説委員です。次の国会で男女別姓法案が審議されますが、男女別姓の問題点と社会への影響について、あなたの国の制度と比較しながら、テレビで解説してください。	あなたは、あるNPO法人が主催したシンポジウム「入管政策について考える」に参加しました。フロアからの質問の時間に挙手をして、現在の入管政策の問題点とあなたが考える望ましい入管政策について述べ、それについてどう思うか、パネリストに聞いてみてください。	次の選挙で、友達はA党を支持するようですが、あなたはB党の方がいいと思っています。両党の政策の長所と短所を示した上で、これからの日本においてはB党の政策の方が望ましいであろうことを述べてください。

第1章　言語活動・言語素材と話題

「13.1 政治」の言語活動を支える構文

13.1.1 政治名詞　13.1.1.1 政治名詞：具体物　13.1.1.2 政治名詞：抽象概念
13.1.2 国家構文　13.1.2.1 国家構文：叙述　13.1.2.2 国家構文：修飾
13.1.3 政治家構文　13.1.3.1 政治家構文：叙述　13.1.3.2 政治家構文：修飾
13.1.4 国会構文　13.1.4.1 国会構文：叙述　13.1.4.2 国会構文：修飾
13.1.5 官僚構文　13.1.5.1 官僚構文：叙述　13.1.5.2 官僚構文：修飾
13.1.6 地方自治構文　13.1.6.1 地方自治構文：叙述　13.1.6.2 地方自治構文：修飾
13.1.7 政治その他

13.1.1.1 政治名詞：具体物

意味分類	A	B	C
【住まい】	城	皇居	宮殿

13.1.1.2 政治名詞：抽象概念

意味分類	A	B	C
【国】	国	国家、〜国	
【政府】		政府	
【体制】		体制	
【主義】		民主、共産、社会、自由	共和、連邦、独裁、封建、専制、自治
【新興】			新興
【独立】		独立	
【植民地】			植民地
【樹立】		建設	樹立
【政治】		政治	
【支配】		支配	統治
【君主】	王様、大統領	天皇、女王、国王	元首、君主、殿様
		象徴	
【国民・市民】		市民、住民、国民	人民
【大衆】			庶民、大衆、群衆
【国務】	警察	防犯、財政、交通、福祉、教育	行政、司法、立法、治安、軍事、国防、自衛、運輸
【内閣】		政府、政権	内閣
【政治家】		政治家	

第1章　言語活動・言語素材と話題

【大臣】		首相、総理大臣、大臣	首脳、外相、蔵相、長官
【任命】			任命
【辞職】			辞職
【失脚】			失脚
【議会・国会】		議会、国会	
			衆議院、参議院
		臨時国会、通常国会、特別国会	
【議員】		議員	
【議長】		議長	
【議事堂】			議事堂
【政党】		党、政党	与党、野党
【派閥】	グループ	会	
【議論】			討論
【議決】			採決、議決、可決
【法案】			法案
【法】		法、法律、憲法	
【改正】		改正	是正
【改革】			改革、変革、改悪、革新
【役人】		公務員	官、官僚、役人
【汚職】		不正	腐敗
【目的】		利益	便宜、利害
【権力】		権力	権限、特権
【行政単位】	国、市、郡、町、村	州、県、区、自治体	
【首長】		知事	
【役場】		県庁	役場
【人口問題】			過疎、過密
【合併】		合併	

13.1.2.1 国家構文：叙述

名詞群	助詞	述語		
		A	B	C
【国】《地域》	が		独立する	

第1章　言語活動・言語素材と話題

【国】	から			
【国】【政府】	を	作る	建設する	樹立する
【国】《地域》	を		支配する、治める	

13.1.2.2 国家構文：修飾

なし

13.1.3.1 政治家構文：叙述

名詞群	助詞	述語		
		A	B	C
【大臣】	を		務める	
《人》	を			任命する
【大臣】《役職》	に			
【大臣】《役職》	を	辞める		辞職する
―	―			失脚する
【政党】【派閥】	に		属する、所属する	

13.1.3.2 政治家構文：修飾

修飾語			名詞群
A	B	C	
	公正(な)、公平(な)	正当(な)	【政治】
素晴らしい	立派(な)、清潔(な)	清らか(な)	【政治家】【君主】【大臣】【官僚】
腐った	汚い、ずるい		【政治家】【君主】【大臣】【官僚】

13.1.4.1 国会構文：叙述

名詞群	助詞	述語		
		A	B	C
【議会・国会】	を	開く〈ヒラク〉	開催する	
【議員】	が		話し合う	討論する
《議題》	を			
【議員】	が	決める		採決する、議決する、可決する
《議題》	を			
【議員】	が	出す	提出する	
《議題》	を			

― 418 ―

第1章　言語活動・言語素材と話題

【法】	を	変える、直す	改正する、改める、見直す	是正する

13.1.4.2 国会構文：修飾

なし

13.1.5.1 官僚構文：叙述

名詞群	助詞	述語		
		A	B	C
―	―		腐る	腐敗する

13.1.5.2 官僚構文：修飾

なし

13.1.6.1 地方自治構文：叙述

名詞群	助詞	述語		
		A	B	C
《市町村》	が		合併する	
《市町村》	と			

13.1.6.2 地方自治構文：修飾

なし

13.1.7 政治その他

	A	B	C
官庁に関する接尾辞		～省、～庁、局	
政策集団に関する接尾辞	～グループ	～会、～党	～派

【13.2 法律】

	職業的領域	私的領域（場所）	私的領域（人）
単語	あなたは弁護士です。相談料は1時間いくらか聞かれました。答えてください。	ある裁判の証人として裁判所に呼ばれました。被告人との関係を裁判官に聞かれました。答えてください。	あなたの国の最高裁判所の裁判官の人数を、友達に聞かれました。答えてください。
単文	あなたは弁護士です。朝の打ち合わせの時に、秘書に今日の相談件数を聞いてください。	ある裁判の証人として裁判所に呼ばれました。事件当日に被告人を見た時、被告人がどんな服装だったか、裁判官に聞かれました。答えてください。	友達と道を歩いている時に、「憲法9条を守ろう！」というポスターを見ました。憲法9条とは何か、友達に聞いてください。
複文	あなたは弁護士です。電話で相談を受けたのですが、その内容は自分の専門外だと判断しました。そのことを伝えて、専門の弁護士を紹介することを申し出てください。	裁判を傍聴しに裁判所に来ました。今日の裁判はどんな裁判か、窓口で聞いてください。	選挙公報に「最高裁判所裁判官国民審査」と書いてあります。友達に電話して、それが何であるのか聞いてみてください。
単段落	あなたは弁護士です。これから行われる裁判の手順について、被告人に説明してください。	あなたは多重債務に苦しんでいます。弁護士事務所に行って、債務の状況を詳しく説明し、自己破産についての相談に乗ってもらってください。	あなたの国で最近あった大きな裁判について友達に聞かれました。裁判の内容や争点について、詳しく説明してあげてください。
複段落	あなたは弁護士です。あなたが弁護している被告人が無実であることを、いくつかの証拠を挙げて、法廷で主張してください。	あなたは被告人です。事件当日のあなたの行動について詳しく話し、犯行に関わることが不可能であること、また動機がまったくないことを法廷で主張してください。	友達が裁判員に選ばれましたが、拒否すると言っています。友達に、司法参加の必要性とその意義について述べ、裁判員の仕事を務めるよう説得してください。

第1章　言語活動・言語素材と話題

「13.2 法律」の言語活動を支える構文

13.2.1 法律名詞　13.2.1.1 法律名詞：具体物　13.2.1.2 法律名詞：抽象概念
13.2.2 立法構文　13.2.2.1 立法構文：叙述　13.2.2.2 立法構文：修飾
13.2.3 法律構文　13.2.3.1 法律構文：叙述　13.2.3.2 法律構文：修飾
13.2.4 司法構文　13.2.4.1 司法構文：叙述　13.2.4.2 司法構文：修飾
13.2.5 法律その他

13.2.1.1 法律名詞：具体物

意味分類	A	B	C
【法律に関する職業】		弁護士、弁護人、裁判官	判事、検事、証人

13.2.1.2 法律名詞：抽象概念

意味分類	A	B	C
【法】		憲法、法律、規則	条約、原則、法案
【効力】			効力
		有効	無効
【法廷】			法廷
【裁判】		裁判	訴訟、訴え
【罪】		罪	
【刑罰】		刑	刑罰、死刑
【処罰】		罰	処罰、判決、処分
【不服】			不服、異議
【反省】		反省	償い

13.2.2.1 立法構文：叙述

名詞群	助詞	述語		
		A	B	C
《国》	が	決める	定める	制定する
【法】	を			
《国》	が			施行する
【法】	を			
《国》	が		改める、見直す、改正する	改訂する
【法】	を			
【法】	が		改まる	

— 421 —

13.2.2.2 立法構文：修飾
なし

13.2.3.1 法律構文：叙述

名詞群	助詞	述語 A	B	C
《国》	が		認める	
【法】	で			
《事柄》	を			
《国》	が		禁止する	禁じる、禁ずる
【法】	で			
《事柄》	を			
《国》	が		守る、保護する	尊重する
【法】	で			
《事柄》	を			
【法】	を		守る	
【法】	に		従う	
【法】	を		破る	犯す
【法】	に		違反する	背く

13.2.3.2 法律構文：修飾

修飾語 A	B	C	名詞群
厳しい、甘い	緩い		【法】
難しい、簡単(な)、易しい	複雑(な)		【裁判】

13.2.4.1 司法構文：叙述

名詞群	助詞	述語 A	B	C
《人》《事柄》	を		訴える	
【法廷】【法】《裁判所》	に			
《事柄》	が		基づく	
【法】	に			

《裁判官》	が		適用する	
【法】	を			
《裁判官》	が			裁く
《人》	を			
《裁判官》	が		罰する	処罰する
《人》	を			

13.2.4.2 司法構文：修飾
なし

13.2.5 法律その他

	A	B	C
条文に関する接尾辞			～条、～項

第1章　言語活動・言語素材と話題

【13.3　社会運動】

	職業的領域	私的領域（場所）	私的領域（人）
単語	あなたは警察官です。今、デモ行進の誘導をしています。どこまで行進するのか通行人に聞かれました。答えてください。	あなたと友達は、外国人の仕事の権利を求めてデモを行っています。取材に来た記者に、デモの参加人数を聞かれました。答えてください。	外国人児童の教育の機会の拡大を求めてデモ行進を行うことにしています。デモの日はいつか、友達に聞かれました。答えてください。
単文	あなたは警察官です。デモがあるので、警備にあたっています。道路にはみ出している参加者がいるので、注意してください。	街でデモをしている人たちを見ました。通行人に何のデモか聞いてください。	はち巻きをして旗を持って立っている友達に出会いました。何をしているのか聞いてください。
複文	あなたは新聞記者です。デモ行進に参加した人にインタビューを依頼してください。	あなたは、外国人の参政権を求めるデモに参加するために、仕事を休みたいと思っています。上司に許可を得てください。	あなたは昨日、デモ行進を見ました。行進している人たちが叫んでいる言葉の意味がわからなかったので、友達に聞いてみてください。
単段落	あなたは新聞記者です。ある社会運動を取材しました。上司に、取材した内容を話し、どんな記事にするか相談してください。	大学の社会学の授業で、あなたの国のメーデーと日本のメーデーの違いについて先生に聞かれました。説明してください。	あなたの国で先日起こった暴動について、友達に聞かれました。どんな暴動だったのか、詳しく説明してください。
複段落	あなたは大学教授で、日本の社会運動史が専門です。大正期の社会運動が日本の近代化に与えた影響について、ある雑誌のインタビューを受けています。あなたの意見を述べてください。	「派遣切り」で仕事を奪われた外国人のための集会が、あなたの呼びかけで行われました。集会の後で、新聞記者の取材を受けました。本日の集会内容について話し、どんな対策が必要かあなたの意見を述べてください。	外国人児童の教育の機会の拡大を求めて集会を行う予定です。友達にもその集会に参加してほしいと思っています。友達に現在の状況と問題点を述べた上で、この集会の意義について話し、集会に参加するよう説得してください。

第1章 言語活動・言語素材と話題

「13.3 社会運動」の言語活動を支える構文

13.3.1 社会運動名詞　13.3.1.1 社会運動名詞：具体物　13.3.1.2 社会運動名詞：抽象概念
13.3.2 社会運動構文　13.3.2.1 社会運動構文：叙述　13.3.2.2 社会運動構文：修飾
13.3.3 社会運動その他

13.3.1.1 社会運動名詞：具体物
なし

13.3.1.2 社会運動名詞：抽象概念

意味分類	A	B	C
【市民】		市民、国民、住民	人民、大衆、群衆
【団体】	グループ	会、団体	連合、連帯
【活動】	運動	活動	
【団結】			団結
		参加、協力	加入
【標語】			標語
【行動】		集会、革命	内乱、反乱、デモンストレーション、ボイコット、行進
【意見・世論】		意見、主義、主張、理想、世論	思想
		要求、願い、頼み、依頼	要望、要請、訴え、請求
【抗議】		抗議、説得	
【不満】		不満	異議
【批判】		批判	非難
【対話】		交渉	対話
【抵抗】	反対	反抗、抵抗	
【対立・摩擦】		摩擦、対立	
【妥協】			妥協、譲歩
【推進】			推進

13.3.2.1 社会運動構文：叙述

名詞群	助詞	述語		
		A	B	C
【市民】【団体】	が	運動する	活動する	

第1章　言語活動・言語素材と話題

【団体】	が	集める	まとめる、指揮する	率いる、統率する、束ねる
【市民】	を			
【団体】【市民】	が	集まる	まとまる	結束する、団結する
【市民】【団体】	が	入る	参加する	加入する
【活動】	に			
【市民】【団体】	が		呼びかける	
《人》《自治体》《政府等》	に			
【市民】【団体】	が	始める	立ち上がる	
【市民】【団体】	が		主張する、要求する	訴える、申し入れる、請求する
【要求】《訴え》	を			
【市民】【団体】	が			抗議する、説得する
《人》《自治体》《政府等》	に			
【市民】【団体】	が	持つ	抱く	
《人》《自治体》《政府等》	に			
【不満】	を			
【市民】【団体】	が		批判する	非難する
《人》《自治体》《政府等》	を			
【市民】【団体】	が	話す	話し合う、交渉する	対話する
《人》《自治体》《政府等》	と			
【市民】【団体】	が	反対する	反抗する、抵抗する	
《人》《自治体》《政府等》	に			
【市民】【団体】	が		対立する	
《人》《自治体》《政府等》	と			
【市民】【団体】	が			妥協する、譲歩する
【市民】【団体】	が		受け入れる	
《事柄》	を			
【市民】【団体】	が		進める	推進する
【活動】	を			

13.3.2.2 社会運動構文：修飾

修飾語			名詞群
A	B	C	
	積極的(な)		【活動】

13.3.3 社会運動その他
なし

第1章　言語活動・言語素材と話題

【13.4 選挙】

	職業的領域	私的領域（場所）	私的領域（人）
単語	あなたは学生会の選挙管理委員です。投票箱が置いてある場所はどこか聞かれました。答えてください。	学生会の代表を選ぶ選挙会場に来ました。選挙管理委員が投票名簿であなたの名前を確認しています。学籍番号を言ってください。	あなたの国の先日の選挙で○○党が獲得した議席数を友達に聞かれました。答えてください。
単文	あなたは学生会の選挙管理委員です。ポスターを貼ってはいけないところに、選挙用ポスターを貼ろうとしている人がいます。注意してください。	スピーカーで「よろしくお願いします」と言いながら走る車を見ました。通行人に何の車か聞いてください。	選挙のポスターがたくさん貼ってあります。何の選挙か友達に聞いてください。
複文	あなたは学生会の選挙管理委員です。締め切りの後で立候補を名乗り出た学生がいました。規定上、受け付けることができないことを話してください。	○○選の投票日なので、アルバイトを休んで投票に行きたいと思っています。アルバイト先の店長に休みをもらってください。	あなたは日本の選挙制度に興味があります。日本で国会議員に立候補するための条件について、友達に聞いてみてください。
単段落	あなたは学生会の選挙管理委員です。総会の席上で、本日の総会の流れと投票の仕方について説明してください。	あなたはお金を差し出され、ある候補者に投票するように言われましたが、すぐ断りました。このような事実があったことを警察で詳しく話してください。	先日あなたの国で行われた国会議員（大統領）の選挙について友達に聞かれました。あなたの国の選挙のシステムと、先日の選挙について説明してあげてください。
複段落	あなたの国では、内乱後初の選挙が行われます。公正な選挙が行われるには他の国の監視が必要です。あなたは国の代表として総務省の広報室に行き、あなたの国の実情を話して、公正な選挙になるよう協力を仰いでください。	あなたは今度の学生会の会長に立候補することにしました。総会で、現在の学内の問題点を挙げ、それに対する対策を提案し、支持を訴えてください。	投票に行かない友達に、選挙の意義について説き、投票に行くよう説得してください。

第1章　言語活動・言語素材と話題

「13.4 選挙」の言語活動を支える構文

13.4.1 選挙名詞　13.4.1.1 選挙名詞：具体物　13.4.1.2 選挙名詞：抽象概念
13.4.2 出馬構文　13.4.2.1 出馬構文：叙述　13.4.2.2 出馬構文：修飾
13.4.3 選挙運動構文　13.4.3.1 選挙運動構文：叙述　13.4.3.2 選挙運動構文：修飾
13.4.4 選挙戦構文　13.4.4.1 選挙戦構文：叙述　13.4.4.2 選挙戦構文：修飾
13.4.5 投票構文　13.4.5.1 投票構文：叙述　13.4.5.2 投票構文：修飾
13.4.6 報道構文　13.4.6.1 報道構文：叙述　13.4.6.2 報道構文：修飾
13.4.7 選挙その他

13.4.1.1 選挙名詞：具体物

意味分類	A	B	C
【選挙に関わる道具】		カー、マイク、ポスター	マイクロフォン
【投票の道具】	葉書、箱	用紙	

13.4.1.2 選挙名詞：抽象概念

意味分類	A	B	C
【選挙】		選挙	
【種類】		直接選挙、間接選挙	
			出直し選挙
【国政・地方】	国	地方	
【候補】			候補
		議員	
【選挙区】		地区	地元
【辞退】			辞退
【推薦】		推薦	
【準備】	準備、用意		
【資金】		費用	資金
【標語】			標語
【政党】		党	与党、野党
【公認】		推薦	公認
【後継者】		後継ぎ	
【応援】		応援、期待、関心	支持
【運動】	運動、挨拶、約束	演説、講演、活動	対談
【主張】		主義、主張	政策

第1章　言語活動・言語素材と話題

【気持ち】	夢	欲	野心、志、熱意、欲望、執着、意欲
【妨害】			妨害
【投票】		投票	
【記入】		記入	記名
【不在者投票】			不在者投票
【選挙権】		義務	
		権利、〜権	
【選挙戦】		戦い	勝負、勝敗
【相手】	相手	ライバル	
		リード	反撃
【当選】	勝ち	当選、勝利	
【落選】		負け	敗北
【票】		票	過半数
【信任】			信任
【メディア】	ニュース、新聞	報道	
【調査】		調査	出口調査
【予想】		予想、予測	見込み、見通し

13.4.2.1 出馬構文：叙述

名詞群	助詞	述語		
		A	B	C
【選挙】	に	出る	立つ	
「出馬するの」	を	断る	取り消す、蹴る	辞退する
【候補】	を	出す	推薦する	担ぐ、公認する

13.4.2.2 出馬構文：修飾

なし

13.4.3.1 選挙運動構文：叙述

名詞群	助詞	述語		
		A	B	C
―	―	準備する、用意する		
【候補】	を		応援する	支持する
【候補】	に		期待する	

— 430 —

【候補】	が			訴える、掲げる
《訴え》《主張》	を			
【候補】	が	運動する	活動する	
【候補】	が	挨拶する		
【候補】	が		演説する、講演する	対談する
【候補】	が	約束する		
【主張】《訴え》	を			
【候補】	が			妨害する
【候補】	を			

13.4.3.2 選挙運動構文：修飾

修飾語			名詞群
A	B	C	
	派手(な)		【運動】

13.4.4.1 選挙戦構文：叙述

名詞群	助詞	述語		
		A	B	C
【候補】	が	戦う	争う	
【候補】	と			
【候補】	が		リードする	
【選挙戦】	を			
【候補】	が		追う	
【候補】	を			
【候補】	が		当選する、受かる、勝利する	
【候補】	が	勝つ		
【候補】	に			
【候補】	が	落ちる	敗れる	
【候補】	が	負ける	敗れる	敗北する
【候補】	に			
【候補】	を			信任する
【候補】	が	もらう	得る	
【信任】	を			

第1章　言語活動・言語素材と話題

【候補】	に	決まる		
【候補】	が	集める	得る	逃す
【票】	を			

13.4.4.2 選挙戦構文：修飾

修飾語			名詞群
A	B	C	
	激しい		【選挙】【選挙戦】
	有利(な)、不利(な)	優勢(な)、有力(な)	【選挙】【選挙戦】
	確実(な)		【当選】【落選】【信任】

13.4.5.1 投票構文：叙述

名詞群	助詞	述語		
		A	B	C
【候補】	に	入れる	投票する	
【選挙】	を	集める	獲得する	
《名前》《政党名》	を	書く	記入する	記名する

13.4.5.2 投票構文：修飾

修飾語			名詞群
A	B	C	
高い、低い			「投票率」
遅い			「出足」

13.4.6.1 報道構文：叙述

名詞群	助詞	述語		
		A	B	C
【メディア】	が		予想する、予測する	
【選挙戦】《結果》	を			
【メディア】	が		報道する、取り上げる	報じる、報ずる
【選挙戦】《結果》	を			
【メディア】	が		調査する	
【選挙戦】《結果》	を			

13.4.6.2 報道構文：修飾
なし

13.4.7 選挙その他

	A	B	C
選挙区に関する接尾辞		〜区	
票に関する接尾辞		〜票	
党に関する接尾辞		〜党	
世襲議員に関する接尾辞			〜世

【13.5 外交】

	職業的領域	私的領域（場所）	私的領域（人）
単語	あなたは大使館の職員です。ビザの発行にかかる日数を窓口で聞かれました。答えてください。	ビザの申請のために大使館の窓口に来ました。旅行に行くのはいつからか聞かれました。答えてください。	あなたの国には横浜の姉妹都市があります。友達にその都市の名前を聞かれました。答えてください。
単文	あなたは大使館の職員です。ビザの取得に来た日本人に、訪問の目的を聞いてください。	在留資格延長のために入国管理局に来ました。在留期間更新許可申請の窓口はどこか、受付で聞いてください。	友達とテレビを見ていたら、日本の首相が海外を訪問している映像が流れてきました。どこを訪問しているのか、友達に聞いてください。
複文	あなたは市の国際交流課で働いています。今度、A国から親善団がやって来るので、市の小学校と交流の場を持たせたいと考えています。上司に相談してください。	あなたはもうすぐ日本人と結婚します。入国管理局に行って、配偶者ビザをとるためにはどんな書類が必要か聞いてください。	あなたの先輩が外交官になりました。あなたは子供のころから外交官に憧れています。どうすれば外交官になれるのか、先輩にアドバイスしてもらってください。
単段落	あなたは国際関係学の研究者です。ある政治家に、近年締結された○○条約の内容について聞かれました。条約の内容を詳しく説明してください。	在留資格変更のために入国管理局に来ました。変更の理由を聞かれたので、詳しく説明してください。	あなたの国の首相（大統領）が日本に来てスピーチをしました。友達がスピーチの内容を知りたがっているので、詳しく教えてあげてください。
複段落	あなたはA国の大使館職員です。A国は災害に見舞われ、食糧支援を必要としています。日本の政府高官に窮状を説明し、また、日本とA国との関係強化の大切さも訴え、支援を要請してください。	あなたは「日本の外交政策を問う」というシンポジウムに参加しました。しかし、どのパネリストの意見にも納得できません。フロアからの質問の時間に挙手をして、日本の外交政策の問題点とあなたが考える望ましい外交政策について述べ、それについてどう思うか、パネリストに聞いてみてください。	友達と政府開発援助（ODA）について話しています。友達は、日本は世界に貢献していると言いますが、あなたはそう思いません。十分な援助ができていない例を示し、今後日本がどのような支援をしていくべきか、あなたの意見を述べてください。

第1章　言語活動・言語素材と話題

「13.5 外交」の言語活動を支える構文

13.5.1 外交名詞　13.5.1.1 外交名詞：具体物　13.5.1.2 外交名詞：抽象概念
13.5.2 国交構文　13.5.2.1 国交構文：叙述　13.5.2.2 国交構文：修飾
13.5.3 領土構文　13.5.3.1 領土構文：叙述　13.5.3.2 領土構文：修飾
13.5.4 移民・移住構文　13.5.4.1 移民・移住構文：叙述　13.5.4.2 移民・移住構文：修飾
13.5.5 外交交渉構文　13.5.5.1 外交交渉構文：叙述　13.5.5.2 外交交渉構文：修飾
13.5.6 国際交流構文　13.5.6.1 国際交流構文：叙述　13.5.6.2 国際交流構文：修飾
13.5.7 外交その他

13.5.1.1 外交名詞：具体物

意味分類	A	B	C
【領事・外相等】		領事、大使	外相
【領事館】		領事館、大使館	
【留学生】	留学生	交換留学生	

13.5.1.2 外交名詞：抽象概念

意味分類	A	B	C
【世界・国際】	世界	国際	インターナショナル
【外交】		外交	
【国交】		国交	
【回復】		回復	正常化
【領土】		国土	領土、領地、領海
【国境】		国境	
【返還】			返還
【移民】		移民、移住者	
【受け入れ】		受け入れ	
【同盟・条約】		国連、宣言	同盟、連盟、協定、声明、条約
【調印】			調印
【会議】		会議	会談
【交渉】		交渉	対話
【協調】			協調、同調
【妥協】			妥協、妥結、譲歩
【対立】		対立、緊張、摩擦	
【留学】		留学	

第1章　言語活動・言語素材と話題

【理解】		理解	
			親善、友好
【出迎え】		迎え、出迎え、歓迎	
【見送り】		見送り、送別、別れ	

13.5.2.1 国交構文：叙述

名詞群	助詞	述語		
		A	B	C
【国】	が	持つ、開く〈ヒラク〉	結ぶ	樹立する
【国】	と			
【国交】	を			
【国】	が		回復する	正常化する
【国】	と			
【国交】	を			
【国】	が			断つ
【国】	と			
【国交】	を			

13.5.2.2 国交構文：修飾

修飾語			名詞群
A	B	C	
良い、悪い			「関係」

13.5.3.1 領土構文：叙述

名詞群	助詞	述語		
		A	B	C
【国】《地域》	が			
【国】	に		属する	
【国】	が			征服する、占領する、侵す
【国】《地域》	を			
【国】	が		治める、統一する、支配する	統治する
【国】《地域》	を			
【国】	が	返す		返還する
《地域》	を			

13.5.3.2 領土構文：修飾

なし

13.5.4.1 移民・移住構文：叙述

名詞群	助詞	述語 A	述語 B	述語 C
【国】《地域》	に		移住する	
【国】	が		受け入れる	
【移民】	を			
【国】	が			審査する
【移民】	を			
【国】	が		認める、許可する	
【移民】【移住】	を			
【国】《地域》	に	渡る		
【国】	が	断る	拒否する	
【移民】【移住】【渡航】	を			

13.5.4.2 移民・移住構文：修飾

修飾語 A	修飾語 B	修飾語 C	名詞群
	積極的(な)		【受け入れ】

13.5.5.1 外交交渉構文：叙述

名詞群	助詞	述語 A	述語 B	述語 C
【国】	が		交渉する	対話する
【国】	と			
【国】	が			妥協する、妥結する、譲歩する
【国】	が			
【国】	に		合わせる	協調する、同調する
【国】	と		結ぶ	交わす
【国】	が			
【同盟・条約】	を			

【国】	が			調印する
【同盟・条約】	に			
【国】《地域》	が		対立する、緊張する	もめる
【国】《地域》	と			

13.5.5.2 外交交渉構文：修飾

修飾語			名詞群
A	B	C	
	有利(な)、不利(な)	優勢(な)	【交渉】

13.5.6.1 国際交流構文：叙述

名詞群	助詞	述語		
		A	B	C
【国】	に		留学する	
【国】《文化・習慣等》	を	勉強する、知る	理解する	

13.5.6.2 国際交流構文：修飾

なし

13.5.7 外交その他

	A	B	C
領土に関する接尾辞			～領

第1章　言語活動・言語素材と話題

【13.6 戦争】

	職業的領域	私的領域（場所）	私的領域（人）
単語	あなたはジャーナリストです。日本の自衛隊の取材に来ました。写真を撮るのかビデオ撮影をするのか聞かれました。答えてください。	戦争資料館に行きました。常設展と特別展があるようです。見たいのはどちらなのか、受付で聞かれました。答えてください。	あなたの国に兵役があるかどうか、友達に聞かれました。答えてください。
単文	あなたは基地で働いています。軍事演習の取材に来ているジャーナリストが撮影禁止のジェット機を撮影しようとしています。止めてください。	戦争資料館に行きました。展示室の係の人に、今見ているのはどこの写真なのか聞いてください。	あなたは戦争の記念碑の写真を見ています。その碑の漢字の読み方を友達に聞いてください。
複文	あなたはニュースレポーターです。戦争体験者に取材を申し込んでください。	あなたは来週からある国を旅行する予定です。ところが、その国の隣の国で戦争が始まってしまいました。外務省に電話して、渡航できるかどうか聞いてください	友達は軍隊にいた経験があります。どんな時に大変だったか聞いてみてください。
単段落	あなたは過去に激しい戦争があった場所の戦争資料館でガイドをしています。所蔵品を見せながら、過去にどんなことが起こったのか話してください。	広島で原爆の被害を受けた人から、直接、原爆についての話を聞きました。どんな話だったのか、その内容を大学のゼミで話してください。	あなたの国には兵役があります。兵役とはどのようなものか、友達に聞かれました。詳しく説明してあげてください。
複段落	あなたの国の内戦が終結しました。外交官として日本外務省に行って内戦の終結を報告し、食糧、医療、経済、生活インフラなどの面から国民の生活の現状を詳しく説明して、自衛隊による迅速な食料・物資の支援を要請してください。	広島での平和集会に留学生の代表として出席することになりました。そこで、平和についてスピーチをしてください。	友達と広島・長崎への原爆投下について話しています。原爆の投下は必要だったのか、必要なかったのか、両方の考え方について説明し、原爆投下についてのあなたの意見を述べてください。

「13.6 戦争」の言語活動を支える構文

13.6.1 戦争名詞　13.6.1.1 戦争名詞：具体物　13.6.1.2 戦争名詞：抽象概念
13.6.2 戦闘構文　13.6.2.1 戦闘構文：叙述　13.6.2.2 戦闘構文：修飾
13.6.3 軍備構文　13.6.3.1 軍備構文：叙述　13.6.3.2 軍備構文：修飾
13.6.4 被害構文　13.6.4.1 被害構文：叙述　13.6.4.2 被害構文：修飾
13.6.5 平和構文　13.6.5.1 平和構文：叙述　13.6.5.2 平和構文：修飾
13.6.6 補償構文　13.6.6.1 補償構文：叙述　13.6.6.2 補償構文：修飾
13.6.7 戦争その他

13.6.1.1 戦争名詞：具体物

意味分類	A	B	C
【基地】	飛行場、城	基地	陣
【飛行機】	飛行機	ジェット機、ロケット	
【船】	船、ボート	潜水艦	軍艦
【鉄砲】	ピストル	銃、鉄砲、ロケット	弾
【命中】		爆弾	原爆、核
【古武器】		刀、矢、弓、楯	
【兵隊】		兵隊、兵士	

13.6.1.2 戦争名詞：抽象概念

意味分類	A	B	C
【戦争】	戦争	戦い、争い、戦、大戦	内乱、戦闘、紛争
【味方】		味方、仲間	
【敵】	相手	ライバル、敵	
【領土】	国	国土	領土、領地、領海
【中立】		中立	
【戦争の準備】	準備		
【作戦】		作戦	策
【攻撃】		攻撃	襲撃
【反撃】			反撃
【侵略】		侵入	侵略、上陸、征服、占領
【拘束】			拘束
【爆破】			爆破、沈没
【略奪】			略奪

第1章　言語活動・言語素材と話題

【防衛】		警備	自衛、護衛、防衛、国防、阻止、守備
【指示】		合図、指示、命令	指令、指図
【勝敗】		勝負、勝敗	
【引き分け】	引き分け		
【勝利】	勝ち	勝利	
【敗北】		負け	敗北、敗戦
【軍備】		軍、軍隊、武力	軍備、戦力
【武器】		武器	装備、武装、兵器
【訓練】	練習	訓練	演習
【規律】		規律	
【原因】			利害
		国土	領土、領地、領海
		石油、資源	
		宗教	信仰
		主義、理想	思想
		独立、民族	植民地
		革命	反乱
		対立、支配、独立	
【被害】		被害、犠牲	戦災
【国民・市民】		市民、国民、住民	人民
【死】		死	
【火災】		火災	
【避難】		避難	
【強制】		強制	抑圧、迫害
【配給】			配給、救援
【食糧】		食糧	物資
【怒り】		怒り、憎しみ	腹立ち、憤慨
【恐怖】		恐れ、恐怖	
【平和】		平和、幸福、幸せ、日常	
【復興】			復興
【補償】		謝罪	わび、償い、賠償、弁償、補償、救済

13.6.2.1 戦闘構文：叙述

名詞群	助詞	述語

第1章　言語活動・言語素材と話題

		A	B	C
《地域》《国》	が	戦争する、戦う	争う	
《地域》《国》	と			
―	―	準備する、用意する		
【戦争】	に		備える	
【作戦】	を		立てる、実行する	
【敵】	を		攻める、攻撃する、襲う	襲撃する、討つ
―	―			反撃する
《地域》《国》	が		侵入する	侵略する、押し寄せる、上陸する
《地域》《国》	に			
《地域》《国》	が			征服する、占領する、侵す
《地域》《国》	を			
【軍備】	が			出動する
【軍備】	が			拘束する
【敵】	を			
【軍備】	が		奪う	略奪する
《人》	から			
《金品》	を			
【軍備】	が		運ぶ	輸送する
【武器】【兵隊】【飛行機】【船】	を			
【敵】【味方】	を		裏切る、だます	欺く
【軍備】	が		守る	防衛する
【領土】	を			
【軍備】	が			阻む、阻止する
【侵略】【攻撃】	を			
【軍備】	が		指示する、命令する、言いつける	
《人》	に			
【指令】	を	出す		

13.6.2.2 戦闘構文：修飾

修飾語			名詞群
A	B	C	

第1章　言語活動・言語素材と話題

怖い	恐ろしい	おっかない、醜い	【戦争】

13.6.3.1 軍備構文：叙述

名詞群	助詞	述語 A	述語 B	述語 C
【飛行機】【船】	を	動かす	運転する、漕ぐ、操縦する	
【敵】	を	撃つ	発射する	
【鉄砲】【爆弾】	が	当たる		命中する
【敵】	に			
【爆弾】	を	投げる	落とす	
【軍備】【武器】【兵隊】	を		増やす	増強する
【飛行機】【船】				
【規律】	に		従う	
【規律】	を		守る	
【規律】	に		違反する	背く
【規律】	を		破る	

13.6.3.2 軍備構文：修飾

修飾語 A	修飾語 B	修飾語 C	名詞群
大きな	巨大(な)、大規模(な)		【軍備】

13.6.4.1 被害構文：叙述

名詞群	助詞	述語 A	述語 B	述語 C
【兵隊】【国民・市民】	が	死ぬ	死亡する、亡くなる	
【敵】	が	殺す		
【国民・市民】	を			
【兵隊】【国民・市民】	が		倒れる	
【領土】	が		荒れる	
【領土】《建物》	が	焼ける	燃える、焦げる	
【船】	が		沈む	沈没する
【敵】	が		沈める	
【船】	を			

— 443 —

第1章　言語活動・言語素材と話題

【敵】【火災】	から	逃げる	避難する	逃げ出す
【国民・市民】	を			抑圧する、迫害する
【国民・市民】	に		強制する	強いる
《行為》	を			
【食糧】	を		配る	
【戦争】【敵】【攻撃】	を		恐れる	
【戦争】【敵】【攻撃】	に			おびえる

13.6.4.2 被害構文：修飾

| 修飾語 ||| 名詞群 |
A	B	C	
	ひどい、めちゃくちゃ(な)、無茶苦茶(な)	冷酷(な)、残酷(な)、悲惨(な)、愚か(な)	【戦争】【攻撃】
		おびただしい	【被害】

13.6.5.1 平和構文：叙述

| 名詞群 | 助詞 | 述語 |||
		A	B	C
【領土】	が			復興する
【領土】	が		取り戻す	
【平和】	を			

13.6.5.2 平和構文：修飾

| 修飾語 ||| 名詞群 |
A	B	C	
	平和(な)、穏やか(な)		「生活」

13.6.6.1 補償構文：叙述

| 名詞群 | 助詞 | 述語 |||
		A	B	C
《国》《地域》	が	謝る	謝罪する	
【国民・市民】《国》《地域》	に			
《国》《地域》	が	助ける	救う	救済する

— 444 —

第1章　言語活動・言語素材と話題

【国民・市民】	を			
《国》《地域》	が			補償する、償う
【被害】	を			
【補償】【救済】	が		解決する	

13.6.6.2 補償構文：修飾

修飾語			名詞群
A	B	C	
十分(な)			【補償】【救済】

13.6.7 戦争その他

なし

第1章　言語活動・言語素材と話題

【13.7 会議】

	職業的領域	私的領域（場所）	私的領域（人）
単語	あなたは社長秘書です。社長に、今日の最初の会議の始まりは何時か聞かれました。答えてください。	国際学会の会議に参加します。受付で通訳のヘッドホーンが必要かどうか聞かれました。答えてください。	友達に、クラブのミーティングの開始時間を聞かれました。答えてください。
単文	あなたは今から会議で報告をします。配布資料が3部足りないので、隣にいる部下にコピーを頼んでください。	サークルの、来年度の議長、書記、広報係を決めることになりました。手を挙げて、何をしたいか言ってください。	クラスメイトに、大学祭のことで話し合いをしようと言われました。承諾し、時間と場所を聞いてください。
複文	あなたは秘書です。急に役員会の延期が決まりました。各役員に電話で連絡してください。	来週の金曜日の5時からクラブミーティングを行ないます。事務所で会議室の予約をしてください。	ルームメイトが学生会の会議に出ようとしません。理由を聞いてみてください。
単段落	あなたは、ある公共施設の職員です。会議場の設備について問い合わせがありました。詳しく説明してください。	会議室を借りましたが、会議場の設備にいろいろ不備があり、非常に使いにくかったです。会議の後で、事務所の人にその状況を伝え、どのように改善してほしいか話してください。	昨日のサークル会議ではとても深刻な内容の話し合いをしました。どんな話し合いだったのか、今日親友に聞かれました。その内容を詳しく話し、どう思うか聞いてみてください。
複段落	あなたの会社の会議では、いつも役職者ばかりが発言し、若い社員があまり発言しません。上司が会議のあり方について意見を求めてきました。会議の現状と問題点をあなたなりに分析し、会社を活性化させるためには会議をどのように変えればいいのか、あなたの意見を述べてください。	あなたが住んでいる地区で、ある事業に自治会費を使うかどうかの多数決が行なわれようとしています。しかし、採決が行われる会議の存在を多くの住民は知らず、また議論の場もほとんどありませんでした。採決の直前に挙手し、採決までに踏むべき本来の手順と、それとはかけ離れた今回の経過について述べ、投票の延期を求めてください。	友達と先日行われた先進国首脳会議について話しています。地球温暖化についての新しい条約は締結に至りませんでした。あなたは、その原因は新興国の参加がなかったからだと考えています。どんな国が参加すべきなのかをその理由とともに述べ、新しい参加国にどんなことを期待するのか、あなたの意見を述べてください。

第1章　言語活動・言語素材と話題

「13.7 会議」の言語活動を支える構文

13.7.1 会議名詞　13.7.1.1 会議名詞：具体物　13.7.1.2 会議名詞：抽象概念
13.7.2 会議構文　13.7.2.1 会議構文：叙述　13.7.2.2 会議構文：修飾
13.7.3 会議その他

13.7.1.1 会議名詞：具体物

意味分類	A	B	C
【場所】		会議室	議事堂
【役割】		議長、司会	

13.7.1.2 会議名詞：抽象概念

意味分類	A	B	C
【会議】	相談	会議、議会、会合、集会、打ち合わせ、話し合い	会談、座談会、審議、協議
【案】		案	議案、法案
【議題】			議題
【意見】		意見、アイデア、考え、見解	
【発言】		コメント、発言	
【要求】		要求	
【異議】			異議、異見、異論
【議論】		議論	討論、論議
【交渉】		交渉	根回し
【進行】		進行	
【質疑】		疑問、謎	質疑
【応答】			返答
【採決】			採決
【方法】			多数決、満場一致、過半数
【可決】			可決、合意
【否決】			否決
【物議】			物議

13.7.2.1 会議構文：叙述

名詞群	助詞	述語		
		A	B	C

第1章　言語活動・言語素材と話題

《相手》	と	相談する	議論する、打ち合わせる、話し合う	討論する
【会議】	を	持つ、始める、開く〈ヒラク〉、行う	開催する	催す
【役割】	を		務める	
【案】	を	出す	提出する	
【役割】	が		取り上げる	
【案】	を			
【議題】	として			
【会議】	に			諮る
【意見】	を	言う	述べる	
【意見】【発言】	を		要求する	
【意見】【発言】	を			阻む、遮る、阻止する
【異議】	を		挟む、唱える	
【議論】	を		深める	
【議論】	が		深まる	
―	―		交渉する	
―	―			根回しする
【役割】	が		進める、信仰する	
【会議】	を			
《事柄》	を	聞く	尋ねる	
【質疑】	に	答える		返答する
【役割】	が			採決する
《結果》	に			合意する
【役割】	が		まとめる	
【意見】【案】【議題】	を			
【意見】【案】【議題】	が		まとまる	
【役割】	が			可決する
【意見】【案】【議題】	を			
【役割】	が			否決する
【意見】【案】【議題】	を			

第1章　言語活動・言語素材と話題

【会議】	が		長引く	こじれる、もめる、滞る、停滞する
【異議】	が			噴出する
【会議】	を		乱す	掻きまわす
【会議】	が			盛り上がる

13.7.2.2 会議構文：修飾

修飾語			名詞群
A	B	C	
長い、短い			【会議】【議論】
大切(な)	重要(な)		【会議】【議論】【案】【議題】【意見】【発言】
	無駄(な)、不要(な)		【会議】【議論】
	スムーズ(な)	円滑(な)	【会議】【議論】
	穏やか(な)	和やか(な)	【会議】
	活発(な)		【議論】

13.7.3 会議その他

なし

第1章　言語活動・言語素材と話題

【14.1 人体】

	職業的領域	私的領域（場所）	私的領域（人）
単語	あなたは産婦人科医です。妊娠5か月の妊婦さんのお腹の中をエコーで見ています。赤ちゃんの性別を聞かれました。答えてください。	スラックスを買いに、デパートの紳士服売り場に来ました。店員に、ウエストは何センチか聞かれました。答えてください。	友達に、あなたの身長は何センチか聞かれました。答えてください。
単文	あなたは産婦人科医です。妊娠8か月の妊婦さんのお腹の中をエコーで見ています。赤ちゃんが今どんなことをしているか、教えてあげてください。	眼鏡を作りに眼鏡屋に行き、視力検査をしてもらっています。検査の後、あなたの視力は今どのくらいか、聞いてください。	友達が子どもの写真を見せてくれました。体重が何キロになったのか聞いてください。
複文	あなたはエステティシャンです。久しぶりに来た客の肌が荒れています。肌の変化を指摘して、パックなどのオプションを追加するか聞いてください。	勤務先の健康診断で、ある項目について要精密検査という結果が出ました。病院に電話して、精密検査の予約をしてください。	あなたの友達はハンサムでスタイルがいいです。あなたが趣味で作っている写真集のモデルになることを頼んでみてください。
単段落	あなたは保健所の育児相談員です。相談に来たお母さんに、1歳の子供はどんなことができるか聞かれました。詳しく説明してください。	あなたは、瞬発力と持久力を同時に高めたいと思っています。スポーツクラブのトレーナーにこれまでのトレーニング方法を詳細に説明し、アドバイスしてください。	最近スタイルがよくなったと、友達に褒められました。どのようなことをしているか聞かれたので、詳しく説明してあげてください。
複段落	あなたは大学の医学部の教授です。健康に関するシンポジウムで、若年性認知症について話すことになりました。その症状とメカニズムや予防法等について聴衆に話してください。	高齢化社会についての授業で、高齢者のためにはどのような駅施設が必要か教授に聞かれました。視力、聴力、体力など、高齢者の身体的特徴を考慮した駅施設について、あなたの意見を述べてください。	最近の子供たちの体力の低下について友達と話しています。ライフスタイルや食生活の変化などの面からその原因を分析し、子供のころにどのようにして体を作っていけばいいのか、あなたの意見を述べてください。

— 450 —

第1章　言語活動・言語素材と話題

「14.1 人体」の言語活動を支える構文

14.1.1 人体名詞　14.1.1.1 人体名詞：具体物　14.1.1.2 人体名詞：抽象概念
14.1.2 体格構文　14.1.2.1 体格構文：叙述　14.1.2.2 体格構文：修飾
14.1.3 機能構文　14.1.3.1 機能構文：叙述　14.1.3.2 機能構文：修飾
14.1.4 遺伝・生殖構文　14.1.4.1 遺伝・生殖構文：叙述　14.1.4.2 遺伝・生殖構文：修飾
14.1.5 進化構文　14.1.5.1 進化構文：叙述　14.1.5.2 進化構文：修飾
14.1.6 研究構文　14.1.6.1 研究構文：叙述　14.1.6.2 研究構文：修飾
14.1.7 人体その他

14.1.1.1 人体名詞：具体物

意味分類	A	B	C
【顔・頭】	頭、顔、目、鼻、耳、口、歯、首	のど、あご、ほっぺた、ほお、額、まぶた、唇、舌	ひとみ、眼球
【手】	手、腕	手首、てのひら、ひじ	甲
【指】	指	親指、人差し指、中指、薬指、小指、爪	
【足】	足	ひざ、もも	股、かかと
【胴】	背中、おなか	背、肩、胸、わき、腹、へそ、腰、尻	胴、乳
【筋肉】		筋肉、肉、筋	
【骨】	骨		
【臓器】		心臓、胃、肺、腸、脳	大脳、大腸
【神経】		神経	
【血液・血管】	血	血液、血圧、血管、脈	
【細胞・組織】		脂肪、細胞	組織、膜、繊維
【遺伝子】		遺伝子、DNA	染色体、ゲノム
【栄養分】		栄養、養分、ビタミン、蛋白質	アミノ酸、糖～質、燐酸、酵素
【肌】	肌	皮、皮膚、しわ	
【髪・毛】	髪、髪の毛	毛、白髪、眉、ひげ	
【体液・分泌物】	血	血液、涙、汗、小便、大便、乳	つば、尿、尿尿、垢、精子
【生殖細胞】			精子、卵子
【生理現象】		呼吸、息、あくび、しゃっくり、くしゃみ、咳、小便、大便、生理、いびき	空腹
【道具】	コンピューター	マウス	

— 451 —

第1章 言語活動・言語素材と話題

14.1.1.2 人体名詞：抽象概念

意味分類	A	B	C
【人間】		人間	
【分類】			哺乳類
【体】	体	身体、身、全身	人体、肉体
【裸・生身】		裸	生身
【生命】		命、生命	生、人命
【性別】		性別、セックス	
【異性】		異性	
【男】	男、男の人	男性、男子	
【女】	女、女の人	女性、女子	
【体格】		体格	体つき
【身長】		身長	
【体重】		体重	
【表情】		表情、愛想、瞬き	顔つき、目つき
	笑顔	微笑、笑い	
【部位】			部位、器官、臓器
【体温】		体温	
【感覚】		感覚、センス	
		痛み、視覚、聴覚、味覚	
		刺激、感触	
【知能】		知恵、知能	知性
【理性】			理性
【本能】		本能、野生	自我
【心】	心	気、精神、心理、胸、意識	心身
【年齢】	年、～歳	年齢、世代	
【赤ちゃん】	赤ちゃん	赤ん坊	
【子供】	子供、男の子、女の子	幼児、少年、少女	
【青少年】		若者、青年	青少年
【成人】		成人	
【中年】		中年	
【年寄り】	年寄り	老人	
【配列】			配列

第1章　言語活動・言語素材と話題

【生殖】			生殖、受精
【進化・発達】		発達、進化	
【退化】		退化	
【変異】			変異
【名残】		跡	名残
【クローン】		クローン	
【研究】	研究	バイオ、実験	解析、培養
【移植】		移植	

14.1.2.1 体格構文：叙述

名詞群	助詞	述語		
		A	B	C
―	―	太る、痩せる		
【体重】	が	増える、減る		
【身長】	が		伸びる	

14.1.2.2 体格構文：修飾

なし

14.1.3.1 機能構文：叙述

名詞群	助詞	述語		
		A	B	C
《飲食物》	を	飲む、吸う、食べる	噛む、かじる、味わう、吐く、飲み込む、なめる、吹く	含む、しゃぶる、噛み切る
《飲食物》	を		飲み込む	消化する
【息】	を	吸う	吐く	
―	―		呼吸する、息する	
《匂い》	を		かぐ、臭う	
《動作の対象》	を	持つ、押す、引く、打つ、投げる	拾う、触る、折る、握る、掴む、つまむ、なでる、絞る、掻く、叩く、殴る、	触れる、突く、放る、ひねる、ねじる、摘む、むしる、すくう、つねる、

			抱く、振る、押さえる、引っ張る、指差す、抱える、担ぐ、引き出す	さする、揉む、いじる、めくる、引っ掻く、掻きまわす、引き摺る、つつく、突っつく、突っ張る、擦る、かする
《動作の対象》	を		踏む、拾う、蹴る、押さえる、蹴飛ばす	つつく、突っつく、またぐ
―	―	押す、寝る、起きる、休む、立つ	這う、立ちがる、転ぶ、腰掛ける、しゃがむ	うつむく、もたれる
《動作の対象》	を		立てる、抱える、背負う、押さえる、担ぐ、寝かせる	負う、構える
【髪・毛】	が		抜ける、伸びる、生える	
【血液】	が	流れる	詰まる	
「おなか」	が	すく、減る		
「のど」	が		渇く	
―	―		飢える	
【体液・分泌物】	を		吐く	垂れる、漏らす
―	―	聞く		
「傷」	が		痛む	
―	―	感じる、感ずる、気付く		
―	―	心配する、知る、思う、考える、分かる、気付く、見える、信じる	理解する、意識する、聞こえる、認める、確かめる、確認する、思いつく	承知する、心得る、存じる、存ずる、認識する、案じる、悟る、受け止める、了承する、把握する

14.1.3.2 機能構文：修飾

修飾語			名詞群
A	B	C	
	はっきり(とした)		「視界」
	かゆい	くすぐったい	【体】

14.1.4.1 遺伝・生殖構文：叙述

第1章　言語活動・言語素材と話題

名詞群	助詞	述語		
		A	B	C
《遺伝するもの》	が		遺伝する	
―	―			受精する

14.1.4.2 遺伝・生殖構文：修飾
なし

14.1.5.1 進化構文：叙述

名詞群	助詞	述語		
		A	B	C
《生物》	が	進む	発達する、進化する、退化する	
《生物》	が		適応する	
《環境》	に			

14.1.5.2 進化構文：修飾
なし

14.1.6.1 研究構文：叙述

名詞群	助詞	述語		
		A	B	C
―	―	研究する	実験する	
【遺伝子】	を			解析する
【細胞】【遺伝子】	を			培養する

14.1.6.2 研究構文：修飾
なし

14.1.7 人体その他
なし

― 455 ―

第1章　言語活動・言語素材と話題

【14.2 医療】

	職業的領域	私的領域（場所）	私的領域（人）
単語	あなたは病院の事務員です。入院中の○○さんの病室番号を聞かれました。答えてください。	あなたはレントゲン室に入りました。放射線技師に名前を聞かれたので、答えてください。	友達に、あなたの通っている○○医院の休診日は何曜日か聞かれました。答えてください。
単文	あなたは医者です。診察のため、患者に、口を開けるよう言ってください。	薬局で、他の薬の服用があるか、薬剤師に聞かれました。○○という薬を飲んでいることを伝えてください。	友達は先週、病気で学校を休んでいました。今日久しぶりに会ったので、体調について尋ねてください。
複文	あなたは学校の保健室の先生です。1人の生徒が高熱で倒れました。保護者に連絡して、迎えに来てもらってください。	あなたは今、病院にいます。保険証の提示を求められましたが、忘れたことに気がつきました。次回でいいか聞いてください。	熱があるので学校に行けません。友達に電話して、先生に伝えてもらってください。
単段落	あなたは医者です。タミフルの効用と副作用と正しい服用方法を、インフルエンザの患者に詳しく説明してください。	あなたの3歳の子供は、何日か前から具合が悪かったのですが、今日、急に症状が悪化しました。今、夜の8時です。かかりつけの医者に電話して、子供の状態を詳しく説明し、今から診てもらえるか聞いてください。	友達と病気について話しています。あなたがこれまでに一番重い病気にかかった時の体験談を、詳しく話してあげてください。
複段落	あなたは医者です。救急患者の搬入拒否が大きな問題になっていますが、現実的にはすべての患者を受け入れることは非常に困難です。視察に来た厚生労働省の担当官に、現状の問題点とその原因を述べ、救急医療体制についての改善策を提案してください。	あなたの母親が手術の直後に亡くなりました。あなたは医療ミスではないかと思っています。警察に行って、入院から亡くなるまでの経緯と、医療ミスではないかと考えられる根拠とを詳しく話し、捜査を依頼してください。	友達の母親は末期がんですが、友達は、告知をする気がまったくないようです。自分の病気について知る権利や治療法を選ぶ権利が患者にあることを話し、告知が患者にとってプラスに働いた例も挙げながら、告知も1つの選択肢であることを、友達に話してあげてください。

第1章　言語活動・言語素材と話題

「14.2 医療」の言語活動を支える構文

14.2.1 医療名詞　14.2.1.1 医療名詞：具体物　14.2.1.2 医療名詞：抽象概念
14.2.2 発症・負傷構文　14.2.2.1 発症・負傷構文：叙述　14.2.2.2 発症・負傷構文：修飾
14.2.3 原因構文　14.2.3.1 原因構文：叙述　14.2.3.2 原因構文：修飾
14.2.4 治療構文　14.2.4.1 治療構文：叙述　14.2.4.2 治療構文：修飾
14.2.5 入退院・通院構文　14.2.5.1 入退院・通院構文：叙述　14.2.5.2 入退院・通院構文：修飾
14.2.6 医療その他

14.2.1.1 医療名詞：具体物

意味分類	A	B	C
【体】	体	身体、身、全身	人体、肉体
【顔・頭】	頭、顔、目、鼻、耳、口、歯、首、のど	ほお、額、まぶた、唇、舌、あご、ほっぺた	眼球、ひとみ
【部位】			部位、器官、臓器
【筋肉】		筋肉、関節、肉、筋	
【骨】	骨		
【臓器】		心臓、胃、肺、腸、脳、肝臓	
【神経】		神経	
【血液・血管】	血	血液、血圧、血管、脈	静脈、血糖
【細胞・組織】		脂肪、細胞	組織、膜、繊維、リンパ、～腺
【栄養分】		栄養、養分、ビタミン、蛋白質、コレステロール	インシュリン
【肌】	肌	皮、皮膚、しわ	
【髪・毛】	髪、髪の毛	毛、白髪、眉、ひげ	
【医療機関】	病院	医院	
【専門】		～科、外科、内科、眼科、産婦人科、歯科、耳鼻科、小児科	
【診察の種別】		夜間、外来、応急	
【薬局】	薬局		
【院内の施設】			待合室
【医師・看護】	先生、医者	医師、歯医者	

— 457 —

第1章　言語活動・言語素材と話題

師】	看護師	技師	
		担当医	
【薬】	薬	～薬	薬品、薬剤、抗～、～剤
【医療機器】	ベッド、布団	シーツ、枕	担架
	注射		
	眼鏡、コンタクトレンズ		
	レントゲン		
			聴診器
		包帯、マスク	
		杖	
		カルテ	
		瓶、缶	匙
【注射】	注射		
【病名】		虫歯、めまい、火傷、骨折、頭痛、咳、下痢、日焼け、できもの、にきび、ノイローゼ、癌	あざ、結核、麻痺、不順、欠乏、失調、糖尿、腫瘍、鬱病、不全、症候

14.2.1.2 医療名詞：抽象概念

意味分類	A	B	C
【病気】	病気、かぜ		疾患
		症状	症例
【罹患・発病】		発病	発症
【怪我】	怪我	傷	
【骨折】		骨折、ひび	
【疲労・衰弱】		疲れ、疲労	
【血液】	血	血液	
【吐き気】		吐き気	
【目の病気】		近眼、近視	
【悪寒】			寒気〈サムケ〉
【痛み・自覚症状】		痛み	自覚症状
【重体】		重体	
【免疫】			免疫
【原因】		原因	要因

【菌・汚れ】	ごみ	菌、ばい菌、細菌	
		ほこり、花粉、汚れ	塵
【喫煙】		喫煙	
【過労】		過労	
【憂鬱】		憂鬱、悩み	
【治療・処置】		治療、手当て	処置、療法
	マッサージ	手術、輸血	切開、解剖、抑制
		麻酔	
	注射		投与、摂取
【治験】			治験
【患者】		患者	
		担当	受け持ち
【往診】			往診
【入院】		入院、退院	
【外出・帰宅】		外出、一時帰宅	
【日帰り】		日帰り	
【看病】	世話	看病、介護	介抱、看護
【見舞】		お見舞い、面会	
【謝絶】		拒否	謝絶

14.2.2.1 発症・負傷構文：叙述

名詞群	助詞	述語		
		A	B	C
【病気】	を		発病する	発症する
【病気】	に	かかる		
—	—	怪我する		負傷する
【体の部位】	を		傷める、傷つける	損なう
【怪我】	を			負う
—	—	疲れる	弱る、衰える、くたびれる	
《疲れ》	を		溜める	
「疲れ」	が		溜まる	
—	—		倒れる	
—	—		吐く、戻す	
【病気】	が	うつる	伝染する	

第1章　言語活動・言語素材と話題

【病気】	に		感染する	
「目」	が			ぼやける、ぼける、かすむ
【疲労・衰弱】 【痛み】	を	感じる、 感ずる	痛む	
【痛み】【病気】	に	気付く		
「酒」《乗り物》	に	酔う		
【体】【顔・頭】 【部位】【肌】	が		腫れる	かぶれる
【血液・血管】	が		塞がる、破裂する	
「胃」	が			もたれる

14.2.2.2 発症・負傷構文：修飾

修飾語			名詞群
A	B	C	
重い、悪い	深刻(な)		【病気】
危ない	危険(な)		【病気】
軽い、大丈夫(な)	平気(な)		【病気】
深い	浅い		【怪我】
	きつい、だるい、ふらふら(な)、 げっそり(とした)		【体】
	青白い、真っ青(な)		【顔・頭】
痛い	辛い〈ツライ〉、苦しい		【体】
かゆい			【肌】
		慢性(の)、急性(の)	【病気】《病名》

14.2.3.1 原因構文：叙述

名詞群	助詞	述語		
		A	B	C
ー	ー	飲む、食べる		

14.2.3.2 原因構文：修飾

修飾語			名詞群
A	B	C	
	生まれつき(の)	先天的(な)、遺伝(による)	【病気】

— 460 —

14.2.4.1 治療構文：叙述

名詞群	助詞	述語 A	B	C
【医療機関】	を			受診する
【医師・看護師】	が	調べる	診断する、検査する、診察する、診る	
【患者】	を			
【医師・看護師】	が			往診する
【患者】	を			
【医師・看護師】	が	見つける	発見する	
【病気】	を			
【病気】	が		見つかる	
【医師・看護師】	が	助ける	救う	
【命】	を			
【医師・看護師】	が		運ぶ、寝かせる	収容する
【患者】	を			
【患者】	が	相談する		
【医師・看護師】	に			
【医師・看護師】	が		話し合う	
【患者】	と			
【医師・看護師】	が		知らせる、打ち明ける	告げる、明かす
【患者】	に			
【病気】	を			
【医師・看護師】	が		隠す	
【患者】	に			
【病気】	を			
【医師・看護師】	が	治す	治療する、手当てする	処置する
【病気】	を			
【医師・看護師】	が		受ける	
【治療】	を			
【医師・看護師】	が	続ける		
【治療】	を			
【医師・看護師】	が		手術する	

第1章　言語活動・言語素材と話題

【患者】	を			
【医師・看護師】	が	開く〈ヒラク〉、切る、開ける		切開する
【体】【頭・顔】【筋肉】【骨】【臓器】【細胞・組織】	を			
【医師・看護師】	が		縫う、合わせる、つなぐ、つなげる、閉じる、つける、くっつける	接ぐ
【怪我】	を			
【医師・看護師】	が		抑える	抑制する
【病気】【痛み】	を			
【医師・看護師】	が	マッサージする	もむ、押さえる、たたく	さする
【体】【筋肉】	を			
【医師・看護師】	が		削る	
【体】【頭・顔】【筋肉】【骨】【臓器】【細胞・組織】	を			
【医師・看護師】	が		温める、冷やす	
【体】【頭・顔】【筋肉】【骨】【臓器】【細胞・組織】	を			
【医師・看護師】	が	調べる		解剖する
【体】【頭・顔】【筋肉】【骨】【臓器】【細胞・組織】	を			
【医師・看護師】	が		打つ	
【麻酔】	を			
【医師・看護師】	が		打つ	
【注射】	を			
【医師・看護師】	が		輸血する	
【医師・看護師】	が	注射する	塗る、貼る、刺す	投与する
【薬】	を			
【医師・看護師】【患者】	が	飲む、入れる	塗る、貼る、刺す	摂取する
【薬】	を			
【薬】	が		効く	
【患者】	が	信じる、信ずる		
【医師・看護師】	を			
【患者】	が	頼む	任す、任せる	
【医師・看護師】	に			

第1章 言語活動・言語素材と話題

| 【病気】【怪我】 | が | 治る | 回復する | |

14.2.4.2 治療構文：修飾

修飾語			名詞群
A	B	C	
速い	緊急(の)	迅速(な)、速やか(な)、素早い	【治療・処置】
遅い		手遅れ(の)	【治療・処置】

14.2.5.1 入退院・通院構文：叙述

名詞群	助詞	述語		
		A	B	C
【患者】	が		通う	
【医療機関】	に			
【患者】	が		入院する	
【医療機関】	に			
【患者】	が		退院する	
【医療機関】	を			
【医師・看護師】	が		許す、許可する、認める	
【外出】【帰宅】	を			
【医師・看護師】	が		帰す	
【患者】	を			
【患者】	が		帰宅する	
【患者】	を	世話する	看病する、介護する	介抱する、看護する
【患者】	に	会う	面会する	
【患者】	を		応援する、励ます	
【患者】【病気】【怪我】	を	心配する		案じる
【患者】	が	断る	遠慮する	
【面会】【見舞い】	を			

14.2.5.2 入退院・通院構文：修飾

なし

14.2.6 医療その他

	A	B	C

第1章　言語活動・言語素材と話題

病名に関する接尾辞		〜病、〜症	
薬に関する接尾辞			〜剤

第1章　言語活動・言語素材と話題

【14.3 美容・健康】

	職業的領域	私的領域（場所）	私的領域（人）
単語	あなたは化粧品販売員です。客に、一番売れている美白化粧品の名前を聞かれました。答えてください。	医者に、1日に吸うたばこの本数を聞かれました。答えてください。	あなたは毎朝ジョギングをしています。今日走ったのは何キロか、友達に聞かれました答えてください。
単文	あなたはスポーツクラブのインストラクターです。会員に、あるマシンを使ってよいか聞かれました。承諾してください。	育毛マッサージの店に電話して、予約をとってください。	友達が新しい健康器具を買ってきて、今試しています。あなたも試させてもらってください。
複文	あなたは寝具の会社の研究員です。寝具店に来た客に、睡眠グッズの使用についてのインタビューをしてください。	家族でレストランに行きたいと思っています。あなたの妻は高血圧なので、レストランの予約をする時に、料理の塩分を控えてもらうことが可能か聞いてください。	あなたはメタボ予備軍だと診断されています。レストランのメニューの中から、カロリーの低そうな食べ物を友達に選んでもらってください。
単段落	あなたはスポーツクラブのインストラクターです。美しくやせたいと思っている会員に、トレーニング計画と食事法を詳しく説明してあげてください。	あなたは、ミス日本グランプリに出場したいと思っています。栄養コンサルタントに、現在のあなたの食生活と美容に関する工夫を詳しく話し、アドバイスしてもらってください。	あなたは先週、1泊2日の人間ドックに行きました。人間ドックではどのようなことをするのか、友達が知りたがっているので、詳しく話してあげてください。
複段落	あなたは市役所の健康推進課の職員です。市役所主催の「メタボ体型脱出！」というセミナーで、メタボのメカニズムとメタボからの脱出方法について話をしてください。	あなたの県では、公共の場所での喫煙が条例で禁止されました。レストランや居酒屋でも喫煙ができなくなり、あなたはとても困っています。県のたばこ対策課に行って、全面禁煙以外の方法を具体的に提案し、公共の場所での全面禁煙をやめるよう、強く要望してください。	あなたはインスタント食品が大好きですが、友達は、体によくないからやめた方がいいと言います。インスタント食品を食べることのメリットをいくつか挙げ、友達にインスタント食品の良さをわかってもらってください。

第1章　言語活動・言語素材と話題

「14.3 美容・健康」の言語活動を支える構文

14.3.1 美容・健康名詞　14.3.1.1 美容・健康名詞：具体物　14.3.1.2 美容・健康名詞：抽象概念
14.3.2 身だしなみ構文　14.3.2.1 身だしなみ構文：叙述　14.3.2.2 身だしなみ構文：修飾
14.3.3 理美容構文　14.3.3.1 理美容構文：叙述　14.3.3.2 理美容構文：修飾
14.3.4 化粧構文　14.3.4.1 化粧構文：叙述　14.3.4.2 化粧構文：修飾
14.3.5 健康増進構文　14.3.5.1 健康増進構文：叙述　14.3.5.2 健康増進構文：修飾
14.3.6 体の状態構文　14.3.6.1 体の状態構文：叙述　14.3.6.2 体の状態構文：修飾
14.3.7 原因構文　14.3.7.1 原因構文：叙述　14.3.7.2 原因構文：修飾
14.3.8 美容・健康その他

14.3.1.1 美容・健康名詞：具体物

意味分類	A	B	C
【体】	体	体型	
【顔】	顔		
【歯】	歯		
【シャワー・入浴】	シャワー、風呂、温泉		
【髪】	髪、髪の毛	白髪	
【ひげ】		ひげ	
【しみ・しわ】		しわ、しみ	
【理美容業】	美容院	床屋	
【化粧品】	石鹸、クリーム	泡、口紅、下地	
【化粧道具】	鏡、ティッシュペーパー	剃刀〈カミソリ〉、櫛	
【体の部位】	おなか、指	筋肉、かかと、体内	
【たばこ】	たばこ		
【食物】	お菓子	食事、菓子	
【食材】	食べ物	材料	食物
	野菜、大根、玉ねぎ	にんにく、胡麻、ねぎ	
		塩分	

14.3.1.2 美容・健康名詞：抽象概念

意味分類	A	B	C
【美容】		美容	美
【健康】	健康		健全、良好
【洗顔・手洗い】		洗面、手洗い	

第1章　言語活動・言語素材と話題

【歯磨き】		歯磨き	
【風呂・温泉】		入浴	
【スタイル】		スタイル	
【セット】		セット	
【段】		段	
【化粧】		化粧	
【影】		影	
【透明感】		艶、透明	
【カロリー】		カロリー	
【脂肪】		脂肪	
【体重】		体重	
【マッサージ】	マッサージ		
【栄養素】		蛋白質、コレステロール	アミノ酸、脂質
【バランス】		バランス	
【レシピ】		レシピ	
【ダイエット】	ダイエット		
【代謝・分泌】			代謝、分泌
【血液】		血圧、血液、血管	血栓、血糖値
【症状】		害、にきび、汚れ、日焼け、脂肪、肥満	垢、弛み、便秘、糖尿
【ホルモン】		ホルモン	インシュリン
【不足】		不足	欠如、欠乏
【栄養】		栄養、ビタミン	
【原因】		ストレス、悩み	
		徹夜、不規則	夜更かし
		疲労、過労	
		喫煙	
【対策】	注意	対策、予防、心がけ	
		手洗い、うがい、歯磨き、入浴、睡眠	換気
		ワクチン	摂取
	リラックス	休養、休息、睡眠	保養
	運動	体操、ストレッチ、ヨーガ	

14.3.2.1　身だしなみ構文：叙述

第1章 言語活動・言語素材と話題

名詞群	助詞	述語		
		A	B	C
【顔】	を	洗う		
【歯】【口】	を		磨く	ゆすぐ、すすぐ
【シャワー】	を	浴びる		
【風呂・温泉】	に	入る		
―	―		入浴する	
【髭】	を		剃る	

14.3.2.2 身だしなみ構文：修飾

修飾語			名詞群
A	B	C	
きれい(な)			【顔】【髪】「格好」

14.3.3.1 理美容構文：叙述

名詞群	助詞	述語		
		A	B	C
【髪】	を	切る	刈る	
【髪】	を		セットする、揃える、整える、伸ばす、巻く	
【髪】	を		染める	
【髪】	を	洗う	すすぐ	
【髪】	を		植える、増やす	
【頭】	を		隠す	

14.3.3.2 理美容構文：修飾

なし

14.3.4.1 化粧構文：叙述

名詞群	助詞	述語		
		A	B	C
―	―		化粧する	
【化粧品】	を		塗る、乗せる、重ねる	はたく
【化粧品】	で	引く、書く		
「ライン」「眉」	を			

― 468 ―

第1章　言語活動・言語素材と話題

【しみ・しわ】	を		隠す	

14.3.4.2 化粧構文：修飾

修飾語			名詞群
A	B	C	
厚い	派手(な)、地味(な)、薄い		【化粧】
	流行(の)		【化粧】【髪】

14.3.5.1 健康増進構文：叙述

名詞群	助詞	述語		
		A	B	C
【体】	を		動かす、伸ばす、鍛える	
【体】	を	マッサージする	揉む、伸ばす	
―		寝る、休む、眠る	休養する	
【体】	を		休める	
【カロリー】	を		消費する	
【カロリー】	を	取る	補う	摂取する、補給する
「脂肪」	を		燃やす、燃焼する	
【カロリー】	を		抑える、制限する、控える	抑制する
【体重】	を		減らす、落とす	
【病気】	を		防ぐ、予防する	
【病気】【ストレス】【疲労】【喫煙】	に	注意する	防ぐ、予防する	
《肥満の原因》	を	やめる	減らす、制限する	断つ
【ストレス】	を		解消する	
―	―		心がける	

14.3.5.2 健康増進構文：修飾

修飾語			名詞群
A	B	C	
		急激(な)	【ダイエット】

14.3.6.1 体の状態構文：叙述

― 469 ―

名詞群	助詞	述語		
		A	B	C
—	—	太る、痩せる		弛む
【肌】	が		荒れる	
【髪】	が		抜ける	
【頭】	が		はげる	
【体】	が		衰える、弱る	
【体力】	が		落ちる	
【体】	が		凝る	
【体】【顔】	が		腫れる	
【体】	が		曲がる、歪む	
【体】	を		傷める	
【体】	を			病む、害する、損なう

14.3.6.2 体の状態構文：修飾

修飾語			名詞群
A	B	C	
きれい(な)	美しい		【体】【顔】【歯】【髪】
元気(な)、強い	丈夫(な)、たくましい、がっしり、がっちり、大柄(な)、丸々(とした)	頑丈(な)	【体】
	スマート(な)、華奢(な)		【体】
細い	小柄(な)		【体】
	濃い、薄い		【髪】
	さらさら(の)		【髪】

14.3.7.1 原因構文：叙述

名詞群	助詞	述語		
		A	B	C
【栄養】	が		不足する	欠乏する、欠如する
【疲労】【ストレス】	が		溜まる	
【疲労】【ストレス】	を		溜める	
—	—		老いる、老ける	

14.3.7.2 原因構文：修飾

第1章　言語活動・言語素材と話題

なし

14.3.8 美容・健康その他

	A	B	C
過剰に関する接尾辞		～過ぎ	
痛みに関する接尾辞			～痛

【14.4 動物】

	職業的領域	私的領域（場所）	私的領域（人）
単語	あなたは動物園のゾウの飼育係です。来園者にゾウの名前を聞かれました。答えてください。	あなたは猫の餌を飼いにペットショップに来ました。猫の歳を聞かれたので、答えてください。	あなたは猫を飼っています。友達に種類を聞かれました。答えてください。
単文	あなたはペットショップの店員です。柴犬がほしいと言っている客に、雄と雌のどちらがいいか聞いてください。	動物園で、飼育員がカンガルーに餌をやっています。餌は何か聞いてください。	友達がペットの犬を連れてきました。どんな芸ができるか聞いてください。
複文	あなたは動物園の飼育員です。今から、ライオンに餌をやります。園内の客に対し、見物したい人は来るようアナウンスしてください。	動物園に来ました。以前に見たことのある動物がまた見たいのですが、見当たりません。係員に聞いてください。	2、3日ペットを預かってくれるよう、友達に頼まれましたが、あなたは動物が苦手です。断ってください。
単段落	あなたはペットショップの店員です。うさぎを買った客に、飼育方法を詳しく説明してください。	ペットのハムスターが弱っているので、動物病院に連れて来ました。医者に、どのような飼い方をしていたのか聞かれました。小屋の様子や餌のやり方などについて、詳しく説明してください。	ゆうべあなたの家にネズミが出て、家族で大騒ぎをした後に、何とか捕獲に成功しました。その時の様子を、友達に詳しく話してください。
複段落	あなたは動物生態学の研究者です。森林開発による急激な環境の変化によって、特別天然記念物のニホンカモシカが激減しています。行政の担当者に現状を報告し、ニホンカモシカ保護の意義を強調して、開発中止などの対策を求めてください。	近所に猫屋敷と言われる家があります。鳴き声や糞尿の匂いなどの被害があり、近隣の家は困っています。町内会の会合で、現状を詳しく説明し、解決策を提案してください。	友達はせっかく飼い始めた犬を、世話が大変だからとすぐに手放そうとしています。ペットを飼う時の心構えや命の大切さを伝え、友達にやめるように説得してください。

第1章　言語活動・言語素材と話題

「14.4 動物」の言語活動を支える構文

14.4.1 動物名詞　14.4.1.1 動物名詞：具体物　14.4.1.2 動物名詞：抽象概念
14.4.2 生態・成長構文　14.4.2.1 生態・成長構文：叙述　14.4.2.2 生態・成長構文：修飾
14.4.3 習性構文　14.4.3.1 習性構文：叙述　14.4.3.2 習性構文：修飾
14.4.4 ペット構文　14.4.4.1 ペット構文：叙述　14.4.4.2 ペット構文：修飾
14.4.5 捕獲・研究構文　14.4.5.1 捕獲・研究構文：叙述　14.4.5.2 捕獲・研究構文：修飾
14.4.6 動物その他

14.4.1.1 動物名詞：具体物

意味分類	A	B	C
【動物】	動物		けだもの、獣〈ケモノ〉
【哺乳類】			哺乳類
	犬、猫	猿、虎、うさぎ、ねずみ、象、馬、牛、熊、ゴリラ、クジラ	こうもり
【鳥類】	鳥	小鳥、ひな	渡り鳥、鳥類
			雁、阿呆鳥
【爬虫類】			
		亀	
【魚介類】	魚	貝	魚〈ウオ〉、淡水魚
		金魚、イワシ	
【昆虫】		虫	昆虫
		蚊、蝶、蟻、蜂、蝉、蛍、トンボ、はえ	
【頭部・顔】	頭、顔、首、目、鼻、耳、口、歯	のど、ほお、額、まぶた、唇、舌、あご、ほっぺた	眼球、ひとみ、目つき、顔つき、角、くちばし、頭部、口腔、食道
【胴】	背中、おなか	背、肩、胸、わき、腹、へそ、腰、殻、尻、しっぽ	胴、乳、尾、甲、貝殻
【手足】	手、足、指	腕、手首、ひじ、ひざ、爪、親指、人差し指、中指、薬指、小指、はさみ、もも	股、かかと
【翼】		翼、羽根	
【肌・毛】		毛、皮、皮膚、しわ	
【卵】	卵		

― 473 ―

【成長過程】		ひな	幼虫
【ペット】	ペット		
【飼育環境】	部屋	小屋、かご、水槽	
【ペット用品】	服、洋服	鎖、名札、首輪	
【研究施設】	大学、病院	動物園、大学院	
【図鑑】		図鑑	

14.4.1.2 動物名詞：抽象概念

意味分類	A	B	C
【動物の性】		雄、雌	
【生態】			生態
【生息】			生息
【生息場所】		熱帯	淡水
【繁殖】			繁殖、受精、生殖
【出産】		出産、誕生	産卵
【生長】		成長	変態
【子育て】			自立
【遺伝】		遺伝	
【変異】			変異
【寄生】			寄生虫
【越冬】			冬眠
【鳴き声】		鳴き声	
【群れ】		群れ、行列	
【危害】		危害	
【餌】		えさ、獲物	
【世話】	世話	飼育	
【家畜】		家畜	牧畜
【飼育・酪農】		飼育、酪農	
【畜産】		畜産	
【品種】		品種	
【改良】		改良	
【捕獲】		狩り	捕獲、採集、捕鯨
【目的】		食糧、実験、販売	売買
【実験】		実験	

第1章　言語活動・言語素材と話題

【標本】		サンプル	標本、個体

14.4.2.1 生態・成長構文：叙述

名詞群	助詞	述語 A	述語 B	述語 C
【動物】【哺乳類】【鳥類】【爬虫類】【魚介類】【昆虫】	が			生息する
《場所》	に			
【動物】【哺乳類】【鳥類】【爬虫類】【魚介類】【昆虫】	が			受精する、繁殖する
【動物】【哺乳類】【鳥類】【爬虫類】【魚介類】【昆虫】	が		産む、出産する	産卵する
【卵】「子ども」	を			
【動物】【哺乳類】【鳥類】【爬虫類】【魚介類】【昆虫】	が		温める	
【卵】	を			
【動物】【哺乳類】【鳥類】【爬虫類】【魚介類】【昆虫】	が	生まれる	誕生する	
【動物】【哺乳類】【鳥類】【爬虫類】【魚介類】【昆虫】	が		育つ、成長する	
【動物】【哺乳類】【鳥類】【爬虫類】【魚介類】【昆虫】	が		育てる	
「子ども」	を			
【動物】【哺乳類】【鳥類】【爬虫類】【魚介類】【昆虫】「子ども」	が		離れる	自立する
【親】	から			
《遺伝する事柄》	が		遺伝する	
【動物】【哺乳類】【鳥類】【爬虫類】【魚介類】【昆虫】	が		衰える、弱る、老いる	
《寄生虫等》	が			寄生する、付着する
【動物】【哺乳類】【鳥類】【爬虫類】【魚介類】【昆虫】	に			

【動物】【哺乳類】【鳥類】【爬虫類】【魚介類】【昆虫】	が	死ぬ		
【動物】【哺乳類】【鳥類】【爬虫類】【魚介類】【昆虫】《冬》	が を		越す、過ごす	
【動物】【哺乳類】【鳥類】【爬虫類】【魚介類】【昆虫】	が			冬眠する
【動物】【哺乳類】【鳥類】【爬虫類】【魚介類】【昆虫】【寒さ】	が を		我慢する	しのぐ
【動物】【哺乳類】【鳥類】【爬虫類】【魚介類】【昆虫】【寒さ】	が に		耐える	
【動物】【哺乳類】【鳥類】【爬虫類】【魚介類】【昆虫】	が		絶滅する、絶える、滅びる、滅ぶ	

14.4.2.2 生態・成長構文：修飾

修飾語 A	B	C	名詞群
	野生(の)		【動物】【哺乳類】【鳥類】【爬虫類】【魚介類】【昆虫】
	鋭い		「くちばし」
	利口(な)、賢い		【動物】【哺乳類】【鳥類】【爬虫類】【魚介類】【昆虫】
	ばか(な)		【動物】【哺乳類】【鳥類】【爬虫類】【魚介類】【昆虫】
		臆病(な)	【動物】【哺乳類】【鳥類】【爬虫類】【魚介類】【昆虫】

14.4.3.1 習性構文：叙述

名詞群	助詞	述語 A	B	C
【動物】【哺乳類】【爬虫類】【昆虫】【鳥類】	が	鳴く		
【動物】【哺乳類】	が		うなる、叫ぶ、吠える	
【鳥類】	が			さえずる
【動物】【哺乳類】【鳥類】【爬虫類】【魚介類】【昆虫】	が	咬む	かじる、襲う	

《物》	を			
【動物】【哺乳類】【鳥類】【爬虫類】【魚介類】【昆虫】	が		暴れる	
【動物】【哺乳類】【鳥類】【爬虫類】【魚介類】【昆虫】	が		群がる	
【動物】【哺乳類】【鳥類】【爬虫類】【魚介類】【昆虫】	が		かぐ	
「におい」	を			
【動物】【哺乳類】【鳥類】【爬虫類】【魚介類】【昆虫】	が		加える	
「危害」	を			
【動物】【哺乳類】【鳥類】【爬虫類】【魚介類】【昆虫】	を		捕まえる	
【動物】【哺乳類】【鳥類】【爬虫類】【魚介類】【昆虫】	が		飢える	

14.4.3.2 習性構文：修飾

なし

14.4.4.1 ペット構文：叙述

名詞群	助詞	述語		
		A	B	C
【動物】【哺乳類】【鳥類】【爬虫類】【魚介類】【昆虫】【ペット】	を	飼う、世話する	育てる、飼育する、しつける	
【動物】【哺乳類】【鳥類】【爬虫類】【魚介類】【昆虫】【ペット】	を		かわいがる、抱く、なでる	
【動物】【哺乳類】【鳥類】【爬虫類】【魚介類】【昆虫】【ペット】	に		話しかける	
【動物】【哺乳類】【鳥類】【爬虫類】【魚介類】【昆虫】【ペット】	に		着せる	
【服】	を			
【動物】【哺乳類】【鳥類】【爬虫類】【魚介類】【昆虫】【ペット】	が		くわえる、かじる	
《物》	を			

【動物】【哺乳類】【鳥類】【爬虫類】【魚介類】【昆虫】【ペット】	が		懐く	
《人》	に			

14.4.4.2 ペット構文：修飾

修飾語			名詞群
A	B	C	
かわいい	かわいらしい		【ペット】

14.4.5.1 捕獲・研究構文：叙述

名詞群	助詞	述語		
		A	B	C
【動物】【哺乳類】【鳥類】【爬虫類】【魚介類】【昆虫】	を	とる	捕まえる、捕える	捕獲する、採集する
【動物】【哺乳類】【鳥類】【爬虫類】【魚介類】【昆虫】	を		見分ける	識別する

14.4.5.2 捕獲・研究構文：修飾

なし

14.4.6 動物その他

	A	B	C
量に関する接尾辞	〜匹	〜頭	
分類に関する接尾辞		〜類	〜科、〜網

第1章　言語活動・言語素材と話題

【14.5　植物】

	職業的領域	私的領域（場所）	私的領域（人）
単語	あなたは花屋の店員です。ある花の名前を客に聞かれました。答えてください。	園芸店で肥料を買ったら、何を育てているのか聞かれました。答えてください。	一番好きな花は何か、友達に聞かれました。答えてください。
単文	あなたは農業センターの職員です。ある人が珍しい植物を持ってきました。どこで採取したのか聞いてください。	花屋で花を選んでいます。買いたい花が決まったので、何が買いたいか、店員に言ってください。	あなたは花を育てるのが趣味で、庭にはたくさんの花が咲いています。友達が、花がほしいと言っています。どの花がほしいか聞いてください。
複文	あなたは植物園の職員です。スイレンは、例年ならこの時期に咲きますが、今年はまだです。見学者に、スイレンの開花時期について聞かれました。答えてください。	植物園に来ました。以前に来た時には入口の近くに大きな梅の木があったのですが、今は見当たりません。梅の木はどうしたのか、職員に聞いてみてください。	あなたは友達からもらったトマトを育てていますが、あまり大きくなりません。育て方のコツを友達に聞いてみてください。
単段落	あなたは花屋の店員です。切り花を長持ちさせる方法について客に聞かれました。詳しく説明してください。	近所の水辺で、今までに見たことのない植物を見つけました。農業センターに電話して、その植物の形態と発見した時の状況について詳しく話し、その植物の名前を聞いてみてください。	あなたが大切に育てている梅の木が病気になってしまったようです。植物に詳しい友達に、今の梅の木の状態と、これまでの育て方を詳しく話し、アドバイスしてもらってください。
複段落	あなたは森林インストラクターです。ある小学校に招かれ、話をすることになりました。植物標本を作ることの意義と、その作り方について、小学生たちに話をしてください。	あなたの住む町の丘には、立派な老木があります。今度そこにマンションが建つことになり、その木が切られるという話を聞きました。行政の担当者のところに行って、その木にまつわる歴史を話し、その木を町の保護木に指定し、公共の財産として守るよう、嘆願してください。	近所の小学校でビオトープを作り、あなたはその活動に参加しました。ビオトープ作りとその後の経過、ビオトープが子供たちに与えた影響等について、友達に話してあげてください。

第1章　言語活動・言語素材と話題

「14.5 植物」の言語活動を支える構文

14.5.1 植物名詞　14.5.1.1 植物名詞：具体物　14.5.1.2 植物名詞：抽象概念
14.5.2 生態・生長構文　14.5.2.1 生態・生長構文：叙述　14.5.2.2 生態・生長構文：修飾
14.5.3 栽培構文　14.5.3.1 栽培構文：叙述　14.5.3.2 栽培構文：修飾
14.5.4 バイオテクノロジー構文　14.5.4.1 バイオテクノロジー構文：叙述　14.5.4.2 バイオテクノロジー構文：修飾
14.5.5 植物その他

14.5.1.1 植物名詞：具体物

意味分類	A	B	C
【植物】	緑	植物	
【木】	木		大木、樹木、雑木、〜樹
		梅、桜、もみじ、竹、松、杉	楓
【草・花】	草、花	雑草	多年草
		芝、ラン	
【野菜・果物】	野菜、果物		
	オレンジ、トマト、茄子、ピーマン	ぶどう、茸、キノコ、ほうれん草	
【穀物】		穀物	
	米	稲、もち米、	藁
		豆、小麦、茶、そば、小豆	
【繊維】			繊維
		綿	木綿、麻
【種】		種	種子
【根】		根	球根
【芽】		芽、株、苗	
【茎・幹】		茎、幹	
【茎・幹の部分】		とげ、年輪	節
【枝】		枝	こずえ、穂
【葉】		葉	
【花】	花		
【花の部分】		蜜、つぼみ、花びら、花粉	核
【実】		実、豆	果実

第1章　言語活動・言語素材と話題

【栽培の場所】	畑	花瓶、田、田んぼ、花壇、ガーデン、室内、高温、低温	耕地
【農薬】	薬		

14.5.1.2 植物名詞：抽象概念

意味分類	A	B	C
【場所】		室内、熱帯、高原	高山、〜林、山地
【生長】		生長	生育、育成、繁殖
【発芽】			発芽
【開花】		開花	
【日光】		日、陽、日差し、日当たり	日光、〜光
【日向・日陰】		日向、日陰	
【水分】	水	水分	
【土】		土	
【栄養】		栄養、養分、肥料	
【栽培】		栽培	
【園芸】			園芸
【目的】		植木、生け花、観賞	並木
【世話】	世話	手入れ	
【収穫】		収穫	
【出荷】		出荷	
【殺菌】		殺菌	
【DNA】		DNA	
【交配】			交配
【紫外線等】		紫外線	波長、白色

14.5.2.1 生態・生長構文：叙述

名詞群	助詞	述語 A	述語 B	述語 C
【植物】【木】【草・花】【野菜・果物】【穀物】	が		生長する、育つ	繁殖する
【芽】【根】	が	出る		発芽する
【葉】	が		茂る	
【根】	が		生える、伸びる、張る	

— 481 —

名詞群	助詞			
【植物】【木】【草・花】	が		張る、伸ばす	生やす
【根】	を			
【植物】【木】【草・花】【野菜・果物】【穀物】	が	咲く、開く〈ヒラク〉	開花する	
【植物】【木】【草・花】【野菜・果物】【穀物】	が			実る
【実】	が		生る	
【植物】【木】【草・花】【野菜・果物】【穀物】	が	付ける		
【実】【花】	を			
【植物】【木】【草・花】【野菜・果物】【穀物】	が		落とす	
【実】【花】	を			
【植物】【木】【草・花】【野菜・果物】【穀物】【葉】	が		散る、しぼむ	
【植物】【木】【草・花】【野菜・果物】【穀物】	が	死ぬ	枯れる、しなびる	

14.5.2.2 生態・生長構文：修飾

修飾語			名詞群
A	B	C	
赤い、黄色い、青い、白い	真っ赤(な)		【草・花】
早い、遅い			【生長】

14.5.3.1 栽培構文：叙述

名詞群	助詞	述語		
		A	B	C
【植物】【木】【草・花】【野菜・果物】【穀物】	を		育てる、植える、栽培する	植え付ける
【植物】【木】【草・花】【野菜・果物】【穀物】	が			植わる

第1章　言語活動・言語素材と話題

【植物】【木】【草・花】【野菜・果物】【穀物】	を		挿す	接ぐ
【植物】【木】【草・花】【野菜・果物】【穀物】	を	見る	鑑賞する、眺める、生ける	
【植物】【木】【草・花】【野菜・果物】【穀物】【実】	を	採る	収穫する、刈る	摘む
【植物】【木】【草・花】【野菜・果物】【穀物】	を	世話する	手入れする	
【栽培の場所】	を		耕す	ならす
【種】	を		蒔く	
【農薬】	を		蒔く	散布する
【植物】【木】【草・花】【野菜・果物】【穀物】【実】	を			出荷する
【栽培の場所】【実】	を		殺菌する	

14.5.3.2 栽培構文：修飾

修飾語			名詞群
A	B	C	
明るい、暗い			《場所》
難しい、簡単(な)、易しい			【栽培】

14.5.4.1 バイオテクノロジー構文：叙述

名詞群	助詞	述語		
		A	B	C
【植物】【木】【草・花】【野菜・果物】【穀物】	を			交配する
《照射するもの》	を			照射する

14.5.4.2 バイオテクノロジー構文：修飾

なし

14.5.5 植物その他

	A	B	C
農薬に関する接尾辞			～剤
植物・株の数え方に関する接尾辞	～本	～株	

第1章　言語活動・言語素材と話題

【15.1 気象】

	職業的領域	私的領域（場所）	私的領域（人）
単語	あなたは気象予報士です。都心の明日の最低気温について問い合わせがありました。答えてください。	社会見学で気象台に来ています。案内係の人に東京の晴れの日は1年で何日ぐらいだと思うか聞かれました。答えてください。	新聞の天気予報欄を見ていたら、友達に午後の降水確率を聞かれました。答えてください。
単文	あなたは地方のテレビ局のアナウンサーです。今から行楽案内をします。明日の天気をディレクターに確認してください。	今スキー場にいます。雪の深さを測っている係員に、今の積雪量を聞いてください。	テレビで天気予報を見ているルームメイトに、明日の天気を聞いてください。
複文	あなたは旅行の添乗員です。今から標高の高いところに行きます。客に寒さ対策のアドバイスをしてください。	あなたは11月に富士山に登る予定です。冬の登山の経験がないので心配です。富士山の天候について、登山用品店の店員に尋ねてください。	あなたは来月、友達のふるさとに遊びに行きます。この時期の気候はどうなのか、聞いてください。
単段落	あなたは気象予報士です。現在、沖縄付近に台風が来ています。テレビで、台風の強さや進路について説明してください。	あなたは、よく〇〇山に登ります。登山用品店で、来週〇〇山に登るという登山初心者を紹介されました。〇〇山のこの時期の天候と注意点について、詳しく説明してあげてください。	なぜ台風は、北側を通る時よりも南側を通る時の方が被害が大きいのか、友達に聞かれました。わかりやすく説明してあげてください。
複段落	あなたは気象台の職員です。夏休みの子供気象講座で、エルニーニョなどの異常気象について話をすることになりました。そのメカニズムや原因、実際の発生例などについて、詳しくわかりやすく話してください。	あなたの友達は、防災無線の日本語がわからず、先日の大雨による土砂災害で亡くなりました。市役所の防災課に行き、今回の事件を例にとって、外国人が多く住む地域の現状を説明し、行政による防災対策のあるべき姿を述べ、改善を要求してください。	友達が、気象制御についてのあなたの意見を聞きたがっています。気象制御の功罪を述べた上で、気象制御についてのあなたの意見を聞かせてあげてください。

第1章　言語活動・言語素材と話題

「15.1 気象」の言語活動を支える構文

15.1.1 気象名詞　15.1.1.1 気象名詞：具体物　15.1.1.2 気象名詞：抽象概念
15.1.2 季節構文　15.1.2.1 季節構文：叙述　15.1.2.2 季節構文：修飾
15.1.3 天候構文　15.1.3.1 天候構文：叙述　15.1.3.2 天候構文：修飾
15.1.4 天気予報構文　15.1.4.1 天気予報構文：叙述　15.1.4.2 天気予報構文：修飾
15.1.5 気象その他

15.1.1.1 気象名詞：具体物

意味分類	A	B	C
【空】	空		
【雨】	雨	夕立ち	あられ
【雪】	雪		
【吹雪】		吹雪	
【雷】		雷	稲光
【霧】	ガス	霧	
【霜】			霜
【台風】	台風		
【かび】		かび	
【虹】		虹	
【地図】	地図		

15.1.1.2 気象名詞：抽象概念

意味分類	A	B	C
【季節】		季節、シーズン、四季	
【四季】	春、夏、秋、冬		
【梅雨】		梅雨	
【天気】	天気	気候	気象
【晴天】	晴れ、天気	快晴	晴天
【日】		日差し	日光
		太陽、日、陽	
【雨天・嵐】		嵐	雨天、暴風
【曇り】	曇り		
【風】	風		
【温度】		温度、気温	

第1章　言語活動・言語素材と話題

【上昇】		上昇	
【下降】		低下、下降	
【湿度】		湿度、湿気	
【乾燥】		乾燥	
【予報】		天気予報、予報、予測、予想	見込み、見通し
【記録】		平均、最高、最低	
		記録	
【場所】	空	沿岸	上空
【影響】		影響	
【気圧】		気圧	
【谷】		気圧の谷	
【明け方】		明け方、日の出	
【時間帯】	朝		
	昼、お昼	昼間、日中、正午	
	夕方		日の入り、夕暮れ
	夜	晩、夜間、深夜、夜中	夜〈ヨ〉、夜更け
	午前		
	午後		
			終日

15.1.2.1 季節構文：叙述

名詞群	助詞	述語		
		A	B	C
【季節】【四季】	が	進む、行く、変わる	移る、過ぎる、変化する	巡る
【梅雨】	に	入る		
【梅雨】	が		明ける	

15.1.2.2 季節構文：修飾

なし

15.1.3.1 天候構文：叙述

名詞群	助詞	述語		
		A	B	C
【場所】	が	晴れる		

— 486 —

第1章　言語活動・言語素材と話題

【雨】	が	降る	止む	
【台風】《前線等》	が			もたらす
【雨】【雪】【吹雪】	を			
【場所】	が	曇る		
【雪】	が	降る	止む	舞う
【雪】	が		積もる	
【日】	が		差す、照る	
【雨】【雪】【風】	が		強まる、弱まる、治まる	
【雷】	が	鳴る	光る	響く
【霧】	が		掛かる	
《景色》	が			かすむ
【霜】	が	降りる		
【台風】【雨天・嵐】	が	来る	近づく、接近する	
【台風】【雨天・嵐】	が		去る、離れる、遠ざかる	
【風】	が		吹く、止む	
【温度】【湿度】	が	上がる	上昇する	
【温度】【湿度】	が	下がる	低下する、下降する	
―	―		凍える	
《寒さ》	が		緩む	
「空気」	が		乾く、乾燥する	
【かび】	が		生える、発生する、	繁殖する
【虹】	が		掛かる	
【日】	が	出る	昇る、沈む	
【日】	が		暮れる	
【夜】	が		明ける	
【天気】	が	変わる	変化する	一変する

15.1.3.2 天候構文：修飾

修飾語			名詞群
A	B	C	
	急(な)、突然(の)、いきなり(の)		【雨】【雪】【吹雪】【雷】【霧】
	ひどい、激しい、強烈(な)、厳しい	猛烈(な)	【雨】【雪】【吹雪】【雷】【霧】
暑い	蒸し暑い		【天気】

第1章　言語活動・言語素材と話題

寒い			【天気】
暖かい	暖か(な)、温暖(な)		【天気】
涼しい			【天気】
	蒸し暑い		【天気】
	さわやか(な)、快適	すがすがしい	【天気】
	うっとうしい、憂鬱		【天気】
明るい、暗い	真っ暗(な)	薄暗い	【空】
心配(な)	怪しい		【天気】「雲行き」

15.1.4.1 天気予報構文：叙述

名詞群	助詞	述語		
		A	B	C
【天気】	を		予想する、予測する	予報する
【気圧】【温度】【湿度】【風】【台風】	が		及ぼす	
【影響】	を			

15.1.4.2 天気予報構文：修飾

修飾語			名詞群
A	B	C	
簡単(な)、難しい			【予報】
	確実(な)		【予報】

15.1.5 気象その他

	A	B	C
温度に関する接尾辞		〜度	
湿度・降水量に関する接尾辞	〜パーセント		

第1章　言語活動・言語素材と話題

【15.2　自然・地勢】

	職業的領域	私的領域（場所）	私的領域（人）
単語	あなたは地理の教師です。生徒に、日本で一番南にある島はどこか聞かれました。答えてください。	観光ガイドと一緒にロープウェイで山頂に来ました。あなたは標高のわかる時計を持っています。ここの標高はどのぐらいか聞かれました。答えてください。	友達はあなたの国の〇〇という山にスキーに行くそうです。その山の高さを友達に聞かれました。答えてください。
単文	あなたは地学の教師です。今火山について勉強しています。生徒に、富士山は活火山かどうか質問してください。	登山ガイドと一緒に山を登っています。この先の地形がどうなっているか聞いてください。	今、友達と山頂の展望台にいます。眼下に見える川の名前を友達に聞いてください。
複文	あなたは登山ガイドで、今5人の登山者を案内しています。これから通るコースは時々落石があります。注意を促し、歩き方を指示してください。	登山ガイドと一緒に山を登っています。このあたりの地形はさっきまでの道とは岩の様子が違っています。なぜ違うのか聞いてみてください。	あなたは来週、〇〇温泉に行きます。温泉に詳しい友達に、その温泉の効能について聞いてください。
単段落	あなたは観光ガイドです。今から案内する場所の地形はリアス式海岸です。どのような地形でどのようにしてできたものか、旅行客に詳しく説明してください。	あなたは国立公園の近くに住んでいます。犬の散歩をしていたら、なぜこのような珍しい地形ができたのか、観光客に聞かれました。詳しく教えてあげてください。	あなたの国には、奇妙な地形で有名な観光名所があります。友達に、どんな地形でどのようにしてできたものなのか、説明してあげてください。
複段落	あなたは観光学の専門家です。今、県内の〇〇地区を自然遺産（世界遺産）に申請しようという動きがありますが、申請に反対する人も多いです。地方公共団体説明会の席上で、ぜひとも申請すべきであるという、専門家としての意見を述べ、反対派の人たちを説得してください。	ある会社が、リゾート地として開発するために、国立公園の周辺の土地を買いあさっています。市役所の環境課に行って、そのような開発の弊害を世界の他の地域の例を挙げながら述べ、国立公園の外であっても自然や景観を守るための規制をすべきであることを訴えてください。	あなたの町の中心には川が流れています。友達は、防災のために護岸をコンクリートで固めるべきだと言っていますが、あなたはそう思いません。根拠を挙げて反論し、友達の考えを変えさせてください。

第1章　言語活動・言語素材と話題

「15.2 自然・地勢」の言語活動を支える構文

15.2.1 自然・地勢名詞　15.2.1.1 自然・地勢名詞：具体物　15.2.1.2 自然・地勢名詞：抽象概念

15.2.2 陸地構文　15.2.2.1 陸地構文：叙述　15.2.2.2 陸地構文：修飾

15.2.3 山構文　15.2.3.1 山構文：叙述　15.2.3.2 山構文：修飾

15.2.4 川構文　15.2.4.1 川構文：叙述　15.2.4.2 川構文：修飾

15.2.5 海構文　15.2.5.1 海構文：叙述　15.2.5.2 海構文：修飾

15.2.6 風景構文　15.2.6.1 風景構文：叙述　15.2.6.2 風景構文：修飾

15.2.7 自然・地勢その他

15.2.1.1 自然・地勢名詞：具体物

意味分類	A	B	C
【地球】		地球	
【陸】		陸、大陸	プレート
【山】	山	〜山、火山	火口、山岳、山脈、峰、山地
【石・砂など】	石	岩、砂、土、泥、化石	岩石、砂利、〜土、〜岩、隕石、〜石、石灰、珊瑚
【峠・谷】		谷、崖	峠、斜面
【丘】		丘、高原	台地、丘陵
【平野】		原っぱ、平野	野、原
【森林】	林、森	森林、山林	
【砂漠】		砂漠	
【盆地】		盆地、内陸	
【穴】		穴	〜洞、ドーム
【島】	島	半島	列島
【岬】			岬
【時代】		恐竜	
【地層】		地層	断層、層
【河川】	川	流れ、河原、上流	河川、運河
【湖沼】	池、温泉	〜湖、泉、沼、湖	
【滝】		滝	
【海】	海	〜海、海水、海面、海底、〜洋	海洋
【岸】		岸、海岸	沿岸
【浜】		浜、浜辺	なぎさ
【沖】		沖	

第1章 言語活動・言語素材と話題

【湾】		湾	
【波・潮・流れ】		流れ、波、海流、津波	潮、渦
【耕地】			耕地、田園、農地
【炭鉱】			炭鉱、鉱山
【地図】	地図		

15.2.1.2 自然・地勢名詞：抽象概念

意味分類	A	B	C
【土地】		地、土地、地面	地盤、地表
【地質】			地質
【性質】		性質、成分	組成
【含有量】			含有
【山頂】		頂上、山頂、てっぺん	頂き
【ふもと・すそ】		ふもと	山腹、中腹、裾
【高さ】			海抜
【傾斜】		傾斜	起伏
【流域・沿岸】		地域、沿岸	
【水源】			源、水源
【水の種類】		地下水、下水	淡水
【水面】		水面	
【地帯】		赤道、南極、北極、温暖、乾燥、湿気、熱帯	地帯、温帯、寒帯、〜帯、〜域
【緯度・経度】		緯度、経度	
【景色】		景色、風景、光景、眺め	見晴らし

15.2.2.1 陸地構文：叙述

名詞群	助詞	述語 A	B	C
【陸】	が			面する、臨む
【海】	に			
【石・砂など】	が		積もる、溜まる	堆積する

15.2.2.2 陸地構文：修飾

なし

15.2.3.1 山構文：叙述

名詞群	助詞	述語		
		A	B	C
【山】	が		そびえる	

15.2.3.2 山構文：修飾

修飾語			名詞群
A	B	C	
高い、低い			【山】
	険しい、急(な)	緩やか(な)、なだらか(な)	【山】

15.2.4.1 川構文：叙述

名詞群	助詞	述語		
		A	B	C
【河川】	が		透き通る、濁る、澄む	
【石・砂など】《ゴミなど》	が			沈殿する
【河川】	が		汚れる	
【河川】	を		汚す、汚染する	

15.2.4.2 川構文：修飾

修飾語			名詞群
A	B	C	
静か(な)	急、激しい、荒い、穏やか(な)	緩やか(な)	【河川】
きれい(な)、汚い	美しい、透明(な)	清い、清らか(な)	【河川】
浅い、深い			【河川】

15.2.5.1 海構文：叙述

名詞群	助詞	述語		
		A	B	C
【波・潮・流れ】	が		寄せる	押し寄せる
【波・潮・流れ】	が		引く	満ちる

15.2.5.2 海構文：修飾

第1章　言語活動・言語素材と話題

修飾語			名詞群
A	B	C	
広い、大きな			【海】

15.2.6.1 風景構文：叙述

名詞群	助詞	述語		
		A	B	C
【景色】【山】【河川】【湖沼】【海】	を	見る	見上げる、見降ろす、眺める、見渡す	臨む
【景色】【山】【河川】【湖沼】【海】	が	見える		

15.2.6.2 風景構文：修飾

修飾語			名詞群
A	B	C	
	はっきり（とした）、ぼんやり（とした）、くっきり（とした）、鮮やか(な)、微か(な)	煌々（とした）	【景色】

15.2.7 自然・地勢その他

	A	B	C
時代に関する接尾辞			～紀、～代
高さ・距離・深さに関する接尾辞	～メートル		
地域関する接尾辞			～帯、～域
海に関する接尾辞		～海、～洋	

第 1 章　言語活動・言語素材と話題

【15.3 災害】

	職業的領域	私的領域（場所）	私的領域（人）
単語	あなたは市の職員です。台風の避難所となった体育館で対応に当たっています。現在の避難者数について、災害本部から問い合わせがありました。答えてください。	地震の後で、市の担当者が全員無事か聞きに来ました。答えてください。	地震があったので、すぐテレビをつけました。ルームメイトに、今の地震の震度を聞かれました。答えてください。
単文	あなたは市の職員です。先ほど、大きな地震がありました。近隣の家を回って、怪我人がいないか聞いてください。	地震の後で、市の職員が来ました。水道の水を飲んでも大丈夫か聞いてください。	地震の後、ルームメイトがテレビをつけて見ています。今の地震の震度を聞いてください。
複文	あなたは市の職員です。地震の後、避難所となった体育館で対応に当たっていますが、食料が足りません。本部にそのことを連絡してください。	大地震に見舞われ、家が倒壊しました。避難所に行き、避難させてもらってください。	昨日、Aさんの家で火事があったと聞きました。クラスの友達に、その様子を聞いてください。
単段落	あなたはホテルの安全管理担当者です。子供たちが社会見学に来ました。災害が起こった際のホテルの備えについて、わかりやすく説明してください。	あなたは2週間の年休をとってボランティアセンターで働いています。ボランティアを希望する人から電話がありました。被災地の状況、必要なもの、アクセスの方法などを説明してください。	あなたの国で、最近とても大きな災害がありました。どんな災害でどんな被害があったのか、また、今はどうなっているのか、友達に説明してあげてください。
複段落	あなたはホテルの支配人です。先日のホテル客室内の火災で負傷者を出してしまいました。テレビの記者会見で火災の状況と原因について説明し、今後の対策を述べ、謝罪してください。	町内会の会合で、防災対策について話し合っています。災害救助法の盲点となっている事柄について説明し、それをカバーするために町が独自で行なうべきだと思われる災害対策について、あなたの意見を述べてください。	友達と、被災後の支援について話しています。避難生活での不便さやプライバシーのなさなどについて過去の例を挙げて説明し、食糧やお金の支援のみならず、精神的安定が得られるような環境の確保が重要であることを述べてください。

第1章　言語活動・言語素材と話題

「15.3 災害」の言語活動を支える構文

15.3.1 災害名詞　15.3.1.1 災害名詞：具体物　15.3.1.2 災害名詞：抽象概念
15.3.2 災害発生構文　15.3.2.1 災害発生構文：叙述　15.3.2.2 災害発生構文：修飾
15.3.3 避難・救助構文　15.3.3.1 避難・救助構文：叙述　15.3.3.2 避難・救助構文：修飾
15.3.4 被害構文　15.3.4.1 被害構文：叙述　15.3.4.2 被害構文：修飾
15.3.5 防災構文　15.3.5.1 防災構文：叙述　15.3.5.2 防災構文：修飾
15.3.6 救済・復興構文　15.3.6.1 救済・復興構文：叙述　15.3.6.2 救済・復興構文：修飾
15.3.7 災害その他

15.3.1.1 災害名詞：具体物

意味分類	A	B	C
【防災用品】	ラジオ、トイレ、布団	ろうそく、シーツ、毛布、テント	食糧、物資

15.3.1.2 災害名詞：抽象概念

意味分類	A	B	C
【災害】		災害	災難、天災
	地震、台風	火事、停電、嵐、津波	飢饉、断水、噴火、大水、凶作、洪水、雪崩、氾濫、震災、土砂、揺れ
		テロ	投下、爆撃、虐殺
【発生周期】			周期
【避難】		避難	
【誘導】			誘導
【救助・保護】		保護、救助、救急	救援、救い、救出
【被害】		被害	
		被害者、犠牲者、不明者	被災者
【人的被害】		犠牲	
	怪我		
		行方不明	
【ライフライン】	ガス、電気	交通、水道、下水	
【都市機能の被害】	ストップ		麻痺
【防災】			防災
【準備】	準備、用意、注意		警戒

【対策】		対策	貯蔵、確保
【情報】	情報	予報、噂、インフォメーション	警報、予知
【伝達】	注意	連絡、宣言	警告、勧告、伝達、広報
【救助者】	ボランティア、警察	消防	省庁
【支援】		支援、補助、ケア	救済
【保険】		保険	
【弱者】		高齢者	孤児、弱者
【復興】		復活	復興、再建

15.3.2.1 災害発生構文：叙述

名詞群	助詞	述語 A	B	C
【災害】	が		起きる、起こる、発生する	見舞う、襲う
【災害】	を		招く	引き起こす

15.3.2.2 災害発生構文：修飾

修飾語 A	B	C	名詞群
	安全(な)、安心(な)		「場所」
危ない、心配(な)	不安(な)、危険(な)		「場所」

15.3.3.1 避難・救助構文：叙述

名詞群	助詞	述語 A	B	C
【災害】	に		遭う	
ー	ー	逃げる	避難する	
【災害】	を		避ける	
《人》	を			誘導する、導く
《人》	を	助ける	救助する、救う、保護する	救出する
ー	ー		耐える、我慢する	しのぐ
《場所》	に		向かう	駆けつける

15.3.3.2 避難・救助構文：修飾

第1章　言語活動・言語素材と話題

修飾語			名詞群
A	B	C	
	緊急(の)	迅速(な)、素早い、早急(な)	【誘導】【救助・保護】【対策】【情報】
	予備(の)		「食糧」【ライフライン】
便利(な)、簡単(な)	手軽(な)	簡易(の)	「食糧」【準備】

15.3.4.1 被害構文：叙述

名詞群	助詞	述語		
		A	B	C
【被害】	に		遭う	
【被害】	を			もたらす
―	―			被災する
《建物》	が	壊れる、焼ける	割れる、崩れる、燃える	
―	―	死ぬ	亡くなる、死亡する	
【災害】	が		飲み込む	さらう
《人》《建物》《町》	を			
《土砂》《山》《建物》	が		揺れる、割れる、崩れる、沈む、埋まる	
《交通》	が	ストップする		麻痺する
《被害者》	が		達する、上る	
《人数》	に			
《被害者》	が			上回る
《人数》	を			
《防災用品》	を			代用する
《物》	で			

15.3.4.2 被害構文：修飾

修飾語			名詞群
A	B	C	
大きい、多い	ひどい、激しい、強烈(な)、無茶苦茶(な)	無茶(な)、猛烈(な)、壊滅的(な)、広域(の)	【被害】

15.3.5.1 防災構文：叙述

名詞群	助詞	述語

		A	B	C
【災害】【被害】	を			警戒する
【災害】【被害】	に	注意する、用意する、準備する	備える	
【道具】	を		備える	蓄える、貯蔵する、確保する
《自治体等》《関係機関》	が	注意する	知らせる、伝える、連絡する、宣言する	警告する、勧告する、伝達する、報ずる、広報する
《人》	に			
【災害】【被害】	を		防ぐ	予知する

15.3.5.2 防災構文：修飾

なし

15.3.6.1 救済・復興構文：叙述

名詞群	助詞	述語		
		A	B	C
【救助者】	が		支援する、補助する、ケアする	救済する
《被害者》	を			
【救助者】	が		協力する	連携する
《人》《関係機関等》	と			
【救助者】	が			駆けつける
《場所》	に			
《町》	が		復活する	復興する
《町》	を			再建する

15.3.6.2 救済・復興構文：修飾

修飾語			名詞群
A	B	C	
十分(な)			【支援】

15.3.7 災害その他

なし

第1章　言語活動・言語素材と話題

【15.4 環境問題】

	職業的領域	私的領域（場所）	私的領域（人）
単語	あなたは清掃局の職員です。○○地区の資源ゴミ回収日について問い合わせがありました。何曜日か答えてください。	コンビニでお茶を1つ買いました。袋に入れるのではなく、テープを貼るだけでよいか聞かれたので、承諾してください。	同じアパートに住む友達に、貝殻はゴミとしてはどんな種類になるのか、聞かれました。答えてください。
単文	あなたは清掃局の職員です。大型ゴミを捨てたいという人から電話がありました。どんなゴミか聞いてください。	スーパーで買い物をしました。レジで、袋はいらないことを伝えてください。	同じアパートの友達に、ビンと缶の収集日を聞いてください。
複文	あなたは環境計量士です。騒音レベルの調査をしたいので、近隣の住民に許可を得てください。	あなたの家の前に不法投棄されたテレビがあります。市役所に電話して撤去してもらってください。	粗大ゴミを捨てたいと思っています。友達にどうすればいいか聞いてください。
単段落	あなたは市役所のゴミ対策課の職員です。回収した資源ごみの処理方法について、電話で問い合わせがありました。回収後どのようにリサイクルしているか、説明してください。	あなたは近くの飛行場の騒音に悩まされています。耳鳴りや頭痛が徐々にひどくなり、最近は、睡眠も十分にとれなくなってきました。医者にあなたの症状を詳しく説明してください。	市のリサイクルセンターのことを友達に聞かれました。リサイクルセンターでは、中古品を扱う他に、廃棄された家具を修理して安く販売しています。家具を安く売る仕組みと品ぞろえや品質などについて、友達に詳しく教えてあげてください。
複段落	あなたは社長です。あなたの会社は ISO14001 を取得し、環境問題に積極的に取り組んでいます。今日は、環境シンポジウムで話をすることになっています。企業と社会と環境の関係について、あなたの会社の取り組みにも触れながら、あなたの意見を述べてください。	大学で、エコライフについての授業を受けています。一般の家庭で取り組むべきエコについて、教授に意見を求められました。自宅での取り組みと、それを支える仕組みについて、あなたの意見を述べてください。	友達と、環境税導入の是非について話しています。環境税導入のメリットとディメリットを挙げ、導入すべきか否か、また、導入するとしたらどのように導入すべきか、あなたの意見を述べてください。

「15.4 環境問題」の言語活動を支える構文

15.4.1 環境問題名詞　15.4.1.1 環境問題名詞：具体物　15.4.1.2 環境問題名詞：抽象概念
15.4.2 環境問題構文　15.4.2.1 環境問題構文：叙述　15.4.2.2 環境問題構文：修飾
15.4.3 対策構文　15.4.3.1 対策構文：叙述　15.4.3.2 対策構文：修飾
15.4.4 環境問題その他

15.4.1.1 環境問題名詞：具体物

意味分類	A	B	C
【地球】		地球	
【森林】	森、林	山林、森林	
【海・河川】	川、海	湖、海岸	海洋
【砂漠】		砂漠	
【土壌】			土壌、土砂
【生物】		生き物、生物	
【ゴミ】	ごみ	紙屑	くず
【排水】	ガソリン	洗剤、下水、油	排水
【放射能】		放射能	

15.4.1.2 環境問題名詞：抽象概念

意味分類	A	B	C
【環境】		環境、自然	景観
【空気】		空気、大気	
【水質】			水質
【生態】			生態系
			動植物、個体
【問題】	問題	現象	
【絶滅】		絶滅	
【温暖化】		温暖	
		温室効果	
【破壊・汚染】		破壊、汚染	
【排出】			排出
【資源】		資源	
【酸性雨】		酸性雨	燐酸
【影響】		影響	

第1章　言語活動・言語素材と話題

【病気】	病気		乳がん
【現状】		現状	
【個人・全員】	みんな	一人一人、個人、全員	
【意識】		責任、自覚、意識、反省	
【防止】		防止	
【保護】		保護	保全
【削減】		削減	
【リサイクル】	リサイクル	再〜	
【法・規制】	ルール	法律、会議、法、規則、規制、宣言	条約、声明、条例
【整備】		整備	
【不法】			不法
【処罰】			処分
【警告】	注意		勧告、警告
【研究・開発】	研究	開発	
【取り組み】		活動、行動、取り組み	

15.4.2.1 環境問題構文：叙述

名詞群	助詞	述語		
		A	B	C
【問題】	が		起きる、起こる、生じる、生ずる、発生する	
【問題】	を		招く	引き起こす
【環境】【生態】	を	壊す	破壊する	
【地球】【生物】【生態】	が	死ぬ	絶滅する、滅びる、滅ぶ	尽きる、絶える
【空気】	が		温まる	
【放射能】《二酸化炭素》	を	出す		排出する
【資源】	が	なくなる	枯れる、不足する、減少する	
【地球】	を		失う	
【資源】	が		足りる	
【放射能】	が		漏れる	流入する
【環境】【空気】【森林】【海・河】	が		汚れる、濁る	

― 501 ―

川】【地球】【土壌】				
【環境】【空気】【森林】【海・河川】【地球】【土壌】	を		汚す	
【ゴミ】	が	増える	増加する、あふれる	増大する、増す、漂う
【ゴミ】	を	捨てる	燃やす、埋める	廃棄する、焼却する
【影響】	を		及ぼす、与える	もたらす
【影響】	が		及ぶ	
【環境】【空気】【森林】【海・河川】【地球】【土壌】	を		開発する	採掘する

15.4.2.2 環境問題構文：修飾

修飾語			名詞群
A	B	C	
珍しい	貴重(な)	希少(な)	【生物】【生態系】
	有害(な)		【ゴミ】【放射能】【酸性雨】【排水】

15.4.3.1 対策構文：叙述

名詞群	助詞	述語		
		A	B	C
―	―		反省する	
【問題】	を	考える	意識する	
【環境】	を		守る、保護する	
【ゴミ】	を		拾う	浄化する、除去する
【絶滅】【排出】【排水】【破壊・汚染】	を		防ぐ、防止する	
【ゴミ】	を		削減する	
【ゴミ】	を	リサイクルする	利用する	
【法・規制】	を		整備する	
【法・規制】	で			規制する
《人》	を		罰する	処分する
【行動】【研究・開発】【リサイクル】	に		取り組む	

			活動する、行動する	
《政府》《国》《自治体》	が		進める	推進する
【行動】【研究・開発】【リサイクル】	を			
《メディア》	が		知らせる、伝える、広める、報道する	
【問題】【行動】【研究・開発】	を			
【問題】	を	注意する	警告する	勧告する
―	―		努力する	
―	―	研究する	開発する	

15.4.3.2 対策構文：修飾
なし

15.4.4 環境問題その他

	A	B	C
リサイクルに関する接頭辞		再〜	

【15.5 宇宙】

	職業的領域	私的領域（場所）	私的領域（人）
単語	あなたは日本の宇宙開発事業団の職員です。次の人工衛星の打ち上げ日はいつか問い合わせがありました。答えてください。	天文台に来ました。今、望遠鏡をのぞいています。大きな白い星が見えるか、天文台の人に聞かれました。答えてください。	友達と星を見ています。北の空に見える大きな赤い星の名前を聞かれました。答えてください。
単文	あなたは宇宙官制センターの職員です。宇宙にいる日本人宇宙飛行士に今の健康健康を聞いてください。	科学博物館に来ました。宇宙食コーナーに見たこともない食べ物がありました。係の人に、どんな食べ物なのか聞いてみてください。	夜、友達と道を歩いていると、大きな赤い星が見えました。友達に星の名前を聞いてください。
複文	あなたは天文台の職員です。今年、しし座流星群が見えるか問い合わせがありました。見えない可能性があることとその理由を話してください。	新聞に来週皆既日食があると書いてあります。国立天文台に電話して、あなたの町では何時ごろに皆既日食が見られるのか聞いてください。	あなたは天文学部に入りたいと思っていますが、大学にあるかどうかわかりません。友達に聞いてみてください。
単段落	あなたは科学博物館の学芸員です。今日は見学の小学生に宇宙服について説明しています。ハイテクを駆使した宇宙服について詳しく教えてあげてください。	あなたは新しい星を発見したかもしれません。国立天文台に電話して、いつどの位置にどう見えたか詳しく説明し、その星が何か確かめてください。	昨日、日本人宇宙飛行士による宇宙での実験がテレビ中継されました。その中継を見られなかった友達に、実験の様子と結果を詳しく話してあげてください。
複段落	あなたの会社では、民間人向けの宇宙旅行パックを商品化しました。プレス発表会で、その内容と費用、さらに安全対策について詳しく説明し、魅力と安全性をアピールしてください。	あなたは、宇宙開発事業団が募集した宇宙飛行士の職に応募しました。面接で、宇宙におけるあなたの抱負を語ってください。	友達は、巨額の資金を投資して宇宙開発をするのは無駄だと言っていますが、あなたはそうは思いません。宇宙に存在する無限の資源、軍事的価値、学術的価値などの面から、宇宙開発の持つ意味と必要性について、あなたの意見を述べてください。

第1章　言語活動・言語素材と話題

「15.5 宇宙」の言語活動を支える構文

15.5.1 宇宙名詞　15.5.1.1 宇宙名詞：具体物　15.5.1.2 宇宙名詞：抽象概念
15.5.2 天体・宇宙構文　15.5.2.1 天体・宇宙構文：叙述　15.5.2.2 天体・宇宙構文：修飾
15.5.3 調査・開発構文　15.5.3.1 調査・開発構文：叙述　15.5.3.2 調査・開発構文：修飾
15.5.4 ロマン構文　15.5.4.1 ロマン構文：叙述　15.5.4.2 ロマン構文：修飾
15.5.5 宇宙その他

15.5.1.1 宇宙名詞：具体物

意味分類	A	B	C
【宇宙】	空	宇宙、夜空	
【天体】	月、星	日、地球、太陽、惑星、火星	衛星、天体
		ブラックホール	～系、～圏、銀河
【月の形】		三日月、満月	
【星座】		星座、～座	
【ガス】	ガス		
【水】	水	水分	
【光】		光	
【電磁波】			電磁波
			波長、可視
			粒子、量子
【ちり】			塵、隕石
【宇宙船】	船	ロケット	円盤
【道具】		望遠鏡	

15.5.1.2 宇宙名詞：抽象概念

意味分類	A	B	C
【天文】			天文
【大気】		空気、大気	真空
【質量】			質量
【引力・重力】		引力、重力	
【温度】		高温	
【自転】			自転
【膨張】			膨張、収縮、ビッグバン
【軌道】			軌道

第 1 章　言語活動・言語素材と話題

【燃料】		燃料	
【形】			こま
【計画】		計画	
【目的】	研究	資源、調査	軍事、衛星
【宇宙開発】		開発	
【調査・研究】	研究	調査、実験	観測、探査
【ロマン】		ロマンチック	
【夢・憧れ】		憧れ	

15.5.2.1 天体・宇宙構文：叙述

名詞群	助詞	述語		
		A	B	C
【天体】【月】【星座】	が		光る、輝く、照る	
【天体】	が		照らす	
【月】	を			
【天体】【月】【星座】【宇宙】	を		見上げる	仰ぐ
【天体】【月】【宇宙】【星座】	が	見える		
【天体】	が		回る、回転する	
【宇宙】	が		膨らむ、縮む	誇張する、収縮する
【天体】が【天体】に			ぶつかる、衝突する	

15.5.2.2 天体・宇宙構文：修飾

修飾語			名詞群
A	B	C	
広い、狭い			【宇宙】
遠い、近い			【宇宙】
不思議(な)	謎(の)	未知(の)	【宇宙】
		おびただしい	【天体】

15.5.3.1 調査・開発構文：叙述

名詞群	助詞	述語		
		A	B	C
【宇宙船】	を		発射する、飛ばす	
【宇宙船】	に	乗る		

— 506 —

第1章　言語活動・言語素材と話題

【宇宙船】	が			合体する
【宇宙船】	と			
【計画】	が		成功する	
【計画】	が		失敗する	
【計画】	を		実現する、達成する	
【宇宙】	を		目指す	
【宇宙】【天体】	を		開発する	
【宇宙】【天体】	を	調べる、研究する、探す	調査する、実験する	観測する
【天体】	を	見つける	発見する	
【天体】	が		見つかる	
【宇宙船】	が		接近する、近づく	
【天体】【月】【宇宙】【星座】	に			
【宇宙船】	が		着陸する	上陸する
【天体】【月】【宇宙】【星座】	に			

15.5.3.2 調査・開発構文：修飾
なし

15.5.4.1 ロマン構文：叙述

名詞群	助詞	述語		
		A	B	C
【夢・憧れ】	を		抱く	

15.5.4.2 ロマン構文：修飾
なし

15.5.5 宇宙その他

	A	B	C
宇宙に関する接尾辞			〜系、〜圏
星座に関する接尾辞		〜座	

第1章　言語活動・言語素材と話題

【16.1 算数・数学】

	職業的領域	私的領域（場所）	私的領域（人）
単語	あなたは数学の教師です。今教えている単元は何か他のクラスの先生に聞かれました。答えてください。	授業見学で小学校に来ています。あなたの国の子供たちが掛け算を習うのは何歳の時なのか聞かれました。答えてください。	高校の時の数学の授業について友達と話しています。1週間の数学の授業の時間数を聞かれました。答えてください。
単文	あなたは数学の教師です。生徒に試験の答案を返す時に、途中の計算式も書くように言ってください。	社会見学で科学博物館に来ています。「ピタゴラスの定理」と書いてあるので、それが何なのか、展示室の学芸員に聞いてみてください。	あなたは計算が速いです。友達に褒められたので、謙遜してください。
複文	あなたは数学の教師です。生徒が質問に来ました。すぐに解けそうにないので、後で来るように言ってください。	大学の数学の授業で、説明された問題の解き方がわかりませんでした。授業の後で、先生に質問してください。	「3×2＝6」という計算式を日本語でどう言えばいいかわかりません。友達に聞いてください。
単段落	学習塾で、中学生に数学を教えています。2つの三角形が合同であることを証明するためにはどうすればいいのか、説明してください。	数学の授業で、ある複雑な図形の面積を求める問題を出されました。友達がある解き方を提示しましたが、あなたにはもっといい案があります。黒板に図を書きながら、あなたの案を説明してください。	友だちは、大学の授業で「微分と戦争の関係について」というテーマのレポートを出され、困っています。あなたならどのようにそのレポートを書くか、説明してあげてください。
複段落	あなたは数学の教師です。生徒の数学の能力を高めるために、能力別クラスにするべきか、授業後に補習を行なうべきか、職員会議で話し合っています。両者の長所と短所を挙げ、あなたの学校ではどちらを採用すべきか、あなたの意見を述べてください。	大学の数学教育の授業で、子供の数学離れについてどう思うか、教授に聞かれました。数学離れが子供の思考能力の発達にどのような影響を与えるのか、また、どうすれば数学離れを防ぐことができるのか、あなたの意見を述べてください。	あなたの友達は、数学は実生活とは関係がないので、四則演算以上のことを学ぶ必要はないと言っていますが、あなたはそうは思いません。子供が数学を学ぶことの意義についてあなたの意見を述べ、友達の考えを変えさせてください。

第1章　言語活動・言語素材と話題

「16.1 算数・数学」の言語活動を支える構文

16.1.1 算数・数学名詞　16.1.1.1 算数・数学名詞：具体物　16.1.1.2 算数・数学名詞：抽象概念
16.1.2 計算構文　16.1.2.1 計算構文：叙述　16.1.2.2 計算構文：修飾
16.1.3 図形構文　16.1.3.1 図形構文：叙述　16.1.3.2 図形構文：修飾
16.1.4 グラフ構文　16.1.4.1 グラフ構文：叙述　16.1.4.2 グラフ構文：修飾
16.1.5 統計構文　16.1.5.1 統計構文：叙述　16.1.5.2 統計構文：修飾
16.1.6 算数・数学その他

16.1.1.1 算数・数学名詞：具体物

なし

16.1.1.2 算数・数学名詞：抽象概念

意味分類	A	B	C
【算数・数学】		算数、数学	
【数】	数	数〈スウ〉	関数、変数、係数、数値、値〈アタイ〉
		分数、小数	整数、分子、分母、正
		奇数、偶数	
		最少	任意、近似、純〜
			ベクトル
【位・桁】		位〈クライ〉、桁	
【計算】		計算	集計、解析
		引き算、掛け算、割り算、足し算	
		暗算	
		合計	集計
			換算
【証明】		証明	
【問題】	問題	問い	命題
【解答】	答え	解答、差	解
【式】		公式、法則、方程式、式	
【符号】		記号	符号
	プラス、マイナス	イコール、かっこ	

第1章　言語活動・言語素材と話題

【四捨五入】		四捨五入	
【差】		差	差し引き、差額
【等分】			等分
【以上・以下】		以上、以下、以内、未満	
【平方・立法】		平方	次元、立方
【単位】		単位	
【図形】	形	図形	
	丸、三角、四角	円、正方形、長方形	楕円、立方体
【角】		直角、角	
【辺】		辺	上辺
【面】			面
【線】		線、直線、曲線、カーブ	
【容量】		量、広さ、面積	体積、容積
【長さ】		直径、半径、距離	円周
【対称】			対称
【測定・作図】		測定	
【幾何学】			幾何
【グラフ】		グラフ、表、図表	
【グラフの部分】		目盛	座標、軸
【グラフの種類】		線、円、帯	
【比例】		比例	
【統計】		統計	
【平均】		平均	
【分散・分布】		分布	分散
【尺度】		スケール	尺度
【区間】		区間	階級
【標本】		集団	
		サンプル	標本
	サイズ		
【誤差】		ずれ	誤差
【偏差】			偏差
【測定】			推定
【仮説】		仮説	
【期待値】		期待値	

第1章　言語活動・言語素材と話題

【信頼】		信頼	
【正規分布】			正規分布
【要因】			要因
【関係】		関係	相関
【割合】		割合、確率	比率、倍率
【隣接分野】		化学、物理、経済学、〜学	力学
【応用分野】		世論	債券、利回り、偏差値、額面

16.1.2.1 計算構文：叙述

名詞群	助詞	述語 A	B	C
【数】	を		足す	
【数】	を	引く		
【数】	を	掛ける		
【数】	を		割る	
―	―		合計する、数える	集計する
―	―			換算する
―	―		証明する	
【解答】	を		求める	
―	―	答える	解く、回答する	

16.1.2.2 計算構文：修飾

修飾語 A	B	C	名詞群
	イコール(の)	等しい	【数】

16.1.3.1 図形構文：叙述

名詞群	助詞	述語 A	B	C
【図形】【角】【辺】【面】【線】【容量】	を		測る、量る、測定する	
【図形】【辺】【面】【線】	が			隣接する
【図形】【辺】【面】【線】	に			
【図形】【辺】【線】【容量】	を	分ける		分割する

16.1.3.2 図形構文：修飾
なし

16.1.4.1 グラフ構文：叙述

名詞群	助詞	述語		
		A	B	C
【数】【容量】	が		比例する	
《比例するもの》	に			

16.1.4.2 グラフ構文：修飾
なし

16.1.5.1 統計構文：叙述

名詞群	助詞	述語		
		A	B	C
【仮説】	を			採択する

16.1.5.2 統計構文：修飾
なし

16.1.6 算数・数学その他

	A	B	C
単位に関する接尾辞	～メートル、～キロメートル、～センチメートル、～ミリメートル		
	～グラム、～キログラム	～トン	
	～リットル		
割合に関する接尾辞	～パーセント		
		～割、～率、～分、～倍	
桁数に関する接尾辞		～けた	

第1章　言語活動・言語素材と話題

【16.2 サイエンス】

	職業的領域	私的領域（場所）	私的領域（人）
単語	あなたは理科の教師です。生徒に、水は中性かと聞かれました。答えてください。	化学の授業で「鉄」の元素記号は何か先生に聞かれました。答えてください。	友達に、酢は酸性かアルカリ性か聞かれました。答えてください。
単文	あなたはある研究室の責任者です。あなたの部屋の研究員が今実験をしています。いつ結果が出るのか聞いてください。	社会見学で科学博物館に来ています。子供たちが実験をしているのを見ました。何の実験をしているのか、学芸員に聞いてみてください。	今、子供向けの番組で、理科の実験をしています。道具の名前がわからないので、一緒に見ているルームメイトに聞いてみてください。
複文	あなたは科学博物館の実験コーナーの担当者です。実験装置のうちの1つが現在故障中です。見学者がこの装置を使った実験をしてみたいと言ってきたので、できないことを話してください。	あなたはある発明をしました。日本で特許をとるにはどうすればいいのか、特許庁に電話して聞いてみてください。	元素記号の勉強をしていますが、なかなか覚えられません。どうやって覚えたらいいか、友達にコツを教えてもらってください。
単段落	あなたはある研究所の研究員です。研究所の公開講座で、実験を見せることになりました。助手をしてくれるアルバイトの大学生に、実験の方法と手順を説明してください。	理科の授業で、班に分かれて実験をしました。あなたの班が行なった実験の方法と結果について、クラスで発表してください。	あなたの国の学者がノーベル化学賞をとりました。どんな研究をしたのか、友達に聞かれたので、詳しく教えてあげてください。
複段落	あなたはある研究所の研究員です。研究所の次回の公開講座のテーマについて、今、会議で話し合っています。あなたは、未来の科学者を育てるために子供を対象にした講座を開きたいと考えています。挙手して、提案してください。	あなたは、サイエンスキットを買って実験してみました。しかし、説明書どおりの結果しか出ないキットでは、実験の楽しさは伝わらないと思いました。キットの制作会社に電話して、キットの短所を指摘し、実験の真の楽しさが伝わるようなキットのアイディアを提案してください。	友達と将来の車について話しています。友達はバイオエタノールの車が優勢になると言いますが、あなたは燃料電池の車の方が確実だと思います。バイオエタノールの車と比較しながら、燃料電池の車の有意性を主張してください。

第1章　言語活動・言語素材と話題

「16.2 サイエンス」の言語活動を支える構文

16.2.1 サイエンス名詞　16.2.1.1 サイエンス名詞：具体物　16.2.1.2 サイエンス名詞：抽象概念
16.2.2 研究・実験構文　16.2.2.1 研究・実験構文：叙述　16.2.2.2 研究・実験構文：修飾
16.2.3 化学構文　16.2.3.1 化学構文：叙述　16.2.3.2 化学構文：修飾
16.2.4 物理構文　16.2.4.1 物理構文：叙述　16.2.4.2 物理構文：修飾
16.2.5 サイエンスその他

16.2.1.1 サイエンス名詞：具体物
なし

16.2.1.2 サイエンス名詞：抽象概念

意味分類	A	B	C
【分野】		化学、物理、理科	自然科学、力学、光学
【定理・法則】	ルール	法則、定義	原理、定理
【公式】		公式、式	
【解】			解
【実験・観察】		実験、観察、測定、調査	塩酸
【試料】			試料
【分析】		分析	
【発見】		発見	
【物質】			物質
【変化】		変化	
【反応】		反応	
【酸化】			酸化
【化合・中和】			化合、結合、合成、中和
【沈澱】			沈殿
【膨張】			膨張
【燃焼】		燃焼	
【放出】			放出
【吸収】		吸収	
【沸騰】		沸騰、蒸発	
【圧縮】			圧縮
【飽和】			飽和
【分離・分解】		分解	分離

第1章　言語活動・言語素材と話題

【温度】		温度、高温、低温	
【性質】		性質	
		酸性、アルカリ性	中性、酸
【元素】			元素
		酸素、金、銀、銅、鉄、アルミ	水素、炭素、鉛
【単位】			電子、原子、分子、粒子、光子、量子
【電荷】	プラス、マイナス	イオン	電荷、塩基
【状態】		状態	
		液体、固体、気体	液
【水の状態】	水	湯、氷、蒸気、水蒸気、湯気、水滴、〜水	
【結晶】			結晶
【濃度】		濃度	
【物体】		物体	
【重さ】			容量、重量、比重、質量、ベクトル
【熱量】	エネルギー		
		カロリー	熱量
【力】	力		
		引力、重力、圧力	浮力、弾力
【電流】		電流	
			直流、交流
【電波・光線】		電波	短波、電磁、〜波、周波、波長、波動
		放射線	光線
【屈折】			屈折
【伝導】			伝導、導体
【磁気】			磁気
【ばね】		ばね	
【速度】		速度	加速度
【強度】			強度
【摩擦】		抵抗、摩擦	

16.2.2.1 研究・実験構文：叙述

名詞群	助詞	述語 A	B	C
《実験内容》	を		実験する	
《実験内容》	を		試す	試みる
《観察内容》	を		観察する	
《測定内容》	を		測定する、はかる	
《調査内容》	を	調べる	調査する	
《分析内容》	を		分析する	
【定理・法則】【公式】【物質】	を	見つける	発見する	
【定理・法則】【公式】【物質】	が		見つかる	

16.2.2.2 研究・実験構文：修飾

なし

16.2.3.1 化学構文：叙述

名詞群	助詞	述語 A	B	C
【物質】	が	変わる	変化する	
【物質】	が		反応する	
【物質】	と			
【物質】	が		さびる	酸化する
【物質】	が		膨らむ	膨張する
【物質】	が	焼ける	燃える、燃焼する	
【物質】	が		溜まる、沈む	沈殿する
【物質】	が		くっつく	化合する、結合する、結び付く、合成する
【物質】	が			中和する
【物質】	が		溶ける	溶け込む
【物質】	が	出す		放出する
【物質】	を			
【物質】	が		吸収する、吸う	
【物質】	を			
【物質】	が		沸く、沸騰する	
【物質】	を		沸かす	

第1章　言語活動・言語素材と話題

【物質】	が		固まる	
【物質】	を		固める	
【物質】	が			飽和する
【物質】	が			圧縮する
【物質】	を			圧縮する
【物質】	を		分解する	
【物質】	が			分離する
【物質】	が		光る、輝く	
【物質】	が		消える	
【物質】	が		蒸発する	
【物質】	が		凍る	
【物質】	が		温まる	
【物質】	を		温める、熱する	
【物質】	が		冷える、冷める	
【物質】	を		冷やす、冷ます	

16.2.3.2 化学構文：修飾

修飾語			名詞群
A	B	C	
	薄い、濃い		【濃度】

16.2.4.1 物理構文：叙述

名詞群	助詞	述語		
		A	B	C
【物体】【電波・光線】	が		届く、曲がる	屈折する
【電波・光線】【熱量】【力】	を	変える		変換する
【物体】	が		加速する	
【電波・光線】【熱量】【力】	が		伝わる	

16.2.4.2 物理構文：修飾

修飾語			名詞群
A	B	C	
重い、軽い			【物質】
速い、遅い			【速度】

16.2.5 サイエンスその他

	A	B	C
性質に関する接尾辞		〜性	

第1章　言語活動・言語素材と話題

【16.3 テクノロジー】

	職業的領域	私的領域（場所）	私的領域（人）
単語	あなたの会社が開発したロボットの販売日はいつか、電話で問い合わせがありました。答えてください。	テレビの録画ができるスマートフォンが店頭で販売されています。店員に、興味があるか聞かれました。答えてください。	友達に、あなたの作ったロボットを見せてほしいと頼まれました。承諾してください。
単文	研究室の同僚が科学雑誌を読んでいます。面白い記事がないか聞いてください。	専用眼鏡なしで視聴できる3Dテレビが店頭に並んでいます。店員に値段を聞いてください。	友達が、見たこともない小さな機械を持っています。それが何なのか、聞いてください。
複文	あなたは電機メーカーの社員です。最近、ハイテク機器の売り上げが落ちています。上司に理由を聞かれたので、答えてください。	太陽光を利用して単三電池2本を充電できる充電器を注文しましたが、まだ届きません。メーカーに電話して、どうなっているのか聞いてみてください。	引越しを機に、コンピューター制御の家電製品をそろえたいと思っています。どのメーカーの何を買えばいいか、友達に相談してみてください。
単段落	あなたはロボット製作会社の社員です。国際見本市で、あなたの会社の新型ロボットの仕様を詳細に説明してください。	学校の仲間とロボットを作ってロボットコンテストに出場し、優勝しました。表彰式後のインタビューで、最も苦労した点について詳しく聞かせてほしいと言われました。話してください。	テレビで「ロボットが世界を変える」という番組を見ました。その番組で紹介されたロボットがどんなロボットだったのか、友達に詳しく説明してあげてください。
複段落	あなたはある研究所の研究員です。あなたの研究室は、来年度の予算を大幅に削減されてしまいました。所内の会議で、あなたの研究室の研究内容とその意義、今年度までの実績と来年度の予定を詳しく説明し、予算削減を考え直してもらうよう、要求してください。	国の技術研究所が廃止されることになりました。あなたは今、駅前で、存続を求める署名運動をしています。日本が技術大国であり続けるために必要なことは何か、世界情勢を交えながら話し、道行く人の理解と賛同を得てください。	友達とロボットについて話しています。友達はロボット自体に反対で、開発を進めるべきではないと言っていますが、あなたはそうは思いません。ロボット開発の意義と可能性について話し、友達の意見を変えさせてください。

第1章　言語活動・言語素材と話題

「16.3 テクノロジー」の言語活動を支える構文

16.3.1 テクノロジー名詞　16.3.1.1 テクノロジー名詞：具体物　16.3.1.2 テクノロジー名詞：抽象概念

16.3.2 研究・開発構文　16.3.2.1 研究・開発構文：叙述　16.3.2.2 研究・開発構文：修飾

16.3.3 研究手法構文　16.3.3.1 研究手法構文：叙述　16.3.3.2 研究手法構文：修飾

16.3.4 結果構文　16.3.4.1 結果構文：叙述　16.3.4.2 結果構文：修飾

16.3.5 操作構文　16.3.5.1 操作構文：叙述　16.3.5.2 操作構文：修飾

16.3.6 インターネット構文　16.3.6.1 インターネット構文：叙述　16.3.6.2 インターネット構文：修飾

16.3.7 トラブル構文　16.3.7.1 トラブル構文：叙述　16.3.7.2 トラブル構文：修飾

16.3.8 テクノロジーその他

16.3.1.1 テクノロジー名詞：具体物

意味分類	A	B	C
【研究機関】	大学、病院	研究室、大学院、講座	機関、〜研
【研究者】		研究者	学芸員
【コンピュータ】	コンピューター、コンピュータ、パソコン、ワープロ		PC
【本体／部分】		付属品	消耗品
		モニター	
【メール】	メール、Eメール		
【道具・その他】		サーバー	ルーター、モデム、端末、ハブ、ブラウザ、配線、ポート
【職業】			SE

16.3.1.2 テクノロジー名詞：抽象概念

意味分類	A	B	C
【研究】	研究		学術
【研究分野】		分野	
		専門	
		医学、科学、文学、地理、数学、技術、科学、生物、哲学、心理、宇宙、化学、	食物、社会科学、考古学、法学、工学

第1章　言語活動・言語素材と話題

		～学、美術	
【種類】		基本、基礎	基盤
		応用	
【共同】		共同	
	グループ、チーム	仲間	学派
【目的】		目的、意義	
【事例】			事例
【資料・文献】		資料、サンプル、データ	文献、標本
【研究手法】	方法		戦略、手法
		実験、アンケート	記述、実践
【調査・分析】		調査、分析	抽出、解析、計測
【仮説・予測】		仮定、予想、予測	類推
【開発】		開発、発明	創出、試作、構築
【理論】		理論、まとめ、説、論、公式	考察、理屈、論理、学説
【貢献】		貢献	寄与、還元
【実用】		実用性	
【論文】		論文	
【論争】			論争
【特許】			特許
【出願】		申請	出願
【研究費】			助成
			総額
【設置・取り付け】		セット、設置	
【設定】	用意、準備	設定	インストール
【ファイル】		ファイル	文書
		種類、形式	
		部分	一括
【操作】		作成	
		削除、消去	
		保存	
		移動	
		操作、編集	処理
		選択	

第1章　言語活動・言語素材と話題

			承認、確定
		入力	
【文字】	漢字、平仮名、片仮名、数字	文字、ローマ字	
【機能】		機能、性能	
	ワープロ	文章	文書
	メール		
	絵、写真		
	音楽、ビデオ	映像	
		図、図表、グラフ、計算	
	プリント	印刷	
【インターネット】	インターネット	ネットワーク	ウェブ
【回線】			回線
		デジタル	ADSL、ブロードバンド、アナログ、LAN、ファイバー
【パソコンの故障】		故障	警告
【ウィルス】			ウィルス
【感染】		感染	
【障害】		障害	
【安全】			セキュリティー
【パスワード】		パスワード	

16.3.2.1 研究・開発構文：叙述

名詞群	助詞	述語		
		A	B	C
【研究機関】【研究者】	が	研究する		
《研究内容》	を			
【研究機関】【研究者】	が	調べる	調査する、分析する	
《研究内容》	を			
【指導者】	が	教える	指導する	
【弟子】	を			

16.3.2.2 研究・開発構文：修飾

修飾語	名詞群

— 522 —

第1章　言語活動・言語素材と話題

A	B	C	
	膨大(な)、莫大(な)		【資料・文献】
新しい、古い			【資料・文献】【研究手法】【理論】【論文】

16.3.3.1 研究手法構文：叙述

名詞群	助詞	述語 A	述語 B	述語 C
《内容》	と		仮定する、予想する	類推する
《内容》	を		予想する、予測する	類推する
《内容》	を		開発する、発明する	作り出す、創出する、試作する、構築する
《内容》	を			抽出する、解析する
《内容》	を		計る、測る、量る	計測する
《内容》	を		実験する	
《内容》	を	コピーする	まねする	模倣する
《内容》	と	比べる	比較する	
《内容》	を			

16.3.3.2 研究手法構文：修飾
なし

16.3.4.1 結果構文：叙述

名詞群	助詞	述語 A	述語 B	述語 C
【理論】【結果】	が		成功する、成立する	成り立つ
【研究手法】	が		失敗する	
【研究手法】【先行研究】【資料・文献】	を		まとめる、論じる、論ずる、結び付ける、証明する	導く
【結果】	が			矛盾する
【理論】【結果】	が	役に立つ	貢献する	寄与する、還元する
【研究】【研究分野】	に			

16.3.4.2 結果構文：修飾
なし

16.3.5.1 操作構文：叙述

名詞群	助詞	述語		
		A	B	C
【コンピュータ】【本体／部分】	を	始める、準備する	セットする、取り付ける、設定する、設置する	備え付ける
【コンピュータ】	が		立ち上がる	
【ファイル】【機能】	を		作成する	
【ファイル】【機能】	を	消す	削除する、消去する	
【ファイル】【機能】	を		残す、保存する	
【ファイル】【機能】	を		移す、移動する	
【ファイル】【機能】	を	選ぶ	選択する	
【ファイル】【機能】	を		編集する	処理する
《タスク》	を			承認する、確定する
【文字】	を	入れる、押す	打つ、押さえる	

16.3.5.2 操作構文：修飾

修飾語			名詞群
A	B	C	
難しい、簡単(な)、易しい	手軽(な)	簡易(の)	【操作】

16.3.6.1 インターネット構文：叙述

名詞群	助詞	述語		
		A	B	C
【コンピュータ】	を		接続する、つなぐ、つなげる	アクセスする
【インターネット】【回線】	に			
【コンピュータ】	が		つながる	
【インターネット】【回線】	に			
【メール】	を	送る	送信する、転送する	発信する
《人》	に			
【メール】	が		届く	
【メール】	を	もらう	受け取る	
《人》	から			
【メール】	を	返す		

第1章　言語活動・言語素材と話題

《相手》	に	返事する		
【コンピュータ】	を		守る、防ぐ	規制する
《ウィルス》	から			
【パスワード】	を		入力する	

16.3.6.2　インターネット構文：修飾

修飾語			名詞群
A	B	C	
早い、遅い			【回線】
便利(な)、不便(な)			【インターネット】

16.3.7.1　トラブル構文：叙述

名詞群	助詞	述語		
		A	B	C
【コンピュータ】	が	壊れる	故障する	
【コンピュータ】	が		固まる	
【コンピュータ】	が		感染する	
《ウィルス》	に			

16.3.7.2　トラブル構文：修飾

修飾語			名詞群
A	B	C	
危ない	危険(な)		【ウィルス】

16.3.8　テクノロジーその他

なし

第2章
話題に従属しない実質語

橋本直幸・山内博之

　第1章では、話題という概念を軸に言語活動と言語素材の分類を行なった。言語素材とは機能語と実質語を指す。機能語と実質語のうち、機能語は、話題という概念には従属しないであろうと考えられる。つまり、ある話題でよく使われる機能語というものは想定しにくいということである。一方、実質語は、第1章で示したように、基本的に話題に従属するものであるが、一部には話題に従属しないものもある。本章では、「話題に従属しない実質語」の分類を行なう。

　次の表1は、「具体か抽象か」「話題との関係」「辞書的意味の有無」という三種類の指標を用いて、実質語と機能語の分類を示したものである。なお、表1は山内（2012）より引用した。

表1　実質語の分類

カテゴリー	実質語A	実質語B	実質語C	機能語
例	アパート	首都	昔	を
具体・抽象	具体物	抽象概念		
話題との関係	話題に従属する		話題に従属しない	
辞書的意味	あり			なし

　表1では、語を実質語と機能語に分け、実質語をさらに3つに分けている。これは、プロトタイプ論的な分類になっており、実質語Aが最も実質語らしい実質語で、実質語Bは実質語らしさが少し欠け、実質語Cは実質語らしさがさらに欠けて機能語に近づいていくという性質を示している。実質語Aとは「アパート」「机」「うどん」などといった具体物を表す語のことである。実質・実体を持つ具体物を表しているので、まさに典型的な実質語であると言える。なお、実質語Aに分類されるのは、基本的に名詞のみであると考えられる。実質語Bは「首都」「勉強」「食欲」などであり、これらの語は具体物ではなく、抽象概念を表している。実質語Cは「昔」「理由」「大きい」「たくさん」などであり、これらの語は「町」「食」「政治」などといった話題に従属するのではなく、「時間関係」「因果関係」「量」などのような概念に従属するものであろうと考えられる。実質語Cは、特定の話題に従属していないという点では機能語と共通しているが、辞書的な意味は有しているので、その点が「が」「を」「に」などの機能語と異なっている。

　第1章では、話題に従属する実質語、つまり実質語Aと実質語Bを扱った。本章においては、第1章で扱わなかった実質語Cについての分類を試みる。実質語Cの分類について、主に国立国語研究所（2004）の分類項目を参考にし、以下の20種類のカテゴリーを準備した。第1章におけ

第2章　話題に従属しない実質語

る話題カテゴリーの番号が 1.xx～16.xx なので、本章における概念カテゴリーの番号は 17.xx とした。次ページ以降では、以下のカテゴリー順に「話題に従属しない実質語」の分類を示していく。

17.01 名・定義・分類・等級	17.11 難易
17.02 存在・出現	17.12 強弱
17.03 位置関係	17.13 変化
17.04 量	17.14 程度・限度
17.05 推移・過程	17.15 蓋然
17.06 時間関係	17.16 意識・無意識
17.07 関係・関連	17.17 条件・譲歩
17.08 因果関係	17.18 疑問・不定
17.09 類似・相違	17.19 数
17.10 特徴・様相	17.20 挨拶・決まり文句

　第1章では、『日本語能力試験出題基準〔改訂版〕』の「語彙」に収録されている約8000語を、主観により100の話題に分類した。その作業を行なう際、上記のカテゴリーに分類するのがふさわしいと思われた語を本章の収録語とした。上記のカテゴリーは、もともとは話題に従属しない実質語を分類するために準備したものではあるのだが、実際に語を分類してみると、ある話題に従属し、かつ、上記の分類にも当てはまると思われる語もあった。つまり、第1章に収録した語と本章に収録した語には重なりがあるということである。

　本章に収録した語は1760語であり、第1章に収録した語は8110語である。両者には重なりがあるため、両者を合計した延べ語数は9306語となった。

　なお、第1章では収録語をA～Cという三段階のレベルに分類したが、本章ではレベルによる分類は行なっていない。本章で扱う語は「話題に従属しない実質語」であるので、たまたまある話題のことが話されていたからといって、ある語の出現頻度が大幅に増すというようなことは考えにくい。したがって、本章で扱う「話題に従属しない実質語」のレベル分類は、コーパスなどでの単純な出現頻度を調べることによって概ね可能なのではないかと思われる。話し言葉の教育のために生かすのであれば話し言葉コーパスを用いて出現頻度を調べればよいだろうし、書き言葉の教育のために生かすのであれば、書き言葉コーパスを用いて出現頻度を調べればよいのではないかと思われる。本章の語のレベル分類が必要だと感じられた方は、試みていただければと思う。

《参考文献》
国立国語研究所（2004）『分類語彙表　増補改訂版』大日本図書
山内博之（2012）「非母語話者の日本語コミュニケーション能力」野田尚史(編)『日本語教育のためのコミュニケーション研究』くろしお出版

第2章　話題に従属しない実質語

17.01 名・定義・分類・等級

細目	語
名前	あて名、項目、氏名、主題、姓、姓名、題、タイトル、題名、地名、名、名前、本名、見出し、名字、〜名、名称、目録
	称する、題する、名付ける、呼ぶ
意味・テーマ	意義、イメージ、大筋、趣、概念、概要、概略、課題、観念、客観、構想、重点、主観、趣旨、主題、詳細、筋、精神、大概、テーマ、定義、的、要旨、要点、要領、話題
	逸らす、逸れる
分類	一種、各種、型、カテゴリー、慣例、ケース、形式、原型、実例、種、種類、スタイル、ジャンル、象徴、性別、タイプ、手本、典型、パターン、品種、部門、文体、モデル、模範、様式、〜流、類、例、例外
等級	いちばん、一流、階級、階層、格、級、クラス、下、系、高級、高等、初級、上、上級、上等、段、段階、地位、中、等級、ビリ
	格別(な)、究極(の)、高級(な)、上等(な)、第〜、ナンバー〜、ベスト〜

17.02 存在・出現

細目	語
存在	有無、空〈カラ〉、空っぽ、空〈クウ〉、現行、固有、所有、存在、滞在、重複、不在、普遍、無、留守
	空く、ある、いらっしゃる、居る〈イル〉、おいでになる、居る〈オル〉、ございます、こもる、備え付ける、控える、間に合う、有する
	うつろ(な)、空っぽ(の)、空〈クウ〉、故、固有(の)、特有(の)、ない、なし、はかない、無〜、空しい
出現	現れ、実現、出現、提案、提示、登場、内緒、発揮、秘密
	明かす、現す、現れる、浮かぶ、隠す、隠れる、こっそり、示す、そうっと、そっと、出す、のぞく、引っ込む、秘密
発生	生まれ、兆し、産、産出、生産、発生
	起きる、起こる、生じる、生ずる、立てる、作る、できる、引き起こす、催す
成立	依存、確立、完成、共存、組み合わせ、形成、結果、結成、構成、孤立、作成、作製、仕上がり、仕上げ、仕掛け、仕組み、樹立、自律、成立、設置、設立、創立、組織、対立、できあがり、配置、発足、両立
	片付く、構える、築く、組み合わせる、組み立てる、こしらえる、仕上がる、仕上げる、仕掛ける、立ち上がる、立つ、立てる、作る、できあがる、できる、成り立つ、成る、実る、結ぶ、設ける

第2章　話題に従属しない実質語

残る	維持、存続、名残、残り、放置
	押さえる、支える、保つ、残す、残る
消滅	空〈クウ〉、スペース、喪失、紛失、無
	失う、打ち消す、落とす、衰える、消える、～切る、消す、絶える、倒す、倒れる、尽きる、つぶす、取り消す、なくす
除去	解除、カット、削除、消去、省略、除外、廃止、排除
	落ちる、落とす、削る、捨てる、飛ばす、飛ぶ、取り除く、投げ出す、抜かす、抜く、抜ける、除く、外す、外れる、省く、払う、放り出す、略す、略する

17.03 位置関係

細目	語
空間・場所	あそこ、あちこち、あちら、あちらこちら、あっち、位置、各地、箇所、空間、現地、コーナー、構成、ここ、こっち、先、軸、～場〈ジョウ〉、所在、そこ、そこら、そちら、そっち、そと、地、地点、どこ、どこか、ところ、所々、どちら、どっち、隣、場、配置、場所、分布、ほうぼう、よそ、余地
	点々、所々
点	起点、切れ目、原点、座標、重点、焦点、頂点、継ぎ目、点、ポイント
線	網、カーブ、下線、曲線、筋、線、直線、点線、辺、棒
範囲	界、区域、区画、区間、圏、視野、～中〈ジュウ〉、～帯、中〈ナカ〉、範囲、分野、方面、面、領域、枠
境	間〈アイダ〉、～おき、間〈カン〉、境界、切れ目、区切り、区画、限界、限度、境、中間、果て、間〈マ〉
	区切る、仕切る
方向	あちら、あっち、一方、方〈カタ〉、交差、こちら、こっち、先、垂直、水平、相対、双方、そちら、そっち、そっぽ、対面、他方、直面、手前、どちら、どっち、平行、ほう、方向、方面、向かい、向き、向け、向こう、矢印、行方、両～、両極、両方
	沿う、対する、並ぶ、並べる、望む、振り返る、振り向く、交わる、向かう、向く、向ける、面する、指差す
	片～、垂直、水平、斜め
方角	東西、南北、西、東、方角、北、南
前後・斜め	うしろ、逆さ、逆さま、背、前後、縦、斜め、背後、はす、まえ、真ん前、横、わき
左右	左右、左、右
上下	上、上〈カミ〉、下〈ゲ〉、下、下〈シモ〉、上下〈ジョウゲ〉、底、真上、真下

— 530 —

第2章 話題に従属しない実質語

中	核、限り、角、コーナー、先、しっぽ、尻、芯、末、隅、センター、先端、中央、中間、中心、中枢、中、半ば、中程、端、果て、真ん中
面	一面、裏、裏返し、表、断面、正面、側面、表面、面、〜寄り、両側
内外	うち、表、外〈ガイ〉、外部、外〈ソト〉、内部、中、外〈ホカ〉、よそ
奥	奥、陰、底
周囲・側	辺り、一帯、傍ら、周囲、周辺、そば、隣、端、付近、縁〈フチ〉、へり、辺、ほとり、回り

17.04 量

細目	語
多少	ダース、はかり、比重、目方、量
	幾多、大勢、少々、全部、大部、多少、多分、半分、微量、膨大、無数
	幾多(の)、一杯、うんと、多い、大いに、おびただしい、〜がち、ぎっしり、〜気味、十分、少ない、少し、ずらり、たくさん(の)、多少、たっぷり、ちょっと、ちらっと、乏しい、莫大(な)、ひたすら、貧弱(な)、ふんだん、膨大(な)、豊富(な)、ほんの、貧しい、まれ、無数(の)、もっぱら、豊か(な)、わずか(な)
長さ	円周、大幅、間隔、距離、高度、最高、サイズ、最低、寸法、丈、長短、直径、手近、幅、半径、分、程、周り、身近
	厚い、薄い、高〈コウ〉〜、すぐ、高い、近い、低〈テイ〉〜、遠い、長〈ナガ〉〜、長い、長々、はるか(な)、低い、短い
速さ	遅れ、加速度、高速、至急、時速、迅速、進度、進み、スピード、速度、速力、テンポ、ペース、リズム
	慌ただしい、遅い、急激(な)、急速(な)、軽快(な)、高速、さっさと、至急、じっくり、徐々に、迅速(な)、すばしこい、素早い、速やか(な)、鈍い、のろい、のろのろ、速い、悠々、ゆっくり、緩やか(な)
広狭・大小	規模、窮屈、小、大、大小、体積、広さ、膨大、面積、容積
	大〈オオ〉〜、大きい、大きな、微か(な)、きつい、ぎっしり、華奢(な)、窮屈(な)、巨大(な)、グランド〜、小〈コ〉〜、ジャンボ、狭い、大〈ダイ〉〜、だぶだぶ(の)、小さい、小さな、でかい、広い、広々(とした)、ぶかぶか(の)、太い、膨大(な)、細い、わずか(な)
重さ	重量、体重、比重、目方
	重い、重たい、軽い、軽〈ケイ〉〜、軽快(な)、重〈ジュウ〉〜
増減	アップ、おまけ、加減、過熱、加味、軽減、激増、減少、減点、控除、削減、差し引き、充実、縮小、消耗、増加、増減、増進、増大、ダウン、蓄積、重複、追加、繁殖、プラス、飽和、補充、補足、マイナス、増し、割引

第2章　話題に従属しない実質語

	上る、あふれる、埋まる、埋める、補う、重なる、重ねる、数える、加える、加わる、削る、差し引く、添える、蓄える、足す、達する、ダブる、溜まる、溜める、付け加える、積む、積もる、富む、抜ける、引く、増える、増やす、減らす、減る、負ける、増す、満たす、満ちる、寄せる
過不足	遊び、穴、余り、欠如、欠乏、〜すぎ、スペ〜ス、超過、重複、残り、幅、半端、不足、飽和、未満、ゆとり、余剰、余地、余分、余裕
	余る、落ちる、落とす、欠く、欠ける、過ぎる、過ごす、足りる、足る、残す、残る、間に合う、物足りない、漏らす、漏れる
	超〜、半端(な)、不足、余計(な)
測定	数える、換算、測定、測量、はかる、目安

17.05 推移・過程

細目	語
開始	オープン、開始、元来、スタート、着手、始まり、はじめ
	〜出す、始まる、始める、開く〈ヒラク〉、催す
終了・中止・停止	上がり、終わり、完成、完了、休息、しまい、始末、終了、ストップ、〜済み、静止、タイプ、だめ、中止、中断、停止、停滞、廃止、閉鎖、ポーズ、幕、見送り
	あがる、あげる、打ち切る、終える、収まる、終わる、〜終わる、片付く、片付ける、仕上げる、しまう、締め切る、済ます、済ませる、済む、絶える、立ち止まる、中止する、尽きる、尽くす、途切れる、閉じる、途絶える、とどまる、とどめる、止まる、果たす、果てる、間に合う、見合わせる、見送る、休む、休める、やむ、やめる、よす、呼び止める
途中	間〈アイダ〉、合間、うち、過程、間〈カン〉、経緯、経過、最中、盛り、さなか、〜中〈ちゅう〉、中間、中途、途上、途中、中〈ナカ〉、半ば、中程、間〈マ〉
連続	跡継ぎ、一連、継続、持続、接続、相続、存続、中継、続き、持ち切り、連続
	受け継ぐ、受ける、重なる、重ねる、繰り返す、続く、続ける、継ぐ、つなぐ
	続々、次々、どんどん
順序	いちばん、後、延期、後半、先、順、順々、順序、順番、ずれ、前後、先頭、前半、次、手順、手はず、トップ、番、ビリ、真っ先、優先
	相次ぐ、後回し、重ねる、繰り返す、ずらす、ずれる、次ぐ、延ばす
	次第に、徐々に、前〈ゼン〉〜、段々、着々、初〜、まず
即時	一度に、一気、一挙に、一斉に、早速、直〈ジキ〉、すぐ、即座に、直ちに、たちまち、とっさ、とっさに、とりあえず、〜ながら、一息

第2章 話題に従属しない実質語

17.06 時間関係

細目	語
時間・時刻	間〈アイダ〉、維持、一時、一瞬、一斉、間〈カン〉、経過、時間、始終、持続、終始、瞬間、タイム、通常、つかの間、月日、同時、時、年月〈トシツキ〉、日常、年月〈ネンゲツ〉、日ごろ、ひま、普段、平常、間〈マ〉、余暇
	移す、移る、(時間が)かかる、掛ける、刻む、超過、過ぎる、過ごす、経つ、長引く、経る、持つ、流れる
	相変わらず、あっけない、依然、一時、一生、いつでも、いつの間に、いつの間にか、いつまでも、いつも、始終、しばらく、ずっと、タイムリー、絶えず、ちょっと、通常、常に、遠い、突如、とりあえず、永い、日ごろ、久しい、ひょっと、不意、普段、慢性、やっぱり、やはり
時機	いつ、いつか、応急、折、～掛け、期、機会、危機、期限、期日、きっかけ、契機、頃、際、時期、時刻、締め切り、タイミング、タイム、チャンス、ついで、定刻、定年、動機、当日、時、ところ、途端、日時、日付、日取り、節、程、万が一、臨時
	一度
	あいにく、いきなり、いつ、今にも、急、最後、たまたま、突然、にわか、ばったり、ひとまず、ふと、まず、万が一
繰り返し	一時、隔週、～ごと、度〈タビ〉、たま、時折、日夜、毎朝、毎週、毎月、毎度、毎年〈マイトシ〉、毎年〈マイネン〉、毎日、毎晩、臨時、連日
	改めて、いったん、～ごと、再～、再三、更に、しきりに、しばしば、しょっちゅう、たびたび、ちょくちょく、時折、時々、頻繁、再び、～振り、毎～、毎度、また、よく
稀	一度、たまに、久しぶり、まれ、めった
期間	期、期間、期末、盛り、時期、～中〈ジュウ〉、周期、短期、長期、定期、末期
永続	永遠、永久
年	年〈トシ〉、年〈ネン〉、年間、年中、年度
月	初旬、上旬、中旬、下旬、月末、月、
曜日	月曜日、火曜日、水曜日、木曜日、金曜日、土曜日、日曜日、月曜、火曜、水曜、木曜、金曜、土曜、日曜、月、火、水、木、金、土、日、週、週間、曜日
日	一日〈ツイタチ〉、二日〈フツカ〉、三日、四日、五日、六日、七日、八日、九日、十日、二十日〈ハツカ〉、期日、日〈ジツ〉、にち、日〈ヒ〉、平日、休み
時間帯	明け方、朝、お昼、暮れ、午後、午前、終日、正午、深夜、日中、晩、日の入り、日の出、昼、昼間、～夜〈ヤ〉、夜間、夕方、夕暮れ、夜〈ヨ〉、夜明け、夜中、夜更け、夜
	暮れる、更ける

今	今、今日、今朝、現在、今年、このごろ、今回、今月、今週、今度、今日〈コンニチ〉、今晩、今夜、目下
	今、現〜、今〜、今度、
過去	一昨日、一昨年、おととい、おととし、過去、きのう、旧、去年、このあいだ、最近、先、さきおととい、先ほど、さっき、先月、先日、先週、先々月、先々週、先だって、従来、近頃、ひところ、昔、元、ゆうべ
	かつて、かねて、先ほど、昨〜、さっき、去る、従来、既に、先だって、近頃、とっくに
未来	あさって、あした、あす、後〈ノチ〉、以後、遅くとも、今後、今度、先、再来月、再来週、再来年、しあさって、将来、末、前途、次、明後日〈ミョウゴニチ〉、未来、向こう、やがて、行方、来月、来週、来年
	いずれ、今に、今にも、来たる、これから、今後、今度、そのうち、そのうちに、そろそろ、近い、近々、ひとまず、まもなく、やがて、来〜
時間的前後関係	後〈アト〉、以後、以降、以前、以来、かねて、今度、事前、〜すぎ、前後、直後、直前、途端、後〈ノチ〉、前、翌日
	明くる、あらかじめ、いつの間に、いつの間にか、今さら、いまだ、いよいよ、かつて、かねて、辛うじて、結局、今度、既に、前〈ゼン〉〜、ついに、つまり、とうとう、なお、初めて、前もって、まだ、まだもう、未〈ミ〉〜、もう、元〈モト〉、もはや、やっと、ようやく、翌〜

17.07 関係・関連

細目	語
関係	間〈アイダ〉、間柄、依存、縁、関係、間接、関与、関連、直接、つながり、仲、結びつき、連続
	かかわる、兼ねる、関する、拠る、従う、つながる、つなぐ、つなげる、連なる、ねじる、ねじれる
	直に、近い、直接、遠い、密接、もろに
一般・全体・部分	幾分、一同、一部分、一面、一切、一般、大方、おおよそ、各々〈オノオノ〉、およそ、過半数、〜ごと、ことごとく、個別、始終、諸、すべて、全員、全国、全身、全体、全般、全部、それぞれ、大概、大体、大半、大部分、多少、半ば、半、半分、部、部分、分、別個、別々、ほとんど、満点、皆、唯一、両

第2章　話題に従属しない実質語

| | あらゆる、一応、いちいち、一切、各、〜ごと、ことごとく、さっぱり、〜中〈ジュウ〉、〜ずつ、すっかり、すべて、全〜、総〈ソウ〉〜、そっくり、それぞれ、〜だけ、〜だらけ、〜共、〜ないし、何でも、軒並み、残らず、一通り、別々、全く、まるごと、まるまる、皆、みんな、銘々 |

17.08 因果関係

細目	語
原因	おかげ、原因、せい、前提、ため、動機、はず、要因、要素、因る
	現に、しかも、だいいち、なにしろ、何でも、まして
理由・目的	架空、口実、根拠、ため、動機、はず、めど、目的、目標、故、用途、よりどころ、理由、わけ
証拠	あかし、証拠、証明、しるし
結果	当たり前、影響、結果、効力、作用、成果、台なし、当然、必然、無効、無駄、有効
	生かす、落ち着く、及ぶ、及ぼす、効く、済ます、済ませる、なる、乗る、響く、役立つ
	いっそ、結局、幸い、果たして、ひいては、(を)以って、要するに、よって

17.09 類似・相違

細目	語
同類・類似	イコール、一緒、一致、該当、合致、共通、合同、〜状、そろい、同一、同格、同等、〜風、マッチ、まま、類似
	合う、当てはまる、準じる、準ずる、添う、近づく、似通う、似る、含む、含める、紛れる
	いかにも、一概に、共通、さも、そっくり(な)、違いない、〜っぽい、〜的、同、同一、同様、共〜、ともに、何だかんだ、ぴたり、ぴったり(の)、等しい、紛らわしい、まるで
相違	異〈イ〉、区別、差、相違、違い、違う
	異なる、違える
相対	あべこべ、逆、交互、コントラスト、ずれ、絶対、相応、相互、相対、対〈タイ〉、対応、対照、対等、対比、互い、対〈ツイ〉、適応、反対、比較、並行、〜ほう、矛盾
	当たる、応じる、応ずる、食い違う、ずれる、即する、背く、対する、外れる、反対する、反する
	あべこべ、かえって、逆、相応、相当、反〜、非〜、不〜、無〜、むしろ

第2章　話題に従属しない実質語

| 比況・比喩 | いかにも、言わば、いわゆる、さも、まさしく、まさに、まるで |

17.10 特徴・様相

細目	語
特徴	味、カラー、欠陥、欠点、固有、弱点、〜種、短、短所、長、長所、長短、通常、月並み、特殊、特色、特徴、特長、並、難、苦手、一通り、普通、盲点、利点、枠
	ありふれる
	当たり前、一応、いやいや、おかしい、乙、〜がち、奇妙(な)、殊に、固有(の)、重大(な)、深刻(な)、大抵、通常、月並み(な)、つまらない、独自(の)、特殊(な)、独特(の)、特に、特別(な)、特有(の)、とりわけ、何より、一通り、普通(の)、平凡(な)、変(な)、身近(な)、妙、目覚ましい、珍しい、ユニーク、ろくな
様相	ありさま、ありのまま、異常、価値、気味、傾向、現状、様、事情、実情、実態、〜状、状況、情勢、消息、状態、真相、相、側面、態勢、値打ち、向き、面目、模様、様〈ヨウ〉、様子、様相

17.11 難易

細目	語
易	あっさり、甘い、安易(な)、可能、簡易(の)、簡単(な)、すんなり、大丈夫(な)、たやすい、手軽(な)、無難(な)、便利(な)、易しい、〜やすい、容易(な)、楽
難	危うい、お手上げ、〜難い、かなわない、辛うじて、きびしい、険しい、〜づらい、どうにか、難、難〜、何とか、〜にくい、不自由(な)、不便(な)、難しい、無理(な)、厄介(な)、やっと、ややこしい

17.12 強弱

細目	語
強	荒い、がっしり、きつい、強、強力(な)、強烈(な)、しっかり、すごい、ずばり、力強い、強い、激しい、ひどい、猛烈(な)、ものすごい、もろに、有力(な)
	強まる、強める
弱	弱、薄弱、貧弱(な)、弱い
	衰える、緩める、弱まる、弱める、弱る

17.13 変化

細目	語
変化	移行、一変、動き、〜化、変化、変更、変遷

第2章 話題に従属しない実質語

	動く、変える、転じる、転ずる、なる
	勢い、オートマチック、おのずから、活発、代わる代わる、自然、静的(な)、だんだん、転々、動的(な)、ひとりでに、めっきり

17.14 程度・限度

細目	語
程度・限度	以下、以外、以上、以内、〜外、限り、加減、完全、究極、極端、切り、限界、限度、最高、前後、底、そこら、外〈ソト〉、段、程度、適度、徹底、度、〜内、〜並み、ピン、程、〜み、無限、両極
	あまり、あんまり、いかに、幾分、いくら、いたって、一概に、著しい、一段、いちばん、一層、いやに、いよいよ、うんと、大いに、大方、大幅(な)、おおまか(な)、おおよそ、恐ろしい、およそ、かなり、辛うじて、きっかり、きっちり(した)、極端(な)、極めて、下らない、ぐっと、〜くらい、〜ぐらい、けっこう、高度(な)、ごく、こんなに、最〈サイ〉〜、ざっと、さほど、更に、実に、随分、ずっと、少なくとも、せいぜい、せめて、そう、相当、それほど、そんなに、大概、大した、大して、大層、大体、大抵、大分、大変、〜だけ、多少、ただ、たった、断然、単に、ちょうど、ちょっと、つくづく、適度(な)、適当(な)、手ごろ(な)、どうやら、とても、とんだ、とんでもない、どんなに、なお、なおさら、なかなか、なんだか、何とか、延べ、〜ばかり、はなはだ、甚だしい、比較的、非常、非常に、〜ほど、ほとんど、ほぼ、ほんの、まあ、まあまあ、まことに、ますます、全く、むやみ、めちゃくちゃ、もう、もっと、最も、やけに、やたら、やっと、やや、ようやく、余計、よほど、悠々、ろくに、割合、割と、割に
	できるだけ、できれば、なるたけ、なるべく
	決して、少しも、全然、ちっとも、てんで、どうしても、全く、まるっきり

17.15 蓋然

細目	語
蓋然	一概に、おそらく、必ずしも、きっと、ことによると、さぞ、さぞかし、さぞや、確か、多分、どうも、どうやら、もしかしたら、もしかして、もしかすると
必然	飽くまで、必ず、無論、勿論
予想	あいにく、案外、あんのじょう、いやに、さすが、てっきり、どうせ、まさか、やっぱり、やはり

17.16 意識・無意識

細目	語

第 2 章　話題に従属しない実質語

意識	敢えて、強いて、折角、わざわざ、わざと
無意識	うっかり、つい、とかく、なんとなく

17.17 条件・譲歩

細目	語
条件	かり(に)、たとえ、もし、もしも
譲歩	あるいは、一見、なるほど、尤も

17.18 疑問・不定

細目	語
疑問	いつ、だれ、どうして、どこ、どなた、どれ、どんな、なぜ、なに、なん、なん〜、なんで
不定	いかに、いくら〜ても、いつか、いつでも、だれか、どこか、どんなに、なにか、なになに、何でも、なんなり

17.19 数

細目	語
基数	零〈ゼロ〉、零〈レイ〉、一、二、三、四、五、六、七、八、九、十、百、千、万、億、兆
序数	ひとつ、ふたつ、みっつ、よっつ、いつつ、むっつ、ななつ、やっつ、ここのつ、とお、ひ、ふ
人数	一人、二人

17.20 挨拶・決まり文句

細目	語
挨拶	いってきます、いってまいります、いっていらっしゃい、いらっしゃい、いらっしゃいませ、お元気で、おじゃまします、おはようございます、おやすみなさい、ごめんください、こんにちは、こんばんは、さよなら、さようなら、失礼します、それでは、ただいま、では、ではまた、バイバイ、初めまして、もしもし、よくいらっしゃいました

第2章 話題に従属しない実質語

決まり文句	ああ、悪しからず、あっ、あら、ありがとうございました、ありがとうございます、いいえ、うん、ええ、オーケー、おかけください、おかげさまで、おかまいなく、お気の毒に、お世話になりました、お願いします、おまたせしました、おまちください、おまちどおさま、おめでとう、おめでとうございます、かしこまりました、くれぐれも、ご遠慮なく、御苦労様、御存知ですか、ごちそうさま、ごちそうさまでした、こちらこそ、ごめんなさい、御覧なさい、サンキュー、失礼しました、すみません、ぜひ、ぜひとも、そうです、それはいけませんね、どういたしまして、どうぞ、どうぞよろしく、なにとぞ、なるほど、ねえ、まあまあ、よろしく

第3章
私的領域（場所）の言語活動と難易度

金庭久美子

　日本で生活する外国人（日本語学習者）は、様々な場所において日本語で言語活動を行なう。彼らがその場所の職業従事者と接触する際、どんな場所での言語活動が易しく、どんな場所での言語活動が難しいのだろうか。

　第1章では、言語活動の領域として「職業的領域」「私的領域（場所）」「私的領域（人）」の3つを想定した。本章では、そのうちの「私的領域（場所）」の言語活動に対象を絞り、それらを場所によって分類することにより、「私的領域（場所）」の言語活動の難易度が場所ごとに決定されていることを示す。

　ただし、本章では、「非定常的な言語活動」ではなく、「定常的な言語活動」のみを扱う。「定常的な言語活動」とは、ある場所でごく普通に行なわれる言語活動のことであり、「非定常的な言語活動」とは、やや特殊な状況になった時にのみ行なわれる言語活動のことである。例えば、レストランという場所であれば、「料理を注文する」というのは、ごく普通に行なわれる「定常的な言語活動」であると言える。一方、「皿を割ってしまったので謝罪する」というのは、「皿を割ってしまった」という、やや特殊な状況になった時にのみ行なわれる「非定常的な言語活動」であると言える。

　ちなみに、第1章の「私的領域（場所）」の言語活動については、「定常的な言語活動」と「非定常的な言語活動」の両方を言語活動の例として示した。本章では、両者のうち、「定常的な言語活動」の例のみを示すのであるが、それは、場所によって難易度が決まるのは「定常的な言語活動」のみであって、「非定常的な言語活動」ではないからである。

　言語活動の難易度の判定尺度としては、第1章と同様、「単語」「単文」「複文」「単段落」「複段落」というテキストの型を用いた。これら5つのうちのどの型で言語活動が行なわれるのかということを基準に、場所の分類を行なった。扱った場所の数は698である。次ページ以降に掲載した表1から表5は、「単語」「単文」「複文」「単段落」「複段落」という難易度別に、場所名とそこでの言語活動例をタスクの形で示したものである。それぞれの表には、左から順に「活動」「カテゴリー」「場所」という欄があり、「場所」欄に言語活動が行なわれる具体的な場所名を記載した。

　「場所」欄の中のタスクについては、記述の（　）内に同じ枠内の場所名を入れていけば、その場所での言語活動例が示されるようになっている。タスクは、その場所でのタスクとして典型的だと思われるものを挙げてあるが、「活動」の種類が同じ場所だと、同じタスクが典型例として通用する場合が多い。しかし、同じタスクをいくつも書いても、読者にとってはあまり有益だとは思われないので、そのような場合には典型的だと思われるもの以外のものも挙げ、タスクにバラエティを持たせるようにした。

　次ページの表1は、「単語」での言語活動が中心となる場所を示したものである。眼前のものを

第3章　私的領域（場所）の言語活動と難易度

利用すれば、単語を発するか、もしくは無言で目的が達成できる場所であり、鑑賞を行なうための場所やセルフサービスの場所や、通過のための場所を挙げた。なお、明らかに無言で目的が達成できてしまうと思われる場所についても、表中には「単語」を発しなければならないタスク例を付しておいた。

　表2は「単文」での言語活動が中心となる場所を示したものである。その場にあるものの数量やサイズを指定すれば購入できる商業施設や、その場のものを指し示しながら応答を行なえば利用できる体験型施設を挙げた。

　表3は「複文」での言語活動が中心となる場所を示したものである。なんらかの手続を必要とする宿泊施設、金融機関、ライフライン関連の会社等の場所、自ら発信し注文や交換を行なう商業施設を挙げた。

　表4は「段落」での言語活動が中心となる場所を示したものである。現状について説明し、問合せ、特別注文、相談、苦情などを行なう場所で、官公庁、専門店、専門会社、医療機関等を挙げた。また、日本語以外の実技学習を目的とする教育機関を挙げた。

　表5は「複段落」での言語活動が中心となる場所を示したものである。申し立てや専門相談等を行なう場所や、意見交換を行なう教育施設・社会団体等の場所や、口頭で述べることを主とする教育施設や劇場・ホール（壇上）等を挙げた。

　本章のような、場所による言語活動の難易度の分類は、日本語教育にとって大きな可能性を持つものである。日本で生活する学習者は、自分が安定して遂行できる言語活動のレベルよりも少しだけ難易度レベルが高い場所をできるだけたくさん選び、努めてそれらの場所に出かけていくようにすれば、日常生活そのものが、いわゆる「ｉ＋1」のタスクとなって自らに降りかかってくることになる。つまり、以下の表1から表5をうまく活用しさえすれば、日本での生活そのものが、非常に効果的な日本語教育プログラムにもなり得るということである。

表1　単語での言語活動が中心となる場所

活動	カテゴリー	場所
鑑賞	レジャー・娯楽施設	博物館、美術館、資料館、科学館、水族館、動物園、植物園、プラネタリウム タスク：（　　　）の券売所で入場券を買います。係員に購入枚数を言ってください。
	劇場・ホール	映画館、劇場、演芸場、寄席、サーカス小屋、見世物小屋、コンサートホール、コンサート広場、市民会館、公会堂、大講堂、ライブハウス タスク：（　　　）で自分の番号の席を探していたら、係員に指定席の番号を聞かれました。答えてください。

第3章　私的領域（場所）の言語活動と難易度

	観光地・史跡	公園、景勝地（山、川、湖、海、滝、森、砂浜等）、城、寺、神社、教会、武家屋敷、古墳、史跡（その他） タスク：（　　　）に行きたいのですが、道に迷って地図を見ていたら、通行人に行き先を聞かれました。答えてください。
	競技施設	競技場、体育館、武道場、野球場、競馬場、競輪場、競艇場、カーレース場、サッカースタジアム タスク：あなたは（　　　）で観戦しています。応援グッズ（飲み物）の販売員に声をかけられました。断ってください。
	見学コース	国会議事堂、造幣局、印刷局、自衛隊施設、都道府県庁、証券取引所、警察署、消防署、水道局、防災センター、リサイクルセンター、環境センター、ごみ処理施設、皇居、御所、新聞社、テレビ局、工場、見学コース（その他） タスク：あなたは（　　　）を見学します。係員が入り口でパンフレットをくれました。お礼を言ってください。
セルフサービス	飲食店	ファーストフード店、カフェテリア、学生食堂（食券制）、社員食堂（食券制）、立ち食いそば店（食券制）、回転すし店 タスク：あなたは（　　　）へ行きました。メニュー（または購入したチケット）を見ながら、注文してください。
	小売店：大規模小売店	コンビニエンスストア、スーパーマーケット、ディスカウントストア タスク：（　　　）で買い物をしています。店員がレジから離れていたので、声をかけてください。
	コイン式サービス	コインロッカー、コインパーキング、コインシャワー店、コイン洗車場、コインランドリー店、コピーサービス店、貸駐車場（時間貸）、貸駐輪場（時間貸） タスク：（　　　）でサービスを利用しようとしたら、係員に小銭の有無を聞かれました。答えてください。
通過	交通機関	空港（手荷物審査、出入国審査）、高速道路の料金所、駅（改札口） タスク：（　　　）を通ります。係員に行き先（出発地）を聞かれました。答えてください。

表2　単文での言語活動が中心となる場所

活動	カテゴリー	場所
数等指定注文	飲食店	レストラン（和食）、レストラン（洋食）、レストラン（中華料理）、レストラン（その他）、食堂（和食）、食堂（洋食）、食堂（中華料理）、食堂（その他）、すし屋、そば屋、うどん屋、うなぎ屋、焼鳥屋、お好み焼き屋、たこ焼き屋、おでん料理店、喫茶店、コーヒースタンド、ジューススタンド、甘味処、だんご屋、ピザ屋、ビアホール、居酒屋 タスク：（　　　）で食事をします。店員が来たので、自分と友達の分を注文してください。

第3章 私的領域（場所）の言語活動と難易度

	小売店： 食品販売	肉屋、魚屋、八百屋、果物屋、米屋、酒屋、惣菜屋、おにぎり屋、漬物屋、佃煮屋、乾物屋、豆腐屋、弁当屋、パン屋、ケーキ屋、洋菓子専門店、アイスクリーム屋、和菓子専門店、駄菓子屋、せんべい屋、はちみつ専門店、日本茶専門店、紅茶専門店、コーヒー豆専門店、のり専門店、みそ専門店、氷店 タスク：（　　　　）で買い物をします。店員に声をかけ、買いたい品物を買ってください。
	小売店： 日用品販売	テーブル・キッチンウェアショップ、金物店、刃物店、ガラス食器店、陶磁器店、瀬戸物屋、漆器店、やきもの工芸品店、造花販売店、タオル販売店、旅行用品店 タスク：（　　　　）で買い物をします。レジへ持って行って、プレゼント用の包装を頼んでください。
	小売店： 文具・玩具販売	文房具屋、事務用品店、画材屋、段ボール販売店、おもちゃ屋、ファンシーショップ タスク：（　　　　）で買い物をします。店頭の品物を指し示して、値段を尋ねてください。
	小売店： 服飾関連	アクセサリーショップ、かばん専門店、ハンドバック専門店、扇子屋、靴下屋 タスク：（　　　　）で買い物をします。店頭の品物を手にとってみたいです。店員が近寄ってきたので尋ねてください。
	小売店： スタンド・売店	たばこ屋、土産物店、農産物直売所、道の駅販売所、駅売店、キヨスク、病院売店、公園売店、劇場売店、学校売店、ミュージアムショップ、ドライブイン タスク：（　　　　）で買い物をします。レジで簡易包装を頼んでください。
	小売店： 燃料販売	ガソリンスタンド、灯油販売店、燃料販売店（炭・プロパンガス） タスク：（　　　　）で＿＿＿を買います。どれぐらい必要か伝えてください。
	小売店： その他のサービス業	郵便局（郵便）、手荷物一時預かり所、DPE店、写真現像サービス店 タスク：（　　　　）で手続きをします。持ち込んだ物を示し、サービスを依頼してください。
施設利用	レジャー・娯楽施設	遊園地、テーマパーク、ゲームセンター、スキー場、スノーボード場、スケート場、ボウリング場、ビリヤード場、プール、ディスコ、ダンスホール、釣り堀、釣り船、パチンコ店、バッティングセンター、ゴルフ練習場、健康ランド、公衆浴場、銭湯、日帰り温泉、宝くじ販売所、 タスク：（　　　　）にいます。必要な枚数のチケットを購入してください。／両替を依頼してください。

第3章　私的領域（場所）の言語活動と難易度

	交通機関	駅（ホーム）、駅（通路）駅（乗車券類発売所）、列車内、バス乗り場、バス内、タクシー乗り場、タクシー内、航空会社カウンター、ロープウェイ内、遊覧船内、モノレール内、カーフェリー内 タスク：（　　　　）にいます。係員に目的地までの時間を尋ねてください。

表3　複文での言語活動が中心となる場所

活動	カテゴリー	場所
手続	宿泊関連施設	ホテル、旅館、ペンション、民宿、リゾートクラブ、山小屋、保養所 タスク：（　　　　）のフロントで、予約してあることを伝えて、チェックインしてください。
	レジャー・娯楽施設	ゴルフ場、テニスコート（予約）、カラオケボックス、観光農園、観光果樹園、観光牧場、観光案内所、見学コース（その他）（申込）、 タスク：（　　　　）に電話し、理由を話して予約を変更してください。
	金融機関	銀行、信用金庫、労働金庫、郵便局（貯金） タスク：（　　　　）の窓口で、口座を開設してください。
	運送・運搬関連	引越し会社、宅配会社、バイク便会社、運転代行サービス会社、ピアノ運送会社 タスク：（　　　　）に電話をかけて、運送の予約をしてください。
	ライフライン関連	電話会社、携帯電話会社、パソコン通信サービス会社、プロバイダ、ケーブルテレビ会社、放送局（受信料）、水道局、電気会社、ガス会社 タスク：（　　　　）に電話をかけて、転居の手続をしてください。
	レンタルサービス	レンタカー営業所、カーリース営業所、レンタルバイク営業所、レンタサイクル、レンタル会議室、レンタルスペース、レンタルスタジオ（楽器演奏）、録音スタジオ、レコーディングスタジオ、レンタル電話サービス会社、公共貸施設、公民館、地域センター、貸ギャラリー、貸展示室、レンタルショップ（トランク、ベビーカー）、レンタルスキー店、レンタルスノーボード店、イベント用品レンタル会社、貸植木店、貸おしぼりサービス店、貸ふとん屋、貸ベッド店、貸ベビー用品店、貸本屋、貸駐車場（月極）、貸駐輪場（月極）、トランクルーム、貸倉庫 タスク：（　　　　）に電話し、＿＿＿＿を借りるための予約をしてください。

第 3 章　私的領域（場所）の言語活動と難易度

予約注文	小売店：服飾関連	デパート（衣料品売り場）、衣料品専門店、ジーンズショップ、ベビー用品店、マタニティ用品店、ブティック、婦人服専門店、紳士服専門店、子供服専門店、学生服専門店、フォーマルウェアショップ、古着屋、靴屋、履物店、下駄屋、帽子屋、ランジェリーショップ、ワイシャツ専門店 タスク：（　　　　）にいます。サイズを言って、商品を注文してください。
	小売店：電気製品・カメラ	電気屋、照明器具販売店、時計屋、カメラ屋 タスク：（　　　　）でカタログの商品を注文したいです。入荷日を尋ねてください。
	小売店：書籍	本屋、古本屋 タスク：（　　　　）の店頭に希望の本がありませんでした。注文してください。
	小売店：趣味関連	手芸用品店、生地屋、ミシン販売店、ホビーショップ、模型屋、CDショップ、中古CDショップ、ゲームソフトショップ、中古ゲームソフトショップ、囲碁・将棋用品店、カー用品店、楽器屋、和楽器専門店、茶道具販売店、人形店 タスク：（　　　　）に電話をして、求める商品があるか尋ねてください。
	小売店：スポーツ関連	スポーツ用品店、アウトドア用品店、サーフショップ、ゴルフショップ、スキー用品店、自転車屋、サポーターグッズショップ タスク：はじめて＿＿＿をします。（　　　　）で何が必要か尋ねてください。
	小売店：チケット関連	金券ショップ、プレイガイド タスク：（　　　　）に電話をかけて、チケット予約後のキャンセルが可能か尋ねてください。
	小売店：日用品販売	DIYショップ、ホームセンター タスク：（　　　　）で＿＿＿を買うつもりですが、数が足りないので注文したいです。入荷時期を尋ねてください。
	宅配サービス	カタログ通信販売会社、インターネット通信販売会社、テレビショッピング、健康食品通信販売会社、食材宅配サービス会社、出版社（定期購読）、新聞販売店（定期購読）、牛乳販売店、宅配弁当サービス店、宅配ピザ店 タスク：（　　　　）で＿＿＿を注文しましたが、注文と異なる品物が来ました。会社（店）に電話して交換してもらってください。

第3章 私的領域（場所）の言語活動と難易度

表4 単段落での言語活動が中心となる場所

活動	カテゴリー	場所
問合せ・特別注文・苦情・相談	官公庁	市役所（各種手続き、問合せ窓口）、役場（各種手続き、問合せ窓口）、都道府県庁、大使館、保健所、社会保険団体、健康保険組合、図書館、消防署、警察署（遺失物センター）、駅（遺失物取扱所）、ゴミ収集事務所、環境センター（問合せ窓口）、博物館（問合せ窓口）、美術館（問合せ窓口）、学術研究所（問合せ窓口）、入国管理局（審査窓口）、公証役場、特許事務所、 タスク：（　　　）の問い合わせ窓口に電話をかけ、相談内容を詳しく伝え、対処方法を教えてもらってください。
	民間会社	会社（問合せ窓口）、新聞社（問合せ窓口）、放送会社（問合せ窓口）、出版社（問合せ窓口）、 タスク：（　　　）の問い合わせ窓口に電話をかけ、自分がほしい商品・情報について詳しく伝え、入手可能か尋ねてください。
	情報サービス	気象情報会社、催物情報提供サービス会社、教養情報提供サービス会社、道路交通情報センター、救命救急支援センター、宝くじ番号案内 タスク：＿＿＿について知りたいと思っています。（　　　）に電話をかけて、現在の状況を説明し、今後どうしたらよいか教えてもらってください。
	飲食店	レストラン（宴会プラン窓口）、仕出し屋、ケータリングサービス会社、バー、キャバレー、料亭、懐石料理店 タスク：パーティーを計画しています。（　　　）で、自分のプランを説明し、料理の予約をしてください。
	冠婚葬祭	結婚式場、ブライダルプロデュース会社、ホテル（宴会相談窓口）、結婚式場紹介会社、パーティー運営会社、貸衣装店、葬儀屋、教会（儀式）、寺（儀式）、神社（儀式）、結婚相手相談会社、墓地管理会社、霊園、仏壇・神棚専門店、石材店 タスク：（　　　）で自分のプランを詳しく説明し、式等について相談してください。
	金融・保険	生命保険会社（代理店）、損害保険会社（代理店）、自動車保険会社（代理店）、証券会社、ローン会社、クレジット会社、ゴルフ・リゾート会員権取引会社 タスク：（　　　）で自分の希望を詳しく説明し、商品を提示してもらってください。

第3章　私的領域（場所）の言語活動と難易度

	住宅関連	住宅建築会社、工務店、建設会社、建築設計事務所、住宅リフォーム会社、外装塗装会社、内装工事会社、建設板金会社、屋根（瓦）工事会社、造園会社、電気工事会社、照明工事会社、冷暖房設備工事会社、防音工事会社、プレハブ建築会社、ブロック工事、エクステリア工事会社、れんが工事会社、トイレ設備工事会社、建築検査会社、耐震診断会社、建物解体工事会社、曳家工事会社、土木工事会社、建具屋、鍵屋、鍵のトラブルサービス店、畳屋、植木屋、ガラス屋、住宅展示場、ハウスクリーニング会社、水回りトラブル修理会社 タスク：（　　　　）に工事をしてもらいましたが、不具合が生じました。電話をかけて、不具合の詳細を伝え、やり直してもらってください。
	賃貸住宅・分譲住宅	不動産屋、分譲住宅販売会社、マンション管理会社、貸家（大家）、貸別荘（大家）、賃貸マンション（大家）、下宿屋（大家） タスク：隣人に悩まされています。（　　　　）で被害状況を詳しく説明し、仲裁を依頼してください。
	小売店:インテリア関連	インテリアショップ、カーペット屋、カーテンショップ、寝具店、ふとん屋、制作家具販売店、鏡販売店、表具・表装店、額縁屋、花屋、園芸センター タスク：（　　　　）で自分の家の状況を説明し、希望に合うものを作って（選んで）もらってください。
	自動車関連	自動車販売店、自動車中古車販売店、自動車部品・用品店、自動車タイヤ販売店、自動車整備工場、自動車車体改造工場、自動二輪車販売店、レッカー車サービス会社、中古車買い取り会社、自動車ロードサービス会社、自動車陸送サービス会社、車検代行サービス会社、自動車板金・塗装店、自動車内装専門店、カーディティーリング専門店、自動車ガラス販売店、自動車解体会社 タスク：自分の車（バイク）が壊れてしまいました。（　　　　）に電話をかけて、自分の車（バイク）の状況を詳しく説明し、修理が可能か尋ねてください。
	ペット関連	動物病院、犬猫訓練所、ペットショップ、ペットホテル、ペット里親愛護サービスセンター、観賞魚店、ペット霊園、ペット葬祭会社 タスク：（　　　　）でペットについての悩みを説明し、最善の方法を教えてもらってください。
	小売店：服飾関連	仕立屋、テーラー、洋服リフォーム専門店、仕立て直し店、呉服店、和服裁縫所、クリーニング屋、靴修理店、貴金属・宝石店、貴金属・宝石リフォーム店 タスク：＿＿＿＿の修理が必要になりました。（　　　　）に電話をかけて、現状を詳しく説明し、修理を依頼してください。

― 548 ―

第3章 私的領域（場所）の言語活動と難易度

	小売店：美容・健康	美容院、着付け店、理容院、カツラショップ、発毛・育毛サロン、刺青専門店、マッサージ店、ネイルサロン、エステティックサロン、アロマテラピーサロン、日焼けサロン、化粧品販売店、眼鏡屋、コンタクトレンズショップ タスク：（　　　　）を利用しましたが、満足できません。問題点を詳しく説明し、やり直してもらってください。
	小売店：贈答品	デパート（贈答品売り場）、ギフトショップ、ラッピングサービス店 タスク：（　　　　）で＿＿＿＿（還暦祝いの品）を探しています。相手の好みや予算等を説明し、希望に合うものを選んでもらってください。
	芸術・希少品取扱	骨董品店、古美術商、切手ショップ、コインショップ、美術品修復所、画廊、ギャラリー タスク：買いたいと思って探している品物の特徴・形状等を（　　　　）で詳しく説明し、入手可能かどうか尋ねてください。
	リサイクル関連	リサイクルショップ・古物商、質屋、宝石・貴金属買取店、リサイクル回収店（空き缶、再生資源紙回収）、パソコン買取・回収センター、一般廃棄物処理会社（廃品回収） タスク：（　　　　）で自分の物の価値を詳しく伝え、買取を依頼してください。
	人材派遣サービス	家政婦紹介所、家事サービス会社、便利屋、人材派遣会社、コンパニオン派遣会社、芸能プロダクション、モデル紹介所、司会派遣会社、ピアノ調律サービス会社、翻訳会社、通訳会社、警備会社、ホームセキュリティサービス会社、パソコン修理・サポート会社、虫（シロアリ、蜂）駆除サービス会社、興信所、探偵事務所 タスク：（　　　　）で現在の悩みを詳しく説明し、希望に合う人材（サービス）を提供してもらってください。
	レジャー・娯楽施設	旅行代理店 タスク：団体旅行を計画しています。（　　　　）で希望や条件を詳しく説明し、旅行のプランを立ててもらってください。
	広告・印刷・写真	広告代理店、デザイン事務所、看板屋、印刷会社、写真館、印鑑・印章・ゴム印店、ビデオ制作サービス会社、ホームページ制作会社、筆耕サービス会社、パソコン入力サービス会社、記章店、缶バッジ店、Tシャツプリント店 タスク：（　　　　）で仕事の注文をしましたが、指示したものと違うようです。どこがどう違うか指摘し、作り直すよう依頼してください。

第 3 章　私的領域（場所）の言語活動と難易度

	医療・福祉・介護	病院（受付、診察室）、医院、診療所、歯科診療所、療養所、医療バンク、アイバンク、腎臓バンク、血液センター、献血ルーム、リハビリテーションセンター、接骨院、カイロプラクティック、鍼灸院、薬屋、調剤薬局、漢方薬局、ドラッグストア、介護サービス会社、介護サービス施設、介護老人保健施設、老人ホーム、介護福祉タクシー会社、介護用品店、車いす販売店、育児サービス会社、ベビーシッター紹介所、 タスク：（　　　　）で症状（現状）を聞かれました。詳しく説明してください。
	宗教関連	寺（相談）、神社（相談）、教会（相談）、占い店、易断所、祈祷所 タスク：（　　　　）で自分の困窮状態について詳しく話し、聖職者（祈祷師）からアドバイスをもらってください。
実技学習	教育・習い事教室（実技）	料理教室、編み物教室、手芸教室、洋裁教室、和裁教室、書道教室、生け花教室、茶道教室、絵画教室、ピアノ教室、エレクトーン教室、バイオリン教室、ギター教室、音楽教室（その他の楽器、リトミック等）、バレエ教室、ダンス教室（社交ダンス、ジャズダンス等）、パソコン・ワープロ教室、そろばん教室、囲碁教室、将棋教室、着付け教室、スポーツクラブ、テニススクール、ゴルフスクール、スイミングスクール、ダイビングスクール、ヨットクラブ、ボクシングジム、野球クラブ、サッカークラブ、バスケットクラブ、ゲートボールクラブ、柔道場、弓道場、剣道場、武道場、合気道場、少林寺拳法道場、太極拳道場、乗馬クラブ、経理学校、簿記学校、自動車教習所、マージャンクラブ、体育館、野球場、サッカースタジアム、プール、テニスコート タスク：（　　　　）で先生に、この教室に何を期待するか聞かれました。自分の実力やこれまでの受講歴を説明し、この教室に何を期待するか話してください。
	教育・習い事教室（口頭）	外国語語学教室（日本語以外） タスク：（　　　　）で＿＿＿＿を習っていますがうまくいきません。自分の勉強方法を説明し、どうすればよいか先生に相談してください。

表5　複段落での言語活動が中心となる場所

活動	カテゴリー	場所
申し立て	裁判所・警察署・刑務所	裁判所（原告・被告・裁判員として）、警察署（被疑者として）、刑務所、拘置所 タスク：今（　　　　）にいます。あなた（被告）には＿＿＿＿の容疑がかかっています。自分（被告）の疑いを晴らすために、根拠を述べ、無実を主張してください。

第3章　私的領域（場所）の言語活動と難易度

	行政機関	省庁、都道府県庁、市役所 タスク：あなたの町では、＿＿＿＿を建設しようという計画が進んでいますが、生態系に与える影響ははかり知れません。（　　　　）に行って担当者と会い、あなたの町の自然や景観にどのような悪影響があると思われるか、想定できる事態をいくつか挙げ、計画反対の陳情をしてください。
	民間会社	会社 タスク：使用した＿＿＿＿のせいで、子供が健康被害を受けました。（　　　　）に電話をして、この商品が子供たちに与える悪影響と、子供向け＿＿＿のあるべき姿について述べ、販売停止を要求してください。
専門相談	法律関連	弁護士事務所、交通事故相談センター タスク：あなたは出合い頭に自転車同士で正面衝突しました。あなたの過失に応じた額が保険会社から提示されましたが、納得がいきません。（　　　　）へ行って、自分に落ち度や違反がないことを説明し、相手の過失について指摘して、不当な請求を退けるにはどうしたらよいか相談してください。
	経営・税務関連	会計事務所、税理士事務所、経営コンサルタント事務所、ファイナンシャルプランナー事務所、行政書士事務所 タスク：あなたの会社は経営不振に陥っています。（　　　　）に相談したところ、現状について詳しく教えてほしいと言われました。これまでの経営方針やコスト削減のための努力、今後の事業計画等について話し、財務改善のアドバイスをもらってください。
	労務関連	労働基準監督署、社会保険労務士事務所 タスク：あなたの友人はある工場で働いていましたが、突然解雇されました。あなたは、勤務体制に問題があると考えています。日本語が苦手な友人に代わって（　　　　）に行き、工場の労働問題を指摘して、解雇通告を取り下げてもらうにはどうしたらよいか相談してください。
	人権問題	留学生相談室、学生支援団体事務所、いのちの電話、子どもの人権110番、市民相談センター タスク：知人のホームページに自分のことを中傷する記事が書かれていました。ホームページの管理者に削除をメールで依頼しましたが、無視されました。（　　　　）に行って、担当者に、これまでのいきさつとプライバシーの問題について述べ、どうすればよいか相談してください。
	不動産問題	不動産相談センター、土地家屋調査士事務所、不動産鑑定事務所 タスク：あなたは隣人と家の境界線のことでトラブルになりました。（　　　　）に行って、担当者に、これまでのいきさつと今後の土地活用について話し、どうすればよいか相談してください。

第3章　私的領域（場所）の言語活動と難易度

	消費生活問題	国民生活センター、消費生活センター、くらしの相談センター タスク：インターネットである物を購入しましたが、実物は、広告とはまったく違っていました。（　　　）に電話して、実物と広告の食い違いを詳細に説明し、それによって受けた不利益を述べ、今後の対処法について相談してください。
	精神医療・カウンセリング	精神科医（診察室）、心療内科医（診察室）、臨床心理士（診察室） タスク：今（　　　）にいます。医者にあなたの現在の症状やその症状が出た原因について考えていることを話してほしいと言われました。最善の治療をしてもらえるよう、詳しく話してください。
	就職関連	会社（面接）、ハローワーク、人材派遣会社（登録）、求人情報提供サービス会社 タスク：（　　　）の面接で入社後の抱負について聞かれました。自分のやりたいことの社会での必要性や将来性等について、あなたの考えを述べてください。
報告	報道関連	新聞社（通報・インタビュー）、放送会社（通報・インタビュー）、テレビ局（通報・インタビュー） タスク：〇〇賞を受賞し、（　　　）にインタビューされました。これまでの経緯や今後の抱負などを盛り込み、受賞の喜びを伝えてください。
意見交換	教育機関	小学校、中学校、高等学校、保育所、幼稚園、児童館、放課後児童クラブ、障害者福祉施設、特殊教育学校（ろう学校、盲学校）、養護学校）、フリースクール、児童福祉施設 タスク：訪問先の（　　　）で日本の＿＿＿教育について意見を求められました。あなたの国の現状や問題点と比較しながら、日本の教育のあるべき姿について自分の意見を述べてください。
	地域活動拠点	介護老人保健施設（訪問）、老人ホーム（訪問）、地域自治会集会所、老人クラブ事務所、町内会連合事務所、商店街連合事務所、祭り実行委員会事務所 タスク：（　　　）で＿＿＿という地域活動について意見を求められました。自分の国の地域活動の利点、欠点等を例に挙げ、地域活動のあり方についてあなたの意見を述べてください。
	社会活動拠点	政治団体事務所、選挙事務所、環境保護団体事務所、動物愛護団体事務所、国際交流団体事務所、学術・文化団体事務所、学会事務所、スポーツ連盟事務所、農業協同組合事務所、漁業共同組合事務所、労働組合事務所、難民支援事務所 タスク：あなたは〇〇問題で社会運動をしています。（　　　）へ行き、世界の他の地域の例を挙げながら＿＿＿問題について述べ、＿＿＿問題を解消すべきであることを訴えてください。

第3章　私的領域（場所）の言語活動と難易度

<table>
<tr><td rowspan="2">口頭学習</td><td rowspan="2">教育・習い事教室（口頭）</td><td>学習塾、予備校、職業訓練校、大学、日本語学校、日本語話し方教室、芸能スクール、俳優学校、声優養成所、芸能プロダクション</td></tr>
<tr><td>タスク：（　　　）で、新入生の前で自分の専門について話すように言われました。あなたが自分の専門を選んだきっかけやこれまでの経緯、今後の抱負について語ってください。</td></tr>
<tr><td rowspan="2">スピーチ・司会</td><td rowspan="2">劇場・ホール</td><td>劇場（壇上）、コンサートホール（壇上）、コンサート広場（壇上）、市民会館（壇上）、公会堂（壇上）、大講堂（壇上）</td></tr>
<tr><td>タスク：（　　　）で＿＿＿の司会をするように頼まれました。はじめの挨拶として、＿＿＿開催のこれまでの経過や＿＿＿開催の意義を述べ、開会の宣言をしてください。</td></tr>
</table>

　以上の表1〜表5は、そこで行なわれる言語活動の難易度別に「場所」を分類した一覧であるが、以下の付表は、「場所」を五十音順に並べ、そこでの言語活動の難易度と活動、カテゴリーを示した一覧である。本章の中心は上記の表1〜表5であるが、以下の付表を索引として活用していただければと思う。

付表　五十音順場所一覧

番号	場所名	難易度	活動	カテゴリー
001	合気道場	単段落（表4）	実技学習	教育・習い事教室（実技）
002	アイスクリーム屋	単文（表2）	数等指定注文	小売店：食品販売
003	アイバンク	単段落（表4）	問合せ・特別注文・苦情・相談	医療・福祉・介護
004	アウトドア用品店	複文（表3）	予約注文	小売店：スポーツ関連
005	アクセサリーショップ	単文（表2）	数等指定注文	小売店：服飾関係
006	編み物教室	単段落（表4）	実技学習	教育・習い事教室（実技）
007	アロマテラピーサロン	単段落（表4）	問合せ・特別注文・苦情・相談	小売店：美容・健康
008	医院	単段落（表4）	問合せ・特別注文・苦情・相談	医療・福祉・介護
009	育児サービス会社	単段落（表4）	問合せ・特別注文・苦情・相談	医療・福祉・介護
010	生け花教室	単段落（表4）	実技学習	教育・習い事教室（実技）
011	囲碁・将棋用品店	複文（表3）	予約注文	小売店：趣味関連
012	囲碁教室	単段落（表4）	実技学習	教育・習い事教室（実技）
013	居酒屋	単文（表2）	数等指定注文	飲食店
014	一般廃棄物処理会社（廃品回収）	単段落（表4）	問合せ・特別注文・苦情・相談	リサイクル関連
015	犬猫訓練所	単段落（表4）	問合せ・特別注文・苦情・相談	ペット関連
016	いのちの電話	複段落（表5）	専門相談	人権問題

第3章　私的領域（場所）の言語活動と難易度

017	イベント用品レンタル会社	複文（表3）	手続	レンタルサービス
018	医療バンク	単段落（表4）	問合せ・特別注文・苦情・相談	医療・福祉・介護
019	衣料品専門店	複文（表3）	予約注文	小売店：服飾関連
020	刺青専門店	単段落（表4）	問合せ・特別注文・苦情・相談	小売店：美容・健康
021	印鑑・印章・ゴム印店	単段落（表4）	問合せ・特別注文・苦情・相談	広告・印刷・写真
022	印刷会社	単段落（表4）	問合せ・特別注文・苦情・相談	広告・印刷・写真
023	印刷局	単語（表1）	鑑賞	見学コース
024	インターネット通信販売会社	複文（表3）	予約注文	宅配サービス
025	インテリアショップ	単段落（表4）	問合せ・特別注文・苦情・相談	小売店：インテリア関連
026	植木屋	単段落（表4）	問合せ・特別注文・苦情・相談	住宅関連
027	うどん屋	単文（表2）	数等指定注文	飲食店
028	うなぎ屋	単文（表2）	数等指定注文	飲食店
029	占い店	単段落（表4）	問合せ・特別注文・苦情・相談	宗教関連
030	運転代行サービス会社	複文（表3）	手続	運送・運搬関連
031	映画館	単語（表1）	鑑賞	劇場・ホール
032	駅（遺失物取扱所）	単段落（表4）	問合せ・特別注文・苦情・相談	官公庁
033	駅（改札口）	単語（表1）	通過	交通機関
034	駅（乗車券類発売所）	単文（表2）	施設利用	交通機関
035	駅（通路）	単文（表2）	施設利用	交通機関
036	駅（ホーム）	単文（表2）	施設利用	交通機関
037	易断所	単段落（表4）	問合せ・特別注文・苦情・相談	宗教関連
038	駅売店	単文（表2）	数等指定注文	小売店：スタンド・売店
039	エクステリア工事会社	単段落（表4）	問合せ・特別注文・苦情・相談	住宅関連
040	エステティックサロン	単段落（表4）	問合せ・特別注文・苦情・相談	小売店：美容・健康
041	エレクトーン教室	単段落（表4）	実技学習	教育・習い事教室（実技）
042	演芸場	単語（表1）	鑑賞	劇場・ホール
043	園芸センター	単段落（表4）	問合せ・特別注文・苦情・相談	小売店：インテリア関連
044	お好み焼き屋	単文（表2）	数等指定注文	飲食店
045	おでん料理店	単文（表2）	数等指定注文	飲食店
046	おにぎり屋	単文（表2）	数等指定注文	小売店：食品販売
047	おもちゃ屋	単文（表2）	数等指定注文	小売店：文具・玩具販売
048	音楽教室（その他）	単段落（表4）	実技学習	教育・習い事教室（実技）

第3章　私的領域（場所）の言語活動と難易度

049	カーディティーリング専門店	単段落（表4）	問合せ・特別注文・苦情・相談	自動車関連
050	カーテンショップ	単段落（表4）	問合せ・特別注文・苦情・相談	小売店：インテリア関連
051	カーフェリー内	単文（表2）	施設利用	交通機関
052	カーペット屋	単段落（表4）	問合せ・特別注文・苦情・相談	小売店：インテリア関連
053	カー用品店	複文（表3）	予約注文	小売店：趣味関連
054	カーリース営業所	複文（表3）	手続	レンタルサービス
055	カーレース場	単語（表1）	鑑賞	競技施設
056	絵画教室	単段落（表4）	実技学習	教育・習い事教室（実技）
057	会計事務所	複段落（表5）	専門相談	経営・税務関連
058	外国語語学教室（日本語以外）	単段落（表4）	実技学習	教育・習い事教室（口頭）
059	介護サービス会社	単段落（表4）	問合せ・特別注文・苦情・相談	医療・福祉・介護
060	介護サービス施設	単段落（表4）	問合せ・特別注文・苦情・相談	医療・福祉・介護
061	介護福祉タクシー会社	単段落（表4）	問合せ・特別注文・苦情・相談	医療・福祉・介護
062	介護用品店	単段落（表4）	問合せ・特別注文・苦情・相談	医療・福祉・介護
063	介護老人保健施設（利用）	単段落（表4）	問合せ・特別注文・苦情・相談	医療・福祉・介護
064	介護老人保健施設（訪問）	複段落（表5）	意見交換	地域活動拠点
065	会社（問合せ窓口）	単段落（表4）	問合せ・特別注文・苦情・相談	民間会社
066	会社（面接）	複段落（表5）	専門相談	就職関連
067	会社（申立）	複段落（表5）	申し立て	民間会社
068	懐石料理店	単段落（表4）	問合せ・特別注文・苦情・相談	飲食店
069	外装塗装会社	単段落（表4）	問合せ・特別注文・苦情・相談	住宅関連
070	回転すし店	単語（表1）	セルフサービス	飲食店
071	カイロプラクティック	単段落（表4）	問合せ・特別注文・苦情・相談	医療・福祉・介護
072	科学館	単語（表1）	鑑賞	レジャー・娯楽施設
073	鏡販売店	単段落（表4）	問合せ・特別注文・苦情・相談	小売店：インテリア関連
074	鍵のトラブルサービス店	単段落（表4）	問合せ・特別注文・苦情・相談	住宅関連
075	鍵屋	単段落（表4）	問合せ・特別注文・苦情・相談	住宅関連
076	学習塾	複段落（表5）	口頭学習	教育・習い事教室（口頭）
077	学術・文化団体事務所	複段落（表5）	意見交換	社会活動拠点
078	学術研究所（問合せ窓口）	単段落（表4）	問合せ・特別注文・苦情・相談	官公庁
079	学生支援団体事務所	複段落（表5）	専門相談	人権問題
080	学生食堂（食券制）	単語（表1）	セルフサービス	飲食店

第3章　私的領域（場所）の言語活動と難易度

081	学生服専門店	複文（表3）	予約注文	小売店：服飾関連
082	額縁屋	単段落（表4）	問合せ・特別注文・苦情・相談	小売店：インテリア関連
083	画材屋	単文（表2）	数等指定注文	小売店：文具・玩具販売
084	貸衣装店	単段落（表4）	問合せ・特別注文・苦情・相談	冠婚葬祭
085	貸植木店	複文（表3）	手続	レンタルサービス
086	貸おしぼりサービス店	複文（表3）	手続	レンタルサービス
087	貸ギャラリー	複文（表3）	手続	レンタルサービス
088	家事サービス会社	単段落（表4）	問合せ・特別注文・苦情・相談	人材派遣サービス
089	貸倉庫	複文（表3）	手続	レンタルサービス
090	貸駐車場（月極）	複文（表3）	手続	レンタルサービス
091	貸駐輪場（時間貸）	単語（表1）	セルフサービス	コイン式サービス
092	貸駐輪場（月極）	複文（表3）	手続	レンタルサービス
093	貸駐車場（時間貸）	単語（表1）	セルフサービス	コイン式サービス
094	貸展示室	複文（表3）	手続	レンタルサービス
095	貸ふとん屋	複文（表3）	手続	レンタルサービス
096	貸別荘（大家）	単段落（表4）	問合せ・特別注文・苦情・相談	賃貸住宅・分譲住宅
097	貸ベッド店	複文（表3）	手続	レンタルサービス
098	貸ベビー用品店	複文（表3）	手続	レンタルサービス
099	貸本屋	複文（表3）	手続	レンタルサービス
100	貸家（大家）	単段落（表4）	問合せ・特別注文・苦情・相談	賃貸住宅・分譲住宅
101	ガス会社	複文（表3）	手続	ライフライン関連
102	家政婦紹介所	単段落（表4）	問合せ・特別注文・苦情・相談	人材派遣サービス
103	ガソリンスタンド	単文（表2）	数等指定注文	小売店：燃料販売
104	カタログ通信販売会社	複文（表3）	予約注文	宅配サービス
105	学会事務所	複段落（表5）	意見交換	社会活動拠点
106	楽器屋	複文（表3）	予約注文	小売店：趣味関連
107	学校売店	単文（表2）	数等指定注文	小売店：スタンド・売店
108	カツラショップ	単段落（表4）	問合せ・特別注文・苦情・相談	小売店：美容・健康
109	金物店	単文（表2）	数等指定注文	小売店：日用品販売
110	かばん専門店	単文（表2）	数等指定注文	小売店：服飾関係
111	カフェテリア	単語（表1）	セルフサービス	飲食店
112	カメラ屋	複文（表3）	予約注文	小売店：電気製品・カメラ
113	カラオケボックス	複文（表3）	手続	レジャー・娯楽施設

第3章　私的領域（場所）の言語活動と難易度

114	ガラス食器店	単文（表2）	数等指定注文	小売店：日用品販売
115	ガラス屋	単段落（表4）	問合せ・特別注文・苦情・相談	住宅関連
116	画廊	単段落（表4）	問合せ・特別注文・苦情・相談	芸術・希少品取扱
117	環境センター（見学）	単語（表1）	鑑賞	見学コース
118	環境センター（問合せ窓口）	単段落（表4）	問合せ・特別注文・苦情・相談	官公庁
119	環境保護団体事務所	複段落（表5）	意見交換	社会活動拠点
120	観光案内所	複文（表3）	手続	レジャー・娯楽施設
121	観光果樹園	複文（表3）	手続	レジャー・娯楽施設
122	観光農園	複文（表3）	手続	レジャー・娯楽施設
123	観光牧場	複文（表3）	手続	レジャー・娯楽施設
124	観賞魚店	単段落（表4）	問合せ・特別注文・苦情・相談	ペット関連
125	缶バッジ店	単段落（表4）	問合せ・特別注文・苦情・相談	広告・印刷・写真
126	看板屋	単段落（表4）	問合せ・特別注文・苦情・相談	広告・印刷・写真
127	乾物屋	単文（表2）	数等指定注文	小売店：食品販売
128	漢方薬局	単段落（表4）	問合せ・特別注文・苦情・相談	医療・福祉・介護
129	甘味処	単文（表2）	数等指定注文	飲食店
130	貴金属・宝石店	単段落（表4）	問合せ・特別注文・苦情・相談	小売店：服飾関連
131	貴金属・宝石リフォーム店	単段落（表4）	問合せ・特別注文・苦情・相談	小売店：服飾関連
132	生地屋	複文（表3）	予約注文	小売店：趣味関連
133	気象情報会社	単段落（表4）	問合せ・特別注文・苦情・相談	情報サービス
134	記章店	単段落（表4）	問合せ・特別注文・苦情・相談	広告・印刷・写真
135	ギター教室	単段落（表4）	実技学習	教育・習い事教室（実技）
136	着付け教室	単段落（表4）	実技学習	教育・習い事教室（実技）
137	着付け店	単段落（表4）	問合せ・特別注文・苦情・相談	小売店：美容・健康
138	喫茶店	単文（表2）	数等指定注文	飲食店
139	切手ショップ	単段落（表4）	問合せ・特別注文・苦情・相談	芸術・希少品取扱
140	祈祷所	単段落（表4）	問合せ・特別注文・苦情・相談	宗教関連
141	ギフトショップ	単段落（表4）	問合せ・特別注文・苦情・相談	小売店：贈答品
142	キャバレー	単段落（表4）	問合せ・特別注文・苦情・相談	飲食店
143	ギャラリー	単段落（表4）	問合せ・特別注文・苦情・相談	芸術・希少品取扱
144	求人情報提供サービス会社	複段落（表5）	専門相談	就職関連
145	弓道場	単段落（表4）	実技学習	教育・習い事教室（実技）
146	牛乳販売店	複文（表3）	予約注文	宅配サービス
147	救命救急支援センター	単段落（表4）	問合せ・特別注文・苦情・相談	情報サービス

第3章　私的領域（場所）の言語活動と難易度

148	教会（観光）	単語（表1）	鑑賞	観光地・史跡
149	教会（儀式）	単段落（表4）	問合せ・特別注文・苦情・相談	冠婚葬祭
150	教会（相談）	単段落（表4）	問合せ・特別注文・苦情・相談	宗教関連
151	競技場	単語（表1）	鑑賞	競技施設
152	行政書士事務所	複段落（表5）	専門相談	経営・税務関連
153	競艇場	単語（表1）	鑑賞	競技施設
154	教養情報提供サービス会社	単段落（表4）	問合せ・特別注文・苦情・相談	情報サービス
155	漁業共同組合事務所	複段落（表5）	意見交換	社会活動拠点
156	キヨスク	単文（表2）	数等指定注文	小売店：スタンド・売店
157	金券ショップ	複文（表3）	予約注文	小売店：チケット関連
158	銀行	複文（表3）	手続	金融機関
159	空港（手荷物審査・出入国審査）	単語（表1）	通過	交通機関
160	薬屋	単段落（表4）	問合せ・特別注文・苦情・相談	医療・福祉・介護
161	果物屋	単文（表2）	数等指定注文	小売店：食品販売
162	靴下屋	単文（表2）	数等指定注文	小売店：服飾関係
163	靴修理店	単段落（表4）	問合せ・特別注文・苦情・相談	小売店：服飾関連
164	靴屋	複文（表3）	予約注文	小売店：服飾関連
165	くらしの相談センター	複段落（表5）	専門相談	消費生活問題
166	クリーニング屋	単段落（表4）	問合せ・特別注文・苦情・相談	小売店：服飾関連
167	車いす販売店	単段落（表4）	問合せ・特別注文・苦情・相談	医療・福祉・介護
168	クレジット会社	単段落（表4）	問合せ・特別注文・苦情・相談	金融・保険
169	経営コンサルタント事務所	複段落（表5）	専門相談	経営・税務関連
170	警察署（遺失物センター）	単段落（表4）	問合せ・特別注文・苦情・相談	官公庁
171	警察署（見学）	単語（表1）	鑑賞	見学コース
172	警察署（被疑者として）	複段落（表5）	申し立て	裁判所・警察署・刑務所
173	景勝地（山・川・湖・海・滝・森・砂浜等）	単語（表1）	鑑賞	観光地・史跡
174	携帯電話会社	複文（表3）	手続	ライフライン関連
175	芸能スクール	複段落（表5）	口頭学習	教育・習い事教室（口頭）
176	芸能プロダクション（教室）	複段落（表5）	口頭学習	教育・習い事教室（口頭）
177	芸能プロダクション（派遣）	単段落（表4）	問合せ・特別注文・苦情・相談	人材派遣サービス
178	競馬場	単語（表1）	鑑賞	競技施設
179	警備会社	単段落（表4）	問合せ・特別注文・苦情・相談	人材派遣サービス

第3章　私的領域（場所）の言語活動と難易度

180	刑務所	複段落（表5）	申し立て	裁判所・警察署・刑務所
181	経理学校	単段落（表4）	実技学習	教育・習い事教室（実技）
182	競輪場	単語（表1）	鑑賞	競技施設
183	ケーキ屋	単文（表2）	数等指定注文	小売店：食品販売
184	ケータリングサービス会社	単段落（表4）	問合せ・特別注文・苦情・相談	飲食店
185	ゲートボールクラブ	単段落（表4）	実技学習	教育・習い事教室（実技）
186	ケーブルテレビ会社	複文（表3）	手続	ライフライン関連
187	ゲームセンター	単文（表2）	施設利用	レジャー・娯楽施設
188	ゲームソフトショップ	複文（表3）	予約注文	小売店：趣味関連
189	劇場（鑑賞）	単語（表1）	鑑賞	劇場・ホール
190	劇場（壇上）	複段落（表5）	スピーチ・司会	劇場・ホール
191	劇場売店	単文（表2）	数等指定注文	小売店：スタンド・売店
192	下宿屋（大家）	単段落（表4）	問合せ・特別注文・苦情・相談	賃貸住宅・分譲住宅
193	化粧品販売店	単段落（表4）	問合せ・特別注文・苦情・相談	小売店：美容・健康
194	下駄屋	複文（表3）	予約注文	小売店：服飾関連
195	血液センター	単段落（表4）	問合せ・特別注文・苦情・相談	医療・福祉・介護
196	結婚相手相談会社	単段落（表4）	問合せ・特別注文・苦情・相談	冠婚葬祭
197	結婚式場	単段落（表4）	問合せ・特別注文・苦情・相談	冠婚葬祭
198	結婚式場紹介会社	単段落（表4）	問合せ・特別注文・苦情・相談	冠婚葬祭
199	見学コース（その他）	単語（表1）	鑑賞	見学コース
200	見学コース（その他）（申込）	複文（表3）	手続	レジャー・娯楽施設
201	建具屋	単段落（表4）	問合せ・特別注文・苦情・相談	住宅関連
202	献血ルーム	単段落（表4）	問合せ・特別注文・苦情・相談	医療・福祉・介護
203	健康食品通信販売会社	複文（表3）	予約注文	宅配サービス
204	健康保険組合	単段落（表4）	問合せ・特別注文・苦情・相談	官公庁
205	健康ランド	単文（表2）	施設利用	レジャー・娯楽施設
206	建設会社	単段落（表4）	問合せ・特別注文・苦情・相談	住宅関連
207	建設板金会社	単段落（表4）	問合せ・特別注文・苦情・相談	住宅関連
208	建築検査会社	単段落（表4）	問合せ・特別注文・苦情・相談	住宅関連
209	建築設計事務所	単段落（表4）	問合せ・特別注文・苦情・相談	住宅関連
210	剣道場	単段落（表4）	実技学習	教育・習い事教室（実技）
211	コインシャワー店	単語（表1）	セルフサービス	コイン式サービス
212	コインショップ	単段落（表4）	問合せ・特別注文・苦情・相談	芸術・希少品取扱
213	コイン洗車場	単語（表1）	セルフサービス	コイン式サービス

第3章　私的領域（場所）の言語活動と難易度

214	コインパーキング	単語（表1）	セルフサービス	コイン式サービス
215	コインランドリー店	単語（表1）	セルフサービス	コイン式サービス
216	コインロッカー	単語（表1）	セルフサービス	コイン式サービス
217	公園	単語（表1）	鑑賞	観光地・史跡
218	公園売店	単文（表2）	数等指定注文	小売店：スタンド・売店
219	公会堂（鑑賞）	単語（表1）	鑑賞	劇場・ホール
220	公会堂（壇上）	複段落（表5）	スピーチ・司会	劇場・ホール
221	皇居	単語（表1）	鑑賞	見学コース
222	公共貸施設	複文（表3）	手続	レンタルサービス
223	航空会社カウンター	単文（表2）	施設利用	交通機関
224	広告代理店	単段落（表4）	問合せ・特別注文・苦情・相談	広告・印刷・写真
225	公衆浴場	単文（表2）	施設利用	レジャー・娯楽施設
226	工場	単語（表1）	鑑賞	見学コース
227	公証役場	単段落（表4）	問合せ・特別注文・苦情・相談	官公庁
228	興信所	単段落（表4）	問合せ・特別注文・苦情・相談	人材派遣サービス
229	高速道路の料金所	単語（表1）	通過	交通機関
230	拘置所	複段落（表5）	申し立て	裁判所・警察署・刑務所
231	紅茶専門店	単文（表2）	数等指定注文	小売店：食品販売
232	交通事故相談センター	複段落（表5）	専門相談	法律関連
233	高等学校	複段落（表5）	意見交換	教育機関
234	公民館	複文（表3）	手続	レンタルサービス
235	工務店	単段落（表4）	問合せ・特別注文・苦情・相談	住宅関連
236	コーヒースタンド	単文（表2）	数等指定注文	飲食店
237	コーヒー豆専門店	単文（表2）	数等指定注文	小売店：食品販売
238	ロープウェイ内	単文（表2）	施設利用	交通機関
239	氷店	単文（表2）	数等指定注文	小売店：食品販売
240	国際交流団体事務所	複段落（表5）	意見交換	社会活動拠点
241	国民生活センター	複段落（表5）	専門相談	消費生活問題
242	御所	単語（表1）	鑑賞	見学コース
243	国会議事堂	単語（表1）	鑑賞	見学コース
244	骨董品店	単段落（表4）	問合せ・特別注文・苦情・相談	芸術・希少品取扱
245	子どもの人権110番	複段落（表5）	専門相談	人権問題
246	子供服専門店	複文（表3）	予約注文	小売店：服飾関連
247	コピーサービス店	単語（表1）	セルフサービス	コイン式サービス

第3章　私的領域（場所）の言語活動と難易度

248	古美術商	単段落（表4）	問合せ・特別注文・苦情・相談	芸術・希少品取扱
249	呉服店	単段落（表4）	問合せ・特別注文・苦情・相談	小売店：服飾関連
250	古墳	単語（表1）	鑑賞	観光地・史跡
251	ゴミ収集事務所	単段落（表4）	問合せ・特別注文・苦情・相談	官公庁
252	ごみ処理施設	単語（表1）	鑑賞	見学コース
253	米屋	単文（表2）	数等指定注文	小売店：食品販売
254	ゴルフ・リゾート会員権取引会社	単段落（表4）	問合せ・特別注文・苦情・相談	金融・保険
255	ゴルフ場	複文（表3）	手続	レジャー・娯楽施設
256	ゴルフショップ	複文（表3）	予約注文	小売店：スポーツ関連
257	ゴルフスクール	単段落（表4）	実技学習	教育・習い事教室（実技）
258	ゴルフ練習場	単文（表2）	施設利用	レジャー・娯楽施設
259	コンサート広場（鑑賞）	単語（表1）	鑑賞	劇場・ホール
260	コンサート広場（壇上）	複段落（表5）	スピーチ・司会	劇場・ホール
261	コンサートホール（鑑賞）	単語（表1）	鑑賞	劇場・ホール
262	コンサートホール（壇上）	複段落（表5）	スピーチ・司会	劇場・ホール
263	コンタクトレンズショップ	単段落（表4）	問合せ・特別注文・苦情・相談	小売店：美容・健康
264	コンパニオン派遣会社	単段落（表4）	問合せ・特別注文・苦情・相談	人材派遣サービス
265	コンビニエンスストア	単語（表1）	セルフサービス	小売店：大規模小売店
266	サーカス小屋	単語（表1）	鑑賞	劇場・ホール
267	サーフショップ	複文（表3）	予約注文	小売店：スポーツ関連
268	裁判所	複段落（表5）	申し立て	裁判所・警察署・刑務所
269	魚屋	単文（表2）	数等指定注文	小売店：食品販売
270	酒屋	単文（表2）	数等指定注文	小売店：食品販売
271	サッカークラブ	単段落（表4）	実技学習	教育・習い事教室（実技）
272	サッカースタジアム（観戦）	単語（表1）	鑑賞	競技施設
273	サッカースタジアム（教室）	単段落（表4）	実技学習	教育・習い事教室（実技）
274	茶道教室	単段落（表4）	実技学習	教育・習い事教室（実技）
275	サポーターグッズショップ	複文（表3）	予約注文	小売店：スポーツ関連
276	CDショップ	複文（表3）	予約注文	小売店：趣味関連
277	ジーンズショップ	複文（表3）	予約注文	小売店：服飾関連
278	自衛隊施設	単語（表1）	鑑賞	見学コース
279	司会派遣会社	単段落（表4）	問合せ・特別注文・苦情・相談	人材派遣サービス
280	歯科診療所	単段落（表4）	問合せ・特別注文・苦情・相談	医療・福祉・介護

第3章　私的領域（場所）の言語活動と難易度

281	史跡（その他）	単語（表1）	鑑賞	観光地・史跡
282	仕出し屋	単段落（表4）	問合せ・特別注文・苦情・相談	飲食店
283	仕立て直し店	単段落（表4）	問合せ・特別注文・苦情・相談	小売店：服飾関連
284	仕立屋	単段落（表4）	問合せ・特別注文・苦情・相談	小売店：服飾関連
285	質屋	単段落（表4）	問合せ・特別注文・苦情・相談	リサイクル関連
286	漆器店	単文（表2）	数等指定注文	小売店：日用品販売
287	自転車屋	複文（表3）	予約注文	小売店：スポーツ関連
288	児童館・放課後児童クラブ	複段落（表5）	意見交換	教育機関
289	自動車部品・用品店	単段落（表4）	問合せ・特別注文・苦情・相談	自動車関連
290	自動車解体会社	単段落（表4）	問合せ・特別注文・苦情・相談	自動車関連
291	自動車ガラス販売店	単段落（表4）	問合せ・特別注文・苦情・相談	自動車関連
292	自動車教習所	単段落（表4）	実技学習	教育・習い事教室（実技）
293	自動車車体改造工場	単段落（表4）	問合せ・特別注文・苦情・相談	自動車関連
294	自動車整備工場	単段落（表4）	問合せ・特別注文・苦情・相談	自動車関連
295	自動車タイヤ販売店	単段落（表4）	問合せ・特別注文・苦情・相談	自動車関連
296	自動車中古車販売店	単段落（表4）	問合せ・特別注文・苦情・相談	自動車関連
297	自動車内装専門店	単段落（表4）	問合せ・特別注文・苦情・相談	自動車関連
298	自動車板金・塗装店	単段落（表4）	問合せ・特別注文・苦情・相談	自動車関連
299	自動車販売店	単段落（表4）	問合せ・特別注文・苦情・相談	自動車関連
300	自動車保険会社（代理店）	単段落（表4）	問合せ・特別注文・苦情・相談	金融・保険
301	自動車陸送サービス会社	単段落（表4）	問合せ・特別注文・苦情・相談	自動車関連
302	自動車ロードサービス会社	単段落（表4）	問合せ・特別注文・苦情・相談	自動車関連
303	自動二輪車販売店	単段落（表4）	問合せ・特別注文・苦情・相談	自動車関連
304	児童福祉施設	複段落（表5）	意見交換	教育機関
305	市民会館（鑑賞）	単語（表1）	鑑賞	劇場・ホール
306	市民会館（壇上）	複段落（表5）	スピーチ・司会	劇場・ホール
307	市民相談センター	複段落（表5）	専門相談	人権問題
308	事務用品店	単文（表2）	数等指定注文	小売店：文具・玩具販売
309	社員食堂（食券制）	単語（表1）	セルフサービス	飲食店
310	社会保険団体	単段落（表4）	問合せ・特別注文・苦情・相談	官公庁
311	社会保険労務士事務所	複段落（表5）	専門相談	労務関連
312	市役所（各種手続き・問合せ窓口）	単段落（表4）	問合せ・特別注文・苦情・相談	官公庁
313	市役所（申立）	複段落（表5）	申し立て	行政機関

第3章 私的領域(場所)の言語活動と難易度

314	車検代行サービス会社	単段落(表4)	問合せ・特別注文・苦情・相談	自動車関連
315	写真館	単段落(表4)	問合せ・特別注文・苦情・相談	広告・印刷・写真
316	写真現像サービス店	単文(表2)	数等指定注文	小売店:その他のサービス業
317	ジューススタンド	単文(表2)	数等指定注文	飲食店
318	住宅建築会社	単段落(表4)	問合せ・特別注文・苦情・相談	住宅関連
319	住宅展示場	単段落(表4)	問合せ・特別注文・苦情・相談	住宅関連
320	住宅リフォーム会社	単段落(表4)	問合せ・特別注文・苦情・相談	住宅関連
321	柔道場	単段落(表4)	実技学習	教育・習い事教室(実技)
322	手芸教室	単段落(表4)	実技学習	教育・習い事教室(実技)
323	手芸用品店	複文(表3)	予約注文	小売店:趣味関連
324	出版社(定期購読)	複文(表3)	予約注文	宅配サービス
325	出版社(問合せ窓口)	単段落(表4)	問合せ・特別注文・苦情・相談	民間会社
326	障害者福祉施設	複段落(表5)	意見交換	教育機関
327	小学校	複段落(表5)	意見交換	教育機関
328	将棋教室	単段落(表4)	実技学習	教育・習い事教室(実技)
329	証券会社	単段落(表4)	問合せ・特別注文・苦情・相談	金融・保険
330	証券取引所	単語(表1)	鑑賞	見学コース
331	省庁	複段落(表5)	申し立て	行政機関
332	商店街連合事務所	複段落(表5)	意見交換	地域活動拠点
333	乗馬クラブ	単段落(表4)	実技学習	教育・習い事教室(実技)
334	消費生活センター	複段落(表5)	専門相談	消費生活問題
335	消防署(通報・問合せ)	単段落(表4)	問合せ・特別注文・苦情・相談	官公庁
336	消防署(見学)	単語(表1)	鑑賞	見学コース
337	照明器具販売店	複文(表3)	予約注文	小売店:電気製品・カメラ
338	照明工事会社	単段落(表4)	問合せ・特別注文・苦情・相談	住宅関連
339	少林寺拳法道場	単段落(表4)	実技学習	教育・習い事教室(実技)
340	職業訓練校	複段落(表5)	口頭学習	教育・習い事教室(口頭)
341	食材宅配サービス会社	複文(表3)	予約注文	宅配サービス
342	食堂(その他)	単文(表2)	数等指定注文	飲食店
343	食堂(中華料理)	単文(表2)	数等指定注文	飲食店
344	食堂(洋食)	単文(表2)	数等指定注文	飲食店
345	食堂(和食)	単文(表2)	数等指定注文	飲食店

第3章 私的領域（場所）の言語活動と難易度

346	植物園	単語（表1）	鑑賞	レジャー・娯楽施設
347	書道教室	単段落（表4）	実技学習	教育・習い事教室（実技）
348	資料館	単語（表1）	鑑賞	レジャー・娯楽施設
349	城	単語（表1）	鑑賞	観光地・史跡
350	鍼灸院	単段落（表4）	問合せ・特別注文・苦情・相談	医療・福祉・介護
351	寝具店	単段落（表4）	問合せ・特別注文・苦情・相談	小売店：インテリア関連
352	人材派遣会社（派遣）	単段落（表4）	問合せ・特別注文・苦情・相談	人材派遣サービス
353	人材派遣会社（登録）	複段落（表5）	専門相談	就職関連
354	紳士服専門店	複文（表3）	予約注文	小売店：服飾関連
355	神社（観光）	単語（表1）	鑑賞	観光地・史跡
356	神社（儀式）	単段落（表4）	問合せ・特別注文・苦情・相談	冠婚葬祭
357	神社（相談）	単段落（表4）	問合せ・特別注文・苦情・相談	宗教関連
358	腎臓バンク	単段落（表4）	問合せ・特別注文・苦情・相談	医療・福祉・介護
359	新聞社（見学）	単語（表1）	鑑賞	見学コース
360	新聞社（通報・インタビュー）	複段落（表5）	報告	報道関連
361	新聞社（問合せ窓口）	単段落（表4）	問合せ・特別注文・苦情・相談	民間会社
362	新聞販売店（定期購読）	複文（表3）	予約注文	宅配サービス
363	信用金庫	複文（表3）	手続	金融機関
364	診療所	単段落（表4）	問合せ・特別注文・苦情・相談	医療・福祉・介護
365	心療内科医（診察室）	複段落（表5）	専門相談	精神医療・カウンセリング
366	水族館	単語（表1）	鑑賞	レジャー・娯楽施設
367	水道局（見学）	単語（表1）	鑑賞	見学コース
368	水道局（問合せ窓口）	複文（表3）	手続	ライフライン関連
369	スイミングスクール	単段落（表4）	実技学習	教育・習い事教室（実技）
370	スーパーマーケット	単語（表1）	セルフサービス	小売店：大規模小売店
371	スキー場	単文（表2）	施設利用	レジャー・娯楽施設
372	スキー用品店	複文（表3）	予約注文	小売店：スポーツ関連
373	スケート場	単文（表2）	施設利用	レジャー・娯楽施設
374	すし屋	単文（表2）	数等指定注文	飲食店
375	スノーボード場	単文（表2）	施設利用	レジャー・娯楽施設
376	スポーツクラブ	単段落（表4）	実技学習	教育・習い事教室（実技）
377	スポーツ用品店	複文（表3）	予約注文	小売店：スポーツ関連
378	スポーツ連盟事務所	複段落（表5）	意見交換	社会活動拠点

第3章 私的領域（場所）の言語活動と難易度

379	制作家具販売店	単段落（表4）	問合せ・特別注文・苦情・相談	小売店：インテリア関連
380	政治団体事務所	複段落（表5）	意見交換	社会活動拠点
381	精神科医（診察室）	複段落（表5）	専門相談	精神医療・カウンセリング
382	生命保険会社（代理店）	単段落（表4）	問合せ・特別注文・苦情・相談	金融・保険
383	声優養成所	複段落（表5）	口頭学習	教育・習い事教室（口頭）
384	税理士事務所	複段落（表5）	専門相談	経営・税務関連
385	石材店	単段落（表4）	問合せ・特別注文・苦情・相談	冠婚葬祭
386	接骨院	単段落（表4）	問合せ・特別注文・苦情・相談	医療・福祉・介護
387	瀬戸物屋	単文（表2）	数等指定注文	小売店：日用品販売
388	選挙事務所	複段落（表5）	意見交換	社会活動拠点
389	扇子屋	単文（表2）	数等指定注文	小売店：服飾関係
390	銭湯	単文（表2）	施設利用	レジャー・娯楽施設
391	せんべい屋	単文（表2）	数等指定注文	小売店：食品販売
392	造園会社	単段落（表4）	問合せ・特別注文・苦情・相談	住宅関連
393	造花販売店	単文（表2）	数等指定注文	小売店：日用品販売
394	葬儀屋	単段落（表4）	問合せ・特別注文・苦情・相談	冠婚葬祭
395	惣菜屋	単文（表2）	数等指定注文	小売店：食品販売
396	造幣局	単語（表1）	鑑賞	見学コース
397	そば屋	単文（表2）	数等指定注文	飲食店
398	そろばん教室	単段落（表4）	実技学習	教育・習い事教室（実技）
399	損害保険会社（代理店）	単段落（表4）	問合せ・特別注文・苦情・相談	金融・保険
400	体育館（観戦）	単語（表1）	鑑賞	競技施設
401	体育館（教室）	単段落（表4）	実技学習	教育・習い事教室（実技）
402	大学	複段落（表5）	口頭学習	教育・習い事教室（口頭）
403	太極拳道場	単段落（表4）	実技学習	教育・習い事教室（実技）
404	大講堂（鑑賞）	単語（表1）	鑑賞	劇場・ホール
405	大講堂（壇上）	複段落（表5）	スピーチ・司会	劇場・ホール
406	大使館	単段落（表4）	問合せ・特別注文・苦情・相談	官公庁
407	耐震診断会社	単段落（表4）	問合せ・特別注文・苦情・相談	住宅関連
408	ダイビングスクール	単段落（表4）	実技学習	教育・習い事教室（実技）
409	タオル販売店	単文（表2）	数等指定注文	小売店：日用品販売
410	駄菓子屋	単文（表2）	数等指定注文	小売店：食品販売
411	宝くじ番号案内	単段落（表4）	問合せ・特別注文・苦情・相談	情報サービス

第3章 私的領域（場所）の言語活動と難易度

412	宝くじ販売所	単文（表2）	施設利用	レジャー・娯楽施設
413	タクシー内	単文（表2）	施設利用	交通機関
414	タクシー乗り場	単文（表2）	施設利用	交通機関
415	宅配会社	複文（表3）	手続	運送・運搬関連
416	宅配ピザ店	複文（表3）	予約注文	宅配サービス
417	宅配弁当サービス店	複文（表3）	予約注文	宅配サービス
418	たこ焼き屋	単文（表2）	数等指定注文	飲食店
419	畳屋	単段落（表4）	問合せ・特別注文・苦情・相談	住宅関連
420	立ち食いそば店（食券制）	単語（表1）	セルフサービス	飲食店
421	建物解体工事会社	単段落（表4）	問合せ・特別注文・苦情・相談	住宅関連
422	たばこ屋	単文（表2）	数等指定注文	小売店：スタンド・売店
423	だんご屋	単文（表2）	数等指定注文	飲食店
424	ダンス教室（社交ダンス・ジャズダンス等）	単段落（表4）	実技学習	教育・習い事教室（実技）
425	ダンスホール	単文（表2）	施設利用	レジャー・娯楽施設
426	探偵事務所	単段落（表4）	問合せ・特別注文・苦情・相談	人材派遣サービス
427	段ボール販売店	単文（表2）	数等指定注文	小売店：文具・玩具販売
428	地域自治会集会所	複段落（表5）	意見交換	地域活動拠点
429	地域センター	複文（表3）	手続	レンタルサービス
430	茶道具販売店	複文（表3）	予約注文	小売店：趣味関連
431	中学校	複段落（表5）	意見交換	教育機関
432	中古ゲームソフトショップ	複文（表3）	予約注文	小売店：趣味関連
433	中古CDショップ	複文（表3）	予約注文	小売店：趣味関連
434	中古車買い取り会社	単段落（表4）	問合せ・特別注文・苦情・相談	自動車関連
435	調剤薬局	単段落（表4）	問合せ・特別注文・苦情・相談	医療・福祉・介護
436	町内会連合事務所	複段落（表5）	意見交換	地域活動拠点
437	賃貸マンション（大家）	単段落（表4）	問合せ・特別注文・苦情・相談	賃貸住宅・分譲住宅
438	通訳会社	単段落（表4）	問合せ・特別注文・苦情・相談	人材派遣サービス
439	佃煮屋	単文（表2）	数等指定注文	小売店：食品販売
440	漬物屋	単文（表2）	数等指定注文	小売店：食品販売
441	釣り船	単文（表2）	施設利用	レジャー・娯楽施設
442	釣り堀	単文（表2）	施設利用	レジャー・娯楽施設
443	DIYショップ	複文（表3）	予約注文	小売店：日用品販売
444	Tシャツプリント店	単段落（表4）	問合せ・特別注文・苦情・相談	広告・印刷・写真

第3章 私的領域（場所）の言語活動と難易度

445	ディスカウントストア	単語（表1）	セルフサービス	小売店：大規模小売店
446	ディスコ	単文（表2）	施設利用	レジャー・娯楽施設
447	DPE店	単文（表2）	数等指定注文	小売店：その他のサービス業
448	テーブル・キッチンウェアショップ	単文（表2）	数等指定注文	小売店：日用品販売
449	テーマパーク	単文（表2）	施設利用	レジャー・娯楽施設
450	テーラー	単段落（表4）	問合せ・特別注文・苦情・相談	小売店：服飾関連
451	デザイン事務所	単段落（表4）	問合せ・特別注文・苦情・相談	広告・印刷・写真
452	テニスコート（実技）	単段落（表4）	実技学習	教育・習い事教室（実技）
453	テニスコート（予約）	複文（表3）	手続	レジャー・娯楽施設
454	テニススクール	単段落（表4）	実技学習	教育・習い事教室（実技）
455	手荷物一時預かり所	単文（表2）	数等指定注文	小売店：その他のサービス業
456	デパート（衣料品売り場）	複文（表3）	予約注文	小売店：服飾関連
457	デパート（贈答品売り場）	単段落（表4）	問合せ・特別注文・苦情・相談	小売店：贈答品
458	寺（観光）	単語（表1）	鑑賞	観光地・史跡
459	寺（儀式）	単段落（表4）	問合せ・特別注文・苦情・相談	冠婚葬祭
460	寺（相談）	単段落（表4）	問合せ・特別注文・苦情・相談	宗教関連
461	テレビ局（見学）	単語（表1）	鑑賞	見学コース
462	テレビ局（通報・インタビュー）	複段落（表5）	報告	報道関連
463	テレビショッピング	複文（表3）	予約注文	宅配サービス
464	電気会社	複文（表3）	手続	ライフライン関連
465	電気工事会社	単段落（表4）	問合せ・特別注文・苦情・相談	住宅関連
466	電気屋	複文（表3）	予約注文	小売店：電気製品・カメラ
467	電話会社	複文（表3）	手続	ライフライン関連
468	トイレ設備工事会社	単段落（表4）	問合せ・特別注文・苦情・相談	住宅関連
469	陶磁器店	単文（表2）	数等指定注文	小売店：日用品販売
470	動物愛護団体事務所	複段落（表5）	意見交換	社会活動拠点
471	動物園	単語（表1）	鑑賞	レジャー・娯楽施設
472	動物病院	単段落（表4）	問合せ・特別注文・苦情・相談	ペット関連
473	豆腐屋	単文（表2）	数等指定注文	小売店：食品販売

第3章 私的領域（場所）の言語活動と難易度

474	灯油販売店	単文（表2）	数等指定注文	小売店：燃料販売
475	道路交通情報センター	単段落（表4）	問合せ・特別注文・苦情・相談	情報サービス
476	特殊教育学校（ろう学校・盲学校）	複段落（表5）	意見交換	教育機関
477	時計屋	複文（表3）	予約注文	小売店：電気製品・カメラ
478	図書館	単段落（表4）	問合せ・特別注文・苦情・相談	官公庁
479	土地家屋調査士事務所	複段落（表5）	専門相談	不動産問題
480	特許事務所	単段落（表4）	問合せ・特別注文・苦情・相談	官公庁
481	都道府県庁（見学）	単語（表1）	鑑賞	見学コース
482	都道府県庁（問合せ窓口）	単段落（表4）	問合せ・特別注文・苦情・相談	官公庁
483	都道府県庁（申立）	複段落（表5）	申し立て	行政機関
484	土木工事会社	単段落（表4）	問合せ・特別注文・苦情・相談	住宅関連
485	ドライブイン	単文（表2）	数等指定注文	小売店：スタンド・売店
486	ドラッグストア	単段落（表4）	問合せ・特別注文・苦情・相談	医療・福祉・介護
487	トランクルーム	複文（表3）	手続	レンタルサービス
488	内装工事会社	単段落（表4）	問合せ・特別注文・苦情・相談	住宅関連
489	難民支援事務所	複段落（表5）	意見交換	社会活動拠点
490	肉屋	単文（表2）	数等指定注文	小売店：食品販売
491	日本語学校	複段落（表5）	口頭学習	教育・習い事教室（口頭）
492	日本語話し方教室	複段落（表5）	口頭学習	教育・習い事教室（口頭）
493	日本茶専門店	単文（表2）	数等指定注文	小売店：食品販売
494	入国管理局（審査窓口）	単段落（表4）	問合せ・特別注文・苦情・相談	官公庁
495	人形店	複文（表3）	予約注文	小売店：趣味関連
496	ネイルサロン	単段落（表4）	問合せ・特別注文・苦情・相談	小売店：美容・健康
497	燃料販売店（炭・プロパンガス）	単文（表2）	数等指定注文	小売店：燃料販売
498	農業協同組合事務所	複段落（表5）	意見交換	社会活動拠点
499	農産物直売所	単文（表2）	数等指定注文	小売店：スタンド・売店
500	のり専門店	単文（表2）	数等指定注文	小売店：食品販売
501	バー	単段落（表4）	問合せ・特別注文・苦情・相談	飲食店
502	パーティー運営会社	単段落（表4）	問合せ・特別注文・苦情・相談	冠婚葬祭
503	バイオリン教室	単段落（表4）	実技学習	教育・習い事教室（実技）
504	バイク便会社	複文（表3）	手続	運送・運搬関連

第 3 章　私的領域（場所）の言語活動と難易度

505	俳優学校	複段落（表5）	口頭学習	教育・習い事教室（口頭）
506	ハウスクリーニング会社	単段落（表4）	問合せ・特別注文・苦情・相談	住宅関連
507	履物店	複文（表3）	予約注文	小売店：服飾関連
508	博物館（鑑賞）	単語（表1）	鑑賞	レジャー・娯楽施設
509	博物館（問合せ窓口）	単段落（表4）	問合せ・特別注文・苦情・相談	官公庁
510	バスケットクラブ	単段落（表4）	実技学習	教育・習い事教室（実技）
511	バス内	単文（表2）	施設利用	交通機関
512	バス乗り場	単文（表2）	施設利用	交通機関
513	パソコン・ワープロ教室	単段落（表4）	実技学習	教育・習い事教室（実技）
514	パソコン買取・回収センター	単段落（表4）	問合せ・特別注文・苦情・相談	リサイクル関連
515	パソコン修理・サポート会社	単段落（表4）	問合せ・特別注文・苦情・相談	人材派遣サービス
516	パソコン通信サービス会社	複文（表3）	手続	ライフライン関連
517	パソコン入力サービス会社	単段落（表4）	問合せ・特別注文・苦情・相談	広告・印刷・写真
518	はちみつ専門店	単文（表2）	数等指定注文	小売店：食品販売
519	パチンコ店	単文（表2）	施設利用	レジャー・娯楽施設
520	バッティングセンター	単文（表2）	施設利用	レジャー・娯楽施設
521	発毛・育毛サロン	単段落（表4）	問合せ・特別注文・苦情・相談	小売店：美容・健康
522	花屋	単段落（表4）	問合せ・特別注文・苦情・相談	小売店：インテリア関連
523	刃物店	単文（表2）	数等指定注文	小売店：日用品販売
524	バレエ教室	単段落（表4）	実技学習	教育・習い事教室（実技）
525	ハローワーク	複段落（表5）	専門相談	就職関連
526	ハンドバッグ専門店	単文（表2）	数等指定注文	小売店：服飾関係
527	パン屋	単文（表2）	数等指定注文	小売店：食品販売
528	ピアノ運送会社	複文（表3）	手続	運送・運搬関連
529	ピアノ教室	単段落（表4）	実技学習	教育・習い事教室（実技）
530	ピアノ調律サービス会社	単段落（表4）	問合せ・特別注文・苦情・相談	人材派遣サービス
531	ビアホール	単文（表2）	数等指定注文	飲食店
532	日帰り温泉	単文（表2）	施設利用	レジャー・娯楽施設
533	曳家工事会社	単段落（表4）	問合せ・特別注文・苦情・相談	住宅関連
534	ピザ屋	単文（表2）	数等指定注文	飲食店
535	美術館（鑑賞）	単語（表1）	鑑賞	レジャー・娯楽施設
536	美術館（問合せ窓口）	単段落（表4）	問合せ・特別注文・苦情・相談	官公庁
537	美術品修復所	単段落（表4）	問合せ・特別注文・苦情・相談	芸術・希少品取扱
538	筆耕サービス会社	単段落（表4）	問合せ・特別注文・苦情・相談	広告・印刷・写真

第3章 私的領域（場所）の言語活動と難易度

539	引越し会社	複文（表3）	手続	運送・運搬関連
540	ビデオ制作サービス会社	単段落（表4）	問合せ・特別注文・苦情・相談	広告・印刷・写真
541	日焼けサロン	単段落（表4）	問合せ・特別注文・苦情・相談	小売店：美容・健康
542	美容院	単段落（表4）	問合せ・特別注文・苦情・相談	小売店：美容・健康
543	病院（受付・診察室）	単段落（表4）	問合せ・特別注文・苦情・相談	医療・福祉・介護
544	病院売店	単文（表2）	数等指定注文	小売店：スタンド・売店
545	表具・表装店	単段落（表4）	問合せ・特別注文・苦情・相談	小売店：インテリア関連
546	ビリヤード場	単文（表2）	施設利用	レジャー・娯楽施設
547	ファーストフード店	単語（表1）	セルフサービス	飲食店
548	ファイナンシャルプランナー事務所	複段落（表5）	専門相談	経営・税務関連
549	ファンシーショップ	単文（表2）	数等指定注文	小売店：文具・玩具販売
550	プール（利用）	単文（表2）	施設利用	レジャー・娯楽施設
551	プール（教室）	単段落（表4）	実技学習	教育・習い事教室（実技）
552	フォーマルウェアショップ	複文（表3）	予約注文	小売店：服飾関連
553	武家屋敷	単語（表1）	鑑賞	観光地・史跡
554	婦人服専門店	複文（表3）	予約注文	小売店：服飾関連
555	仏壇・神棚専門店	単段落（表4）	問合せ・特別注文・苦情・相談	冠婚葬祭
556	ブティック	複文（表3）	予約注文	小売店：服飾関連
557	不動産鑑定事務所	複段落（表5）	専門相談	不動産問題
558	不動産相談センター	複段落（表5）	専門相談	不動産問題
559	不動産屋	単段落（表4）	問合せ・特別注文・苦情・相談	賃貸住宅・分譲住宅
560	武道場（観戦）	単語（表1）	鑑賞	競技施設
561	武道場（教室）	単段落（表4）	実技学習	教育・習い事教室（実技）
562	ふとん屋	単段落（表4）	問合せ・特別注文・苦情・相談	小売店：インテリア関連
563	ブライダルプロデュース会社	単段落（表4）	問合せ・特別注文・苦情・相談	冠婚葬祭
564	プラネタリウム	単語（表1）	鑑賞	レジャー・娯楽施設
565	フリースクール	複段落（表5）	意見交換	教育機関
566	古着屋	複文（表3）	予約注文	小売店：服飾関連
567	古本屋	複文（表3）	予約注文	小売店：書籍
568	プレイガイド	複文（表3）	予約注文	小売店：チケット関連
569	プレハブ建築会社	単段落（表4）	問合せ・特別注文・苦情・相談	住宅関連
570	ブロック工事会社	単段落（表4）	問合せ・特別注文・苦情・相談	住宅関連

第3章 私的領域（場所）の言語活動と難易度

571	プロバイダ	複文（表3）	手続	ライフライン関連
572	分譲住宅販売会社	単段落（表4）	問合せ・特別注文・苦情・相談	賃貸住宅・分譲住宅
573	文房具屋	単文（表2）	数等指定注文	小売店：文具・玩具販売
574	ペット里親愛護サービスセンター	単段落（表4）	問合せ・特別注文・苦情・相談	ペット関連
575	ペットショップ	単段落（表4）	問合せ・特別注文・苦情・相談	ペット関連
576	ペット葬祭会社	単段落（表4）	問合せ・特別注文・苦情・相談	ペット関連
577	ペットホテル	単段落（表4）	問合せ・特別注文・苦情・相談	ペット関連
578	ペット霊園	単段落（表4）	問合せ・特別注文・苦情・相談	ペット関連
579	ベビーシッター紹介所	単段落（表4）	問合せ・特別注文・苦情・相談	医療・福祉・介護
580	ベビー用品店	複文（表3）	予約注文	小売店：服飾関連
581	弁護士事務所	複段落（表5）	専門相談	法律関連
582	ペンション	複文（表3）	手続	宿泊関連施設
583	弁当屋	単文（表2）	数等指定注文	小売店：食品販売
584	便利屋	単段落（表4）	問合せ・特別注文・苦情・相談	人材派遣サービス
585	保育所	複段落（表5）	意見交換	教育機関
586	防音工事会社	単段落（表4）	問合せ・特別注文・苦情・相談	住宅関連
587	防災センター	単語（表1）	鑑賞	見学コース
588	帽子屋	複文（表3）	予約注文	小売店：服飾関連
589	宝石・貴金属買取店	単段落（表4）	問合せ・特別注文・苦情・相談	リサイクル関連
590	放送会社（通報・インタビュー）	複段落（表5）	報告	報道関連
591	放送会社（問合せ窓口）	単段落（表4）	問合せ・特別注文・苦情・相談	民間会社
592	放送局（受信料）	複文（表3）	手続	ライフライン関連
593	ボウリング場	単文（表2）	施設利用	レジャー・娯楽施設
594	ホームセキュリティサービス会社	単段落（表4）	問合せ・特別注文・苦情・相談	人材派遣サービス
595	ホームセンター	複文（表3）	予約注文	小売店：日用品販売
596	ホームページ制作会社	単段落（表4）	問合せ・特別注文・苦情・相談	広告・印刷・写真
597	簿記学校	単段落（表4）	実技学習	教育・習い事教室（実技）
598	ボクシングジム	単段落（表4）	実技学習	教育・習い事教室（実技）
599	保健所	単段落（表4）	問合せ・特別注文・苦情・相談	官公庁
600	墓地管理会社	単段落（表4）	問合せ・特別注文・苦情・相談	冠婚葬祭
601	ホテル（宴会相談窓口）	単段落（表4）	問合せ・特別注文・苦情・相談	冠婚葬祭

第3章　私的領域（場所）の言語活動と難易度

602	ホテル（予約）	複文（表3）	手続	宿泊関連施設
603	ホビーショップ	複文（表3）	予約注文	小売店：趣味関連
604	保養所	複文（表3）	手続	宿泊関連施設
605	本屋	複文（表3）	予約注文	小売店：書籍
606	翻訳会社	単段落（表4）	問合せ・特別注文・苦情・相談	人材派遣サービス
607	マージャンクラブ	単段落（表4）	実技学習	教育・習い事教室（実技）
608	マタニティ用品店	複文（表3）	予約注文	小売店：服飾関連
609	マッサージ店	単段落（表4）	問合せ・特別注文・苦情・相談	小売店：美容・健康
610	祭り実行委員会事務所	複段落（表5）	意見交換	地域活動拠点
611	マンション管理会社	単段落（表4）	問合せ・特別注文・苦情・相談	賃貸住宅・分譲住宅
612	ミシン販売店	複文（表3）	予約注文	小売店：趣味関連
613	水回りトラブル修理会社	単段落（表4）	問合せ・特別注文・苦情・相談	住宅関連
614	見世物小屋	単語（表1）	鑑賞	劇場・ホール
615	みそ専門店	単文（表2）	数等指定注文	小売店：食品販売
616	道の駅販売所	単文（表2）	数等指定注文	小売店：スタンド・売店
617	土産物店	単文（表2）	数等指定注文	小売店：スタンド・売店
618	ミュージアムショップ	単文（表2）	数等指定注文	小売店：スタンド・売店
619	民宿	複文（表3）	手続	宿泊関連施設
620	虫（シロアリ・蜂）駆除サービス会社	単段落（表4）	問合せ・特別注文・苦情・相談	人材派遣サービス
621	眼鏡屋	単段落（表4）	問合せ・特別注文・苦情・相談	小売店：美容・健康
622	模型屋	複文（表3）	予約注文	小売店：趣味関連
623	モデル紹介所	単段落（表4）	問合せ・特別注文・苦情・相談	人材派遣サービス
624	モノレール内	単文（表2）	施設利用	交通機関
625	催物情報提供サービス会社	単段落（表4）	問合せ・特別注文・苦情・相談	情報サービス
626	八百屋	単文（表2）	数等指定注文	小売店：食品販売
627	焼鳥屋	単文（表2）	数等指定注文	飲食店
628	やきもの工芸品店	単文（表2）	数等指定注文	小売店：日用品販売
629	野球クラブ	単段落（表4）	実技学習	教育・習い事教室（実技）
630	野球場（観戦）	単語（表1）	鑑賞	競技施設
631	野球場（教室）	単段落（表4）	実技学習	教育・習い事教室（実技）
632	役場（各種手続き・問合せ窓口）	単段落（表4）	問合せ・特別注文・苦情・相談	官公庁
633	屋根（瓦）工事会社	単段落（表4）	問合せ・特別注文・苦情・相談	住宅関連

第3章　私的領域（場所）の言語活動と難易度

634	山小屋	複文（表3）	手続	宿泊関連施設
635	遊園地	単文（表2）	施設利用	レジャー・娯楽施設
636	郵便局（郵便）	単文（表2）	数等指定注文	小売店：その他のサービス業
637	郵便局（貯金）	複文（表3）	手続	金融機関
638	遊覧船内	単文（表2）	施設利用	交通機関
639	洋菓子専門店	単文（表2）	数等指定注文	小売店：食品販売
640	養護学校	複段落（表5）	意見交換	教育機関
641	洋裁教室	単段落（表4）	実技学習	教育・習い事教室（実技）
642	幼稚園	複段落（表5）	意見交換	教育機関
643	洋服リフォーム専門店	単段落（表4）	問合せ・特別注文・苦情・相談	小売店：服飾関連
644	寄席	単語（表1）	鑑賞	劇場・ホール
645	ヨットクラブ	単段落（表4）	実技学習	教育・習い事教室（実技）
646	予備校	複段落（表5）	口頭学習	教育・習い事教室（口頭）
647	ライブハウス	単語（表1）	鑑賞	劇場・ホール
648	ラッピングサービス店	単段落（表4）	問合せ・特別注文・苦情・相談	小売店：贈答品
649	ランジェリーショップ	複文（表3）	予約注文	小売店：服飾関連
650	リサイクル回収店（空き缶・再生資源紙回収）	単段落（表4）	問合せ・特別注文・苦情・相談	リサイクル関連
651	リサイクルショップ・古物商	単段落（表4）	問合せ・特別注文・苦情・相談	リサイクル関連
652	リサイクルセンター	単語（表1）	鑑賞	見学コース
653	リゾートクラブ	複文（表3）	手続	宿泊関連施設
654	リトミック教室	単段落（表4）	実技学習	教育・習い事教室（実技）
655	リハビリテーションセンター	単段落（表4）	問合せ・特別注文・苦情・相談	医療・福祉・介護
656	留学生相談室	複段落（表5）	専門相談	人権問題
657	理容院	単段落（表4）	問合せ・特別注文・苦情・相談	小売店：美容・健康
658	料亭	単段落（表4）	問合せ・特別注文・苦情・相談	飲食店
659	療養所	単段落（表4）	問合せ・特別注文・苦情・相談	医療・福祉・介護
660	料理教室	単段落（表4）	実技学習	教育・習い事教室（実技）
661	旅館	複文（表3）	手続	宿泊関連施設
662	旅行代理店	単段落（表4）	問合せ・特別注文・苦情・相談	レジャー・娯楽施設
663	旅行用品店	単文（表2）	数等指定注文	小売店：日用品販売

第3章　私的領域（場所）の言語活動と難易度

664	臨床心理士（診察室）	複段落（表5）	専門相談	精神医療・カウンセリング
665	霊園	単段落（表4）	問合せ・特別注文・苦情・相談	冠婚葬祭
666	冷暖房設備工事会社	単段落（表4）	問合せ・特別注文・苦情・相談	住宅関連
667	レコーディングスタジオ	複文（表3）	手続	レンタルサービス
668	レストラン（宴会プラン窓口）	単段落（表4）	問合せ・特別注文・苦情・相談	飲食店
669	レストラン（その他）	単文（表2）	数等指定注文	飲食店
670	レストラン（中華料理）	単文（表2）	数等指定注文	飲食店
671	レストラン（洋食）	単文（表2）	数等指定注文	飲食店
672	レストラン（和食）	単文（表2）	数等指定注文	飲食店
673	レッカー車サービス会社	単段落（表4）	問合せ・特別注文・苦情・相談	自動車関連
674	列車内	単文（表2）	施設利用	交通機関
675	れんが工事会社	単段落（表4）	問合せ・特別注文・苦情・相談	住宅関連
676	レンタカー営業所	複文（表3）	手続	レンタルサービス
677	レンタサイクル	複文（表3）	手続	レンタルサービス
678	レンタル会議室	複文（表3）	手続	レンタルサービス
679	レンタルショップ（トランク・ベビーカー）	複文（表3）	手続	レンタルサービス
680	レンタルスキー店	複文（表3）	手続	レンタルサービス
681	レンタルスタジオ（楽器演奏）	複文（表3）	手続	レンタルサービス
682	レンタルスノーボード店	複文（表3）	手続	レンタルサービス
683	レンタル電話サービス会社	複文（表3）	手続	レンタルサービス
684	レンタルスペース	複文（表3）	手続	レンタルサービス
685	レンタルバイク営業所	複文（表3）	手続	レンタルサービス
686	老人クラブ事務所	複段落（表5）	意見交換	地域活動拠点
687	老人ホーム（訪問）	複段落（表5）	意見交換	地域活動拠点
688	老人ホーム（利用）	単段落（表4）	問合せ・特別注文・苦情・相談	医療・福祉・介護
689	労働基準監督署	複段落（表5）	専門相談	労務関連
690	労働金庫	複文（表3）	手続	金融機関
691	労働組合事務所	複段落（表5）	意見交換	社会活動拠点
692	ローン会社	単段落（表4）	問合せ・特別注文・苦情・相談	金融・保険
693	録音スタジオ	複文（表3）	手続	レンタルサービス

第3章　私的領域（場所）の言語活動と難易度

694	ワイシャツ専門店	複文（表3）	予約注文	小売店：服飾関連
695	和菓子専門店	単文（表2）	数等指定注文	小売店：食品販売
696	和楽器専門店	複文（表3）	予約注文	小売店：趣味関連
697	和裁教室	単段落（表4）	実技学習	教育・習い事教室（実技）
698	和服裁縫所	単段落（表4）	問合せ・特別注文・苦情・相談	小売店：服飾関連

第4章
大学という場所における言語活動

田尻由美子

　本章では、「大学」という場所で行なわれ得る言語活動を、100種類の話題と5段階の難易度に分類して示す。つまり、計500の言語活動例を示すということである。100種類の話題は、第1章で示したものと同一のものである。5段階の難易度の指標についても、第1章と同様、「単語」「単文」「複文」「単段落」「複段落」というテキストの型を用いた。また、言語活動の示し方も、第1章と同様、タスクの形式をとった。

　第1章では「話題」に焦点を当て、第3章では「場所」に焦点を当てて言語活動の分類を試みたが、大学という場所は、あらゆる話題の言語活動が行なわれ得る場所ではないかと考えられる。さらに、言語活動の難易度についても、「単語」レベルから「複段落」レベルまでのすべてが含まれ得る。大学は、言語活動のバラエティという意味では、いわば「究極の場所」であると言える。

　大学とは、様々な学問を深く学ぶ最高教育機関である。一方、日本語学習者から見れば、すべての話題のすべてのレベルの言語活動が経験できる、日本語習得のための最高の場所だとも言える。大学に行けば、それぞれの学問自体を学びながら、また、学問以外の学生生活も経験しながら、日本語でのあらゆる言語活動が経験できる。それが、日本語学習者にとっての大学なのである。

　日本語学習者の中には、実際に日本の大学に入学することを目標としている者もいるだろう。そのような意味でも、日本の大学で行なわれ得る言語活動の例を体系的に示すことは、大きな意味を持つことではないかと思われる。

　次ページ以降では、大学で行なわれ得る言語活動を、話題別・レベル別に示していく。

第 4 章　大学という場所における言語活動

	1.1 食	1.2 酒	1.3 衣
単語	食品機能論の授業で、食品の持つ一次機能とは何か聞かれました。答えてください。	醸造学の授業で、酒作りの第一段階の発酵において、糖質原料の他に必要なものは何か聞かれました。答えてください。	被服材料学の授業で、あなたが今着ている洋服は天然繊維か合成繊維か聞かれました。答えてください。
単文	基礎栄養学の授業で、今日朝ごはんを食べたかどうか聞かれました。答えてください。	健康科学の授業で、あなたの日常の飲酒について聞かれました。週に何回飲むか、答えてください。	被服造形論の授業で、あなたの体表面積はどのくらいだと思うか聞かれました。あなたの予想を答えてください。
複文	公衆栄養学の授業で栄養状態の現状と課題について見ています。50年前と現在を比較して、食生活の変化の例をひとつ挙げてください。	酒類学の授業で、ベルモットとは何か聞かれました。簡単に説明してください。	昨日、教室に、ジャケットを忘れました。忘れ物を管理している守衛室に行って、事情を説明し、探してもらってください。
単段落	食物学の授業で、新しいメニューを考えています。レシピの参考として、日本にはないあなたの国の料理について、料理の概要や作り方を詳しく話してください。	酒類学の授業で、先週の復習をしています。ウイスキーの製造方法について詳しく説明してください。	被服生理学の授業で、暑熱環境における着衣基体としての人体の生理機能について話をしています。温熱性発汗の測定評価法について先生に聞かれました。詳しく説明してください。
複段落	基礎栄養学の授業で、糖尿病予防のための食事について発表することになりました。糖尿病の概要を説明した上で、予防するために必要な視点や栄養素について詳しく示し、それに沿った食事を提案してください。	マーケティング論の授業で、酒の流行について発表することになりました。具体的な製品を取り上げ、その詳細とその酒が売れた理由についてあなたの分析を詳しく話してください。	日本服飾文化史の授業で、着物の歴史について発表することになりました。着物がどのように変化していったのか、時代的背景も交えながら詳しく発表してください。

第4章 大学という場所における言語活動

	1.4 旅行	1.5 スポーツ	1.6 住
単語	観光学の授業で、あなたの国で有名な日本の観光地を聞かれました。ひとつ答えてください。	保健体育の授業で、マラソンをします。先生に、1キロのタイムを聞かれました。答えてください。	住居設備の授業で、住居の中で水を使う場所にはどこがあるか聞かれました。ひとつ答えてください。
単文	観光学の授業で、旅行の前にどうやって情報を集めるか聞かれました。1つ答えてください。	保健体育の授業で先生が、来週からゴルフの実習をするとアナウンスしています。挙手して持ち物について聞いてください。	授業で調理室に行かなければなりませんが、場所がわかりません。通りがかった学生に聞いてください。
複文	観光学の授業で、あなたの国の人と日本人の旅行の仕方の違いについて聞かれました。比較して違いを答えてください。	運動処方演習の授業で、AT(Ananerobic Threshold, 無酸素性作業閾値)とは何か聞かれました。答えてください。	住居管理学の授業で、2009年に制定された長期優良住宅に関する法律について見ています。法律が制定された目的についてあなたの考えを聞かれました。答えてください。
単段落	観光経済学の授業で、観光がどうして経済効果を生むのか聞かれました。具体例を挙げながら説明してください。	幼児体育の授業で、幼稚園の子供たちの遊びを見学しました。その特徴やあなたの気付きについて、具体例を挙げながら話してください。	住生活学の授業で、第二次世界大戦後の住生活の近代化について、「公私分離」という観点から説明するように言われました。具体例を挙げながら答えてください。
複段落	観光学の授業で「日本への外国人観光客の誘致」について発表することになりました。現在の日本の取り組みを具体的に説明した上で問題点を指摘し、それを補う誘致戦略を詳しく発表してください。	幼児体育の授業で、幼稚園での運動遊びの実習をすることになり、その計画を発表します。運動遊びの狙いとそれを実現するための活動の流れ、予想される問題とそれへの対処などについて、詳しく発表してください。	住生活学の授業で、浴室関連空間計画を作成し発表することになりました。現代日本における入浴様式と入浴意識についての調査と分析を示した上で、それに基づくあなたの空間計画を詳しく発表してください。

第4章 大学という場所における言語活動

	1.7 言葉	1.8 文芸・出版	1.9 季節・行事
単語	社会言語学の授業で、あなたの国の公用語は何か聞かれました。答えてください。	文学概論の授業で、好きな作家を聞かれました。答えてください。	民俗学の授業で、日本での男子の節句は何月何日か聞かれました。答えてください。
単文	第二外国語として取ったフランス語の授業で、フランス語を今まで勉強したことがあるか聞かれました。答えてください。	レファレンスサービス論の授業で、図書館のレファレンスサービスを利用したことがあるか聞かれました。答えてください。	民俗学の授業で、あなたは日本の民話を何か知っているか聞かれました。答えてください。
複文	第二言語習得の授業で、外国語は何歳くらいから勉強したほうがいいと思うか聞かれました。理由とともに答えてください。	図書館建築論の授業で、使いやすい図書館の条件について聞かれました。あなたの考える条件とその理由を答えてください。	文化人類学の授業で、友達が、地方独特の行事について発表をしました。発表後、発表内容に触れながら、質問をしてください。
単段落	日本語学の授業で、「たら」と「なら」の違いを聞かれました。詳しく説明してください。	図書館論の授業で、社会における図書館の役割についてあなたの意見を聞かれました。詳しく答えてください。	文化人類学の授業で、あなたの国の豊作を願う祭りについて聞かれました。どんな祭で何をするのか詳しく話してください。
複段落	第二外国語の授業で、外国語の学習の仕方について10分程度、学生に話をするように求められました。あなたが考える効果的かつ効率的な学習法を、体験談を交えながら詳しく話してください。	出版論の授業で、実際に本の企画をすることになりました。本の詳しい企画とターゲット、売上予想とそれに基づく単価について、詳しくプレゼンをしてください。	民俗学の授業で、「家」の成立と変容について発表することになりました。明治民法と「家」制度の法制化を説明下うえで現行民法と家族観の変化を分析し、核家族化の諸問題についてあなたの考えを述べてください。

第4章 大学という場所における言語活動

	1.10 文化一般	2.1 町	2.2 ふるさと
単語	多文化社会論の授業で、最近あなたの町のニューカマーについて聞かれています。何人が増えたか答えてください。	都市計画論で、あなたがよく利用する公共施設にはどんなものがあるか聞かれました。ひとつ答えてください。	ウェルカムパーティで、初めて会った日本人と話しています。あなたのふるさとがどこか聞かれました。答えてください。
単文	異文化コミュニケーションの授業で、人とぶつかった時、あなたの国では普通どうするか聞かれました。答えてください。	現代都市文化論の授業で、観光を中心とした街づくりの例として十勝を取り上げています。十勝に行ったことがあるか聞かれました。答えてください。	ウェルカムパーティで、初めて会った日本人と話しています。その人のふるさとについて、どこなのか、またどんな町なのか、聞いてみてください。
複文	異文化コミュニケーションの授業で、あなたがドイツ人／フランス人／イギリス人に対して持っているステレオタイプについて聞かれました。答えてください。	都市計画論の授業で、あなたが今住んでいる町は30年後どのように変化していると思うか聞かれました。答えてください。	地域振興論の授業で、あなたのふるさとでは、活性化のためにどんな取り組みをしているか聞かれました。いくつか挙げてください。
単段落	異文化コミュニケーションの授業で、カルチャーショックと適応過程について説明を求められました。答えてください。	都市計画論の授業で、都市計画の評価手法について聞かれました。詳しく説明してください。	ウェルカムパーティで初めて会った日本人と話しています。あなたのふるさとのことについて聞かれました。どんな町なのか詳しく説明してあげてください。
複段落	異文化コミュニケーションの授業で、住民間の文化摩擦について発表することになりました。過去起こった問題の経緯を詳しく説明し、行政の立場から具体的な対策案を立てて発表してください。	都市計画論の授業で、歴史的町並み保存について発表することになりました。あなたの国での保存活動の現状と、保存によって生じている問題を詳しく紹介し、解決策を提案してください。	地域振興論の授業で、あなたのふるさと活性化策について発表することになりました。具体的アイデアとその狙いについて発表してください。

第4章　大学という場所における言語活動

	2.3 交通	2.4 日常生活	2.5 家電・機械
単語	交通論の授業で、あなたが通学に何を使っているか聞かれました。答えてください。	マーケティング論の授業で、今あなたが購入を検討しているものは何か聞かれました。答えてください。	環境技術論の授業で、あなたの家でいちばん最近購入した家電は何か聞かれました。答えてください。
単文	交通論の授業で、高速道路の現状について見ています。日本の高速道路料金はドイツと比べて高いか安いか聞かれました。あなたの考えを答えてください。	栄養学の授業で、あなたは昨日何キロカロリー摂取したと思うか聞かれました。答えてください。	環境技術論の授業で、あなたの使っている家電が壊れた時どうするか聞かれました。答えてください。
複文	交通論で、高速鉄道について話をしています。新幹線とTGVの違いを聞かれたので、簡単に述べてください。	今日あなたはゼミに遅刻しました。先生に理由を説明し、謝ってください。	機械設計の授業で、友達が作った新しいタイプの掃除機を見ました。その問題点をひとつ指摘し、改善案を出してください。
単段落	交通政策論の授業で、あなたの町の交通問題について聞かれました。現状の問題点を指摘し、今後整備すべき対策について答えてください。	大学の広報誌の取材を受けました。留学生の生活を掲載したいということなので、あなたの毎日の生活を詳しく話してください。	機械設計の授業で、新しい機能を持ったエアコンを開発しています。しかし考えている機能がうまく搭載できません。先生に自分の設計と現在までの作業について詳しく説明し、アドバイスをもらってください。
複段落	交通論の授業で、首都圏の通勤ラッシュについて発表することになりました。統計や調査を示し分析しながら、現状と近年の傾向について詳しく説明し、今後とりうる対策について、あなたの考えを詳しく発表してください。	あなたは健康管理論の授業で発表をすることになりました。生活習慣病をひとつ取り上げ、その症状、日常生活と原因の相関について、具体例を挙げながら詳しく説明してください。また、その予防策についても提案してください。	精密工学の授業で、新しいデジタルカメラを考案することになりました。カメラの機能のみならず、障害者・高齢者でも使いやすいデザインを考え、その特徴について既存の製品と詳細に比較しながらプレゼンしてください。

第4章　大学という場所における言語活動

	2.6 家事	2.7 パーティー	2.8 引越し
単語	マーケティング論の授業で、洗濯、掃除、アイロン、料理の中であなたが一番嫌いな家事は何か聞かれました。答えてください。	今日は研究室の懇親会があります。先生に開始時間を聞かれました。答えてください。	あなたは最近引越しをしました。それを聞いた先生が、どこに引っ越したのか聞いています。町の名前を答えてください。
単文	ライフスタイル論の授業で、あなたは子供の頃に家事を手伝ったか聞かれました。答えてください。	今度、ゼミで飲み会をすることになりました。先輩に、店はもう予約したか聞かれました。答えてください。	マーケティング論の授業に出ています。あなたの国でアパートを探す時、どうやって情報を集めるか聞かれました。答えてください。
複文	労働経済学の授業で、女性が子育てによって就業を中断することの機会費用（逸失賃金）は，小学校就学まで働かないというような前提でいくらだと思うか聞かれました。答えてください。	もうすぐ卒業なので、謝恩パーティをしたいと思っています。先生を招待してください。	マーケティング論の授業で、あなたが引っ越したくなるのはどのような時か聞かれました。答えてください。
単段落	ジェンダー学の授業で、近代、専業主婦という地位が確立するに至った背景は何だと思うか聞かれました。あなたの考えを詳しく述べてください。	文化人類学の授業で、日本の宴会で行われる「一本締め」について説明を求められました。意味と由来を話してください。	あなたは最近、コレクティブハウスに引っ越しました。居住環境整備論の授業で、普通のマンションではなくそこを選んだ理由を聞かれました。詳しく説明してください。
複段落	マーケティング論の授業で、共働きの家庭向け家電を企画することになりました。様々なデータを示しながらあなたが考えるターゲットのニーズを説明した上で、製品の機能と特徴についてプレゼンしてください。	国際交流センターで、あなたの帰国送別会が開かれました。センターのスタッフや日本語の先生、日本人の友人などあなたのために集まってくれた人に向けて、お礼のスピーチをしてください。	消費者法の授業で、敷金返還請求権について発表することになりました。敷金について詳しく説明した上で、返還請求について実際の裁判を取り上げ、争点を詳しく説明し、それに対するあなたの意見を述べてください。

第4章　大学という場所における言語活動

	2.9 手続き	2.10 恋愛	2.11 結婚
単語	先日、あなたは研究費助成の公募に応募しました。先生がプログラムの名前を聞いています。答えてください。	社会心理学の授業で、あなたは恋人を選ぶ時、学歴、身長、性格、顔のうち何をいちばん重視するか聞かれました。答えてください。	親族法の授業で、あなたの国で結婚できる年齢を聞かれました。答えてください。
単文	手続きをするために事務室に来ました。印鑑を求められましたが、もともと持っていません。サインでいいか聞いてください。	行動心理学の授業で、恋愛について悩みがある時、誰かに相談するか、それともひとりで解決するか聞かれました。答えてください。	親族法の授業で、あなたの国では同性婚ができるかどうか聞かれました。答えてください。
複文	あなたは勉強を続けるために、奨学金をもらいたいと思っています。教務課で、申込み資格について聞いてください。	社会学の授業で、あなたの国ではデートでどんなことをするか聞かれました。いくつか例を挙げてください。	家族社会学の授業で、戦後の家族形態の変化について聞かれました。高度成長期と現代との違いを答えてください。
単段落	今日が授業料を払う期限ですが、事情があって間に合いません。教務課に行って事情を詳しく説明し誠意を示しながら、来週まで待ってもらってください。	社会心理学の授業で、先週勉強した「ロミオとジュリエット効果」について説明するよう言われました。習ったことを詳しく説明してください。	比較文化の授業で、あなたの国の結婚儀礼について聞かれました。他の国と比較しながら、あなたの国の結婚儀礼について説明してください。
複段落	国際法概論の授業で、日本の指紋押印制度について発表することになりました。制度制定の経緯や問題点、制定時の社会の反応について詳しく発表してください。	社会心理学の授業で、ある映画を題材にとり、主人公が恋に落ちる過程を分析し発表することになりました。いくつかの場面を描写しながらそこで描かれている主人公の心理を詳しく分析し、その変化を考察してください。	国際福祉開発演習の授業で、日本における国際結婚について発表することになりました。統計などを用いて全体像を見たうえで、国際結婚で起こる様々な問題について具体的事例を取り上げ、分析を加えてください。

第4章 大学という場所における言語活動

	2.12 出産・育児	2.13 思い出	2.14 夢・目標
単語	小児看護学の授業で、あなたの生まれた時の体重を聞かれました。答えてください。	認知心理学の授業で、あなたが持っているいちばん古い記憶は、何歳の時か聞かれました。答えてください。	クラスの個人面談で、将来つきたい職業を聞かれました。答えてください。
単文	発達心理学の授業で、授業中見られる子どもの問題行動にはどんなものがあるか聞かれました。例を1つ答えてください。	カウンセリングの授業で、あなたは忘れたいいやな思い出をどのようにして忘れるようにしているか聞かれました。答えてください。	心理学の授業で、あなたはこれまで、どんな人に憧れたことがあるか聞かれました。答えてください。
複文	家庭教育論の授業で、子供のしつけ方についてあなたの国と日本でどんな違いがあるか聞かれました。答えてください。	研究室で先生が、あなたが入学した時の写真を見せてくれました。あなたは渋い顔をしています。この時あなたはどんな気持ちだったのか、先生に話してください。	あなたは、自分の所属研究室を決める時期にきています。興味がある研究室の先生のところに行き、あなたのやりたいテーマができるか聞いてください。
単段落	児童家庭福祉の授業で、育児放棄について見ています。親が育児を放棄してしまう原因について、あなたの分析や意見を詳しく述べてください。	あなたはホームシックになっています。大学の心理カウンセラーに、自分のここ最近の心情の動向を詳しく話して、対処法を相談してください。	教育指導論の授業で、夢や目標を持てない生徒に持たせるためには、どうすればいいと思うか聞かれました。あなたの考えを述べてください。
複段落	教育社会学の授業で、核家族化と育児環境の変化について発表することになりました。家族形態の変化と、それがもたらす育児への影響について、客観的なデータと具体的な事例を取り上げながら詳しく分析し説明してください。	あなたの日本での留学生活もそろそろ終わります。お別れ会で、あなたの日本での思い出についてスピーチしてください。	大学で国際交流パーティが開かれました。あなたの夢と、その通過地点としての留学生活での目標について、スピーチしてください。

第4章　大学という場所における言語活動

	2.15 悩み	2.16 死	3.1 家族
単語	心理学の授業で、悩みがある時、誰にいちばんに相談するか聞かれました。答えてください。	公衆衛生の授業で、あなたの国の平均寿命について聞かれました。答えてください。	家族社会学の授業で、あなたの国での平均世帯人員を聞かれました。答えてください。
単文	心理学の授業で、あなたは悩みがあって自分で解決策が見つからない時にはどうするか聞かれました。答えてください。	宗教学の授業で、あなたは死後どうなるか、もしくはどこへ行くと考えているか聞かれました。答えてください。	家族社会学の授業で、あなたは将来、年老いた両親と同居したいか聞かれました。答えてください。
複文	心理学の授業で、嫉妬やねたみについて話しています。あなたはこれまで、どんな時に誰に対してそのような感情を抱いたか、簡単に話してください。	これからゼミが始まるという時に、あなたの友人の訃報が届きました。お通夜に参列したいと思います。先生に話して、早退してください。	家族社会学の授業で、あなたは、年老いた両親と同居するか聞かれました。あなたの国での傾向と、あなた自身の意志について簡単に答えてください。
単段落	心理学の授業で、嫉妬やねたみについて話しています。あなたはこれまで、どんな時に誰に対してそのような感情を抱いたか、簡単に話してください。	死生学の授業で、グリーフワークについて聞かれました。人が悲しみから立ち直るまでの段階を4つに分けて、それぞれを簡単に説明してください。	現代家族論の授業で、あなたの国での「家庭」という概念がどんなものか聞かれました。日本の「家父長制」と比べながら説明してください。
複段落	あなたの家庭の事情を知らずに博士課程への進学を勧める先生に、進学したくてもできない事情と、あなたの気持ちを話して、アドバイスをもらってください。	哲学の授業で、日本人の死生観について発表することになりました。現代人の意識について調査し、その結果について背景や傾向を分析しながら発表してください。	家族社会学の授業で、家族介護と社会的介護について発表することになりました。諸外国の現状と比較しながら日本の現状や課題、今後必要となる対策について意見をまとめ、発表してください。

第4章　大学という場所における言語活動

	3.2 友達	3.3 性格	3.4 感情
単語	コミュニケーション論の授業で、何でも相談できる親友がいるかどうか聞かれました。答えてください。	心理学の授業で、性格検査の種類について聞かれました。投影法、作業検査法ともう1つは何か答えてください。	発達心理学の授業で、人間の基本6感情とは、喜び、悲しみ、怒りと何か聞かれました。あと3つ答えてください。
単文	コミュニケーション論の授業で、あなたはあなたのいちばんの友達と、いつどこで知り合ったか聞かれました。答えてください。	発達心理学の授業で、人格の形成には、遺伝と家庭環境のどちらが強く影響すると思うか聞かれました。答えてください。	感情心理学の授業で、ある俳優について好きか嫌いか聞かれました。答えてください。
複文	心理学の授業で、ネット上だけの付き合いで会ったことのない友達は、顔をあわせる友達とどんな違いがあるか聞かれました。答えてください。	人格心理学の授業で、自分が思う性格と他人が見る自分の性格がどう違うか聞かれました。答えてください。	感情心理学の授業で、日常生活のどんな時に人に対して反発を覚えるか聞かれました。答えてください。
単段落	コミュニケーション論の授業で携帯電話の普及によって友達付き合いはどう変わったと思うか聞かれました。あなたの考えとその理由を詳しく述べてください。	発達心理学の授業で、幼児期から青年期で、友達の集団形成はどう変わってくると思うか聞かれました。あなたの経験を思い出しながら、考えを述べてください。	感情心理学の授業で先生に、各国に対する固定化したイメージはどのようにして形成されていくのか、あなたの考えを聞かれました。答えてください。
複段落	あなたは今日、大学を卒業します。いくつかのエピソードを交えながら、友達と、その友達と出会う場を与えてくれた大学に感謝の答辞を述べてください。	消費者行動論の授業で、消費者の性格特性と消費行動について発表することになりました。性格特性によってどのような差が出るのか、具体例を挙げながら詳しく発表してください。	コミュニケーション論の授業で、就職面接で好印象を与える方法について発表することになりました。服装や振る舞いについて具体的方法を挙げ、その根拠についても詳しく解説してください。

第4章　大学という場所における言語活動

	3.5 容姿	3.6 人づきあい	3.7 喧嘩・トラブル
単語	社会学の授業で、女性に関して、あなたの国では日焼けと色白はどちらが好まれるか聞かれました。答えてください。	比較文化論の授業で、あなたの国に引越し祝いをするかどうか聞かれました。答えてください。	あなたは他の学生と殴り合いのけんかをしてしまいました。どちらが先に手を出したのか、先生に聞かれました。答えてください。
単文	あなたの大学で、痴漢が出ました。犯人を目撃したあなたに大学の職員が、犯人は眼鏡をかけていたかどうか聞いています。答えてください。	授業で初めて話した学生に、あなたの呼び名について聞かれました。呼び方を教えてあげてください。	研究室にあった機器を誤って壊してしまいました。その場にいた先生に、すぐに弁償を申し出てください。
複文	マンガ文化論の授業で、70年代の少女漫画と現代の少女漫画について比較しています。それぞれのヒロインについて容姿の違いを聞かれました。答えてください。	文化人類学の授業で、あなたの国と日本とで人付き合いにどんな違いがあるか聞かれました。答えてください。	隣の研究室の人は、いつもドアを乱暴に閉めたり廊下で大声で電話したりして、研究に集中できません。苦情を言いに行ってください。
単段落	心理学の授業で、先生がある人物の映像を見せました。その映像から、その人物の性格や人間性をあなたがどう判断したか、根拠を挙げながら話してください。	いつも気にかけてくれている大学の国際交流センターの人に、日本人の友達はできたか聞かれました。友達との遊びや付き合いについて、近況を話してあげてください。	人間関係論の授業で、今まで友達とのけんかがこじれたことがあるか聞かれました。過去のエピソードを話してください。
複段落	心理学の授業で、人の容姿が作り出すイメージについて発表することになりました。具体例をいくつか挙げながら、そのようなイメージを作り出すメカニズムについて解説してください。	社会心理学の授業で、若者の引きこもりについて発表することになりました。いくつか具体例を挙げてその引き金や経過について詳しく説明し、改善に有効な手段について考えを述べてください。	発達心理学の授業で子供の心理について、喧嘩を切り口に発表することになりました。3歳から12歳までの子供を対象に心の成長による喧嘩の変化について、実例を示しながら詳しく分析し、発表してください。

第4章　大学という場所における言語活動

	3.8 マナー・習慣	4.1 学校（小中高）	4.2 学校（大学）
単語	比較文化学の授業で、あなたの国で贈り物として良くないものは何か聞かれました。答えてください。	教育制度論の授業で、あなたの小学校は公立だったか私立だったか聞かれました。答えてください。	教育社会学の授業で、あなたの国での高等教育への進学率を聞かれました。答えてください。
単文	クラスで隣に座っている友達が帽子をかぶったまま授業を受けています。授業中にこっそり声をかけ、取るよう伝えてください。	生徒指導論の授業で、あなたの小学校や中学校で、いじめがあったか聞かれました。答えてください。	次の授業で行く教室の場所がわからず、大学構内で迷ってしまいました。通りがかった学生に、場所を聞いてください。
複文	あなたの論文を見てもらうため、他大学の先生を訪ねることになりました。その際、手土産が必要かどうか、指導教員に聞いてください。	教育心理学の授業で、中学生と高校生のグループ形成の相違について聞かれました。どう違うか考えを述べてください。	教育学の授業で、あなたの国の大学入試について聞かれました。簡単に説明してください。
単段落	日本事情の授業で、日本語における敬語の使用目的についてあなたの考えを聞かれました。詳しく話してください。	学校心理臨床概論の授業で、あなたの国ではいじめや不登校など生徒の問題行動に対して、どのような対応が取られるか聞かれました。詳しく説明してください。	あなたは、修士課程の面接試験に来ています。志望動機について、面接官に詳しく話をしてください。
複段落	あなたの大学から数十人の学生が、あなたの国に語学研修に行くことになりました。準備説明会で話をするよう頼まれたので、マナーや習慣の違いについて日本人が間違えそうな部分について詳しく例を挙げながら説明してあげてください。	教育学の授業で、ゆとり教育について発表することになりました。ゆとり教育が行われた背景や具体的教育内容、またその結果について説明した上で、あなたの意見を述べてください。	21世紀の大学はどうあるべきか、大学の改革会議で意見を述べることになりました。学生の立場から、研究面、教育面、さらに社会的役割について、あなたの国や世界の他の国々との比較を加えながら、数十名の改革委員を前に話をしてください。

― 589 ―

第4章　大学という場所における言語活動

	4.3 成績	4.4 試験	4.5 習い事
単語	先生に日本語能力試験の合否を聞かれました。答えてください。	今日は期末試験です。教室の入り口で、助手の人に学籍番号を聞かれました。答えてください。	教育社会学の授業で、あなたが子供の頃、女の子にいちばん人気があった習い事は何か聞かれました。答えてください。
単文	あなたはもうすぐ日本語能力試験を受けます。先生に目標を聞かれました。何点を取りたいか答えてください。	先生がテストについて、テスト期間の1週目がいいか2週目がいいか聞いています。答えてください。	教育社会学の授業で、子供のころどんな習い事をしたか聞かれました。答えてください。
複文	先日のテストが返ってきましたが、どうも採点が間違っているようです。先生のところに行って間違いを指摘し、訂正してもらってください。	もうすぐ定期試験があります。放課後、先生に試験の時間割／出題範囲／出題形式を聞いてください。	教育社会学の授業で、あなたが子供の頃と今とで、子供の習い事にどんな変化があるか聞かれました。答えてください。
単段落	教育方法論の授業で、小学校における成績評価について話をしています。子供たちのやる気をそぐ評価方法とはどのようなものか聞かれました。詳しく説明してください。	日本語評価法の授業で、日本語の大規模試験の例として日本語能力試験について説明を求められました。構成や回答方法など試験の内容について、また会場や受験者数など試験の規模についても、説明してください。	幼児教育概論の授業で、将来自分に子供ができたら、何歳からどのような習い事をさせたいか聞かれました。自分の考えと、その年齢と、その習い事を選択した理由を詳しく答えてください。
複段落	英語教育法の授業で、会話能力の評価方法について発表することになりました。現在行われている評価方法について、その裏付けとなっている理論や具体的なテスト方法や評価法について詳しく説明し、あなたの意見を述べてください。	日本語評価法の授業で聴解テストについて発表することになりました。聴解テストを作成する際に注意すべき点をいくつか提示し、それぞれについて理由や悪い例などを添えながら説明をしてください。	幼児教育の授業で、幼児の英語学習について発表することになりました。そのメリットとデメリットについて、先行研究や事例を紹介しながらわかりやすく説明し、あなたの意見を述べてください。

第4章　大学という場所における言語活動

	4.6 調査・研究	5.1 音楽	5.2 絵画
単語	あなたは研究のためにある調査を行う予定です。指導教員に調査を行う地点の数（／人数）を聞かれました。答えてください。	音楽史の授業で、ショパンは何派の作曲家か聞かれました。答えてください。	美術史の授業のガイダンスで、好きな画家を聞かれました。答えてください。
単文	研究室で先生に、あなたが今書いている論文はどこに投稿するつもりか聞かれました。答えてください。	吹奏楽部の演奏会を聞き、大学のホールに来ました。しかし、開演時間を5分過ぎてしまったようです。入口に立っている係の人に、今入れるかどうか聞いてください。	日本画演習の授業で、水彩絵の具を持っているか聞かれました。答えてください。
複文	あなたは学会誌に投稿する論文を書き上げました。指導教員に、見てもらえるようお願いしてください。	音楽理論表現演習の授業で、ピアノの実習をしています。友達の演奏を聴き終わった後、改善したほうがいいと思う点について指摘してください。	あなたは大学の授業で、デッサンをすることになりました。自分でモデルを探さなくてはいけません。友達に頼んでください。
単段落	あなたは研究のためにアンケート調査をしたいと思っています。あまり面識のない先生の研究室へ行き、調査目的と内容、手順を説明し、協力をお願いしてください。	音像論の授業で、ウィーンのムジークフェラインザールについて聞かれました。知らない学生のために、ホールの概要とその役割について説明してください。	油絵図法の授業で、お互いの作品を講評する合評会をしています。クラスメイトの作品について構想力、技術力、構成力等の面から評価をしてください。
複段落	ゼミで、あなたの研究について発表しました。ゼミの出席者が調査方法の問題点を指摘してきました。反論し、あなたの方法の意義と正しさを主張してください。	臨床心理学の授業で音楽療法について発表することになりました。音楽療法の歴史や理論、他の療法との違いについて詳しく説明し、実例を交えながらその効果について発表してください。	美術史の授業で発表することになりました。一人の画家を選び、その生涯と、画風やテーマの変化について、時代背景なども交えながら詳しく話してください。

第4章 大学という場所における言語活動

	5.3 工芸	5.4 写真	5.5 映画・演劇
単語	図法製図の授業で、製図の統一化を図っている国際機関の名称を聞かれました。答えてください。	写真技術論の授業で、カメラに内蔵されている明るさを測る装置の名称を聞かれました。答えてください。	今日は演劇論の授業で、ある古典演劇のDVDを見ます。上映前、隣に座った学生にその演劇の原作者を聞かれました。答えてください。
単文	工芸材料学の授業で土を練っていますが、あとどのくらい練ればいいかわかりません。見回っている先生に聞いてください。	映像デザインの実習で、友達をモデルに写真を撮ります。友達にポーズなどの指示を出してください。	演劇論の授業のガイダンスで、どんなジャンルの映画をよく見るか聞かれました。答えてください。
複文	工芸の授業で、航空機のシートにどのような工夫を施せばエコノミー症候群が防げると思うか聞かれました。アイデアを出してください。	写真史の授業で、1910年ごろからのモダニズムについて、ビクトリアリスムとの関連に触れながら説明するよう求められました。答えてください。	図書館で、DVDを見たいと思います。カウンターに言って、申請書をもらってください。
単段落	工芸デザインの授業で、清水焼（有田焼 etc）の特徴を聞かれました。答えてください。	写真技術論の授業で、分割測光について説明を求められました。他の方式との違いに触れながら、わかりやすく説明してください。	先週、演劇論の授業で、フランソワ・トリュフォー監督の映画の特徴を勉強しました。先週の復習でその特徴について先生が説明を求めています。答えてください。
複段落	工芸の授業で、廃れかけているあなたの町の伝統工芸について復興策を発表することになりました。現状と問題点、更に変革の方向性についてあなたの分析を話し、具体的な復興策を提示してください。	映像学で戦場での報道写真について発表することになりました。1つの写真を取り上げ、その戦争の概要、写真に写されている状況を説明した上で、その写真が報道写真として優れているところを詳しく解説してください。	あなたは大学祭の実行委員として、上映する映画を選んでいます。あなたが推薦する映画について、推薦の理由や大学祭でその作品を上映する意義を、他の映画を推す委員に対して、詳しく述べて説得してください。

第4章 大学という場所における言語活動

	5.6 芸道	5.7 芸術一般	5.8 趣味
単語	日本書道史の授業で、鎌倉時代に禅林の間で流行した中国の書風を何というか聞かれました。答えてください。	芸術論の授業で、あなたが好きな芸術家は誰か聞かれました。答えてください。	福祉学の授業で、老後もできる趣味にはどんなものがあると思うか聞かれました。ひとつ答えてください。
単文	茶道の授業で、お茶を習っています。目の前に不思議な道具がたくさんあるので、それらが何か、先生に聞いてください。	音楽史の授業でショパンはどこの国の出身か聞かれました。自信がありませんが、あなたはどこだと思うか答えてください。	経済学の授業で、趣味にかけるお金について見ています。10代から70代で、どの年代がもっとも多くのお金をかけていると思うか聞かれました。答えてください。
複文	日本書道史の授業で、仏教の伝来が日本の書道の発展にどのような影響を与えたか聞かれました。答えてください。	芸術論の授業で、どんな時に芸術作品に接したくなるか聞かれました。答えてください。	ライフワーク論の授業で、あなたが今の趣味を始めたきっかけを聞かれました。答えてください。
単段落	華道の実習で、与えられた花材で花をいけました。いけたあと、自分がいけた花について目指したイメージや意識した型、気を付けた点について説明を求められました。答えてください。	芸術論の授業で、芸術を振興するためにはどのような支援が必要だと思うか聞かれました。あなたの考えを具体的に述べてください。	福祉社会学の授業で、ビデオを見ています。老人ホームでの認知症対策として趣味を持たせることが紹介されていました。その有効性について心理学の面からあなたの考えを述べてください。
複段落	茶道の授業で、茶道のひとつの流派を取り上げ、発表することになりました。その成立と歴史、またその茶風について、詳しく説明してください。	芸術論の授業で、贋作について発表することになりました。過去の有名な贋作事件について、その製作者や被害、発覚の経緯などを詳しく調べ発表してください。	経済学の授業で、趣味への支出と経済効果について発表することになりました。ひとつの趣味を取り上げ、経済活動とその効果について、調査分析して発表してください。

第4章　大学という場所における言語活動

	5.9 コレクション	5.10 日曜大工	5.11 手芸
単語	心理学の授業で、あなたが今まで収集したことがあるものを聞かれました。ひとつ答えてください。	大学の日曜大工の市民講座で、先生が道具を見せて名前をたずねました。答えてください。	手芸サークルで、洋服を作ることになりました。あなたが持ってきた布地を見て、友達が買ったお店を聞いています。答えてください。
単文	心理学の授業で、あなたが今まで、何をいくつくらい集めたことがあるか聞かれました。答えてください。	大学の日曜大工の市民講座で、先生がある加工された木材を見せました。その加工をするためにはどんな道具が必要か聞いています。答えてください。	服飾手芸の授業で、編み物をすることになりました。先生が何を編みたいか一人ひとりに聞いています。答えてください。
複文	心理学の授業で、どうして人間は収集する本能があると思うか聞かれました。答えてください。	大学のDIYサークルで、何かを作ることになりました。何を作りたいか聞かれたので、理由を添えて答えてください。	手芸部で、文化祭で展示する作品について、何を作るか話し合っています。理由を添えてあなたのアイデアを話してください。
単段落	心理学の授業で、ものを収集する人の心理についてあなたの分析を聞かれました。あなた自身の経験も交えながら、あなたの考えを述べてください。	大学のDIYサークルで、椅子を作っています。途中まで作って、何かがおかしいことに気付きました。先生に、今までの過程を説明し、アドバイスをもらってください。	服飾手芸実習で、ニットを編むことになりました。あなたが作りたいデザインを、先生に詳しく説明してください。
複段落	マーケティング論の授業で、効果のあるおまけを制作し提案することになりました。過去コレクターが出たおまけはどのようなものだったのかを詳しく見て分析し、あなたの案を詳しく発表してください。	マーケティング論のクラスで、DIYショップの集客企画を考えています。あなたが考えた詳しい企画の内容とコスト、見込まれる効果、また店の売上につなげるための工夫について、詳しく発表してください。	服飾手芸の授業で、あなたの国独特の手芸文化について発表することになりました。モチーフや技術、歴史などをそれぞれ詳しく説明してください。

第4章　大学という場所における言語活動

	5.12 ギャンブル	5.13 遊び・ゲーム	6.1 宗教
単語	心理学の授業で、あなたの国で一番人気のあるギャンブルは何か聞かれました。答えてください。	教育学の授業で、あなたが小さい頃好きだった遊びを聞かれました。答えてください。	宗教学の授業で、イスラム教／キリスト教／仏教の経典は何か聞かれました。答えてください。
単文	心理学の授業で、今までどんなギャンブルでいくら勝ったことがあるか聞かれました。答えてください。	保育学の授業で、あなたは小さい頃、両親や兄弟はどんなことをして遊んでくれたか聞かれました。答えてください。	栄養学の授業で、あなたの宗教で最も重要なお祭りの日には、何を食べるか聞かれました。答えてください。
複文	精神保健看護論の授業で、ギャンブル依存症の当事者による体験談を聞きました。聞いた後、話の内容について質問をしてください。	心理学の授業で、あなたがはまってしまうゲームにはどのような傾向があるか聞かれました。自分で分析して答えてください。	宗教学の授業で、あなたの国にある宗教施設とその役割について聞かれました。ひとつの施設について答えてください。
単段落	ゲーム理論の授業で、あなたの国で最も人気のあるギャンブルについて聞かれました。ルールを詳しく説明してください。	保育科で実習に向けた練習をしています。ゲームのやり方を、保育園児にわかるように説明してみてください。	宗教学の授業で、キリスト教／イスラム教／仏教／ヒンドゥー教で重要な祭についてきかれました。祭りの由来と、その祭りですることを説明してください。
複段落	心理学の授業で、ギャンブルをする人の心理について発表することになりました。ギャンブルにのめりこむ心理と、それを店がどう利用しているかについて、詳しく発表してください。	文化人類学の授業で江戸時代の大人の遊びについて発表することになりました。具体的な遊びの内容、当時の社会的背景、また階層による違いについて詳しく発表してください。	宗教学の授業で、現代日本人の宗教観について発表することになりました。いくつかの視点から日本人にとったアンケートの結果を分析し、発表してください。

第4章　大学という場所における言語活動

	6.2 祭り	7.1 歴史	8.1 メディア
単語	大学祭での出店の申し込みをしに説明会に行くと、事務局の人に何の店を出すのか聞かれました。答えてください。	日本史の授業で、先生が長岡京遷都をした天皇は誰か聞いています。答えてください。	メディア論の授業で、あなたが日常生活で最も接するメディアは何か聞かれました。答えてください。
単文	文化人類学の授業で、あなたの国で有名な祭りについて、参加したことがあるか聞かれました。答えてください。	日本史の授業で、平安京はいつ誰が作ったか聞かれました。答えてください。	メディア論の授業で、あなたがインターネットを使ってすることを聞かれました。「メールを送る」ことのほかに何をするか、ひとつ答えてください。
複文	あなたの大学で今度大学祭があり、あなたはサークルの人と出店したいと思っています。運営事務局で申し込んでください。	西洋史の授業で先生が、ある謎について、歴史的事実を説明しました。とても興味深かったので、授業の後で、その謎に対する先生の推理を聞いてみてください。	メディア論の授業で、どうして最近の若者は新聞を購読しなくなったと思うか聞かれました。答えてください。
単段落	今度の大学祭で、あなたのサークルでもお店を出すことになりました。今出ている意見に反対しあなたのアイデアの良さをアピールしてください。	世界史の授業で、ある歴史的事件についてどのような事件だったか説明を求められました。答えてください。	メディア論の授業で、メディアが世論形成にどのような役割を果たしていると思うか聞かれました。ひとつ例を挙げながら答えてください。
複段落	大学祭で、あなたの国の特別な伝統料理を売ることになりました。一緒にお店を出すサークルのメンバーを前に、いつ、どんな願いを込めて食べられる料理なのか詳しく説明してください。また、調理法も教えてください。	観光歴史学の授業で、あなたの国の歴史的世界遺産について発表することになりました。時代背景や作られた経緯、その後現在に至るまでの歴史について調べ、話をしてください。	戦争ジャーナリズム論の授業で、2003年のイラク戦争開戦におけるメディアの役割について発表することになりました。新聞などの具体的記事を示し世論の動向との関連性を分析しながら、詳しく発表してください。

第4章　大学という場所における言語活動

	8.2 芸能界	9.1 通信	9.2 コンピュータ
単語	ポップカルチャー論の授業で、あなたが好感を持っている芸能人は誰か聞かれました。答えてください。	文章表現の授業で、「拝啓」で始まった手紙の結びは何か聞かれました。答えてください。	パソコンを買いに大学の生協へ行きました。売り場で店員に、ノート型とデスクトップどちらを探しているのか聞かれました。答えてください。
単文	笑いと文化の授業で、落語を見に行ったことがあるか聞かれました。答えてください。	授業の発表レジュメを、先生にEメールで送るように言われました。すぐに手を挙げ、先生のメールアドレスを聞いてください。	マーケティング論の授業で、あなたはパソコンが壊れた時どうするか聞かれました。答えてください。
複文	エンタテイメントコンテンツプロデュース論の授業で、アイドルに必要な条件について聞かれました。いくつか挙げてください。	コミュニケーション論の授業で、Eメールと手紙のそれぞれの良さについて聞かれました。あなたの考えを答えてください。	学校のメディアルームでパソコンを使いたいと思っています。パスワードが必要となるので、係の人にパスワードを発行してもらってください。
単段落	芸能文化研究の授業で、能について学んでいます。「羽衣」のあらすじについて聞かれました。説明してください。	情報通信論の授業で、スカイプについて説明を求められました。その仕組みや歴史についてわかりやすく説明してください。	情報処理の授業で、Macの特徴について聞かれました。Windowsと比較しながら詳しく説明してください。
複段落	消費者保護についての授業を受けています。今日は、芸能界に入れると若者をスカウトし登録料などをだまし取る詐欺について発表します。過去の具体的事件、関連する法律、また今後なされるべき対策などについて、発表してください。	情報通信学の授業で、日本の通信の歴史について発表することになりました。1000年ほど前から現在までの変遷について発表してください。	情報通信学の授業で、ファイル共有ソフトwinnyについて発表することになりました。このソフトの開発と普及の経緯、使用によって起きた問題の詳細について詳しく発表してください。

	10.1 買い物・家計	10.2 労働	10.3 就職活動
単語	生活経済学の授業で、先生に、あなたの1か月の食費／光熱費／交際費はだいたいいくらか聞かれました。答えてください。	労働経済の授業で、あなたの国での定年は普通何歳か聞かれました。答えてください。	大学で開かれた就職対策講座で、小さい頃あこがれた職業について聞かれました。答えてください。
単文	経済学の授業で、あなたは保険に加入しているか聞かれました。何保険に加入しているか答えてください。	労働法の授業で、労働力についてのある統計を示され、そこから言えることを聞かれました。答えてください。	大学の就職支援室で、今あなたがA社に対して行っている就職活動の進捗状況を聞かれています。何をしているのか答えてください。
複文	経済学の授業で、通信販売を利用する理由について聞かれました。そのメリットを挙げ、あなたの考える理由を述べてください。	労働法の授業で、労働災害はどのような場合に補償されるか聞かれました。答えてください。	あなたは2年生ですが、今度大学で行われる就職活動セミナーに参加したいと思っています。就職支援室の人に可能かどうか聞いてください。
単段落	マーケティング論の授業で、○○がヒットした要因についてあなたの考えを聞かれました。根拠を挙げながら、あなたの考えを詳しく述べてください。	労働法の授業で、派遣法において派遣社員の契約解除はどのように定められているか、説明を求められました。答えてください。	大学で開かれた就職対策講座で、あなたは自分で自分をどんな人間だと分析しているか聞かれました。簡単なエピソードを交えて答えてください。
複段落	消費生活論の授業で、スーパー／デパートの商品配置について発表することになりました。身近な店をいくつか例に取り、店の商品配置とその狙いを詳しく分析し、発表してください。	労働法の授業で、過労死について発表することになりました。過去の事例を取り上げ、死に至った経緯と、死後の会社や厚生労働省の対応について事実を詳しく説明し、意見を述べてください。	社会学の授業で、障害者の就労支援について発表することになりました。雇用・就労の現状と就労支援制度の概要、さらに問題点について、詳しく発表してください。

第4章 大学という場所における言語活動

	10.4 ビジネス	10.5 株	10.6 経済・財政・金融
単語	ビジネス起業論の授業で、あなたが今注目しているビジネスは何か聞かれました。答えてください。	金融論の授業で、昨日の日経平均株価の終値を聞かれました。答えてください。	金融論の授業で、法律で定められた消費者金融の利子は年利何％か聞かれました。答えてください。
単文	人的資源管理理論の授業で、日本の大企業における女性管理職の割合を聞かれました。あなたの予想をこたえてください。	証券投資論の授業で、〇〇社のここ数週間の株価動向について聞かれました。上がっているか下がっているか答えてください。	金融論の授業で、あなたが今どこかの企業に投資しなければならないとしたら、どの企業に投資したいか聞かれました。答えてください。
複文	ビジネス倫理の授業で、先生が言った「企業コンプライアンス」という言葉について、他の学生が質問しています。言葉の意味を簡単に説明してください。	金融サービス論の授業で、株を持つことのメリットはどんなことだと思うか聞かれました。答えてください。	財政学の授業で、一般会計予算と特別会計予算の違いは何か聞かれました。答えてください。
単段落	国際経営論の授業で、M&Aとは何か聞かれました。詳しく説明してください。	あなたは株に興味を持っていて、自分なりに経済動向などを分析し値動きを予測しています。金融論の授業後に先生にその予測を話し、意見をもらってください。	経済学の授業で、「不完全競争市場」について聞かれました。それがどういうもので、社会的にどのような影響があるのかを説明してください。
複段落	現代経営学研究の授業で、求められる人材と社員教育について発表することになりました。任意の業種で求められる人材を分析した上で、あなたが有効だと考える採用および社員教育システムについて発表してください。	国際経済論の授業で、東京証券取引所の株取引における外国人投資家の実態とその影響について発表することになりました。具体的な例を挙げながら詳しく発表してください。	マクロ経済学の授業で、不況対策としての定額給付金について発表することになりました。世界でこれまで実施された給付の金額とその経済効果について、様々な角度から分析し、考察を加えてください。

第4章　大学という場所における言語活動

	10.7 国際経済・金融	10.8 税	11.1 工業一般
単語	国際金融論の授業で、昨日の東京市場の終値は1ドル何円だったか聞かれました。答えてください。	租税政策の授業で、あなたの国の法人税の税率を聞かれました。答えてください。	生物資源学の授業で、あなたの国で取れる鉱物資源を聞かれました。ひとつ答えてください。
単文	国際経済論の授業で、先生が国際収支表を示しています。表の見方について質問してください。	租税法の授業で、あなたは年間どのくらいの税金を払っていると思うか聞かれました。答えてください。	工業材料の授業で、日本は石油の大半をアラブの国々から輸入していることを見ました。あなたの国では主にどう調達しているか聞かれました。答えてください。
複文	経済政策の授業で、ニューディール政策とオバマ大統領のグリーンディール政策の違いについて聞かれました。簡単に答えてください。	財政学の授業で、消費税の特徴について聞かれました。ほかの税と比較しながら特徴をひとつ指摘してください。	食品工業論の授業で、食の安心・安全を保証するための表示について聞かれました。何を表すどんな表示があるかひとつ答えてください。
単段落	国際経済論の授業で、リージョナル化（地域経済統合）による経済活動の変化について説明を求められました。答えてください。	財政学の授業で、日本の消費税の問題点について聞かれました。イギリスやスウェーデンなど先に消費税がある他の国と比較しながら、あなたの意見を詳しく述べてください。	化学産業ものづくり特論で日本の化学産業の強みと弱みを聞かれました。具体例を挙げながらあなたの意見を詳しく話してください。
複段落	国際金融論のシステムで、今後の国際的な金融システムのあり方についてプレゼンをすることになりました。日本は民間主導と市場主導と、どちらでルールを作っていくべきか、立場を決めてその根拠を多角的に述べてください。	経済学の授業で、不景気時の景気刺激策としての税政策について発表することになりました。あなたが有効だと思う案を作成し、プレゼンしてください。	産業政策論の授業で、国際競争力強化のための産学官連携の具体例について発表することになりました。ひとつの試みを取り上げ、その内容や成果、今後の展望について詳しく発表してください。

第4章　大学という場所における言語活動

	11.2 自動車産業	11.3 重工業	11.4 軽工業・機械工業
単語	自動車産業論の授業で先生に、昨年度販売台数が最も多かった自動車会社名を聞かれました。答えてください。	材料強度学の授業で、高速船の軽量化のために鋼材の代わりに、最近用いられている材料は何か聞かれました。答えてください。	比較産業演習の授業で、最近縫製工場が多く建設されている国はどこか聞かれました。答えてください。
単文	自動車工学の授業で、あるハイブリッド車を見ています。この車に、コンピュータが何個搭載されていると思うか聞かれました。何個くらいだと思うか答えてください。	鉄鋼製錬学の授業で、製鉄工程のビデオを見ています。この工場で一日に使われる鉄鉱石は何トンぐらいだと思うか聞かれました。答えてください。	アパレル生産論の授業で、衣料品大手の〇〇社の最近の動向について聞かれました。<国名>に新工場を作ったことを話してください。
複文	自動車産業技術論の授業で、20年後にどのような機能を搭載した車が実用化されていると思うか聞かれました。答えてください。	船舶工学の授業で、船体の満載喫水線について、海域や季節で線が異なる理由を聞かれました。答えてください。	精密機械工学の授業で、あなたがカメラ工場を日本国内に建てるなら、どのような場所を選ぶか聞かれました。理由を添えて答えてください。
単段落	自動車産業論の授業で、若者の自動車離れについての統計が示され、その理由について先生に意見を求められました。自分の考えを詳しく述べてください。	鉄鋼製錬学の授業で、高炉による銑鉄生産方法について説明するよう言われました。答えてください。	アパレル生産論の授業で、安価な外国製品に対抗し生き残るために、日本国内の縫製工場はどのような策をとるべきか聞かれました。あなたの考えを述べてください。
複段落	流通経済学の授業で、「大手自動車会社の倒産とその社会的影響」について発表することになりました。過去に倒産した事例や倒産しかかった事例を取り上げ詳しく分析し、その社会的、経済的影響についてまとめてください。	経済経営学の授業で、日本の造船業の今後について発表することになりました。日本とライバル国の造船業の現状を詳しく分析しながら、日本が今後利益をあげるための戦略について、あなたの考えを発表してください。	比較産業演習で、日本の繊維産業の現状について発表することになりました。ひとつの町や工場を取り上げ、そこを取り巻く状況と、生き残りのための具体的な戦略を詳しく説明し、それに対するあなたの意見を述べてください。

第4章 大学という場所における言語活動

	11.5 建設・土木	11.6 エネルギー	11.7 農林業
単語	都市計画の授業で、日本の下水道の普及率は何パーセントか聞かれました。答えてください。	エネルギー工学の授業で、あなたの国でいちばん多いのは何発電か聞かれました。答えてください。	果樹園芸学の授業で、ナシの品種について聞かれました。知っているものを答えてください。
単文	建築都市工学の授業で、あなたの国では自転車と歩行者は同じ歩道を通るか聞かれました。答えてください。	エネルギー資源論の授業で、石油はあと何年で枯渇すると思うか聞かれました。答えてください。	林業経営の授業で、林業が衰退し山に人の手が入らなくなるとどんな弊害が起こるか聞かれました。ひとつ答えてください。
複文	都市計画論の授業で、最近近くの町で起きた景観権をめぐる訴訟についてあなたの意見を聞かれました。理由を添えて答えてください。	エネルギー工学の授業で、原子力発電についてあなたの考えを聞かれました。あなたの考える長所と短所を簡潔に述べてください。	畜産マネジメントの授業で、日本とアメリカの畜産経営の違いについて聞かれました。簡単に答えてください。
単段落	水環境学の授業で、魚の生態系を守りつつ流域の安全も確保する河川の改良とはどのようなものだと思うか聞かれました。答えてください。	植物生産の授業で、バイオエネルギーについて学びました。今バイオエネルギーが注目されている理由を聞かれました。他のエネルギーと比較しながら、あなたの考えを述べてください。	果樹園芸学の授業で、果樹の適地判断について見ています。その主な要因のひとつである「経済的要因」とはどういうことか、例を挙げながら説明してください。
複段落	水環境学の授業で、雨水を利用する『貯溜再利用』について発表することになりました。実際の施設を取材し、その仕組みや利点、問題点について、詳しく発表してください。	環境エネルギー戦略論の授業で発表することになりました。エネルギー規制に関して、いくつかの国の具体例を挙げながら国際的な動向を分析した後、それらと日本を比較し、問題点や今後の展望を述べてください。	農業経営の授業で、失業対策としての農業支援について発表をすることになりました。この支援の目的と具体的な取り組みを説明した上で、利点と問題点についてあなたの意見を述べてください。

第4章　大学という場所における言語活動

	11.8 水産業	12.1 事件・事故	12.2 差別
単語	水産増殖学の授業で、養殖について見ています。マダイの餌料として主なものには何があるか聞かれました。1つ答えてください。	刑法の授業で、あなたの国での最高刑は何か聞かれました。答えてください。	差別の心理学の授業で、偏見の対象となるものとして先生が人種と性的嗜好を挙げました。他に何があるか聞かれたので、答えてください。
単文	水産経済学の授業で、先生に、消費者が払った代金100円のうち、漁師に入るお金はいくらだと思うか聞かれました。答えてください。	刑法の授業で、日本における火事の原因の1位は何だと思うか聞かれました。答えてください。	社会学の授業で、奴隷解放宣言は、どこで誰が宣言したか聞かれました。答えてください。
複文	海洋環境学の授業に出ています。あなたの国では昔〇〇がよく獲れていましたが、最近あまりとれなくなりました。授業後、先生に理由を聞いてみてください。	環境犯罪学の授業で、なぜ強盗はマンションの1階より2階に多いと思うか聞かれました。答えてください。	日本の電車に、「女性専用車」があることを知りました。これは、性差別にならないのか、社会学の授業の後、先生に聞いてみてください。
単段落	水産経済学の授業で、海で獲れた魚がどうやって消費者のもとまで届くのか聞かれました。経路を説明してください。	犯罪心理学の授業で、「秋葉原無差別殺傷事件」という有名な事件について聞かれました。それがどんな事件だったか、詳しく説明してください。	社会法基礎の授業で、日本の男女雇用機会均等法における差別禁止規定について話を聞きました。法律の限界や問題点について、あなたの意見を詳しく述べてください。
複段落	海洋環境学の授業で、あなたの町の海の埋め立て計画の賛否について発表をします。計画の概要と、それに対する住民の反応や意見をまとめたうえで、あなたの意見を述べてください。	犯罪学の授業で、少年非行について発表することになりました。近年の傾向について統計などを用いて概観した上で、具体的な事件について取り上げ、その内容と少年の処遇について詳しく発表してください。また防止策についてあなたの意見を述べてください。	社会学の授業で、自分の国にある差別問題について発表することになりました。具体的な事例ひとつ取り上げ、その詳細と、取られた対策、またその対策の結果について詳しく発表してください。

— 603 —

第4章　大学という場所における言語活動

	12.3 少子高齢化	12.4 社会保障・福祉	13.1 政治
単語	人口学の授業で、あなたの国の出生率を聞かれました。答えてください。	社会保障論の授業で、あなたの国には年金のシステムがあるか聞かれました。答えてください。	政治制度論の授業で、あなたの国の今の大統領／総理大臣が誰か聞かれました。答えてください。
単文	老人福祉論の授業で、あなたの国では、一人での生活が困難になった高齢者は子供などの家族と同居するか、施設に入居するか聞かれました。答えてください。	社会保障論の授業で、あなたの国では何歳から年金がもらえるか聞かれました。答えてください。	政治学の授業で、現在の大臣にはどのような人がいるのか見ています。先生の話を聞いていて、日本で二世の政治家が多いことを疑問に思いました。手を挙げて、理由を聞いてください。
複文	社会学の授業で、どうして出生率が減っていると思うか聞かれました。答えてください。	社会保障論の授業で、あなたの国と日本の年金制度の違いを聞かれました。答えてください。	政治制度論の授業で大統領制と議員内閣制の違いを聞かれました。答えてください。
単段落	社会工学の授業で、出生率を上げるために、政府はどんな対策をするべきか聞かれました。あなたが考える問題点を簡単に指摘し、具体的なアイデアを出して説明してください。	社会保障論の授業で、あなたの国の生活保護制度について聞かれました。説明してください。	政治学の授業で、政治家の活動資金はどのようにして集められるべきだと思うか聞かれました。あなたの意見を述べてください。
複段落	社会福祉論の授業で、外国人介護士・看護師問題について発表することになりました。現在日本でとられている政策とその背景を詳しく説明し、問題点や今後の見通しについてあなたの考えを述べてください。	社会保障論の授業で、公的扶助制度の歴史について発表することになりました。重要なものについては詳しく説明をしながら、発表をしてください。	法学の授業で、市町村合併と道州制について発表することになりました。最近の具体的な動きと、合併のメリット・デメリットについての主な主張を紹介し、今後の展望とあなたの意見を述べてください。

第4章 大学という場所における言語活動

	13.2 法律	13.3 社会運動	13.4 選挙
単語	労働法の授業で、労働者の解雇制限について定めている法律は何か聞かれました。答えてください。	市民活動論の授業で、NGOとは何か聞かれました。日本語の訳を答えてください。	政治学の授業で、あなたの国で国会議員に立候補できる年齢を聞かれました。答えてください。
単文	法学の授業で、あなたの国で飲酒運転をすると、たとえばどのような罰則を受けるか聞かれました。例をひとつ答えてください。	市民活動論の授業で、日本で今までにデモを見たことがあるか聞かれました。答えてください。	学生代表の選挙会場に来ました。投票の仕方がわからないので、そばにいる係の人に聞いてください。
複文	あなたは留学生なのに、裁判所から裁判員としての呼び出し状が来ました。大学の留学生課に行って、どうすればいいか聞いてください。	NPO論の授業で、地域の子育て環境支援のために行政ができることとNPOができることの違いを聞かれました。答えてください。	政治学の授業で、「小選挙区制」と「中選挙区制」の違いを聞かれました。簡単に答えてください。
単段落	法学の授業で、憲法改正するために必要な手続きについて聞かれました。手順を詳しく説明してください。	市民活動論の授業で、子育て支援のために地域で行われているNPO活動について聞かれました。具体的な活動について詳しく説明してください。	政治学の授業で、日本の選挙制度が中選挙区制から小選挙区制に変更された理由について聞かれました。あなたが考える理由を、根拠を添えて詳しく述べてください。
複段落	法学の授業で、日本の裁判員制度について発表することになりました。韓国やアメリカの陪審員制度と比較しながら、この制度の利点と問題点、今後必要になると思われる対策について発表してください。	社会運動論の授業で、日本での社会運動の在り方の特徴について発表することになりました。あなたの国での類似した目標を掲げる社会運動の例を取り上げ比較しながら、日本の特徴を浮き彫りにしてください。	選挙制度論の授業で、若者の棄権問題について発表することになりました。近年の投票率のデータやアンケート結果を紹介しながら若者の心理を分析し、今後行政が取り得る対策についてあなたの意見を発表してください。

— 605 —

第 4 章　大学という場所における言語活動

	13.5 外交	13.6 戦争	13.7 会議
単語	国際関係の授業で、あなたの国が今一番強い結びつきを持っている国はどこか聞かれました。答えてください。	西洋史の授業で、ポエニ戦争は、ローマとどこが戦ったのか聞かれました。答えてください。	クラブの会議で、ある審議事項について賛成か反対か意思表明を求められました。答えてください。
単文	英語コミュニケーションの授業で、留学するならどの国がいいか聞かれました。答えてください。	歴史学の授業で、第二次世界大戦で使用された爆弾の総量はどのくらいだと思うか聞かれました。答えてください。	あなたのクラブの定例会議に、Cさんがまだ来ていません。先ほどサークル棟の下で電話をしているのを見たので、呼びに行ってください。
複文	外交論の授業で、現在アフリカ外交が重要視されつつある理由を聞かれました。答えてください。	平和学の授業で世界各国が膨大な投資をしてまで核兵器を持ちたがる理由を聞かれました。答えてください。	大学祭でのクラスの出し物を決めるために、クラスみんなで話し合いをしています。あなたのアイデアを、理由を添えて提案してください。
単段落	国際関係の授業で、国連の安全保障理事会の役割について聞かれました。詳しく説明してください。	安全保障政策論の授業で、枯葉剤／白リン弾／水素爆弾／クラスター爆弾とはどのようなものか聞かれました。説明してください。	異文化理解の授業で、日本とあなたの国での会議の進め方の違いについて聞かれました。具体例を挙げながら詳しく説明してください。
複段落	政治外交史の授業で、FTAをめぐる 2 国間の駆け引きについて発表することになりました。具体的な事例を用いて、2つの国の思惑と交渉の過程、さらにその結果について詳しく説明してください。また駆け引きを有利に進めるためにはどうすべきだったのか、あなたの考えを述べてください。	平和学の授業で、核兵器と平和について発表することになりました。これまでの核兵器拡散の歴史とその背景について詳しく説明した上で、核兵器廃絶のために有効だと考える方法について詳しく述べてください。	教育心理学の授業で、中学校でのクラス会議における、教師の働きかけ方について発表することになりました。生徒が皆能動的に考え、意見を出すための教師の働きかけ方や仕掛けについて、あなたのアイデアを発表してください。

第4章　大学という場所における言語活動

	14.1 人体	14.2 医療	14.3 美容・健康
単語	骨学の授業で、先生が示した人骨について、名前を聞かれました。答えてください。	災害医療の授業で、カーラーの救命曲線を見ています。心臓が止まってから2分以内に心肺蘇生が開始した場合、脳の救命率は何パーセントか聞かれました。答えてください。	疫学の授業で、あなたの国で喫煙できる年齢を聞かれました。答えてください。
単文	産科学の授業で、胎児のエコー写真を見ています。先生が示した黒い部分は何か聞かれました。あなたの予想を答えてください。	生命倫理の授業で、臓器移植についてみています。あなたは臓器を提供したいか聞かれました。答えてください。	健康科学の授業で、喫煙が美容に与える影響について聞かれました。肌にどのような変化が起こるか答えてください。
複文	人体解剖学の授業で、テキストに「骨は静的な構造物ではなく、動的な構造物である」と書いてあります。先生にその理由を聞かれたので、答えてください。	看護学概論の授業で、インフォームドコンセントについて説明を求められました。言葉の意味と内容を説明してください。	栄養学の授業で、母乳と粉ミルクの違いについて考えています。あなたの考えを簡単に述べてください。
単段落	解剖学の授業で、心臓の構造について聞かれました。詳しく説明してください。	感染症学の授業で、1999年に施行された新感染症予防法について説明を求められました。具体的内容と意義を説明してください。	臨床栄養管理学の授業で、推定エネルギー必要量の求め方を聞かれました。手順を説明してください。
複段落	保健科学の授業で、麻薬の害について発表することになりました。その種類や人体への影響について詳しく発表してください。	医療倫理学の授業で、病気腎移植について発表することになりました。病気腎移植の概要、利点と問題点、世界での評価について詳しく調べ、発表してください。	食物学の授業で、食物中のカドミウムと健康の関連について発表することになりました。過去の事例を紹介しながら、カドミウムが健康にどのような影響を与えるか、わかりやすく話してください。

第4章 大学という場所における言語活動

	14.4 動物	14.5 植物	15.1 気象
単語	生物学の授業で、いるかは何類か聞かれました。答えてください。	植物学の授業で、桜は何科の植物か聞かれました。答えてください。	気象学の授業で、あなたの国の年間降水量を聞かれました。答えてください。
単文	生物学の授業で、無脊椎動物という言葉が出てきましたが、具体的な例が思いつきません。すぐに手を挙げて、先生に例を聞いてください。	森林植物学の授業で、キャンパスでどんな木を見たことがあるか聞かれました。名前を答えてください。	環境気象学の授業で、断熱膨張について先週勉強しました。復習で先生が、気圧が低くなると気温はどうなるか聞きました。答えてください。
複文	生態学の授業で、生物が群れを作る理由を2つ挙げるよう言われました。答えてください。	植物学の授業で、動物と植物の区分について考えています。ある学生が植物は光合成を行う生産者、動物は補食する消費者であると言いました。この意見について動物植物それぞれについて例外を指摘してください。	国際交流行事で、冬に富士山に登ることになりました。服装や装備の準備をしたいので、事務室に行って行事の担当の人に、だいたいの気温や気候について聞いてください。
単段落	生物学の授業で、生物に雄と雌があることの長所と短所を聞かれました。あなたの考えを、例を挙げながら述べてください。	植物形態学の授業で、送粉方法について説明を求められました。動物送粉と非動物送粉に分け、それぞれを例を挙げながら説明してください。	環境気象学の授業で、エルニーニョ現象について聞かれました。原因とその天候への影響について、説明してください。
複段落	動物行動学の授業で、極域環境における動物の生態について発表することになりました。ひとつの動物を取り上げ、その生態や生活史戦略について、詳しく発表してください。	植物生態学の授業で、小笠原島の固有種について学びました。この固有種が危機にさらされている現状と保護策について詳しく説明し、あなたの意見を述べてください。	気象学の授業で、地球温暖化による気候の変化について発表することになりました。データを示しながら、具体的変化を説明し、今後予想される変化についてもあなたの考えを話してください。

第4章　大学という場所における言語活動

	15.2 自然・地勢	15.3 災害	15.4 環境問題
単語	地理学の授業で、あなたの国でいちばん高い山の名前を聞かれました。答えてください。	災害危機管理の授業で、「ハザードマップ」は日本語でどういう意味か聞かれました。答えてください。	ペットボトルをゴミ箱に入れたら、掃除の人にラベルと本体は分別するよう言われました。謝ってください。
単文	地理学の授業で、統計データを使って地図を作製しています。作業をしながらわからないところを先生に質問してください。	授業を受けている時に、教室の窓から、隣の建物から煙が出ているのが見えました。先生に知らせてください。	大学内の売店で買い物をしました。買ったものを袋に入れてくれようとしているので、断ってください。
複文	作物学の授業で、ある農作物（大根、米、りんご…）の栽培に適している土壌とはどのようなものか聞かれました。答えてください。	防災地質学の授業で、自然災害の「誘因」と「素因」について言葉の意味を確認しています。「素因」を構成する二つの「素因」の名称と、その例を説明してください。	環境学の授業で、省エネのための取り組みについて話しています。あなたが実践していることを聞かれたので、いくつか例を挙げてください。
単段落	地理学の授業で、世界的に珍しい○○の地形はどのように形成されたのか聞かれました。詳しく説明してください。	新入生の世話役として、大学内を案内しています。災害時のために大学に用意されている設備について、使い方を説明してください。	クラブの新入生が、ゴミを分別せずに捨てています。大学での分別法を知らないようなので、詳しく説明してあげてください。
複段落	地形学の授業で、あなたの国のある特徴的な地形について発表することになりました。その成り立ちや特徴について詳しく紹介してください。	日本事情の授業で、災害時の外国人住民に対する言語サービスについて発表することになりました。あなたが住む自治体の現在の取り組みをいくつか詳しく見た後、留学生であるあなたが考える問題点と今後必要となる対策を発表してください。	あなたは大学祭の実行委員です。大学祭では毎年、膨大な量のゴミが出ています。準備説明会で、模擬店を出す人たちを前に現状を説明し、環境保護とコスト削減の視点からゴミを削減するよう働き掛け、具体的な削減方法を紹介してください。

第4章　大学という場所における言語活動

	15.5 宇宙	16.1 算数・数学	16.2 サイエンス
単語	天文学の授業で、太陽系の惑星で一番大きいのは何か聞かれました。答えてください。	数学の授業で、素数を挙げるよう言われました。いくつか答えてください。	物理学の授業で、相対性理論について話が始まりました。先生が「E＝　」と板書し続きを聞きました。公式を答えてください。
単文	宇宙開発工学の授業で、宇宙空間に基地が作られるのは何年後くらいになると思うか聞かれました。答えてください。	工業数学の授業で、先生がある定理を証明していますが、途中からおかしくなりました。黒板に書いてある過程を見て、間違っている個所を示してください。	基礎化学実験の授業で、実験をしています。フラスコの中身が爆発しそうです。周りの人に注意を喚起してください。
複文	あなたは、「宇宙は誇張し続けている」とどこかで聞いたことがあり、とても気になっています。宇宙科学の授業後、それが本当か先生に聞いてください。	工業数学の授業で、先週の復習をしています。先生が、フーリエ級数とは、複雑な周期関数や周期信号をどのようにして表す方法だったか聞いています。答えてください。	反応錯体化学の授業で、化学の実験をしています。色が変わるはずなのに、変わりません。先生を呼んで、ここまでの手順を簡単に話し、指示をあおいでください。
単段落	宇宙科学の授業で、明るさによる星の分類について説明するように言われました。答えてください。	数学の授業で、素数とはどういう数字か聞かれました。例をあげながら詳しく説明してください。	化学反応論の授業で先生が、ある2つの物質の化合反応について話をしました。あなたの予想とは違ったので、先生にその予想と根拠を詳しく話し、どこが間違っているのか聞いてください。
複段落	あなたは宇宙開発工学の授業で、ロシアの宇宙開発の歴史について発表することになりました。各時代のロシアと世界の情勢ふまえながら、開発の歴史について詳しく話してください。	あなたは大学院で数学を専攻しています。オープンキャンパスに来た高校生に、数学のおもしろさについて講演してください。	化学産業特論の授業で、企業における具体的なものづくりについて発表することになりました。〇〇社の「生体分子の構造解析技術」を取り上げ、その技術や他分野への応用についてわかりやすく詳細に発表してください。

	16.3 テクノロジー
単語	バイオテクノロジーの授業で、遺伝子組み換え作物としてあなたの知っているものを聞かれました。1つ答えてください。
単文	ナノマテリアル科学の授業で、結晶サイズがナノメートルオーダーにおいて発光材料では発光波長がどうなるか聞かれました。答えてください。
複文	あなたの研究室で、実験用の機械を買いましたが、注文したものと少し違うものが届きました。業者に電話してください。
単段落	ロボット機構学の授業で、ウォームギアの特徴や使い方について説明を求められました。答えてください。
複段落	ロボット工学の授業で、20年後の人間とロボットの関わりについて発表することになりました。現在のロボット工学の最先端について事例をいくつか紹介し、そこからあなたが予測する20年後を詳しく発表してください。

索　引

A

ADSL ……… 9.1.1.1(C)/9.2.1.2(C)/16.3.1.2(C)
AIDS ………………………………… 12.2.1.2(C)

C

CD ……………………………………… 5.1.1.1(A)

D

DNA ……… 11.7.1.1(B)/14.1.1.1(B)/14.5.1.2(B)

E

Eメール ……… 9.1.1.1(A)/9.2.1.1(A)/16.3.1.1(A)

H

HTML ………………………………… 9.1.1.2(C)

I

IP ……………………………………… 9.1.1.2(C)

L

LAN ……… 9.1.1.1(C)/9.2.1.2(C)/16.3.1.2(C)

O

OB ……………………………………… 1.5.1.2(B)

P

PC ………… 9.1.1.1(C)/9.2.1.1(C)/16.3.1.1(C)
PTA …………………………………… 2.12.1.1(B)

S

SE ………… 9.1.1.1(C)/9.2.1.1(C)/16.3.1.1(C)

T

TCP …………………………………… 9.1.1.2(C)

U

URL …………………………………… 9.1.1.2(C)

あ

ああ ……………………………………… 17.20
アーチスト …………………………… 5.1.1.1(B)
アート ………… 4.2.1.1(B)/5.2.1.1(B)/5.3.1.2(B)
藍 …… 1.3.1.1(C)/1.3.1.2(C)/1.3.6.2(C)/5.2.8.2(C)
愛 ……………… 2.10.1.2(B)/2.11.1.2(B)/2.12.1.2(B)
相変わらず …………………………… 17.06
愛好家 ………………………………… 1.2.1.2(C)
挨拶 ………… 3.8.1.1(A)/3.8.1.2(A)/10.4.1.2(B)/
　　　　13.4.1.2(A)
挨拶する ……… 1.5.9.1(A)/2.11.5.1(A)/13.4.3.1(A)
相性 ……………………… 1.2.1.2(B)/2.11.1.2(B)
愛情 ………… 2.10.1.2(B)/2.11.1.2(B)/2.12.1.2(B)
愛人 …………………………………… 2.11.1.2(C)
アイス ………………………………… 1.2.1.1(B)
合図 …………………………………… 13.6.1.2(B)
アイスクリーム ……………………… 1.1.1.1(A)
愛する ……… 2.10.4.1(A)/2.11.6.1(A)/2.12.5.1(A)
愛想 ……………………… 3.4.1.2(B)/14.1.1.2(B)
間 ………………… 17.03/17.05/17.06/17.07
間柄 ……………………………………… 17.07
愛着 …………………………………… 2.10.1.2(C)
相次ぐ ………………………………… 17.05
相手 ………… 1.5.1.2(A)/2.10.1.1(A)/2.11.1.1(A)/
　　　　3.2.1.2(A)/13.4.1.2(A)/13.6.1.2(A)
アイデア ………………… 10.4.1.2(B)/13.7.1.2(B)
アイテム ……………… 1.3.1.1(C)/5.13.1.1(C)
アイドル ……………………………… 8.2.1.1(B)
あいにく …………………………… 17.06/17.15
合間 …………………………………… 17.05
あいまい ……………… 1.7.9.2(B)/2.13.2.2(B)
愛用する ……………………………… 2.6.5.1(C)
愛らしい ……… 5.2.6.2(C)/5.7.5.2(C)/5.11.3.2(C)
アイロン ……… 1.3.1.1(A)/2.4.1.1(A)/2.6.1.2(A)
合う ………… 1.2.2.1(A)/2.10.2.1(A)/2.11.4.1(A)/
　　　　3.3.3.1(A)/4.4.6.1(A)/17.09
会う ………… 1.4.3.1(A)/2.10.4.1(A)/3.2.3.1(A)/
　　　　14.2.5.1(A)
遭う ……… 12.1.7.1(B)/15.3.3.1(B)/15.3.4.1(B)
アウト ………………………………… 1.5.1.2(B)
敢えて ………………………………… 17.16
青 ……………… 1.3.1.2(A)/5.2.1.2(A)/5.2.8.2(A)
青い …………… 1.3.6.2(A)/5.2.8.2(A)/14.5.2.2(A)

仰ぐ ……………………… 3.4.3.1(C)/15.5.2.1(C)
青白い ………………………………… 14.2.2.2(B)
垢 ……………………… 14.1.1.1(C)/14.3.1.2(C)
赤 …… 1.2.1.1(A)/1.3.1.2(A)/5.2.1.2(A)/5.2.8.2(A)
赤い …………… 1.3.6.2(A)/5.2.8.2(A)/14.5.2.2(A)
あかし …………………………………… 17.08
赤字 …………… 10.4.1.2(B)/10.5.1.2(B)/10.7.1.2(B)
明かす ……………………… 14.2.4.1(C)/17.02
赤ちゃん ……… 2.12.1.1(B)/6.2.1.1(B)/14.1.1.2(A)
アカデミー賞 ………………………… 5.5.1.1(C)
明かり …………… 1.6.1.1(B)/5.4.1.2(B)/5.5.1.1(B)
上がり …………………… 5.13.1.2(B)/17.05
上がる ……… 1.5.5.1(A)/4.3.3.1(A)/4.4.5.1(A)/
　　　　5.13.4.1(A)/10.5.3.1(A)/10.6.4.1(A)/
　　　　11.8.2.1(A)/15.1.3.1(A)/17.05
明るい ……… 3.3.4.2(A)/3.4.2.2(A)/5.1.2.2(A)/
　　　　5.2.6.2(A)/5.4.5.2(A)/5.7.5.2(A)/14.5.3.2(A)/
　　　　15.1.3.2(A)
赤ん坊 ………… 2.12.1.1(B)/6.2.1.1(B)/14.1.1.2(B)
秋 ………………………… 1.9.1.2(A)/15.1.1.2(A)
空き …………………………………… 2.8.1.1(B)
諦め …………… 2.14.1.2(B)/2.15.1.2(B)/3.3.1.2(B)
諦める ……… 1.5.7.1(B)/2.14.3.1(A)/2.15.7.1(B)/
　　　　10.4.2.1(B)
空く ……………………………………… 17.02
握手する ……………………………… 1.5.9.1(B)
アクション …………………………… 5.5.1.2(B)
アクセサリー …………… 1.3.1.1(A)/2.7.1.1(A)
アクセス ……………………………… 9.1.1.2(C)
アクセスする ………… 9.1.4.1(A)/9.2.3.1(C)/
　　　　16.3.6.1(C)
アクセル ……………………………… 11.2.1.1(B)
アクセント ……………… 1.3.1.2(B)/1.7.1.2(B)
悪どい ……………………… 3.3.5.2(C)/10.4.3.2(C)
あくび ………………………………… 14.1.1.1(B)
悪魔 …………………………………… 6.2.1.2(B)
飽くまで ……………………………… 17.15
明くる …………………………………… 17.06
明け方 ……………………… 15.1.1.2(B)/17.06
開ける ………………………………… 14.2.4.1(A)
明ける ……………………… 15.1.2.1(B)/15.1.3.1(B)
揚げる ………………………………… 1.1.3.1(B)
あげる ……… 2.10.2.1(A)/2.10.4.1(A)/3.8.2.1(A)
挙げる ………………………………… 2.11.8.1(B)
上げる ……… 10.5.3.1(A)/10.6.5.1(A)/10.8.2.1(A)/
　　　　17.05
あご ……… 14.1.1.1(B)/14.2.1.1(B)/14.4.1.1(B)
憧れ ………… 1.5.1.2(B)/2.14.1.2(B)/3.4.1.2(B)/
　　　　8.2.1.2(B)/15.5.1.2(B)

— 613 —

索　引

憧れる ……… 1.5.7.1(B)/2.14.2.1(B)/3.4.9.1(B)/
　8.2.3.1(B)
麻 ………… 1.3.1.1(C)/5.3.1.1(C)/11.4.1.1(C)/
　11.7.1.1(C)/14.5.1.1(C)
朝 ………………………………… 15.1.1.2(A)/17.06
あざ ………………………… 1.5.1.2(C)/14.2.1.1(C)
浅い ……… 1.6.2.2(B)/2.8.3.2(B)/3.2.4.2(B)/
　3.6.9.2(B)/14.2.2.2(B)/15.2.4.2(A)
朝ごはん ……………………… 1.1.1.1(A)/1.4.1.1(A)
あさって …………………………………………… 17.06
あさましい ………………………………… 3.3.9.2(C)
欺く ………………………… 12.1.2.1(C)/13.6.2.1(C)
鮮やか ……… 1.3.6.2(B)/2.13.2.2(B)/5.1.3.2(B)/
　5.2.7.2(B)/5.4.5.2(B)/5.7.6.2(B)/5.10.4.2(B)/
　5.13.2.2(B)/8.2.2.2(B)/15.2.6.2(B)
足 …………… 2.3.1.1(A)/2.12.1.1(A)/3.5.1.1(A)/
　14.1.1.1(A)/14.4.1.1(A)
味 …… 1.1.1.1(A)/1.1.2.2(C)/1.2.1.2(A)/5.6.1.2(A)/
　17.10
足跡 ………………………… 7.1.1.2(B)/12.1.1.2(B)
悪しからず ………………………………………… 17.20
紫陽花 ……………………………………… 5.6.1.1(B)
あした ……………………………………………… 17.06
味付け …………………………………… 1.1.1.2(B)
味わい …………………………………… 1.2.1.2(B)
味わう ……… 1.1.2.1(C)/1.2.2.1(C)/1.8.2.1(B)/
　5.1.2.1(B)/5.6.2.1(B)/5.6.3.1(B)/5.7.3.1(B)/
　5.8.2.1(B)/14.1.3.1(B)
あす ………………………………………………… 17.06
預かる ……… 2.12.8.1(B)/4.1.8.1(B)/12.1.8.1(B)/
　12.3.2.1(B)
小豆 ……………………………………… 14.5.1.1(B)
預ける ……… 2.12.8.1(B)/10.1.5.1(B)/12.3.2.1(B)
汗 ………………………………………… 14.1.1.1(B)
アセスメント ……………………………… 12.3.1.2(C)
焦る ……………………………………… 4.4.5.1(C)
褪せる …………………………………… 1.3.5.1(C)
あそこ ……………………………………………… 17.03
遊び ……………………… 1.4.1.2(A)/5.13.1.1(A)/17.04
遊ぶ ……… 2.12.6.1(A)/4.1.4.1(A)/4.2.4.1(A)
値 ……………………………………… 16.1.1.2(C)
与える …………………………… 3.8.2.1(B)/15.4.2.1(B)
暖か ……………………………………… 15.1.3.2(B)
暖かい …………………………… 2.1.2.2(A)/15.1.3.2(A)
温かい …………………………………… 3.3.5.2(A)
温まる …………… 1.1.3.1(B)/15.4.2.1(B)/16.2.3.1(B)
温める ……… 1.1.3.1(B)/1.2.2.1(B)/14.2.4.1(B)/
　14.4.2.1(B)/16.2.3.1(B)
頭 ……………………… 14.1.1.1(A)/14.2.1.1(A)/14.4.1.1(A)
新しい ……… 1.6.2.2(A)/1.8.2.2(A)/2.1.2.2(A)/
　2.5.3.1(A)/2.8.3.2(A)/4.6.3.2(A)/5.9.4.2(A)/
　7.1.2.2(A)/8.1.3.2(A)/9.1.3.2(A)/10.4.2.2(A)/
　16.3.2.2(A)
辺り ……………………… 2.1.1.2(B)/2.8.1.2(B)/17.03

当たり前 ……………………………………… 17.08/17.10
当たる ……… 2.3.9.1(A)/5.12.2.1(A)/5.13.3.1(A)/
　13.6.3.1(A)/17.09
あちこち ……………………………………………… 17.03
あちら ………………………………………………… 17.03
あちらこちら ………………………………………… 17.03
あっ …………………………………………………… 17.20
熱い ……………………………… 1.1.3.2(A)/1.2.4.2(A)
厚い ………… 1.3.4.2(A)/1.8.2.2(A)/6.1.2.2(A)/
　14.3.4.2(A)/17.04
暑い ……………………………… 2.1.2.2(A)/15.1.3.2(A)
悪化 ……………………………………… 10.6.1.2(B)
扱う ……………………………………… 2.5.2.1(B)
悪化する ………………………………… 10.6.2.1(B)
厚かましい ……………………………… 3.3.5.2(B)
あっけない ……………………………………… 17.06
あっさり ……… 1.1.2.2(B)/1.2.4.2(B)/3.3.5.2(C)/
　17.11
圧縮 ……………………………………… 16.2.1.2(C)
圧縮する ………………………………… 16.2.3.1(C)
斡旋 ……………………………………… 2.11.1.2(C)
あっち ……………………………………………… 17.03
圧倒する ………………………… 1.5.4.1(C)/5.13.7.1(C)
アップ ……………………………… 10.5.1.2(C)/17.04
アップする …………………………………… 10.5.3.1(C)
集まり …………………………………… 3.2.1.1(B)
集まる …………………………… 2.7.3.1(A)/13.3.2.1(A)
集める ……… 5.9.2.1(A)/5.13.3.1(A)/13.3.2.1(A)/
　13.4.4.1(A)/13.4.5.1(A)
あつらえる ……… 1.3.4.1(C)/5.11.2.1(C)/
　11.4.2.1(C)
圧力 ……………………………………… 16.2.1.2(B)
宛 ………………………………………… 9.1.6(C)
当て字 ………………………… 2.12.1.2(C)/2.12.9(C)
宛名 ……………………………… 9.1.1.2(B)/17.01
当てはまる ……………………… 10.3.2.1(B)/17.09
当てる ……… 1.7.2.1(A)/2.3.9.1(A)/5.12.2.1(A)
宛てる ………………………………… 9.1.2.1(B)
跡 ………………………………… 2.1.1.1(A)/14.1.1.2(B)
後 ……………………………………… 3.1.1.2(B)/17.06
後継ぎ ……… 1.10.1.1(B)/2.12.1.1(B)/3.1.1.2(B)/
　5.6.1.2(B)/5.7.1.1(B)/13.4.1.2(B)/17.05
アドバイス ……………………… 2.12.1.2(B)/3.6.1.2(B)
アドバイスする ……… 2.10.5.1(B)/2.12.7.1(B)/
　2.15.8.1(A)/3.6.4.1(B)/4.6.6.1(B)
後回し ………………………… 5.13.8.2(C)/17.05
アトリエ ……………………………… 5.2.1.1(B)
穴 ……………………… 5.13.1.1(B)/15.2.1.1(B)/17.04
アナウンサー ………………………………… 8.1.1.1(B)
あなた …………………………………… 3.6.1.2(A)
アナログ ……………… 9.1.1.1(C)/9.2.1.2(C)/16.3.1.2(C)
兄 ……………………………………… 3.1.1.1(B)
アニメ ……………………… 1.8.1.2(B)/5.2.1.1(B)/5.5.1.2(B)
アニメーション ………………… 1.8.1.2(B)/5.5.1.2(B)

姉 ……………………………………… 3.1.1.1(B)
あの世 ………………………………… 2.16.1.2(B)
アパート ……… 1.6.1.1(A)/2.1.1.1(A)/2.8.1.1(A)
暴れる ……… 2.12.6.1(B)/4.1.4.1(B)/4.2.4.1(B)/
　12.1.2.1(B)/14.4.3.1(B)
アピールする …………………………… 2.10.2.1(C)
浴びる ………………………………… 14.3.2.1(A)
危ない ……… 1.4.4.2(A)/2.3.3.2(A)/9.2.4.2(A)/
　10.5.2.2(A)/11.5.2.2(A)/11.6.3.2(A)/
　14.2.2.2(A)/15.3.2.2(A)/16.3.7.2(A)
〜油 ……………………………………………………
脂 ……………………………………… 1.1.1.1(B)
油 ……………… 1.1.1.1(B)/1.1.1.1(C)/11.1.1.1(B)/
　11.6.1.1(B)/15.4.1.1(B)
油絵 ……………………………………… 5.2.1.1(B)
炙る ……………………………………… 1.1.3.1(C)
あふれる ………………………… 15.4.2.1(B)/17.04
アプローチする ………………………… 2.10.2.1(B)
あべこべ ……………………………………… 17.09
阿呆鳥 ……………………………………… 14.4.1.1(C)
甘い ………… 1.1.2.2(A)/1.2.4.2(A)/2.12.5.2(A)/
　3.1.2.2(B)/3.3.5.2(A)/4.1.5.2(A)/4.1.8.2(A)/
　13.2.3.2(A)/17.11
甘口 ……………………………… 1.1.2.2(B)/1.2.4.2(B)
アマチュア ………………………………… 1.5.1.2(A)
雨戸 ……………………………………… 1.6.1.1(B)
甘み ……………………………………… 1.2.1.2(B)
雨水 ……………………………………… 11.5.1.1(B)
甘やかす ………………………………… 2.12.5.1(B)
あまり ……………………………………………… 17.14
余り ………………………………………………… 17.04
余る ……………………………………………… 17.04
網 ………………………………………………… 17.03
アミノ酸 ……… 1.2.1.1(C)/14.1.1.1(C)/14.3.1.2(C)
編み物 ……………………………………… 5.11.1.2(B)
編む ……………… 1.3.4.1(B)/5.11.2.1(B)/11.4.2.1(B)
飴 ………………………………………… 1.1.1.1(A)
雨 ……………… 1.9.1.2(A)/6.2.1.2(A)/15.1.1.1(A)
危うい ……………………………………………… 17.11
怪しい …………………………… 12.1.3.2(B)/15.1.3.2(B)
操る ……………… 1.5.2.1(C)/2.3.7.1(C)/5.13.3.1(C)
危ぶむ …………………………………… 11.6.3.1(C)
あやふや …………………………………… 4.4.6.2(C)
過ち …………………… 2.10.1.2(C)/2.15.1.2(C)/12.1.1.2(B)
誤り …………………………………… 2.15.1.2(B)
誤る …………………………………… 1.7.9.1(B)
謝る ……………… 3.7.6.1(B)/8.2.5.1(B)/13.6.6.1(B)
鮎 ………………………………………… 11.8.1.1(B)
歩み ……………………… 2.13.1.1(C)/7.1.1.2(B)
歩む ……………………………………… 2.13.3.1(C)
あら ………………………………………………… 17.20
荒い ……… 2.3.3.2(B)/3.3.5.2(B)/3.3.6.2(B)/
　15.2.4.2(B)/17.12
洗う ……………… 1.1.3.1(A)/1.3.5.1(A)/2.6.4.1(A)/

— 614 —

索　引

あ

あ	14.3.2.1(A)/14.3.3.1(A)
あらかじめ	17.06
嵐	15.1.1.2(B)/15.3.1.2(B)
あらすじ	5.5.1.2(C)
争い	6.1.1.2(B)/12.1.1.2(B)/13.6.1.2(B)
争う	1.5.4.1(C)/2.11.11.1(B)/5.13.7.1(B)/12.1.2.1(B)/13.4.4.1(B)/13.6.2.1(B)
改まった	10.3.2.2(C)
改まる	2.7.4.1(B)/10.3.2.1(B)/13.2.2.1(B)
改めて	17.06
改める	13.1.4.1(B)/13.2.2.1(B)
荒っぽい	2.3.3.2(B)/3.3.5.2(C)
あらゆる	17.07
あられ	1.1.1.1(C)/15.1.1.1(C)
著す	1.8.3.1(C)/2.13.2.1(C)/7.1.5.1(C)
表す	2.15.2.1(A)/5.6.4.1(A)/5.6.5.1(A)/5.7.2.1(A)
現す	17.02
現れ	17.02
現れる	17.02
蟻	14.4.1.1(A)
ありがたい	2.11.9.2(B)/3.4.4.1(B)/12.3.5.2(B)
ありがとうございました	17.20
ありがとうございます	17.20
ありさま	17.10
ありのまま	2.16.1.2(C)/8.1.1.2(C)/17.10
ありふれる	17.10
ある	2.1.4.1(A)/17.02
あるいは	17.17
アルカリ性	16.2.1.2(B)
歩く	2.12.6.1(A)
アルコール	1.2.1.1(B)/2.3.1.2(B)/11.1.1.1(B)
アルバイト	4.1.1.2(A)/4.2.1.2(A)/10.2.1.2(A)
アルバム	2.13.1.1(A)/4.1.1.1(A)/5.4.1.1(A)
アルファベット	1.7.1.2(C)
アルミ	11.1.1.1(B)/11.3.1.1(B)/16.2.1.2(B)
荒れる	1.6.3.1(C)/13.6.4.1(B)/14.3.6.1(B)
アレルギー	2.12.1.1(B)
アレンジする	1.3.2.1(C)/5.6.4.1(C)
泡	14.3.1.1(B)
合わせる	1.2.2.1(B)/1.3.4.1(B)/5.1.3.1(B)/5.4.2.1(B)/5.11.2.1(B)/13.5.5.1(B)/14.2.4.1(B)
慌ただしい	10.2.2.2(B)/10.4.2.2(B)/17.04
あわてる	4.4.5.1(B)
哀れ	2.15.2.2(C)/2.16.2.2(C)/3.4.2.2(C)
庵	5.6.1.1(C)
案	13.7.1.2(C)
安易	17.11
案外	17.15
暗記	7.1.1.2(B)
暗記する	1.7.7.1(B)/4.1.4.1(B)/4.2.4.1(B)/4.4.5.1(B)/7.1.4.1(B)
アンケート	4.6.1.2(B)/16.3.1.2(B)
暗号	1.7.1.2(C)
暗殺	2.16.1.2(C)/7.1.1.2(C)/12.1.1.2(C)
暗殺する	12.1.2.1(C)
暗算	16.1.1.2(B)
案じる	2.15.8.1(C)/3.6.4.1(C)/11.6.3.1(C)/14.1.3.1(C)/14.2.5.1(C)
安心	1.1.3.2(B)/10.1.4.2(B)/11.7.2.2(B)/11.8.2.2(B)/15.3.2.2(B)
安全	1.1.3.2(B)/1.4.4.2(B)/1.4.7.2(B)/2.3.3.2(B)/2.3.9.2(B)/9.2.4.2(B)/10.5.2.2(B)/11.7.2.2(B)/11.8.2.2(B)/12.1.1.2(B)/15.3.2.2(B)
安定	10.3.1.2(B)/10.3.4.2(B)
アンテナ	2.5.1.1(B)/9.1.1.1(B)
案内する	1.4.4.1(B)
あんのじょう	17.15
あんまり	17.14
暗黙	3.6.9.2(C)

い

位	1.5.12(B)/4.3.4(C)/5.13.10(C)
意	1.7.1.2(C)
医	2.12.1.1(C)/2.15.1.1(C)
胃	2.16.1.1(B)/14.1.1.1(B)/14.2.1.1(B)
異	17.09
いいえ	17.20
いい加減	3.3.6.2(B)/10.2.2.2(B)
言いつける	13.6.2.1(B)
言い分	3.6.1.2(C)
言い訳	8.2.1.2(B)
言い訳する	8.2.5.1(B)
医院	2.9.1.1(B)/2.12.1.1(B)/12.3.1.1(B)/12.4.1.1(B)/14.2.1.1(B)
委員	4.1.1.2(B)
言う	2.10.3.1(A)/2.10.5.1(A)/2.12.6.1(A)/2.15.8.1(A)/13.7.2.1(A)
家	1.6.1.1(A)/2.2.1.1(A)/2.6.1.1(A)/2.7.1.1(A)/2.8.1.1(A)/2.11.1.1(A)/3.1.1.1(A)/11.6.1.1(A)/12.2.1.2(A)
家出	12.1.1.2(B)
イオン	16.2.1.2(B)
イカ	11.8.1.1(C)
以下	16.1.1.2(B)/17.14
以外	17.14
医学	4.6.1.1(B)/16.3.1.2(B)
生かす	17.08
いかに	17.14/17.18
いかにも	17.09
胃癌	2.16.1.1(C)
〜行き	2.3.1.2(A)
息	2.16.1.2(B)/14.1.1.1(B)
域	11.8.1.1(C)/15.2.1.2(C)/15.2.7(C)
意義	1.5.1.2(B)/4.6.1.2(B)/16.3.1.2(B)/17.01
異議	4.3.1.2(C)/13.2.1.2(C)/13.3.1.2(C)/13.7.1.2(C)
生き生きとした	5.8.3.2(B)
勢い	17.13
生甲斐	5.8.1.2(B)
意気込む	1.5.5.1(C)
息する	14.1.3.1(B)
行き違い	3.6.1.2(C)/3.7.1.2(C)
いきなり	15.1.3.2(B)/17.06
生き物	15.4.1.1(B)
行く	1.4.3.1(A)/2.4.4.1(A)/2.4.5.1(A)/2.7.3.1(A)/2.10.4.1(A)/15.1.2.1(A)
戦	13.6.1.2(B)
育児	2.12.1.2(B)/12.3.1.2(B)/12.4.1.2(B)
育児手当	10.2.1.2(B)
育成	14.5.1.2(C)
育成する	1.5.6.1(C)/5.6.2.1(C)/10.4.4.1(C)
幾多	17.04
幾分	17.07/17.14
いくら	17.14
いくら〜ても	17.18
池	11.5.1.1(A)/11.5.1.1(B)/15.2.1.1(A)
生け花	5.6.1.2(B)/5.8.1.1(B)/14.5.1.2(B)
生ける	5.6.4.1(B)/14.5.3.1(B)
意見	4.6.1.2(B)/13.3.1.2(B)/13.7.1.2(B)
異見	13.7.1.2(C)
以後	17.06
以降	17.06
移行	17.13
イコール	16.1.1.2(B)/16.1.2.2(B)/17.09
居心地	3.6.1.2(B)
遺骨	2.16.1.1(C)/3.8.1.2(C)
勇ましい	3.3.8.2(C)
意志	1.5.1.2(B)/2.11.1.2(B)/2.14.1.2(B)/2.16.1.2(B)
石	1.6.1.1(A)/5.9.1.1(A)/5.13.1.1(A)/11.1.1.1(A)/11.3.1.1(A)/11.5.1.1(A)/15.2.1.1(A)
意思	2.14.1.2(B)
医師	10.2.1.1(C)/14.2.1.1(B)
意地	3.3.1.2(C)
維持	17.02/17.06
意識	14.1.1.2(B)/15.4.1.2(B)
意識する	14.1.3.1(B)/15.4.3.1(B)
維持する	10.6.4.1(C)
石段	6.2.1.1(C)
いじめ	2.16.1.2(B)/4.1.1.2(B)
いじめる	3.7.3.1(C)/4.1.7.1(B)/12.2.2.1(B)
医者	10.2.1.1(A)/14.2.1.1(A)
慰謝料	2.11.1.2(C)
移住者	13.5.1.2(C)
移住する	13.5.4.1(C)
遺書	2.16.1.1(C)

索　引

衣装 …… 1.3.1.1(B)/2.7.1.1(B)/2.11.1.2(B)/5.5.1.1(B)/5.11.1.1(B)	一同 …… 17.07	移転する …… 2.8.2.1(B)
意匠 …… 1.3.1.2(C)	一度に …… 17.05	遺伝する …… 14.1.4.1(B)/14.4.2.1(B)
以上 …… 16.1.1.2(B)/17.14	市場 …… 11.8.1.1(B)	糸 …… 1.3.1.1(B)/5.3.1.1(B)/5.11.1.1(B)/11.4.1.1(A)
異常 …… 17.10	いちばん …… 2.13.3.2(A)/17.01/17.05/17.14	緯度 …… 15.2.1.2(B)
移植 …… 2.16.1.2(C)/14.1.1.2(B)	一部分 …… 17.07	井戸 …… 11.5.1.1(B)
衣食住 …… 2.4.1.2(C)	一面 …… 8.1.1.2(C)/17.03/17.07	移動 …… 9.2.1.2(B)/16.3.1.2(B)
移植する …… 2.16.3.1(C)	一流 …… 1.5.1.2(B)/17.01	異動 …… 10.2.1.2(C)
いじる …… 14.1.3.1(C)	一礼 …… 3.8.1.2(C)	移動する …… 1.4.3.1(B)/2.3.2.1(B)/5.13.5.1(B)/9.2.2.1(B)/16.3.5.1(B)
意地悪 …… 3.3.5.2(B)	一連 …… 17.05	
維新 …… 7.1.1.2(C)	いつ …… 17.06/17.18	異動する …… 10.2.3.1(C)
椅子 …… 1.6.1.1(A)/4.1.1.1(A)/5.3.1.1(A)/5.10.1.1(A)	いつか …… 17.06/17.18	いとこ …… 3.1.1.1(B)
	五日 …… 17.06	営む …… 10.4.2.1(C)
泉 …… 1.4.1.1(B)/15.2.1.1(B)	一家 …… 2.2.1.1(B)/3.1.1.1(B)	以内 …… 16.1.1.2(B)/17.14
いずれ …… 17.06	一括 …… 9.2.1.2(C)/10.1.1.2(C)/16.3.1.2(C)	田舎 …… 2.1.1.2(B)/2.2.1.2(B)
異性 …… 14.1.1.2(B)	一気 …… 17.05	稲作 …… 11.7.1.2(C)
遺跡 …… 1.4.1.1(C)/2.1.1.1(C)/7.1.1.1(C)	一挙に …… 17.05	稲光 …… 15.1.1.1(C)
以前 …… 17.06	一見 …… 17.17	犬 …… 14.4.1.1(A)
依然 …… 17.06	一切 …… 17.07	稲 …… 11.7.1.1(B)/14.5.1.1(B)
忙しい …… 10.2.2.2(A)/10.4.2.2(A)	一昨日 …… 17.06	居眠り …… 2.3.1.2(B)/4.1.1.2(C)/12.1.1.2(C)
遺族 …… 2.16.1.1(C)/3.8.1.2(C)/12.1.1.2(C)/12.4.1.2(C)	一昨年 …… 17.06	命 …… 2.16.1.2(C)/12.3.1.2(B)/14.1.1.2(B)
	一種 …… 17.01	祈り …… 2.12.1.2(B)/3.8.1.2(B)/6.1.1.2(B)
依存 …… 1.2.1.2(B)/5.13.1.2(B)/17.02/17.07	一瞬 …… 5.4.1.2(B)/17.06	祈る …… 2.12.2.1(B)/4.4.10.1(C)/6.1.4.1(B)/6.2.2.1(B)
板 …… 1.6.1.1(B)/5.3.1.1(B)/5.10.1.1(B)/11.5.1.1(C)/11.7.1.1(C)	一緒 …… 17.09	
	一生 …… 2.11.1.2(B)/7.1.1.2(B)/17.06	違反 …… 1.5.1.2(B)
遺体 …… 2.16.1.1(C)/3.8.1.2(C)	一生懸命 …… 3.3.6.2(A)	違反する …… 1.5.3.1(B)/2.3.9.1(B)/3.8.3.1(B)/4.1.8.1(B)/13.2.3.1(B)/13.6.3.1(B)
痛い …… 14.2.2.2(A)	一心 …… 1.5.1.2(C)	
偉大 …… 7.1.6.2(B)	一斉 …… 17.06	いびき …… 14.1.1.1(B)
抱く …… 2.14.2.1(B)/13.3.2.1(B)/15.5.4.1(B)	一斉に …… 17.05	衣服 …… 1.3.1.1(B)
頂き …… 15.2.1.2(B)	いっそ …… 17.08	イベント …… 5.13.1.2(B)
いただく …… 1.1.2.1(B)/1.2.2.1(B)/3.8.2.1(B)/4.2.9.1(B)/4.6.6.1(B)/10.2.2.1(B)	一層 …… 17.14	居間 …… 1.6.1.1(C)
	一体 …… 1.5.1.2(A)	今さら …… 17.06
いたって …… 17.14	一帯 …… 2.1.1.2(C)/17.03	いまだ …… 17.06
傷み …… 1.6.1.2(B)	いったん …… 17.06	今に …… 17.06
痛み …… 14.1.1.2(B)/14.2.1.2(B)	一致 …… 17.09	今にも …… 17.06
傷む …… 1.5.11.1(B)/1.6.3.1(B)/2.5.3.1(B)	一致する …… 2.10.2.1(B)/2.11.4.1(B)/3.3.3.1(B)/10.3.2.1(B)	意味 …… 1.7.1.2(A)
悼む …… 2.16.4.1(C)		移民 …… 12.2.1.2(B)/13.5.1.2(B)
痛む …… 14.1.3.1(B)/14.2.1.2(B)	いつつ …… 17.19	イメージ …… 5.2.1.2(B)/17.01
炒める …… 1.1.3.1(B)	一手 …… 5.13.1.2(C)	芋 …… 1.1.1.1(B)
傷める …… 1.5.11.1(B)/14.2.2.1(B)/14.3.6.1(B)	いっていらっしゃい …… 17.20	妹 …… 3.1.1.1(A)
至る …… 2.3.4.1(C)	いってきます …… 17.20	妹さん …… 3.1.1.1(B)
いたわる …… 3.4.4.1(C)	いってまいります …… 17.20	いや …… 3.4.6.2(A)
位置 …… 2.1.1.2(B)/17.03	いつでも …… 17.06/17.18	いやいや …… 17.10
市 …… 10.1.1.1(C)	いつの間に …… 17.06	嫌がる …… 3.4.6.1(B)/4.5.2.1(B)
一 …… 17.19	いつの間にか …… 17.06	卑しい …… 3.3.9.2(C)
いちいち …… 17.07	一杯 …… 17.04	いやに …… 17.14/17.15
一応 …… 17.07/17.10	一般 …… 17.07	いやらしい …… 3.3.10.2(C)
一概に …… 17.09/17.14/17.15	一変 …… 2.2.1.2(C)/17.13	いよいよ …… 17.06/17.14
一時 …… 17.06	一変する …… 2.2.3.1(C)/11.1.3.1(C)/15.1.3.1(C)	意欲 …… 13.4.1.2(C)
一時帰宅 …… 14.2.1.2(B)	一方 …… 17.03	以来 …… 17.06
著しい …… 17.14	いつまでも …… 17.06	依頼 …… 2.9.1.2(B)/10.2.1.2(B)/13.3.1.2(B)
位置する …… 2.1.4.1(B)	いつも …… 17.06	依頼する …… 2.9.2.1(B)/10.2.5.1(B)
一段 …… 17.14	遺伝 …… 14.2.3.1(B)/14.4.1.2(B)	いらっしゃい …… 17.20
一度 …… 17.06	遺伝子 …… 11.7.1.1(B)/14.1.1.1(B)	いらっしゃいませ …… 17.20
	遺伝子組み換え …… 1.1.3.2(C)	いらっしゃる …… 17.02

— 616 —

索　引

〜入り･････････････････1.2.1.2(C)
入口･･･････････1.6.1.1(A)/2.3.1.1(A)
衣料･････････････1.3.1.1(C)/11.4.1.1(C)
医療･･････････10.1.1.2(B)/10.8.1.2(B)/12.4.1.2(B)
煎る･････････････････1.1.3.1(C)
居る･･･････････････････17.02
衣類･･････1.3.1.1(C)/1.4.1.1(C)/2.8.1.1(C)/
　5.11.1.1(C)
入れ物･････････････････1.1.1.1(B)
入れる･･････1.1.3.1(A)/1.2.2.1(A)/1.5.2.1(A)/
　1.5.6.1(A)/2.5.2.1(A)/2.12.8.1(A)/5.13.3.1(A)/
　9.1.3.1(A)/9.2.2.1(A)/10.1.5.1(A)/13.4.5.1(A)/
　14.2.4.1(A)/16.3.5.1(A)
色･･････1.3.1.2(A)/1.3.6.2(A)/5.2.1.2(A)/5.2.8.2(A)
色合い･･････････5.4.1.2(C)/5.6.1.2(C)
いろいろ･･･････1.10.3.2(A)/3.8.6.2(A)
異論･････････････････13.7.1.2(C)
岩･･････････11.1.1.1(B)/15.2.1.1(B)
祝い･･････2.7.1.2(B)/2.11.1.2(B)/6.2.1.2(B)
祝う･･････1.2.2.1(B)/2.7.2.1(B)/2.11.9.1(B)/
　2.12.2.1(B)/6.2.2.1(B)
イワシ･･････････11.8.1.1(B)/14.4.1.1(B)
言わば･･･････････････････17.09
いわゆる････････････････17.09
院･･･････････････････4.2.1.1(C)
印･････････････････10.1.1.1(B)
陰影････････････････5.2.1.2(C)
印鑑････････････････2.9.1.1(C)
インキ･･･････････････5.2.1.1(B)
陰気･･･････････････3.3.4.2(C)
インク････････････････5.2.1.1(B)
印刷･･･････････9.2.1.2(B)/16.3.1.2(B)
印刷する･･････････････1.8.3.1(B)
飲酒･･･････････････4.2.1.2(B)
インシュリン･････14.2.1.1(C)/14.3.1.2(C)
印象･･････3.6.1.2(B)/5.2.1.2(B)/5.7.1.2(B)
インストール･･････9.1.1.2(C)/9.2.1.2(C)/
　16.3.1.2(C)
隕石･･････････15.2.1.1(C)/15.5.1.1(C)
インターチェンジ･･･2.1.1.1(B)/2.3.1.1(B)
インターナショナル･･････････10.7.1.2(C)/
　13.5.1.2(C)
インターネット･････9.1.1.1(A)/9.2.1.2(A)/
　16.3.1.2(A)
インターホン･････････････2.5.1.1(C)
引退･････････････････8.2.1.2(B)
引退する･･････1.5.7.1(B)/8.2.4.1(B)
インタビュー･･････････････8.2.1.1(B)
インテリア･･････2.6.1.1(B)/5.3.1.1(B)
インパクト･････････････1.5.1.2(C)
インフォメーション･･･････8.1.1.2(B)/
　15.3.1.2(B)
インフレ･･･････････････10.6.1.2(C)
引用･･･････････････････4.6.1.2(B)

引用する･･････････････1.8.3.1(B)
引力･･･････････15.5.1.2(B)/16.2.1.2(B)

う

ウイスキー･･････1.1.1.1(A)/1.2.1.1(B)
ウィルス･･･････9.2.1.2(C)/16.3.1.2(C)
ウーマン････････････12.2.1.2(B)
ウール･･･････1.3.1.1(C)/11.4.1.1(C)
上･･･････････････2.1.1.2(A)/17.01/17.03
ウェートレス･････1.1.1.1(A)/4.2.1.1(A)/
　10.2.1.1(B)
植木･･･････････････････14.5.1.2(B)
植え付ける･･･････11.7.2.1(C)/14.5.3.1(C)
ウェブ･･･････9.1.1.1(C)/9.2.1.2(C)/16.3.1.2(C)
飢える･･････････14.1.3.1(B)/14.4.3.1(B)
植える･･･････14.3.3.1(B)/14.5.3.1(B)
魚･･････････････11.8.1.1(B)/14.4.1.1(C)
うがい･････････････････14.3.1.2(B)
伺う･･･････････････････10.3.2.1(A)
浮かぶ･･････2.3.8.1(B)/2.16.5.1(B)/11.3.3.1(B)/
　17.02
浮かべる･････････････11.3.3.1(B)
受かる･･････4.4.3.1(B)/10.3.3.1(B)/13.4.4.1(B)
浮世絵･････････････5.2.1.1(C)
浮く････････････････11.3.3.1(B)
受け入れ･････････････13.5.1.2(B)
受け入れる･･････2.10.3.1(B)/2.11.3.1(B)/
　13.3.2.1(B)/13.5.4.1(B)
請け負い･････････････11.5.1.2(C)
受け継ぐ･･･････1.10.2.1(B)/5.6.2.1(B)/17.05
受付･･･････2.7.1.1(B)/2.9.1.2(B)/2.11.1.1(B)
受け付ける････････････2.9.4.1(B)
受け止める･･････2.10.3.1(B)/14.1.3.1(B)
受け取り･･･････9.1.1.2(B)/10.5.1.2(B)
受け取る･･･3.8.2.1(B)/9.1.2.1(B)/9.1.4.1(B)/
　9.1.5.1(B)/9.2.3.1(B)/10.2.2.1(B)/10.5.2.1(B)/
　16.3.6.1(B)
受身･･･････････････1.7.1.2(B)
受け持ち･･･････4.1.1.2(C)/14.2.1.2(C)
受け持つ･･･････4.1.5.1(B)/4.2.5.1(B)
受ける･･･2.10.3.1(B)/2.11.3.1(B)/4.2.9.1(B)/
　4.4.2.1(A)/9.1.3.1(B)/10.3.3.1(B)/12.3.3.1(B)/
　12.4.3.1(B)/14.2.4.1(B)/17.05
動かす･･････2.3.5.1(B)/2.3.6.1(B)/5.13.3.1(B)/
　5.13.5.1(A)/5.13.7.1(A)/11.6.2.1(A)/
　13.6.3.1(A)/14.3.5.1(B)
動き･･･････････････1.5.1.2(B)/17.13
動く･･･････1.5.2.1(A)/2.3.2.1(A)/2.3.5.1(A)/
　5.13.5.1(A)/11.2.2.1(A)/17.13
うさぎ･･･････････････14.4.1.1(B)
牛･･･････････11.7.1.1(A)/14.4.1.1(B)
氏･･･････････････････3.1.1.1(B)
失う･･････1.2.3.1(B)/2.2.3.1(B)/10.5.2.1(B)

15.4.2.1(B)/17.02
うしろ･････････････････17.03
渦･････････････11.8.1.1(C)/15.2.1.1(C)
薄い･･････1.1.2.2(B)/1.2.4.2(B)/1.3.4.2(B)/
　1.3.6.2(A)/1.8.2.2(B)/3.5.3.2(B)/5.2.8.2(A)/
　14.3.4.2(B)/14.3.6.2(B)/16.2.3.2(B)/17.04
薄切り･･････････････1.1.3.2(C)
薄暗い･･････････････15.1.3.2(C)
薄める･･････････1.1.3.1(B)/1.2.2.1(B)
埋める･･････････2.16.4.1(B)/11.5.2.1(B)
嘘･･････････8.1.2.2(B)/8.2.5.2(A)
歌･･･････1.8.1.2(B)/2.7.1.1(A)/2.12.1.1(A)/
　4.5.1.1(A)/5.1.1.1(B)/6.1.1.2(B)/6.2.1.2(A)/
　8.1.1.1(A)/8.2.1.1(A)
歌う･･････1.2.3.1(A)/1.5.10.1(A)/2.12.6.1(B)/
　5.13.1.1(A)/8.2.2.1(A)
疑い･･･････････････12.1.1.2(B)
疑う･･････3.2.2.1(B)/3.4.8.1(B)/3.6.5.1(B)/
　12.1.3.1(B)
うたた寝･･････････････4.1.1.2(C)
うち･････････････1.6.1.1(A)/17.03/17.05
打ち明ける･･････2.10.3.1(B)/14.2.4.1(B)
打ち合わせ････････1.4.1.2(B)/2.11.1.2(B)/
　13.7.1.2(B)
打ち合わせる･･････2.11.8.1(B)/13.7.2.1(B)
打ち切る･･････････････17.05
打ち消し･････････････1.7.1.2(C)
打ち消す･･･････････････17.02
打ち込む････1.5.2.1(C)/1.5.5.1(C)/5.8.2.1(C)/
　10.2.2.1(C)
宇宙･･････4.6.1.1(B)/15.5.1.1(B)/16.3.1.2(B)
うちわ･･･････････････1.9.1.1(C)
打つ･･････1.5.2.1(B)/5.13.1.1(A)/5.10.2.1(A)/
　5.13.6.1(A)/5.13.7.1(A)/9.2.2.1(B)/
　14.1.3.1(A)/14.2.4.1(B)/16.3.5.1(B)
鬱････････････････2.15.1.2(C)
撃つ･･･････5.13.3.1(A)/12.1.2.1(A)/13.6.3.1(A)
討つ･･････････････13.6.2.1(B)
うっかり･･･････････････17.16
美しい･･････1.3.6.2(B)/1.4.4.2(B)/1.6.3.2(B)/
　2.1.2.2(B)/3.5.3.2(B)/5.1.2.2(B)/5.2.6.2(B)/
　5.7.5.2(B)/11.2.2.2(B)/14.3.6.2(B)/15.2.4.2(B)
写し･････････････････2.9.1.1(C)
写す････････2.9.3.1(B)/4.4.5.1(B)/5.2.2.1(B)/
　5.4.2.1(B)/5.5.3.1(B)
移す･･････････9.2.2.1(B)/16.3.5.1(B)/17.06
訴え･･････2.9.1.2(C)/10.2.1.2(C)/12.2.1.2(C)/
　13.2.1.2(C)/13.3.1.2(C)
訴える･･････8.1.5.1(B)/10.2.5.1(C)/12.2.3.1(C)/
　13.2.4.1(B)/13.3.2.1(C)/13.4.3.1(C)
うっとうしい･･････3.3.4.2(B)/15.1.3.2(B)
鬱病･･････････2.15.1.2(C)/14.2.1.1(C)
うつむく･･････････････14.1.3.1(C)
移る･･････････1.9.3.1(B)/15.1.2.1(B)/17.06

— 617 —

索　引

うつる …………………… 14.2.2.1(A)
うつろ ……………………………… 17.02
器 ………… 1.1.1.1(C)/5.3.1.1(C)/5.6.1.1(C)
腕 ………… 1.1.1.2(B)/1.5.1.2(B)/5.13.1.2(B)/
　14.1.1.1(B)/14.4.1.1(B)
腕前 ……… 1.1.1.2(B)/1.5.1.2(C)/5.13.1.2(C)
雨天 ………………… 1.9.1.2(C)/15.1.1.2(C)
うどん …………………………… 1.1.1.1(A)
促す ……………………………… 2.10.5.1(C)
うなる …………………………… 14.4.3.1(B)
うぬぼれ ……………… 1.5.1.2(C)/3.3.1.2(C)
奪う ……… 2.10.2.1(B)/3.7.5.1(B)/5.13.3.1(B)/
　12.1.2.1(B)/13.6.2.1(B)
馬 ………………… 11.7.1.1(A)/14.4.1.1(B)
旨い ………… 1.1.2.2(B)/1.1.3.2(A)/1.2.4.2(B)
うまい ……… 5.1.3.2(A)/5.2.7.2(A)/5.5.2.2(A)/
　5.7.6.2(A)/5.10.4.2(A)/5.13.2.2(A)/8.2.2.2(A)
うまみ …………………………… 1.1.1.2(C)
埋まる ………………… 15.3.4.1(B)/17.04
生まれ …… 2.2.1.2(B)/7.1.1.2(B)/12.2.1.2(B)/
　17.02
生まれつき ……… 2.12.1.2(B)/14.2.3.1(B)
生まれる …… 2.2.1.2(A)/2.12.1.2(A)/12.3.2.1(B)/
　14.4.2.1(A)
海 ………… 1.4.1.1(A)/2.3.1.1(A)/11.6.1.2(A)/
　11.8.1.1(A)/11.8.1.2(A)/15.2.1.1(A)/
　15.4.1.1(A)
海辺 ……………………………… 11.8.1.1(C)
産む ……… 2.12.2.1(B)/12.3.2.1(B)/14.4.2.1(B)
有無 ……………………………………… 17.02
梅 ………………………………… 14.5.1.1(B)
埋める ………………… 15.4.2.1(B)/17.04
敬う ……………………………… 3.4.3.1(C)
裏 ……………………………………… 17.03
裏打ち ……………………………… 5.2.1.2(C)
裏返し ……………………………… 17.03
裏返す ……………………………… 2.6.4.1(B)
裏切る ……… 3.6.5.1(B)/3.6.6.1(B)/12.1.2.1(B)/
　13.6.2.1(B)
裏口 ……………………………… 4.4.1.2(B)
占う ……………… 2.10.2.1(B)/6.2.2.1(B)
恨み ………… 3.4.1.2(B)/3.7.1.2(C)/12.1.1.2(B)
恨む ………… 3.4.7.1(B)/3.7.2.1(B)/12.1.2.1(B)
うらやましい …………………… 2.10.5.2(B)
うらやむ … 2.10.5.1(B)/3.4.6.1(B)/3.4.7.1(B)/
　3.7.2.1(B)
ウラン …………………………… 11.6.1.1(C)
売上 ……………………………… 10.4.1.2(B)
売り出す ……………… 2.5.3.1(B)/5.1.4.1(B)
売り場 …………………………… 10.1.1.1(B)
売る ………… 1.8.3.1(A)/2.5.3.1(A)/9.1.5.1(A)/
　10.5.2.1(A)/11.2.3.1(A)
潤う ……………………………… 10.4.3.1(C)
うるさい …… 2.1.2.2(A)/2.3.10.2(A)/2.12.6.2(A)/
　2.15.2.2(A)/3.3.4.2(A)/3.7.5.2(A)/4.1.4.2(A)/
　11.2.4.2(A)
うれしい ……… 2.10.4.2(A)/2.11.8.2(A)/
　2.11.10.2(A)/2.12.2.2(A)/2.13.2.2(A)/
　3.2.3.2(A)/3.4.2.2(A)/4.4.9.2(A)/5.12.5.2(A)
うろうろする …………………… 2.4.5.1(B)
浮気 ………… 2.10.1.2(B)/2.11.1.2(B)/2.15.1.2(B)
上着 ……………………………… 1.3.1.1(A)
浮気する ………………………… 2.11.11.1(B)
噂 ……… 2.10.1.2(B)/3.6.1.2(B)/8.2.1.2(B)/15.3.1.2(B)
上回る …………………………… 15.3.4.1(C)
植わる …………………………… 14.5.3.1(C)
うん ……………………………………… 17.20
運 ………………………………… 5.12.1.2(B)
運営 ……………………………… 10.4.1.2(C)
運営する ………………………… 10.4.2.1(C)
運河 ……… 2.3.1.1(C)/11.5.1.1(C)/15.2.1.1(C)
運航 ……………………………… 2.3.1.2(C)
運行する ………………………… 1.4.3.1(B)
運送 ……………………………… 2.3.1.2(C)
運送業 …………………………… 2.8.1.1(C)
運賃 ………………… 1.4.1.2(C)/2.3.1.1(C)
運転 ………………… 2.3.1.2(C)/11.6.1.1(B)
運転する …… 2.3.5.1(B)/2.3.6.1(B)/11.6.2.1(B)/
　13.6.3.1(B)
うんと …………………… 17.04/17.14
運動 ……… 1.5.1.1(A)/1.9.1.1(A)/11.5.1.2(A)/
　13.3.1.2(A)/13.4.1.2(A)/14.3.1.2(A)
運動する …… 11.5.3.1(A)/13.3.2.1(A)/13.4.3.1(A)
運搬 ……………………………… 11.5.1.2(C)
運搬する ……… 2.3.2.1(C)/2.8.4.1(C)/11.5.2.1(C)
運命 ……………………………… 6.1.1.2(B)
運輸 ………………… 2.3.1.2(C)/13.1.1.2(C)
運用 ……………………………… 10.5.1.2(C)
運用する ………………………… 10.5.2.1(C)

え

絵 …… 1.8.1.1(A)/4.5.1.1(A)/5.2.1.1(A)/6.1.1.2(A)/
　7.1.1.2(A)/9.2.1.2(A)/16.3.1.2(A)
エアー ………………… 1.4.1.1(C)/11.2.1.1(C)
エアコン …… 1.6.1.1(C)/2.3.1.1(C)/11.2.1.1(C)
エアメール …………… 1.4.1.1(B)/9.1.1.1(C)
永遠 ……………………………………… 17.06
映画 ……… 2.10.1.1(A)/5.5.1.1(A)/5.8.1.1(A)/
　7.1.1.2(A)/8.1.1.1(A)/8.2.1.1(A)
映画館 …… 2.1.1.1(A)/2.10.1.1(A)/5.5.1.1(A)
永久 ……………………………………… 17.06
影響 ……… 10.3.1.2(B)/10.5.1.2(C)/15.1.1.2(B)/
　15.4.1.2(B)/17.08
営業 ………… 10.2.1.1(B)/10.2.1.2(B)/10.4.1.2(B)
影響する ……………… 10.3.4.1(B)/10.5.3.1(B)
営業する ……………………… 10.4.2.1(B)
英語 ……………… 1.7.1.2(A)/4.1.1.1(A)/4.5.1.1(A)
英字 ………………… 1.7.1.2(C)/8.1.1.1(B)
衛星 ……… 9.1.1.1(C)/15.5.1.1(C)/15.5.1.2(C)
映像 ……… 5.5.1.2(B)/9.2.1.1(B)/16.3.1.2(B)
英文 ……………………………… 1.7.1.2(C)
英雄 ……………………………… 7.1.1.2(B)
栄養 ……… 1.1.1.1(B)/14.1.1.1(B)/14.2.1.1(B)/
　14.3.1.2(B)/14.5.1.2(B)
英和 ……………………………… 1.7.1.1(C)
ええ ……………………………………… 17.20
エース …………………… 1.5.1.1(B)/1.5.1.2(B)
エール …………………………… 1.2.1.1(C)
笑顔 ……………………………… 14.1.1.2(A)
描きだす ………………………… 5.2.2.1(C)
描く ………… 1.8.3.1(B)/2.14.2.1(B)/4.1.4.1(B)/
　4.2.4.1(B)/5.5.3.1(B)/7.1.5.1(B)
絵柄 ……………………………… 5.13.1.1(C)
液 ………………………………… 16.2.1.2(C)
駅 ………… 1.4.1.1(A)/2.1.1.1(A)/2.3.1.1(A)/2.8.1.2(A)/
　5.1.1.1(A)
液体 ……………………………… 16.2.1.2(B)
駅前 ……………………………… 2.3.1.1(A)
エコ ……………………………… 1.6.1.2(C)
えさ ……………………………… 14.4.1.2(B)
エスカレーター ………………… 1.6.1.1(B)
枝 ………………………………… 14.5.1.1(B)
エチケット …………… 1.5.1.2(C)/3.8.1.2(C)
エッセー ………………………… 3.8.1.2(C)
エッチ …………………………… 2.10.1.2(C)
エッチする ……………………… 2.10.4.1(B)
閲覧する ………………………… 1.8.4.1(C)
エネルギー …………… 11.6.1.2(B)/16.2.1.2(A)
絵の具 …………………………… 5.2.1.1(B)
エビ ………………… 1.1.1.1(B)/11.8.1.1(B)
エプロン ………………………… 1.3.1.1(B)
絵本 ………………… 1.8.1.1(B)/5.2.1.1(B)
獲物 ……………………………… 14.4.1.2(B)
偉い ……………………………… 7.1.6.2(B)
選ぶ ………… 1.3.2.1(A)/1.5.6.1(B)/4.4.4.1(A)/
　4.4.6.1(A)/9.2.1.1(A)/10.3.3.1(A)/11.5.2.1(B)/
　16.3.5.1(A)
襟 ………………………………… 11.4.1.1(B)
エリア ………………… 1.4.1.2(C)/1.5.1.2(C)
得る ………… 1.5.4.1(B)/8.1.2.1(B)/8.2.5.1(B)/
　10.4.3.1(C)/10.5.2.1(B)/13.4.4.1(B)
エレガント ……………………… 1.3.6.2(C)
園 ………………… 2.1.1.1(B)/2.10.1.1(B)
宴 ………………………………… 2.11.1.2(B)
縁 ………………… 2.11.1.2(C)/17.07
円 ………………… 10.7.1.2(A)/16.1.1.2(B)
宴会 ………… 1.2.1.2(B)/2.7.1.2(B)/6.2.1.2(B)
円滑 ……………………………… 13.7.2.2(C)
縁側 ……………………………… 1.6.1.1(C)
沿岸 ……… 2.1.1.2(C)/11.8.1.1(C)/15.1.1.2(B)/
　15.2.1.1(C)/15.2.1.2(C)

— 618 —

索　引

延期 …………………… 2.9.1.2(B)/17.05
塩基 …………………………… 16.2.1.2(C)
演技 ………………… 5.5.1.2(B)/8.2.1.1(B)
延期する ………… 1.5.8.1(B)/2.9.5.1(B)
演技する ………… 5.5.2.1(B)/8.2.2.1(B)
縁組 …………………………… 2.11.1.2(C)
園芸 ………… 5.8.1.1(C)/11.7.1.2(C)/14.5.1.2(C)
演劇 ………… 4.1.1.1(B)/4.5.1.1(B)/5.5.1.1(B)/
　　5.8.1.1(B)/7.1.1.2(B)/8.2.1.1(B)
塩酸 …………………………… 16.2.1.2(C)
エンジニア …………………… 10.2.1.1(B)
円周 ……………………… 16.1.1.2(C)/17.04
演習 ………… 4.2.1.1(C)/4.6.1.2(C)/13.6.1.2(C)
演出 …………………………… 5.5.1.2(C)
演出する ……………………… 5.5.3.1(C)
演じる ……………… 5.5.2.1(B)/8.2.2.1(B)
エンジン ……………………… 11.2.1.1(A)
演ずる ……………… 5.5.2.1(B)/8.2.2.1(B)
演説 …………………………… 13.4.1.2(B)
演説する ……………………… 13.4.3.1(B)
沿線 ………………… 2.1.1.2(C)/2.8.1.2(C)
塩素 ……………………………… 2.6.1.1(C)
演奏 ……………………………… 5.1.1.2(B)
演奏する …………… 2.8.3.1(B)/5.1.3.1(B)
遠足 ……………………………… 4.1.1.1(B)
縁談 …………………………… 2.11.1.2(C)
延長 …………………………… 2.9.1.2(B)
延長する ………… 1.5.8.1(B)/2.9.5.1(B)
煙突 ………… 1.6.1.1(C)/11.1.1.1(C)/11.6.1.1(C)
円盤 ……………………………… 15.5.1.1(C)
鉛筆 ………… 4.1.1.1(A)/4.4.1.1(A)/5.2.1.1(A)
塩分 ……………………… 1.1.1.1(B)/14.3.1.1(B)
遠方 ……………………………… 2.1.1.2(C)
円満 ……………… 2.11.10.2(B)/3.1.2.2(B)
延命 …………………………… 2.16.1.2(C)
遠慮 ……………………………… 3.3.1.2(B)
遠慮する …………… 3.8.3.1(B)/14.2.5.1(B)

お

尾 ……………………………… 14.4.1.1(C)
おい ……………………………… 3.1.1.1(B)
老い …………………………… 12.4.1.2(C)
追いかける ………… 2.14.2.1(B)/7.1.5.1(B)/
　　8.1.2.1(B)/8.2.5.1(B)/12.1.3.1(B)
追い越す ……………………… 2.3.9.1(B)
追い込む ……………………… 11.8.2.1(C)
おいしい …………… 1.1.2.2(A)/1.2.4.2(A)
追い出す ……………………… 6.2.3.1(B)
追いつく …… 1.5.4.1(B)/5.13.7.1(B)/12.1.3.1(B)
おいでになる ………………………… 17.02
オイル ………………………… 11.6.1.1(C)
老いる ………… 12.3.3.1(B)/14.3.7.1(B)/14.4.2.1(B)
お祝い ………… 1.2.1.2(B)/1.9.1.2(B)/2.7.1.1(B)/
　　2.11.1.2(B)/3.8.1.1(B)
追う ………… 1.5.4.1(B)/2.14.2.1(B)/5.13.7.1(B)/
　　7.1.5.1(B)/12.1.3.1(B)/13.4.4.1(B)
王 …………………… 5.13.1.1(B)/7.1.1.1(B)
負う ……………… 14.1.3.1(C)/14.2.2.1(C)
応援 ………………… 1.5.1.2(B)/13.4.1.2(B)
応援する …… 1.5.10.1(B)/2.15.8.1(B)/3.6.4.1(B)/
　　13.4.3.1(B)/14.2.5.1(B)
扇 ………………………………… 6.2.1.1(C)
応急 ……………………… 14.2.1.1(B)/17.06
黄金 ……………… 5.13.1.1(C)/11.1.1.1(C)
王様 ……………… 7.1.1.1(A)/13.1.1.2(A)
王子 ……………………………… 7.1.1.1(C)
皇子 ……………………………… 7.1.1.1(C)
王女 ……………………………… 7.1.1.1(C)
往生 ……………………………… 6.1.1.2(C)
応じる ……… 4.6.6.1(C)/10.8.2.1(C)/17.09
往診 …………………………… 14.2.1.2(C)
往診する ……………………… 14.2.4.1(C)
応ずる ……………… 10.8.2.1(C)/17.09
応接室 …………………………… 1.6.1.1(C)
横断する ……………………… 2.3.4.1(B)
横断歩道 ……………………… 2.3.1.1(B)
王朝 ……………………………… 7.1.1.2(C)
往復 ……………………………… 1.4.1.2(B)
欧米 ……………………………… 1.6.3.2(C)
応募 …………………………… 10.3.1.2(B)
応募する ………… 8.2.4.1(B)/10.3.2.1(B)
応用 ………………… 1.5.5.2(B)/4.6.1.2(B)/16.3.1.2(B)
終える …………… 1.5.8.1(A)/2.7.2.1(A)/17.05
大～ ……………………………………… 17.04
大当たり ……………………… 5.13.1.2(B)
多い ………… 1.1.3.2(A)/1.8.4.2(A)/3.1.4.2(A)/
　　15.3.4.2(A)/17.04
大いに ……………………… 17.04/17.14
大方 ………………………… 17.07/17.14
大型 …………………………… 11.8.1.2(B)
大柄 ……………… 3.5.2.2(B)/14.3.6.2(B)
大きい ………… 1.3.4.2(A)/1.6.2.2(A)/2.14.2.2(A)/
　　11.3.2.2(A)/12.1.2.2(A)/15.3.4.2(A)/17.04
大きな ……… 13.6.3.2(A)/15.2.5.2(A)/17.04
オーケー ………………………………… 17.20
おおげさ …… 3.3.10.2(C)/8.1.2.2(C)/8.2.5.2(C)
オーケストラ ………………… 5.1.1.1(B)
大匙 ……………………………… 1.1.1.1(B)
おおざっぱ …………………… 3.3.6.2(B)
大筋 ……………………………………… 17.01
大勢 ……………………… 2.7.3.2(B)/17.04
オーディオ …………………… 5.1.1.1(B)
オート …………………………… 5.4.1.1(B)
大道具 …………………………… 5.5.1.1(B)
大通り …………………………… 2.3.1.1(B)
オートバイ …………………… 2.3.1.1(B)
オートマチック ……… 11.1.1.2(C)/17.13
オートメーション …………… 11.1.1.2(C)
オーナー ……………………… 1.2.1.1(C)
オーバー …… 3.3.10.2(C)/8.1.2.2(C)/8.2.5.2(C)
オーバーする ………………… 2.3.9.1(B)
大幅 ……………………… 17.04/17.14
オーブン ……………………… 1.1.1.1(B)
オープン …… 3.3.4.2(C)/4.2.11.2(C)/17.05
おおまか ………………………………… 17.14
大水 …………………………… 15.3.1.2(C)
大物 …………………………… 8.2.1.2(C)
大家 …………………………… 2.8.1.1(B)
公 ……………………………… 2.1.5.1(C)
おおよそ ……………………… 17.07/17.14
丘 ……………………………… 15.2.1.1(B)
お母様 ……………… 2.12.1.1(B)/3.1.1.1(B)
お母さん ………… 2.12.1.1(A)/3.1.1.1(A)
お返し ………………………… 3.8.1.2(B)
おかげ …………………………………… 17.08
おかけください ………………………… 17.20
おかげさまで …………………………… 17.20
お菓子 …… 1.1.1.1(A)/5.8.1.1(A)/14.3.1.1(A)
おかしい ………………………………… 17.10
侵す ………… 8.1.5.1(C)/11.8.2.1(C)/13.5.3.1(C)/
　　13.6.2.1(C)
犯す ………… 3.8.3.1(C)/6.1.3.1(C)/12.1.2.1(C)/
　　13.2.3.1(C)
おかず ………………………… 1.1.1.1(B)
お金 ………… 1.4.1.1(A)/3.7.1.1(A)/10.1.1.1(A)/
　　10.6.1.2(A)/12.1.1.2(A)
おかまいなく …………………………… 17.20
拝む ……………………… 6.1.4.1(B)/6.2.2.1(B)
お代わり ……………………… 1.1.1.2(C)
～おき …………………………………… 17.03
沖 ………………… 11.8.1.1(B)/15.2.1.1(B)
掟 ……………………………… 2.15.1.2(C)
補う ………… 1.1.5.1(B)/14.3.5.1(B)/17.04
お気の毒に ……………………………… 17.20
起きる ………… 1.10.3.1(A)/2.3.9.1(A)/2.4.3.1(A)/
　　4.4.5.1(A)/7.1.2.1(B)/11.2.4.1(B)/12.1.2.1(B)/
　　14.1.3.1(A)/15.3.2.1(B)/15.4.2.1(B)/17.02
奥 ……………………… 3.8.1.2(B)/17.03
置く …………………………… 5.13.4.1(A)
億 ……………………………………… 17.19
屋外 …………………………… 1.6.1.1(C)
奥さん ………………………… 3.1.1.1(A)
屋上 …………………………… 1.6.1.1(B)
奥底 …………………………… 2.10.1.2(C)
臆病 …………… 3.3.4.2(C)/14.4.2.2(C)
送り仮名 ……………………… 1.7.1.2(B)
贈り物 ……… 2.7.1.1(B)/2.10.1.1(B)/3.8.1.1(B)
送る ………… 1.4.4.1(B)/2.3.2.1(B)/2.11.8.1(B)/
　　2.11.9.1(B)/2.16.4.1(B)/9.1.2.1(A)/9.1.3.1(A)/
　　9.1.4.1(A)/9.2.3.1(A)/11.6.2.1(A)/11.8.2.1(A)/
　　16.3.6.1(A)

— 619 —

索　引

贈る………2.10.2.1(B)/2.10.4.1(B)/3.8.2.1(B)
遅れ……………………………………17.04
遅れる………2.3.6.1(B)/2.9.5.1(B)/4.1.3.1(B)/
　　　　4.2.3.1(B)
桶………………………………………5.6.1.1(B)
お元気で………………………………17.20
お子さん………………2.12.1.1(B)/3.1.1.1(B)
起こす………1.2.3.1(B)/2.3.9.1(B)/11.2.4.1(B)/
　　　　11.6.2.1(B)/12.1.2.1(B)
興す……………………………………10.4.2.1(C)
厳か………2.16.4.2(C)/6.1.7.2(C)/6.2.2.2(C)
怠る……………………………………10.2.2.1(C)
行う……………………1.9.2.1(A)/13.7.2.1(B)
怒り……………………………………13.6.1.2(B)
起こる………1.10.3.1(B)/2.3.9.1(B)/7.1.2.1(B)/
　　　　15.3.2.1(B)/15.4.2.1(B)/17.02
怒る………2.12.5.1(B)/3.4.2.1(A)/4.1.5.1(A)/
　　　　4.2.5.1(A)
おごる…………………………………1.1.4.1(A)
押さえる………1.5.2.1(B)/9.2.2.1(B)/14.1.3.1(B)/
　　　　14.2.4.1(B)/16.3.5.1(B)/17.02
抑える………10.1.3.1(B)/10.4.3.1(B)/14.2.4.1(B)/
　　　　14.3.5.1(B)
お酒……………………………………1.1.1.1(A)
幼い……………………2.12.6.2(B)/3.3.10.2(B)
治まる…………………………………15.1.3.1(B)
収まる…………………………………17.05
収める…………………………5.4.2.1(B)/7.1.2.1(B)
治める………7.1.2.1(B)/13.1.2.1(B)/13.5.3.1(B)
納める…………………………10.8.2.1(B)/12.4.3.1(B)
お皿……………………………………1.1.1.1(A)
おじ……………………………………3.1.1.1(B)
惜しい………2.16.2.2(C)/4.3.3.1(C)/4.4.6.2(C)
おじいさん……………2.12.1.1(A)/3.1.1.1(A)
押し入れ………………………………1.6.1.1(B)
教え………………………………………6.1.1.2(B)
教える………4.1.5.1(A)/4.2.5.1(A)/4.6.2.1(A)/
　　　　16.3.2.1(A)
お辞儀…………………………………3.8.1.2(B)
押し切る………………………………2.11.3.1(C)
おじさん………………………………3.1.1.1(B)
おしっこ………………………………2.12.1.1(B)
惜しむ…………………………1.5.7.1(C)/2.16.4.1(C)
おしゃべり……………………3.6.1.2(B)/4.1.1.2(B)
おじゃまします………………………17.20
おしゃれ………1.3.6.2(A)/1.6.3.2(A)/2.7.5.2(A)/
　　　　4.2.11.2(A)/11.2.2.2(A)
和尚……………………………………6.1.1.1(C)
お嬢さん………………………2.12.1.1(B)/4.2.11.2(B)
押し寄せる…………………13.6.2.1(C)/15.2.5.1(C)
押す………2.5.2.1(A)/9.2.2.1(A)/14.1.3.1(A)/
　　　　16.3.5.1(A)
雄………………………………………14.4.1.2(B)
お世辞…………………………………10.4.1.2(C)

お世話になりました…………………17.20
汚染……………………………………15.4.1.2(B)
汚染する………2.3.10.1(B)/11.2.4.1(B)/
　　　　11.6.3.1(B)/15.2.4.1(B)
遅い………1.4.3.2(B)/1.5.2.2(A)/2.3.3.2(A)/
　　　　2.9.4.2(A)/2.9.5.2(A)/2.12.4.2(A)/5.1.2.2(A)/
　　　　5.4.5.2(A)/9.1.4.2(A)/9.2.3.2(A)/11.2.2.2(A)/
　　　　13.4.5.2(A)/14.2.4.2(A)/14.5.2.2(A)/
　　　　16.2.4.2(A)/16.3.6.2(A)/17.04
襲う………5.13.3.1(B)/13.6.2.1(A)/14.4.3.1(B)/
　　　　15.3.2.1(C)
遅くとも………………………………17.06
おそらく………………………………17.15
恐れ……………………………………13.6.1.2(B)
恐れ入る………………………………3.4.3.1(C)
恐れる…………………………………13.6.4.1(B)
お揃い…………………………………1.3.1.2(C)
恐ろしい………2.3.9.2(B)/7.1.2.2(B)/12.1.2.2(B)/
　　　　13.6.2.2(B)/17.14
教わる…………………………4.1.4.1(B)/4.2.4.1(B)
お宅……………………………1.6.1.1(B)/3.6.1.2(B)
おだてる………………………………10.4.4.1(C)
穏やか………1.9.4.2(B)/1.9.7.2(B)/2.1.2.2(B)/
　　　　3.3.5.2(B)/13.6.5.2(B)/13.7.2.2(B)/15.2.4.2(B)
陥る……………………………………2.15.2.1(C)
落ち込む………2.10.6.2(B)/4.4.9.1(B)/10.5.3.1(C)/
　　　　10.6.2.1(C)/10.6.3.1(C)/10.6.4.1(C)
落ち着いた………5.1.2.2(B)/5.2.6.2(B)/5.7.5.2(B)
落ち着き………………………………3.3.1.2(B)
落ち着く………………2.1.3.1(C)/2.8.2.1(C)/17.08
落ち葉…………………………………1.9.1.1(B)
お茶……………………………1.1.1.1(A)/5.6.1.2(A)
落ちる………2.3.9.1(A)/2.12.6.1(A)/4.3.3.1(A)/
　　　　4.4.3.1(A)/10.3.3.1(A)/12.1.7.1(A)/
　　　　13.4.4.1(A)/14.3.6.1(A)/17.02/17.04
乙………………………………………17.10
おつかい………………………………2.6.1.2(A)
おっかない……………………………13.6.2.2(C)
夫………………………………2.11.1.2(A)/3.1.1.1(A)
おっぱい………………………………2.12.1.1(B)
お釣り…………………………………10.1.1.1(A)
お手上げ………………………………17.11
お手洗い………………………………1.6.1.1(B)
お出かけ………………………………2.10.1.2(B)
お手伝いさん…………………………10.2.1.1(B)
音………………………………1.7.1.2(A)/5.1.1.1(A)
お父様…………………………2.12.1.1(B)/3.1.1.1(B)
お父さん………………………2.12.1.1(A)/3.1.1.1(A)
弟………………………………………3.1.1.1(A)
弟さん…………………………………3.1.1.1(B)
おどかす………………………………12.1.2.1(C)
男………………………………12.2.1.2(A)/14.1.1.2(A)
男の子…………………………12.2.1.2(A)/14.1.1.2(A)
男の人…………………………………14.1.1.2(A)

落とし物………………………………12.1.1.2(B)
落とす………1.3.5.1(B)/2.6.3.1(B)/2.16.2.1(B)/
　　　　4.2.6.1(B)/4.4.3.1(B)/5.13.3.1(B)/5.13.5.1(B)/
　　　　12.1.8.1(B)/13.6.3.1(B)/14.3.5.1(B)/
　　　　14.5.2.1(B)/17.02/17.04
おどす…………………………………12.1.2.1(C)
訪れる…………………………………1.4.3.1(B)
おととい………………………………17.06
おととし………………………………17.06
おとなしい……………………………3.3.4.2(B)
お供……………………………………1.4.1.1(C)
踊り……………………………5.1.1.1(A)/8.2.1.1(A)
踊る………………1.2.3.1(A)/5.1.3.1(A)/8.2.2.1(A)
衰える………1.5.11.1(B)/7.1.2.1(B)/14.2.2.1(B)/
　　　　14.3.6.1(B)/14.4.2.1(B)/17.02/17.12
驚き……………………………………4.4.1.1.2(B)
驚く………………2.2.3.1(A)/2.10.5.1(A)/4.4.9.1(A)
同い年…………………………………2.11.1.1(A)
おなか…………………14.1.1.1(A)/14.3.1.1(A)/14.4.1.1(A)
鬼………………………………5.13.1.1(B)/6.2.1.2(B)
お兄さん………………………………3.1.1.1(A)
お姉さん………………………………3.1.1.1(A)
お願いします…………………………17.20
各々……………………………………17.07
おのずから……………………………17.13
おば……………………………………3.1.1.1(B)
おばあさん……………………2.12.1.1(A)/3.1.1.1(A)
おばさん………………………………3.1.1.1(B)
お話……………………………………2.12.1.1(A)
おはようございます…………………17.20
帯………………………1.3.1.1(B)/1.5.1.1(B)/16.1.1.2(B)
おびえる………………………………13.6.4.1(C)
おびただしい……13.6.4.2(C)/15.5.2.2(C)/17.04
おびやかす……………………………12.1.2.1(C)
お昼……………………1.1.1.1(B)/15.1.1.2(A)/17.06
オフ……………………………………1.5.1.2(B)
オフィス………………………………2.1.1.1(B)
おふくろ………………1.1.2.2(B)/2.12.1.1(C)/3.1.1.1(C)
お風呂…………………………………1.6.1.1(A)
オペラ…………………………………5.1.1.1(B)
覚える………1.7.7.1(A)/4.1.4.1(A)/4.2.4.1(A)/
　　　　4.4.5.1(A)/7.1.4.1(A)
溺れる…………………………………1.5.11.1(B)
お参り…………………………3.8.1.2(B)/6.1.1.2(B)
お前……………………………………3.6.1.2(B)
おまけ………4.3.1.2(B)/4.4.1.2(B)/5.8.1.1(B)/
　　　　5.9.1.1(B)/10.1.1.1(B)/10.4.1.2(B)/17.04
おまたせしました……………………17.20
おまちください………………………17.20
おまちどおさま………………………17.20
お祭り…………………………………6.2.1.2(A)
お巡りさん……………………10.2.1.1(A)/12.1.1.1(A)
お見舞い………………………3.8.1.1(B)/14.2.1.2(B)
お宮……………………2.12.1.1(B)/6.1.1.1(B)/6.2.1.1(B)

索　引

お土産 …………… 1.4.1.1(A)
おむつ ……… 2.4.1.1(B)/2.12.1.1(B)/12.3.1.1(C)
おめでたい ……… 2.11.9.2(B)/2.12.2.2(B)
おめでとう ………………… 17.20
おめでとうございます ……… 17.20
重い …… 1.5.11.2(A)/2.8.4.2(A)/11.3.2.2(A)/
　12.4.4.2(A)/14.2.2.2(A)/16.2.4.2(A)/17.04
思い ………………… 2.10.1.2(B)
思い描く ……………… 2.10.2.1(C)
思いがけない ………… 2.10.2.2(C)
思い込み …… 2.10.1.2(C)/2.15.1.2(C)/3.6.1.2(C)
思い込む ……………… 2.15.2.1(B)
思い出す ……… 2.2.4.1(A)/2.13.2.1(A)
思いつく ……… 10.4.2.1(B)/14.1.3.1(B)
思い出 ………… 2.2.1.1(A)/4.1.1.1(A)
想い出 ………………… 2.13.1.1(A)
思い遣り ……………… 3.6.1.2(B)
思う ……………… 2.2.4.1(A)/14.1.3.1(A)
面白い …… 1.4.2.2(A)/1.8.2.2(A)/2.7.5.2(A)/
　2.12.6.2(A)/3.3.4.2(A)/3.4.2.2(A)/4.1.4.2(A)/
　4.5.2.2(A)/5.5.5.2(A)/5.13.9.2(A)/10.4.2.2(A)
重たい ……………… 11.3.2.2(A)/17.04
おもちゃ …… 2.12.1.1(A)/5.8.1.1(A)/5.9.1.1(A)
表 ……………………… 17.03
趣 ……………………… 17.01
重んじる ……………… 1.5.9.1(C)
親 …………… 2.11.1.1(A)/2.12.1.1(A)/3.1.1.1(A)
親方 …………………… 1.5.1.1(C)
親子 ………… 2.11.1.2(A)/2.12.1.1(A)/3.1.1.1(A)
おやじ ……………… 2.12.1.1(A)/3.1.1.1(A)
おやすみなさい ……………… 17.20
おやつ ………………… 1.1.1.1(A)
親分 …………………… 12.1.1.2(C)
親指 ………………… 14.1.1.1(B)/14.4.1.1(B)
泳ぐ …………………… 1.5.2.1(A)
およそ ……………… 17.07/17.14
及ぶ ……………… 15.4.2.1(B)/17.08
及ぼす …… 15.1.4.1(B)/15.4.2.1(B)/17.08
〜織り …………………… 1.3.1.1(C)
折 ……………………… 17.06
オリーブ ………………… 1.1.1.1(B)
オリエンテーション ……… 1.9.1.1(C)
オリジナル ……………… 5.1.1.1(C)
織物 …………… 1.3.1.1(C)/5.3.1.2(B)
降りる …… 1.4.3.1(A)/2.3.5.1(A)/2.3.6.1(A)/
　15.1.3.1(A)
オリンピック ………………… 1.5.1.1(A)
折る ……… 1.1.3.1(B)/1.3.4.1(B)/1.5.11.1(A)/
　5.11.2.1(B)/14.1.3.1(B)
織る ……………… 1.3.4.1(C)/11.4.2.1(C)
居る ……………………… 17.02
オルガン ……………… 5.1.1.1(B)/6.1.1.2(B)
おれ …………………… 3.6.1.2(B)
お礼 ……………… 3.8.1.1(B)/3.8.1.2(B)

折れる ……… 1.5.11.1(B)/2.14.3.1(B)/2.15.7.1(B)
オレンジ …… 1.1.1.1(A)/1.3.1.2(B)/1.3.6.2(B)/
　5.2.1.2(B)/5.2.8.2(B)/11.7.1.1(B)/14.5.1.1(A)
愚か ……………… 12.1.2.2(C)/13.6.4.2(C)
おろす …………… 1.1.3.1(B)/10.1.5.1(B)
おろそか …………… 5.13.8.2(C)/10.2.2.2(C)
お笑い ………………… 8.1.1.1(B)
終わり ………………… 17.05
終わる …………… 2.7.2.1(A)/17.05
恩 ……………… 3.4.1.2(C)/3.6.1.2(C)
音 ……………… 1.7.1.2(C)/5.1.1.1(C)
音楽 …… 2.7.1.1(A)/4.1.1.1(A)/5.1.1.1(A)/
　5.8.1.1(A)/6.1.1.2(A)/8.1.1.1(A)/9.2.1.2(A)/
　16.3.1.2(A)
音響 ………………… 5.5.1.1(C)
恩恵 ………………… 3.4.1.2(C)
温室 ………………… 1.1.3.2(B)
温室効果 ……………… 15.4.1.2(B)
音声 ………………… 1.7.1.2(B)
温泉 …… 1.4.1.1(A)/1.4.1.2(A)/14.3.1.1(A)/
　15.2.1.1(A)
温帯 ………………… 15.2.1.2(C)
温暖 …… 2.1.2.2(B)/15.1.3.2(B)/15.2.1.2(B)/
　15.4.1.2(B)
御中 …………………… 9.1.6(B)
温度 …… 1.2.1.2(B)/15.1.1.2(B)/16.2.1.2(B)
女 ………………… 12.2.1.2(A)/14.1.1.2(A)
女の子 ……… 2.12.1.1(A)/12.2.1.2(A)/14.1.1.2(A)
女の人 ………………… 14.1.1.2(A)
おんぶする ……………… 2.12.5.1(B)
オンライン …………… 5.13.1.1(B)/9.1.1.2(B)
温和 ………………… 3.3.5.2(C)

か

歌 ……………………… 1.8.1.2(C)
科 …… 4.1.10(B)/11.7.1.1(B)/14.2.1.1(B)/14.4.6(C)
家 ……………………… 5.1.1.1(B)
歌 ……………………… 5.1.1.1(B)
課 …………………… 10.2.1.2(B)
蚊 …………………… 14.4.1.1(B)
化 ……………………… 17.13
画 …………………… 5.2.1.1(B)
カー ……………… 11.2.1.1(B)/13.4.1.1(B)
カーテン ……………… 1.6.1.1(B)/5.11.1.1(B)
ガーデン ……………… 2.11.1.1(B)/14.5.1.1(B)
カード …… 1.4.1.1(B)/5.12.1.1(A)/5.13.1.1(A)/
　9.1.1.1(A)/10.1.1.1(A)/10.1.1.2(A)
カーニバル ……………… 1.4.1.1(B)
カーブ ……… 12.1.7.2(B)/16.1.1.2(B)/17.03
カーブする ……………… 2.3.4.1(B)
カーペット ……………… 1.6.1.1(C)
会 …… 1.2.1.2(B)/2.7.1.2(B)/5.1.1.1(B)/5.7.1.1(B)/
　13.1.1.2(B)/13.1.7(B)/13.3.1.2(B)

階 ……………………… 1.6.5(A)
界 ……………… 10.2.6(B)/17.03
買い ………………… 10.5.1.2(C)
貝 ………………… 11.8.1.1(B)/14.4.1.1(B)
海 ………………… 11.8.1.1(B)/15.2.7(B)
解 ……………… 16.1.1.2(C)/16.2.1.2(C)
街 …………………… 2.1.1.2(C)
害 ……………… 11.6.1.2(B)/14.3.1.2(B)
外 ……………………… 17.03/17.14
改悪 ………………… 13.1.1.2(C)
海域 ……………… 11.6.1.2(C)/11.8.1.1(C)
会員 ………………… 2.9.1.2(B)
海運 ………………… 2.3.1.2(C)
開花 ………………… 14.5.1.2(B)
絵画 ……………… 5.2.1.1(B)/6.1.1.2(B)
外貨 ……………… 1.4.1.1(C)/10.7.1.2(C)
海外 ……………… 1.4.1.2(B)/7.1.1.2(B)
開会する ……………… 2.7.2.1(B)
改革 ………………… 13.1.1.2(C)
開花する ……………… 14.5.2.1(B)
貝殻 …………………… 14.4.1.1(C)
快感 ………………… 2.10.1.2(C)
海岸 ……………… 11.8.1.1(B)/15.2.1.1(B)/15.4.1.1(B)
外観 ………………… 1.6.1.2(C)
会議 …… 4.1.1.2(B)/13.5.1.2(B)/13.7.1.2(B)/
　15.4.1.2(B)
会議室 ………………… 13.7.1.1(B)
階級 ……………… 7.1.1.2(C)/16.1.1.2(C)/17.01
海峡 ………………… 11.8.1.1(C)
開業する ……………… 2.3.6.1(B)
解決する …… 2.15.2.1(B)/3.7.6.1(B)/11.5.3.1(B)
会見 ………………… 8.1.1.1(C)
解雇 ………………… 10.2.1.2(C)
介護 ……………… 12.4.1.2(B)/14.2.1.2(B)
開港 ………………… 7.1.1.2(C)
会合 ………………… 13.7.1.2(B)
外交 ………………… 13.5.1.2(B)
外国 ……………… 1.4.1.1(A)/7.1.1.2(A)
外国人 ………………… 12.2.1.2(A)
解雇する ……………… 10.2.3.1(C)
介護する ……………… 12.3.3.1(B)/14.2.5.1(B)
開催する …… 1.5.8.1(B)/2.7.2.1(B)/5.2.4.1(B)/
　5.3.3.1(B)/13.1.4.1(B)/13.7.2.1(B)
改札 ………………… 2.3.1.1(B)
開始 ………………… 17.05
開始する ……………… 2.7.2.1(B)
会社 …… 2.1.1.1(A)/2.4.1.1(A)/3.2.1.1(A)/
　10.2.1.2(A)/10.3.1.1(A)/10.4.1.1(A)/
　10.5.1.2(A)
回収 ………………… 10.1.1.2(C)
怪獣 ……………… 5.5.1.2(B)/5.13.1.1(B)
回収する ……………… 10.1.6.1(C)/10.4.3.1(C)
外出 ………………… 14.2.1.2(B)
外出する ……………… 2.4.5.1(B)

— 621 —

索　引

介助 ················ 12.4.1.2(C)
解除 ···················· 17.02
会場 ··· 1.5.1.1(B)/2.7.1.1(B)/2.11.1.1(B)
外相 ········· 13.1.1.2(C)/13.5.1.1(C)
解消する ··· 2.11.11.1(B)/5.12.3.1(B)/
　　　　　14.3.5.1(B)
外食 ·················· 1.1.1.2(B)
外食する ················ 1.1.4.1(B)
介助する ··············· 12.3.3.1(C)
海水浴 ········ 1.4.1.2(B)/1.9.1.1(B)
回数券 ················· 2.3.1.1(B)
害する ················ 14.3.6.1(C)
快晴 ················· 15.1.1.2(B)
改正 ················· 13.1.1.2(B)
改正する ······ 13.1.4.1(B)/13.2.2.1(B)
解析 ··· 4.6.1.2(C)/14.1.1.2(C)/16.1.1.2(C)/
　　　　　16.3.1.2(C)
解析する ··· 4.6.3.1(C)/14.1.6.1(C)/16.3.3.1(C)
概説 ·················· 1.8.1.2(C)
解説する ······· 4.1.5.1(B)/4.2.5.1(B)
回線 ··· 8.1.1.2(C)/9.1.1.1(C)/9.2.1.2(C)/
　　　　　16.3.1.2(C)
回送 ········ 2.3.1.1(C)/2.3.1.2(C)
階層 ··············· 7.1.1.2(B)/17.01
海賊 ········· 7.1.1.2(C)/12.1.1.2(C)
開拓 ········ 11.5.1.2(C)/11.7.1.2(C)
開拓する ······ 11.5.2.1(C)/11.7.2.1(C)
〜階建て ················· 1.6.5(B)
会談 ········ 13.5.1.2(C)/13.7.1.2(C)
階段 ·················· 1.6.1.1(A)
開通する ················ 2.3.4.1(B)
改訂 ·················· 1.8.1.2(C)
海底 ·················· 11.8.1.1(C)
改訂する ················ 13.2.2.1(C)
快適 ··· 1.6.2.2(B)/3.4.2.2(B)/11.2.2.2(B)/
　　　　　15.1.3.2(B)
回転する ······ 5.13.5.1(B)/15.5.2.1(B)
ガイド ··· 1.4.1.1(A)/2.5.1.1(B)/10.2.1.1(B)
解答 ········ 4.4.1.2(B)/16.1.1.2(B)
街道 ·········· 1.4.1.1(C)/2.3.1.1(C)
該当 ···················· 17.09
解答する ················ 4.4.5.1(B)
回答する ··············· 16.1.2.1(B)
ガイドする ··············· 1.4.4.1(B)
ガイドブック ····· 1.4.1.1(B)/1.8.1.1(B)
介入 ········ 10.6.1.2(C)/10.7.1.2(C)
介入する ··············· 10.6.5.1(C)
概念 ···················· 17.01
開発 ··· 4.6.1.2(B)/10.2.1.2(B)/11.5.1.2(B)/
　　　　　15.4.1.2(B)/15.5.1.2(B)/16.3.1.2(B)
海抜 ················· 15.2.1.2(C)
開発する ··· 2.2.3.1(B)/2.5.3.1(B)/4.6.3.1(B)/
　　　　　11.5.2.1(B)/15.4.2.1(B)/15.4.3.1(B)/
　　　　　15.5.3.1(B)/16.3.3.1(B)

外部 ···················· 17.03
回復 ··· 10.6.1.2(B)/12.3.1.2(B)/12.4.1.2(B)/
　　　　　13.5.1.2(B)
回復する ··· 10.6.2.1(B)/13.5.2.1(B)/14.2.4.1(B)
外壁 ·················· 1.6.1.1(C)
解放 ················· 12.2.1.2(B)
介抱 ········ 1.2.1.2(C)/12.4.1.2(C)/14.2.1.2(C)
解剖 ················· 14.2.1.2(C)
介抱する ··· 1.2.3.1(C)/12.3.3.1(C)/14.2.5.1(C)
解放する ··············· 12.2.3.1(B)
解剖する ················ 14.2.4.1(C)
開放的 ················ 4.2.11.2(C)
壊滅的 ················ 15.3.4.2(C)
買い物 ··· 1.4.1.2(A)/2.10.1.1(A)/9.1.1.2(A)/
　　　　　10.1.1.2(A)
買い物する ······ 9.1.5.1(A)/10.1.2.1(A)
潰瘍 ················· 2.15.1.2(C)
海洋 ······ 11.8.1.1(C)/15.2.1.1(C)/15.4.1.1(C)
概要 ···················· 17.01
外来 ················· 14.2.1.1(B)
概略 ···················· 17.01
海流 ········ 11.8.1.1(B)/15.2.1.1(B)
改良 ········ 11.7.1.2(B)/14.4.1.2(B)
海路 ·················· 2.3.1.1(B)
回路 ················· 11.4.1.1(C)
街路樹 ················ 11.5.1.1(B)
概論 ········· 1.8.1.2(C)/4.2.1.1(C)
会話 ········ 1.7.1.2(A)/4.4.1.1(B)
会話する ················ 1.7.2.1(A)
買う ··· 1.4.4.1(A)/1.6.2.1(A)/2.5.3.1(A)/
　　　　　9.1.5.1(A)/10.1.2.1(A)/10.5.2.1(A)/11.7.5.1(A)
飼う ········ 2.8.3.1(A)/11.7.4.1(A)/14.4.4.1(A)
カウンセラー ··· 2.15.1.1(B)/4.1.1.2(B)/
　　　　　4.2.1.1(B)
カウンセリング ····· 2.15.1.1(B)/4.1.1.2(B)
帰す ··· 1.2.3.1(B)/4.1.3.1(B)/4.2.3.1(B)/
　　　　　14.2.5.1(B)
返す ··· 1.8.4.1(A)/3.7.5.1(A)/3.8.2.1(A)/
　　　　　4.2.9.1(A)/5.12.3.1(A)/9.1.4.1(A)/9.1.5.1(A)/
　　　　　9.2.3.1(A)/10.1.6.1(A)/10.4.3.1(A)/
　　　　　13.5.3.1(A)/16.3.6.1(A)
かえって ················· 17.09
楓 ··················· 14.5.1.1(C)
顧みる ················ 2.13.2.1(C)
変える ··· 1.3.2.1(A)/1.5.6.1(A)/2.9.2.1(A)/
　　　　　13.1.4.1(A)/16.2.4.1(A)/17.13
帰る ··· 1.9.6.1(A)/1.9.8.1(A)/2.2.4.1(A)/
　　　　　2.4.5.1(A)/4.1.3.1(A)/4.2.3.1(A)
換える ················· 2.12.5.1(A)
顔 ··· 2.10.1.1(A)/2.11.1.1(A)/2.12.1.1(A)/
　　　　　2.15.1.2(A)/3.5.1.1(A)/8.2.1.2(A)/14.1.1.1(A)/
　　　　　14.2.1.1(A)/14.3.1.1(A)/14.4.1.1(A)
家屋 ·················· 1.6.1.1(C)
顔つき ········ 3.4.1.2(C)/14.1.1.2(C)/14.4.1.1(C)

香り ····· 1.1.1.2(B)/1.2.1.2(B)/5.6.1.2(A)
画家 ········· 5.2.1.1(B)/10.2.1.1(B)
課外活動 ······· 4.1.1.2(C)/4.2.1.2(C)
加害者 ················ 12.1.1.2(C)
抱える ······ 2.12.5.1(B)/10.2.3.1(C)/14.1.3.1(B)
価格 ······· 1.4.1.2(B)/10.1.1.2(B)/10.6.1.2(B)
化学 ··· 4.1.1.1(B)/4.6.1.1(B)/16.1.1.2(B)/
　　　　　16.2.1.2(B)/16.3.1.2(B)
価額 ················· 10.5.1.2(C)
科学 ········· 4.6.1.1(B)/16.3.1.2(B)
掲げる ················ 13.4.3.1(C)
かかと ······ 14.1.1.1(C)/14.3.1.1(C)/14.4.1.1(C)
鏡 ··················· 14.3.1.1(A)
輝き ·················· 1.3.1.2(B)
輝く ········ 15.5.2.1(B)/16.2.3.1(B)
係 ···················· 4.1.1.2(B)
罹る ················· 14.2.2.1(A)
掛かる ················ 15.1.3.1(B)
（時間が）かかる ··········· 17.06
かかわる ················· 17.07
鍵 ··················· 1.6.1.1(A)
書留 ·················· 9.1.1.1(A)
書き取り ················ 1.7.1.2(B)
垣根 ·················· 1.6.1.1(C)
掻きまわす ····· 13.7.2.1(C)/14.1.3.1(C)
限り ··············· 17.03/17.14
格 ·············· 1.7.1.2(C)/17.01
書く ··· 1.7.3.1(A)/1.8.3.1(A)/2.9.3.1(A)/
　　　　　4.1.4.1(A)/4.2.4.1(A)/4.2.7.1(A)/5.5.3.1(A)/
　　　　　5.6.5.1(A)/7.1.5.1(A)/13.4.5.1(A)
画 ········· 1.7.10(C)/2.12.9(C)
（恥を）かく ············· 2.15.6.1(B)
描く ········ 5.2.2.1(A)/14.3.4.1(A)
核 ··· 5.13.1.1(C)/11.6.1.1(C)/13.6.1.1(C)/
　　　　　14.5.1(C)/17.03
掻く ················· 14.1.3.1(B)
欠く ···················· 17.04
各 ····················· 17.07
家具 ··· 1.6.1.1(B)/2.8.1.1(B)/5.3.1.1(B)/
　　　　　5.10.1.1(B)
かぐ ········ 5.6.6.1(B)/14.1.3.1(B)/14.4.3.1(B)
学 ··· 4.6.1.1(B)/4.6.7(B)/16.1.1.2(B)/16.3.1.2(B)
額 ········· 10.1.1.2(B)/12.4.1.2(B)
学院 ·················· 4.2.1.1(B)
架空 ···················· 17.08
学園 ·················· 4.2.1.1(B)
学業 ·················· 4.1.1.2(B)
学芸員 ······· 4.6.1.1(B)/16.3.1.1(B)
格差 ················· 10.6.1.2(B)
学士 ·················· 4.2.1.1(B)
確実 ······ 8.1.2.2(B)/9.1.2.2(B)/13.4.4.2(B)/
　　　　　15.1.4.2(B)
各社 ·················· 8.1.1.1(B)
学者 ·················· 4.2.1.1(B)

— 622 —

索　引

各種 …………………………… 17.01
隔週 …………………………… 17.06
学習 …………………………… 4.1.1.2(B)
学習する …… 1.7.7.1(B)/4.1.4.1(B)/4.2.4.1(B)
学術 …………………… 4.6.1.2(C)/16.3.1.2(C)
学術的 ………………………… 1.8.2.2(C)
革新 …………………………… 13.1.1.2(C)
隠す …………… 4.6.5.1(B)/8.1.2.1(B)/8.2.5.1(B)/
　14.2.4.1(B)/14.3.3.1(B)/14.3.4.1(B)/17.02
覚醒 …………………………… 12.1.1.2(C)
学生 …………………… 4.1.1.2(A)/4.2.1.1(A)
学説 …………… 4.6.1.2(C)/7.1.1.2(C)/16.3.1.2(C)
拡大する ……………………… 10.6.3.1(B)
楽団 …………………………… 5.1.1.1(C)
各地 …………………………… 17.03
学長 …………………………… 4.2.1.1(C)
確定 …………………… 9.2.1.2(C)/16.3.1.2(C)
確定する ……………… 9.2.2.1(C)/16.3.5.1(C)
カクテル ……………… 1.1.1.1(B)/1.2.1.1(C)
学童 …………………… 12.3.1.1(C)/12.4.1.1(C)
格闘技 ………………………… 1.5.1.1(B)
獲得 …………………………… 5.5.1.2(B)
獲得する …… 1.5.8.1(B)/5.5.4.1(B)/5.7.4.1(B)/
　13.4.5.1(B)
確認 …………… 2.9.1.2(B)/4.1.1.2(B)/4.4.1.2(B)
確認する …… 2.9.3.1(B)/2.9.4.1(B)/4.4.4.1(B)/
　4.4.5.1(B)/7.1.3.1(B)/14.1.3.1(B)
格納 …………………………… 11.6.1.1(B)
学派 …………………… 4.6.1.2(C)/16.3.1.2(C)
楽譜 …………………………… 5.1.1.1(B)
学部 …………………………… 4.2.1.1(B)
格別 …………… 1.1.3.2(C)/1.2.4.2(C)/17.01
確保 …………………………… 15.3.1.2(C)
確保する ……………………… 15.3.5.1(C)
革命 …………… 7.1.1.2(B)/11.1.1.2(B)/13.3.1.2(B)/
　13.6.1.2(B)
額面 …………………………… 16.1.1.2(C)
学問 …………………………… 7.1.1.2(B)
楽屋 …………………………… 5.1.1.1(B)
確率 …………………………… 16.1.1.2(B)
確立 …………………………… 17.02
学力 …………………………… 4.1.1.2(B)
学歴 …………… 2.10.1.2(B)/2.11.1.2(B)/10.3.1.2(B)/
　12.2.1.2(B)
隠れる ………………… 12.1.3.1(B)/17.02
賭け …………………………… 5.12.1.2(B)
〜掛け ………………………… 17.06
影 ……………………… 5.4.1.2(B)/14.3.1.2(B)
陰 ……………………………… 17.03
崖 ……………………………… 15.2.1.1(B)
家計 …………………………… 10.1.1.2(B)
歌劇 …………………………… 5.1.1.1(C)
掛け声 ………………………… 6.2.1.2(C)
掛け算 ………………………… 16.1.1.2(B)

可決 …………… 13.1.1.2(C)/13.7.1.2(C)
〜か月 ………………………… 2.12.9(A)
駆けつける …………… 15.3.3.1(C)/15.3.6.1(C)
可決する ……………… 13.1.4.1(C)/13.7.2.1(C)
駆け引き ……………………… 2.10.1.2(C)
かける ………… 1.3.2.1(B)/9.1.3.1(A)/11.7.2.1(A)/
　12.1.4.1(A)
賭ける ………………………… 5.12.2.1(A)
掛ける ………………… 16.1.2.1(A)/17.06
欠ける ………………………… 17.04
加減 …………………… 17.04/17.14
過去 …………… 1.7.1.2(B)/2.13.1.1(B)/17.06
かご …………………………… 14.4.1.1(B)
加工 …………… 5.10.1.2(B)/11.1.1.2(B)
下降 …………… 10.5.1.2(B)/15.1.1.2(B)
火口 …………………………… 15.2.1.1(C)
化合 …………………………… 16.2.1.2(C)
加工する …… 5.10.2.1(B)/11.1.2.1(B)/
　11.3.2.1(B)/11.7.3.1(B)/11.7.4.1(B)/
　11.8.2.1(B)
下降する …… 10.5.3.1(B)/10.6.4.1(B)/15.1.3.1(B)
化合する ……………………… 16.2.3.1(C)
囲む …………… 3.7.4.1(B)/5.13.6.1(B)/5.13.7.1(B)/
　11.7.2.1(B)
傘 ……………………………… 1.9.1.1(A)
火災 …………… 10.1.1.2(B)/12.1.1.2(B)/13.6.1.2(B)
重なる ………………… 17.04/17.05
重ねる ………… 1.3.4.1(B)/4.2.7.1(B)/5.11.2.1(B)/
　14.3.4.1(B)/17.04/17.05
かさばる ……………………… 1.4.2.1(C)
かさむ ………………………… 1.4.2.1(C)
飾り …………………… 1.3.1.2(B)/2.11.1.2(B)
飾る …………… 1.1.3.1(B)/5.3.2.1(B)/5.6.4.1(B)/
　6.2.2.1(B)
火山 …………………………… 15.2.1.1(B)
貸し …………………………… 3.6.1.2(B)
歌詞 …………………………… 5.1.1.1(B)
菓子 …………………………… 14.3.1.1(B)
可視 …………………………… 15.5.1.1(C)
火事 …………… 1.6.1.2(B)/12.1.1.2(B)/15.3.1.2(B)
家事 …………………………… 2.6.1.2(B)
賢い …………………… 3.3.7.2(B)/14.4.2.2(B)
かしこまりました …………… 17.20
貸し出し ……………………… 1.8.1.2(B)
過失 …………… 2.3.1.2(C)/2.15.1.2(C)/12.1.1.2(C)
果実 …………… 1.1.1.1(C)/1.2.1.1(C)/11.7.1.1(C)/
　14.5.1.1(C)
貸間 …………………………… 2.8.1.2(C)
貸家 …………… 1.6.1.1(C)/2.1.1.1(C)/2.8.1.1(C)
歌手 …………… 5.1.1.1(A)/8.2.1.1(A)/10.2.1.1(A)
箇所 …………………………… 17.03
頭 ……………………………… 10.2.1.2(C)
かじる ………… 1.1.2.1(B)/2.12.6.1(B)/14.1.3.1(B)/
　14.4.3.1(B)/14.4.4.1(B)

家臣 …………………………… 7.1.1.2(C)
貸す …………… 1.8.4.1(A)/2.8.3.1(A)/3.7.5.1(A)/
　10.1.6.1(A)/10.4.3.1(A)
滓 ……………………………… 2.6.1.1(C)
課す …………………………… 10.8.2.1(C)
数 ……………………………… 16.1.1.2(A)
ガス …………… 1.1.1.1(A)/2.16.1.1(A)/11.2.1.1(A)/
　11.6.1.1(A)/15.1.1.1(A)/15.3.1.2(A)/
　15.5.1.1(A)
微か …………… 2.13.2.2(B)/15.2.6.2(B)/17.04
かすむ ………………… 14.2.2.1(B)/15.1.3.1(C)
かする ………………… 2.3.9.1(C)/14.1.3.1(C)
風邪 …………………………… 2.12.1.1(A)
風 ……………………… 11.6.1.1(B)/15.1.1.2(A)
家政 …………………………… 4.2.1.1(C)
火星 …………………………… 15.5.1.1(B)
課税 …………… 1.4.1.2(C)/10.7.1.2(C)/10.8.1.2(C)
課税する …………… 10.7.2.1(C)/10.8.2.1(C)
家政婦 ………………………… 2.6.1.2(C)
化石 …………… 11.1.1.1(B)/11.6.1.1(B)/15.2.1.1(B)
稼ぐ …………………… 4.2.8.1(B)/5.13.3.1(B)
仮説 …………………………… 16.1.1.2(C)
カセット（テープ）…………… 2.5.1.1(C)
化繊 …………………… 1.3.1.1(C)/11.4.1.1(C)
河川 …………………………… 15.2.1.1(C)
下線 …………………………… 17.03
過疎 …………………………… 13.1.1.2(C)
画像 …………………… 1.8.1.1(B)/5.4.1.1(B)
数える ………………… 16.1.2.1(B)/17.04
家族 …………… 1.4.1.1(A)/2.2.1.1(A)/2.11.1.1(A)/
　2.15.1.1(A)/3.1.1.1(A)/6.2.1.1(A)
加速する ……………………… 16.2.4.1(B)
加速度 ………………… 16.2.1.2(C)/17.04
ガソリン …………… 2.16.1.1(A)/10.8.1.2(A)/
　11.1.1.1(A)/11.2.1.1(A)/11.6.1.1(A)/
　15.4.1.1(A)
ガソリンスタンド …… 2.1.1.1(A)/2.3.1.1(A)
方 ……………………… 1.1.6(B)/17.03
型 …………………… 2.5.6(B)/5.11.1.1(A)/17.01
肩 ……………………… 14.1.1.1(B)/14.4.1.1(B)
片 ……………………………… 17.03
固い …………… 1.1.3.2(B)/3.2.2.2(B)/3.6.5.2(B)
堅い …………………… 3.3.5.2(B)/3.3.9.2(B)
課題 …………………… 4.4.1.2(B)/17.01
〜難い ………………………… 17.11
片思い ………………………… 2.10.1.2(B)
片仮名 ………… 1.7.1.2(B)/9.2.1.2(A)/16.3.1.2(A)
片言 …………………………… 1.7.1.2(C)
形 ……………………………… 16.1.1.2(A)
片付く ………………… 17.02/17.05
片付け ………………………… 2.6.1.2(B)
片付ける ……… 2.6.3.1(B)/2.12.5.1(B)/17.05
刀 ……………… 5.13.1.1(B)/12.1.1.1(B)/13.6.1.1(B)
塊 ……………………… 1.1.3.2(B)/1.1.6(C)

— 623 —

索　引

固まる ……… 1.1.3.1(B)/9.2.4.1(B)/16.2.3.1(B)/
　　　16.3.7.1(B)
片道 …………………………………… 1.4.1.2(B)
傾く …………………………………… 1.6.3.1(B)
固める ……… 1.1.3.1(B)/11.3.2.1(B)/11.4.4.1(B)/
　　　16.2.3.1(B)
偏った ………………………………… 8.1.4.2(B)
偏る …………………………………… 12.3.4.1(B)
語る ………… 2.13.2.1(B)/2.14.2.1(B)/7.1.5.1(B)
カタログ ……………………………… 5.2.1.1(B)
傍ら …………………………… 2.1.1.2(C)/17.03
花壇 ………… 4.1.1.1(B)/4.2.1.1(B)/14.5.1.1(B)
価値 …… 5.9.1.2(B)/10.1.1.2(B)/10.7.1.2(B)/17.10
勝ち ………… 1.5.1.2(A)/5.13.1.2(A)/13.4.1.2(A)/
　　　13.6.1.2(A)
〜がち ………………………………… 17.04/17.10
家畜 ………………………… 11.7.1.1(B)/14.4.1.2(B)
課長 …………………………………… 10.2.1.1(B)
勝つ ………… 1.5.4.1(A)/5.12.2.1(A)/5.13.7.1(A)/
　　　13.4.4.1(A)
カツオ ……………………… 1.1.1.1(B)/11.8.1.1(B)
学科 …………………………………… 4.2.1.1(B)
学会 ………………………… 4.2.1.1(B)/4.6.1.2(B)
がっかりする ……………… 2.10.6.1(B)/2.14.3.1(B)/
　　　2.15.7.1(B)
活気 ………………………… 2.1.1.2(B)/3.3.1.2(B)
楽器 ………… 2.8.1.1(B)/5.1.1.1(B)/5.8.1.1(B)/
　　　6.1.1.2(B)
学期 …………………………………… 4.1.1.2(B)
学級 …………………………………… 4.1.1.2(B)
担ぐ ………… 3.6.5.1(C)/13.4.2.1(C)/14.1.3.1(B)
がっくり ……………………………… 2.14.3.2(C)
かっこ ………………………………… 16.1.1.2(B)
格好 ………………………… 1.3.1.2(B)/2.7.1.1(B)
学校 ………… 2.4.1.1(A)/3.2.1.1(A)/4.1.1.1(A)
合宿 ………………………… 1.5.1.2(B)/4.1.1.1(B)
合唱 ………………………… 4.1.1.2(B)/5.1.1.1(B)
がっしり …………… 3.5.2.2(B)/14.3.6.2(B)/17.12
合戦 …………………………………… 7.1.1.2(C)
滑走路 ………………………………… 2.3.1.1(C)
合体する ……………………………… 15.5.3.1(C)
合致 …………………………………… 17.09
がっちり ……………………… 3.3.9.2(C)/14.3.6.2(B)
かつて ………………………………… 17.06
勝手 ………… 1.6.1.1(C)/2.10.7.2(B)/2.12.1.2(B)/
　　　3.3.5.2(B)
カット ……………………… 11.6.1.2(B)/17.02
活動 ………… 13.3.1.2(B)/13.4.1.2(B)/15.4.1.2(B)
葛藤 …………………………………… 2.15.1.2(C)
活動する …… 13.3.2.1(B)/13.4.3.1(B)/15.4.3.1(B)
葛藤する ……………………………… 2.15.3.1(C)
カットする …………………………… 11.6.3.1(B)
活発 ………… 3.3.4.2(B)/4.1.6.2(B)/13.7.2.2(B)/17.13
カップ ………………………………… 1.1.1.1(A)

カップル …… 2.10.1.1(B)/2.11.1.2(B)/3.1.1.1(B)
合併 ………………………… 10.4.1.2(B)/13.1.1.2(B)
合併する …………………… 10.4.2.1(B)/13.1.6.1(B)
活躍する ……………………………… 1.5.8.1(B)
活用 …………………………………… 1.7.1.2(B)
活用する …………………… 2.5.2.1(B)/2.6.5.1(B)
家庭 ………… 1.1.2.2(B)/2.7.1.1(B)/2.11.1.2(B)/
　　　3.1.1.2(B)/11.6.1.1(B)/12.4.1.2(B)
課程 …………………………………… 4.2.1.1(C)
仮定 ………………………… 4.6.1.2(B)/16.3.1.2(B)
過程 …………………………………… 17.05
家庭教師 ……………………………… 4.2.1.1(B)
仮定する …………………… 4.6.3.1(B)/16.3.3.1(B)
カテゴリー …………………………… 17.01
角 ……………………………………… 2.3.1.1(A)
稼働する ……………………………… 11.6.2.1(C)
カトリック …………………………… 6.1.1.2(B)
仮名 …………………………………… 1.7.1.2(B)
家内 …………………………………… 3.1.1.1(C)
叶う …………………………………… 2.14.6.1(C)
叶える ………………………………… 2.14.6.1(C)
悲しい ……… 2.2.4.2(A)/2.10.6.2(A)/2.13.3.2(A)/
　　　2.15.2.2(A)/2.16.2.2(A)/3.4.2.2(A)/4.4.9.2(A)
悲しむ ……… 1.5.7.1(B)/2.10.6.1(B)/2.16.4.1(B)/
　　　3.4.2.1(B)
仮名遣い ……………………………… 1.7.1.2(B)
金槌 ………………………… 5.10.1.1(B)/12.1.1.1(B)
必ず …………………………………… 17.15
必ずしも ……………………………… 17.15
かなり ………………………………… 17.14
かなわない … 5.1.3.2(C)/5.2.7.2(C)/5.7.6.2(C)/
　　　5.10.4.2(C)/5.13.2.2(C)/8.2.2.2(C)/17.11
カニ …………………………………… 11.8.1.1(B)
加入 ………………………… 2.9.1.2(B)/12.4.1.2(B)/13.3.1.2(C)
加入する …… 1.5.6.1(C)/2.9.2.1(C)/10.1.4.1(C)/
　　　10.2.5.1(C)/12.4.3.1(C)/13.3.2.1(C)
金 …………… 3.7.1.1(C)/5.3.1.1(C)/12.1.1.2(B)
鐘 ……………………………………… 6.1.1.1(B)
過熱 …………………………………… 17.04
加熱する ……………………………… 1.1.3.1(B)
かねて ………………………………… 17.06
金持ち ……………………… 10.6.1.2(A)/12.4.4.2(A)
兼ねる ………………………………… 17.07
可能 …………………………………… 17.11
彼女 ………………………… 2.10.1.1(A)/3.6.1.2(A)
カバー ………………………………… 1.8.1.1(C)
かばん ……… 1.3.1.2(B)/5.11.1.1(A)/10.4.1.1(A)
過半数 ……………… 13.4.1.2(C)/13.7.1.2(C)/17.07
かび ………… 1.3.1.2(B)/1.6.1.2(B)/2.5.1.1(B)/
　　　2.6.1.1(B)/15.1.1.1(B)
花瓶 …………………………………… 14.5.1.1(B)
かぶ …………………………………… 1.1.1.1(B)
株 …………… 10.5.1.2(B)/10.5.4.1(B)/11.7.1.1(B)/
　　　14.5.1.1(B)/14.5.5(B)

株価 …………………………………… 10.5.1.2(C)
歌舞伎 ………………………………… 8.2.1.1(B)
株券 …………………………………… 10.5.1.2(C)
株式 …………………………………… 10.5.1.2(C)
かぶせる …………………… 1.3.2.1(B)/11.7.2.1(B)
兜 ……………………………………… 5.3.1.1(C)
株主 …………………………………… 10.5.1.2(C)
かぶる ………………………………… 1.3.2.1(A)
かぶれる ……………………………… 14.2.2.1(C)
花粉 ………………………… 14.2.1.2(B)/14.5.1.1(B)
壁 …………… 1.6.1.1(B)/2.14.1.2(B)/2.15.1.2(B)/4.1.1.1(B)
貨幣 …………………………………… 10.7.1.2(C)
かぼちゃ ……………………………… 1.1.1.1(B)
釜 ……………………………………… 1.1.1.1(B)
窯 ……………………………………… 5.3.1.1(C)
構う …………………………………… 2.12.5.1(B)
構え …………………………………… 1.6.1.1(B)
構える ……… 1.5.2.1(B)/5.4.2.1(B)/14.1.3.1(B)/
　　　17.02
我慢 …………………………………… 1.5.1.2(B)
我慢する …… 1.5.5.1(B)/2.11.10.1(B)/
　　　2.15.3.1(B)/14.4.2.1(B)/15.3.3.1(B)
神 …………… 1.2.1.2(B)/2.11.1.2(B)/2.14.1.1(B)/
　　　2.15.1.2(B)/2.16.1.2(B)/4.4.1.2(B)/
　　　5.13.1.1(B)/6.1.1.2(B)/6.2.1.2(B)
紙 …………… 4.1.1.1(A)/5.3.1.1(A)/11.4.1.1(A)
髪 …………… 14.1.1.1(A)/14.2.1.1(A)/14.3.1.1(A)
上 ……………………………………… 17.03
加味 …………………………………… 17.04
噛み切る …… 1.1.2.1(C)/2.16.2.1(C)/14.1.3.1(C)
紙屑 …………………………………… 15.4.1.1(B)
神様 ………… 1.2.1.2(B)/2.11.1.2(B)/2.14.1.1(B)/
　　　2.16.1.2(B)/4.4.1.2(A)/5.13.1.1(A)/6.1.1.2(A)/
　　　6.2.1.2(A)
加味する ……………………………… 4.3.2.1(C)
剃刀 …………………………………… 14.3.1.1(C)
過密 …………………………………… 13.1.1.2(C)
雷 ……………………………………… 15.1.1.1(B)
髪の毛 ……… 14.1.1.1(A)/14.2.1.1(A)/14.3.1.1(A)
噛む ………………………… 1.1.2.1(B)/14.1.3.1(B)
咬む …………………………………… 14.4.3.1(B)
ガム …………………………………… 1.1.1.1(B)
カムバックする ……………………… 1.5.7.1(C)
亀 ……………………………………… 14.4.1.1(B)
カメラ ……… 1.4.1.1(A)/5.4.1.1(A)/5.5.1.1(A)/
　　　5.8.1.1(A)/11.4.1.1(A)
カメラマン …………… 5.5.1.1(B)/8.1.1.1(B)/
　　　10.2.1.1(B)
仮面 …………………………………… 6.2.1.1(C)
画面 ………………………… 5.2.1.1(B)/5.5.1.1(B)
科目 …………………………………… 4.1.1.2(B)
貨物 ………………………… 2.3.1.1(C)/9.1.1.1(C)
粥 ……………………………………… 1.1.1.1(C)
かゆい ……………………… 14.1.3.2(B)/14.2.2.2(B)

— 624 —

索　引

歌謡 …………………… 1.8.1.2(C)	乾く ………………… 15.1.3.1(B)	16.3.1.2(A)
通う ………… 2.4.4.1(B)/4.1.3.1(B)/4.2.3.1(B)/	交わす ……… 2.11.8.1(C)/13.5.5.1(C)	監視する …………… 12.1.3.1(B)
10.4.2.1(B)/14.2.5.1(B)	為替 ……………… 1.4.1.2(B)/10.7.1.2(C)	元日 ………………… 1.9.1.2(B)
火曜 …………………… 17.06	変わった ……… 5.9.4.2(A)/6.2.2.2(A)/10.4.2.2(A)	患者 ……………… 12.4.1.1(B)/14.2.1.2(B)
火曜日 ………………… 17.06	河原 ………………… 15.2.1.1(B)	感謝する ………………… 3.4.4.1(B)
殻 …………………… 14.4.1.1(B)	瓦 ……………… 1.6.1.1(C)/11.5.1.1(C)	慣習 ……………… 1.4.1.2(C)/1.10.1.2(C)/3.8.1.2(C)
空 ……………………… 17.02	変わる ……… 1.7.8.1(A)/1.9.3.1(A)/2.2.3.1(A)/	観衆 ………… 1.5.1.2(C)/5.5.1.1(C)/8.2.1.2(B)
柄 …………………… 1.3.1.2(B)	3.3.2.1(A)/7.1.2.1(A)/11.3.1(A)/15.1.2.1(A)/	願書 ………………… 4.4.1.1(C)
カラー ……… 1.3.1.2(B)/5.2.1.2(B)/17.10	15.1.3.1(A)/16.2.3.1(A)	鑑賞 ……… 2.10.1.1(B)/5.6.1.2(B)/5.7.1.2(B)
辛い …………… 1.1.2.2(A)/1.2.4.2(A)	代わる代わる ………… 17.13	干渉 ………………… 3.6.1.2(C)
ガラス ……… 1.6.1.1(A)/5.3.1.1(A)	缶 ……………… 1.1.1.1(A)/14.2.1.1(B)	観賞 ………………… 14.5.1.2(B)
体 ………… 2.12.1.1(A)/14.1.1.2(A)/14.2.1.1(A)/	巻 …………………… 1.8.5(C)	感情 ……………… 2.10.1.2(B)/3.4.1.2(B)
14.3.1.1(A)	勘 ……………………… 4.4.1.2(B)	勘定 ……………… 10.1.1.2(C)
体つき ……… 3.5.1.2(C)/14.1.1.2(C)	官 ……………… 10.2.1.1(C)/13.1.1.2(C)	頑丈 ……… 1.6.3.2(C)/11.2.2.2(C)/14.3.6.2(C)
空っぽ ………………… 17.02	間 …………… 17.03/17.05/17.06	干渉する ……… 2.15.8.1(C)/3.6.4.1(C)
絡む ………………… 1.1.3.1(C)	癌 …………………… 14.2.1.1(B)	鑑賞する ……… 5.6.2.1(B)/5.7.3.1(B)/14.5.3.1(B)
借り ……… 3.6.1.2(C)/10.1.1.2(B)/10.4.1.2(B)	岩 ………………… 15.2.1.1(C)	感触 ………………… 14.1.1.2(B)
狩り ……………… 14.4.1.2(B)	簡易 …… 9.2.2.2(C)/15.3.3.2(C)/16.3.5.2(C)/17.11	感じる ……… 10.3.3.1(B)/14.1.3.1(B)/14.2.2.1(A)
雁 …………………… 14.4.1.1(C)	眼科 ……………… 14.2.1.1(B)	関心 ……… 3.2.1.2(B)/7.1.1.2(B)/13.4.1.2(B)
かり(に) ………………… 17.17	灌漑 ……………… 11.5.1.2(C)	感心する ………………… 3.4.3.1(B)
カリキュラム ……… 4.1.1.2(B)/4.2.1.1(B)	考え ……………… 10.4.1.2(B)/13.7.1.2(B)	関数 ……………… 16.1.1.2(C)
借りる ……… 1.6.2.1(A)/1.8.4.1(A)/2.8.3.1(A)/	考える ……… 14.1.3.1(A)/15.4.3.1(A)	関する ……………… 17.07
3.7.5.1(A)/4.2.9.1(A)/10.1.6.1(A)/10.4.3.1(A)	感覚 ……………… 14.1.1.2(B)	感ずる ……… 10.3.3.1(B)/14.1.3.1(B)/14.2.2.1(A)
刈る ……… 1.9.7.1(B)/11.7.2.1(B)/14.3.3.1(B)/	間隔 ………………… 17.04	完成 …………… 17.02/17.05
14.5.3.1(B)	換気 ……………… 14.3.1.2(C)	関税 ……………… 10.7.1.2(C)/10.8.1.2(C)
軽い ……… 1.2.4.2(A)/1.5.11.2(A)/2.8.4.2(A)/	観客 ………… 1.5.1.2(B)/5.5.1.1(B)	完成する ……… 1.1.3.1(B)/1.6.3.1(B)/5.10.2.1(B)/
14.2.2.2(A)/16.2.4.2(A)/17.04	眼球 ……… 14.1.1.1(C)/14.2.1.1(C)/14.4.1.1(C)	5.11.2.1(B)/11.5.2.1(B)
カルシウム …………… 1.1.1.1(B)/2.12.1.1(B)	環境 ……… 11.2.1.2(B)/11.6.1.2(B)/15.4.1.2(B)	岩石 ……………… 11.1.1.1(C)/15.2.1.1(C)
かるた ……………… 5.13.1.1(B)	玩具 ……… 2.12.1.1(C)/5.8.1.1(C)/5.9.1.1(C)	間接 ……………… 10.8.1.2(C)/17.07
カルテ ……………… 14.2.1.1(B)	関係 ……… 3.6.1.2(B)/16.1.1.2(B)/17.07	関節 ……………… 14.2.1.1(B)
彼 …………… 2.10.1.1(A)/3.6.1.2(A)	歓迎 ……………… 13.5.1.2(B)	間接選挙 ……………… 13.4.1.2(B)
カレー ……………… 1.1.1.1(A)	歓迎会 ……………… 1.2.1.2(C)	感染 ……… 9.2.1.2(B)/16.3.1.2(B)
ガレージ …………… 1.6.1.1(C)	感激 ……… 2.11.8.2(B)/2.12.1.2(B)/2.12.2.2(B)	完全 ……………… 17.14
カレッジ …………… 4.2.1.1(C)	感激する ……………… 2.12.2.1(B)	感染する ……… 9.2.4.1(B)/14.2.2.1(B)/16.3.7.1(B)
彼ら ……………… 3.6.1.2(A)	簡潔 ………………… 2.9.4.2(A)	幹線道路 ………………… 2.3.1.1(C)
枯れる ……… 11.6.3.1(B)/14.5.2.1(B)/15.4.2.1(B)	管弦 ……………… 5.1.1.1(C)	簡素 ……… 1.3.6.2(C)/1.6.3.2(C)/2.7.5.2(C)/
カレンダー …………… 1.9.1.2(B)	還元 ……… 4.6.1.2(C)/16.3.1.2(C)	2.16.4.2(C)/10.8.4.2(C)/11.1.3.2(C)/11.2.2.2(C)
過労 ……… 14.2.1.2(B)/14.3.1.2(B)	還元する ……… 4.6.4.1(C)/16.3.4.1(C)	感想 ……………… 5.5.1.2(B)
辛うじて ……… 17.06/17.11/17.14	漢語 ……………… 1.7.1.2(C)	乾燥 ……… 15.1.1.2(B)/15.2.1.2(B)
カロリー ……… 1.1.1.1(B)/1.1.6.2(B)/1.2.7(B)/	看護 ……………… 12.4.1.2(B)/14.2.1.2(C)	肝臓 ……………… 14.2.1.1(B)
14.3.1.2(B)/16.2.1.2(B)	頑固 ……… 2.6.3.2(C)/2.6.4.2(C)/3.3.5.2(C)	乾燥する ……………… 15.1.3.1(B)
皮 …………… 1.1.1.1(B)/1.3.1.1(B)/11.4.1.1(B)/	観光 ……………… 1.4.1.2(B)	観測 ……………… 15.5.1.2(C)
14.1.1.1(B)/14.2.1.1(B)/14.4.1.1(B)	慣行 ……… 1.10.1.2(C)/3.8.1.2(C)	観測する ……………… 15.5.3.1(C)
川 ……… 2.3.1.1(A)/11.8.1.1(A)/15.2.1.1(A)/	刊行する ……………… 1.8.3.1(C)	寒帯 ……………… 15.2.1.2(C)
15.4.1.1(A)	勧告 ……………… 15.3.1.2(C)/15.4.1.2(C)	簡単 ……… 1.3.5.2(A)/1.5.3.2(A)/1.7.6.2(A)/
革 ………………… 5.3.1.1(B)	勧告する …………… 15.3.5.1(C)/15.4.3.1(C)	2.5.2.2(A)/2.9.4.2(A)/3.6.2.2(A)/4.4.11.2(A)/
かわいい …… 2.12.6.2(A)/3.3.10.2(A)/5.2.6.2(A)/	看護師 ……………… 14.2.1.1(A)	9.2.2.2(A)/10.1.4.2(A)/10.3.3.2(A)/
5.7.5.2(A)/5.11.3.2(A)/14.4.4.2(A)	看護する ……… 12.3.3.1(A)/14.2.5.1(A)	11.3.3.2(A)/13.2.3.2(A)/14.5.3.2(A)/
かわいがる …… 2.12.5.1(B)/14.4.4.1(B)	看護婦 ……………… 10.2.1.1(B)	15.1.4.2(A)/15.3.3.2(A)/16.3.5.2(A)/17.11
かわいそう …………… 2.16.2.2(A)	観察 ……………… 16.2.1.2(B)	勘違い ……… 3.6.1.2(B)/3.7.1.2(B)
かわいらしい …… 2.12.6.2(A)/3.3.10.2(A)/	観察する …… 4.1.4.1(B)/4.2.4.1(B)/16.2.2.1(B)	缶詰 ……… 1.1.3.2(B)/11.8.1.1(B)/11.8.3.2(B)
5.2.6.2(A)/5.7.5.2(A)/5.11.3.2(A)/14.4.4.2(A)	換算 …………… 16.1.1.2(C)/17.04	鑑定 ……………… 12.1.1.2(C)
乾かす …………… 1.3.5.2(B)/2.6.4.1(B)	換算する ……………… 16.1.2.1(C)	鑑定する ……………… 12.1.4.1(C)
渇く ……………… 14.1.3.1(B)	漢字 ……… 1.7.1.2(A)/2.12.1.2(A)/9.2.1.2(A)	観点 ……… 4.4.1.2(C)/10.4.1.2(C)

索　引

乾電池……………………………2.5.1.1(C)	消える………………16.2.3.1(B)/17.02	ぎこちない…………………………3.6.9.2(C)
感度………………………………5.4.1.2(B)	記憶………………2.2.1.2(B)/2.13.1.1(B)	気障…………………………………3.3.10.2(B)
感動………………1.8.1.2(B)/2.12.1.2(B)	記憶する……4.1.4.1(B)/4.2.4.1(B)/4.4.5.1(B)	記載する…………………………2.9.3.1(B)
感動する…………1.8.2.1(B)/2.12.2.1(B)	気温………………………………15.1.1.2(B)	兆し…………………………………17.02
感動的……………………………1.8.2.2(B)	幾何………………1.3.1.2(C)/16.1.1.2(C)	刻む……………1.1.3.1(B)/5.3.2.1(B)/17.06
監督………………1.5.1.1(B)/5.5.1.1(B)	機械………………2.5.1.2(B)/11.1.1.1(B)	岸…………………11.8.1.1(B)/15.2.1.1(B)
カンニング………………………4.4.1.2(B)	機会………………………………17.06	生地……1.1.1.1(B)/1.3.1.1(B)/5.11.1.1(B)/
観念………………………………17.01	危害………………………………14.4.1.2(B)	11.4.1.1(B)
乾杯する…………1.2.2.1(B)/2.7.2.1(B)	議会………………13.1.1.2(B)/13.7.1.2(B)	記事………………………………8.1.1.2(B)
頑張る……1.5.5.1(A)/2.15.5.1(A)/2.14.4.1(A)/	着替え……………………………1.4.1.1(B)	技師………………10.2.1.1(B)/14.2.1.1(B)
2.15.4.1(A)/4.1.4.1(A)/4.2.4.1(A)/10.2.2.1(A)	着替える…………………………1.3.2.1(A)	儀式………………2.11.1.2(B)/6.2.1.2(B)
看病………………12.4.1.2(B)/14.2.1.2(B)	企画………………1.3.1.2(C)/5.5.1.2(B)	気質………………………………3.3.1.2(C)
看病する…………12.3.3.1(B)/14.2.5.1(B)	規格………………………………1.5.1.2(C)	期日………………………2.9.1.2(C)/17.06
幹部………………………………10.2.1.1(B)	着飾る……………………………2.7.4.1(B)	議事堂……………13.1.1.2(C)/13.7.1.1(C)
漢文………………………………1.7.1.2(C)	気軽………………………………3.3.1.2(B)	きしむ……………1.6.3.1(C)/11.2.3.1(C)
完璧………………………………3.3.6.2(B)	季刊………………………………1.8.1.2(C)	汽車……1.4.1.1(B)/2.3.1.1(B)/4.2.1.1(B)
願望………………2.10.1.2(C)/2.15.1.2(C)	機関………………4.6.1.1(C)/16.3.1.1(C)	記者………………8.1.1.1(B)/10.2.1.1(B)
巻末………………………………1.8.1.1(B)	器官………………14.1.1.2(B)/14.2.1.1(C)	機種………………5.4.1.2(B)/5.13.1.1(B)
冠…………………………………1.3.1.1(B)	期間………………………………17.06	記述………………4.6.1.2(B)/16.3.1.2(C)
感無量……………2.11.8.2(C)/2.12.2.2(C)	祈願………………………………6.2.1.2(C)	技術……1.2.1.2(B)/4.1.1.1(B)/4.6.1.1(B)/
含有………………………………15.2.1.2(C)	機関車……………………………2.3.1.1(C)	5.2.1.2(B)/5.7.1.2(B)/5.10.1.2(B)/5.13.1.2(B)/
勧誘する…………………………4.2.8.1(C)	祈願する…………………………6.2.3.1(C)	7.1.1.2(B)/16.3.1.2(B)
関与………………………………17.07	機器………………1.6.1.1(B)/2.6.1.1(B)	基準………………………………4.4.1.2(B)
寛容………………………………3.3.5.2(C)	危機………………………10.7.1.2(C)/17.06	希少………………………………15.4.2.2(C)
慣用………………………………3.8.1.2(C)	聞き手……………………………1.7.1.2(C)	気象………………………………15.1.1.2(C)
元来………………………………17.05	聴き取り…………………………12.1.1.2(B)	起床する…………………………2.4.3.1(B)
観覧する…………………………1.5.10.1(B)	聞き取り…………………………1.7.1.2(B)	キス………………………………2.10.1.2(B)
管理………………………………1.2.1.2(B)	効き目……………………………1.4.1.2(B)	傷…………………1.6.1.2(B)/14.2.1.2(B)
管理職……………10.2.1.2(B)/10.4.1.2(B)	企業……10.2.1.2(B)/10.3.1.1(B)/10.4.1.2(B)/	奇数………………………………16.1.1.2(B)
管理する…………………………1.2.4.1(B)	10.5.1.2(B)	築く………………………………17.02
官僚………………10.2.1.1(C)/13.1.1.2(C)	帰京する…………1.9.6.1(B)/1.9.8.1(B)	キスする…………………………2.10.4.1(B)
完了………………………………17.05	戯曲………………1.8.1.2(C)/5.1.1.1(C)	傷つく……2.15.2.1(B)/3.7.3.1(B)/4.1.7.1(B)
慣例………………………1.10.1.2(C)/17.01	基金………………………………4.2.1.1(C)	傷つける……2.8.4.1(B)/3.7.3.1(B)/4.1.7.1(B)/
関連………………………………17.07	飢饉………………7.1.1.2(C)/15.3.1.2(C)	14.2.2.1(B)
貫禄………………………………3.5.2.2(B)	聞く……1.7.5.1(B)/1.8.4.1(A)/2.8.3.1(A)/	絆……………2.12.1.2(C)/3.1.1.2(C)/3.6.1.2(C)
漢和………………………………1.7.1.1(C)	2.10.5.1(A)/4.1.4.1(A)/4.1.5.1(A)/4.2.4.1(A)/	規制………………9.1.1.2(B)/11.8.1.2(C)/15.4.1.2(B)
	4.2.5.1(A)/5.1.2.1(A)/13.7.2.1(A)/14.1.3.1(A)	犠牲………………12.1.1.2(B)/13.6.1.2(C)/15.3.1.2(C)
き	菊…………………………………5.6.1.1(C)	犠牲者……………………………15.3.1.2(C)
木……1.6.1.1(A)/5.3.1.1(A)/11.4.1.1(A)/	効く………………………14.2.4.1(B)/17.08	規制する……8.1.2.1(B)/9.1.4.1(B)/9.2.3.1(B)/
11.5.1.1(A)/11.7.1.1(A)/14.5.1.1(A)	器具………………1.1.1.1(B)/1.5.1.1(B)	15.4.3.1(B)/16.3.6.1(C)
器…………………………………2.5.1.2(C)	気配り……………………………3.8.1.2(B)	寄生する…………………………14.4.2.1(C)
機…………………2.5.1.2(C)/11.4.1.1(C)	喜劇………………………………5.5.1.2(B)	寄生虫……………………………14.4.1.2(C)
気…………………3.3.1.2(B)/14.1.1.2(B)	議決………………………………13.1.1.2(C)	軌跡………………………………5.4.1.2(C)
鬼…………………………………6.2.1.2(C)	議決する…………………………13.1.4.1(C)	季節………………1.9.1.2(B)/15.1.1.2(B)
基…………………………………11.6.5(C)	危険……1.4.4.2(B)/1.4.7.2(B)/2.3.3.2(B)/	着せる……………1.3.2.1(B)/14.4.4.1(B)
紀…………………………………15.2.7(C)	2.3.9.2(B)/9.2.4.2(B)/10.5.2.2(B)/11.5.2.2(B)/	汽船………………2.3.1.1(C)/11.3.1.1(C)
期…………………………………17.06	11.6.3.2(B)/14.2.2.2(B)/15.3.2.2(B)/	基礎……1.5.5.2(B)/1.6.1.1(B)/4.6.1.2(B)/
気圧………………………………15.1.1.2(B)	16.3.7.2(B)	16.3.1.2(B)
気圧の谷…………………………15.1.1.2(B)	期限……1.8.1.2(B)/1.8.1.2(C)/2.9.1.2(B)/17.06	起訴………………………………2.3.1.2(C)
議案………………………………13.7.1.2(C)	紀元………………………………7.1.1.2(C)	競う……1.5.4.1(C)/5.7.4.1(C)/5.13.7.1(C)
黄色………1.3.1.2(A)/5.2.1.2(A)/5.2.8.2(A)	棄権する…………………………1.5.8.1(B)	規則……1.5.1.2(B)/1.7.1.2(B)/2.3.1.2(B)/
黄色い……1.3.6.2(A)/5.2.8.2(A)/14.5.2.2(A)	気候………………1.2.1.2(B)/15.1.1.2(B)	4.1.1.2(B)/13.2.1.2(B)/15.4.1.2(B)
議員………………13.1.1.2(B)/13.4.1.2(B)	記号………………………………16.1.1.2(B)	貴族………………………………7.1.1.1(B)
	聞こえる…………………………14.1.3.1(B)	起訴する…………………………12.1.4.1(C)

— 626 —

索　引

北 ……………………… 2.1.1.2(A)/17.03
ギター ………………………… 5.1.1.1(A)
期待 …………… 2.11.1.2(B)/2.12.1.2(B)/13.4.1.2(B)
気体 ……………………………… 16.2.1.2(B)
議題 ……………………………… 13.7.1.2(C)
期待する ……………………… 13.4.3.1(B)
期待値 …………………………… 16.1.1.2(B)
鍛える ……………… 1.5.5.1(B)/14.3.5.1(B)
帰宅する …… 4.1.3.1(B)/4.2.3.1(B)/14.2.5.1(B)
汚い ……… 1.3.6.2(A)/2.1.2.2(A)/2.3.10.2(A)/
　　2.6.2.2(A)/2.6.3.2(A)/2.6.4.2(A)/3.5.3.2(A)/
　　3.7.5.2(B)/11.2.4.2(A)/13.1.3.2(B)/15.2.4.2(A)
来たる ……………………………… 17.06
基地 ……………………………… 13.6.1.1(B)
きちっと ……………………………… 3.3.6.2(B)
貴重 …… 1.1.3.2(B)/1.2.4.2(B)/1.8.4.2(B)/
　　5.3.3.2(B)/5.6.2.2(B)/5.9.4.2(B)/7.1.3.2(B)/
　　11.4.4.2(B)/11.6.3.2(B)/11.7.3.2(B)/
　　11.8.2.2(B)/15.4.2.2(B)
議長 ……………………… 13.1.1.2(B)/13.7.1.1(B)
几帳面 ……………………………… 3.3.6.2(B)
きつい ……… 1.5.5.2(B)/2.6.6.2(B)/2.8.4.2(B)/
　　2.12.2.2(B)/10.8.3.2(B)/14.2.2.2(B)/17.04/
　　17.12
喫煙 ……… 3.8.1.2(B)/4.1.1.2(B)/14.2.1.2(B)/
　　14.3.1.2(B)
きっかけ …… 2.10.1.2(B)/2.11.1.2(B)/3.2.1.2(B)/
　　3.7.1.2(B)/17.06
きっかり ……………………………… 17.14
気付く ……… 2.10.5.1(B)/14.1.3.1(A)/14.2.2.1(A)
キックする ………………………… 1.5.2.1(B)
喫茶 …………………………………… 1.1.1.1(C)
喫茶店 ……… 1.1.1.1(B)/2.1.1.1(B)/4.2.1.1(B)/
　　10.1.1.1(B)
ぎっしり ……………………………… 17.04
きっちり ……………………… 3.3.6.2(B)/17.14
キッチン ……………………… 1.6.1.1(B)/2.6.1.1(B)
切手 ………… 5.8.1.1(A)/5.9.1.1(A)/9.1.1.1(A)
きっと ………………………………… 17.15
切符 ………………………… 1.4.1.1(A)/2.3.1.1(A)
規定 ……………………… 1.5.1.2(C)/11.8.1.2(C)
起点 …………………………………… 17.03
祈祷 ……………………………… 2.16.1.1(C)
軌道 ……………………………… 15.5.1.2(C)
気に入る ………………… 2.10.2.1(B)/3.4.6.1(B)
記入 ……………………………… 13.4.1.2(B)
記入する ……… 1.7.3.1(B)/2.9.3.1(B)/13.4.5.1(B)
絹 ……………… 1.3.1.1(B)/5.3.1.1(B)/11.4.1.1(B)
記念 ……………… 1.4.1.2(B)/2.7.1.2(B)/5.4.1.1(B)
記念日 ……………………………… 2.10.1.2(B)
技能 ……………………………… 1.5.1.2(B)
機能 ……………… 2.5.1.2(B)/9.2.1.2(B)/16.3.1.2(B)
きのう ……………………………… 17.06
キノコ ……………………… 11.7.1.1(B)/14.5.1.1(B)

気の毒 ……………………………… 2.16.2.2(C)
規範 ……………………… 1.7.1.2(C)/3.8.1.2(C)
基盤 ……… 4.6.1.2(C)/11.4.1.1(C)/16.3.1.2(C)
厳しい ……… 1.9.6.2(B)/1.9.8.2(B)/2.1.2.2(B)/
　　2.12.5.2(A)/3.1.2.2(B)/3.3.5.2(A)/4.1.5.2(B)/
　　4.1.8.2(A)/4.5.2.2(A)/6.1.3.2(A)/13.2.3.2(A)/
　　15.1.3.2(B)/17.11
気品 ……………… 3.3.1.2(C)/3.8.1.2(C)/4.2.11.2(C)
寄付 ……………………………… 12.4.1.2(B)
義父 ……………………………… 2.11.1.2(B)
気風 ……………………………… 3.3.1.2(C)
起伏 ……………………………… 15.2.1.2(C)
寄付する ………………………… 12.4.2.1(B)
気分 ……………………………… 3.4.1.2(A)
規模 …………………………………… 17.04
希望 ……… 2.8.1.2(B)/2.11.1.2(B)/2.12.1.2(B)/
　　2.14.1.2(B)/2.16.1.2(B)/4.1.1.2(B)/8.2.1.2(B)/
　　10.3.1.2(B)
技法 ……………………… 5.2.1.2(C)/5.3.1.2(C)
基本 ……… 1.5.5.2(B)/4.6.1.2(B)/16.3.1.2(B)
基本的 ……………………… 4.6.2.2(B)/4.6.4.2(B)
生真面目 …………………………… 3.3.6.2(C)
期末 ……………… 4.1.1.2(C)/4.4.1.1(C)/17.06
決まり ……… 1.5.1.2(B)/1.7.1.2(B)/2.3.1.2(B)/
　　4.1.1.2(B)
気まり悪い ……………………… 3.4.2.2(C)
決まる ……………………………… 13.4.4.1(A)
気味 ……………………………… 17.04/17.10
君 ……………………………… 3.6.1.2(B)
奇妙 ……………………………… 5.9.4.2(C)/17.10
義務 …………………………… 13.4.1.2(B)
記名 …………………………… 13.4.1.2(C)
記名する ……………………… 13.4.5.1(C)
決めつける ………………… 3.6.8.1(B)/3.7.5.1(B)
決める ……… 1.2.5.1(A)/1.3.2.1(A)/2.11.3.1(A)/
　　2.14.2.1(A)/10.3.3.1(A)/13.1.4.1(A)/
　　13.2.2.1(A)
気持ち ……… 1.5.1.2(A)/2.10.1.2(A)/3.4.1.2(A)
着物 ……………………………… 1.3.1.1(A)
疑問 ……………………………… 13.7.1.2(B)
規約 ……………………… 1.5.1.2(C)/11.8.1.2(C)
客 ……………… 1.4.1.1(A)/1.5.1.2(A)/2.7.1.1(A)/
　　2.11.1.1(A)/5.1.1.1(A)/5.6.1.2(A)
逆 …………………………………… 17.09
虐殺 ……………………………… 15.3.1.2(C)
客室 ……………………………… 1.4.1.1(B)
脚色 ……………………………… 5.5.1.2(C)
虐待 ……… 2.12.1.2(C)/2.15.1.2(C)/12.1.1.2(C)/
　　12.3.1.2(C)/12.4.1.2(C)
虐待する ……………………… 2.12.7.1(C)
逆転する ………………… 1.5.4.1(C)/5.13.7.1(C)
脚本 ……………………… 1.8.1.2(B)/5.5.1.2(B)
脚本家 ……………………………… 5.5.1.1(B)
客間 ……………………………… 1.6.1.1(C)

華奢 ……… 3.5.2.2(B)/14.3.6.2(B)/17.04
客観 …………………………………… 17.01
客観的 ……………………………… 4.6.2.2(C)
キャッチする ………………………… 1.5.2.1(B)
キャプテン ………………………… 1.5.1.1(C)
キャベツ …………………… 1.1.1.1(B)/1.2.1.1(B)
キャラ ……………… 2.10.1.2(B)/5.13.1.1(A)
キャラクター …… 1.8.1.2(B)/2.10.1.2(B)/
　　5.2.1.1(B)/5.5.1.2(B)
ギャラリー ……………………… 5.2.1.1(B)
キャリア ………………… 10.3.1.2(C)/12.2.1.2(C)
ギャング …………………………… 12.1.1.2(C)
キャンセル ………………………… 2.11.1.2(B)
キャンセルする …………………… 2.11.7.1(B)
キャンパス ……………… 4.2.1.1(B)/5.2.1.1(B)
キャンプ ……………………………… 1.9.1.1(B)
急 ……… 8.2.4.2(B)/12.3.4.2(B)/15.1.3.2(B)/
　　15.2.3.2(B)/15.2.4.2(B)/17.06
級 …………………………………… 17.01
旧 …………………………………… 17.06
九 …………………………………… 17.19
救援 ……………………… 13.6.1.2(C)/15.3.1.2(C)
休暇 …… 1.4.1.2(B)/2.12.1.2(B)/10.2.1.1(B)/
　　10.2.1.2(B)
休学 ……………………… 4.1.1.2(B)/4.2.1.2(B)
休学する ……………… 4.1.2.1(B)/4.2.2.1(B)
救急 ……………………………… 15.3.1.2(B)
救急病院 ………………………… 2.16.1.1(C)
救急病棟 ………………………… 2.16.1.1(C)
究極 ……… 1.1.3.2(C)/1.2.4.2(C)/17.01/17.14
窮屈 …………………………… 1.3.4.2(B)/17.04
急激 ……………… 12.3.4.2(C)/14.3.5.2(C)/17.04
急行 ……………………………… 2.3.1.1(B)
休講 ……………………………… 4.2.1.2(C)
求婚 ……………………………… 2.11.1.2(C)
球根 ……………………… 11.7.1.1(C)/14.5.1.1(C)
救済 ……………………… 13.6.1.2(C)/15.3.1.2(C)
救済する …… 6.1.3.1(C)/10.1.6.1(C)/13.6.6.1(C)/
　　15.3.6.1(C)
給仕 ……… 1.1.1.1(C)/4.2.1.1(C)/10.2.1.1(C)
休日 ……………………………… 10.2.1.1(B)
吸収 ……………………… 10.4.1.2(B)/16.2.1.2(B)
吸収する ………………… 10.4.2.1(B)/16.2.3.1(B)
救出 ……………………………… 15.3.1.2(B)
救出する ………………………… 15.3.3.1(B)
救助 ……………………………… 15.3.1.2(B)
給食 ……………………………… 4.1.1.2(B)
救助する ………………… 5.13.3.1(B)/15.3.3.1(B)
急性 ……………………………… 14.2.2.2(B)
休息 ……………………… 14.3.1.2(B)/17.05
急速 …………………………………… 17.04
旧知 ……………………… 2.2.1.1(C)/3.2.1.1(C)
宮中 ……………………………… 6.2.1.1(C)
宮廷 ……………………………… 5.1.1.1(C)

— 627 —

索　引

宮殿	1.4.1.1(B)/2.1.1.1(B)/13.1.1.1(B)
牛肉	1.1.1.1(A)/11.7.1.1(A)
牛乳	1.1.1.1(A)/11.7.1.1(A)
給付	12.3.1.2(C)/12.4.1.2(C)
給付する	10.1.4.1(C)/10.2.4.1(C)/12.3.3.1(C)/12.4.3.1(C)
窮乏	10.6.1.2(C)
給与	10.2.1.2(C)/10.3.1.2(C)/10.8.1.2(C)
休養	14.3.1.2(C)
休養する	1.4.5.1(B)/14.3.5.1(B)
きゅうり	1.1.1.1(B)
給料	4.2.1.2(B)/10.2.1.2(A)/10.3.1.2(A)/10.8.1.2(A)
丘陵	15.2.1.1(C)
寄与	4.6.1.2(C)/16.3.1.2(C)
魚	11.8.1.1(C)
清い	3.5.3.2(C)/15.2.4.2(C)
器用	3.3.7.2(B)
起用	5.5.1.2(C)
経	2.15.1.2(C)/6.1.1.2(C)
香	5.13.1.1(C)
教	6.1.1.2(B)/6.1.8(B)/7.1.1.2(B)
鏡	7.1.1.1(B)
今日	17.06
共	17.09
強	17.12
行	1.8.5(B)
業	10.2.1.2(B)
脅威	2.15.1.2(C)
教育	4.1.1.2(B)/13.1.1.2(B)
教育する	4.1.5.1(B)/4.2.5.1(B)
教員	4.1.1.2(B)/10.2.1.1(B)
共演	5.1.1.2(C)
共演する	5.1.4.1(C)
教科	4.1.1.2(C)
教会	1.4.1.1(A)/2.1.1.1(A)/2.11.1.1(A)/6.1.1.1(A)/6.1.1.2(A)/6.2.1.1(A)
境界	17.03
共学	4.1.1.1(B)/4.2.1.1(B)
教科書	1.8.1.1(A)/4.1.1.1(B)
強化する	1.5.5.1(C)
共感	3.6.1.2(B)
教官	4.2.1.1(B)
共感する	2.15.8.1(B)
凶器	12.1.1.1(B)
競技	1.5.1.1(B)
協議	13.7.1.2(C)
行儀	1.5.1.2(C)
協議する	2.11.11.1(C)
供給	10.6.1.2(C)
教訓	2.13.1.1(C)
共済	12.4.1.2(C)
教材	4.1.1.1(C)
凶作	15.3.1.2(C)
共産	13.1.1.2(B)
教師	4.1.1.2(B)/4.2.1.1(B)/10.2.1.1(B)
行事	1.4.1.1(B)/1.9.1.2(B)/3.8.1.1(B)/4.1.1.1(B)
教室	1.6.1.1(A)/4.1.1.1(B)/4.2.1.1(A)
業者	2.8.1.1(C)/10.2.1.1(C)
教授	4.2.1.1(B)/4.6.1.1(B)
業種	10.4.1.2(C)
郷愁	2.13.1.1(C)
教習	4.5.1.2(C)
恐縮する	3.4.3.1(B)
教職	4.2.1.1(C)
教職員	4.1.1.2(C)
興じる	5.8.2.1(C)
起用する	5.5.3.1(C)
興ずる	5.8.2.1(C)
強制	13.6.1.2(B)
行政	13.1.1.2(C)
強制する	13.6.4.1(B)
業績	4.2.1.2(C)
競走	1.5.1.1(B)
競争	1.5.1.2(B)
競争する	1.5.4.1(B)/5.13.7.1(B)
共存	17.02
兄弟	2.11.1.1(A)/2.15.1.1(A)/3.1.1.1(A)
教団	6.1.1.2(B)
境地	6.1.1.2(C)
協調	13.5.1.2(C)
協調する	13.5.5.1(C)
共通	3.2.1.2(B)/17.09
共通語	1.7.1.2(B)
協定	11.8.1.2(C)/13.5.1.2(C)
経典	2.15.1.2(C)/6.1.1.2(C)
強度	1.6.1.2(C)/16.2.1.2(C)
郷土	2.2.1.2(C)
教頭	4.1.1.2(C)
協同	3.6.1.2(C)
共同	4.6.1.2(B)/16.3.1.2(C)
享年～才	2.16.6(B)
強迫	2.15.1.2(C)
脅迫	12.1.1.2(C)
脅迫する	12.1.2.1(C)
恐怖	13.6.1.2(B)
興味	3.2.1.2(B)/7.1.1.2(B)
業務	10.2.1.2(C)
共鳴する	5.1.2.1(C)
教諭	4.1.1.2(C)
教養	4.2.1.1(B)
郷里	2.2.1.2(C)
恐竜	15.2.1.1(C)
協力	13.3.1.2(C)
強力	17.12
協力する	1.5.6.1(B)/4.2.10.1(B)/15.3.6.1(B)
強烈	15.1.3.2(B)/15.3.4.2(B)/17.12
行列	1.1.1.1(B)/14.4.1.2(B)
共和	13.1.1.2(C)
許可	5.12.1.2(B)
魚介	11.8.1.1(C)
許可する	1.2.5.1(B)/2.11.5.1(B)/5.12.4.1(B)/13.5.4.1(B)/14.2.5.1(B)
曲	5.1.1.1(B)/5.1.4(A)
局	8.1.1.1(B)/13.1.7(B)
曲線	16.1.1.2(B)/17.03
極端	17.14
局面	5.13.1.2(C)
居住する	2.8.2.1(B)
巨人	5.2.1.1(C)
寄与する	4.6.4.1(C)/16.3.4.1(C)
漁船	2.3.1.1(C)/11.3.1.1(C)
漁村	2.1.1.2(C)/11.8.1.1(C)
巨大	13.6.3.2(B)/17.04
居宅	12.4.1.2(C)
去年	17.06
拒否	14.2.1.2(B)
拒否する	2.10.3.1(B)/2.11.3.1(B)/13.5.4.1(B)
清める	6.2.2.1(C)
清らか	3.5.3.2(C)/13.1.3.2(C)/15.2.4.2(C)
距離	16.1.1.2(B)/17.04
嫌い	1.1.2.2(B)/1.3.6.2(A)/2.6.2.2(A)/2.10.6.2(A)/2.10.7.2(A)/3.4.6.2(A)
嫌う	3.4.6.1(B)
気楽	3.3.1.2(B)
きらびやか	3.5.3.2(C)/6.1.7.2(C)
桐	5.3.1.1(C)
切り	17.14
霧	15.1.1.1(B)
義理	3.1.2.2(B)/3.8.1.2(B)
規律	13.6.1.2(B)
切り取る	5.4.4.1(B)
切る	1.1.3.1(A)/1.3.4.1(A)/2.9.5.1(B)/4.1.4.1(A)/4.2.4.1(A)/5.10.2.1(A)/5.11.2.1(A)/5.13.4.1(A)/10.2.3.1(A)/11.7.3.1(A)/14.2.4.1(A)/14.3.3.1(A)/17.02
着る	1.3.2.1(A)/3.8.4.1(A)/10.3.2.1(A)
切れ	1.1.6(B)
きれ	5.11.1.1(B)
きれい	1.3.6.2(A)/1.4.4.2(A)/1.6.3.2(A)/2.1.2.2(A)/2.6.2.2(A)/2.10.7.2(A)/2.11.8.2(A)/3.5.3.2(A)/5.1.2.2(A)/5.2.6.2(A)/5.7.5.2(A)/11.2.2.2(A)/14.3.2.2(A)/14.3.6.2(A)/15.2.4.2(A)
儀礼	2.16.1.1(C)/3.8.1.2(C)/6.2.1.2(C)
切れ目	1.1.3.2(C)/17.03
切れる	3.4.2.1(A)
キロカロリー	1.1.6(B)
記録	1.5.1.2(B)/1.8.1.2(B)/15.1.1.2(B)
記録する	1.5.8.1(B)/2.13.2.1(B)
キログラム	1.1.6(A)/16.1.6(A)

索　引

キロメートル ………………………… 16.1.6(A)
議論 …………………………………… 13.7.1.2(B)
議論する ……………………………… 13.7.2.1(B)
疑惑 ……………………… 3.4.1.2(C)/12.1.1.2(C)
極めて ………………………………… 17.14
気をつける …………………………… 12.1.7.1(B)
菌 ……………………………… 1.2.1.1(B)/14.2.1.2(B)
金 …… 1.3.1.2(B)/1.3.6.2(B)/1.5.1.2(B)/5.2.1.2(B)/
　　5.2.8.2(B)/5.7.1.1(B)/5.13.1.1(B)/11.1.1.1(B)/
　　11.3.1.1(B)/16.2.1.2(B)/17.06
銀 …… 1.3.1.2(B)/1.3.6.2(B)/1.5.1.2(B)/5.2.1.2(B)/
　　5.2.8.2(B)/5.7.1.1(B)/11.1.1.1(B)/11.3.1.1(B)/
　　16.2.1.2(B)
銀河 …………………………………… 15.5.1.1(C)
金額 …………………………………… 10.1.1.2(B)
近眼 …………………………………… 14.2.1.2(B)
緊急 ……………… 8.1.3.2(B)/14.2.4.2(B)/15.3.3.2(B)
金魚 …………………………………… 14.4.1.1(B)
金庫 ……………………… 1.6.1.1(B)/10.1.1.1(B)
均衡 ……………… 10.6.1.2(C)/10.7.1.2(C)/12.3.1.2(C)
近郊 …………………………………… 2.1.1.2(C)
銀行 ……………… 2.1.1.1(A)/2.9.1.1(A)/10.1.1.1(A)/
　　10.6.1.1(A)
禁止 …………………………………… 5.12.1.2(B)
近視 …………………………………… 14.2.1.2(B)
近似 …………………………………… 16.1.1.2(C)
禁止する …… 1.2.5.1(B)/1.5.3.1(B)/2.3.9.1(B)/
　　3.8.3.1(B)/4.1.8.1(B)/5.12.4.1(B)/6.1.3.1(B)/
　　13.2.3.1(B)
近所 ……………… 2.1.1.2(B)/2.8.1.2(B)/3.2.1.1(B)
禁じる …… 1.2.5.1(C)/1.5.3.1(C)/2.3.9.1(C)/
　　3.8.3.1(C)/4.1.8.1(C)/5.12.4.1(C)/6.1.3.1(C)/
　　13.2.3.1(C)
近親者 …… 2.11.1.1(C)/2.16.1.1(C)/3.1.1.2(C)/
　　3.8.1.2(C)
禁ずる …… 3.8.3.1(C)/4.1.8.1(C)/5.12.4.1(C)/
　　6.1.3.1(C)/13.2.3.1(C)
金銭 …………………… 10.1.1.1(C)/10.6.1.2(C)
金属 …………………… 11.1.1.1(B)/11.3.1.1(B)
近代 ……………… 1.6.3.2(B)/1.8.1.2(B)/7.1.1.2(B)
緊張 …………………………………… 13.5.1.2(B)
緊張する ……………… 4.4.5.1(B)/13.5.5.1(B)
均等 …………………………………… 12.2.1.2(C)
筋肉 ……………… 14.1.1.2(B)/14.2.1.1(B)/14.3.1.1(B)
勤勉 …………………………………… 3.3.6.2(C)
吟味する ……………………………… 1.2.2.1(C)
勤務 …………………………………… 10.2.1.2(B)
勤務する ……………………………… 10.2.1.2(B)
金曜 …………………………………… 17.06
金曜日 ………………………………… 17.06
勤労 …………………………………… 10.2.1.2(C)

く

句 ……………………………………… 1.8.1.2(C)
区 …………………… 2.1.1.2(B)/13.1.1.2(B)/13.4.7(B)
苦 …………………… 2.12.1.2(C)/2.15.1.2(C)/2.16.1.2(C)
具 ……………………………………… 1.1.1.1(B)
杭 ……………………………………… 11.5.1.1(C)
区域 …………………………………… 17.03
クイズ ……………………… 4.4.1.2(C)/8.1.1.1(A)
食い違う ……………………………… 17.09
空 ……………………………………… 17.02
食う …………………………………… 1.1.2.1(C)
宮 ……………………… 6.2.1.1(C)/7.1.1.1(C)
空間 …………………………………… 17.03
空気 …………… 2.3.1.2(B)/11.2.1.2(B)/11.6.1.2(B)/
　　15.4.1.2(B)/15.5.1.2(B)
空港 …………… 1.4.1.1(A)/2.1.1.1(A)/2.3.1.1(A)/
　　10.8.1.2(A)/11.5.1.1(A)
偶数 …………………………………… 16.1.1.2(B)
偶然 …………………………………… 2.11.2.2(B)
空想 ……………………… 1.8.1.2(C)/2.14.1.2(C)
空腹 ……………………… 1.1.1.2(B)/14.1.1.1(B)
クーラー ……………… 1.9.1.1(A)/2.5.1.1(A)
クール …………… 5.1.2.2(B)/5.2.6.2(B)/5.7.5.2(B)
区画 …………………………………… 17.03
区間 ……………………… 16.1.1.2(B)/17.03
茎 ……………………… 11.7.1.1(B)/14.5.1.1(B)
くぎ …………………… 2.4.1.1(B)/5.10.1.1(B)
区切り ………………………………… 17.03
区切る ………………………………… 17.03
くぐる ………………………………… 2.3.4.1(C)
草 ……………………………………… 14.5.1.1(A)
臭い …………… 2.3.10.2(B)/2.6.1.1(B)/3.7.5.2(B)
草木 …………………………………… 5.3.1.1(C)
腐った ………………………………… 13.1.3.2(A)
鎖 ……………………………………… 14.4.1.1(B)
腐る …………… 1.2.4.1(B)/1.6.3.1(B)/1.9.5.1(B)/
　　13.1.5.1(B)
櫛 ……………………………………… 14.3.1.1(B)
くじ ……………………… 2.7.1.1(B)/6.2.1.2(B)
くじ引き ………………… 2.7.1.1(B)/6.2.1.2(B)
くしゃみ ……………………………… 14.1.1.1(B)
クジラ ……………………… 11.8.1.1(B)/14.4.1.1(B)
苦心する ……………………………… 2.15.2.1(C)
くず …………………… 2.6.1.1(C)/15.4.1.1(C)
くすぐったい ………………………… 14.1.3.2(C)
くすぐる ……………………………… 2.10.4.1(C)
崩す …………………………………… 11.5.2.1(B)
薬 …………… 2.15.1.1(A)/12.3.1.1(A)/14.2.1.1(A)/
　　14.5.1.1(A)
薬指 ……………………… 14.1.1.1(B)/14.4.1.1(B)
崩れる ……………………… 1.6.3.1(B)/15.3.4.1(B)
癖 ……………………………………… 3.1.1.1(B)

砕く ……………………… 1.1.3.1(B)/11.5.2.1(B)
くださる ……………………………… 3.8.2.1(B)
くたびれる …………………………… 14.2.2.1(B)
果物 …………… 1.1.1.1(A)/1.2.1.1(A)/11.7.1.1(A)/
　　14.5.1.1(A)
下らない ……………………………… 17.14
下り …………………………………… 2.3.1.2(A)
口 ……………… 1.7.1.1(A)/2.12.1.1(A)/3.5.1.1(A)/
　　14.1.1.1(A)/14.2.1.1(A)/14.4.1.1(A)
愚痴 …………………………………… 2.15.1.2(B)
口癖 …………………………………… 2.10.1.2(C)
口ずさむ ……………………………… 5.13.1.1(C)
くちばし ……………………………… 14.4.1.1(C)
唇 ……………… 1.7.1.1(B)/14.1.1.1(B)/14.2.1.1(B)/
　　14.4.1.1(B)
口紅 …………………………………… 14.3.1.1(B)
靴 ……………………………………… 1.3.1.1(A)
苦痛 ……………………… 2.12.1.2(C)/2.15.1.2(C)
くっきり ……………………………… 15.2.6.2(B)
靴下 …………………………………… 1.3.1.1(A)
クッション …………………………… 2.6.1.1(B)
屈折 …………………………………… 16.2.1.2(C)
屈折する ……………………………… 16.2.4.1(C)
くっつく …… 1.1.3.1(B)/2.10.4.1(B)/5.13.5.1(B)/
　　16.2.3.1(B)
くっつける …… 4.1.4.1(B)/4.2.4.1(B)/
　　5.10.2.1(B)/5.13.5.1(B)/14.2.4.1(B)
ぐっと …………………………………… 17.14
駆動 …………………………………… 2.3.1.2(C)
国 …………… 1.4.1.1(A)/1.10.1.1(A)/2.1.1.2(A)/
　　2.2.1.2(B)/3.8.1.2(C)/7.1.1.2(C)/10.8.1.2(A)/
　　13.1.1.2(A)/13.4.1.2(A)/13.6.1.2(A)
配る …………… 5.13.4.1(B)/8.1.4.1(B)/10.4.2.1(B)/
　　13.6.4.1(B)
首 ……………… 10.2.1.2(B)/14.1.1.1(A)/14.2.1.1(A)/
　　14.4.1.1(A)
首飾り ……………………… 1.3.1.1(B)/2.7.1.1(B)
首輪 …………………………………… 14.4.1.1(B)
区別 …………………………………… 17.09
熊 ……………………………………… 14.4.1.1(C)
組 ……………………………………… 4.1.1.2(A)
組合 …………… 10.1.1.1(C)/10.2.1.2(C)/10.6.1.1(C)
組み合わせ ……………………… 1.3.1.2(C)/17.02
組み合わせる …………………… 5.13.5.1(C)/17.02
組み替える …………………………… 11.7.6.1(C)
組み立てる …………… 2.8.4.1(C)/5.10.2.1(B)/17.02
酌む …………………………………… 1.2.2.1(B)
組む ……………………… 1.5.2.1(B)/5.13.5.1(C)
曇り …………………………………… 15.1.1.2(A)
曇る …………………………………… 15.1.3.1(A)
悔しい ……………………… 2.13.3.2(B)/3.7.3.2(B)
悔やむ …… 1.2.3.1(B)/1.5.8.1(B)/2.10.6.1(B)/
　　2.11.10.1(B)/2.13.3.1(B)/2.15.6.1(B)
供養 …………………………………… 6.1.1.2(B)

— 629 —

索　引

蔵 …………………… 1.2.1.1(C)/1.6.1.1(C)
暗い …………… 3.3.4.2(A)/5.1.2.2(A)/5.2.6.2(A)/
　　5.4.5.2(A)/5.7.5.2(A)/14.5.3.2(A)/15.1.3.2(A)
位 ………………………………… 16.1.1.2(B)
くらい …………………………………… 17.14
ぐらい …………………………………… 17.14
クライアント …………………… 2.15.1.1(C)
グラウンド ………………………… 1.5.1.1(B)
暮らし ……………………………… 2.4.1.2(C)
クラシック ………………………… 5.1.1.1(B)
暮らす ……… 1.6.2.1(B)/2.1.3.1(B)/2.4.2.1(B)/
　　2.8.2.1(B)/3.1.3.1(B)
クラス …… 3.2.1.1(A)/4.1.1.2(A)/4.2.1.1(A)/17.01
グラス …………… 1.1.1.1(A)/1.2.1.1(A)/3.8.1.1(A)
クラブ ……… 3.2.1.1(A)/4.1.1.2(A)/4.2.1.1(A)/
　　5.13.1.1(A)
グラフ ……… 4.6.1.1(B)/9.2.1.2(B)/16.1.1.2(B)/
　　16.3.1.2(B)
グラフィック ……………………… 5.3.1.2(B)
比べる ……… 4.6.3.1(A)/5.7.4.1(A)/16.3.3.1(A)
グラム ……………………… 1.1.6.2/16.1.6.2(A)
グランド …… 1.5.1.1(B)/2.1.1.1(A)/4.1.1.1(A)/
　　4.2.1.1(A)
グランド〜 ……………………………… 17.04
クリア …………………………… 5.13.1.2(A)
クリーニング ……………… 1.3.1.1(B)/2.6.1.2(B)
クリーム … 1.1.1.1(A)/11.7.1.1(A)/14.3.1.1(A)
グリーン …………………………… 5.6.1.2(B)
繰り返す ………………………………… 17.05
クリスチャン ……………………… 6.1.1.2(B)
クリスマス ……… 1.9.1.1(A)/2.10.1.2(A)/
　　3.8.1.1(A)/6.1.1.2(A)/6.2.1.2(A)
来る ………… 1.5.10.1(A)/5.5.4.1(A)/15.1.3.1(A)
狂う ……………………………… 2.15.9.1(A)
グループ …… 1.4.1.2(B)/3.2.1.1(A)/4.6.1.2(A)/
　　13.1.1.2(A)/13.1.7(A)/13.3.1.2(A)/16.3.1.2(A)
苦しい …… 2.15.2.2(B)/2.16.2.2(B)/10.1.6.2(B)/
　　10.8.3.2(B)/14.2.2.2(B)
苦しむ ……………… 2.12.7.1(B)/2.15.2.1(B)
苦しめる ……………… 1.5.4.1(B)/5.13.7.1(B)
車 ………… 1.4.1.1(A)/2.3.1.1(A)/4.2.1.1(A)/
　　10.7.1.1(A)/11.2.1.1(A)/11.6.1.1(A)
くるむ ………………… 1.1.3.1(C)/11.7.2.1(C)
暮れ ……………………………………… 17.06
グレー ……… 1.3.1.2(B)/1.3.6.2(B)/5.2.1.2(B)/
　　5.2.8.2(B)
クレーン車 ……………………… 11.2.1.1(C)
くれぐれも ……………………………… 17.20
くれる …………………………… 3.8.2.1(A)
暮れる ………………………… 15.1.3.1(B)/17.06
黒 ……………… 1.3.1.2(A)/5.2.1.2(A)/5.2.8.2(A)
黒い ………………………… 1.3.6.2(A)/5.2.8.2(A)
苦労 ………… 2.6.1.2(B)/2.12.1.2(B)/2.15.1.2(B)
玄人 ……………………………… 1.5.1.2(C)

クローン ………………………… 14.1.1.2(B)
黒字 ……… 10.4.1.2(B)/10.5.1.2(B)/10.7.1.2(B)
クロス …………………………… 1.6.1.1(C)
くわえる ………………… 2.12.6.1(B)/14.4.4.1(B)
加える ………… 1.1.3.1(B)/1.5.6.1(B)/14.4.3.1(B)/
　　17.04
加わる ……………………… 10.2.5.1(B)/17.04
君 ……………………………………… 3.6.11(A)
軍 ……………… 5.13.1.1(B)/7.1.1.1(B)/13.6.1.2(B)
郡 ………………………… 2.1.1.2(B)/13.1.1.2(A)
軍艦 ………………………… 5.13.1.1(C)/13.6.1.1(C)
軍事 ……………………… 13.1.1.2(C)/15.5.1.2(C)
君主 ………………………………… 13.1.1.2(C)
群衆 ……………………… 13.1.1.2(C)/13.3.1.2(C)
軍隊 ……………………… 5.13.1.1(B)/13.6.1.2(B)
軍備 ……………………… 5.13.1.1(C)/13.6.1.2(C)
軍服 ………………………………… 1.3.1.1(C)
訓練 ………… 1.5.1.2(B)/4.5.1.2(B)/12.3.1.2(B)/
　　12.4.1.2(B)/13.6.1.2(B)
訓練する ………………………… 4.5.2.1(B)

け

家 ……………… 3.1.1.1(B)/3.1.5(B)/7.1.8(B)
毛 ……………… 1.3.1.1(B)/5.11.1.1(B)/11.4.1.1(B)/
　　14.1.1.1(B)/14.2.1.1(B)/14.4.1.1(B)
下 ………………………………………… 17.03
軽 …………………………… 11.2.1.1(C)/17.04
ゲイ ……………………………… 12.2.1.2(C)
芸 ……………………… 5.7.1.2(B)/8.2.1.2(B)
敬意 ………………………… 1.7.1.2(C)/3.4.1.2(C)
経緯 ……………………………………… 17.05
経営 ……………………………… 10.4.1.2(B)
経営する ………………………… 10.4.2.1(B)
経過 …………………………………… 17.05/17.06
警戒 ……………………… 12.1.1.2(C)/15.3.1.2(C)
軽快 ………………………… 3.4.2.2(C)/17.04
警戒する …………………… 12.1.5.1(B)/15.3.5.1(C)
計画 ……………………… 1.4.1.2(B)/15.5.1.2(B)
計画する ………………… 1.4.2.1(B)/2.7.3.1(B)
景観 ………… 1.6.1.2(B)/11.5.1.2(C)/15.4.1.2(C)
警官 ……………………… 10.2.1.1(A)/12.1.1.1(A)
景気 ……… 10.3.1.2(B)/10.5.1.2(B)/10.6.1.2(B)
計器 ……………………………… 11.4.1.1(C)
契機 ……………………………………… 17.06
敬具 ……………………………… 9.1.1.2(C)
経験 ……… 1.8.1.2(B)/2.13.1.1(B)/2.14.1.2(B)/
　　3.7.1.2(B)
軽減 ……………………………………… 17.04

経験する ………………………… 2.13.3.1(B)
稽古 ………………………… 1.5.1.2(B)/4.5.1.2(B)
敬語 ……………………… 1.7.1.2(B)/10.4.1.2(B)
傾向 ………………………… 4.4.1.2(B)/17.10
蛍光灯 …………………………… 1.6.1.1(C)
警告 ……… 1.5.1.2(C)/9.2.1.2(C)/15.3.1.2(C)/
　　15.4.1.2(C)/16.3.1.2(C)
警告する ………………… 15.3.5.1(C)/15.4.3.1(B)
稽古する ………………………… 4.5.2.1(C)
掲載 ……………………… 8.2.1.2(C)/10.4.1.2(C)
経済 ……………………………… 10.6.1.2(B)
経済学 …………………………… 16.1.1.2(B)
掲載する …… 1.8.3.1(C)/5.2.5.1(C)/8.1.4.1(C)/
　　8.2.5.1(C)/10.4.2.1(C)
警察 ………… 2.1.1.1(A)/2.3.1.2(A)/2.9.1.1(A)/
　　10.2.1.1(A)/12.1.1.1(A)/13.1.1.2(A)/
　　15.3.1.2(A)
計算 ……… 9.2.1.2(B)/16.1.1.2(B)/16.3.1.2(B)
計算する ………………………… 2.11.11.1(B)
刑事 ……… 5.5.1.2(B)/10.2.1.1(B)/12.1.1.1(B)
掲示 ……………………………… 10.4.1.2(C)
形式 ………… 9.2.1.2(B)/16.3.1.2(B)/17.01
掲示する ………………………… 10.4.2.1(C)
傾斜 ……………………………… 15.2.1.2(B)
芸術 ………………………… 5.7.1.2(B)/6.1.1.2(B)
係数 ……………………………… 16.1.1.2(C)
形成 …………………………… 11.1.1.2(C)/17.02
形成する …………………… 11.1.2.1(C)/11.3.2.1(C)
計測 ………………………… 4.6.1.2(C)/16.3.1.2(C)
継続 ……………………………………… 17.05
計測する ………………… 4.6.3.1(C)/16.3.3.1(C)
軽率 ……………………………… 3.3.6.2(C)
携帯 ………………………… 2.5.1.1(A)/9.1.1.1(A)
境内 ……………………………… 6.2.1.1(C)
毛糸 ………… 1.3.1.1(B)/5.11.1.1(A)/11.4.1.1(B)
経度 ……………………………… 15.2.1.2(B)
系統 ……………………………… 2.3.1.2(C)
芸人 ……………………………… 8.2.1.1(C)
芸能 ……………………… 8.1.1.1(C)/8.2.1.2(C)
競馬 ……………………………… 5.12.1.1(B)
刑罰 ……………………… 12.1.1.2(C)/13.2.1.2(C)
経費 ……… 10.1.1.1(C)/10.1.1.2(C)/12.3.1.2(C)
警備 ……………………… 12.1.1.2(B)/13.6.1.2(B)
警備員 …………………………… 12.1.1.1(B)
警備する ………………… 1.6.4.1(B)/12.1.5.1(B)
警部 ……………………… 10.2.1.1(C)/12.1.1.1(C)
軽蔑 ……………………………… 12.2.1.2(C)
軽蔑する ………………… 3.4.5.1(B)/12.2.2.1(B)
刑法 ……………………………… 12.2.1.2(C)
警報 ……………………………… 15.3.1.2(C)
契約 ………… 2.8.1.2(C)/2.9.1.2(C)/10.4.1.2(C)
契約書 …………………………… 2.9.1.1(C)
契約する …… 2.8.3.1(B)/2.9.2.1(B)/10.1.4.1(B)/
　　10.4.2.1(B)

— 630 —

索　引

経由する……………………1.4.3.1(B)	欠陥………………………11.1.1.2(C)/17.10	険しい……………3.4.2.2(B)/15.2.3.2(B)/17.11
形容詞………………………1.7.1.2(B)	血管………14.1.1.1(B)/14.2.1.1(B)/14.3.1.2(B)	券…………………1.4.1.1(A)/2.3.1.1(B)/2.7.6(B)
形容動詞……………………1.7.1.2(B)	月給…………………10.2.1.2(B)/10.3.1.2(B)	軒…………………………1.6.5(B)/2.1.6(B)
経歴………………………10.3.1.2(C)	結局……………………………17.06/17.08	県……………………2.1.1.2(B)/13.1.1.2(B)
痙攣………………………2.12.1.1(C)	結合………………………………16.2.1.2(C)	圏………2.8.1.2(C)/2.8.5(C)/15.5.1.1(C)/15.5.5(C)/
経路…………………………1.4.1.2(C)	けっこう…………………………17.14	17.03
ケーキ………………………1.1.1.1(A)	結合する…………………………16.2.3.1(C)	研…………4.2.1.1(C)/4.6.1.1(C)/16.3.1.1(C)
ケース……………………10.1.1.1(B)/17.01	結婚……2.7.1.2(A)/2.8.1.2(A)/2.11.1.2(A)/	権………11.8.1.2(B)/12.2.1.2(B)/12.2.4(B)/
ケーブル……………………8.1.1.2(C)	3.8.1.1(A)/6.1.1.2(A)/8.2.1.2(A)/12.2.1.2(A)	13.4.1.2(B)
ゲーム………1.5.1.1(A)/2.7.1.1(A)/5.8.1.1(A)/	結婚する………………………2.11.7.1(A)	件…………………………………12.1.9(B)
5.13.1.1(A)	傑作……………………1.8.1.2(B)/5.7.1.2(B)	弦…………………………………5.1.1.1(C)
怪我…………1.5.1.2(A)/2.16.1.1(A)/15.3.1.2(A)	決算………………………………10.4.1.2(C)	現…………………………………17.06
外科………………………14.2.1.1(B)	決して……………………………17.14	元…………………………………17.06
怪我する……1.5.11.1(A)/2.3.9.1(A)/14.2.2.1(A)	月謝………………………………4.5.1.1(B)	原因……2.3.1.2(B)/2.10.1.2(B)/2.15.1.2(B)/
けがらわしい…………2.11.11.2(C)/6.1.3.2(C)	欠如……………………14.3.1.2(C)/17.04	2.16.1.2(B)/3.7.1.2(B)/14.2.1.2(B)/17.08
毛皮………………………1.3.1.1(B)	決勝………………………………1.5.1.2(B)	現役………………………………1.5.1.2(B)
劇…………………7.1.1.2(B)/8.2.1.1(B)	結晶………………………………16.2.1.2(C)	嫌悪………………………………3.6.9.2(C)
劇場…………2.1.1.1(B)/2.10.1.1(B)/5.5.1.1(B)	欠如する…………………………14.3.7.1(C)	喧嘩……2.10.1.2(B)/2.11.1.2(B)/3.1.1.2(B)/
激増………………………12.3.1.2(C)/17.04	決心する………………………2.14.2.1(B)	3.7.1.2(B)/12.1.1.2(B)
激増する…………………12.3.4.1(C)	結成………………………………17.02	見解………………………………13.7.1.2(B)
劇団…………………………5.5.1.1(B)	欠席…………4.1.1.2(B)/4.2.1.2(B)/4.3.1.2(B)	限界……………………………17.03/17.14
激励…………………………1.5.1.2(C)	欠席する……2.7.3.1(B)/4.1.3.1(B)/4.2.3.1(B)	見学………………………………1.4.1.2(B)
激励する……………………1.5.10.1(C)	血栓………………………………14.3.1.2(C)	喧嘩する……………1.2.3.1(B)/2.10.6.1(B)/
今朝…………………………17.06	結束………………………………1.5.1.2(C)	2.11.10.1(A)/3.1.2.1(B)/3.7.2.1(B)
景色…………1.6.1.2(B)/5.4.1.1(B)/15.2.1.2(B)	結束する…………………1.5.6.1(C)/13.3.2.1(B)	玄関………………………………1.6.1.1(A)
消しゴム……………………4.1.1.1(A)	げっそり…………………………14.2.2.2(B)	元気………………………………14.3.6.2(A)
下車する…………1.4.3.1(B)/2.3.5.1(B)/2.3.6.1(B)	決断する………………………2.11.3.1(B)	研………4.2.1.2(A)/4.6.1.2(A)/14.1.1.2(A)/
下宿…………………………2.8.1.1(C)	決定………………………………10.3.1.2(B)	15.4.1.2(A)/15.5.1.2(A)/16.3.1.2(A)
下旬…………………………17.06	決定する…………………………10.3.3.1(B)	研究室………4.2.1.1(B)/4.6.1.1(B)/16.3.1.1(B)
化粧………2.10.1.1(B)/2.11.1.2(B)/14.3.1.2(B)	欠点………………………………17.10	研究者……………………4.6.1.1(B)/16.3.1.1(B)
化粧する…………………14.3.4.1(B)	血糖………………………………14.2.1.1(C)	研究する……4.2.7.1(A)/4.6.2.1(A)/14.1.6.1(A)/
消す…………2.5.2.1(A)/2.6.3.1(A)/4.1.4.1(A)/	血糖値……………………………14.3.1.2(C)	15.4.3.1(A)/15.5.3.1(A)/16.3.2.1(A)
4.2.4.1(A)/5.5.3.1(A)/9.2.2.1(A)/16.3.5.1(A)/	月賦………………………………10.1.1.2(C)	謙虚……………………3.3.1.2(B)/3.8.3.2(B)
17.02	欠乏……11.6.1.2(C)/14.2.1.1(C)/14.3.1.2(C)/17.04	検挙する………………………12.1.4.1(C)
下水………11.5.1.1(B)/15.2.1.2(B)/15.3.1.2(B)/	欠乏する…………………………14.3.7.1(C)	現金………9.1.1.1(B)/10.1.1.1(B)/10.1.1.2(B)
15.4.1.1(B)	月末………………………………17.06	原型……………………5.11.1.1(C)/17.01
ゲスト………………………2.7.1.1(B)	月曜………………………………17.06	権限………………………………13.1.1.2(B)
削る…………5.3.2.1(B)/5.10.2.1(B)/11.5.2.1(B)/	月曜日……………………………17.06	言語………………………………1.7.1.2(B)
14.2.4.1(B)/17.02/17.04	結論………………………………4.6.1.2(B)	健康………………………………14.3.1.2(A)
桁………………1.6.1.1(C)/16.1.1.2(B)/16.1.6(B)	蹴飛ばす………………3.7.4.1(C)/14.1.3.1(B)	原稿………………………………1.8.1.1(B)
下駄…………………………1.3.1.1(B)	けなす……………………………8.2.5.1(C)	現行………………………………17.02
けだもの…………………14.4.1.1(C)	ゲノム……………………11.7.1.1(C)/14.1.1.1(C)	検査………………………………1.4.1.2(B)
けち…………………………3.3.9.2(B)	下品………………………………3.8.3.2(B)	現在……………………1.7.1.2(B)/17.06
月……………………………17.06	煙い………………………………12.1.6.2(C)	顕在化する……………………2.15.2.1(C)
血圧………14.1.1.1(B)/14.2.1.1(B)/14.3.1.2(B)	煙たい……………………………12.1.6.2(C)	原作……………………1.8.1.2(B)/5.5.1.2(B)
決意…………………………2.11.1.2(B)	煙…………………………………12.1.1.2(A)	検査する………………2.12.3.1(B)/14.2.4.1(B)
決意する……………2.11.3.1(B)/2.14.2.1(B)	煙る………………………………12.1.6.1(C)	検察………………………………12.1.1.2(C)
血液……14.1.1.1(B)/14.2.1.1(B)/14.2.1.2(B)/	獣…………………………………14.4.1.1(C)	検事……………………10.2.1.1(C)/13.2.1.1(C)
14.3.1.2(B)	家来………………………………7.1.1.2(B)	原始………………………………7.1.1.2(B)
血液型……………………2.10.1.1(B)	下落………………………………10.5.1.2(C)	原子……………………11.6.1.1(C)/16.2.1.2(C)
血縁…………………………3.1.1.2(C)	下落する…………………………10.5.3.1(C)	現実………1.8.1.2(B)/2.14.1.2(B)/8.1.1.2(B)
結果………1.5.1.2(B)/4.6.1.2(B)/17.02/17.08	下痢…………1.4.1.1(B)/2.12.1.1(B)/14.2.1.1(B)	元首………………………………13.1.1.2(B)
結核…………………………14.2.1.1(B)	蹴る………1.5.2.1(B)/3.7.4.1(B)/12.1.2.1(B)/	研修……………………………10.3.1.2(C)
月額…………………………12.4.1.2(B)	13.4.2.1(B)/14.1.3.1(B)	拳銃………………………………12.1.1.1(C)

― 631 ―

索　引

厳重 ………………………… 1.6.4.2(C)	小〜 ……………………………… 17.04	交感 ……………………… 2.15.1.1(C)
原書 ………………………… 1.8.1.2(C)	語 ………… 1.7.1.2(A)/1.7.1.2(B)/1.7.10(A)	交換する ……… 2.11.8.1(B)/5.9.2.1(B)
減少 ………………… 12.3.1.2(B)/17.04	碁 ……………… 5.8.1.1(B)/5.13.1.1(B)	交換留学生 ……………… 13.5.1.1(B)
現象 ……………………… 15.4.1.2(B)	五 ……………………………… 17.19	後期 ……………………… 4.2.1.1(B)
現状 ………………… 15.4.1.2(B)/17.10	濃い ……… 1.3.6.2(B)/3.5.3.2(B)/5.2.8.2(B)/	講義 ……………………… 4.2.1.1(B)
減少する ………… 12.3.4.1(B)/15.4.2.1(B)	14.3.6.2(B)/16.2.3.2(B)	抗議 …………… 10.2.1.2(B)/11.5.1.2(B)/13.3.1.2(B)
建設 ……………… 11.5.1.2(B)/13.1.1.2(B)	恋 …………… 2.10.1.2(A)/2.15.1.2(A)	抗議する ……… 10.2.5.1(B)/11.5.3.1(B)/13.3.2.1(C)
建設する ………… 11.5.2.1(B)/13.1.2.1(B)	語彙 ……………………… 1.7.1.2(B)	高級 ……… 1.1.3.2(B)/1.1.4.2(B)/1.2.4.2(B)/
健全 …… 2.10.4.2(C)/10.4.2.2(C)/14.3.1.2(C)	恋しい …… 2.2.4.2(B)/2.10.3.2(B)/3.4.6.2(B)	1.3.6.2(B)/1.4.6.2(B)/1.6.3.2(B)/11.2.2.2(B)/
元素 ……………………… 16.2.1.2(B)	恋する ……………………… 2.10.2.1(B)	17.01
幻想 ……………………… 2.15.1.2(B)	恋人 …………… 1.4.1.1(B)/2.10.1.1(B)/2.15.1.1(B)	皇居 ……………………… 13.1.1.1(B)
幻想曲 …………………… 5.1.1.1(B)	港 ………… 1.4.1.1(B)/2.1.1.1(B)/11.8.1.1(B)	公共 ……… 2.1.5.1(C)/10.8.1.2(C)/11.5.2.2(B)
原則 ……………………… 13.2.1.2(C)	抗 …………… 2.15.1.1(C)/14.2.1.1(C)	好況 ……… 10.3.1.2(C)/10.5.1.2(C)/10.6.1.2(C)
謙遜する ………………… 3.4.3.1(B)	項 ……………………… 13.2.5(C)	工業 ……… 4.1.1.1(C)/11.1.1.2(B)/11.6.1.1(B)
現代 ……………… 1.8.1.2(B)/7.1.1.2(B)	甲 …………… 14.1.1.1(C)/14.4.1.1(C)	興業 ……………………… 5.5.1.2(C)
見地 ……………………… 4.4.1.2(C)	綱 ……………………………… 14.4.6(C)	興行 ……………………… 8.2.1.1(C)
現地 ……………………………… 17.03	光 ……………………… 14.5.1.2(C)	交響曲 …………………… 5.1.1.1(B)
建築 ……………… 1.6.1.2(B)/6.1.1.2(B)	高 ……………………………… 17.04	航空 ……………………… 1.4.1.1(C)
建築する ………………… 1.6.3.1(B)	号 ……………… 1.3.7(B)/1.8.5(B)	光景 ……………………… 15.2.1.2(B)
県庁 ……… 2.1.1.1(B)/2.9.1.1(B)/13.1.1.2(B)	公安 ……………………… 2.3.1.2(C)	工芸 ……………………… 5.3.1.2(B)
原典 ……………………… 1.8.1.2(C)	合意 ……………………… 13.7.1.2(C)	合計 ……………………… 16.1.1.2(B)
減点 …………… 4.3.1.2(B)/4.4.1.2(B)/17.04	広域 ……………………… 15.3.4.2(C)	合計する ………………… 16.1.2.1(B)
原点 ……………………………… 17.03	合意する ………………… 13.7.2.1(C)	攻撃 ……… 1.5.1.2(B)/5.13.1.2(B)/13.6.1.2(B)
減点する ………………… 4.3.2.1(B)	工具 ……………………… 10.2.1.1(C)	攻撃する …… 1.5.4.1(B)/5.13.3.1(B)/5.13.7.1(B)/
限度 …………………… 17.03/17.14	強引 ……………………… 3.3.5.2(B)	13.6.2.1(B)
検討 ……………………… 1.4.1.2(B)	幸運 ……………………… 5.12.1.2(B)	貢献 ……………… 4.6.1.2(B)/16.3.1.2(B)
剣道 ……………………… 1.5.1.1(A)	公営住宅 ………………… 1.6.1.1(C)	高原 ……… 1.4.1.1(B)/14.5.1.2(B)/15.2.1.1(B)
言動 ……………………… 3.6.1.2(C)	交易 ……………………… 10.7.1.2(C)	貢献する ………… 4.6.4.1(B)/16.3.4.1(B)
検討する ………… 1.4.2.1(B)/7.1.3.1(B)	公園 ……… 1.4.1.1(A)/2.1.1.1(A)/2.10.1.1(A)/	交互 ……………………………… 17.09
現に ……………………………… 17.08	2.12.1.1(A)/5.1.1.1(A)	口語 ……………………… 1.7.1.2(C)
現場 ……………………… 12.1.1.2(B)	公演 ……………………… 5.5.1.2(B)	高校 ……… 2.1.1.1(A)/4.1.1.1(B)/10.3.1.2(A)
原爆 ……………… 5.13.1.1(C)/13.6.1.1(C)	講演 ……………………… 13.4.1.2(B)	口腔 ……………………… 14.4.1.1(C)
原発 ……………………… 11.6.1.1(C)	講演する ………………… 13.4.3.1(B)	煌々 ……………………… 15.2.6.2(C)
見物 ……………………… 1.4.1.2(B)	高温 ……… 14.5.1.1(B)/15.5.1.2(B)/16.2.1.2(B)	皇后 ……………………… 7.1.1.1(C)
現物 ……………………… 10.5.1.2(C)	効果 ……………………… 1.4.1.2(B)	孝行する ………………… 3.4.4.1(B)
憲法 ……… 12.2.1.2(B)/13.1.1.2(B)/13.2.1.2(B)	硬貨 ……… 1.4.1.2(B)/5.8.1.1(B)/5.9.1.1(B)/	高校生 …………………… 4.1.1.2(A)
賢明 ……………………… 3.3.7.2(C)	10.1.1.1(B)	考古学 ……… 4.6.1.1(C)/7.1.1.2(C)/16.3.1.2(C)
倹約する ………………… 10.1.3.1(C)	高価 ……… 2.5.2.2(B)/5.9.4.2(B)/10.1.2.2(B)	広告 ……… 1.3.1.1(B)/8.1.1.2(B)/10.4.1.1(B)/
原油 ……………………… 11.1.1.1(C)	豪華 ……………… 2.16.4.2(B)/6.1.7.2(B)	10.4.1.2(B)/11.2.1.2(B)
権利 …… 11.5.1.2(B)/11.8.1.2(B)/12.2.1.2(B)/	航海 ……………… 1.4.1.2(B)/2.3.1.2(C)	交差 ……………………………… 17.03
13.4.1.2(B)	後悔 ……… 2.10.1.2(B)/2.11.1.2(B)/2.15.1.2(B)	講座 ……… 4.2.1.1(B)/4.6.1.1(B)/16.3.1.1(B)
原理 ……………………… 16.2.1.2(C)	郊外 ……………………… 2.1.1.2(C)	交際 ……… 2.10.1.2(B)/3.6.1.2(B)/8.2.1.2(B)
原料 …… 1.2.1.1(B)/10.7.1.1(B)/11.1.1.1(C)/	公害 ……………………… 11.6.1.2(B)	交際する ………… 2.10.4.1(B)/3.6.2.1(B)
11.4.1.2(C)	後悔する ……… 1.2.3.1(B)/1.5.8.1(B)/2.10.6.1(B)/	耕作 ……………………… 11.7.1.2(B)
権力 ……………… 7.1.1.2(B)/13.1.1.2(B)	2.11.10.1(B)/2.13.3.1(B)/2.15.6.1(B)/	考察 ……………… 4.6.1.2(C)/16.3.1.2(C)
元老 ……………………… 7.1.1.1(C)	12.1.4.1(B)	交差点 …………………… 2.3.1.1(A)
	公開する ………………… 5.5.4.1(B)	鉱山 ……… 11.3.1.1(C)/11.6.1.1(C)/15.2.1.1(C)
こ	工学 ……………… 4.6.1.1(C)/16.3.1.2(C)	高山 ……………………… 14.5.1.2(B)
	光学 ……………… 5.4.1.1(C)/16.2.1.2(C)	格子 ……………………… 1.3.1.2(C)
庫 ………… 1.1.1.1(B)/1.2.1.1(B)/2.6.1.1(B)	高額 ……………………… 12.4.4.2(C)	講師 ……………………… 4.2.1.1(B)
個 ………………………………… 1.1.6(A)	合格 ……… 2.7.1.2(B)/3.8.1.1(B)/4.3.1.2(B)/	工事 ……………………… 11.5.1.2(B)
湖 ……………… 1.4.1.1(B)/15.2.1.1(B)	4.4.1.2(B)	公式 ……… 4.6.1.2(B)/16.1.1.2(B)/16.2.1.2(B)/
子 ……………… 2.12.1.1(A)/3.1.1.1(B)	合格する ………… 4.4.3.1(B)/10.3.3.1(B)	16.3.1.2(B)
故 ……………………… 2.16.6(B)/17.02	好感 ……………… 2.10.1.2(C)/3.6.1.2(B)	工事する ………………… 11.5.2.1(B)

索　引

口実 ………………………… 17.08	肯定 ……………………… 1.7.1.2(B)	公務員 ………… 10.2.1.1(B)/13.1.1.2(B)
校舎 …… 2.1.1.1(C)/4.1.1.1(C)/4.2.1.1(C)	皇帝 ……………………… 7.1.1.1(B)	項目 ……………………… 17.01
講習 …………………… 4.5.1.2(B)	公的 ……… 12.3.5.2(C)/12.4.1.2(C)/12.4.4.2(C)	こうもり ………………… 14.4.1.1(C)
口述 …………………… 4.4.1.1(C)	高度 …………………… 17.04/17.14	紅葉 ………………… 1.4.1.2(B)/1.9.1.1(B)
控除 ……………… 10.8.1.2(C)/17.04	口頭 …………………… 4.4.1.1(C)	公立 ……………………… 4.1.1.1(B)
高尚 …………………… 1.8.2.2(C)	高等 ………………………… 17.01	攻略 ……………………… 5.13.1.2(C)
交渉 …… 10.2.1.2(B)/10.4.1.2(B)/11.5.1.2(B)/	講堂 …… 2.1.1.1(B)/4.1.1.1(B)/4.2.1.1(B)	攻略する ………………… 5.13.3.1(C)
13.3.1.2(B)/13.5.1.2(B)/13.7.1.2(B)	行動 ……………………… 15.4.1.2(B)	交流 ………………… 3.6.1.2(B)/16.2.1.2(C)
工場 …… 2.1.1.1(B)/11.1.1.1(B)/11.6.1.1(B)	強盗 ……………………… 12.1.1.2(B)	交流する …… 1.10.3.1(B)/3.6.2.1(B)/7.1.2.1(B)
向上 ……………………… 11.1.1.2(C)	合同 ………………………… 17.09	合流する ………………… 1.4.3.1(B)
高等学校 ……… 2.1.1.1(A)/4.1.1.1(B)/10.3.1.2(A)	効力 ……………… 13.2.1.2(C)/17.08
交渉する …… 1.4.4.1(B)/10.2.5.1(B)/10.4.2.1(B)/	行動する ………………… 15.4.3.1(B)	高齢 ……………………… 12.4.1.2(B)
11.5.3.1(B)/13.3.2.1(B)/13.5.5.1(B)/	購読 ……………………… 4.2.1.1(C)	高齢者 …………………… 15.3.1.2(B)
13.7.2.1(B)	講読する ………………… 1.8.2.1(B)	航路 ………………… 1.4.1.2(C)/2.3.1.1(C)
向上する …… 1.5.5.1(B)/5.13.2.1(B)/11.1.3.1(B)	購読する ………………… 8.1.4.1(C)	港湾 ……………………… 2.3.1.1(C)
控除する ………………… 10.8.2.1(C)	校内 ……………………… 4.1.1.1(B)	声 ………………………… 1.7.1.2(A)
行進 ……………………… 13.3.1.2(C)	購入 ………………… 9.1.1.2(B)/10.1.1.2(B)	護衛 ……………………… 13.6.1.2(C)
構図 ………………… 5.2.1.2(C)/5.4.1.2(C)	購入する …… 1.4.4.1(B)/1.6.2.1(B)/2.5.3.1(B)/	越える …………………… 12.1.7.1(B)
香水 ……………………… 1.3.1.1(B)	9.1.5.1(B)/10.1.2.1(B)	ご遠慮なく ………………… 17.20
洪水 ……………………… 15.3.1.2(C)	校庭 ……………… 4.1.1.1(B)/4.2.1.1(B)	コース ……… 1.1.1.1(B)/1.4.1.2(B)/1.5.1.1(B)
公正 ……………… 10.8.4.2(B)/13.1.3.2(B)	公認 ……………………… 13.4.1.2(C)	コーチ …………… 1.5.1.1(A)/10.2.1.1(B)
構成 ……………… 5.5.1.2(C)/17.02/17.03	公認する ………… 2.10.5.1(C)/13.4.2.1(C)	コート ……… 1.3.1.1(A)/1.5.1.1(B)/2.1.1.1(B)
合成 ………………… 1.7.1.2(B)/16.2.1.2(C)	高熱 ……………………… 2.12.1.1(C)	コード ………… 2.5.1.1(A)/5.1.1.2(C)
厚生省 …………………… 2.12.1.1(B)	光熱費 …………………… 10.1.1.1(C)	コーナー ………… 8.1.1.1(C)/17.03
更生する ………………… 12.1.4.1(C)	後輩 ……………… 1.5.1.1(B)/4.1.1.2(B)	コーヒー ………………… 1.1.1.1(A)
合成する ………………… 16.2.3.1(C)	交配 ……………… 11.7.1.2(C)/14.5.1.2(C)	凍らす …………………… 11.8.2.1(B)
厚生労働省 ……… 12.3.1.1(C)/12.4.1.1(C)	購買 ……………… 9.1.1.2(C)/10.1.1.2(C)	コーラス ………………… 5.1.1.1(B)
功績 …………………… 7.1.1.2(B)	交配する ………………… 14.5.4.1(C)	氷 …………… 1.2.1.1(A)/1.9.1.2(A)/16.2.1.2(B)
光線 ……………………… 16.2.1.2(C)	後半 …………………… 1.5.1.2(B)/17.05	凍る ……………………… 16.2.3.1(B)
控訴 ……………………… 2.11.1.2(C)	交番 …………… 2.1.1.1(B)/2.9.1.1(B)/12.1.1.1(B)	ゴール …… 1.5.1.1(A)/1.5.1.2(A)/5.13.1.2(A)
酵素 ………………… 1.2.1.1(C)/14.1.1.1(C)	公表 ……………………… 4.6.1.2(C)	ゴールする …………… 5.13.4.1(A)
抗争 ………………… 3.7.1.2(C)/12.1.1.2(C)	講評 ……………… 5.7.1.2(C)/8.2.1.2(C)	誤解 ………… 3.6.1.2(B)/3.7.1.2(B)/12.2.1.2(B)
構想 ………………… 5.2.1.2(C)/17.01	好評 ……………………… 8.2.6.2(C)	誤解する …… 3.6.8.1(B)/3.7.5.1(B)/12.2.2.1(B)
高層住宅 ………… 1.6.1.1(C)/2.1.1.1(B)	公表する ………… 4.6.6.1(C)/8.2.5.1(C)	語学 ………………… 1.7.1.2(C)/4.1.1.1(C)
高層マンション ……… 1.6.1.1(C)/2.1.1.1(B)	交付 ……………………… 2.9.1.2(C)	焦がす …………………… 1.1.3.1(B)
拘束 ……………………… 13.6.1.2(C)	幸福 ……………… 12.4.1.2(B)/13.6.1.2(B)	小型 ………………… 11.2.1.1(B)/11.8.1.2(B)
高速 ………………………… 17.04	降伏 ……………………… 7.1.1.2(C)	小柄 ………………… 3.5.2.2(B)/14.3.6.2(B)
拘束する ………………… 13.6.2.1(C)	降伏する ………………… 7.1.2.1(C)	小切手 …………… 10.1.1.1(C)/10.1.1.2(C)
高速道路 ………………… 2.3.1.1(B)	交付する ………………… 2.9.4.1(C)	顧客 ……………………… 3.6.1.1(C)
交替 ……………………… 10.2.1.2(B)	鉱物 ……………………… 11.1.1.2(C)	呼吸 ………………… 2.16.1.2(B)/14.1.1.1(B)
後退 ……………………… 10.6.1.2(C)	興奮 ……………………… 4.4.1.2(B)	呼吸する ………………… 14.1.3.1(B)
交替する ………………… 1.5.6.1(B)	興奮する ………………… 4.4.9.1(B)	故郷 ………………… 1.9.1.2(B)/2.2.1.2(B)
後退する ………………… 10.6.2.1(C)	公平 ……………… 10.8.4.2(B)/12.2.2.2(B)/13.1.3.2(B)	国 ………………………… 13.1.1.2(B)
光沢 ……………………… 1.3.1.2(B)	候補 ……………………… 13.4.1.2(C)	漕ぐ ………… 1.5.2.1(B)/2.3.8.1(B)/13.6.3.1(B)
公団住宅 ………… 1.6.1.1(C)/2.8.1.1(C)	公募 ……………………… 10.3.1.2(C)	ごく ……………………… 17.14
耕地 …………… 11.7.1.2(C)/14.5.1.1(C)/15.2.1.1(C)	工法 ………………… 1.6.1.2(C)/11.5.1.2(C)	語句 ……………………… 1.7.1.2(C)
構築 ………………… 4.6.1.2(C)/16.3.1.2(C)	広報 ……………… 8.1.1.1(C)/15.3.1.2(C)	国王 ………………… 7.1.1.1(B)/13.1.1.2(B)
構築する ………… 4.6.3.1(C)/16.3.3.1(C)	工房 ……………………… 5.3.1.1(C)	国語 ………………… 1.7.1.2(C)/4.1.1.1(A)
紅茶 ……………………… 1.1.1.1(B)	合法 ……………………… 12.1.3.2(C)	国際 ………………… 10.7.1.2(C)/13.5.1.2(B)
校長 ……………………… 4.1.1.2(B)	広報する ………………… 15.3.5.1(C)	国産 ……………………… 11.2.1.2(B)
好調 ……………………… 10.4.1.2(C)	公募する ………………… 10.3.2.1(C)	黒人 ……………………… 12.2.1.2(C)
交通 …… 1.4.1.2(B)/2.3.1.2(B)/11.6.1.1(B)/	巧妙 …… 5.1.3.2(C)/5.2.7.2(C)/5.7.6.2(C)/	国籍 ……………………… 12.2.1.2(C)
13.1.1.2(B)/15.3.1.2(B)	5.13.2.2(C)/8.2.2.2(C)	告訴する ………………… 8.1.5.1(C)
交通機関 ………… 1.4.1.2(C)/2.3.1.2(C)	公民 ……………………… 4.1.1.1(C)	国土 ……………… 13.5.1.2(B)/13.6.1.2(B)
工程 ……………………… 1.2.1.2(C)		

— 633 —

索　引

国道 ……………………… 2.3.1.1(C)	11.2.3.1(B)/16.3.7.1(B)	孤独 ………………… 2.15.2.2(B)/12.3.3.2(B)
国内 ……………… 1.4.1.2(B)/11.8.3.2(B)	こしらえる …… 1.1.3.1(C)/5.10.2.1(C)/17.02	ことごとく …………………………… 17.07
告白 ……………………… 2.10.1.2(B)	こじれる ……………………… 13.7.2.1(C)	今年 …………………………………… 17.06
告白する ………………… 2.10.3.1(B)	個人 ……… 1.4.1.2(B)/1.5.1.2(B)/15.4.1.2(B)	言づける ……………………… 9.1.3.1(C)
黒板 ……………………… 4.1.1.1(A)	故人 ……………………… 2.16.1.1(C)	異なる … 1.9.2.2(B)/1.10.3.1(B)/1.10.3.2(B)/
克服する ………………… 10.6.6.1(C)	濾す ……………………… 1.1.3.1(C)	3.8.6.2(B)/6.1.6.1(B)/17.09
国防 ………………… 13.1.1.2(C)/13.6.1.2(C)	越す ……… 2.8.2.1(B)/12.1.7.1(B)/14.4.2.1(B)	殊に …………………………………… 17.10
国民 ……… 13.1.1.2(B)/13.3.1.2(B)/13.6.1.2(B)	こずえ ……………………… 14.5.1.1(C)	ことによると ………………………… 17.15
穀物 …… 1.1.1.1(B)/1.2.1.1(B)/11.7.1.1(B)/	コスト ……………………… 1.6.1.2(C)	言葉 ……………………………… 1.7.1.2(A)
14.5.1.1(B)	個性 ………………… 1.2.1.2(B)/3.3.1.2(B)	言葉遣い ………………………… 1.7.1.2(C)
国有林 ……………………… 11.7.1.1(C)	戸籍 ……… 2.8.1.1(C)/2.9.1.1(C)/2.11.1.2(C)/	子供 …… 2.12.1.1(C)/3.1.1.1(A)/4.1.1.2(A)/
極楽 ……………… 2.16.1.2(C)/6.1.1.2(C)	2.12.1.1(C)/3.1.1.2(C)	5.4.1.1(A)/12.3.1.2(A)/12.4.1.1(A)/14.1.1.2(A)
国連 ……………………… 13.5.1.2(B)	小銭 ……………………… 10.1.1.1(B)	小鳥 ……………………… 14.4.1.1(B)
御苦労様 ……………………………… 17.20	午前 ……………… 15.1.1.2(A)/17.06	断る … 2.10.3.1(A)/2.11.3.1(C)/13.4.2.1(A)/
焦げ茶 ……… 1.3.1.2(B)/1.3.6.2(C)/5.2.1.2(B)/	子育て …………… 2.12.1.2(B)/12.4.1.2(B)	13.5.4.1(A)/14.2.5.1(A)
5.2.8.2(B)	御存知ですか ………………………… 17.20	粉 …………………………… 1.1.3.2(B)
焦げる ……………………… 13.6.4.1(B)	個体 ……… 11.8.1.2(C)/14.4.1.2(C)/15.4.1.2(C)	このあいだ ……………………………… 17.06
語源 ……………………… 1.7.1.2(C)	固体 ……………………… 16.2.1.2(B)	このごろ ………………………………… 17.06
ここ …………………………………… 17.03	古代 ……………………… 7.1.1.2(C)	好ましい …………………………… 3.4.6.2(C)
午後 ……………… 15.1.1.2(A)/17.06	答え ………………… 4.4.1.2(A)/16.1.1.2(A)	好み …… 1.1.1.2(B)/1.3.1.2(B)/2.10.1.2(B)/
凍える ……………………… 15.1.3.1(B)	答える ……… 4.1.5.1(A)/4.2.5.1(A)/4.4.5.1(A)/	3.4.1.2(B)/3.5.1.2(B)
心地良い …………… 1.6.2.2(C)/11.2.2.2(C)	4.6.6.1(A)/13.7.2.1(B)/16.1.2.1(A)	好む …………………………… 3.4.6.1(B)
九日 …………………………………… 17.06	こたつ ……………………… 2.5.1.1(B)	この世 ……………………… 6.1.1.2(B)
ここのつ ……………………………… 17.19	こだわり ……………………… 2.10.1.2(C)	ごはん ……………………… 1.1.1.1(A)
心 ………………… 2.15.1.2(A)/14.1.1.2(A)	こだわる … 1.3.2.1(B)/2.14.4.1(B)/2.15.4.1(B)	コピー ………………… 2.9.1.1(A)/4.4.1.2(A)
心当たり ……………………… 12.1.1.2(B)	御馳走 ……………………… 2.10.1.1(C)	コピーする …… 2.9.3.1(A)/4.4.5.1(A)/
心得る ……………………… 14.1.3.1(C)	ごちそうさま ……………………… 17.20	4.6.3.1(A)/5.2.2.1(A)/16.3.3.1(B)
心がけ ……………………… 14.3.1.2(B)	ごちそうさまでした ……………… 17.20	古墳 ………………… 7.1.1.1(C)/7.1.1.2(C)
心がける ……………………… 14.3.5.1(B)	御馳走する ……………………… 1.1.4.1(B)	個別 …………………………………… 17.07
志 …… 1.5.1.2(C)/2.14.1.2(C)/2.16.1.2(C)/	誇張した …………… 8.1.2.2(C)/8.2.5.2(C)	ゴボウ ……………………… 1.1.1.1(B)
4.1.1.2(C)/13.4.1.2(C)	誇張する ……………………… 15.5.2.1(C)	こぼす ……………………… 2.12.6.1(C)
志す …………… 1.5.7.1(C)/2.14.2.1(C)/4.1.9.1(C)/	こちら …………………………………… 17.03	こま ……………………… 15.5.1.2(C)
4.5.3.1(C)	こちらこそ ……………………… 17.20	駒 ……………………… 5.13.1.1(C)
心強い ……………………… 3.3.8.2(B)	国家 ………………… 7.1.1.2(B)/13.1.1.2(B)	胡麻 ………………… 1.1.1.1(B)/14.3.1.1(B)
心細い ……… 1.4.2.2(B)/3.3.1.2(B)/10.1.3.2(B)	国会 ……………………… 13.1.1.2(B)	コマーシャル …… 8.2.1.1(B)/10.4.1.2(B)/
試みる ……………………… 16.2.2.1(C)	国境 ………………… 1.4.1.1(B)/7.1.1.2(B)/13.5.1.2(B)	11.2.1.2(B)
快い ……………………… 3.4.2.2(C)	コック ……………… 1.1.1.1(B)/10.2.1.1(B)	細かい …… 3.3.6.2(B)/5.1.2.2(B)/5.2.6.2(B)/
誤差 ……………………… 16.1.1.2(C)	滑稽 …………………… 5.1.2.2(C)/5.2.6.2(C)	5.7.5.2(B)
ございます ……………………………… 17.02	国庫 ……………………… 4.2.1.2(C)	ごまかす …………… 4.6.5.1(C)/10.8.2.1(C)
小匙 ……………………… 1.1.1.1(B)	国交 ……………………… 13.5.1.2(C)	細やか ……………………… 3.3.5.2(C)
腰 ………………… 14.1.1.1(B)/14.4.1.1(B)	骨折 ……… 1.5.1.2(B)/14.2.1.1(B)/14.2.1.2(B)	ごみ …… 2.6.1.1(A)/14.2.1.2(A)/15.4.1.1(A)
古事 ……………………… 6.2.1.2(C)	こっそり ………………………………… 17.02	コミック ………………… 1.8.1.1(B)/5.2.1.1(B)
孤児 ……… 3.1.1.1(C)/12.4.1.1(C)/15.3.1.2(C)	こっち …………………………………… 17.03	コミュニケーション ………………… 3.6.1.2(A)
腰掛け ……………… 1.6.1.1(C)/5.10.1.1(C)	小包 ……………………… 9.1.1.1(B)	コミュニケーションする ……… 3.6.2.1(A)
腰掛ける ……………………… 14.1.3.1(B)	骨董 ……………………… 5.9.1.2(B)	コミュニティー …………… 12.3.1.1(C)/12.4.1.1(C)
古事記 ……………………… 1.7.1.1(C)	骨董品 ……… 5.3.1.1(B)/5.8.1.1(B)/5.9.1.1(B)	混む …… 2.1.2.1(A)/2.3.10.1(A)/11.2.4.1(A)
御子息 ……………………… 2.12.1.1(C)	コップ ……………………… 1.1.1.1(A)	ゴム ……………………… 11.7.1.1(B)
ゴシック ……………………… 5.3.1.2(B)	固定 ……………………… 10.7.1.2(C)	小麦 …… 1.1.1.1(B)/1.2.1.1(B)/11.7.1.1(B)/
五十音 ……………………… 1.7.1.2(B)	コテージ ……………………… 1.4.1.1(C)	14.5.1.1(B)
御所 ……………………… 6.2.1.1(C)	古典 ……………………… 1.8.1.2(C)	米 …… 1.1.1.1(A)/1.2.1.1(A)/10.7.1.1(B)/
故障 …… 2.5.1.2(B)/9.2.1.2(B)/11.2.1.2(B)/	個展 ………………… 5.2.1.1(B)/5.3.1.1(B)	11.7.1.1(A)/14.5.1.1(A)
16.3.1.2(B)	琴 ……………………… 5.1.1.1(B)	込める ……………………… 5.13.3.1(B)
胡椒 ……………………… 1.1.1.1(B)	〜ごと ……………… 17.06/17.07	ごめんください …………………………… 17.20
故障する ……… 1.5.11.1(B)/2.5.3.1(B)/9.2.4.1(B)/	小道具 ……………………… 5.5.1.1(C)	コメント …… 4.6.1.2(B)/5.5.1.2(B)/5.7.1.2(B)/

— 634 —

索　引

	8.2.1.2(B)/13.7.1.2(B)
コメントする	4.6.6.1(B)/5.5.4.1(B)/5.7.4.1(B)/8.2.5.1(B)
ごめんなさい	17.20
小物	2.6.1.1(B)/5.3.1.1(B)
こもる	17.02
顧問	4.1.1.2(C)
小屋	14.4.1.1(B)
固有	1.7.1.2(C)/1.9.2.2(C)/1.10.2.2(C)/1.10.3.2(C)/3.8.5.2(C)/3.8.6.2(C)/17.02/17.10
小指	14.1.1.1(B)/14.4.1.1(B)
雇用	10.2.1.2(B)/10.3.1.2(B)/10.6.1.2(B)/12.2.1.2(B)/12.4.1.2(B)
雇用する	10.2.3.1(B)/10.3.3.1(B)
こらえる	2.15.3.1(C)
娯楽	1.9.1.2(C)/8.1.1.1(C)
御覧なさい	17.20
孤立	17.02
ゴリラ	14.4.1.1(B)
懲りる	2.10.6.1(B)
凝る	1.3.2.1(B)/14.3.6.1(B)
ゴルフ	1.5.1.1(A)
これから	17.06
コレクション	5.8.1.1(A)/5.9.1.1(A)
コレステロール	1.1.1.1(B)/14.2.1.1(B)/14.3.1.2(B)
頃	17.06
転がす	1.5.2.1(B)
転がる	1.5.2.1(B)
殺す	2.6.3.1(A)/2.16.2.1(A)/12.1.2.1(A)/13.6.4.1(A)
転ぶ	2.12.6.1(B)/14.1.3.1(B)
怖い	2.3.9.2(A)/12.1.2.2(B)/13.6.2.2(A)
恐い	7.1.2.2(A)
壊す	2.5.3.1(A)/2.12.6.1(A)/15.4.2.1(A)
壊れる	1.6.3.1(A)/2.5.3.1(A)/9.2.4.1(A)/11.2.3.1(A)/15.3.4.1(A)/16.3.7.1(A)
今	17.06
紺	1.3.1.2(B)/1.3.6.2(B)/5.2.1.2(B)/5.2.8.2(B)
婚姻	2.11.1.2(C)/3.1.1.1(C)/12.2.1.2(C)
今回	17.06
根気	3.3.1.2(C)
根拠	7.1.1.2(C)/17.08
コンクール	4.1.1.1(A)/5.1.1.1(A)/5.7.1.1(A)
コンクリート	1.6.1.1(B)/11.5.1.1(B)
今月	17.06
今後	17.06
コンサート	5.1.1.1(A)/5.7.1.1(A)
混雑	2.1.1.2(B)
混雑する	2.1.2.1(B)/2.3.10.1(B)/11.2.4.1(B)
今週	17.06
痕跡	5.4.1.2(C)
コンセプト	1.3.1.2(C)/5.2.1.2(C)
コンタクトレンズ	1.3.1.1(A)/14.2.1.1(A)
献立	1.1.1.2(B)
昆虫	14.4.1.1(C)
コンテスト	4.1.1.1(A)/5.1.1.1(A)/5.7.1.1(A)/8.2.1.1(A)
今度	17.06
コントラスト	17.09
こんなに	17.14
困難	2.12.1.2(B)/2.14.6.2(B)/2.15.1.2(B)
今日	17.06
こんにちは	17.20
コンパクトカメラ	5.4.1.1(B)
コンパス	4.1.1.1(C)
今晩	17.06
こんばんは	17.20
コンビ	8.2.1.1(B)
コンピュータ	2.5.1.1(A)/5.13.1.1(A)/9.1.1.1(A)/9.2.1.1(A)/11.4.1.1(A)/14.1.1.1(A)/16.3.1.1(A)
昆布	1.1.1.1(C)/11.8.1.1(C)
コンプレックス	2.15.1.2(B)
今夜	17.06
婚約	2.11.1.2(B)
婚約する	2.11.7.1(B)
混乱	7.1.1.2(B)

さ

差	10.6.1.2(B)/16.1.1.2(B)/17.09
座	15.5.1.1(B)/15.5.5(B)
サーカス	1.4.1.1(C)
サークル	4.2.1.1(B)
サーバー	9.1.1.2(B)/9.2.1.1(B)/16.3.1.1(B)
サービス	4.3.1.2(A)/4.4.1.2(A)/10.4.1.2(A)/10.8.1.2(A)
祭	1.2.1.2(B)/1.9.1.2(B)/4.1.1.1(B)/4.1.10(B)/6.2.1.2(B)
再	4.3.4(B)/8.1.6(B)/11.4.5(B)/15.4.1.2(B)/15.4.4(B)/17.06
歳	14.1.1.1(A)
際	17.06
最	17.14
材	1.6.1.1(C)/11.5.1.1(C)/11.7.1.1(C)
剤	2.6.1.1(C)/12.1.1.2(C)/14.2.1.1(C)/14.2.6(C)/14.5.5(C)
財	10.1.1.2(C)
罪悪感	2.15.1.2(C)
災害	7.1.1.2(B)/15.3.1.2(B)
再会する	3.2.3.1(B)
在学	4.2.1.2(C)
最近	17.06
細菌	14.2.1.2(C)
細工	5.3.1.2(C)/11.1.1.2(C)
細工する	5.3.2.1(C)/11.1.2.1(C)
採掘	11.3.1.2(C)/11.5.1.2(C)
採掘する	11.3.2.1(C)/11.5.2.1(C)/15.4.2.1(C)
採決	13.1.1.2(C)/13.7.1.2(C)
採決する	13.1.4.1(C)/13.7.2.1(C)
債券	10.5.1.2(C)/16.1.1.2(C)
再建	10.6.1.2(C)/15.3.1.2(C)
財源	10.8.1.2(C)
再建する	1.6.3.1(C)/10.6.5.1(C)/15.3.6.1(C)
最後	17.06
最高	1.5.6.2(B)/1.5.8.2(B)/15.1.1.2(B)/17.04/17.14
再婚	2.11.1.2(B)
再婚する	2.11.7.1(B)
再三	17.06
財産	3.1.1.2(B)/3.7.1.1(B)/10.1.1.2(B)
祭司	6.1.1.1(C)
祭祀	6.2.1.2(C)
彩色	5.2.1.2(C)
彩色する	5.2.2.1(C)/5.2.8.1(C)
祭日	6.1.1.2(B)/6.2.1.2(B)
最終	2.3.1.2(B)
採集	14.4.1.2(C)
採集する	11.8.2.1(C)/14.4.5.1(C)
最初	2.13.3.2(A)
最少	16.1.1.2(B)
サイズ	1.3.1.2(B)/11.4.1.2(A)/16.1.1.2(A)/17.04
再生	11.4.1.2(B)
財政	10.6.1.2(B)/13.1.1.2(B)
再生する	11.4.4.1(B)
在籍	4.2.1.2(C)
催促	10.1.1.2(C)
催促する	2.9.2.1(C)/5.12.3.1(C)/10.1.6.1(C)/10.4.3.1(C)
在宅	12.4.1.2(C)
採択する	16.1.5.1(C)
祭壇	2.16.1.1(C)/3.8.1.1(C)
最中	17.05
最低	15.1.1.2(B)/17.04
採点	1.5.1.2(B)/4.3.1.2(B)
採点する	1.5.4.1(B)/4.3.2.1(B)/4.4.7.1(B)
サイト	9.1.1.2(B)
サイド	1.5.1.2(C)
災難	15.3.1.2(C)
才能	1.5.1.2(B)/5.13.1.2(B)/10.2.1.2(B)
栽培	4.1.1.2(B)/14.5.1.2(B)
栽培する	11.7.2.1(B)/14.5.3.1(B)
再発	12.1.1.2(C)
裁判	12.1.1.2(B)/12.2.1.2(B)/13.2.1.2(B)
裁判官	13.2.1.1(B)
財布	10.1.1.1(A)
裁縫	1.3.1.2(B)/5.11.1.2(B)/11.4.1.2(B)
細胞	14.1.1.1(B)/14.2.1.1(B)
催眠	2.15.1.2(C)
材木	1.6.1.1(B)/11.4.1.1(C)/11.5.1.1(C)/

— 635 —

索　引

11.7.1.1(C)	酒‥‥ 1.1.1.1(B)/1.2.1.1(A)/2.3.1.2(A)/3.8.1.1(A)/	さっさと‥‥‥‥‥‥‥‥‥‥ 17.04
採用‥‥‥‥‥‥‥ 10.2.1.2(B)/10.3.1.2(B)	6.1.1.2(A)/6.2.1.1(A)	雑誌‥‥‥‥‥ 1.3.1.1(A)/1.8.1.1(A)/8.1.1.1(A)/
採用する‥‥‥‥‥ 10.2.3.1(B)/10.3.3.1(B)	叫び‥‥‥‥‥‥‥‥‥‥‥‥ 12.1.1.2(C)	10.4.1.1(A)/11.2.1.2(A)
材料‥‥‥‥ 1.1.1.1(C)/10.7.1.1(B)/11.1.1.1(B)/	叫ぶ‥‥‥ 1.2.3.1(A)/1.5.10.1(B)/2.12.6.1(B)/	殺人‥‥‥‥‥‥‥‥ 2.16.1.2(B)/12.1.1.2(B)
14.3.1.1(B)	2.15.9.1(B)/14.4.3.1(B)	雑草‥‥‥‥‥‥‥‥‥‥‥‥ 14.5.1.1(B)
幸い‥‥‥‥‥‥‥‥‥‥‥ 12.3.5.2(C)/17.08	避ける‥‥‥ 3.7.3.1(B)/4.1.7.1(B)/12.2.2.1(B)/	早速‥‥‥‥‥‥‥‥‥‥‥‥‥‥ 17.05
サイン‥‥‥‥‥‥‥‥‥‥‥ 2.11.1.2(A)	15.3.3.1(B)	ざっと‥‥‥‥‥‥‥‥‥‥‥‥‥ 17.14
サインする‥‥‥‥‥‥‥‥‥ 2.11.8.1(A)	裂ける‥‥‥‥‥‥‥‥‥‥‥ 1.3.5.1(C)	さっぱり‥‥‥ 1.1.2.2(B)/1.2.4.2(B)/3.3.5.2(B)/
サウンド‥‥‥‥‥‥‥‥‥‥‥ 5.1.1.1(B)	下げる‥‥‥‥ 10.5.3.1(A)/10.6.5.1(A)/10.8.2.1(A)	3.4.2.2(B)/17.07
遮る‥‥‥‥‥‥‥‥‥‥‥‥ 13.7.2.1(C)	支え‥‥‥‥‥‥‥‥‥‥‥‥ 3.6.1.2(C)	砂糖‥‥‥‥‥‥‥‥‥‥‥‥‥ 1.1.1.1(A)
さえずる‥‥‥‥‥‥‥‥‥‥ 14.4.3.1(C)	支える‥‥‥‥‥‥ 1.5.6.1(B)/11.3.1.1(B)/17.02	作動する‥‥‥‥‥‥‥ 2.3.5.1(C)/11.2.2.1(C)
坂‥‥‥‥‥‥‥‥‥‥‥‥‥‥ 2.3.1.1(A)	捧げる‥‥‥ 1.2.6.1(B)/2.11.8.1(B)/6.1.4.1(B)/	悟り‥‥‥‥‥‥‥‥‥‥‥‥ 6.1.1.2(C)
境‥‥‥‥‥‥‥‥‥‥‥‥‥‥‥ 17.03	6.2.2.1(B)	悟る‥‥‥‥‥‥‥‥‥‥ 6.1.2.1(C)/14.1.3.1(C)
栄える‥‥‥‥‥ 2.1.2.1(B)/7.1.2.1(B)/10.6.6.1(B)	ささやく‥‥‥‥‥‥‥‥‥‥ 2.10.4.1(B)	さなか‥‥‥‥‥‥‥‥‥‥‥‥‥ 17.05
差額‥‥‥‥‥‥‥‥‥‥‥‥ 16.1.1.2(B)	匙‥‥‥‥‥‥‥‥‥ 1.1.1.1(C)/1.1.6(B)/14.2.1.1(C)	鯖‥‥‥‥‥‥‥‥‥‥‥‥‥‥ 11.8.1.1(C)
逆さ‥‥‥‥‥‥‥‥‥‥‥‥‥ 17.03	差し上げる‥‥‥‥‥‥‥‥‥ 3.8.2.1(B)	砂漠‥‥‥‥‥‥‥ 1.4.1.1(C)/15.2.1.1(B)/15.4.1.1(B)
逆さま‥‥‥‥‥‥‥‥‥‥‥‥ 17.03	挿し絵‥‥‥‥‥‥‥‥‥ 1.8.1.1(C)/5.2.1.1(B)	裁く‥‥‥‥‥‥‥‥‥‥‥‥ 13.2.4.1(B)
探す‥‥‥‥ 1.8.4.1(A)/2.8.3.1(A)/2.10.2.1(A)/	差しかかる‥‥‥‥‥‥‥‥‥ 12.1.7.1(C)	さび‥‥‥‥‥‥‥‥‥‥ 1.6.1.2(C)/2.5.1.1(C)
4.2.8.1(A)/5.9.2.1(A)/10.3.2.1(A)/15.5.3.1(A)	座敷‥‥‥‥‥‥‥‥‥‥‥‥ 1.6.1.1(C)	寂しい‥‥‥ 2.2.4.2(A)/2.10.6.2(A)/2.15.2.2(A)/
杯‥‥‥‥‥‥‥‥‥‥‥‥‥‥ 1.2.1.1(C)	指図‥‥‥‥‥‥‥‥‥‥‥‥ 13.6.1.2(C)	2.16.2.2(A)/3.4.2.2(A)
魚‥‥‥‥‥‥ 1.1.1.1(A)/11.8.1.1(A)/14.4.1.1(A)	差し出す‥‥‥‥‥‥‥‥ 6.1.4.1(C)/6.2.2.1(C)	座標‥‥‥‥‥‥‥‥‥‥‥ 16.1.1.2(C)/17.03
さかのぼる‥‥‥‥‥‥‥‥‥ 7.1.3.1(C)	差し引き‥‥‥‥‥‥‥‥‥ 16.1.1.2(C)/17.04	さびる‥‥‥‥‥‥ 2.5.3.1(B)/11.3.2.1(B)/16.2.3.1(B)
酒場‥‥‥‥‥‥‥‥‥‥‥‥‥ 1.2.1.1(C)	差し引く‥‥‥‥‥‥‥‥‥‥‥‥ 17.04	座布団‥‥‥‥‥‥‥‥‥‥ 1.6.1.1(B)/2.6.1.1(B)
下がる‥‥‥‥ 4.3.3.1(A)/10.5.3.1(A)/10.6.4.1(A)/	刺身‥‥‥‥‥‥ 1.1.1.1(B)/1.2.1.1(B)/11.8.1.1(B)	差別‥‥‥‥‥‥‥‥‥ 10.3.1.2(A)/12.2.1.1(B)
15.1.3.1(A)	刺す‥‥‥‥‥‥ 2.16.2.1(A)/12.1.2.1(B)/14.2.4.1(B)	差別する‥‥‥‥‥‥‥‥‥‥ 12.2.2.1(B)
盛ん‥‥‥‥‥‥‥‥‥‥ 4.1.6.2(B)/4.2.11.2(A)	挿す‥‥‥‥‥‥‥‥‥‥ 5.6.4.1(B)/14.5.3.1(B)	作法‥‥‥‥‥‥‥ 1.5.1.2(B)/3.8.1.2(B)/5.6.1.2(B)
先‥‥‥‥‥‥‥‥‥‥‥‥ 17.03/17.05/17.06	差す‥‥‥‥‥‥‥‥‥‥ 5.13.7.1(B)/15.1.3.1(B)	サポート‥‥‥‥‥‥‥‥‥‥ 2.12.1.2(B)
詐欺‥‥‥‥‥‥‥‥‥‥‥‥ 12.1.1.2(B)	さすが‥‥‥‥‥‥‥‥‥‥‥‥‥ 17.15	サポートする‥‥‥‥‥‥ 2.10.5.1(B)/2.12.7.1(B)
さきおととい‥‥‥‥‥‥‥‥‥‥ 17.06	さする‥‥‥‥‥‥‥‥ 14.1.3.1(C)/14.2.4.1(C)	さほど‥‥‥‥‥‥‥‥‥‥‥‥‥ 17.14
先ほど‥‥‥‥‥‥‥‥‥‥‥‥‥ 17.06	座席‥‥‥‥‥‥‥ 1.4.1.1(B)/2.3.1.2(B)/3.8.1.2(B)	サボる‥‥‥‥‥ 4.1.3.1(B)/4.2.3.1(B)/10.2.2.1(B)
先物‥‥‥‥‥‥‥‥‥‥‥‥ 10.5.1.2(C)	挫折‥‥‥‥‥‥‥‥‥‥‥‥ 2.15.1.2(B)	様‥‥‥‥‥‥‥‥‥‥‥‥‥‥ 9.1.6(A)/17.10
作業‥‥‥‥‥ 5.10.1.2(B)/10.2.1.2(B)/11.1.1.2(B)/	挫折する‥‥‥‥‥‥‥‥ 2.14.3.1(B)/2.15.7.1(B)	さまざま‥‥‥‥‥‥‥‥‥‥ 1.10.3.2(B)/3.8.6.2(B)
11.5.1.2(B)	座禅‥‥‥‥‥‥‥‥‥‥‥‥ 6.1.1.2(B)	冷ます‥‥‥‥‥ 1.1.3.1(B)/1.2.2.1(B)/1.2.3.1(B)/
割く‥‥‥‥‥‥‥‥‥‥‥‥‥ 1.1.3.1(B)	さぞ‥‥‥‥‥‥‥‥‥‥‥‥‥‥ 17.15	16.2.3.1(B)
柵‥‥‥‥‥‥‥‥‥‥‥‥‥‥ 1.6.1.1(C)	誘い‥‥‥‥‥‥‥‥‥‥‥‥ 2.10.1.2(C)	さ迷う‥‥‥‥‥‥‥‥‥‥‥‥ 1.4.4.1(B)
策‥‥‥‥‥‥‥‥‥‥‥‥‥ 13.6.1.2(C)	誘う‥‥‥‥‥ 2.7.3.1(A)/2.10.2.1(B)/4.2.8.1(A)	寒い‥‥‥‥‥‥‥‥‥‥ 2.1.2.2(A)/15.1.3.2(A)
咲く‥‥‥‥‥‥‥‥‥‥‥‥ 14.5.2.1(A)	さぞかし‥‥‥‥‥‥‥‥‥‥‥‥ 17.15	寒気‥‥‥‥‥‥‥‥‥‥‥‥ 14.2.1.2(C)
昨‥‥‥‥‥‥‥‥‥‥‥‥‥‥‥ 17.06	さぞや‥‥‥‥‥‥‥‥‥‥‥‥‥ 17.15	侍‥‥‥‥‥‥‥‥‥‥‥‥‥‥ 7.1.1.1(A)
索引‥‥‥‥‥‥‥‥‥‥‥‥‥ 1.8.1.1(C)	定める‥‥‥‥‥‥‥‥‥ 1.2.5.1(B)/13.2.2.1(B)	冷める‥‥‥‥ 1.1.3.1(B)/2.4.3.1(B)/2.10.6.1(B)/
削減‥‥‥‥‥‥‥ 11.6.1.2(C)/15.4.1.2(B)/17.04	座談会‥‥‥‥‥‥‥‥‥‥‥ 13.7.1.2(C)	2.11.10.1(B)/16.2.3.1(B)
削減する‥‥‥ 10.1.3.1(B)/11.6.3.1(C)/15.4.3.1(B)	冊‥‥‥‥‥‥‥‥‥‥‥‥‥‥ 1.8.5(A)	さも‥‥‥‥‥‥‥‥‥‥‥‥‥‥ 17.09
作者‥‥‥‥‥‥‥‥‥‥‥‥ 1.8.1.2(B)	札‥‥‥‥‥‥‥‥‥‥‥‥‥ 10.1.1.1(B)	左右‥‥‥‥‥‥‥‥‥‥‥ 2.1.1.2(B)/17.03
削除‥‥‥‥‥‥‥ 9.2.1.2(B)/16.3.1.2(B)/17.02	雑‥‥‥‥‥‥‥‥‥‥‥‥‥ 3.3.6.2(B)	作用‥‥‥‥‥‥‥‥‥‥‥‥‥‥ 17.08
削除する‥‥‥‥‥‥‥‥ 9.2.2.1(B)/16.3.5.1(B)	撮影‥‥‥‥‥‥‥ 1.4.1.2(B)/5.4.1.2(B)/5.5.1.2(B)	さようなら‥‥‥‥‥‥‥‥‥‥‥ 17.20
作成‥‥‥‥ 9.2.1.2(B)/11.1.1.2(C)/16.3.1.2(B)/17.02	撮影する‥‥‥‥‥‥‥‥ 5.4.2.1(B)/5.5.3.1(B)	さよなら‥‥‥‥‥‥‥‥‥‥‥‥ 17.20
作製‥‥‥‥‥‥‥‥‥‥‥‥‥‥ 17.02	雑音‥‥‥‥‥‥‥‥‥‥‥‥ 5.1.1.1(B)	皿‥‥‥‥‥‥‥‥‥‥‥‥ 1.1.1.1(B)/1.1.6(B)
作成する‥‥‥‥ 5.5.3.1(B)/9.2.2.1(B)/11.1.2.1(B)/	作家‥‥‥‥‥‥‥ 1.8.1.1(B)/5.5.1.1(B)/10.2.1.1(B)	再来月‥‥‥‥‥‥‥‥‥‥‥‥‥ 17.06
16.3.5.1(B)	雑貨‥‥‥‥‥‥‥‥‥‥‥‥ 5.3.1.1(B)	再来週‥‥‥‥‥‥‥‥‥‥‥‥‥ 17.06
作戦‥‥‥‥‥‥‥‥‥‥‥ 1.5.1.2(B)/13.6.1.2(B)	殺害‥‥‥‥‥‥‥‥‥‥‥‥ 12.1.1.2(C)	再来年‥‥‥‥‥‥‥‥‥‥‥‥‥ 17.06
作品‥‥‥‥‥‥ 1.8.1.2(B)/5.5.1.1(B)/5.10.1.1(B)	さっき‥‥‥‥‥‥‥‥‥‥‥‥‥ 17.06	さらう‥‥‥‥‥‥‥‥ 12.1.2.1(C)/15.3.4.1(C)
作物‥‥‥‥‥‥‥‥‥‥‥ 6.2.1.1(B)/11.7.1.1(B)	早急‥‥‥‥‥‥‥‥‥‥‥‥ 15.3.3.2(C)	さらさら‥‥‥‥‥‥‥‥‥‥ 14.3.6.2(B)
桜‥‥‥‥‥‥‥‥‥‥‥‥‥ 14.5.1.1(B)	作曲する‥‥‥‥‥‥‥‥‥‥ 5.1.4.1(B)	サラダ‥‥‥‥‥‥‥‥‥‥‥‥ 1.1.1.1(A)
探る‥‥‥‥‥‥‥‥‥‥‥‥ 12.1.3.1(B)	殺菌‥‥‥‥‥‥‥‥‥‥‥‥ 14.5.1.2(B)	更に‥‥‥‥‥‥‥‥‥‥‥‥ 17.06/17.14
鮭‥‥‥‥‥‥‥‥‥‥‥‥‥‥ 1.1.1.1(B)	殺菌する‥‥‥‥‥ 1.2.4.1(B)/2.6.4.1(B)/14.5.3.1(B)	サラリーマン‥‥‥‥‥‥‥‥ 10.2.1.1(B)

— 636 —

索　引

さり気ない …………… 2.10.7.2(C)	賛美歌 ………………… 6.2.1.2(C)	死因 ………… 2.12.1.2(C)/2.16.1.2(C)
去る …………… 2.8.2.1(B)/15.1.3.1(B)/17.06	山腹 ………………… 15.2.1.2(C)	シーン ……… 5.2.1.1(B)/5.2.1.2(B)/5.5.1.2(B)
猿 …………………… 14.4.1.1(B)	産婦人科 …………… 2.12.1.1(B)/14.2.1.1(B)	寺院 ……… 1.4.1.1(C)/2.1.1.1(C)/6.1.1.1(C)/6.2.1.1(C)
ざる …………………… 1.1.1.1(B)	散布する …………… 11.7.2.1(C)/14.5.3.1(C)	ジーンズ …………… 1.3.1.1(A)
騒がしい …………… 3.7.5.2(B)/4.1.4.2(B)	産物 …………………… 1.1.1.1(C)	しいんとする ……… 2.1.2.1(B)
騒ぎ ………………… 3.7.1.2(C)/12.1.1.2(C)	サンプル … 4.6.1.2(B)/14.4.1.2(B)/16.1.1.2(B)/16.3.1.2(B)	自衛 …………… 13.1.1.2(C)/13.6.1.2(C)
騒ぐ ………… 2.12.6.1(B)/4.1.4.1(B)/4.2.4.1(B)	散歩 …………………… 5.8.1.1(A)	ジェット機 …… 1.4.1.1(B)/2.3.1.1(B)/5.13.1.1(B)/13.6.1.1(B)
さわやか …… 1.3.6.2(B)/1.9.4.2(B)/1.9.7.2(B)/3.3.10.2(B)/3.4.2.2(B)/15.1.3.2(B)	散歩する …………… 2.12.6.1(A)	シェフ …………… 1.1.1.1(B)/3.8.1.1(B)
触る …………………… 14.1.3.1(B)	山脈 ………………… 15.2.1.1(B)	支援 …… 4.1.1.2(B)/12.2.1.2(B)/12.3.1.2(B)/15.3.1.2(B)
〜さん ………………… 3.6.11(A)	産卵 ………………… 11.8.1.2(C)/14.4.1.2(C)	支援する …………… 12.2.3.1(B)/15.3.6.1(B)
産 …………………… 11.8.3.2(C)/17.02	産卵する …………… 14.4.2.1(C)	ジェンダー ………… 12.2.1.2(C)
山 …………………… 15.2.1.1(B)	山林 ………………… 15.2.1.1(B)/15.4.1.1(B)	塩 …………………… 1.1.1.1(A)
酸 …………………… 16.2.1.2(C)		潮 …………………… 11.8.1.1(C)/15.2.1.1(C)
三 ……………………………… 17.19	**し**	塩辛い …………… 1.1.2.2(B)/1.2.4.2(B)
参加 ………………… 13.3.1.2(B)		歯科 ………………… 14.2.1.1(B)
酸化 ………………… 16.2.1.2(C)	誌 …………… 1.3.1.1(C)/1.8.1.1(C)/5.2.1.1(C)	自我 ………………… 14.1.1.2(C)
三角 ……… 4.3.1.2(C)/4.4.1.2(B)/16.1.1.2(A)	詞 ……………………… 1.7.1.2(C)	司会 ………… 2.7.1.2(B)/8.2.1.1(B)/13.7.1.1(B)
参画 ………… 2.12.1.2(C)/12.2.1.2(C)	詩 ……………………… 1.8.1.2(B)	市街 ………… 1.4.1.2(C)/2.1.1.2(C)
山岳 ………………… 15.2.1.1(C)	市 …………… 2.1.1.2(B)/13.1.1.2(C)	紫外線 ……………… 14.5.1.2(B)
参画する …………… 12.2.3.1(C)	死 …………… 2.16.1.2(B)/13.6.1.2(C)	四角 ………………… 16.1.1.2(A)
参加する … 1.4.3.1(C)/2.7.3.1(C)/10.2.5.1(B)/12.2.3.1(B)/13.3.2.1(C)	氏 …………… 3.1.5(C)/3.6.11(C)/7.1.8(C)	視覚 ………………… 14.1.1.2(C)
	史 …………… 4.1.1.1(B)/7.1.1.2(B)	資格 ………………… 4.4.1.2(C)
酸化する ………… 11.3.2.1(C)/16.2.3.1(C)	師 …………… 4.1.1.2(C)/6.1.1.1(C)	自覚 ………………… 15.4.1.2(B)
参議院 ……………… 13.1.1.2(C)	使 ……………………… 7.1.1.2(C)	自覚症状 …………… 14.2.1.2(C)
産休 …… 2.12.1.2(B)/10.2.1.1(B)/10.2.1.2(B)/12.3.1.2(B)	紙 …………………… 11.4.1.1(C)	仕掛け ………………… 17.02
	寺 ……… 1.4.1.1(B)/2.1.1.1(B)/2.11.1.1(B)/6.1.1.1(B)/6.2.1.1(B)	仕掛ける ……………… 17.02
サンキュー …………… 17.20		自画像 ……………… 5.2.1.1(B)
産業 ………… 11.1.1.2(B)/11.6.1.1(B)	字 …………………… 1.7.1.2(A)	しかも ………………… 17.08
残業 ………………… 10.2.1.2(B)	辞 …………………… 1.7.1.2(C)	叱る …… 1.2.3.1(B)/2.12.5.1(B)/4.1.5.1(B)/4.2.5.1(B)/10.4.4.1(B)
残金 ………………… 10.1.1.2(B)	児 …………………… 2.12.1.1(C)	
珊瑚 ………………… 15.2.1.1(C)	次 …………… 4.1.10(B)/4.4.12(B)/10.3.5(B)	時間 …………………… 17.06
産後 ………………… 2.12.1.2(B)	地 …………………… 15.2.1.2(B)/17.03	〜時間目 …………… 4.1.10(B)
参考 ………………… 4.6.1.2(B)	試合 ………… 1.5.1.1(B)/1.5.1.2(B)	時間割 ……………… 4.1.1.2(B)
残酷 ………………… 13.6.4.2(C)	仕上がり ……………… 17.02	式 …… 1.6.3.2(B)/1.6.5(B)/2.5.6(B)/2.11.1.2(B)/4.1.1.1(B)/4.1.10(B)/5.1.1.1(B)/16.1.1.2(B)/16.2.1.2(B)
産出 …………………… 17.02	仕上がる … 1.1.3.1(B)/5.10.2.1(B)/5.11.2.1(B)/17.02	
参照 ………………… 4.6.1.2(C)		
算数 ………… 4.1.1.1(A)/16.1.1.2(A)	仕上げ ………………… 17.02	四季 ………… 1.9.1.2(B)/15.1.1.2(B)
賛成 ………………… 11.5.1.2(B)	仕上げる … 5.10.2.1(B)/5.11.2.1(B)/17.02/17.05	時期 …………………… 17.06
酸性 ………………… 16.2.1.2(C)		磁器 ………… 1.6.1.1(C)/5.3.1.1(C)
酸性雨 ……………… 15.4.1.2(C)	しあさって …………… 17.06	磁気 …… 11.4.1.2(C)/11.5.1.1(C)/16.2.1.2(C)
賛成する …… 2.10.5.1(B)/2.11.5.1(B)	幸せ …… 2.10.4.2(B)/2.11.10.2(B)/5.12.1.2(B)/12.4.1.2(B)/13.6.1.2(B)	直 ……………………… 17.05
酸素 ………………… 16.2.1.2(C)		色彩 ………………… 5.2.1.2(C)
山荘 …………………… 1.4.1.1(C)	事案 ………………… 2.11.1.2(C)	式場 ………………… 2.11.1.1(B)
残高 ………………… 10.1.1.2(B)	飼育 ………… 11.7.1.2(C)/14.4.1.2(C)	指揮する …… 1.5.6.1(B)/13.3.2.1(B)
サンダル …………… 1.3.1.1(B)	飼育する … 2.8.3.1(B)/11.7.4.1(B)/11.8.2.1(B)/14.4.4.1(B)	色素 ………………… 1.1.1.1(C)
山地 ………… 14.5.1.2(C)/15.2.1.1(C)		しきたり …… 1.5.1.2(B)/3.8.1.2(C)/5.6.1.2(C)
産地 ………… 1.1.1.2(B)/1.2.1.2(C)	シーズン … 1.5.1.2(B)/1.9.1.2(B)/15.1.1.2(B)	敷地 ………………… 1.6.1.1(C)
山頂 ………… 1.4.1.1(B)/15.2.1.2(B)	椎茸 ………………… 1.1.1.1(B)	識別する …………… 14.4.5.1(C)
算定する ……… 2.11.11.1(C)/10.2.5.1(C)	シーツ …… 1.6.1.1(B)/14.2.1.1(B)/15.3.1.1(B)	子宮 ………………… 2.12.1.1(C)
サンドイッチ ……… 1.1.1.1(B)	強いて ………………… 17.16	支給 ………………… 12.4.1.2(B)
残念 …… 2.2.4.2(A)/2.16.1.2(A)/4.4.9.2(A)/5.12.5.2(A)	シート ……………… 1.6.1.1(B)	至急 …………………… 17.04
	ジーパン …………… 1.3.1.1(A)	
桟橋 ………… 2.1.1.1(C)/2.3.1.1(C)/11.5.1.1(C)	強いる ………… 12.2.2.1(C)/13.6.4.1(C)	支給する …… 12.3.3.1(B)/12.4.3.1(B)

— 637 —

索　引

司教 …………… 2.11.1.2(C)/6.1.1.1(C)
事業 …………… 10.4.1.2(C)/11.5.1.2(C)
支局 …………………………… 8.1.1.1(B)
しきりに ……………………………… 17.06
仕切る ………………………………… 17.03
資金 …………… 10.4.1.2(C)/13.4.1.2(C)
軸 ……………… 16.1.1.2(C)/17.03
しくじる ……… 1.5.4.1(C)/2.15.6.1(C)/5.13.7.1(C)
仕組み ………………………………… 17.02
死刑 ………………………… 13.2.1.2(C)
刺激 …………… 1.1.1.2(B)/1.2.1.2(B)/1.4.1.2(B)/
　10.6.1.2(B)/14.1.1.2(B)
刺激する ……………………… 10.6.5.1(B)
茂る ………………………… 14.5.2.1(B)
試験 …………… 4.1.1.1(A)/4.3.1.1(A)/4.4.1.1(A)/
　10.3.1.2(A)
資源 …………… 10.7.1.1(B)/11.4.1.2(B)/11.6.1.2(B)/
　11.8.1.2(B)/13.6.1.2(B)/15.4.1.2(B)/
　15.5.1.2(B)
事件 …………… 1.4.1.1(A)/7.1.1.2(A)/8.2.1.2(A)/
　12.1.1.2(A)
次元 …………………………… 16.1.1.2(C)
死後 …………………………… 3.8.1.2(C)
事故 …………… 1.2.1.2(A)/1.4.1.1(A)/2.3.1.2(A)/
　2.16.1.2(A)/8.2.1.2(A)/11.2.1.2(A)/
　11.6.1.2(A)/12.1.1.2(A)
嗜好 …………… 1.1.1.2(C)/1.3.1.2(C)/3.4.1.2(C)
志向 …………………………… 2.14.1.2(C)
時刻 …………………………………… 17.06
地獄 …………… 2.16.1.2(B)/6.1.1.2(B)
時刻表 ……………………… 1.4.1.1(B)
仕事 …………… 2.4.1.2(A)/2.11.1.2(A)/2.12.1.2(A)/
　3.2.1.1(A)
仕事する …………………… 10.2.2.1(A)
時差 ……………………………… 1.4.1.2(B)
司祭 ……………………………… 6.1.1.1(C)
施策 ………………………… 12.4.1.2(C)
試作 …………… 4.6.1.2(C)/16.3.1.2(C)
試作する ……… 4.6.3.1(C)/16.3.3.1(C)
自殺 …………… 2.16.1.2(B)/5.12.1.2(B)/12.1.1.2(B)
自殺する ……… 2.15.10.1(B)/5.12.2.1(B)
時差ぼけ ……………………… 1.4.1.1(C)
資産 …………………………… 10.1.1.2(C)
獅子 ………………………………… 6.2.1.1(C)
支持 ………………………… 13.4.1.2(C)
指示 ………………………… 13.6.1.2(C)
支持する ……………………… 13.4.3.1(C)
指示する ……………………… 13.6.2.1(C)
脂質 …………… 1.1.1.2(C)/14.3.1.2(C)
事実 …………… 7.1.1.2(B)/12.1.1.2(B)
死者 …………… 2.16.1.1(B)/3.8.1.2(C)
支社 ……………………………… 8.1.1.1(B)
四捨五入 ……………………… 16.1.1.2(B)
自首 ………………………… 12.1.1.2(C)

刺繍 …………… 1.3.1.2(B)/5.3.1.2(B)/5.11.1.2(B)
始終 …………………………… 17.06/17.07
自習する ……… 4.1.4.1(C)/4.2.4.1(C)
自首する ……………………… 12.1.4.1(C)
支出 …………… 10.1.1.2(B)/10.4.1.2(C)
自主的 ………………………… 12.4.2.2(C)
思春期 ………………………… 4.1.1.2(B)
辞書 …………… 1.7.1.1(A)/1.8.1.1(A)
師匠 …………… 5.2.1.1(C)/8.2.1.1(C)
市場 …………… 10.1.1.1(C)/10.5.1.2(C)/10.7.1.2(C)/
　11.7.1.2(C)
事情 …………………………………… 17.10
視床下部 ……………………… 2.15.1.1(C)
辞職 ………………………… 13.1.1.2(C)
辞職する ……………………… 13.1.3.1(C)
詩人 …………… 1.8.1.1(B)/10.2.1.1(B)
自信 …………… 1.5.1.2(B)/3.3.1.2(B)
地震 …………… 10.1.1.2(A)/12.4.1.2(A)/15.3.1.2(A)
静か …………… 1.4.5.2(A)/1.5.10.2(A)/2.1.2.2(A)/
　3.3.4.2(A)/5.1.2.2(A)/5.2.6.2(A)/5.7.5.2(A)/
　6.2.2.2(A)/11.2.2.2(A)/15.2.4.2(A)
システム ……………………… 2.9.1.2(B)
沈む …………… 2.3.9.1(B)/2.14.3.1(B)/2.15.7.1(B)/
　11.3.3.1(B)/12.1.7.1(B)/13.6.4.1(B)/
　15.1.3.1(B)/15.3.4.1(B)/16.2.3.1(B)
沈める ………… 5.13.3.1(B)/11.3.3.1(B)/13.6.4.1(B)
姿勢 …………………………… 3.8.1.2(B)
使節 …………………………… 7.1.1.2(C)
施設 …………… 2.1.1.2(B)/12.3.1.1(B)/12.4.1.1(B)
自然 …………… 5.4.1.1(B)/5.2.6.2(B)/5.7.5.2(B)/
　11.6.1.2(B)/11.6.3.2(B)/15.4.1.2(B)/17.13
事前 …………………………………… 17.06
自然科学 ……………………… 16.2.1.2(C)
思想 …………… 6.1.1.2(C)/13.3.1.2(C)/13.6.1.2(C)
子息 …………………………… 3.1.1.1(C)
時速 …………………………………… 17.04
持続 …………………………… 17.05/17.06
子孫 …………………………… 3.1.1.1(B)
自尊心 ………………………… 3.3.1.2(C)
下 ……………… 2.1.1.2(A)/3.8.1.2(A)/17.01/17.03
舌 ……………… 1.7.1.1(B)/14.1.1.1(B)/14.2.1.1(B)/
　14.4.1.1(B)
死体 …………………………… 12.1.1.2(B)
字体 …………………………… 1.7.1.2(B)
辞退 ………………………… 13.4.1.2(C)
時代 …………… 1.8.1.2(B)/2.13.1.1(B)/5.5.1.2(B)/
　7.1.1.2(B)
辞退する ……………………… 13.4.2.1(C)
次第に ………………………………… 17.05
慕う …………………………… 3.4.9.1(C)
従う …………… 1.5.3.1(B)/2.3.9.1(B)/3.8.3.1(B)/
　4.1.8.1(B)/13.2.3.1(B)/13.6.3.1(B)/17.07
下書き ………………………… 1.8.1.1(C)
下着 …………… 1.3.1.1(B)/1.4.1.1(B)

支度 …………………………… 1.4.1.2(A)
自宅 …………… 1.6.1.1(C)/2.16.1.1(C)/12.4.1.2(C)
支度する ……………………… 1.4.2.1(C)
下心 …………………………… 2.10.1.2(C)
下地 …………………………… 14.3.1.1(B)
親しい ………… 3.2.4.2(B)/3.6.9.2(B)
親しむ ………………………… 3.4.9.1(C)
下調べ ………… 1.4.1.2(C)/12.1.1.2(C)
仕立て ………………………… 1.2.1.2(C)
仕立てる ……… 1.3.4.1(C)/5.11.2.1(C)/11.4.2.1(C)
下町 …………………………… 2.1.1.2(B)
七 ……………………………………… 17.19
自治 ………………………… 13.1.1.2(C)
自治体 ………………………… 13.1.1.2(C)
視聴者 ………………………… 8.1.1.2(B)
質 ……………… 1.1.1.2(B)/1.2.1.2(B)/14.1.1.1(C)
室 ……………………………… 1.6.1.1(C)
実 ……………………………… 3.1.2.2(C)
日 ……………………………………… 17.06
実家 …………………………… 2.2.1.1(B)
失格 …………… 1.5.1.2(C)/4.3.1.2(C)/4.4.1.2(C)
しっかり ……………………………… 17.12
しっかりした ………………… 1.6.4.2(B)
疾患 …………… 2.15.1.2(C)/12.3.1.2(C)/14.2.1.2(C)
質疑 …………… 4.4.1.2(C)/13.7.1.2(C)
湿気 …………… 15.1.1.2(B)/15.2.1.2(B)
失脚 ………………………… 13.1.1.2(C)
失脚する ……………………… 13.1.3.1(C)
失業 …………… 10.2.1.2(B)/10.6.1.2(B)
失業する ……………………… 10.2.3.1(B)
シック ………… 1.3.6.2(C)/2.15.1.2(C)
じっくり ……………………………… 17.04
しつけ ………… 2.12.1.2(B)/3.8.1.2(C)/4.5.1.2(B)
しつける ……… 4.5.3.1(C)/14.4.4.1(C)
湿気る ………………………… 1.9.5.1(C)
実現 …………………………………… 17.02
実験 …………… 4.2.1.1(B)/4.6.1.2(B)/14.1.1.2(B)/
　14.4.1.2(B)/15.5.1.2(B)/16.2.1.2(B)/
　16.3.1.2(B)
実現する ……………………… 15.5.3.1(B)
実験する ……… 4.1.4.1(B)/4.2.4.1(B)/4.6.3.1(B)/
　14.1.6.1(B)/15.5.3.1(B)/16.2.2.1(B)/
　16.3.3.1(B)
しつこい ……… 2.6.3.2(C)/2.6.4.2(C)/3.3.5.2(B)
実行する ……… 1.9.2.1(B)/13.6.2.1(B)
実施する ……………………… 1.9.2.1(B)
実習 …………………………… 4.4.1.1(B)
実習する ……… 4.1.4.1(B)/4.2.4.1(B)
実情 …………………………………… 17.10
実践 …………… 4.6.1.2(C)/16.3.1.2(C)
質素 …………………………… 6.1.7.2(B)
実態 …………… 7.1.1.2(C)/8.1.1.2(C)/17.10
失調 …………………………… 14.2.1.1(C)
質的 …………………………… 4.6.2.2(C)

— 638 —

索　引

湿度 …………… 1.2.1.2(B)/15.1.1.2(B)	14.5.2.1(A)/15.3.4.1(A)/15.4.2.1(A)	氏名 ……………………………… 17.01
嫉妬 ……… 2.10.1.2(B)/2.15.1.2(B)/3.4.1.2(B)/3.7.1.2(B)	しのぐ …………… 14.4.2.1(C)/15.3.3.1(C)	締め切り ……… 1.8.1.2(B)/2.9.1.2(B)/17.06
嫉妬する …… 2.10.5.1(B)/3.4.7.1(B)/3.7.2.1(B)	偲ぶ ………………………… 2.16.4.1(C)	締め切る ……… 1.8.3.1(B)/2.9.5.1(B)/17.05
室内 ……… 1.6.1.1(B)/2.6.1.1(B)/14.5.1.1(B)/14.5.1.2(B)	芝 ………………… 1.6.1.1(B)/14.5.1.1(B)	示す ………………………………… 17.02
実に ……………………………… 17.14	支配 ……… 7.1.1.2(B)/13.1.1.2(B)/13.6.1.2(B)	締める ……………………………… 1.3.2.1(B)
失敗 ……… 2.15.1.2(B)/4.6.1.2(B)/10.4.1.2(A)	芝居 ……… 5.5.1.1(B)/7.1.1.2(B)/8.2.1.1(B)	紙面 ……………………………… 8.1.1.2(C)
失敗する ……… 2.15.6.1(B)/4.4.3.1(B)/4.6.4.1(B)/10.4.2.1(B)/15.5.3.1(B)/16.3.4.1(B)	芝居小屋 ………………………… 5.5.1.1(C)	地面 …………… 11.6.1.1(B)/15.2.1.2(B)
執筆する …… 1.8.3.1(C)/4.2.7.1(C)/7.1.5.1(C)	支配する …… 7.1.2.1(B)/13.1.2.1(B)/13.5.3.1(B)	下 ………………………………… 17.03
疾病 ……………………………… 12.4.1.2(C)	自白 ……………………………… 12.1.1.2(C)	霜 ………………………………… 15.1.1.1(C)
しっぽ ………………… 14.4.1.1(B)/17.03	自白する ………………………… 12.1.4.1(C)	地元 …………… 2.2.1.2(C)/13.4.1.2(C)
失望する ……… 2.10.6.1(B)/2.11.10.1(B)/2.14.3.1(B)/2.15.7.1(B)	しばしば ………………………… 17.06	視野 ……………………………… 17.03
質問 …………… 4.4.1.2(A)/4.6.1.2(A)	始発 ……………………………… 2.3.1.2(B)	社 ……… 10.2.1.2(B)/10.3.1.1(B)/10.3.5(B)/10.4.5(B)
質問する …… 4.1.4.1(B)/4.1.5.1(A)/2.4.1.2(B)/4.2.5.1(A)/4.6.6.1(A)	芝生 ……………………………… 1.6.1.1(C)	車 ……………………………… 11.2.1.1(B)
実用性 …………… 4.6.1.2(B)/16.3.1.2(B)	支払う …… 2.8.3.1(B)/2.9.2.1(B)/2.11.11.1(B)/9.1.5.1(B)/10.1.2.1(B)/10.1.4.1(B)	ジャーナリスト …… 8.1.1.1(B)/10.2.1.1(B)
質量 …………… 15.5.1.2(C)/16.2.1.2(C)	しばらく ………………………… 17.06	ジャーナリズム ………………… 8.1.1.2(C)
実力 …………… 4.1.1.2(B)/4.4.1.1(B)	縛る ……………… 2.11.10.1(B)/12.1.2.1(B)	シャープ …… 5.1.2.2(B)/5.2.6.2(B)/5.7.5.2(B)
失礼 ……… 1.7.9.2(B)/3.4.3.1(B)/3.8.3.2(B)	市販 ……………………………… 2.6.1.2(C)	社員 …………… 1.4.1.2(B)/3.6.1.1(B)/10.2.1.1(B)
実例 ……………………………… 17.01	地盤 ……………………………… 15.2.1.2(C)	社会 ……… 4.1.1.1(A)/4.2.1.2(B)/13.1.1.2(B)
失礼しました ………………………… 17.20	慈悲 ……………………………… 6.1.1.2(C)	社会科学 ……… 4.6.1.1(C)/16.3.1.2(B)
失礼します ………………………… 17.20	耳鼻科 …………………………… 14.2.1.1(B)	じゃがいも …………………… 1.1.1.1(A)
失恋 ……………………………… 2.15.1.2(B)	字引 …………… 1.7.1.1(C)/1.8.1.1(C)	しゃがむ ………………………… 14.1.3.1(B)
失恋する ………………………… 2.10.6.1(B)	しびれる ………………………… 1.5.11.1(B)	弱 ………………………………… 17.12
シティ …………………………… 1.4.1.2(C)	渋い ………… 1.1.2.2(B)/1.2.4.2(B)	弱者 ……………………………… 15.3.1.2(C)
指定席 …………………………… 1.4.1.1(B)	しぶとい ………………………… 3.3.8.2(C)	弱点 ……………………………… 17.10
指摘 ……………………………… 4.6.1.2(B)	紙幣 …… 5.8.1.1(B)/5.9.1.1(B)/10.7.1.2(B)	尺度 ……………………………… 16.1.1.2(C)
指摘する ………………………… 4.6.6.1(C)	自閉 ……………………………… 2.12.1.1(C)	借用 ……………………………… 1.7.1.2(C)
私鉄 …………… 1.4.1.1(C)/2.3.1.1(C)	自閉症 …………… 4.1.1.2(C)/12.2.1.2(C)	ジャケット ……………………… 5.1.1.1(B)
支店 …………… 2.1.1.1(C)/10.1.1.1(C)	司法 ……………………………… 13.1.1.2(C)	車庫 ……………………………… 1.6.1.1(B)
視点 ……………………………… 10.4.1.2(C)	脂肪 ……… 1.1.1.1(B)/14.1.1.1(B)/14.2.1.1(B)/14.3.1.2(B)	社交的 …………………………… 3.3.4.2(B)
自転 ……………………………… 15.5.1.2(C)	志望 ……… 2.14.1.2(C)/4.1.1.2(C)/8.2.1.2(B)	社債 ……………………………… 10.5.1.2(C)
辞典 …………… 1.7.1.1(B)/1.8.1.1(B)	死亡 ……………………………… 2.16.1.2(B)	謝罪 …… 3.7.1.2(B)/8.2.1.2(B)/13.6.1.2(B)
自転車 …… 1.4.1.1(A)/1.5.1.1(A)/2.3.1.1(A)/4.2.1.1(A)/5.12.1.1(A)	死亡する …… 2.3.9.1(B)/2.16.2.1(B)/13.6.4.1(B)/15.3.4.1(B)	謝罪する …… 3.7.6.1(B)/8.2.5.1(B)/13.6.6.1(B)
使徒 ……………………………… 6.1.1.2(C)	しぼむ …………………………… 14.5.2.1(B)	車掌 ……………………………… 2.3.1.2(C)
指導 …………… 4.1.1.2(B)/4.5.1.2(B)	絞る …… 1.1.3.1(B)/1.3.5.1(B)/5.4.2.1(B)/11.7.4.1(B)/14.1.3.1(B)	写真 …… 1.4.1.1(A)/2.7.1.1(A)/2.13.1.1(A)/5.4.1.1(A)/5.8.1.1(A)/9.2.1.2(A)/16.3.1.2(A)
児童 …………… 4.1.1.2(B)/12.4.1.1(B)	資本 ……………………………… 10.4.1.2(C)	ジャズ …………………………… 5.1.1.1(B)
自動 ……………………………… 11.1.1.2(B)	縞 ………………………………… 1.3.1.2(B)	写生 …………… 4.1.1.1(A)/5.2.1.1(B)
自動詞 …………………………… 1.7.1.2(B)	島 ……………… 1.4.1.1(A)/15.2.1.1(B)	社説 ……………………………… 8.1.1.2(B)
自動車 …… 2.3.1.1(B)/4.2.1.1(B)/10.1.1.2(B)/10.7.1.2(B)/11.2.1.1(B)/11.6.1.1(B)	しまい …………………………… 17.05	謝絶 ……………………………… 14.2.1.2(C)
指導する …… 4.1.5.1(B)/4.2.5.1(B)/4.6.2.1(B)/16.3.2.1(B)	姉妹 …… 2.11.1.1(B)/2.15.1.1(B)/3.1.1.1(B)	車体 ……………………………… 2.3.1.1(C)
児童文学 ………………………… 1.8.1.2(C)	しまう …… 2.6.3.1(B)/2.12.5.1(B)/17.05	社宅 ……… 1.6.1.1(C)/2.1.1.1(C)/2.8.1.1(C)
淑やか …… 3.3.10.2(C)/3.8.3.2(C)/4.2.11.2(C)	始末 ……………………………… 17.05	社長 ……………………………… 10.2.1.1(A)
しなびる ………………………… 14.5.2.1(B)	自慢 …… 1.10.1.2(B)/2.10.1.2(B)/3.3.1.2(B)	シャツ …………………………… 1.3.1.1(A)
シナリオ ………………………… 1.8.1.2(C)	自慢する …… 1.10.2.1(B)/5.9.3.1(B)	借金 …… 2.11.1.2(B)/3.7.1.2(B)/5.12.1.2(B)/10.1.1.2(B)/10.4.1.2(B)/12.1.1.2(B)
屎尿 …………………………… 14.1.1.1(C)	しみ ……………………………… 14.3.1.1(B)	借金する …… 10.1.6.1(B)/10.4.3.1(B)
死ぬ …… 2.3.9.1(A)/2.16.2.1(A)/5.12.1.1(A)/12.3.3.1(A)/13.6.4.1(A)/14.4.2.1(A)/	地味 …… 1.3.6.2(B)/1.6.3.2(B)/2.7.5.2(B)/3.5.3.2(B)/11.2.2.2(B)/14.3.4.2(B)	しゃっくり ……………………… 14.1.1.1(B)
	染み込む ………………………… 2.6.3.1(C)	シャッター ……………………… 5.4.1.1(B)
	市民 …… 13.1.1.2(B)/13.3.1.2(B)/13.6.1.2(B)	社殿 ……………………………… 6.2.1.1(C)
	事務 …………… 10.2.1.1(B)/10.2.1.2(B)	車道 ……………………………… 2.3.1.1(C)
	事務所 …………………………… 2.1.1.1(C)	車内 ……………………………… 2.3.1.1(C)
		しゃぶる …… 1.1.2.1(C)/2.12.6.1(C)/14.1.3.1(C)
		写本 ……………………………… 1.8.1.1(C)
		三味線 …………………………… 5.1.1.1(C)

— 639 —

索　引

ジャム …………………………… 1.1.1.1(B)	収支 …………………………… 10.4.1.2(C)	周辺 …… 1.4.1.2(B)/2.1.1.2(B)/2.8.1.2(B)/17.03
斜面 …………………………… 15.2.1.1(C)	終始 ………………………………… 17.06	修補 …………………………… 1.6.1.2(C)
砂利 …… 11.1.1.1(C)/11.5.1.1(C)/15.2.1.1(C)	習字 ………………………… 4.1.1.1(B)/4.5.1.1(B)	週末 …………………………… 2.10.1.1(B)
車両 …………………………… 11.2.1.1(C)	重視する ……………………… 1.5.9.1(B)	住民 …… 10.8.1.2(B)/13.1.1.2(B)/13.3.1.2(B)/
車輪 …………………………… 11.2.1.1(B)	従事する …………………… 10.2.2.1(C)	13.6.1.2(B)
しゃれ ………………………… 3.3.1.2(B)	終日 …………………… 15.1.1.2(C)/17.06	住民票 ………………… 2.8.1.1(B)/2.9.1.1(B)
シャワー …… 1.4.1.1(A)/1.6.1.1(A)/14.3.1.1(A)	充実 ………………… 5.8.3.2(B)/10.2.4.2(C)/17.04	重役 …………………………… 10.2.1.1(C)
じゃんけん …………………… 5.13.1.1(B)	収集 …………………………… 5.9.1.2(B)	収容 …………………………… 12.4.1.2(C)
ジャンパー …………………… 1.3.1.1(C)	収集する ……………………… 5.9.2.1(B)	重要 …… 4.6.2.2(B)/4.6.4.2(C)/7.1.3.2(B)/
シャンパン …………… 1.2.1.1(B)/3.8.1.1(B)	収縮 …………………………… 15.5.1.2(C)	13.7.2.2(B)
ジャンプする ………………… 1.5.2.1(B)	収縮する ……………………… 15.5.2.1(B)	収容する ………………… 12.4.2.1(C)/14.2.4.1(C)
ジャンボ ………………… 2.3.1.1(C)/17.04	住所 …………………… 2.9.1.1(A)/9.1.1.2(A)	従来 ……………………………… 17.06
ジャンル …………………………… 17.01	就職 …… 2.7.1.2(B)/2.8.1.2(B)/3.8.1.1(B)/	修理 …………………………… 11.2.1.2(B)
酒 ……………………………… 1.2.1.1(B)	10.2.1.2(B)/10.3.1.2(B)/12.2.1.2(B)	修理する …… 1.6.3.1(B)/2.5.3.1(B)/11.2.3.1(B)
種 …… 1.2.1.2(B)/11.7.1.1(B)/11.8.1.2(B)/	住職 …………………………… 3.8.1.1(C)	修了 ……………………………… 4.2.1.2(B)
14.5.1.1(B)/17.10	就職する ………………… 4.1.9.1(B)/10.2.3.1(B)	終了 ……………………………… 17.05
樹 …………………… 11.7.1.1(C)/14.5.1.1(B)	十字路 ………………………… 2.3.1.1(C)	重量 …………………… 16.2.1.2(C)/17.04
集 ……………………………… 1.8.5(C)	ジュース ……………………… 1.1.1.1(A)	終了する ……………………… 2.7.2.1(B)
州 …………………… 2.1.1.2(B)/13.1.1.2(B)	修正する ……………………… 5.4.4.1(B)	重力 …………………… 15.5.1.2(B)/16.2.1.2(B)
宗 …………………… 6.1.1.2(C)/6.1.8(C)	自由席 ………………………… 1.4.1.1(B)	私有林 ………………………… 11.7.1.2(C)
週 ……………………………… 17.06	修繕する …………… 1.3.5.1(B)/2.5.3.1(C)	就労 …………………………… 10.2.1.2(C)
事由 …………………… 2.11.1.2(C)/10.2.1.2(C)	充足 …………………………… 2.15.1.2(C)	就労する ……………………… 10.2.2.1(C)
自由 …… 4.1.8.2(B)/4.2.11.2(B)/13.1.1.2(B)	渋滞 …………………… 2.3.1.2(B)/11.2.1.2(B)	収録 …………………………… 8.1.1.2(B)
住 ……………………………… 1.6.1.2(C)	重体 …………………………… 14.2.1.2(B)	収録する ……………………… 8.1.3.1(C)
銃 …………………… 5.13.1.1(B)/13.6.1.1(B)	重大 …………… 2.11.7.2(C)/12.1.2.2(B)/17.10	守衛 ………………… 4.1.1.2(C)/12.1.1.1(C)
中 …………………… 17.03/17.06/17.07	渋滞する ……………… 2.3.10.1(B)/11.2.4.1(B)	主演 …………………………… 5.5.1.2(B)
重 ……………………………… 17.04	住宅 …………………… 1.6.1.1(B)/2.8.1.1(B)	主演する ………………… 5.5.3.1(B)/8.2.2.1(B)
十 ……………………………… 17.19	集団 …………………………… 16.1.1.2(B)	主観 ……………………………… 17.01
周囲 …………… 2.1.1.2(B)/2.8.1.2(B)/17.03	じゅうたん ………………… 1.6.1.1(C)	主観的 ………………………… 8.1.4.2(C)
収益 …………………… 10.4.1.2(C)/10.5.1.2(C)	執着 …… 2.10.1.2(C)/2.14.1.2(C)/8.2.1.2(C)/	主義 …… 13.3.1.2(B)/13.4.1.2(B)/13.6.1.2(B)
集会 …………………… 13.3.1.2(B)/13.7.1.2(B)	13.4.1.2(C)	受給 …… 4.2.1.2(C)/12.3.1.2(C)/12.4.1.2(C)
収穫 …… 1.9.1.1(B)/6.2.1.2(B)/11.7.1.2(B)/	執着する …… 2.10.6.1(C)/2.14.4.1(C)/2.15.4.1(C)	受給する …… 10.2.4.1(C)/12.3.3.1(C)/12.4.3.1(C)
14.5.1.2(B)	集中 …………………………… 1.5.1.2(B)	修行 ………………… 1.5.1.2(B)/6.1.1.2(B)
修学 …………………………… 1.4.1.2(B)	終点 …………………………… 2.3.1.2(B)	授業 …… 4.1.1.1(A)/4.2.1.1(A)/4.6.1.2(A)
収穫する …… 1.9.7.1(B)/11.7.2.1(B)/14.5.3.1(B)	重点 …………………… 17.01/17.03	塾 …… 4.1.1.1(B)/4.2.1.1(B)/4.5.1.1(B)
修学旅行 ……………………… 4.1.1.1(B)	重度 …………………… 12.4.1.2(C)/12.4.4.2(C)	祝賀 …………………………… 6.2.1.2(B)
習慣 …………………… 1.4.1.2(B)/3.8.1.2(B)	修道 …………………………… 2.11.1.2(C)	熟語 …………………………… 1.7.1.2(B)
週間 ……………………………… 17.06	柔道 …………………………… 1.5.1.1(A)	祝日 …………………… 6.1.1.2(B)/6.2.1.2(B)
周期 ……………… 10.6.1.2(C)/15.3.1.2(C)/17.06	修道院 ………………………… 1.2.1.1(C)	縮小 ……………………………… 17.04
衆議院 ………………………… 13.1.1.2(C)	習得する ……………………… 1.7.7.1(B)	縮小する ……………………… 10.6.3.1(C)
住居 …………………………… 1.6.1.1(C)	シュートする ………………… 1.5.2.1(B)	宿泊する ……………………… 1.4.6.1(C)
宗教 …… 1.2.1.2(B)/2.16.1.2(B)/3.8.1.2(B)/	姑 …………………… 2.11.1.2(B)/3.1.1.1(B)	祝福 …………………………… 6.1.1.2(B)
6.1.1.2(B)/7.1.1.2(B)/12.2.1.2(B)/13.6.1.2(B)	柔軟 …………………………… 3.3.7.2(C)	祝福する ………………… 2.11.9.1(C)/6.2.2.1(B)
従業員 ………………… 3.6.1.1(B)/10.2.1.1(B)	収入 …… 2.11.1.2(B)/4.2.1.2(B)/10.1.1.2(B)/	手芸 …… 5.3.1.2(B)/5.8.1.1(B)/5.11.1.2(B)
住居手当 ……………………… 10.2.1.2(B)	10.4.1.2(B)/10.8.1.2(B)	受験 …… 4.1.1.2(B)/4.4.1.2(B)/10.3.1.2(B)
集金 …………………………… 10.1.1.2(B)	就任 …………………………… 10.2.1.2(C)	受験する ………………… 4.4.2.1(B)/10.3.3.1(B)
集計 …………………………… 16.1.1.2(C)	就任する ……………………… 10.2.3.1(C)	主語 …………………………… 1.7.1.2(B)
集計する ……………………… 16.1.2.1(C)	収納 …………………………… 1.6.1.1(C)	趣向 …………………………… 5.6.1.2(C)
襲撃 …… 5.13.1.2(C)/7.1.1.2(C)/12.1.1.2(C)/	宗派 …………………………… 3.8.1.2(C)	取材 …………………………… 8.1.1.2(C)
13.6.1.2(C)	周波 …………………………… 16.2.1.2(C)	主催する …… 2.7.2.1(B)/5.2.4.1(B)/5.3.3.1(B)
襲撃する …… 5.13.3.1(C)/12.1.2.1(C)/13.6.2.1(C)	周波数 ………………………… 1.7.1.2(C)	取材する ………………… 8.1.2.1(C)/8.2.5.1(C)
集合 …………………………… 5.4.1.1(B)	修復 …………………………… 11.2.1.2(C)	種子 ………………… 11.7.1.1(C)/14.5.1.1(C)
集合住宅 ………………… 1.6.1.1(B)/2.8.1.1(B)	修復する ………………… 5.2.3.1(B)/11.2.3.1(C)	趣旨 ……………………………… 17.01
修士 …………………………… 4.2.1.1(C)	十分 ……………… 13.6.6.2(A)/15.3.6.2(A)/17.04	手術 …………………………… 14.2.1.2(B)

— 640 —

索　引

手術する	14.2.4.1(B)
首相	13.1.1.2(B)
衆生	6.1.1.2(C)
受賞	5.5.1.2(B)
受賞する	5.5.4.1(B)/5.7.4.1(B)
主食	1.1.1.1(C)
主人	2.7.1.1(B)/3.1.1.1(B)/5.6.1.2(B)
受信	9.1.1.2(B)
主人公	5.5.1.2(B)/5.13.1.1(B)
受診する	2.12.3.1(C)/2.15.9.1(C)/14.2.4.1(C)
受精	14.1.1.2(C)/14.4.1.2(C)
受精する	14.1.4.1(C)/14.4.2.1(C)
主題	17.01
受注	11.5.1.2(C)
受注する	11.5.2.1(C)
主張	11.5.1.2(B)/12.2.1.2(B)/13.3.1.2(B)/13.4.1.2(B)
主張する	11.5.3.1(B)/12.2.3.1(B)/13.3.2.1(B)
術	5.13.1.1(C)
出演	5.5.1.2(B)
出演する	5.5.3.1(B)/8.2.2.1(B)
出荷	11.7.1.2(B)/14.5.1.2(B)
出荷する	11.7.5.1(B)/14.5.3.1(C)
出願	4.6.1.2(C)/16.3.1.2(C)
出願する	4.6.1.2(C)
出勤	10.2.1.2(B)
出勤する	2.3.2.1(B)/10.2.2.1(B)
出家	6.1.1.2(C)
出家する	6.1.2.1(C)
出現	17.02
述語	1.7.1.2(C)
出産	2.12.1.2(B)/3.8.1.1(B)/12.3.1.2(B)/12.4.1.2(B)/14.4.1.2(B)
出産する	2.12.2.1(B)/12.3.2.1(B)/14.4.2.1(B)
出産手当	10.2.1.2(B)
出資	10.5.1.2(C)
出資する	10.5.2.1(C)
出社	10.2.1.2(C)
出社する	10.2.2.1(C)
出生	12.2.1.2(C)
出場する	1.5.8.1(B)
出生率	12.3.1.2(C)
出身	2.2.1.2(B)/7.1.1.2(B)/12.2.1.2(B)
出世	10.2.1.2(C)/12.2.1.2(C)
出生届	2.12.1.1(B)
出席	4.1.1.2(B)/4.2.1.2(B)/4.3.1.2(B)
出席する	2.7.3.1(B)/4.1.3.1(B)/4.2.3.1(B)
出世する	10.2.3.1(C)
出張	1.4.1.2(B)/10.2.1.2(B)
出張する	10.2.2.1(B)
出土	7.1.1.2(C)
出動	10.6.1.2(C)
出動する	10.6.5.1(C)/13.6.2.1(C)
出土する	7.1.3.1(C)

出発する	1.4.3.1(B)
出版する	1.8.3.1(B)
出費	10.1.1.2(C)
出兵	7.1.1.2(C)
出兵する	7.1.2.1(C)
首都	2.1.1.2(B)
受動	1.7.1.2(C)
取得する	2.12.8.1(C)/4.2.6.1(C)/10.2.2.1(C)/10.2.4.1(C)
主任	10.2.1.1(C)
首脳	13.1.1.2(C)
守備	1.5.1.2(C)/13.6.1.2(C)
主婦	1.1.2.2(B)/2.6.1.2(B)
手法	4.6.1.2(B)/5.2.1.2(C)/16.3.1.2(C)
趣味	3.2.1.2(A)/5.8.1.1(A)/8.1.1.1(A)
寿命	12.3.1.2(B)
種目	1.5.1.1(C)
樹木	11.7.1.1(C)/14.5.1.1(C)
呪文	5.13.1.1(C)
主役	2.7.1.2(B)/2.11.1.2(B)/5.13.1.1(B)/7.1.1.2(B)/8.2.1.2(B)
主要	5.5.5.2(C)
腫瘍	14.2.1.1(C)
需要	10.6.1.2(C)
受理	12.2.1.2(C)
受理する	2.11.7.1(C)
樹立	13.1.1.2(C)/17.02
樹立する	1.5.8.1(C)/13.1.2.1(C)/13.5.2.1(C)
種類	9.2.1.2(B)/16.3.1.2(B)/17.01
受話器	2.5.1.1(B)
句	11.8.3.2(C)
順	3.1.1.2(B)/17.05
純	16.1.1.2(C)
瞬間	5.4.1.2(B)/17.06
循環	10.6.1.2(C)
準急	2.3.1.1(C)
巡査	10.2.1.1(C)/12.1.1.1(C)
順々	17.05
順序	3.8.1.2(B)/4.6.1.2(B)/17.05
純情	2.10.4.2(C)
準じる	17.09
純粋	2.10.4.2(B)/3.3.1.2(B)
準ずる	17.09
順調	2.10.4.2(B)/2.12.2.2(B)/2.12.4.2(B)
順番	3.8.1.2(B)/17.05
準備	1.4.1.2(A)/2.11.1.2(A)/4.4.1.2(A)/5.5.1.1(A)/9.2.1.2(A)/13.4.1.2(A)/13.6.1.2(A)/15.3.1.2(A)/16.3.1.2(A)
準備する	1.4.2.1(A)/2.7.4.1(A)/2.11.8.1(A)/4.4.5.1(A)/5.5.3.1(A)/9.2.2.1(A)/13.4.3.1(A)/13.6.2.1(A)/15.3.5.1(A)/16.3.5.1(A)
署	2.1.1.1(C)/2.9.1.1(C)
書	2.9.6(B)
初	17.05

諸	17.07
女	3.1.1.1(B)
書院	5.6.1.1(C)
賞	1.5.1.2(B)/5.5.1.1(B)/5.7.1.1(B)
抄	1.7.1.1(C)
章	1.8.5(B)
証	2.9.6(B)
小	4.1.1.2(B)/17.04
勝	5.12.6(B)
商	10.4.1.1(B)
省	13.1.7(B)
症	14.2.6(B)
情	2.10.1.2(C)
状	2.11.12(C)/3.8.1.1(C)/9.1.1.1(C)/17.09/17.10
上	3.8.1.2(A)
城	7.1.1.1(B)
錠	12.1.1.2(B)
条	13.2.5(C)
場	17.03
上映する	5.5.4.1(B)
荘園	7.1.1.2(C)
生姜	1.1.1.1(B)/1.2.1.1(B)
城下	2.1.1.2(C)
紹介	2.11.1.2(A)
障害	2.14.1.2(B)/9.1.1.2(B)/9.2.1.2(B)/12.2.1.2(B)/16.3.1.2(B)
生涯	7.1.1.2(C)
障害者	12.4.1.1(B)
紹介する	1.10.2.1(A)/2.11.2.1(A)/2.11.5.1(A)/3.6.3.1(A)
奨学金	4.2.1.1(B)
小学生	4.1.1.2(A)
消化する	14.1.3.1(C)
浄化する	15.4.3.1(C)
正月	1.2.1.2(A)/1.9.1.1(A)/1.9.1.2(A)/2.2.1.1(A)/6.1.1.2(A)/6.2.1.2(A)
小学校	2.1.1.1(A)/4.1.1.1(A)
将棋	5.8.1.1(B)/5.13.1.1(B)
蒸気	11.1.1.2(B)/16.2.1.2(B)
定規	4.1.1.1(B)
乗客	1.4.1.1(B)
焼却する	15.4.2.1(C)
上級	1.7.1.2(B)/17.01
消去	9.2.1.2(B)/16.3.1.2(B)/17.02
商業	4.1.1.1(C)
上京	2.8.1.2(B)
状況	17.10
消極的	2.10.2.2(B)/2.11.3.2(B)/3.3.4.2(B)
消去する	9.2.2.1(B)/16.3.5.1(B)
賞金	1.5.1.2(B)/5.7.1.1(B)
上空	15.1.1.2(C)
将軍	7.1.1.1(B)
上下	2.1.1.2(B)/17.03

索　引

証券 ………………………… 10.5.1.2(C)	1.4.6.2(B)/10.1.2.2(B)/17.01	乗用車 ……………… 2.3.1.1(C)/11.2.1.1(C)
証言 ………………………… 12.1.1.2(C)	情動 …………………………… 2.15.1.2(C)	将来 ……………… 2.14.1.2(B)/4.1.1.2(B)/17.06
条件 ……… 2.10.1.2(B)/2.11.1.2(B)/10.3.1.2(B)	浄土真宗 …………………………… 3.8.1.2(C)	上洛 …………………………… 7.1.1.2(C)
証拠 ……… 7.1.1.2(B)/12.1.1.2(C)/17.08	衝突する ……… 2.3.9.1(B)/12.1.7.1(B)/15.5.2.1(B)	上洛する ………………………… 7.1.2.1(C)
正午 ……………………… 15.1.1.2(B)/17.06	小児 …………………………… 2.12.1.1(B)	勝利 ……… 1.5.1.2(B)/13.4.1.2(B)/13.6.1.2(B)
症候 ……………… 2.12.1.1(C)/14.2.1.1(C)	小児科 ……………… 2.12.1.1(B)/14.2.1.1(B)	上陸 …………………………… 13.6.1.2(B)
照合する ………………………… 12.1.3.1(C)	使用人 ……………………………… 10.2.1.1(C)	上陸する ……………… 13.6.2.1(C)/15.5.3.1(C)
詳細 ………………………………… 17.01	証人 ………………… 2.11.1.1(C)/13.2.1.1(C)	勝利する …… 1.5.4.1(B)/5.13.7.1(B)/13.4.4.1(B)
商事 …………………………… 1.2.1.1(C)	上人 …………………………… 6.1.1.1(C)	省略 …………………………………… 17.02
障子 ……………………………… 1.6.1.1(C)	商人 ………………… 7.1.1.1(B)/7.1.1.2(B)	省略する ……………………… 1.7.9.1(B)
上司 ………………… 10.2.1.2(B)/10.4.1.2(B)	承認 ………………… 9.2.1.2(C)/16.3.1.2(C)	蒸留 …………………………… 1.2.1.2(C)
少子化 ………………………… 12.3.1.2(C)	承認する ……………… 9.2.2.1(C)/16.3.5.1(C)	上流 …………………………… 15.2.1.1(B)
正直 ……………………………… 3.3.6.2(B)	情熱 …………………………………… 1.5.1.2(C)	蒸溜酒 …………………………… 15.2.1.1(C)
常識 ……………… 3.8.1.2(C)/10.3.1.2(C)	少年 …………………………… 14.1.1.2(B)	蒸留酒 ……………………………… 1.1.1.1(C)
照射する ………………………… 14.5.4.1(C)	勝敗 ……… 1.5.1.2(B)/5.12.1.2(B)/5.13.1.2(B)/	蒸留する ………………………… 1.2.4.1(C)
乗車する ……… 1.4.3.1(B)/2.3.5.1(B)/2.3.6.1(B)	13.4.1.2(C)/13.6.1.2(B)	症例 ……………… 2.15.1.2(C)/14.2.1.2(C)
上旬 ………………………………… 17.06	商売 ……………………………… 10.4.1.2(B)	条例 ……………… 12.2.1.2(C)/15.4.1.2(C)
少女 …………………………… 14.1.1.2(B)	蒸発 …………………………… 16.2.1.2(B)	常連 …………………………… 1.2.1.2(B)
少々 ……………………… 1.1.3.2(B)/17.04	蒸発する ………………………… 16.2.3.1(B)	ショー ……… 1.3.1.1(B)/5.1.1.1(B)/5.7.1.1(B)/
症状 …………………………… 14.2.1.2(B)	消費 ……… 10.1.1.2(B)/10.6.1.2(B)/10.8.1.2(B)	8.1.1.1(B)/11.2.1.2(B)
上昇 ……………… 10.5.1.2(B)/15.1.1.2(B)	消費する ……… 1.1.5.1(B)/10.2.1.1(B)/11.7.5.1(B)/	女王 …………………………… 13.1.1.2(B)
上場 ……………… 10.4.1.2(C)/10.5.1.2(C)	14.3.5.1(B)	除外 ……………………………… 17.02
上昇する …… 10.5.3.1(B)/10.6.4.1(B)/15.1.3.1(B)	賞品 ………………… 1.5.1.2(B)/5.7.1.1(B)	初級 ……………………… 1.7.1.2(B)/17.01
上場する …… 10.4.2.1(B)/10.5.3.1(B)	商品 …………………………… 10.1.1.1(B)	助教授 ……………………………… 4.2.1.1(C)
生じる ……… 1.10.3.1(B)/15.4.2.1(B)/17.02	上品 ………………… 3.3.10.2(B)/3.8.3.2(B)	除去する ……………… 2.6.3.1(C)/15.4.3.1(C)
昇進 ……………… 4.4.1.2(B)/10.2.1.2(B)	勝負 ……… 1.5.1.2(B)/5.12.1.2(B)/5.13.1.2(B)/	食 ……… 1.1.1.2(B)/1.4.1.2(B)/2.12.1.1(B)/
昇進する ………………………… 10.2.3.1(C)	13.4.1.2(C)/13.6.1.2(B)	2.12.1.2(B)/11.8.1.2(B)
上手 ……… 1.1.3.2(A)/5.1.3.2(A)/5.2.7.2(A)/	丈夫 ……… 1.3.4.2(B)/1.6.3.2(B)/11.2.2.2(B)/	色 ………………………………… 5.2.9(B)
5.5.2.2(A)/5.7.6.2(A)/5.10.4.2(A)/5.13.2.2(A)/	14.3.6.2(B)	職 ………………………………… 10.2.1.2(B)
8.2.2.2(A)	勝負する ……………… 1.5.4.1(B)/5.13.7.1(B)	職員 ……………………………… 4.1.1.2(C)
小数 …………………………… 16.1.1.2(B)	条文 …………………………… 2.11.1.2(C)	処遇 …………………………… 12.1.1.2(C)
少数 …………………………… 12.2.1.2(C)	小便 …………………………… 14.1.1.1(B)	食塩 ……………………………… 1.1.1.1(C)
使用する ……… 1.1.3.1(B)/2.5.2.1(B)/2.6.5.1(B)	上辺 …………………………… 16.1.1.2(B)	職業 ……………… 2.11.1.2(B)/10.2.1.2(B)/12.2.1.2(B)
称する ……………………………… 17.01	譲歩 ……… 10.2.1.2(C)/11.5.1.2(C)/13.3.1.2(C)/	食材 ……………………………… 1.1.1.1(C)
生ずる ……… 1.10.3.1(B)/15.4.2.1(B)/17.02	13.5.1.2(C)	食事 ……… 2.10.1.1(B)/3.8.1.1(B)/14.3.1.1(B)
情勢 ………………………………… 17.10	消防 ……… 2.1.1.1(B)/2.9.1.1(B)/10.2.1.1(B)/	食事する ……………………… 1.1.2.1(B)
定石 …………………………… 5.13.1.2(C)	15.3.1.2(B)	食卓 ……………… 1.1.1.2(C)/1.6.1.1(C)
小説 ……………… 1.8.1.2(B)/7.1.1.2(B)	情報 ……………… 8.1.1.2(B)/15.3.1.2(A)	食堂 ……… 1.1.1.1(C)/1.6.1.1(B)/2.1.1.1(B)/
肖像 ……………… 5.2.1.1(C)/5.4.1.1(C)	消防署 ……………… 2.1.1.1(B)/2.9.1.1(B)	4.1.1.1(B)/4.2.1.1(B)/10.1.1.1(B)
醸造 ……………………………… 1.2.1.2(C)	譲歩する ……… 10.2.5.1(C)/13.3.2.1(C)/13.5.5.1(C)	食道 …………………………… 14.4.1.1(C)
消息 ……………………… 12.1.1.2(C)/17.10	静脈 …………………………… 14.2.1.1(C)	職人 ……………… 7.1.1.1(B)/10.2.1.1(B)
装束 ……………… 1.3.1.2(C)/6.2.1.1(C)	乗務員 …………………………… 1.4.1.1(C)	職場 ……………… 10.2.1.2(B)/10.3.1.1(B)
状態 ……………… 16.2.1.2(B)/17.10	照明 ……… 1.6.1.1(B)/2.5.1.1(B)/5.4.1.1(B)/	食品 ……………… 1.1.1.1(B)/11.8.1.2(B)
招待する ……………… 2.7.3.1(B)/2.11.8.1(B)	5.5.1.1(B)	植物 …………………………… 14.5.1.1(B)
上達する ……………… 1.7.7.1(B)/5.13.2.1(B)	証明 ……………… 2.9.1.1(B)/16.1.1.2(B)/17.08	植民地 ……………… 13.1.1.2(C)/13.6.1.2(C)
冗談 ……………………………… 3.3.1.2(A)	証明書 ……………………………… 2.11.1.2(B)	職務 …………………………… 10.2.1.2(B)
承知する ……………………… 14.1.3.1(C)	証明する ……… 2.9.2.1(B)/4.6.4.1(B)/7.1.3.1(B)/	食物 ……… 4.6.1.1(C)/14.3.1.1(C)/16.3.1.2(C)
焼酎 ……………………………… 1.2.1.1(C)	16.1.2.1(B)/16.3.4.1(B)	食用 …………………………… 11.8.3.2(C)
省庁 ……………………………… 15.3.1.2(C)	正面 ………………………………… 17.03	食欲 ……………………………… 1.1.1.2(C)
象徴 ……………………… 13.1.1.2(B)/17.01	消耗 ………………………………… 17.04	食料 …………………………… 10.7.1.1(B)
商店 ……………… 2.1.1.1(B)/10.1.1.1(B)	消耗品 ……… 2.5.1.1(C)/9.2.1.1(C)/16.3.1.1(C)	食糧 ……… 10.7.1.1(B)/13.6.1.2(B)/14.4.1.2(B)/
焦点 ……………………… 5.4.1.2(B)/17.03	条約 ……… 11.8.1.2(C)/12.2.1.2(C)/13.2.1.2(C)/	15.3.1.1(B)
浄土 ……………………………… 6.1.1.2(C)	13.5.1.2(C)/15.4.1.2(C)	諸君 …………………………… 3.6.1.2(C)
上等 ……… 1.1.3.2(B)/1.1.4.2(B)/1.2.4.2(B)/	醤油 ……………………………… 1.1.1.1(A)	助言 …………………………… 4.6.1.2(C)

索　引

助言する ………… 2.15.8.1(C)/4.6.6.1(C)
書斎 ……………………………… 1.6.1.1(C)
所在 ………………………………… 17.03
助産師 …………………………… 2.12.1.1(B)
助詞 ……………………………… 1.7.1.2(B)
女子 ………………… 12.2.1.2(B)/14.1.1.2(B)
女子校 …………………………… 4.1.1.1(B)
女子大学 ………………………… 4.2.1.1(B)
助手 ………………… 4.2.1.1(B)/5.5.1.1(B)
初旬 ………………………………… 17.06
徐々に …………………………… 17.04/17.05
助成 ………… 4.2.1.2(C)/4.6.1.2(C)/16.3.1.2(C)
女性 ………………… 12.2.1.2(B)/14.1.1.2(B)
書籍 ……………………………… 1.8.1.2(C)
所蔵する ……… 1.8.4.1(C)/5.2.4.1(C)/5.3.3.1(C)
所属する ……… 1.5.6.1(B)/4.1.6.1(B)/4.2.8.1(C)/
13.1.3.1(B)
処置 ……………………………… 14.2.1.2(C)
処置する ………………………… 14.2.4.1(C)
食器 ………… 1.1.1.1(B)/2.8.1.2(B)/5.3.1.1(B)
ショック ………………………… 3.7.1.2(B)
しょっちゅう …………………………… 17.06
ショット ……… 1.5.1.2(C)/5.4.1.2(C)/5.5.1.2(B)
ショップ ………………… 2.1.1.1(B)/10.1.1.1(B)
所定 ……………………………… 2.9.1.2(C)
書店 ………………… 1.8.1.1(B)/2.1.1.1(B)
助動詞 …………………………… 1.7.1.2(B)
所得 ……… 10.1.1.2(C)/10.4.1.2(C)/10.8.1.2(C)
処罰 ……………………………… 13.2.1.2(C)
処罰する ………………………… 13.2.4.1(C)
初版 ……………………………… 1.8.1.2(C)
書評 ……………………………… 1.8.1.2(C)
諸仏 ……………………………… 6.1.1.2(C)
処分 ………………… 13.2.1.2(C)/15.4.1.2(C)
処分する ……… 2.5.3.1(C)/11.6.3.1(C)/15.4.3.1(C)
初歩 ………………… 1.5.1.2(C)/1.7.1.2(C)
書房 ……………………………… 1.8.1.1(C)
処方する ………………………… 2.15.9.1(C)
庶民 ………………… 7.1.1.1(C)/13.1.1.2(C)
庶務 ……………………………… 10.2.1.2(C)
署名 ………………… 2.11.1.2(B)/11.5.1.2(B)
署名する ………………………… 2.11.8.1(B)
書物 ……………………………… 1.8.1.1(C)
所有 ………………………………… 17.02
女優 ………… 5.5.1.1(B)/8.2.1.1(B)/10.2.1.1(B)
処理 ………………… 9.2.1.2(C)/16.3.1.2(C)
処理する ……… 9.2.2.1(C)/11.6.3.1(C)/16.3.5.1(C)
書類 ………………… 2.9.1.1(B)/10.3.1.1(B)
白髪 ………… 14.1.1.1(B)/14.2.1.1(B)/14.3.1.1(B)
知らせる ……… 2.11.8.1(B)/10.4.2.1(B)/
14.2.4.1(B)/15.3.5.1(B)/15.4.3.1(B)
調べる ……… 1.4.2.1(A)/2.5.3.1(A)/4.1.4.1(A)/
4.2.4.1(A)/4.2.7.1(A)/4.6.2.1(A)/8.1.2.1(A)/
8.2.5.1(A)/10.3.2.1(A)/12.1.3.1(A)/
14.2.4.1(A)/15.5.3.1(A)/16.2.2.1(A)/
16.3.2.1(A)
尻 ………………… 14.1.1.1(B)/14.4.1.1(B)/17.03
知り合い ………………… 2.2.1.1(B)/3.2.1.1(B)
シリーズ ………………………… 1.8.1.1(C)
私立 ……………………………… 4.1.1.1(B)
自律 ………………… 2.15.1.2(C)/17.02
自立 ……………………………… 14.4.1.2(C)
自立する ………………………… 14.4.2.1(C)
資料 ………… 1.7.1.2(B)/4.6.1.1(B)/4.6.1.2(B)/
7.1.1.2(B)/16.3.1.2(B)
史料 ………………… 7.1.1.1(C)/7.1.1.2(C)
試料 ……………………………… 16.2.1.2(C)
汁 ………………………………… 1.1.1.1(C)
知る ………………… 13.5.6.1(C)/14.1.3.1(A)
しるし ……………………… 2.9.1.1(C)/17.08
記す ……… 1.7.3.1(B)/1.8.3.1(B)/2.9.3.1(B)/
2.13.2.1(C)
シルバー ………………………… 5.3.1.1(B)
指令 ……………………………… 13.6.1.2(C)
事例 ………………… 4.6.1.2(C)/16.3.1.2(C)
試練 ……………………………… 2.15.1.2(C)
城 ………… 1.4.1.1(B)/1.6.1.1(B)/2.1.1.1(A)/
5.13.1.1(A)/7.1.1.1(A)/13.1.1.1(A)/13.6.1.1(A)
白 ………………… 1.2.1.1(A)/1.3.2.1(A)/5.2.8.2(A)
白い ………… 1.3.6.2(A)/5.2.8.2(A)/14.5.2.2(A)
素人 ……………………………… 1.5.1.2(B)
しわ ………… 1.3.1.2(B)/14.1.1.1(B)/14.2.1.1(B)/
14.3.1.1(B)/14.4.1.1(B)
芯 ………………………………… 17.03
陣 ………………… 1.5.1.2(C)/13.6.1.1(C)
進化 ……………………………… 14.1.1.2(B)
侵害 ………………… 8.1.1.2(C)/12.2.1.2(C)
侵害する ………………… 8.1.5.1(C)/12.2.2.1(C)
神学 ……………………………… 6.1.1.2(C)
人格 ……………………………… 3.3.1.2(C)
進学する ………………………… 4.1.9.1(B)
進化する ………………………… 14.1.5.1(B)
新株 ……………………………… 10.5.1.2(C)
新幹線 …………………… 1.4.1.1(B)/2.3.1.1(A)
審議 ……………………………… 13.7.1.2(C)
真偽 ……………………………… 1.7.1.2(C)
真空 ……………………………… 15.5.1.2(C)
神宮 ……………………………… 6.2.1.1(C)
シングル ………………………… 5.1.1.1(B)
神経 ………………… 14.1.1.1(B)/14.2.1.1(B)
神経質 …………………………… 3.3.6.2(C)
真剣 ………………… 1.5.1.2(B)/2.10.4.2(C)
親権 ……………………………… 2.11.1.2(C)
人権 ………………… 8.1.1.2(C)/12.2.1.2(C)
信仰 ………… 6.1.1.2(C)/12.2.1.2(C)/13.6.1.2(C)
新興 ………………… 6.1.1.2(C)/13.1.1.2(C)
進行 ……………………………… 13.7.1.2(B)
人口 ……………………………… 12.3.1.2(A)
信仰する ………………… 6.1.2.1(B)/13.7.2.1(B)
進行する ………………………… 2.7.2.1(B)
深刻 ………………… 14.2.2.2(B)/17.10
申告 ……………………………… 2.9.1.2(C)
申告する ………………… 2.9.2.1(C)/10.8.2.1(C)
新婚 ………………… 1.4.1.2(B)/2.11.1.2(B)
真言 ……………………………… 6.1.1.2(C)
真言宗 …………………………… 3.8.1.2(C)
審査 ………… 1.4.1.2(C)/1.5.1.2(C)/5.7.1.2(C)
震災 ………………… 12.4.1.2(C)/15.3.1.2(C)
人材 ……………………………… 10.2.1.2(C)
審査する ………………… 1.5.4.1(C)/13.5.4.1(C)
診察する ………………… 2.12.3.1(C)/14.2.4.1(C)
人事 ……………………………… 10.2.1.2(C)
寝室 ……………………………… 1.6.1.1(B)
真実 ………………… 8.1.1.2(C)/12.1.1.2(C)
新車 ……………………………… 2.3.1.1(C)
神社 ………… 1.4.1.1(A)/2.1.1.1(A)/2.11.1.1(A)/
2.12.1.1(A)/4.4.1.2(A)/6.1.1.1(A)/6.2.1.1(A)/
7.1.1.1(A)
真珠 ………………… 1.3.1.1(B)/2.7.1.1(B)
人種 ……………………………… 12.2.1.2(C)
真宗 ……………………………… 6.1.1.2(C)
心中 ………… 2.10.1.2(C)/2.16.1.2(C)/5.12.1.2(C)/
12.1.1.2(C)
心中する ………………… 2.15.10.1(C)/5.12.2.1(C)
進出する ………………………… 1.5.8.1(B)
新書 ……………………………… 1.8.1.1(C)
信じる ……… 2.10.4.1(A)/2.11.6.1(C)/3.2.2.1(A)/
3.4.8.1(A)/3.6.5.1(A)/6.1.2.1(A)/14.1.3.1(A)/
14.2.4.1(A)
心身 ………………… 5.6.1.2(C)/14.1.1.2(C)
信心 ……………………………… 6.1.1.2(C)
新人 ……………………………… 1.5.1.2(B)
信ずる ……… 3.4.8.1(A)/6.1.2.1(A)/14.2.4.1(A)
申請 ……… 2.9.1.2(C)/4.6.1.2(B)/9.1.1.2(C)/
11.5.1.2(B)/16.3.1.2(B)
人生 ……… 2.11.1.2(B)/2.13.1.1(B)/2.15.1.2(B)/
5.8.1.2(B)
新生児 …………………………… 2.12.1.1(B)
申請する ……… 2.9.2.1(B)/4.4.5.1(B)/4.6.6.1(B)
親戚 ………………… 2.11.1.1(B)/3.1.1.1(B)
親切 ………… 1.8.4.2(A)/2.9.4.2(A)/3.6.10.2(A)
新設 ……………………………… 4.2.1.2(C)
新鮮 ………………… 1.1.3.2(B)/10.4.2.2(B)
親善 ………………… 3.4.1.2(C)/13.5.1.2(C)
深層 ……………………………… 2.15.1.2(C)
真相 ………… 7.1.1.2(C)/12.1.1.2(C)/17.10
心臓 ………… 2.16.1.2(C)/14.1.1.1(B)/14.2.1.1(B)
腎臓 ……………………………… 2.12.1.1(B)
親族 ………… 2.11.1.1(C)/3.1.1.1(C)/3.8.1.2(C)/
6.2.1.1(C)
迅速 ………… 12.1.3.2(C)/14.2.4.2(C)/15.3.3.2(C)/17.04
身体 ………………… 14.1.1.2(B)/14.2.1.1(B)

— 643 —

索　引

寝台 ………… 1.4.1.1(C)/1.6.1.1(C)/2.3.1.1(C)
人体 ……………………… 14.1.1.2(C)/14.2.1.1(C)
診断 ……………………………………… 10.2.1.2(B)
診断する …… 2.10.2.1(B)/2.12.3.1(B)/14.2.4.1(B)
新築 ………………………………………… 2.8.1.2(C)
新築する …………………………………… 1.6.3.1(B)
慎重 ……………………………… 2.3.3.2(B)/3.3.6.2(B)
身長 …………… 2.10.1.1(B)/2.11.1.1(B)/14.1.1.2(B)
神殿 ……………………………… 6.1.1.1(C)/6.2.1.1(C)
信徒 ………………………………………… 6.1.1.2(C)
進度 ………………………………………… 17.04
神道 ………………………………………… 6.1.1.2(C)
侵入 ………………………………………… 13.6.1.2(C)
侵入する …………………………………… 13.6.2.1(B)
新入生 ……………………………………… 4.1.1.2(B)
信任 ………………………………………… 13.4.1.2(C)
信任する …………………………………… 13.4.4.1(C)
信念 ………………………………………… 1.5.1.2(C)
新年 ……………………………… 1.9.1.2(B)/3.8.1.2(B)
心配 ………… 1.1.3.2(A)/2.12.1.2(A)/2.12.2.2(A)/
　　　　2.12.6.2(A)/10.5.2.2(A)/15.1.3.2(A)/
　　　　15.3.2.2(A)
心配する …… 2.2.4.1(A)/2.12.5.1(A)/2.15.8.1(A)/
　　　　3.6.4.1(A)/11.6.3.1(A)/14.1.3.1(A)/14.2.5.1(A)
審判 ………………………………………… 1.5.1.1(B)
人物 ……………………………… 5.4.1.1(B)/7.1.1.2(B)
シンプル ……… 1.3.6.2(B)/1.6.3.2(B)/5.1.2.2(B)/
　　　　5.2.6.2(B)/5.7.5.2(B)/11.2.2.2(B)
新聞 ……………………………… 8.1.1.1(A)/13.4.1.2(A)
人文 ………………………………………… 4.2.1.1(C)
新聞社 …………… 2.1.1.1(B)/8.1.1.1(B)/8.1.1.2(B)
人文書 ……………………………………… 1.8.1.2(C)
辛抱する …………………………………… 2.15.3.1(C)
シンボル …………………………………… 5.3.1.2(B)
親密 ……………………………… 2.10.1.2(C)/3.6.9.2(C)
人脈 ………………………………………… 3.6.1.2(C)
人民 …………… 13.1.1.2(C)/13.3.1.2(C)/13.6.1.2(C)
人命 ………………………………………… 14.1.1.2(C)
深夜 ……………………………… 15.1.1.2(B)/17.06
親友 …………… 1.4.1.1(B)/2.2.1.1(B)/2.11.1.1(B)/
　　　　2.15.1.1(B)/3.2.1.1(B)
信用 ………………………………………… 3.2.1.2(B)
信用金庫 ……………………… 10.1.1.1(C)/10.6.1.1(C)
信用する …… 2.10.4.1(B)/3.2.2.1(B)/3.4.8.1(B)/
　　　　3.6.5.1(B)
信頼 ……………… 3.2.1.2(B)/3.6.1.2(B)/16.1.1.2(B)
信頼する …… 2.10.4.1(B)/3.2.2.1(B)/3.4.8.1(B)/
　　　　3.6.5.1(B)
心理 …………… 2.10.1.2(B)/3.3.1.2(B)/4.6.1.1(B)/
　　　　14.1.1.2(B)/16.3.1.2(B)
真理 ……………………………… 6.1.1.2(C)/8.1.1.2(C)
侵略 ………………………………………… 13.6.1.2(C)
侵略する …………………………………… 13.6.2.1(C)
森林 …………… 11.7.1.1(B)/15.2.1.1(B)/15.4.1.1(B)

親類 ……………………………… 2.11.1.1(B)/3.1.1.1(B)
針路 ………………………………………… 2.3.1.1(C)
進路 ………………………………………… 4.1.1.2(B)
神話 ……………………………… 1.8.1.2(C)/6.1.1.2(C)

す

酢 …………………………………………… 1.1.1.1(B)
図 …… 4.6.1.1(B)/5.2.1.2(B)/9.2.1.2(B)/16.3.1.2(B)
水 …………………………………………… 16.2.1.2(B)
水泳 ………………………………………… 1.5.1.1(A)
水源 ………………………………………… 15.2.1.2(C)
水産 ………………………………………… 4.1.1.1(C)
水産業 ……………………………………… 11.8.1.2(B)
炊事 ………………………………………… 1.1.1.2(C)
水質 ……………………………… 11.8.1.2(C)/15.4.1.2(C)
水蒸気 ……………………………………… 16.2.1.2(B)
推進 ………………………………………… 13.3.1.2(C)
推進する ………………………… 13.3.2.1(C)/15.4.3.1(C)
推薦 ………………………………………… 13.4.1.2(B)
推薦する …………………………………… 13.4.2.1(B)
水洗便所 …………………………………… 1.6.1.1(C)
水素 ……………………………… 11.1.1.1(C)/16.2.1.2(C)
水槽 ……………………………… 11.8.1.2(B)/14.4.1.1(B)
吹奏楽 ……………………………………… 5.1.1.1(B)
推測する …………………………………… 12.1.3.1(C)
水中 ………………………………………… 5.4.1.1(B)
垂直 ………………………………………… 17.03
スイッチ ………………………… 2.5.1.1(A)/11.2.1.1(A)
推定 ……………………………… 7.1.1.2(B)/16.1.1.2(B)
推定する …………………………………… 7.1.3.1(B)
水滴 ………………………………………… 16.2.1.2(B)
水田 ………………………………………… 11.7.1.1(C)
水筒 ……………………………… 1.1.1.1(C)/1.4.1.1(C)
水道 ……………………………… 11.5.1.1(B)/15.3.1.2(B)
随筆 ………………………………………… 1.8.1.2(C)
水分 ……………… 1.1.1.1(B)/14.5.1.2(B)/15.5.1.1(B)
随分 ………………………………………… 17.14
水平 ………………………………………… 17.03
水平線 ……………………………………… 1.4.1.1(B)
睡眠 ………………………………………… 14.3.1.2(B)
水面 ………………………………………… 15.2.1.2(B)
水曜 ………………………………………… 17.06
水曜日 ……………………………………… 17.06
推理 ……………………………… 5.5.1.2(B)/5.13.1.2(B)
推理する …………………………………… 12.1.3.1(C)
水路 ………………………………………… 11.5.1.1(B)
スイングする ……………………………… 1.5.2.1(C)
吸う ………… 1.1.2.1(B)/2.6.3.1(B)/14.1.3.1(B)/
　　　　16.2.3.1(B)
数 ……………… 1.7.1.2(B)/11.8.1.2(B)/16.1.1.2(B)
数学 …………… 4.1.1.1(B)/4.6.1.1(B)/16.1.1.2(B)/
　　　　16.3.1.2(B)
数詞 ………………………………………… 1.7.1.2(B)

数字 …………… 1.7.1.2(A)/9.2.1.2(A)/16.3.1.2(A)
ずうずうしい ……………………………… 3.3.5.2(B)
数値 ………………………………………… 16.1.1.2(C)
スーツ …………… 1.3.1.1(A)/10.2.1.1(A)/10.3.1.1(A)/
　　　　10.4.1.1(B)
スーツケース ……………………………… 1.4.1.1(B)
スーパー …………………………………… 10.1.1.1(A)
スーパーマーケット …………… 2.1.1.1(A)/
　　　　10.1.1.1(A)
崇拝する ………………………… 3.4.3.1(C)/6.2.3.1(C)
スープ ……………………………………… 1.1.1.1(B)
末っ子 …………………………… 2.12.1.1(B)/3.1.1.1(B)
据える ……………………………………… 2.5.2.1(C)
スカート …………………………………… 1.3.1.1(A)
スカーフ …………………………………… 1.3.1.1(C)
すがすがしい ………… 1.9.4.2(C)/1.9.7.2(C)/
　　　　3.4.2.2(C)/15.1.3.2(C)
姿 …………………………………………… 1.3.1.2(B)
図鑑 ……………………………… 1.8.1.1(B)/14.4.1.1(B)
好き ……………… 1.1.2.2(B)/1.3.6.2(A)/2.10.3.2(A)/
　　　　3.4.6.2(A)
過ぎ …………… 1.2.1.2(B)/14.3.8(B)/17.04/17.06
杉 ……………………………… 11.7.1.1(B)/14.5.1.1(B)
スキー …………………………… 1.5.1.1(B)/1.9.1.1(A)
好き嫌い ……… 1.1.1.2(B)/1.3.1.2(B)/3.4.1.2(B)/
　　　　3.5.1.2(B)
好き好き ……… 2.10.1.2(C)/3.4.1.2(C)/3.5.1.2(C)
透き通る …………………………………… 15.2.4.1(B)
隙間 ………………………………………… 10.4.1.2(C)
過ぎる ………… 12.1.7.1(B)/15.1.2.1(B)/17.04/17.06
すく ………………………………………… 14.1.3.1(A)
すぐ ……………………………… 17.04/17.05
救い ………………………………………… 15.3.1.2(C)
すくう ……………………………………… 14.1.3.1(C)
救う …………… 1.5.6.1(B)/5.13.3.1(B)/6.1.3.1(B)/
　　　　10.1.6.1(B)/13.6.6.1(B)/14.2.4.1(B)/
　　　　15.3.3.1(B)
スクール …………………………………… 4.1.1.1(B)
少ない ………… 1.1.3.2(A)/1.8.4.2(B)/3.1.4.2(A)/
　　　　12.3.2.2(A)/17.04
少なくとも ……………………………… 17.14
直に ………………………………………… 17.07
スクリーン ………………………………… 5.5.1.1(B)
優れる ……………………………… 4.3.3.1(C)/10.4.4.2(C)
図形 ………………………………………… 16.1.1.2(B)
スケート ………………………… 1.5.1.1(A)/1.9.1.1(A)
スケール …………………………………… 16.1.1.2(B)
スケジュール ……………………………… 1.4.1.2(B)
スケッチ ………………………… 5.2.1.1(B)/5.5.1.2(B)
すごい ……………………………………… 17.12
少し ………………………………………… 17.04
少しも ……………………………………… 17.14
過ごす ……………… 2.4.2.1(B)/14.4.2.1(B)/17.04/17.06
すごろく …………………………………… 5.13.1.1(B)

— 644 —

索　引

筋 …………14.1.1.1(B)/14.2.1.1(B)/17.01/17.03
鈴 ………………………1.5.1.1(B)/5.1.1.1(B)
すすぐ ………1.3.5.1(C)/2.6.4.1(C)/14.3.2.1(B)/
　　　　　14.3.3.1(B)
涼しい …………………2.1.2.2(A)/15.1.3.2(A)
進み ……………………………………17.04
進む ………1.5.8.1(A)/4.1.9.1(A)/11.2.2.1(A)/
　　　　　14.1.5.1(A)/15.1.2.1(A)
勧める …………………1.2.2.1(B)/2.10.5.1(B)
進める ………2.7.2.1(B)/13.3.2.1(B)/13.7.2.1(B)/
　　　　　15.4.3.1(B)
進んだ ……………………………… 7.1.2.2(B)
裾 ……………………11.4.1.1(B)/15.2.1.2(C)
図像 ……………………………… 5.2.1.1(C)
スター …………………1.5.1.2(B)/4.5.1.2(B)
スタート ………………5.13.1.2(A)/17.05
スタートする ……………………… 1.5.8.1(B)
スタイル …1.3.1.2(B)/2.10.1.1(B)/2.11.1.1(B)/
　　　　　2.15.1.2(B)/3.1.1.1(B)/8.2.1.1(B)/14.3.1.2(B)/
　　　　　17.01
スタジオ ………1.6.1.1(B)/5.1.1.1(B)/5.5.1.1(B)
スタッフ ……4.2.1.1(B)/5.5.1.1(B)/8.1.1.1(B)/
　　　　　8.2.1.1(B)
スタンド …………………………… 1.5.1.2(C)
スチーム ………………1.1.1.1(C)/2.5.1.1(C)
スチュワーデス ……………………10.2.1.1(B)
〜ずつ ……………………………………17.07
頭痛 ……………………1.2.1.2(B)/14.2.1.1(B)
すっかり ………………………………17.07
すっきり ………………………… 3.4.2.2(B)
ずっと ………………………… 17.06/17.14
すっと …………………………… 3.4.2.2(B)
酸っぱい ………………1.1.2.2(A)/1.2.4.2(A)
スティック ………………………11.2.1.1(C)
ステーキ …………………………… 1.1.1.1(B)
ステージ …………………………… 5.5.1.1(B)
すてき ………1.3.6.2(A)/1.6.3.2(A)/2.7.5.2(A)/
　　　　　11.2.2.2(A)
既に ……………………………………17.06
捨てる ……2.5.3.1(A)/2.6.3.1(A)/5.13.4.1(A)/
　　　　　15.4.2.1(A)/17.02
ステレオ ………………2.5.1.1(A)/5.1.1.1(A)
スト ……………………10.2.1.2(B)/11.5.1.2(B)
ストーブ ………………1.9.1.1(A)/4.1.1.1(A)
ストーリー ………………………… 5.5.1.2(B)
ストッキング ……………………… 1.3.1.1(C)
ストップ ……11.5.1.2(A)/15.3.1.2(A)/17.05
ストップする ……11.5.3.1(A)/15.3.4.1(A)
ストライキ ……………10.2.1.2(B)/11.5.1.2(B)
ストリート ……………………… 1.4.1.2(C)
ストレート …1.2.1.2(B)/2.10.2.2(B)/
　　　　　2.10.7.2(B)/2.11.3.2(B)
ストレス …1.2.1.2(B)/2.15.1.2(B)/5.12.1.2(B)/
　　　　　14.3.1.2(B)

ストレッチ ……………………14.3.1.2(B)
ストロー ……………………………1.1.1.1(C)
ストロボ ……………………………5.4.1.1(B)
砂 …………11.1.1.1(B)/11.5.1.1(B)/15.2.1.1(B)
素直 …………………………… 3.3.6.2(B)
すばしこい ……………………………17.04
すばやい ………………………… 1.5.2.2(B)
素早い ……12.1.3.2(C)/14.2.4.2(C)/15.3.3.2(C)/
　　　　　17.04
素晴らしい ……1.5.8.2(A)/3.3.7.2(A)/
　　　　　4.3.3.1(A)/5.1.3.2(A)/5.2.7.2(A)/5.5.2.2(A)/
　　　　　5.7.6.2(A)/5.10.4.2(A)/5.13.2.2(A)/8.2.2.2(A)/
　　　　　10.4.4.2(A)/13.1.3.2(A)
ずばり ………………………………17.12
スピーカー ……………………… 2.5.1.1(B)
スピーチ ……………………1.7.1.2(B)/4.1.1.1(B)
スピーチする …………………… 2.7.2.1(B)
スピード ……2.3.1.2(A)/11.2.1.2(A)/17.04
図表 …………4.6.1.1(B)/9.2.1.2(B)/16.1.1.2(B)/
　　　　　16.3.1.2(B)
スプーン ………………1.1.1.1(A)/3.8.1.1(A)
スプリング ……………………… 2.4.1.1(B)
スプレー ……………………………2.6.1.1(C)
スペース ………………………17.02/17.04
すべて ……………………………………17.07
滑る ……………………… 1.5.2.1(B)/4.4.3.1(A)
スポーツ …1.5.1.1(A)/1.9.1.1(A)/4.1.1.1(A)/
　　　　　5.8.1.1(A)/8.1.1.1(A)
スポーツカー ……………………11.2.1.1(C)
スポット ……………………………1.4.1.2(C)
ズボン ……………………………… 1.3.1.1(A)
スマート ……………3.5.2.2(B)/14.3.6.2(B)
住まい ……………………………… 1.6.1.1(C)
住まう ……………………………… 1.6.2.1(C)
済ます ……………………………17.05/17.08
済ませる …………………………17.05/17.08
すまない ………………………… 3.4.4.1(C)
墨 ………………………1.5.2.1.1(B)/5.6.1.1(B)
角 …………………………16.1.1.2(B)/17.03
隅 ………………………………………17.03
済み ……………………………………17.05
すみません ………………………………17.20
速やか …………………14.2.4.2(B)/17.04
澄む ………1.4.5.1(B)/5.1.2.1(B)/15.2.4.1(B)
住む ………1.6.2.1(A)/2.1.3.1(A)/2.8.2.1(A)/
　　　　　3.1.3.1(A)
済む ……………………………………17.05
スムーズ ……………………… 13.7.2.2(B)
図面 ……………………………… 1.6.1.1(B)
相撲 ……………………1.5.1.1(A)/6.2.1.2(A)
スライド ……………………………4.6.1.1(B)
ずらす ……………………5.13.5.1(B)/17.05
スラックス ……………………… 1.3.1.1(C)
ずらり ……………………………………17.04

すり …………………………………… 1.4.1.1(C)
刷り ………………………………… 5.2.1.2(C)
する ………1.3.2.1(A)/1.9.2.1(A)/9.1.3.1(A)
刷る ……………………………………1.8.3.1(B)
擦る ……………………2.3.9.1(A)/14.1.3.1(C)
ずるい ……3.3.5.2(B)/3.7.5.2(B)/13.1.3.2(B)
鋭い ………………………………14.4.2.2(B)
ずれ ……………………16.1.1.2(B)/17.05/17.09
すれ違い ……………………… 2.10.1.2(C)
すれ違う ……………………… 2.10.6.1(B)
擦れている …………………… 3.3.5.2(C)
ずれる …………………………17.05/17.09
スロー ……………………………… 5.4.1.2(C)
座る ……………………4.1.4.1(A)/4.2.4.1(A)
すんなり ………………………………17.11
寸法 ……………1.3.1.2(C)/11.4.1.2(C)/17.04

せ

背 ……………14.1.1.1(B)/14.4.1.1(B)/17.03
製 ……………2.5.6(B)/11.1.4(B)/11.2.5(B)/11.4.5(B)
姓 ………………………… 2.9.1.1(B)/17.01
生 ……………………………………4.1.1.2(A)
聖 ………………………………… 6.1.1.2(C)
世 ……………………………………13.4.7(C)
生 ……………………………………14.1.1.2(C)
正 ……………………………………16.1.1.2(C)
性 …………………………………… 16.2.5(B)
せい ……………………………………17.08
税 ……………………10.7.1.2(B)/10.8.1.2(B)
生育 ……………………2.2.1.2(A)/14.5.1.2(C)
成果 ……………1.5.1.2(C)/4.6.1.2(C)/17.08
正解 ……………………………… 4.4.1.2(B)
正解する ……………………… 4.4.6.1(B)
性格 …………2.10.1.2(A)/2.11.1.2(A)/2.15.1.2(A)/
　　　　　3.1.1.1(A)/3.2.1.2(A)/3.3.1.2(A)
正確 ……………………8.1.2.2(B)/9.1.2.2(B)
生活 ………2.4.1.2(A)/2.11.1.2(A)/4.1.1.1(A)/
　　　　　5.8.1.2(A)
生活する ……1.6.2.1(A)/2.1.3.1(A)/2.4.2.1(A)/
　　　　　2.8.2.1(A)
税関 ………1.4.1.1(A)/2.1.1.1(B)/2.9.1.1(B)/
　　　　　10.7.1.2(B)
世紀 ………………………………… 7.1.1.2(B)
正規 ……………………………… 10.2.1.2(C)
正規分布 ………………………16.1.1.2(C)
請求 ……………………2.9.1.2(C)/13.3.1.2(C)
請求する ……2.9.2.1(C)/10.1.4.1(C)/13.3.2.1(C)
制御 ……………………………… 11.6.1.1(C)
税金 ………………10.7.1.2(B)/10.8.1.2(B)
生計 ……………………………… 10.1.1.2(C)
清潔 …………………3.5.3.2(B)/13.1.3.2(B)
政権 ……………………7.1.1.2(B)/13.1.1.2(B)
制限する …1.1.5.1(B)/8.1.2.1(B)/11.8.2.1(B)/

— 645 —

索　引

	14.3.5.1(B)	
生後	2.12.1.2(B)/2.12.9(B)	
成功	4.6.1.2(B)/10.4.1.2(B)	
精巧	5.2.6.2(C)/5.7.5.2(C)/11.4.3.2(C)	
成功する	4.6.4.1(B)/10.4.2.1(B)/15.5.3.1(B)/16.3.4.1(B)	
星座	2.10.1.1(B)/15.5.1.1(B)	
制作	5.5.1.2(B)/5.10.1.2(B)	
政策	12.2.1.2(C)/13.4.1.2(C)	
製作	5.10.1.2(B)/11.1.1.2(B)	
制作する	5.5.3.1(B)/5.10.2.1(B)	
製作する	5.10.2.1(B)/11.2.1.2(B)/11.4.2.1(B)/11.4.3.1(B)	
清算	10.1.1.2(B)	
生産	17.02	
清算する	2.11.11.1(C)	
精子	14.1.1.1(C)	
静止	17.05	
政治	13.1.1.2(B)	
政治家	13.1.1.2(B)	
正式	2.11.5.2(C)	
性質	15.2.1.2(B)/16.2.1.2(B)	
誠実	3.3.6.2(B)	
青春	2.10.1.2(B)	
清純	3.3.1.2(C)/3.3.10.2(C)	
聖書	1.8.1.1(B)/6.1.1.2(B)	
清書	1.8.1.1(C)	
正常化	13.5.1.2(C)	
正常化する	13.5.2.1(C)	
青少年	14.1.1.2(C)	
生殖	14.1.1.2(C)/14.4.1.2(C)	
精神	1.5.1.2(B)/5.6.1.2(C)/14.1.1.2(B)/17.01	
成人	1.2.1.2(B)/14.1.1.2(B)	
聖人	6.1.1.2(C)	
整数	16.1.1.2(C)	
制する	1.5.4.1(C)/5.13.7.1(C)	
せいぜい	17.14	
成績	4.1.1.2(B)/4.2.1.2(B)/4.3.1.2(B)/10.3.1.2(B)	
生前	2.16.1.2(C)	
清掃	2.6.1.2(C)/4.1.1.2(B)	
製造	10.2.1.2(B)/11.1.1.2(B)/11.2.1.2(B)	
製造する	11.1.2.1(B)/11.2.3.1(B)/11.3.2.1(B)/11.3.3.1(B)/11.4.2.1(B)/11.4.3.1(B)/11.4.4.1(B)/11.8.2.1(B)	
生息	11.8.1.2(B)/14.4.1.2(C)	
生息する	14.4.2.1(C)	
生存	12.1.1.2(C)	
生態	14.4.1.2(C)	
聖体	6.1.1.2(C)	
生態系	15.4.1.2(C)	
清濁	1.7.1.2(C)	
贅沢	1.1.3.2(C)/1.1.4.2(C)/1.2.4.2(C)/1.4.6.2(C)/10.1.1.2(B)	

成長	2.12.1.2(B)/6.2.1.2(B)/10.6.1.2(B)/14.4.1.2(B)	
生長	6.2.1.2(B)/14.5.1.2(B)	
成長する	2.2.2.1(B)/6.2.3.1(B)/10.6.2.1(B)/14.4.2.1(B)	
生長する	2.12.4.1(B)/6.2.3.1(B)/14.5.2.1(B)	
制定する	1.2.5.1(C)/13.2.2.1(C)	
静的	17.13	
製鉄	11.3.1.2(C)	
晴天	15.1.1.2(B)	
聖典	6.1.1.2(C)	
生徒	4.1.1.2(A)	
制度	2.9.1.2(B)	
正当	10.2.3.2(C)/13.1.3.2(C)	
政党	13.1.1.2(B)	
聖堂	1.4.1.1(C)	
青年	14.1.1.2(B)	
生年月日	2.9.1.1(B)	
性能	9.2.1.2(B)/11.2.1.2(B)/16.3.1.2(B)	
整備	10.8.1.2(B)/15.4.1.2(B)	
整備する	2.5.3.1(B)/15.4.3.1(B)	
製品	2.4.1.1(B)/2.5.1.2(B)/10.7.1.2(B)	
政府	13.1.1.2(B)	
制服	1.3.1.1(A)/10.2.1.1(A)	
征服	7.1.1.2(C)/13.6.1.2(C)	
征服する	7.1.2.1(C)/13.5.3.1(C)/13.6.2.1(C)	
西部劇	5.5.1.2(B)	
生物	4.6.1.1(B)/15.4.1.1(B)/16.3.1.2(B)	
成分	1.1.1.1(B)/1.2.1.2(B)/15.2.1.2(B)	
性別	2.9.1.1(B)/10.3.1.2(B)/12.2.1.2(B)/14.1.1.2(B)/17.01	
聖母	5.2.1.1(C)	
製法	1.2.1.2(B)	
正方形	16.1.1.2(B)	
生前	3.8.1.2(C)	
精密	11.1.2.2(B)/11.4.3.2(C)	
税務署	2.1.1.1(B)/2.9.1.1(B)	
姓名	2.9.1.1(C)/17.01	
生命	10.1.1.2(C)/14.1.1.2(B)	
声明	13.5.1.2(C)/15.4.1.2(C)	
正門	1.6.1.1(B)/4.1.1.1(B)/4.2.1.1(B)	
西洋	1.1.2.2(B)/1.6.3.2(C)	
性欲	2.10.1.2(C)/2.15.1.2(C)	
生理	14.1.1.1(B)	
整理する	2.6.3.1(B)/2.12.5.1(B)	
成立	17.02	
成立する	4.6.4.1(B)/16.3.4.1(B)	
精霊	5.13.1.1(C)/6.2.1.2(C)	
聖霊	6.1.1.2(C)	
政令	11.5.1.2(C)	
西暦	7.1.1.2(B)	
セーター	1.3.1.1(A)	
背負う	14.1.3.1(B)	
世界	10.7.1.2(A)/13.5.1.2(A)	

せがれ	2.12.1.1(C)/3.1.1.1(C)	
席	1.4.1.1(A)/3.8.1.2(A)/4.1.1.1(A)	
籍	2.11.1.2(C)/3.1.1.2(C)	
隻	11.8.4(B)	
咳	14.1.1.1(B)/14.2.1.1(B)	
石	15.2.1.1(C)	
石炭	11.3.1.1(B)/11.6.1.1(A)	
脊椎	11.8.1.2(C)	
赤道	15.2.1.2(B)	
責任	15.4.1.2(B)	
石油	10.7.1.1(B)/11.6.1.1(B)/13.6.1.2(B)	
セキュリティー	9.1.1.2(C)/9.2.1.2(C)/16.3.1.2(C)	
セクシー	2.10.7.2(C)	
セクシャル	12.2.1.2(C)	
セクション	10.2.1.2(C)	
施行	11.5.1.2(C)	
施工する	1.6.3.1(C)/11.5.2.1(C)	
施行する	13.2.2.1(C)	
是正	13.1.1.2(C)	
是正する	13.1.4.1(C)	
世帯	3.1.1.2(C)/12.4.1.2(C)	
世代	1.7.1.2(B)/7.1.1.2(B)/14.1.1.2(B)	
節	1.8.5(C)/14.5.1.1(C)/17.06	
説	4.6.1.2(B)/4.6.7.2(B)/7.1.1.2(B)/16.3.1.2(B)	
石灰	1.6.1.1(C)/11.5.1.1(C)/15.2.1.1(C)	
切開	14.2.1.2(C)	
切開する	14.2.4.1(C)	
折角	17.16	
石器	7.1.1.1(C)/7.1.1.2(C)	
説教する	6.1.5.1(C)	
積極的	2.10.2.2(B)/2.11.3.2(C)/3.3.4.2(B)/13.3.2.2(B)/13.5.4.2(B)	
接近する	15.1.3.1(B)/15.5.3.1(B)	
セックス	2.10.1.2(C)/14.1.1.2(B)	
設計	11.2.1.2(B)	
設計する	1.6.3.1(B)/11.2.3.1(B)	
石鹸	2.4.1.1(A)/2.6.1.1(A)/14.3.1.1(A)	
切実	10.1.3.2(C)	
摂取	14.2.1.2(C)/14.3.1.2(C)	
摂取する	1.1.5.1(C)/14.2.4.1(C)/14.3.5.1(C)	
接触する	2.3.9.1(B)	
セッション	5.1.1.2(C)	
セッションする	5.1.4.1(C)	
接続	9.1.1.2(C)/9.2.1.2(C)/17.05	
接続詞	1.7.1.2(B)	
接続する	9.1.4.1(B)/9.2.3.1(B)/16.3.6.1(B)	
絶対	6.1.3.2(B)/17.09	
絶対評価	4.3.1.2(B)	
設置	9.2.1.2(B)/16.3.1.2(B)/17.02	
設置する	1.6.3.1(B)/2.5.2.1(B)/9.2.2.1(B)/16.3.5.1(B)	
接着剤	5.3.1.1(B)	
折衷	1.6.3.2(C)	

索　引

設定 …………… 9.2.1.2(B)/16.3.1.2(B)	全 ………………………………… 17.07	選択する …… 4.4.6.1(B)/9.2.2.1(B)/16.3.5.1(B)
設定する ………… 9.2.2.1(B)/16.3.5.1(B)	繊維 ……… 1.3.1.1(C)/11.4.1.1(C)/14.1.1.1(C)/	先だって ………………………… 17.06
セット ……… 5.5.1.1(B)/9.2.1.2(B)/14.3.1.2(B)/	14.2.1.1(C)/14.5.1.1(C)	先端 ………………… 7.1.2.2(C)/17.03
16.3.1.2(B)	全員 ………………… 15.4.1.2(B)/17.07	センチメートル …… 1.1.6(C)/1.3.7(A)/
説得 ………………………… 13.3.1.2(B)	前期 …………………………… 4.2.1.1(B)	16.1.6(A)
説得する … 1.2.3.1(B)/2.11.3.1(B)/13.3.2.1(B)	選挙 ……………… 12.2.1.2(B)/13.4.1.2(B)	先着 …………………………… 10.4.1.2(C)
セットする ……… 5.5.3.1(B)/9.2.2.1(B)/	宣教師 ……………… 6.1.1.1(C)/7.1.1.2(C)	先手 …………………………… 5.13.1.2(C)
14.3.3.1(B)/16.3.5.1(B)	先月 …………………………… 17.06	前提 …………………… 4.6.1.2(C)/17.08
切ない …… 2.2.4.2(B)/2.10.6.2(B)/2.13.3.2(B)/	宣言 ……… 13.5.1.2(B)/15.3.1.2(B)/15.4.1.2(B)	選定する ………………………… 11.5.2.1(C)
3.4.2.2(B)	宣言する ……… 2.16.3.1(B)/15.3.5.1(B)	宣伝 ……… 8.2.1.1(B)/10.2.1.2(B)/10.4.1.2(B)/
絶版 …………………………… 1.8.1.2(C)	戦後 ………………………… 4.2.1.2(B)	11.2.1.2(B)
設備 ………………………… 11.1.1.1(B)	前後 ……… 17.03/17.05/17.06/17.14	宣伝する ……… 10.4.2.1(B)/11.2.3.1(B)
絶望 ……………… 2.14.1.2(B)/2.15.1.2(B)	専攻 ………………………… 4.2.1.1(C)	先天的 …………… 2.12.1.2(C)/14.2.3.1(C)
説明書 ……………………… 2.5.1.1(B)	選考 ……… 4.1.1.2(C)/4.4.1.2(C)/10.3.1.2(C)	前途 ………………………………… 17.06
説明する ……… 4.1.5.1(B)/4.2.5.1(B)	先行研究 ……………………… 4.6.1.2(C)	先頭 ………………………………… 17.05
絶滅 ……………… 11.8.1.2(B)/15.4.1.2(B)	選考する ……… 4.4.4.1(C)/10.3.3.1(C)	戦闘 ………………………… 13.6.1.2(C)
絶滅する ……… 14.4.2.1(B)/15.4.2.1(B)	戦国 …………………………… 7.1.1.2(C)	船頭 ………………………… 11.8.1.1(C)
節約 ………………………… 11.6.1.2(B)	全国 ………………………………… 17.07	潜入する ………………………… 12.1.3.1(C)
節約する ……… 10.1.3.1(B)/11.6.3.1(B)	戦災 ………………………… 13.6.1.2(C)	先輩 ……………… 1.5.1.1(A)/4.1.1.2(A)
設立 …………………… 10.4.1.2(C)/17.02	繊細 ……… 1.2.4.2(B)/3.3.5.2(B)/5.1.2.2(B)/	船舶 …………… 2.3.1.1(C)/11.3.1.1(C)
設立する ………………………… 10.4.2.1(C)	5.2.6.2(B)/5.7.5.2(B)	前半 ………………… 1.5.1.2(B)/17.05
瀬戸物 ………………………… 5.3.1.1(C)	洗剤 ……… 2.4.1.1(B)/2.6.1.1(B)/15.4.1.1(B)	全般 ………………………………… 17.07
背中 ……………… 14.1.1.1(A)/14.4.1.1(A)	禅師 …………………………… 6.1.1.1(C)	全部 ………………………… 17.04/17.07
ぜひ …………………………………… 17.20	先日 …………………………… 17.06	扇風機 ……………… 1.9.1.1(B)/2.5.1.1(B)
ぜひとも …………………………… 17.20	全社 …………………………… 3.6.1.1(C)	洗面 ………………………… 14.3.1.2(B)
背広 …………… 1.3.1.1(B)/10.2.1.1(B)	選手 …………………………… 1.5.1.1(B)	専門 ……… 2.8.4.2(B)/4.1.1.1(B)/4.2.1.1(B)/
狭い …… 1.6.2.2(B)/2.1.2.2(B)/2.3.4.2(A)/	先週 …………………………… 17.06	4.6.1.1(B)/16.3.1.2(B)
2.8.3.2(A)/15.5.2.2(A)/17.04	専修 ………………………… 4.2.1.1(C)	旋律 …………………………… 5.1.1.2(C)
迫る ……………………………… 7.1.5.1(B)	全集 ………………………… 1.8.1.1(C)	戦略 ……………… 4.6.1.2(C)/16.3.1.2(C)
蝉 ……………………………… 14.4.1.1(B)	先住民 ……………………… 12.2.1.2(C)	占領 ………………………… 13.6.1.2(C)
ゼミ ………………… 4.2.1.1(B)/4.6.1.2(B)	戦術 ………………………… 1.5.1.2(C)	染料 ………………………… 13.6.1.2(C)
セミナー ……………………… 4.2.1.1(B)	染色体 ……………………… 14.1.1.1(C)	占領する ……… 13.5.3.1(C)/13.6.2.1(C)
攻め …………………………… 1.5.1.2(C)	前進 ………………………… 4.2.1.2(B)	戦力 ……… 5.13.1.1(C)/10.2.1.2(C)/13.6.1.2(C)
せめて ………………………………… 17.14	全身 ……… 14.1.1.2(B)/14.2.1.1(B)/17.07	線路 …………………………… 2.3.1.2(A)
攻める …… 1.5.4.1(B)/2.10.2.1(B)/5.13.3.1(B)/	センス ……………… 5.6.1.2(B)/14.1.1.2(B)	
5.13.7.1(B)/13.6.2.1(B)	扇子 …………………………… 1.9.1.1(C)	**そ**
セメント …………… 1.6.1.1(C)/11.5.1.1(C)	潜水艦 …… 2.3.1.1(C)/5.13.1.1(C)/13.6.1.1(C)	沿い ……… 2.1.1.2(B)/2.8.1.2(B)/2.8.5(B)
ゼリー ………………………………… 1.1.1.1(B)	先生 ……… 2.15.1.1(A)/4.1.1.2(A)/4.2.1.1(A)/	槽 …………………………… 1.2.1.1(C)
せりふ …………………………… 1.8.1.2(C)	5.2.1.1(A)/5.6.1.1(A)/5.7.1.1(A)/10.2.1.1(A)/	僧 ……………………………… 6.1.1.1(C)
セレモニー ………… 2.7.1.2(B)/2.11.1.2(B)/	14.2.1.1(A)	艘 ……………………………… 11.8.4(B)
5.1.1.1(B)/6.2.1.2(B)	専制 ………………………… 13.1.1.2(C)	層 …………………………… 15.2.1.1(C)
零 …………………………………… 17.19	宣誓する …………………… 2.11.8.1(C)	沿う ………………………………… 17.03
世話 ……… 11.7.1.2(A)/12.4.1.2(A)/14.2.1.2(A)/	戦前 ………………………… 4.2.1.2(B)	総 …………………………………… 17.07
14.4.1.2(A)/14.5.1.2(A)	全然 ………………………………… 17.14	添う ………………………………… 17.09
世話する …… 2.12.5.1(A)/12.4.2.1(A)/	先々月 ……………………… 17.06	相 …………………………………… 17.10
14.2.5.1(A)/14.4.4.1(A)/14.5.3.1(A)	先々週 ……………………… 17.06	そう ………………………………… 17.14
戦 …………………………………… 1.5.1.2(B)	先祖 ……………… 2.2.1.1(C)/3.1.1.1(B)	象 …………………………… 14.4.1.1(B)
船 …………………… 2.3.1.1(C)/11.3.1.1(C)	戦争 ……… 6.1.1.2(A)/7.1.1.2(C)/13.6.1.2(C)	相違 ………………………………… 17.09
腺 …………………………… 14.2.1.1(C)	戦争する …………………… 13.6.2.1(C)	相応 ………………………………… 17.09
線 …………………… 16.1.1.2(B)/17.03	センター ……………………… 17.03	騒音 ……… 2.3.1.2(B)/3.7.1.2(B)/5.1.1.1(B)
千 …………………………………… 17.19	全体 ………………………………… 17.07	増加 ………………… 12.3.1.2(B)/17.04
膳 …………………… 1.1.1.1(B)/5.3.1.1(C)	洗濯 ………………………… 2.6.1.2(B)	総額 ……………… 4.6.1.2(C)/16.3.1.2(C)
禅 …………………………… 6.1.1.2(B)	選択 ……… 4.2.1.1(B)/9.2.1.2(B)/16.3.1.2(B)	増加する ……… 12.3.4.1(B)/15.4.2.1(B)
前 ………………………… 17.05/17.06	洗濯する ……………………… 2.6.4.1(A)	

— 647 —

索　引

相関 … 16.1.1.2(C)	相談する … 2.8.3.1(A)/2.10.5.1(A)/2.12.7.1(A)/	祖先 … 2.2.1.1(B)/3.1.1.1(B)
創刊する … 1.8.3.1(C)	2.15.8.1(A)/3.6.4.1(C)/13.7.2.1(A)/14.2.4.1(A)	注ぐ … 1.1.3.1(B)/1.2.2.1(B)
葬儀 … 2.16.1.1(C)/3.8.1.2(C)	装着 … 11.2.1.2(C)	そそっかしい … 3.3.6.2(B)
争議 … 10.2.1.2(C)	装着する … 2.3.5.1(C)/11.2.3.1(C)	育ち … 2.2.1.2(B)/2.12.1.2(B)
臓器 … 2.16.1.1(C)/14.1.1.2(C)/14.2.1.1(C)	そうっと … 17.02	育つ … 2.2.2.1(B)/2.12.4.1(B)/6.2.3.1(B)/
雑木 … 14.5.1.1(C)	そうです … 17.20	14.4.2.1(B)/14.5.2.1(B)
雑木林 … 11.7.1.1(C)	相当 … 17.09/17.14	育てる … 1.5.6.1(B)/2.12.5.1(B)/4.1.5.1(B)/
増強する … 1.5.6.1(C)/13.6.3.1(C)	騒動 … 12.1.1.2(C)	4.2.5.1(B)/5.6.2.1(B)/10.4.4.1(B)/11.7.2.1(B)/
送金 … 2.9.1.2(C)	相場 … 10.1.1.2(C)/10.5.1.2(C)/10.6.1.2(C)/	11.7.3.1(B)/11.7.4.1(B)/11.8.2.1(B)/
雑巾 … 2.4.1.1(B)/2.6.1.1(B)	10.7.1.2(C)	14.4.2.1(B)/14.4.4.1(B)/14.5.3.1(B)
送迎 … 1.4.1.2(C)	装備 … 5.13.1.1(C)/13.6.1.2(C)	そちら … 17.03
造形 … 5.3.1.2(C)	送別 … 13.5.1.2(B)	卒業 … 1.4.1.2(B)/2.7.1.2(B)/2.8.1.2(B)/
増減 … 12.3.1.2(B)/17.04	送別会 … 1.2.1.2(B)	3.8.1.1(B)/4.1.1.1(A)/4.1.1.2(B)/4.2.1.2(B)/
倉庫 … 1.2.1.1(B)/1.6.1.1(B)/5.13.1.1(B)/	双方 … 17.03	4.4.1.2(B)/12.2.1.2(B)
11.1.1.1(B)	総務 … 8.1.1.1(C)	卒業する … 1.9.4.1(B)/4.1.2.1(B)/4.2.2.1(B)
相互 … 17.09	草履 … 1.3.1.1(B)	ソックス … 1.3.1.1(B)
総合 … 4.1.1.1(C)	総理大臣 … 13.1.1.2(B)	そっくり … 3.1.2.2(B)/17.07/17.09
捜査 … 12.1.1.2(C)	創立 … 17.02	そっけない … 3.3.4.2(B)
操作 … 2.5.1.2(B)/5.13.1.2(B)/9.2.1.2(B)/	僧侶 … 3.8.1.1(C)/6.1.1.1(C)	そっち … 17.03
16.3.1.2(B)	添える … 1.1.3.1(C)/17.04	卒中 … 12.3.1.2(C)
創作 … 5.7.1.2(C)	ソーシャルワーカー … 12.3.1.1(C)/	率直 … 3.3.5.2(B)
創作する … 1.8.3.1(C)	12.4.1.1(C)	そっと … 17.02
捜索する … 12.1.3.1(C)	ソース … 1.1.1.1(A)	そっぽ … 17.03
捜査する … 12.1.3.1(C)	足 … 1.3.7(B)	袖 … 1.3.1.1(C)/11.4.1.1(C)
操作する … 2.5.2.1(B)/5.13.3.1(B)/8.1.2.1(B)	族 … 12.1.1.2(B)	そと … 17.03
掃除 … 2.6.1.2(A)/4.1.1.2(A)	賊 … 12.1.1.2(C)	外 … 17.03/17.14
葬式 … 2.16.1.1(B)	即位 … 7.1.1.2(C)	備え付ける … 1.6.3.1(C)/2.5.2.1(C)/9.2.2.1(C)/
掃除する … 2.6.3.1(A)/2.12.5.1(A)	即座に … 17.05	16.3.5.1(C)/17.02
喪失 … 17.02	即する … 17.09	供える … 1.2.6.1(B)
喪失する … 12.1.8.1(C)	属する … 13.1.3.1(B)/13.5.3.1(B)	備える … 1.4.2.1(B)/2.5.2.1(B)/4.4.5.1(B)/
操縦する … 2.3.7.1(B)/2.3.8.1(B)/5.13.3.1(B)/	続々 … 17.05	13.6.2.1(B)/15.3.5.1(B)
13.6.3.1(B)	速達 … 9.1.1.1(B)	ソナタ … 5.1.1.1(C)
創出 … 4.6.1.2(C)/16.3.1.2(C)	測定 … 16.1.1.2(B)/16.2.1.2(B)/17.04	そのうち … 17.06
創出する … 4.6.3.1(C)/16.3.3.1(C)	測定する … 16.1.3.1(B)/16.2.2.1(B)	そのうちに … 17.06
蔵書 … 1.8.1.1(C)	速度 … 16.2.1.2(B)/17.04	そば … 1.1.1.1(B)/1.2.1.1(B)/2.1.1.2(A)/
蔵相 … 13.1.1.2(C)	束縛 … 2.11.1.2(C)/12.2.1.2(C)	2.8.1.2(A)/11.7.1.1(B)/14.5.1.1(B)/17.03
装飾 … 1.3.1.2(B)/5.3.1.2(C)	束縛する … 2.11.10.1(C)/12.2.2.1(C)	そびえる … 15.2.3.1(B)
送信 … 9.1.1.2(B)	側面 … 17.03/17.10	祖父 … 3.1.1.1(B)
増進 … 17.04	測量 … 17.04	ソファー … 1.6.1.1(B)/2.6.1.1(B)
送信する … 9.1.4.1(B)/9.2.3.1(B)/16.3.6.1(B)	速力 … 17.04	ソフト … 3.3.5.2(B)
造船 … 11.3.1.2(B)	そこ … 17.03	祖父母 … 2.12.1.1(B)/3.1.1.1(B)
創造 … 5.7.1.2(C)	底 … 17.03/17.14	祖母 … 2.12.1.1(B)/3.1.1.1(B)
騒々しい … 2.1.1.2(B)/2.3.10.2(B)/2.12.6.2(B)/	損なう … 2.15.6.1(C)/14.2.2.1(C)/14.3.6.1(C)	素朴 … 1.1.2.2(C)/3.3.1.2(C)
3.7.5.2(B)/4.1.4.2(B)/5.1.2.2(B)/5.2.6.2(B)/	そこら … 17.03/17.14	粗末 … 1.1.3.2(B)
5.7.5.2(B)/11.2.4.2(B)	素材 … 1.1.1.1(B)/1.3.1.1(B)/5.4.1.1(B)	背く … 3.8.3.1(C)/13.2.3.1(C)/13.6.3.1(C)/17.09
創造する … 1.8.3.1(C)/5.7.2.1(C)	阻止 … 1.6.1.2(C)/5.13.1.2(C)/11.5.1.2(C)/	染め … 1.3.1.1(C)/5.3.1.2(C)
相続 … 10.8.1.2(C)/17.05	13.6.1.2(C)	染める … 1.3.4.1(B)/5.11.2.1(B)/11.4.2.1(B)/
相続する … 3.7.5.1(C)	組織 … 10.2.1.2(C)/12.1.1.2(C)/14.1.1.1(C)/	14.3.3.1(B)
相対 … 17.03/17.09	14.2.1.1(C)/17.02	空 … 2.3.1.1(A)/11.6.1.2(B)/15.1.1.1(A)/
壮大 … 7.1.7.2(C)	阻止する … 5.13.3.1(C)/11.5.3.1(C)/	15.1.1.2(A)/15.5.1.1(A)
増大 … 17.04	13.6.2.1(C)/13.7.2.1(C)	逸らす … 17.01
増大する … 15.4.2.1(C)	素質 … 5.13.1.2(C)/10.2.1.2(C)	そり … 1.9.1.1(B)
相対評価 … 4.3.1.2(B)	訴訟 … 12.2.1.2(C)/13.2.1.2(C)	剃る … 14.3.2.1(B)
相談 … 2.15.1.2(A)/3.6.1.2(A)/13.7.1.2(A)	組成 … 15.2.1.2(C)	それぞれ … 17.07

— 648 —

索　引

それでは……………… 17.20	大概……………… 17.01/17.07/17.14	大臣……………………… 13.1.1.2(B)
それはいけませんね……… 17.20	体格……………… 3.5.1.2(B)/14.1.1.2(B)	大豆……………… 1.1.1.1(B)/11.7.1.1(B)
それほど………………… 17.14	退学……………… 4.1.1.2(B)/4.2.1.2(B)	大好き……………… 2.10.3.2(A)/3.4.6.2(A)
逸れる…………………… 17.01	大学……………… 2.1.1.1(A)/4.2.1.1(A)/4.6.1.1(A)/10.3.1.2(A)/14.4.1.1(A)/16.3.1.1(A)	対する………………… 17.03/17.09
ソロ…………………… 5.1.1.1(B)	大学院…………… 4.2.1.1(B)/4.6.1.1(B)/10.3.1.2(B)/14.4.1.1(B)/16.3.1.1(B)	題する…………………… 17.01
そろい………………… 17.09	退学する………… 4.1.2.1(B)/4.2.2.1(B)	体制……………………… 13.1.1.2(B)
揃う…………… 5.9.2.1(B)/5.13.5.1(B)	大学生………………… 4.2.1.1(A)	態勢……………………… 17.10
揃える……… 2.6.3.1(B)/2.12.5.1(B)/5.9.2.1(B)/5.13.5.1(B)/14.3.3.1(B)	退化する……………… 14.1.5.1(B)	体積…………… 16.1.1.2(C)/17.04
	大気…………… 2.3.1.2(B)/11.2.1.2(B)/11.6.1.2(B)/15.4.1.2(B)/15.5.1.2(B)	堆積する……………… 15.2.2.1(C)
そろそろ……………… 17.06	大規模………… 5.5.3.2(B)/11.6.2.2(C)/13.6.3.2(B)	大切…… 2.6.4.2(C)/5.6.2.2(A)/11.4.4.2(A)/11.6.3.2(A)/11.7.3.2(A)/13.7.2.2(A)
そろばん……………… 4.5.1.1(B)	大金……………………… 10.1.1.1(C)	対戦……………………… 1.5.1.2(B)
損…………… 5.12.1.2(B)/10.4.1.2(B)/10.5.1.2(B)	代金……………… 10.1.1.1(B)/10.1.1.2(B)	大戦……………………… 13.6.1.2(B)
損益…………………… 10.5.1.2(C)	大工…………… 1.6.1.1(B)/5.10.1.2(B)/10.2.1.1(B)	対戦する……… 1.5.4.1(B)/5.13.7.1(B)
損害………… 5.12.1.2(C)/10.1.1.2(C)/10.4.1.2(C)/10.5.1.2(C)	待遇…………………… 10.2.1.2(C)	体操……………… 1.5.1.1(B)/4.5.1.1(B)/14.3.1.2(B)
	退屈………… 5.1.2.2(B)/5.2.6.2(B)/5.7.5.2(B)	大層……………………… 17.14
ソング………………… 5.1.1.1(B)	体型…………………… 14.3.1.1(B)	大体……………………… 17.07/17.14
尊敬…………………… 1.7.1.2(B)	対決…………………… 1.5.1.2(B)	対談……………………… 13.4.1.2(C)
尊敬する……………… 3.4.3.1(B)	体験……… 1.8.1.2(B)/2.13.1.1(B)/2.14.1.2(B)/3.7.1.2(B)	大胆……… 2.10.2.2(B)/2.11.3.2(B)/3.3.6.2(B)
尊厳…………………… 2.16.1.2(C)		対談する……………… 13.4.3.1(C)
存在…………………… 17.02	体験する………… 2.13.3.1(B)/4.1.4.1(B)/4.2.4.1(B)	台地…………………… 15.2.1.1(C)
ぞんざい………… 1.7.9.2(C)/3.4.3.1(C)/3.8.3.2(C)	太鼓…………… 1.5.1.1(B)/5.1.1.1(B)/6.2.1.1(B)	大腸…………………… 14.1.1.1(C)
損失……… 5.12.1.2(C)/10.1.1.2(C)/10.4.1.2(C)/10.5.1.2(C)	大根…………… 1.1.1.1(A)/14.3.1.1(A)	大抵……………… 17.10/17.14
	滞在…………………… 17.02	態度………… 1.5.1.2(B)/3.4.1.2(B)/3.8.1.2(B)/4.3.1.2(B)
損傷…………………… 11.6.1.2(C)	題材…………………… 5.5.1.2(C)	
存じる………………… 14.1.3.1(C)	滞在する………… 1.4.6.1(B)/2.1.3.1(B)	対等…………………… 17.09
存ずる………………… 14.1.3.1(C)	対策…………… 1.6.1.2(B)/4.4.1.2(B)/11.6.1.2(B)/14.3.1.2(B)/15.3.1.2(B)	大統領………… 7.1.1.1(A)/13.1.1.2(A)
存続…………………… 17.02/17.05		台所…………… 1.1.1.1(A)/1.6.1.1(A)
尊重する……… 1.10.3.1(C)/12.2.3.1(C)/13.2.3.1(C)	大使…………………… 13.5.1.1(A)	タイトル……… 1.5.1.2(C)/5.7.1.1(B)/17.01
そんなに……………… 17.14	大師…………………… 6.1.1.1(C)	体内…………………… 14.3.1.1(B)
	胎児…………………… 2.12.1.1(C)	台なし…………… 4.6.1.2(C)/17.08
た	退治…………………… 6.2.1.2(B)	ダイニング…………… 1.6.1.1(B)
	大事…………… 2.6.4.2(A)/4.6.2.2(A)/4.6.4.2(A)/5.6.2.2(A)	滞納…………… 4.2.1.2(C)/10.8.1.2(C)
田………………… 11.7.1.1(B)/14.5.1.1(B)		大脳………… 2.16.1.1(C)/12.3.1.2(C)/14.1.1.1(C)
ダース………………… 17.04	大使館…………… 1.4.1.1(A)/2.1.1.1(A)/2.9.1.1(A)/13.5.1.1(A)	滞納する……… 4.2.9.1(C)/10.8.2.1(C)
ターミナルケア……… 2.16.1.2(C)		大半……………………… 17.07
ターンする…………… 1.5.2.1(C)	退治する………… 2.6.3.1(B)/6.2.3.1(B)	対比……………………… 17.09
鯛……………………… 1.2.1.1(B)	大した………………… 17.14	タイピスト…………… 10.2.1.1(C)
帯…………… 15.2.1.2(C)/15.2.7(C)/17.03	大して………………… 17.14	代表…………… 1.5.1.2(B)/4.1.1.2(B)/10.2.1.1(B)
対……………………… 17.09	代謝…………………… 14.3.1.2(C)	大部……………………… 17.04
台……… 2.3.11(B)/2.5.6(B)/5.10.1.1(B)/9.2.6(B)/10.1.1.1(B)/11.2.5(A)	大衆…………… 13.1.1.2(B)/13.3.1.2(B)	タイプ……… 2.5.6(B)/2.10.1.2(B)/3.3.1.2(B)/3.5.1.2(B)/17.01/17.05
代………… 2.7.6(B)/4.5.4(B)/7.1.1.2(B)/15.2.7(C)	体重…………… 14.1.1.2(B)/14.3.1.2(B)/17.04	台風……… 1.9.1.2(B)/15.1.1.1(A)/15.3.1.2(A)
大………………… 4.2.1.1(B)/17.04	大衆演劇……………… 5.5.1.1(C)	大部分…………………… 17.07
第……………………… 17.01	対照…………………… 17.09	タイプライター……… 11.4.1.1(C)
題……………………… 17.01	対称…………………… 16.1.1.2(C)	大分……………………… 17.14
体育…………………… 4.1.1.1(A)	代償…………………… 2.10.1.2(C)	大変……… 1.3.5.2(A)/2.5.2.2(A)/2.6.6.2(A)/2.8.4.2(A)/2.9.4.2(A)/2.12.2.2(A)/2.12.5.2(A)/2.15.2.2(A)/10.8.3.2(A)/11.7.4.2(A)/17.14
だいいち……………… 17.08	大小……………………… 17.04	
退院…………………… 14.2.1.2(B)	大乗…………………… 6.1.1.2(C)	大便…………………… 14.1.1.1(B)
退院する……………… 14.2.5.1(B)	大丈夫…………… 14.2.2.2(A)/17.11	逮捕…………………… 12.1.1.2(B)
ダイエット…………… 14.3.1.2(A)	退職…………… 3.8.1.1(B)/10.2.1.2(B)	待望…………… 2.14.1.2(C)/8.2.1.2(C)
対応…………………… 17.09	退職する……………… 10.2.3.1(B)	大木…………… 11.7.1.1(B)/14.5.1.1(B)
体温…………………… 14.1.1.2(B)	耐震…………… 1.6.1.2(C)/11.5.1.2(C)	逮捕する……………… 12.1.4.1(B)
退化…………………… 14.1.1.2(B)		
大会………… 1.5.1.1(B)/4.1.1.1(B)/8.2.1.1(B)		

— 649 —

索　引

台本 …………………… 1.8.1.2(C)
タイマー ………… 1.1.1.1(B)/11.4.1.1(B)
たいまつ …………………… 6.2.1.1(C)
怠慢 ………… 3.3.1.2(C)/3.3.6.2(C)/10.2.2.2(C)
大名 …………………… 7.1.1.1(C)
タイミング …… 2.11.1.2(C)/10.4.1.2(C)/17.06
タイム …………………… 17.06
タイムリー …………………… 17.06
題名 …………………… 17.01
代名詞 …………………… 1.7.1.2(B)
対面 …………………… 17.03
タイヤ …………………… 11.2.1.1(A)
ダイヤ ……… 1.3.1.1(B)/1.4.1.1(C)/2.7.1.1(B)/
5.13.1.1(B)
ダイヤモンド ………… 1.3.1.1(B)/2.7.1.1(B)
ダイヤル …………………… 9.1.1.1(C)
太陽 ……… 11.6.1.1(B)/15.1.1.2(B)/15.5.1.1(B)
代用する …………………… 15.3.4.1(C)
代理 …………………… 2.9.1.2(C)
大陸 …………………… 7.1.1.2(B)
対立 ……… 3.7.1.2(B)/6.1.1.2(B)/13.3.1.2(B)/
13.5.1.2(B)/13.6.1.2(B)/17.02
対立する …… 2.12.7.1(B)/3.7.2.1(B)/6.1.6.1(B)/
13.3.2.1(B)/13.5.5.1(B)
タイル …………… 1.6.1.1(C)/11.5.1.1(C)
対話 …………… 13.3.1.2(C)/13.5.1.2(C)
対話する …………… 13.3.2.1(C)/13.5.5.1(C)
田植え …………… 1.9.1.1(B)/6.2.1.2(B)
タウン …………………… 1.4.1.2(C)
ダウン …………… 10.5.1.2(C)/17.04
ダウンする …………… 1.5.11.1(C)/10.5.3.1(C)
絶えず …………………… 17.06
絶える …… 7.1.2.1(B)/14.4.2.1(B)/15.4.2.1(C)/
17.02/17.05
耐える ……… 1.5.5.1(B)/2.11.10.1(B)/2.15.3.1(B)/
14.4.2.1(B)/15.3.3.1(B)
楕円 …………………… 16.1.1.2(C)
倒す …………… 1.5.2.1(B)/5.13.7.1(B)/17.02
タオル …………………… 2.4.1.1(B)
倒れる ……… 1.5.4.1(B)/1.5.11.1(B)/1.6.3.1(B)/
2.12.6.1(B)/5.13.7.1(B)/13.6.4.1(B)/
14.2.2.1(B)/17.02
高い ……… 1.1.4.2(A)/1.1.5.1(A)/1.1.5.2(A)/
1.2.4.1(A)/1.4.6.2(A)/2.1.2.2(A)/2.5.2.2(A)/
5.9.4.2(A)/5.10.3.1(A)/10.1.2.2(A)/
10.6.4.2(A)/10.7.3.2(A)/13.4.5.2(A)/
15.2.3.2(A)/17.04
互い …………………… 17.09
高値 …………………… 10.5.1.2(C)
耕す …………… 11.7.2.1(B)/14.5.3.1(B)
宝 …………………… 5.13.1.1(B)
滝 …………………… 15.2.1.1(B)
妥協 ……… 10.2.1.2(C)/10.4.1.2(C)/11.5.1.2(C)/
13.3.1.2(C)/13.5.1.2(C)

妥協する …… 2.11.4.1(C)/10.2.5.1(C)/
10.4.2.1(C)/13.3.2.1(C)/13.5.5.1(C)
炊く …………………… 1.1.3.1(B)
宅 …………………… 1.6.1.1(C)
抱く …………… 2.12.5.1(B)/14.1.3.1(B)/14.4.4.1(B)
たくさん …… 1.1.3.2(B)/1.8.4.2(B)/2.7.3.2(A)/
17.04
タクシー …………………… 2.3.1.1(A)
たくましい …………… 3.3.8.2(B)/14.3.6.2(B)
巧み ……… 5.1.3.2(C)/5.2.7.2(C)/5.7.6.2(C)/
5.10.4.2(C)/5.13.2.2(C)/8.2.2.2(C)
蓄える …………… 15.3.5.1(C)/17.04
丈 …………………… 1.3.1.2(C)/17.04
茸 …………………… 14.5.1.1(B)
竹 …………………… 14.5.1.1(B)
〜だけ …………………… 17.07/17.14
打撃 …………… 1.5.1.2(B)/10.5.1.2(B)
妥結 …………… 10.2.1.2(C)/11.5.1.2(C)/13.5.1.2(C)
妥結する …………… 10.2.5.1(C)/13.5.5.1(C)
凧 …………………… 5.3.1.1(C)
駄作 …………… 1.8.1.2(C)/5.7.1.2(C)
確か ……… 3.2.2.2(B)/3.6.5.2(B)/8.1.2.2(B)/
9.1.2.2(B)/17.15
確かめる …… 1.2.2.1(B)/2.9.4.1(B)/4.4.5.1(B)/
7.1.3.1(B)/14.1.3.1(B)
足し算 …………………… 16.1.1.2(B)
だし汁 …………………… 1.1.1.1(C)
他社 …………………… 8.1.1.1(B)
他者 …………………… 3.6.1.2(C)
多少 …………… 17.04/17.07/17.14
足す …………… 1.1.3.1(B)/16.1.2.1(B)/17.04
出す ……… 1.1.4.1(B)/1.5.2.1(A)/1.8.3.1(A)/
2.9.4.1(A)/2.11.7.1(A)/2.12.2.1(A)/4.4.5.1(A)/
9.1.2.1(A)/10.1.5.1(A)/10.5.2.1(A)/
13.1.4.1(A)/13.4.2.1(A)/13.6.2.1(A)/
13.7.2.1(A)/15.4.2.1(A)/16.2.3.1(A)/17.02/
17.05
多数決 …………………… 13.7.1.2(C)
助け ……… 1.2.1.2(B)/12.3.1.2(B)/12.4.1.2(B)
助ける ……… 1.5.6.1(A)/2.8.4.1(A)/2.10.5.1(A)/
2.12.7.1(A)/5.13.3.1(A)/13.6.6.1(A)/
14.2.4.1(A)/15.3.3.1(A)
携わる …………………… 10.2.2.1(C)
尋ねる ……… 1.4.3.1(B)/1.8.4.1(B)/2.8.3.1(B)/
4.1.4.1(B)/4.1.5.1(B)/4.2.4.1(B)/4.2.5.1(B)/
13.7.2.1(B)
訪ねる …………………… 10.3.2.1(B)
ただ …………………… 17.14
ただいま …………………… 17.20
戦い …………… 1.5.1.2(B)/7.1.1.2(B)/13.4.1.2(B)/
13.6.1.2(B)
戦う …………… 1.5.4.1(A)/5.13.7.1(A)/13.4.4.1(A)/
13.6.2.1(A)
叩く …………… 1.5.10.1(B)/5.1.3.1(B)/12.1.2.1(B)

14.1.3.1(B)/14.2.4.1(B)
正しい …………… 4.6.2.2(A)/4.6.4.2(A)/8.1.2.2(A)
直ちに …………………… 17.05
畳 …………………… 1.6.1.1(B)
たたむ …………… 1.3.5.1(A)/2.6.4.1(A)
漂う …………………… 15.4.2.1(C)
立ち会う …………………… 2.12.2.1(C)
立ち上がる …… 9.2.2.1(B)/13.3.2.1(B)/
14.1.3.1(B)/16.3.5.1(B)/17.02
立ち去る …………………… 12.1.3.1(C)
立ち止まる …………………… 17.05
たちまち …………………… 17.05
立ち寄る …………………… 1.4.3.1(B)
絶つ …………………… 1.1.5.1(C)
発つ …………………… 1.4.3.1(C)
建つ …………………… 1.6.3.1(A)
断つ ……… 3.8.3.1(C)/6.1.3.1(C)/13.5.2.1(C)/
14.3.5.1(C)
立つ …………… 13.4.2.1(B)/14.1.3.1(B)/17.02
経つ …………………… 17.06
抱っこする …………………… 2.12.5.1(B)
達する …………… 2.14.6.1(C)/15.3.4.1(C)/17.04
達成する …………… 2.14.6.1(C)/15.5.3.1(C)
脱線 …………………… 12.1.1.2(B)
脱線する …………… 2.3.9.1(C)/12.1.7.1(B)
たった …………………… 17.14
脱退 …………………… 2.9.1.2(C)
脱退する …………… 2.9.2.1(C)/10.2.5.1(C)
タッチする …………………… 1.5.2.1(B)
たっぷり …………… 1.1.3.2(B)/17.04
縦 …………………… 17.03
楯 …………… 5.13.1.1(B)/13.6.1.1(B)
立て替える …………………… 10.1.2.1(C)
建前 …………………… 3.6.1.2(B)
奉る …………… 6.1.4.1(C)/6.2.2.1(C)
建物 ……… 1.6.1.1(B)/2.1.1.2(B)/5.4.1.1(B)/
6.1.1.2(B)
建てる …………………… 1.6.3.1(A)
立てる …………… 13.6.2.1(B)/14.1.3.1(B)/17.02
他動詞 …………………… 1.7.1.2(B)
たとえ …………………… 17.17
たどり着く …………………… 1.4.3.1(C)
たどる …………… 2.13.2.1(C)/7.1.5.1(C)
棚 ……… 1.6.1.1(B)/2.8.1.1(B)/4.1.1.1(B)/5.3.1.1(B)/
10.1.1.1(B)
谷 …………………… 15.2.1.1(B)
他人 …………………… 3.2.1.1(B)
種 …………… 2.15.1.2(C)/17.01
多年草 …………… 11.7.1.1(C)/14.5.1.1(C)
楽しい ……… 1.4.2.2(A)/1.8.2.2(A)/2.7.5.2(A)/
2.10.4.2(A)/2.11.10.2(A)/2.12.6.2(A)/
2.13.3.2(A)/3.4.2.2(A)/4.1.4.2(A)/4.5.2.2(A)/
5.5.5.2(A)/5.12.5.2(A)/5.13.9.2(A)
楽しみ …………… 3.4.1.2(B)/5.8.1.2(B)

— 650 —

索　引

楽しむ ……… 1.2.2.1(B)/3.4.2.1(B)/5.6.2.1(B)/
　5.6.3.1(B)/5.7.3.1(B)/5.8.2.1(B)
頼み ……………………… 10.2.1.2(B)/13.3.1.2(B)
頼む ………… 1.1.4.1(A)/4.4.10.1(A)/12.3.2.1(A)/
　14.2.4.1(A)
頼もしい ………………………………… 3.3.8.2(B)
束 ………………………………………… 1.1.6(C)
たばこ ………………………………… 14.3.1.1(A)
束ねる ………………………………… 13.3.2.1(C)
足袋 …………………………………… 1.3.1.1(C)
旅 ……………… 1.4.1.2(C)/5.8.1.1(B)/8.1.1.1(B)
度 ………………………………… 17.06/17.14
たびたび ………………………………… 17.06
タブー ………………………………… 3.8.1.2(B)
だぶだぶ ……………………… 1.3.4.2(B)/17.04
ダブる ……………………………………… 17.04
多分 ……………………………… 17.04/17.15
食べ物 ………………………… 1.1.1.1(A)/14.3.1.1(A)
食べる ………… 1.1.2.1(A)/1.2.2.1(A)/2.12.6.1(A)/
　11.7.5.1(A)/14.1.3.1(A)/14.2.3.1(A)
他方 ……………………………………… 17.03
多忙 ……………………… 10.2.2.2(C)/10.4.2.2(C)
球 …………………………………… 1.5.1.1(A)
弾 ……………………………… 5.13.1.1(C)/13.6.1.1(C)
たま ……………………………………… 17.06
卵 …………………… 1.1.1.1(A)/11.7.1.1(A)/14.4.1.1(A)
魂 ……………………………………… 2.16.1.2(B)
だます ……… 2.11.2.1(B)/3.6.5.1(B)/4.6.5.1(B)/
　12.1.2.1(B)/13.6.2.1(B)
たまたま ………………………………… 17.06
たまに …………………………………… 17.06
玉ねぎ …………………… 1.1.1.1(A)/14.3.1.1(A)
たまらない ……………… 2.15.2.2(B)/2.16.2.2(B)/
　3.4.2.2(B)
溜まり ………………………………… 11.5.1.1(C)
溜まる ………… 2.6.3.1(B)/14.2.2.1(B)/14.3.7.1(B)/
　15.2.2.1(B)/16.2.3.1(B)/17.04
貯まる ………………………………… 10.1.5.1(B)
ダム …………………………………… 11.5.1.1(C)
ため ……………………………………… 17.08
だめ ……………… 4.3.3.1(B)/10.4.4.2(B)/17.05
溜め息 ………………………………… 2.15.1.2(B)
試す ……………………… 4.4.4.1(B)/16.2.2.1(B)
ためらう ……………… 2.14.5.1(B)/2.15.5.1(B)
貯める ………………………………… 10.1.5.1(B)
溜める ………………… 14.2.2.1(B)/14.3.7.1(B)
ためる …………………………………… 17.04
保つ ……………………………… 10.6.4.1(B)/17.02
たやすい ……………… 2.9.4.2(C)/4.4.11.2(C)/17.11
多様 …………………………… 1.10.3.2(C)/3.8.6.2(C)
頼り ……………………………………… 3.6.1.2(C)
便り ………………………………… 9.1.1.1(B)
〜だらけ ………………………………… 17.07
だらしない …………………… 3.3.9.2(B)/3.8.3.2(B)

足りる ……………… 4.2.6.1(B)/15.4.2.1(B)/17.04
足る ……………………………………… 17.04
樽 ……………………………………… 1.2.1.1(C)
だるい ………………………………… 14.2.2.2(B)
弛み ………………………………… 14.3.1.2(C)
だれ ……………………………………… 17.18
だれか …………………………………… 17.18
垂れる ………………………………… 14.1.3.1(C)
タレント ………… 5.5.1.1(C)/8.2.1.1(B)/10.2.1.1(B)
タワー ……………………… 2.1.1.1(B)/5.13.1.1(B)
短 ………………………………………… 17.10
段 ……… 1.6.1.1(B)/1.8.5(B)/14.3.1.2(B)/17.01/17.14
単位 ……………… 4.2.1.1(B)/4.2.1.2(B)/16.1.1.2(B)
短歌 …………………………………… 1.8.1.2(C)
担架 …………………………………… 14.2.1.1(B)
団塊 ………………………………… 12.3.3.2(C)
段階 ……………………………………… 17.01
短気 …………………………………… 3.3.5.2(B)
短期 ……………………………………… 17.06
短期大学 ……………………………… 4.2.1.1(B)
タンク ………………………………… 1.2.1.1(C)
団結 ………………………… 1.5.1.2(B)/13.3.1.2(C)
団結する ……… 1.5.6.1(C)/10.2.5.1(B)/13.3.2.1(B)
探検 …………………………………… 5.13.1.2(B)
単元 …………………………………… 4.1.1.2(C)
単語 …………………………………… 1.7.1.2(B)
炭鉱 ……………………… 11.6.1.1(C)/15.2.1.1(C)
単行本 ………………………… 1.8.1.1(B)/5.2.1.1(B)
探査 …………………………………… 15.5.1.2(C)
炭酸 …………………………………… 1.2.1.1(C)
男子 ……………………… 12.2.1.2(B)/14.1.1.2(B)
男子校 ………………………………… 4.1.1.1(B)
短縮 …………………………………… 11.1.1.2(B)
短縮する ……………………………… 11.1.3.1(B)
単純 …………… 3.3.7.2(B)/9.2.5.1(B)/11.1.3.2(B)
短所 …………………………… 3.3.1.2(B)/17.10
男女 …………………… 3.1.1.1(B)/3.6.1.2(B)/12.2.1.2(B)
誕生 ……………………… 2.12.1.2(B)/14.4.1.2(B)
誕生する ……………… 2.12.1.2(B)/14.4.2.1(B)
誕生日 ……… 2.7.1.2(B)/2.10.1.2(A)/3.8.1.1(A)
たんす ………… 1.6.1.1(B)/2.8.1.1(B)/5.10.1.1(B)
ダンス …………… 1.5.1.1(A)/4.5.1.1(A)/8.2.1.1(B)
淡水 ……………………… 14.4.1.2(C)/15.2.1.2(C)
断水 …………………………………… 15.3.1.2(C)
淡水魚 ………………………………… 14.4.1.1(C)
単数 …………………………………… 1.7.1.2(C)
ダンスする …………………………… 2.7.2.1(B)
男性 ……………………… 12.2.1.2(B)/14.1.1.2(B)
断然 ……………………………………… 17.14
炭素 ……………………… 11.1.1.1(C)/16.2.1.2(C)
断層 …………………………………… 15.2.1.1(C)
短大 ……………… 2.1.1.1(B)/4.2.1.1(B)/10.3.1.2(B)
団体 ……………… 1.4.1.2(B)/1.5.1.2(B)/10.2.1.2(B)/
　13.3.1.2(B)

段々 ……………………………………… 17.05
だんだん ………………………………… 17.13
団地 ……………… 1.6.1.1(B)/2.1.1.1(B)/2.8.1.1(B)/
　3.2.1.1(B)
単調 …………… 5.1.2.2(C)/5.2.6.2(C)/5.7.5.2(C)
担当 …………………………… 4.1.1.2(B)/14.2.1.2(B)
担当医 ………………………………… 14.2.1.1(B)
担当する ……… 2.6.6.1(B)/4.1.5.1(B)/4.2.5.1(B)
旦那 …………………………………… 3.1.1.1(B)
単に ……………………………………… 17.14
担任 …………………………………… 4.1.1.2(B)
断熱 …………………………………… 1.6.1.2(B)
短波 ……………………… 9.1.1.1(C)/16.2.1.2(C)
蛋白 …………………………………… 1.1.1.1(C)
蛋白質 ……… 2.12.1.1(B)/14.1.1.1(B)/14.2.1.1(B)/
　14.3.1.2(B)
ダンプ ………………………………… 11.2.1.1(C)
短編 …………………………………… 1.8.1.2(B)
田んぼ ……………………… 11.7.1.1(B)/14.5.1.1(B)
暖房 ……………… 1.9.1.1(B)/2.5.1.1(B)/4.1.1.1(B)/
　11.6.1.1(B)
端末 ……………… 9.1.1.2(C)/9.2.1.1(C)/16.3.1.1(C)
断面 ……………………………………… 17.03
弾力 ………………………………… 16.2.1.2(C)
談話 …………………………………… 1.7.1.2(C)

ち

血 ……………… 3.1.1.2(A)/14.1.1.1(A)/14.2.1.1(A)
地 ……………………………………… 11.6.1.1(B)
治安 ……………… 2.8.1.2(C)/12.1.1.2(B)/13.1.1.2(B)
地位 ……………………………… 7.1.1.2(B)/17.01
地域 ……………… 1.10.1.1(B)/2.1.1.2(B)/3.8.1.2(B)/
　4.2.1.2(B)/15.2.1.2(B)
小さい ………… 1.3.4.2(A)/1.6.2.2(A)/2.14.2.2(A)/
　17.04
小さな …………………………………… 17.04
チーズ …………………………… 1.1.1.1(B)/11.7.1.1(B)
チーム …………… 1.5.1.2(A)/4.6.1.2(A)/16.3.1.2(A)
チームワーク ………………………… 1.5.1.2(C)
知恵 ……………………… 10.4.1.2(B)/14.1.1.2(B)
チェーン ……………………………… 1.3.1.1(C)
チェック ……………………… 2.9.1.2(B)/4.4.1.2(B)
チェックする ………… 2.5.3.1(B)/2.9.4.1(B)/
　4.3.2.1(B)/4.4.4.1(B)/4.4.5.1(B)/4.4.6.1(B)
チェンジする ………………………… 1.5.6.1(B)
地下 …………… 1.2.1.1(B)/1.6.1.1(B)/11.6.1.2(B)
近い …………… 1.4.4.2(A)/1.4.7.2(A)/1.6.2.2(A)/
　2.1.4.2(A)/2.14.2.2(A)/15.5.2.2(A)/17.04/
　17.06/17.07
違い ……………………………………… 17.09
違いない ………………………………… 17.09
誓う ……………… 1.5.8.1(B)/2.11.8.1(B)/3.6.6.1(B)
違う ………… 1.9.2.2(A)/1.10.3.1(A)/1.10.3.2(A)/

— 651 —

索　引

………3.8.6.2(A)/6.1.6.1(A)/17.09	着々……………………………17.05	中腹……………………………15.2.1.2(C)
違える…………………………17.09	着目する………………………10.4.2.1(C)	注目する………………………10.4.2.1(B)
近く……………………2.1.1.2(A)/2.1.4.2(A)	着用する………………1.3.2.1(C)/3.8.4.1(C)	注文……………………9.1.1.2(B)/11.5.1.2(B)
近頃……………………………17.06	着陸する………………………15.5.3.1(B)	注文する………………………1.1.4.1(B)
地下水…………………………15.2.1.2(B)	着工……………………………11.5.1.2(C)	中立……………………10.8.4.2(B)/13.6.1.2(B)
近々……………………………17.06	着工する………………1.6.3.1(C)/11.5.2.1(C)	中和……………………………16.2.1.2(C)
近づく……1.4.3.1(B)/2.10.2.1(B)/15.1.3.1(B)/	茶の間…………………1.1.1.2(C)/1.6.1.1(C)	中和する………………………16.2.3.1(C)
15.5.3.1(B)/17.09	茶の湯…………………………5.6.1.2(C)	著………………………………1.8.1.2(C)
地下鉄…………………2.3.1.1(A)/4.2.1.1(A)	茶碗……………………1.1.1.1(A)/5.6.1.1(A)	帳………………………………4.1.1.1(C)
力………………1.5.1.2(A)/4.1.1.2(A)/7.1.1.2(A)/	〜ちゃん………………………3.6.11(A)	長……………………10.2.1.1(C)/17.10
10.2.1.2(A)/16.2.1.2(A)	チャンス……1.5.1.2(B)/2.11.1.2(B)/5.4.1.2(B)/	庁………………………………13.1.7(B)
力強い……5.1.2.2(B)/5.2.6.2(B)/5.7.5.2(B)/17.12	10.4.1.2(B)/17.06	腸……………………14.1.1.2(B)/14.2.1.1(B)
地球………15.2.1.1(B)/15.4.1.1(B)/15.5.1.1(B)	チャンネル……………………8.1.1.2(A)	蝶………………………………14.4.1.1(B)
ちぎる…………………………1.1.3.1(B)	チャンピオン…………………1.5.1.2(A)	超………………………………17.04
地区……………………2.1.1.2(B)/13.4.1.2(B)	中………………………………17.05	兆………………………………17.19
畜産……………………11.7.1.2(B)/14.4.1.2(B)	注意……………14.3.1.2(B)/15.3.1.2(A)/15.4.1.2(A)	調印……………………………13.5.1.2(C)
蓄積……………………………4.6.1.2(C)/17.04	注意する……1.4.4.1(A)/4.1.5.1(A)/4.2.5.1(A)/	調印する………………………13.5.5.1(C)
チケット………………………1.4.1.1(B)	10.4.4.1(A)/12.1.7.1(A)/14.3.5.1(A)/	懲役……………………………12.1.1.2(C)
治験……………………………14.2.1.2(C)	15.3.5.1(A)/15.4.3.1(A)	超過……………………………17.04/17.06
遅刻………………4.1.1.2(A)/4.2.1.2(A)/4.3.1.2(A)	中央……………………………17.03	聴覚……………………………14.1.1.2(C)
遅刻する………………4.1.3.1(A)/4.2.3.1(A)	中学……………………………4.1.1.1(B)	朝刊……………………………8.1.1.1(B)
知事……………………………13.1.1.2(B)	中学校…………………2.1.1.1(A)/4.1.1.1(A)	長官……………………………13.1.1.2(C)
地質……………………………15.2.1.2(B)	中間……………4.1.1.2(C)/4.4.1.1(C)/17.03/17.05	長期……………………………17.06
地上波…………………………8.1.1.2(C)	中継……………………8.1.1.2(C)/17.05	聴講……………………………4.2.1.1(C)
知人……………………2.2.1.1(B)/3.2.1.1(B)	中継する………………………8.1.3.1(C)	彫刻……………………5.3.1.2(B)/6.1.1.2(B)
地図………1.4.1.1(A)/4.6.1.1(A)/15.1.1.1(A)/	中古……………………2.5.1.2(B)/2.8.1.2(B)	調査……………4.6.1.2(B)/8.1.1.2(B)/13.4.1.2(B)/
15.2.1.1(A)	忠告……………………3.6.1.2(A)/4.6.1.2(B)	15.5.1.2(B)/16.2.1.2(B)/16.3.1.2(B)
知性……………………………14.1.1.2(C)	忠告する………2.15.8.1(B)/3.6.4.1(B)/4.6.6.1(B)	調査する……4.2.7.1(B)/4.6.2.1(B)/13.4.6.1(B)/
地層……………………………15.2.1.1(B)	中古車…………………………2.3.1.1(B)	15.5.3.1(B)/16.2.2.1(B)/16.3.2.1(B)
地帯……………………………15.2.1.2(C)	中止……………2.11.1.2(B)/11.5.1.2(B)/17.05	調子……………………1.5.1.2(B)/5.1.1.2(B)
父………………………2.12.1.1(B)/3.1.1.1(B)	中止する……1.5.8.1(B)/2.11.7.1(B)/11.5.3.1(B)/	長寿……………………………12.3.1.2(C)
乳……………………14.1.1.1(B)/14.4.1.1(C)	17.05	徴収……………………………10.8.1.2(C)
父親……………2.11.1.1(B)/2.12.1.1(B)/3.1.1.1(B)	忠実……………………………3.3.6.2(C)	聴衆……………………5.1.1.1(C)/8.1.1.2(C)
縮む……………1.3.5.1(B)/2.6.4.1(B)/15.5.2.1(B)	注射……………………14.2.1.1(A)/14.2.1.2(A)	徴収する………………………10.8.2.1(C)
縮める……………………1.7.9.1(B)/11.1.3.1(B)	駐車場…………………………2.3.1.1(A)	長所……………………3.3.1.2(B)/17.10
縮れる…………………………1.3.5.1(B)	注射する………………2.12.3.1(A)/14.2.4.1(A)	長女……………………2.12.1.1(B)/3.1.1.1(B)
ちっとも………………………17.14	駐車する………………………2.3.5.1(A)	頂上……………………………15.2.1.2(B)
知的……………………3.3.7.2(C)/5.13.9.2(C)	抽出……………………4.6.1.2(C)/16.3.1.2(C)	朝食……………………………1.4.1.1(B)
地点……………………………17.03	抽出する………………4.6.3.1(C)/16.3.3.1(C)	聴診器…………………………14.2.1.1(C)
知能……………………………14.1.1.2(B)	中旬……………………………17.06	調整……………………………10.8.1.2(C)
地表……………………………15.2.1.2(C)	中傷……………………………12.2.1.2(C)	調整する………………2.5.3.1(C)/10.8.2.1(C)
乳房……………………………2.12.1.1(C)	抽象画…………………………5.2.1.1(C)	ちょうだいする………3.8.2.1(C)/4.6.6.1(C)
地方……………1.10.1.1(C)/10.8.1.2(C)/13.4.1.2(B)	中傷する………………3.4.5.1(C)/12.2.2.1(C)	長短……………………………17.04/17.10
痴呆……………………12.3.1.2(C)/12.4.1.2(C)	昼食……………………………1.1.1.1(B)	町長……………………………11.6.1.2(C)
地名……………………………17.01	中心……………………………17.03	朝廷……………………………7.1.1.2(C)
茶………1.3.1.2(B)/1.3.6.2(B)/5.2.1.2(B)/5.2.8.2(B)/	中枢……………………………17.03	調停……………………………10.7.1.2(C)
5.6.1.2(B)/11.7.1.1(B)/14.5.1.1(B)	中世……………………1.8.1.2(B)/7.1.1.2(B)	頂点……………………………17.03
茶色……………1.3.1.2(A)/5.2.1.2(A)/5.2.8.2(A)	中性……………………………16.2.1.2(C)	ちょうど………………1.3.4.2(A)/17.14
茶色い…………………1.3.6.2(A)/5.2.8.2(A)	中断……………………11.5.1.2(C)/17.05	長男……………………2.12.1.1(B)/3.1.1.1(B)
着………………1.3.7(A)/1.5.12(B)/5.11.4(B)/5.12.6(B)	中断する………………………11.5.3.1(C)	重複……………………………17.02/17.04
着手……………………………17.05	中途……………………………17.05	長編……………………………1.8.1.2(C)
着色する………1.3.4.1(C)/5.11.2.1(C)/11.4.2.1(C)	中等……………………………4.1.1.2(C)	長方形…………………………16.1.1.2(C)
着席する………………4.1.4.1(B)/4.2.4.1(B)	中毒……………………………1.2.1.2(B)	重宝する………………………2.5.2.1(C)
着地する………………………1.5.2.1(C)	中年……………………………14.1.1.2(B)	調味料…………………………1.1.1.1(B)

索　引

丁目 …………………………… 2.1.6(B)
調理 …………………………… 1.1.1.2(B)
調理する ……………………… 1.1.3.1(B)
鳥類 …………………………… 14.4.1.1(C)
調和 …………………………… 5.7.1.2(C)
調和する ……………………… 5.1.2.1(C)
チョーク ……………………… 4.1.1.1(B)
貯金 …………………… 10.1.1.2(B)/10.6.1.2(B)
貯金する ……………………… 10.1.5.1(B)
直後 …………………………… 17.06
直接 …………………… 10.8.1.2(C)/17.07
直接選挙 ……………………… 13.4.1.2(B)
直線 …………… 1.3.1.2(B)/16.1.1.2(B)/17.03
直前 …………………………… 17.06
ちょくちょく ………………… 17.06
直通 …………………………… 2.3.1.2(B)
直面 …………………………… 17.03
直流 …………………………… 16.2.1.2(C)
著作 …………………………… 1.8.1.2(C)
著者 …………………………… 1.8.1.2(C)
著書 …………………………… 1.8.1.2(C)
貯蔵 …………………… 1.2.1.2(C)/15.3.1.2(C)
貯蔵する ……………………… 15.3.5.1(C)
貯蓄 …………………… 10.1.1.2(C)/10.6.1.2(C)
貯蓄する ……………………… 10.1.5.1(C)
直角 …………………………… 16.1.1.2(B)
直径 …………………… 16.1.1.2(B)/17.04
ちょっと ………………… 17.04/17.06/17.14
著名 …………………………… 1.8.2.2(B)
散らかす ……………………… 2.12.6.1(B)
散らし ………………………… 5.2.1.2(C)
散らす ………………………… 1.1.3.1(B)
ちらっと ……………………… 17.04
塵 ……………… 2.6.1.1(C)/14.2.1.2(C)/15.5.1.1(C)
地理 …………… 4.1.1.1(B)/4.6.1.1(B)/16.3.1.2(B)
ちり紙 ………………………… 2.4.1.1(B)
塵取り ………………………… 2.4.1.1(C)
治療 …………… 2.15.1.2(B)/2.16.1.2(B)/14.2.1.2(B)
治療する ……………………… 14.2.4.1(B)
散る …………………………… 14.5.2.1(B)
賃金 …………………… 10.2.1.2(C)/10.3.1.2(C)
賃貸 …………………………… 1.6.1.2(C)
沈殿 …………………………… 16.2.1.2(C)
沈殿する ……………………… 15.2.4.1(C)/16.2.3.1(C)
沈没 …………………… 12.1.1.2(C)/13.6.1.2(C)
沈没する ……………… 2.3.9.1(C)/12.1.7.1(C)/13.6.4.1(C)
賃料 …………………………… 1.6.1.2(C)
陳列 …………………………… 10.1.1.1(C)

つ

ツアー ………………… 1.4.1.2(C)/5.1.1.2(C)
対 ……………………………… 17.09
つい …………………………… 17.16

追加 …………………………… 17.04
追加する ……………………… 1.1.4.1(B)
追及する ……………………… 12.1.3.1(C)
追求する ……………………… 10.4.3.1(B)
追跡 …………………………… 8.1.1.2(C)
追跡する ……………………… 12.1.3.1(C)
一日 …………………………… 17.06
ついで ………………………… 17.06
追悼 …………………………… 6.1.1.2(C)
ついに ………………………… 17.06
追放する ……………………… 6.2.3.1(C)
墜落 …………………………… 12.1.1.2(B)
墜落する ……………… 2.3.9.1(B)/12.1.7.1(B)
通 ……………………… 9.1.6(B)/9.2.6(B)
痛 ……………………………… 14.3.8(C)
通貨 …………………………… 10.7.1.2(C)
通過 …………………………… 10.3.1.2(C)
通学する ……… 2.3.2.1(B)/2.4.4.1(B)/4.1.3.1(B)/
　　　　　　　　4.2.3.1(B)
通過する ……………………… 10.3.3.1(B)
通勤 …………………………… 10.1.2.2(B)
通勤する ……………… 2.3.2.1(B)/10.2.2.1(B)
通勤手当 ……………………… 10.2.1.2(B)
通行 …………………………… 10.8.1.2(C)
通行する ……………………… 2.3.4.1(B)
通告する ……………………… 12.1.5.1(C)
通産省 ………………………… 11.6.1.2(C)
通常 …………………… 17.06/17.10
通常国会 ……………………… 13.1.1.2(B)
通じる ………… 1.7.6.1(B)/1.7.7.1(B)/1.7.9.1(B)/
　　　　　　　　2.3.4.1(B)
通知する ……………………… 2.11.8.1(B)
通知表 ………………………… 4.1.1.1(B)
通帳 …………………………… 10.1.1.1(A)
通訳 …………………………… 1.4.1.1(B)
通訳する ……………………… 1.4.4.1(B)
通用する ……………… 1.7.9.1(B)/10.7.3.1(B)
杖 ……………………………… 14.2.1.1(B)
使い道 ………………… 10.1.1.2(C)/10.8.1.2(C)
使う ……………… 1.1.3.1(A)/2.5.2.1(A)/2.6.5.1(A)/
　　　　　　　　5.5.3.1(A)/10.1.3.1(A)/10.2.3.1(A)/11.6.2.1(A)
使える ………… 1.7.6.1(B)/2.5.2.1(B)/2.5.3.1(B)/
　　　　　　　　10.7.3.1(B)
つかの間 ……………………… 17.06
捕まえる ……… 12.1.4.1(B)/14.4.3.1(B)/14.4.5.1(B)
掴む …………… 1.5.2.1(B)/2.3.6.1(B)/10.4.2.1(B)/
　　　　　　　　14.1.3.1(B)
疲れ …………… 1.4.1.2(B)/1.5.1.2(B)/14.2.1.2(B)
疲れる ………………………… 14.2.2.1(A)
月 ……………………… 15.5.1.1(A)/17.06
次 ……………………… 17.05/17.06
付き合い ……………… 2.10.1.2(B)/3.6.1.2(B)
付き合う ……………………… 2.10.4.1(B)
突き当り ……………………… 2.3.1.1(B)

突き当る ……………… 2.14.3.1(B)/2.15.7.1(B)
次々 …………………………… 17.05
月並み ………………… 2.7.5.2(C)/17.10
月日 …………………………… 17.06
継ぎ目 ………………………… 17.03
月夜 …………………………… 5.2.1.1(C)
尽きる ………… 15.4.2.1(C)/17.02/17.05
着く …………… 1.4.3.1(A)/4.1.4.1(A)/4.2.4.1(A)/
　　　　　　　　9.1.2.1(A)/9.1.5.1(A)
突く …………………… 1.5.2.1(B)/14.1.3.1(B)
付く …………………………… 2.6.3.1(A)
就く …………………… 10.2.2.1(C)/10.2.3.1(C)
つぐ …………………… 1.1.3.1(B)/1.2.2.1(B)
継ぐ …………… 1.10.2.1(B)/3.1.4.1(B)/3.7.5.1(B)/
　　　　　　　　5.6.2.1(B)/17.05
接ぐ …………………… 14.2.4.1(C)/14.5.3.1(C)
次ぐ …………………………… 17.05
机 ……………… 1.6.1.1(A)/4.1.1.1(A)/5.3.1.1(A)/5.10.1.1(A)
尽くす ………………… 2.11.10.1(C)/17.05
つくづく ……………………… 17.14
償い …………… 3.7.1.2(C)/13.2.1.2(C)/13.6.1.2(C)
償う …………………… 3.7.6.1(C)/6.1.3.1(C)
作り出す ……………… 4.6.3.1(C)/16.3.3.1(C)
作る …………… 1.1.3.1(A)/1.2.4.1(A)/1.3.4.1(A)/
　　　　　　　　1.5.8.1(A)/5.1.4.1(A)/5.5.3.1(A)/5.10.2.1(A)/
　　　　　　　　5.11.2.1(A)/10.4.2.1(A)/11.1.2.1(A)/
　　　　　　　　11.3.2.1(A)/11.4.2.1(A)/11.4.3.1(A)/
　　　　　　　　11.4.4.1(A)/11.8.2.1(A)/13.1.2.1(A)/17.02
繕う …………………………… 1.3.5.1(C)
漬け …………………… 1.1.1.1(C)/1.2.1.1(C)
付け加える …………………… 17.04
漬物 …………………………… 1.1.1.1(C)
漬ける ………… 1.1.3.1(B)/1.2.4.1(B)/2.6.4.1(B)
付ける ………… 1.3.4.1(A)/4.3.2.1(A)/4.4.7.1(A)/
　　　　　　　　5.2.8.1(A)/5.11.2.1(A)/11.2.3.1(A)/
　　　　　　　　11.4.2.1(A)/14.2.4.1(A)/14.5.2.1(A)
点ける ………………… 2.5.2.1(A)/5.5.3.1(A)
告げる ………………… 2.10.3.1(A)/14.2.4.1(A)
つじつま ……………………… 12.1.1.2(C)
伝える ………… 1.10.2.1(B)/2.10.3.1(B)/2.10.4.1(B)/
　　　　　　　　5.6.2.1(B)/6.1.5.1(B)/7.1.2.1(B)/8.1.2.1(B)/
　　　　　　　　8.2.5.1(B)/15.3.5.1(B)/15.4.3.1(B)
伝わる ………… 1.10.2.1(B)/3.6.7.1(B)/3.8.5.1(B)/
　　　　　　　　5.6.2.1(B)/6.1.5.1(B)/6.2.4.1(B)/7.1.2.1(B)/
　　　　　　　　16.2.4.1(B)
土 ……………… 11.1.1.1(B)/11.5.1.1(B)/14.5.1.2(B)/
　　　　　　　　15.2.1.1(B)
筒 ……………………… 1.1.1.1(C)/5.3.1.1(C)
続き …………………………… 17.05
つつく ………………………… 14.1.3.1(C)
続く …………………… 3.8.5.1(A)/17.05
続ける ………… 1.5.5.1(A)/4.2.8.1(A)/14.2.4.1(A)/
　　　　　　　　17.05
突っ込む ……………… 1.5.2.1(C)/2.3.9.1(C)

— 653 —

索　引

突っつく ……………………… 14.1.3.1(C)	強まる ……………… 15.1.3.1(B)/17.12	邸宅 ……………… 1.6.1.1(C)/2.1.1.1(C)
突っ張る ……………………… 14.1.3.1(C)	強める ………………………………… 17.12	ティッシュ …………………… 10.4.1.1(A)
包み ………… 1.1.6(C)/3.8.1.1(C)/9.1.1.1(B)	辛い …………… 2.13.3.2(B)/2.15.2.2(B)/3.7.3.2(B)/	ティッシュペーパー ……………… 2.4.1.1(A)/
包む ………… 1.1.3.1(B)/2.8.4.1(B)/11.8.2.1(B)	10.1.6.2(B)/10.8.3.2(B)/14.2.2.2(B)	10.4.1.1(A)/14.3.1.1(A)
綴り ……………………… 1.7.1.2(C)/1.8.1.1(C)	〜づらい ……………………………… 17.11	停電 ……………………………… 15.3.1.2(B)
務まる ………………………… 10.2.3.1(C)	連なる ………………………………… 17.07	程度 ……………………………………… 17.14
勤め ……………………………… 10.2.1.2(B)	貫く ……………………………… 2.14.6.1(C)	ディナー ……………………… 3.8.1.1(B)
勤め先 …………… 10.2.1.2(B)/10.3.1.1(B)	釣り …………………… 5.8.1.1(A)/11.8.1.2(A)	丁寧 ……… 1.7.9.2(B)/2.3.3.2(B)/2.9.4.2(B)/
勤める ………………………… 10.2.2.1(A)	つり鐘 ……………………………… 6.1.1.1(C)	3.4.3.1(B)/3.8.3.2(B)/5.3.2.2(B)
務める ……… 8.2.2.1(B)/13.1.3.1(B)/13.7.2.1(B)	吊革 ……………………………… 2.3.1.2(C)	定年 ……………………… 10.2.1.2(B)/17.06
綱 …………………………………… 1.5.1.1(B)	吊る ……………………………… 2.16.2.1(A)	堤防 ……………………………… 11.5.1.1(C)
つながり ………………… 3.1.1.2(B)/17.07	蔓 ………………………………… 5.6.1.1(C)	定理 ……………………………… 16.2.1.2(C)
つながる …… 2.3.4.1(C)/5.13.5.1(C)/9.1.4.1(B)/	吊るす ……………………………… 2.6.4.1(B)	出入り口 …………… 1.6.1.1(C)/3.8.1.2(B)
9.2.3.1(B)/16.3.6.1(B)/17.07	連れ ……………………………… 3.2.1.2(C)	停留所 …… 1.4.1.1(C)/2.1.1.1(C)/2.3.1.1(C)/
つなぐ ……… 5.10.2.1(B)/9.1.4.1(B)/9.2.3.1(B)/		2.8.1.2(C)
14.2.4.1(B)/16.3.6.1(B)/17.05/17.07	**て**	手入れ …………… 11.7.1.2(C)/14.5.1.2(B)
つなげる …… 5.10.2.1(B)/5.13.5.1(C)/9.1.4.1(B)/	手 …………… 2.12.1.1(A)/3.5.1.1(A)/14.1.1.1(A)/	ディレクター …… 1.3.1.1(C)/5.5.1.1(C)/
9.2.3.1(B)/14.2.4.1(B)/16.3.6.1(B)/17.07	14.4.1.1(A)	8.1.1.1(C)/8.2.1.1(C)
津波 …………………… 15.2.1.1(B)/15.3.1.2(B)	出会い …… 1.9.1.2(B)/2.10.1.2(B)/2.11.1.2(B)	手入れする ………… 2.5.3.1(B)/14.5.3.1(B)
常に ……………………………………… 17.06	出会う ……………… 1.4.3.1(B)/2.11.2.1(B)	データ ………………… 4.6.1.2(B)/16.3.1.2(B)
つねる ………………… 3.7.4.1(C)/14.1.3.1(C)	手足 ……………………………… 2.12.1.1(B)	デート ………………………… 2.10.1.2(B)
角 ………………………………… 14.4.1.1(C)	手当 ……… 10.2.1.2(B)/10.3.1.2(B)/12.3.1.2(B)/	テープ ………………… 5.1.1.1(B)/5.10.1.1(A)
募る ……………………………… 10.3.2.1(B)	12.4.1.2(B)	テーブル …………… 1.6.1.1(B)/5.10.1.1(A)
つば ……………………………… 14.1.1.1(C)	手当て ………………………… 14.2.1.2(B)	テープレコーダー ……… 2.5.1.1(B)/5.1.1.1(B)
翼 ………………………………… 14.4.1.1(C)	手当てする …………………… 14.2.4.1(B)	テーマ …………… 5.2.1.2(A)/5.5.1.2(A)/17.01
粒 ………………………………… 1.1.3.2(B)	手洗い ………………………… 14.3.1.2(B)	テール ……………………………… 11.2.1.1(C)
つぶす …………………… 1.1.3.1(B)/17.02	低 ………………………………………… 17.04	手遅れ …………………… 2.9.1.2(C)/14.2.4.2(C)
つぶやく ……………………… 6.1.3.1(B)	提案 ……………………………………… 17.02	でかい ……………………………………… 17.04
つぶれる ……………………… 10.4.2.1(B)	定員 ……………………………… 2.3.1.2(B)	手掛かり ……………………… 7.1.1.2(B)
坪 ………………………………… 1.6.5(C)	低温 …………………… 14.5.1.1(B)/16.2.1.2(B)	手掛ける ……………………… 10.4.2.1(B)
壺 ……………………… 1.1.1.1(B)/5.3.1.1(B)	低下 ……………………………… 15.1.1.2(B)	出かける ……………………… 2.4.5.1(B)
〜っぽい ……………………………… 17.09	低下する ……………………… 15.1.3.1(B)	手数 ………………………………… 1.5.1.2(B)
つぼみ ………………………… 14.5.1.1(B)	定期 ……… 2.3.1.1(B)/4.1.1.2(C)/4.4.1.1(C)/17.06	手紙 …………… 1.4.1.1(A)/3.8.1.1(A)/9.1.1.1(A)
妻 …………………… 2.11.1.2(A)/3.1.1.1(B)	定義 …………………… 16.2.1.2(B)/17.01	手軽 ……… 9.2.2.2(B)/15.3.3.2(B)/16.3.5.2(B)/17.11
つまずく …… 1.5.11.1(C)/4.1.4.1(C)/4.2.4.1(C)	定期券 ……………………………… 2.3.1.1(B)	敵 ………… 1.5.1.2(B)/2.10.1.2(B)/3.2.1.2(B)/
つまむ ……………………… 1.2.2.1(B)/14.1.3.1(B)	定休日 …………………………… 10.1.1.2(B)	5.13.1.1(B)/13.6.1.2(B)
つまらない …………… 1.4.2.2(B)/1.8.2.2(B)/	提携 ……………………………… 10.4.1.2(B)	的 ………………………………… 17.01/17.09
2.7.5.2(B)/4.1.4.2(B)/17.10	抵抗 ……………………… 13.3.1.2(B)/16.2.1.2(B)	できあがり ……………………………… 17.02
つまり …………………………………… 17.06	抵抗する ……………… 2.12.6.1(B)/13.3.2.1(B)	できあがる ………… 1.1.3.1(B)/1.6.3.1(B)/17.02
詰まる ……………………… 2.6.3.1(B)/14.1.3.1(B)	定刻 ……………………………………… 17.06	適応 ……………………………………… 17.09
罪 ……………… 6.1.1.2(B)/12.1.1.2(B)/13.2.1.2(B)	帝国 ……………………………… 7.1.1.2(C)	適応する ……………………… 14.1.5.1(B)
積む …………………… 4.2.7.1(B)/11.5.2.1(B)/17.04	停止 ……………………………………… 17.05	テキスト ………………… 1.8.1.1(B)/4.1.1.1(A)
摘む ……… 11.7.2.1(C)/14.3.1.1(C)/14.5.3.1(C)	提示 ……………………………………… 17.02	適性 ……………………………… 10.2.1.2(C)
爪 ……………………… 14.1.1.1(B)/14.4.1.1(B)	停止する ……………………… 2.16.2.1(B)	適切 ……………………… 4.6.2.2(B)/4.6.4.2(B)
冷たい ……… 1.1.3.2(A)/1.2.4.2(A)/3.3.5.2(A)	停車する ……………………… 2.3.5.1(B)	的中する ……………………… 5.12.2.1(B)
詰める ……… 2.8.4.1(B)/5.11.2.1(B)/11.8.2.1(B)	亭主 ……………………………… 5.6.1.2(B)	適度 ……………………………………… 17.14
積もる …………… 15.1.3.1(B)/15.2.2.1(B)/17.04	提出 ……………………………… 2.9.1.2(B)	適当 ……… 3.3.6.2(B)/4.6.2.2(B)/4.6.4.2(B)/17.14
艶 …………………… 1.3.1.2(B)/14.3.1.2(B)	提出する …… 1.8.3.1(B)/2.9.4.1(B)/2.11.7.1(B)/	摘発する ……………………… 12.1.4.1(C)
通夜 ……………………… 2.16.1.1(C)/3.8.1.2(C)	2.12.2.1(B)/4.4.5.1(B)/13.1.4.1(B)/13.7.2.1(B)	できもの ……………………… 14.2.1.1(B)
梅雨 ……………………… 1.9.1.2(B)/15.1.1.2(B)	定食 ……………………………… 1.1.1.1(B)	適用する ……………………… 13.2.4.1(B)
強い ……… 1.2.3.1(A)/1.2.4.2(A)/1.5.4.2(A)/	ディスプレー ………………… 5.2.1.1(B)	適量 ……………………………… 1.1.1.2(B)
1.5.6.2(A)/3.3.8.2(A)/5.1.2.2(A)/5.2.6.2(A)/	停滞 ……………………… 10.6.1.2(C)/17.05	できる ………… 1.1.3.1(A)/1.6.3.1(A)/1.9.7.1(A)/
5.7.5.2(A)/14.3.6.2(A)/17.12	停滞する …………… 10.6.2.1(C)/13.7.2.1(C)	5.10.2.1(A)/5.11.2.1(A)/11.5.2.1(A)/17.02
強気 ……………………… 3.3.5.2(B)/4.4.1.2(B)		できるだけ …………………………… 17.14

— 654 —

索　引

できれば……………………17.14	テニス……………1.5.1.1(A)/5.8.1.1(A)	11.6.1.2(A)/15.3.1.2(A)
手際………………………1.1.1.2(C)	テニスコート……1.5.1.1(B)/2.1.1.1(B)	伝記……………1.8.1.2(C)/7.1.1.2(C)
手口………………………12.1.1.2(C)	てのひら…………………14.1.1.1(B)	電球……………1.6.1.1(B)/5.5.1.1(B)
出口………………1.6.1.1(A)/2.3.1.1(A)	では…………………………17.20	転居………………………2.8.1.2(C)
出口調査…………………13.4.1.2(C)	デパート……2.1.1.1(A)/2.10.1.1(A)/10.1.1.1(A)	転居する…………………2.8.2.1(C)
手首………………14.1.1.1(B)/14.4.1.1(B)	手配………………………1.4.1.2(C)	転居届け…………………2.8.1.1(B)
デコレーションする……………1.1.3.1(C)	手配する…………1.4.2.1(C)/2.7.4.1(C)	天気予報…………1.4.1.2(C)/15.1.1.2(B)
手ごろ……1.1.4.2(B)/1.4.6.2(B)/2.5.2.2(B)/	手はず………………………17.05	転勤……………2.8.1.2(C)/10.2.1.2(B)
5.10.3.1(B)/10.1.2.2(B)/17.14	ではまた……………………17.20	転勤する…………10.2.2.1(C)/10.2.3.1(C)
デザート…………………1.1.1.1(A)	手引き……………………2.5.1.1(C)	典型………………………17.01
デザイナー………1.3.1.1(B)/5.3.1.1(B)	デビュー…5.1.1.2(B)/5.5.1.2(B)/8.2.1.2(B)	電源………………………9.1.1.1(B)
デザイン……1.3.1.2(B)/1.6.1.2(B)/1.8.1.2(B)/	デビューする……5.1.4.1(B)/5.5.4.1(B)/	点検する…………………2.5.3.1(B)
5.2.1.1(B)/11.2.1.2(B)	8.2.4.1(B)	天候……………1.4.1.2(C)/6.2.1.2(B)
弟子……1.5.1.1(B)/4.6.1.2(B)/5.2.1.1(B)/	手袋……………1.3.1.1(B)/5.11.1.1(B)	天国……………2.16.1.2(B)/6.1.1.2(B)
5.6.1.1(B)/5.7.1.1(B)	手本………………4.5.1.2(B)/17.01	伝言………………………9.1.1.2(B)
デジタル…5.4.1.1(B)/8.1.1.2(B)/9.1.1.1(B)/	手間……………2.6.1.2(C)/11.1.1.2(B)	伝言する…………………9.1.3.1(B)
9.2.1.2(B)/16.3.1.2(B)	手前………………3.6.1.2(C)/17.03	天災………………………15.3.1.2(C)
手品………………………5.8.1.1(B)	出回る……………………1.2.4.1(B)	天使………………………5.2.1.1(B)
手順………………4.6.1.2(B)/17.05	出迎え……………………13.5.1.2(B)	展示………………………10.1.1.1(C)
手数料……………………10.1.1.2(B)	出迎える…………………1.4.4.1(B)	電子………………………16.2.1.2(C)
デスク……………………8.1.1.1(C)	手持ち……………………5.4.1.1(C)	電磁………………………16.2.1.2(C)
テスト……4.1.1.1(A)/4.3.1.1(A)/4.4.1.1(A)/	デモンストレーション……4.2.1.1(C)/	電磁波……………………15.5.1.1(C)
10.3.1.2(A)	13.3.1.2(C)	電車……1.4.1.1(A)/2.3.1.1(A)/4.2.1.1(A)
手摺………………………1.6.1.1(C)	寺……1.4.1.1(A)/2.1.1.1(A)/2.11.1.1(A)/	天井………………………1.6.1.1(C)
手助け……………………2.12.1.2(B)	3.8.1.1(A)/6.1.1.1(A)/6.2.1.1(A)/7.1.1.1(A)	伝承………………………6.2.1.2(C)
手助けする…………2.10.5.1(B)/2.12.7.1(B)	照らす……………………15.5.2.1(B)	添乗員……………………1.4.1.1(C)
でたらめ…………8.1.2.2(C)/8.2.5.2(C)	照る………………15.1.3.1(B)/15.5.2.1(B)	転職………………………10.2.1.2(B)
手近………………………17.04	出る……1.3.3.1(A)/1.4.3.1(A)/1.4.5.1(A)/	転職する…………………10.2.3.1(B)
手帳………………………4.1.1.1(B)	1.4.7.1(A)/1.5.2.1(A)/1.5.8.1(A)/1.9.4.1(A)/	転じる………………………17.13
鉄……1.6.1.1(A)/11.1.1.1(B)/11.3.1.1(B)/	2.2.2.1(A)/2.7.3.1(A)/4.1.2.1(A)/4.1.3.1(A)/	点数……………1.5.1.2(B)/4.3.1.2(B)/4.4.1.2(B)
11.5.1.1(B)/16.2.1.2(B)	4.2.2.1(A)/4.2.3.1(A)/4.7.1.1(A)/5.5.3.1(A)/8.1.3.1(A)/	転ずる………………………17.13
哲学……4.6.1.1(B)/10.4.1.2(B)/16.3.1.2(B)	8.2.2.1(A)/9.1.3.1(A)/12.1.7.1(A)/13.4.2.1(A)/	伝説……………1.8.1.2(B)/6.2.1.2(B)/7.1.1.2(B)
鉄橋………………………2.3.1.1(C)	14.5.2.1/15.1.3.1(A)	点線………………………17.03
てっきり……………………17.15	テレックス………2.5.1.1(C)/9.1.1.1(C)	電線………………………11.6.1.1(B)
鉄筋………………………11.5.1.1(C)	テレビ……1.3.1.1(A)/2.5.1.1(A)/2.8.1.1(A)/	伝染する…………………14.2.2.1(B)
手作り……………………1.2.1.2(B)	4.1.1.1(A)/8.1.1.1(A)/10.4.1.1(A)/11.2.1.2(A)	転送………………………9.1.1.2(B)
鉄鋼……………11.1.1.1(C)/11.3.1.1(C)	テロ………………………15.3.1.2(C)	転送する……9.1.4.1(B)/9.2.3.1(B)/16.3.6.1(B)
デッサン…………………5.2.1.1(B)	手分け……………………12.1.1.2(C)	天体………………………15.5.1.1(C)
手伝い……………………2.6.1.2(B)	点……1.5.1.2(A)/1.5.12.1(A)/4.3.1.2(A)/4.3.4(A)/	電卓………………………11.4.1.1(B)
手伝う……2.6.2.1(A)/2.8.4.1(A)/12.4.2.1(A)	4.4.1.2(A)/4.4.12(A)/17.03	伝達………………………15.3.1.2(C)
手続き……………1.4.1.2(B)/2.8.1.2(B)/2.9.1.2(B)	天………………2.16.1.2(C)/6.1.1.2(C)	伝達する…………………15.3.5.1(C)
手続きする………………1.4.2.1(B)	展………5.2.1.1(B)/5.3.1.1(B)/5.4.1.1(B)	電池………………………2.5.1.1(A)
徹底…………………………17.14	店………………………10.1.1.1(B)	電柱………………………11.6.1.1(B)
鉄道……1.4.1.2(B)/2.3.1.1(B)/4.2.1.1(B)/	伝………………………7.1.1.2(C)	店長………………………3.6.1.1(B)
5.4.1.1(B)	転移………………………2.16.1.1(C)	てんで………………………17.14
撤廃する…………………12.2.3.1(C)	電位………………………11.6.1.1(C)	点々…………………………17.03
てっぺん……………………15.2.1.2(B)	店員………………………10.2.1.1(C)	転々…………………………17.13
鉄棒………………………1.5.1.1(B)	田園………………2.1.1.2(C)/15.2.1.1(C)	テント……………1.4.1.1(B)/15.3.1.1(B)
鉄砲……5.13.1.1(B)/7.1.1.1(B)/12.1.1.1(B)/	電荷………………………16.2.1.2(C)	伝統……1.1.2.2(B)/1.3.1.2(B)/1.6.3.2(B)/
13.6.1.2(B)	添加物……………1.1.3.2(C)/1.2.1.1(C)	1.9.2.2(B)/1.10.1.2(B)/1.10.2.2(B)/3.8.1.2(B)/
徹夜……2.4.1.2(B)/4.4.1.2(B)/5.13.1.2(B)/	転換………………………7.1.1.2(C)	3.8.5.2(B)/4.2.11.2(B)/5.3.4.2(B)/5.6.1.2(B)/
14.3.1.2(B)	転換する…………………7.1.2.1(C)	5.6.2.2(B)/6.1.1.2(B)/11.4.4.2(B)
徹夜する………………4.4.5.1(B)/5.13.8.1(B)	天気………………6.2.1.2(A)/15.1.1.2(A)	電灯……………1.6.1.1(B)/2.5.1.1(B)/5.5.1.1(B)/
出直し選挙………………13.4.1.2(C)	電気………1.6.1.1(A)/5.5.1.1(A)/11.2.1.1(A)/	11.6.1.1(B)

索　引

伝導 …………………… 16.2.1.2(C)	登記 …………………………… 1.6.1.2(C)	逃走 …………………………… 12.1.1.2(C)
伝道 ……………………… 6.1.1.2(C)	同期 …………………………… 3.6.1.1(C)	闘争 …………………………… 10.2.1.2(C)
転任 …………………… 10.2.1.2(C)	銅器 …………………………… 7.1.1.1(C)	逃走する …………………… 12.1.3.1(C)
転任する ………………… 10.2.3.1(C)	動機 ………………………… 17.06/17.08	統率する ………… 1.5.6.1(C)/13.3.2.1(C)
天然 …………………… 11.6.3.2(B)/11.8.3.2(B)	同義 …………………………… 1.7.1.2(C)	どうぞよろしく ……………………… 17.20
天皇 …………………… 7.1.1.1(B)/13.1.1.2(B)	等級 ……………………………………… 17.01	灯台 …………………………… 11.8.1.1(B)
電波 …………… 8.1.1.2(B)/9.1.1.1(B)/16.2.1.2(B)	闘牛 …………………………… 1.4.1.1(C)	導体 …………………………… 16.2.1.2(C)
テンポ …………………… 5.1.1.2(B)/17.04	同級 …………………………… 3.2.1.1(B)	到達する ……………………… 2.14.6.1(C)
電報 ……………………………… 9.1.1.1(C)	同級生 ……… 2.10.1.1(B)/2.11.1.1(B)/4.1.1.2(B)	統治 …………………… 7.1.1.2(C)/13.1.1.2(C)
天文 …………………… 15.5.1.2(C)	同居 ………… 2.8.1.2(B)/2.11.1.2(B)/3.1.1.2(B)	統治する ………………… 7.1.2.1(C)/13.5.3.1(C)
伝来する ……………………… 7.1.2.1(C)	同居する ……………………… 3.1.3.1(B)	到着する …………………………… 1.4.3.1(B)
転落 …………………… 12.1.1.2(C)	道具 ………… 1.1.1.1(B)/1.5.1.1(B)/2.6.1.1(B)/	同調 ………………………… 13.5.1.2(C)
転落する ……………………… 12.1.7.1(C)	5.3.1.1(B)/5.6.1.1(B)	同調する ………………………… 13.5.5.1(C)
展覧会 ……… 5.2.1.1(B)/5.3.1.1(B)/5.7.1.1(B)	峠 ……………………………… 15.2.1.1(C)	動的 ………………………………… 17.13
電流 …………………… 11.4.1.2(B)/16.2.1.2(B)	統計 …………………………… 16.1.1.2(B)	とうとう ……………………………… 17.06
電力 …………………… 11.6.1.2(B)	投稿 ……………………………… 4.6.1.2(C)	同等 ………………………………… 17.09
電話 ………………… 2.5.1.1(A)/9.1.1.1(A)	統合 …………………………… 10.4.1.2(C)	道徳 …………………… 3.8.1.2(B)/4.1.1.1(B)
	登校拒否 ……………… 4.1.1.2(B)/4.2.1.2(B)	尊ぶ ……………………………… 3.4.3.1(C)
と	登校する ……………… 4.1.3.1(B)/4.2.3.1(B)	盗難 …………………………… 12.1.1.2(B)
	投稿する ……………………… 4.6.6.1(C)	どうにか ……………………………… 17.11
戸 ………………………………… 1.6.1.1(B)	統合する ……………… 10.4.2.1(C)/10.7.3.1(C)	導入 …………………………… 10.8.1.2(C)
度 ……………………… 1.2.7(B)/15.1.5(B)	同行する ……………………… 1.4.4.1(B)	導入する …………………… 10.8.2.1(C)
土 …………… 11.1.1.1(C)/15.2.1.1(C)/17.06	動作 ………………………………… 1.5.1.2(B)	糖尿 …………………… 14.2.1.1(C)/14.3.1.2(C)
ドア …………………………… 1.6.1.1(A)	搭載 …………………………… 11.2.1.2(C)	当人 …………………………… 2.11.1.2(C)
問い …………………… 4.4.1.2(B)/16.1.1.2(B)	東西 ……………………… 2.1.1.2(B)/17.03	当番 …………………………… 4.1.1.2(B)
トイレ …… 1.4.1.1(A)/1.6.1.1(A)/4.1.1.1(A)/	搭載する ……………… 2.3.5.1(C)/11.2.3.1(C)	投票 …………………………… 13.4.1.2(B)
4.2.1.1(A)/15.3.1.1(A)	倒産 …………………………… 10.4.1.2(C)	投票する ……………………… 13.4.5.1(B)
糖 …………… 1.1.1.1(C)/1.2.1.1(C)/14.1.1.1(C)	倒産する ……………………… 10.4.2.1(B)	頭部 …………………………… 14.4.1.1(C)
塔 …………… 1.4.1.1(B)/2.1.1.1(B)/5.13.1.1(B)	投資 …………………… 10.4.1.2(C)/10.5.1.2(C)	動物 …………………… 5.4.1.1(A)/14.4.1.1(A)
頭 ……………………… 11.7.7(B)/14.4.6(B)	当時 …………………………… 2.13.1.1(C)	動物園 …………… 2.1.1.1(B)/2.10.1.1(B)/14.4.1.1(B)
党 ………… 13.1.1.2(B)/13.1.7(B)/13.4.1.2(B)/13.4.7(B)	動詞 …………………………… 1.7.1.2(B)	等分 …………………………… 16.1.1.2(C)
銅 …………… 1.5.1.2(B)/5.7.1.1(B)/11.1.1.1(C)/	同士・同志 …………………… 3.2.1.2(B)	逃亡 …………………………… 12.1.1.2(C)
11.3.1.1(C)/16.2.1.2(B)	同時 ………………………………… 17.06	逃亡する ……………………… 12.1.3.1(C)
道 ………… 2.3.1.1(B)/2.3.11(B)/5.6.7(B)/11.5.1.1(B)	投資する ……………………… 10.5.2.1(C)	冬眠 …………………………… 14.4.1.2(C)
堂 …………………………… 6.2.1.1(C)	当日 ………………………………… 17.06	冬眠する ……………………… 14.4.2.1(C)
胴 ……………………… 14.1.1.1(C)/14.4.1.1(C)	どうして …………………………… 17.18	透明 ……… 1.3.1.2(B)/1.3.6.2(B)/5.2.1.2(B)/
洞 …………………………… 15.2.1.1(C)	どうしても ………………………… 17.14	5.2.8.2(B)/14.3.1.2(B)/15.2.4.2(B)
同 ……………………………………… 17.09	投手 ……………………………… 1.5.1.1(C)	同盟 ………………………… 13.5.1.2(C)
答案 ……………………………… 4.4.1.1(C)	同種 ………………………………… 11.8.1.2(C)	どうも ………………………………… 17.15
同意 …………………………… 2.11.1.2(B)	投書 ……………………………… 8.1.1.2(C)	どうやら ……………………… 17.14/17.15
同意する ……………………… 2.11.5.1(B)	登場 ………………………………… 17.02	灯油 …………………… 11.1.1.1(C)/11.6.1.1(C)
どういたしまして ……………………… 17.20	道場 ………………………………… 1.5.1.1(B)	投与 …………………………… 14.2.1.2(C)
統一 …………………………… 7.1.1.2(B)	同情 ………………………………… 3.4.1.2(B)	同様 ………………………………… 17.09
同一 ………………………………… 17.09	同情する ……………… 2.15.8.1(B)/3.6.4.1(B)	童謡 …………………… 2.12.1.1(C)/5.1.1.1(C)
統一する ……………… 7.1.2.1(B)/13.5.3.1(B)	動植物 …………………………… 15.4.1.2(C)	投与する ……………………… 14.2.4.1(C)
動員 …………………………… 7.1.1.2(C)	答申 ……………………………… 4.2.1.2(C)	同僚 …………………… 2.10.1.1(C)/2.11.1.1(B)/3.2.1.1(B)
動員する ……………… 5.5.4.1(C)/7.1.2.1(C)	同人誌 …………………………… 1.8.1.1(C)	動力 …………………………… 11.1.1.2(C)
投影する ……………………… 2.15.2.1(C)	どうせ ……………………………… 17.15	道路 ………… 2.3.1.1(B)/10.8.1.2(B)/11.2.1.1(B)/
投下 …………………………… 15.3.1.2(C)	同性 …………………………… 12.2.1.2(C)	11.5.1.1(B)
同格 ………………………………… 17.09	統制する ……………………… 8.1.2.1(C)	登録 ……………………………… 2.9.1.2(B)
唐辛子 ……………………………… 1.1.1.1(B)	当選 …………………………… 13.4.1.2(B)	登録する ……………………… 2.9.2.1(B)
同感 …………………… 2.15.1.2(B)/3.6.1.2(B)	当然 ………………………………… 17.08	討論 …………………… 13.1.1.2(C)/13.7.1.2(C)
陶器 …………… 1.6.1.1(C)/5.3.1.1(B)/5.8.1.1(B)/	当選する ……………………… 13.4.4.1(B)	討論する …………………… 13.1.4.1(C)/13.7.2.1(C)
5.9.1.2(B)/11.5.1.1(B)	どうぞ ……………………………… 17.20	童話 …………………………… 1.8.1.2(C)

索　引

とお ……………………………… 17.19	独立 ……………… 2.8.1.2(B)/3.1.1.2(B)/10.4.1.2(B)/	とても ……………………………… 17.14
遠い ………… 1.4.4.2(A)/1.4.7.2(A)/1.6.2.2(A)/	13.1.1.2(B)/13.6.1.2(B)	届く ……………… 9.1.2.1(B)/9.1.4.1(B)/9.1.5.1(B)/
2.1.4.2(A)/2.14.2.2(A)/15.5.2.2(A)/17.04/	独立する ……… 3.1.2.1(B)/10.4.2.1(B)/13.1.2.1(B)	9.2.3.1(B)/16.2.4.1(B)/16.3.6.1(B)
17.06/17.07	とげ ………………………………… 14.5.1.1(B)	届け ……………… 2.8.1.1(B)/2.9.1.2(B)/2.11.1.2(B)/
十日 ………………………………… 17.06	時計 ………… 5.8.1.1(A)/5.9.1.1(A)/11.4.1.1(A)	2.12.1.1(B)
遠く …………………………… 2.1.1.2(B)/2.1.4.2(A)	溶け込む ………………………………… 16.2.3.1(C)	届け出 …………… 2.11.1.2(B)/2.12.1.1(B)/11.5.1.2(C)/
遠ざかる …………………………… 15.1.3.1(B)	溶ける ………… 1.1.3.1(B)/11.3.2.1(B)/16.2.3.1(B)	11.6.1.2(C)
ドーム ……………………………… 15.2.1.1(C)	解ける ……………………………… 3.6.8.1(B)	届ける …………… 1.1.4.1(B)/2.3.2.1(B)/2.9.2.1(B)/
通り ………………………………… 2.3.1.1(B)	遂げる ……………………………… 2.14.6.1(C)	2.11.7.1(B)/2.12.2.1(B)/8.1.4.1(B)/9.1.2.1(B)
通り過ぎる ………………………… 12.1.7.1(B)	どける ……………………………… 2.6.3.1(B)	滞る ……………… 4.2.9.1(C)/13.7.2.1(C)
通る ……… 2.3.4.1(A)/5.1.2.1(B)/10.3.3.1(A)/	どこ ………………………………… 17.03/17.18	整える …………… 2.6.3.1(B)/2.12.5.1(B)/14.3.3.1(B)
12.1.7.1(A)	渡航する ………………………………… 1.4.7.1(C)	とどまる …………………………… 17.05
トーン ……………… 1.3.1.2(B)/5.1.1.1(B)/5.2.1.2(B)	どこか ……………………………… 17.03/17.18	とどめる …………… 2.13.2.1(C)/17.05
都会 ………………………………… 2.1.1.2(B)	床の間 …………… 1.6.1.1(C)/3.8.1.2(C)	唱える …………… 6.1.3.1(B)/13.7.2.1(B)
とかく ……………………………… 17.16	床屋 ………………… 2.1.1.1(B)/14.3.1.1(B)	どなた ……………………………… 17.18
溶かす ………… 1.1.3.1(B)/11.3.2.1(B)/11.4.4.1(B)	ところ ……………………………… 17.03/17.06	隣 …………… 2.1.1.2(A)/2.8.1.2(A)/4.4.1.2(A)/17.03
尖った ……………………………… 3.3.5.2(B)	所々 ………………………………… 17.03	怒鳴る …………… 2.12.5.1(B)/4.1.5.1(B)/4.2.5.1(B)
咎める ……………… 6.1.3.1(C)/12.1.4.1(C)	登山 ………………… 1.4.1.2(B)/5.8.1.1(B)	殿 ……………………………………… 3.6.11(C)
時 ………………………… 1.7.1.2(B)/17.06	都市 ……………………………… 2.1.1.2(B)	殿様 ……………… 7.1.1.1(C)/13.1.1.2(C)
時折 ………………………………… 17.06	年 ……………… 12.2.1.2(A)/14.1.1.2(A)/17.06	飛ばす …………… 15.5.3.1(B)/17.02
時々 ………………………………… 17.06	年ごろ ……………………………… 2.10.1.2(B)	飛び込む ………… 1.5.2.1(B)/2.16.2.1(B)
どきどきする ……………………… 4.4.5.1(B)	年月 ………………………………… 17.06	飛び出す ………… 2.3.9.1(B)/12.1.7.1(B)
途切れる ……………………………… 17.05	戸締りする ………………………… 1.6.4.1(B)	土俵 ………………………………… 1.5.1.1(B)
溶く ………………………………… 1.1.3.1(B)	土砂 ………………… 15.3.1.2(C)/15.4.1.1(C)	扉 …………………………………… 1.6.1.1(A)
解く ………… 2.8.4.1(B)/3.6.8.1(B)/16.1.2.1(B)	途上 ………………………………… 17.05	飛ぶ ……………… 1.4.3.1(A)/17.02
得 …………… 5.10.3.1(B)/10.1.2.2(B)/10.4.1.2(B)	土壌 ………………… 11.7.1.2(C)/15.4.1.1(C)	どぶ ………………………………… 11.5.1.1(C)
説く …………………………… 6.1.5.1(C)	図書館 ……… 1.8.1.1(A)/2.1.1.1(A)/2.10.1.1(A)/	徒歩 ……………… 2.3.1.1(B)/2.8.1.2(B)
研ぐ ……………………………… 1.1.3.1(B)	4.1.1.1(A)/4.2.1.1(A)	土木 ………………………………… 11.5.1.2(B)
毒 …………………………………… 2.16.1.1(B)	年寄り ……… 12.3.1.2(B)/12.4.1.1(B)/14.1.1.2(B)	とぼける ………………………………… 12.1.2.1(B)
得意 ………… 1.1.3.2(B)/5.1.3.2(B)/5.2.7.2(B)/	閉じる ……………… 14.2.4.1(B)/17.05	乏しい ……………………………… 17.04
5.7.6.2(B)/5.10.4.2(B)/5.13.2.2(B)/8.2.2.2(B)	都心 ………………………………… 2.1.1.2(B)	トマト …………… 1.1.1.1(A)/11.7.1.1(A)/14.5.1.1(A)
特技 ……………… 1.5.1.2(C)/10.3.1.2(B)	度数 ………………………………… 1.2.1.2(B)	戸惑い …………… 2.14.1.2(B)/2.15.1.2(B)
独裁 ………………………………… 13.1.1.2(C)	塗装 ………………………………… 11.2.1.2(C)	泊まる ……………………………… 1.4.6.1(A)
特産 ………………………………… 1.4.1.2(C)	塗装する …………………………… 11.2.3.1(C)	止まる …………… 2.16.2.1(A)/17.05
独自 ………… 1.9.2.2(C)/1.10.3.2(C)/3.8.6.2(C)/17.10	土台 ………………………………… 1.6.1.1(C)	富む ……………… 10.6.6.1(C)/17.04
読者 ………………………………… 1.8.1.1(C)	途絶える ……………………………… 17.05	止める …………… 2.3.5.1(A)/2.10.5.1(A)
特殊 ………………………………… 17.10	戸棚 ………………… 1.6.1.1(B)/5.10.1.1(B)	留める ……………………………… 5.10.2.1(B)
特集 ………… 1.3.1.2(B)/1.8.1.2(B)/8.1.1.1(B)	途端 ………………………………… 17.06	友 ……………… 2.2.1.1(B)/3.2.1.1(B)
読書 ………………………………… 5.8.1.1(A)	土地 ………………………………… 15.2.1.2(B)	共 ………………………………………… 17.07
特色 ………………………………… 17.10	途中 ………………………………… 17.05	共稼ぎ …………… 2.12.1.2(B)/12.3.1.2(B)
読書する …………………………… 1.8.2.1(A)	どちら ……………………………… 17.03	友達 …………… 1.4.1.1(A)/2.2.1.1(A)/2.10.1.1(A)/
督促 ………………………………… 2.9.1.2(C)	特急 ………………………………… 2.3.1.1(B)	2.11.1.1(B)/3.2.1.1(A)
特徴 ……………… 1.10.1.2(B)/17.10	特許 ……………… 4.6.1.2(C)/16.3.1.2(C)	ともに ……………………………… 17.09
特長 ………………………………… 17.10	とっくに …………………………… 17.06	共働き …………… 2.6.1.2(B)/2.12.1.2(B)/12.3.1.2(B)
特定する ……………… 7.1.3.1(C)/12.1.3.1(C)	特権 ………………………………… 13.1.1.2(C)	土曜 ………………………………… 17.06
得点 ………………………………… 1.5.1.2(B)	とっさ ……………………………… 17.05	土曜日 ……………………………… 17.06
独特 ………………………………… 17.10	とっさに …………………………… 17.05	虎 ……………………………………… 14.4.1.1(B)
特に ………………………………… 17.10	突如 ………………………………… 17.06	ドライ …………… 1.2.1.1(C)/3.3.5.2(B)
特派員 ……………………………… 8.1.1.1(C)	突然 ………… 2.10.2.2(B)/2.11.2.2(B)/8.2.4.2(B)/	ドライクリーニング …… 1.3.1.1(C)/2.6.1.2(C)
特別 ………………………………… 5.9.4.2(A)	15.1.3.2(B)/17.06	ドライバー ……… 5.10.1.1(B)/10.2.1.1(B)
特別国会 …………………………… 13.1.1.2(B)	どっち ……………………………… 17.03	ドライブ ………… 1.4.1.2(B)/5.8.1.1(B)
匿名 ………………………………… 8.1.1.2(C)	突破する …………………………… 4.4.3.1(B)	ドライブイン …………………… 2.1.1.1(B)
特有 …………………………… 17.02/17.10	トップ ……………… 1.5.1.2(B)/17.05	ドライブする ……………………… 2.3.2.1(B)
特融 ………… 1.9.2.2(C)/1.10.3.2(C)/3.8.6.2(C)	土手 ………………………………… 11.5.1.1(C)	捕える …………… 12.1.4.1(B)/14.4.5.1(B)

— 657 —

索　引

トラック ……2.3.1.1(B)/5.1.1.1(C)/11.2.1.1(B)
トラブル ……1.4.1.1(B)/3.7.1.2(B)/5.13.1.2(B)/
　　　　　12.1.1.2(C)
ドラマ …………7.1.1.2(A)/8.1.1.1(A)/8.2.1.1(A)
ドラム ……………………5.1.1.1(B)/11.2.1.1(C)
トランク ………………………………11.2.1.1(B)
トランジスター ………………………2.5.1.1(C)
トランプ ………………………………5.13.1.1(B)
鳥 ………………………………………14.4.1.1(A)
とりあえず ………………………17.05/17.06
取り上げる ………2.12.2.1(B)/4.1.8.1(B)/
　　　　　13.4.6.1(B)/13.7.2.1(B)
取り扱う ………………………………2.5.2.1(C)
鳥居 ……………………………………6.1.1.1(B)
取り入れる ……………………………1.9.7.1(B)
取り組み ………………4.1.1.1(B)/15.4.1.2(B)
取り組む ………………………………15.4.3.1(B)
取り消す ……1.4.2.1(B)/9.1.5.1(B)/13.4.2.1(B)/
　　　　　17.02
取り込む ………………………………5.4.4.1(B)
取り締まる ……………………………12.1.3.1(C)
取り調べる ……………………………12.1.3.1(C)
取り立てる ……5.12.3.1(C)/10.1.6.1(C)/
　　　　　10.2.3.1(C)/10.4.3.1(C)/10.8.2.1(C)
取り次ぐ ………………………………9.1.3.1(C)
取り付ける ………1.6.3.1(B)/2.3.5.1(B)/
　　　　　2.5.2.1(B)/9.2.2.1(B)/11.4.2.1(B)/16.3.5.1(B)
鶏肉 ……………………1.1.1.1(A)/11.7.1.1(A)
取り除く ……………………………………17.02
取り外す ………………………………11.2.3.1(C)
取引 ……………………9.1.1.2(C)/10.5.1.2(C)
取引する ………………10.5.2.1(C)/10.7.3.1(C)
取り戻す ………………10.6.2.1(C)/13.6.5.1(C)
努力 ……………………1.5.1.2(B)/2.14.1.2(B)
努力する ……1.5.5.1(B)/2.12.5.1(B)/2.14.4.1(B)/
　　　　　2.15.4.1(B)/4.1.4.1(B)/4.2.4.1(B)/10.2.2.1(B)/
　　　　　15.4.3.1(B)
取り寄せる ……………………………9.1.5.1(B)
ドリル …………………………………4.1.1.1(B)
とりわけ ……………………………………17.10
取る ……1.1.5.1(B)/1.3.2.1(A)/1.5.2.1(A)/
　　　　　1.5.4.1(A)/2.12.8.1(A)/3.7.5.1(A)/4.2.6.1(A)/
　　　　　5.13.4.1(A)/5.13.7.1(A)/11.2.3.1(A)/
　　　　　11.7.2.1(A)/12.1.2.1(A)/14.3.5.1(A)
撮る ……………5.4.2.1(A)/5.5.3.1(A)/8.2.5.1(A)
とる ……………………8.1.5.1(A)/9.1.3.1(A)
獲る ……………………11.8.2.1(A)/14.4.5.1(A)
採る ……………………………………14.5.3.1(A)
どれ ……………………………………………17.18
トレースする …………………………5.2.2.1(C)
トレーニング ……1.5.1.2(B)/4.5.1.2(B)/
　　　　　12.3.1.2(B)/12.4.1.2(B)
トレーニングする ……………………4.5.2.1(B)
ドレス ……………1.3.1.1(B)/2.11.1.2(B)/5.11.1.1(B)

獲れる …………………………………11.8.2.1(B)
トレンド ………………………………10.5.1.2(C)
泥 ………………………11.1.1.1(B)/15.2.1.1(B)
とろける ………………………………1.1.3.1(C)
泥棒 ……………………1.4.1.1(B)/1.6.1.2(B)
どろぼう、すり ………………………12.1.1.2(A)
ど忘れ …………………………………4.4.1.2(C)
トン ……………11.3.4(B)/11.8.4(B)/16.1.6(B)
とんだ ………………………………………17.14
とんでもない ………………………………17.14
どんどん ……………………………………17.05
どんな ………………………………………17.18
どんなに ……………………………17.14/17.18
トンネル ………………………………2.3.1.1(A)
丼 ………………………………………1.1.1.1(B)
トンボ …………………………………14.4.1.1(A)
問屋 ……………2.1.1.1(C)/10.1.1.1(C)/10.2.1.1(C)

な

菜 ………………………………………1.1.1.1(B)
名 ……………………………2.9.1.1(B)/17.01
ない …………………………………………17.02
内 ……………………………………………17.14
内科 ……………………………………14.2.1.1(B)
内閣 ……………………7.1.1.2(C)/13.1.1.2(C)
ないし ………………………………………17.07
内緒 ……………2.10.1.2(B)/3.6.1.2(B)/8.2.1.2(B)/17.02
内線 ……………………2.5.1.1(C)/9.1.1.1(C)
内装 ……………………………………2.3.1.1(C)
内蔵 ……………………5.4.1.1(C)/9.2.5.1(C)
内臓 ……………………………………12.3.1.2(C)
ナイター ………………………………1.5.1.1(C)
ナイフ …………………1.1.1.1(A)/3.8.1.1(A)
内部 ……………………………………………17.03
内面 ……………………………………2.15.1.2(C)
内乱 ……………7.1.1.2(C)/13.3.1.2(C)/13.6.1.2(C)
内陸 ……………………………………15.2.1.1(B)
ナイロン ………………1.3.1.1(C)/11.4.1.1(C)
苗 ………………………11.7.1.1(B)/14.5.1.1(B)
なお …………………………………17.06/17.14
なおさら ……………………………………17.14
直す ……………2.5.3.1(A)/5.2.3.1(A)/11.2.3.1(C)/
　　　　　13.1.4.1(A)
治す ……………………………………14.2.4.1(A)
直る ……………………………………11.2.3.1(C)
治る ……………………………………14.2.4.1(A)
仲 ……………………………3.6.1.2(B)/17.07
中 ………………………………17.01/17.03/17.05
長〜 …………………………………………17.04
永い …………………………………………17.06
長い ……………………13.7.2.2(A)/17.04
流し ……………………………………1.6.1.1(C)
流す ……………2.16.4.1(B)/8.1.3.1(B)/11.5.2.1(B)

仲直り …………………………………3.7.1.2(B)
仲直りする ……………………………3.7.6.1(B)
なかなか ……………………………………17.14
長々 …………………………………………17.04
中庭 ……………………………………1.6.1.1(C)
半ば ………………………17.03/17.05/17.07
長引く ………………………13.7.2.1(B)/17.06
中程 ……………………………………17.03/17.05
仲間 ……………1.4.1.1(B)/1.5.1.1(B)/1.5.1.2(B)/
　　　　　3.2.1.1(B)/4.6.1.2(B)/13.6.1.2(B)/16.3.1.2(B)
眺め ……………………………………15.2.1.2(B)
眺める …………………14.5.3.1(B)/15.2.6.1(B)
中指 ……………………14.1.1.1(B)/14.4.1.1(B)
仲良し …………2.2.1.1(B)/3.1.1.2(B)/3.2.1.1(B)/
　　　　　3.6.1.2(B)
〜ながら ……………………………………17.05
流れ ……………7.1.1.2(B)/11.1.1.2(B)/11.4.1.2(B)/
　　　　　11.8.1.1(B)/15.2.1.1(B)
流れる ……………5.1.2.1(A)/14.1.3.1(A)/17.06
泣き声 …………………………………2.12.1.2(B)
鳴き声 …………………………………14.4.1.2(B)
なぎさ …………………………………15.2.1.1(C)
泣く ……………1.2.3.1(A)/2.10.6.1(A)/2.12.6.1(A)/
　　　　　3.7.3.1(A)/4.1.7.1(A)
鳴く ……………………………………14.4.3.1(A)
慰め ……………………………………2.16.1.2(B)
慰める …………………2.15.8.1(B)/3.6.4.1(B)
なくす …………1.2.3.1(A)/2.2.3.1(A)/5.12.3.1(B)/
　　　　　12.1.8.1(A)/12.2.3.1(A)/17.02
亡くす …………………………………2.16.2.1(B)
亡くなる ………2.16.2.1(B)/12.3.3.1(B)/
　　　　　13.6.4.1(B)/15.3.4.1(B)
なくなる ………………12.1.8.1(A)/15.4.2.1(A)
殴る ……………1.5.2.1(A)/3.7.4.1(B)/12.1.2.1(B)/
　　　　　14.1.3.1(B)
嘆く ……………2.15.2.1(B)/2.16.4.1(B)/3.4.2.1(B)
投げ出す ……………………………………17.02
投げる …………1.5.2.1(A)/2.12.6.1(A)/13.6.3.1(A)/
　　　　　14.1.3.1(A)
仲人 ……………………………………2.11.1.1(C)
和やか …………………………………13.7.2.2(C)
名残 ……………………………14.1.1.2(C)/17.02
情け ……………3.4.1.2(C)/4.3.1.2(C)/4.4.1.2(C)
情け深い ………………3.3.5.2(C)/3.4.8.2(C)
なし …………………………………………17.02
茄子 ……………1.1.1.1(A)/11.7.1.1(A)/14.5.1.1(A)
なぜ …………………………………………17.18
謎 ………………7.1.1.2(B)/13.7.1.2(B)/15.5.2.2(B)
なぞなぞ ………………………………5.13.1.1(B)
名高い …………………1.1.3.2(C)/1.2.4.2(C)
なだらか ………………………………15.2.3.2(C)
雪崩 ……………………………………15.3.1.2(C)
ナチュラル ……………5.2.6.2(B)/5.7.5.2(C)
夏 ………………………1.9.1.2(A)/15.1.1.2(A)

— 658 —

索　引

懐かしい ……… 2.2.4.2(B)/2.13.3.2(B)/3.2.3.2(B)	なるべく ……………………………… 17.14	偽物 ………………………… 5.7.1.2(B)/10.1.1.1(B)
懐く ………………………… 3.4.9.1(B)/14.4.4.1(B)	なるほど ……………………… 17.17/17.20	にち ……………………………………… 17.06
名付ける …………………… 2.12.2.1(B)/17.01	慣れ …………………………………… 3.8.1.2(B)	日時 ……………………………………… 17.06
納豆 ……………………………………… 11.7.1.1(B)	馴れ馴れしい …………………………… 3.3.4.2(B)	日常 ………………… 5.4.1.1(B)/13.6.1.2(B)/17.06
夏休み ……… 1.4.1.2(A)/1.9.1.2(A)/2.2.1.1(A)/	縄 ………………………………………… 1.5.1.1(B)	日夜 ……………………………………… 17.06
4.1.1.2(A)/10.2.1.1(A)/10.2.1.2(A)	なん ……………………………………… 17.18	日曜 ……………………………………… 17.06
なでる …………………… 14.1.3.1(B)/14.4.4.1(B)	難 ………………………………… 17.10/17.11	日曜日 …………………………………… 17.06
ななつ …………………………………… 17.19	南極 …………………………………… 15.2.1.2(B)	日用品 ………………………………… 2.4.1.1(B)
斜め ………………………… 2.1.1.2(B)/17.03	ナンセンス …………………………… 3.3.7.2(B)	日課 …………………………………… 4.1.1.2(C)
なに ……………………………………… 17.18	なんだか ………………………………… 17.14	日記 ………………… 1.4.1.1(B)/1.8.1.2(B)/2.13.1.1(B)
なにか …………………………………… 17.18	何だかんだ ……………………………… 17.09	荷造りする …………………………… 1.4.2.1(C)
なにしろ ………………………………… 17.08	なんで …………………………………… 17.18	日光 ………………… 5.4.1.2(C)/14.5.1.2(C)/15.1.1.2(C)
何でも ……………………… 17.07/17.08/17.18	何とか ………………………… 17.11/17.14	日数 …………………………………… 4.1.1.2(B)
なにとぞ ………………………………… 17.20	なんとなく ……………………………… 17.16	日中 ………………………… 15.1.1.2(B)/17.06
なになに ………………………………… 17.18	なんなり ………………………………… 17.18	日程 …………………………………… 1.4.1.2(B)
何より …………………………………… 17.10	ナンバー ………………………………… 17.01	鈍い ……………………………………… 17.04
七日 ……………………………………… 17.06	南北 ………………………… 2.1.1.2(B)/17.03	鈍る …………………………………… 12.3.3.1(C)
ナプキン …………………… 1.1.1.1(B)/2.4.1.1(B)		荷物 ………………… 1.4.1.1(A)/2.8.1.1(A)/9.1.1.1(A)
名札 ………………………… 4.1.1.1(B)/14.4.1.1(B)	## に	ニュアンス …………………………… 1.7.1.2(B)
鍋 ………………………………………… 1.1.1.1(A)		入院 ………………………… 10.2.1.2(B)/14.2.1.2(B)
生 ……………… 1.1.1.1(B)/1.1.3.2(B)/8.1.6(B)	荷 ………………………………………… 9.1.1.1(B)	入院する ……………………………… 14.2.5.1(B)
生意気 ………………………………… 3.3.5.2(B)	二 ………………………………………… 17.19	入学 ………………… 2.8.1.2(B)/3.8.1.1(B)/4.1.1.1(A)/
名前 …………………… 2.9.1.1(A)/2.12.1.2(A)/17.01	ニーズ ………………………………… 12.3.1.2(C)	4.1.1.2(B)/4.2.1.2(B)/4.4.1.2(B)
生臭い ………………………………… 1.1.2.2(C)	煮える ………………………………… 1.1.3.1(B)	入学する ……………… 1.9.4.1(B)/4.1.2.1(B)/4.2.2.1(B)
怠ける ………………………………… 10.2.2.1(B)	臭い ………………………… 1.3.1.2(B)/3.7.1.2(B)	乳がん ………………………………… 15.4.1.2(C)
生ぬるい ……………………………… 12.1.3.2(C)	匂い …………………………………… 5.6.1.2(B)	入居 …………………………………… 14.2.1.2(C)
生ビール ……………………………… 1.2.1.1(C)	臭う ………………………… 2.6.3.1(B)/14.1.3.1(B)	入居する ……………………… 1.6.2.1(B)/12.3.3.1(C)
生身 …………………………………… 14.1.1.2(C)	苦い ………… 1.1.2.2(A)/1.2.4.2(A)/2.13.3.2(B)/	入国する ……………………………… 1.4.7.1(B)
鉛 ……………… 11.1.1.1(C)/11.3.1.1(C)/16.2.1.2(C)	2.15.2.2(B)/3.7.3.2(B)	乳児 …………………………………… 2.12.1.2(C)
〜並み …………………………………… 17.14	逃がす ………………………………… 12.1.3.1(A)	入社する ……………………………… 10.3.3.1(B)
波 ……………… 10.6.1.2(B)/11.8.1.1(B)/15.2.1.1(B)	苦手 ………… 1.1.2.2(B)/1.3.6.2(B)/2.6.2.2(B)/	入手する …………… 8.1.2.1(C)/8.2.5.1(C)/12.1.3.1(C)
並 ………………………………………… 17.10	2.10.7.2(B)/17.10	入所 …………………………………… 12.4.1.2(C)
並木 …………………………………… 14.5.1.2(C)	似通う …………………………………… 17.09	入賞 …………………………………… 5.7.1.1(C)
並木道 ………………………………… 2.3.1.1(C)	にきび ……………………… 14.2.1.1(B)/14.3.1.2(B)	入賞する ……………………… 1.5.8.1(C)/5.7.4.1(C)
涙 ……………………………………… 14.1.1.1(B)	賑やか ……… 1.5.10.2(A)/2.12.6.2(A)/3.3.4.2(A)/	入場する ……………………………… 2.7.2.1(B)
滑らか ……………………… 1.1.3.2(B)/1.2.4.2(B)	5.1.2.2(A)/5.2.6.2(A)/5.7.5.2(A)/6.2.2.2(A)	入所する ……………………………… 12.3.3.1(C)
なめる ……………… 1.1.2.1(B)/2.12.6.1(B)/14.1.3.1(B)	握る ………………… 1.1.3.1(B)/2.3.6.1(B)/14.1.3.1(B)	ニュース …………………… 8.1.1.1(A)/13.4.1.2(A)
悩ます ……………………… 2.12.5.1(B)/2.12.7.1(B)	賑わう ………………………………… 2.1.2.1(B)	乳幼児 ………………………………… 2.12.1.1(C)
悩み ………… 2.6.1.2(B)/2.12.1.2(B)/2.15.1.2(B)/	肉 …………… 1.1.1.1(A)/6.1.1.2(A)/14.1.1.1(A)/14.2.1.1(A)	入浴 …………………………………… 14.3.1.2(B)
2.16.1.2(B)/14.2.1.2(B)/14.3.1.2(B)	憎い …………………………………… 3.4.7.2(B)	入浴する ……………………………… 14.3.2.1(B)
悩む ………… 1.3.2.1(B)/2.12.7.1(B)/2.15.2.1(B)/	〜にくい ………………………………… 17.11	入力 ………………… 9.1.1.2(B)/9.2.1.2(B)/16.3.1.2(B)
5.13.2.1(B)	憎しみ ……… 3.4.1.2(B)/3.7.1.2(B)/13.6.1.2(B)	入力する ……………… 9.1.4.1(B)/9.2.3.1(B)/16.3.6.1(B)
習う ………………… 4.1.4.1(A)/4.2.4.1(A)/4.5.2.1(A)	肉親 ………………………… 2.2.1.1(C)/3.1.1.2(C)	尿 ……………………………………… 14.1.1.1(C)
鳴らす ……………… 1.5.10.1(B)/1.7.2.1(B)/5.1.3.1(B)	肉体 ………………………… 14.1.1.2(B)/14.2.1.1(C)	女房 …………………………………… 3.1.1.1(C)
慣らす ………………………………… 2.12.5.1(B)	憎む ………………………… 3.4.7.1(B)/3.7.2.1(B)	如来 …………………………………… 6.1.1.2(C)
ならす ………………………………… 14.5.3.1(C)	憎らしい ……………………………… 3.4.7.2(B)	煮る …………………………………… 1.1.3.1(B)
並ぶ ……………………………………… 17.03	逃げ出す ……………………… 12.1.3.1(B)/13.6.4.1(C)	似る ……………………………………… 17.09
並べる ……………………… 1.8.3.1(A)/17.03	逃げる ………… 12.1.3.1(A)/13.6.4.1(A)/15.3.3.1(A)	庭 ……………………………………… 1.6.1.1(A)
成り立つ …………………… 4.6.4.1(C)/16.3.4.1(C)/17.02	煮込む ………………………………… 1.1.3.1(B)	にわか …………………………………… 17.06
鳴る ………………………… 9.1.3.1(A)/15.1.3.1(A)	濁る ………………… 1.4.5.1(B)/15.2.4.1(B)/15.4.2.1(B)	にわとり ……………………………… 1.1.1.1(B)
生る …………………………………… 14.5.2.1(B)	西 ………………………… 2.1.1.2(A)/17.03	任意 …………………………………… 16.1.1.2(C)
成る ……………………………………… 17.02	虹 ……………………………………… 15.1.1.1(B)	人気 ………… 1.1.4.2(A)/1.3.1.2(A)/1.3.6.2(A)/
なる ……………………………… 17.08/17.13	滲む …………………………………… 5.2.2.1(C)	1.4.4.2(A)/1.4.5.2(A)/1.4.6.2(A)/1.5.1.2(A)/
なるたけ ………………………………… 17.14	偽 …………………… 1.7.1.2(C)/8.1.2.2(B)/8.2.5.2(B)	1.5.7.2(A)/1.8.1.2(A)/1.8.2.2(A)/2.10.7.2(A)/

— 659 —

索　引

　　　　　3.5.4.2(A)/4.2.1.2(A)/4.2.8.2(A)/5.1.2.2(A)/
　　　　　5.5.1.2(A)/5.5.4.1(A)/7.1.1.2(A)/8.2.1.2(A)/
　　　　　8.2.6.2(A)/10.3.2.2(A)
人形………2.12.1.1(A)/5.8.1.1(A)/5.9.1.1(A)/
　　　　　5.11.1.1(A)
人間………………………………14.1.1.2(B)
認識する……………2.12.6.1(C)/14.1.3.1(C)
忍者…………………1.8.1.2(C)/5.2.1.1(C)
人称…………………1.7.1.2(C)/1.7.10(C)
人情………………………………3.4.1.2(B)
妊娠………………………………2.12.1.2(B)
人参………………………………1.1.1.1(A)
人数………………1.4.1.2(B)/2.11.1.1(B)
認知………………………………12.3.1.2(C)
認定する…………………………10.2.4.1(C)
にんにく……………1.1.1.1(B)/14.3.1.1(B)
妊婦………………………………2.12.1.1(B)
任命………………10.2.1.2(C)/13.1.1.2(C)
任命する…………10.2.3.1(C)/13.1.3.1(C)

ぬ

縫う………1.3.4.1(B)/5.11.2.1(B)/11.4.2.1(A)/
　　　　　14.2.4.1(B)
抜かす……………………………17.02
抜く………………………………17.02
脱ぐ………………………………1.3.2.1(A)
抜け出す…………10.6.2.1(C)/10.6.6.1(C)
抜ける……2.3.4.1(B)/2.15.9.1(C)/14.1.3.1(B)/
　　　　　14.3.6.1(B)/17.02/17.04
盗む…………1.6.4.1(A)/3.7.5.1(A)/12.1.2.1(A)
布……………1.3.1.1(B)/5.11.1.1(B)/11.4.1.1(B)
沼…………………………………15.2.1.1(B)
塗り………………………………5.2.1.2(C)
塗る………1.1.3.1(B)/5.2.2.1(B)/5.2.8.1(B)/
　　　　　5.3.2.1(B)/5.10.2.1(B)/11.2.3.1(B)/
　　　　　14.2.4.1(B)/14.3.4.1(B)
ぬるい………………1.1.3.2(B)/1.2.4.2(B)

ね

音…………………………………5.1.1.1(C)
根…………………11.7.1.1(B)/14.5.1.1(B)
値……………10.1.1.2(B)/10.5.1.2(B)/10.7.1.2(B)
値上がり……………10.5.1.2(B)/11.8.1.2(B)
音色………………………………5.1.1.1(C)
値打ち………5.9.1.2(C)/10.1.1.2(C)/17.10
ねえ………………………………17.20
ネイティブ………………………1.7.1.2(C)
ネガ………………………………5.4.1.1(C)
願い………2.12.1.2(B)/10.2.1.2(B)/13.3.1.2(B)
願う………………4.4.10.1(A)/6.2.3.1(B)
寝かせる……1.2.3.1(B)/1.2.4.1(B)/2.4.3.1(B)/
　　　　　2.12.5.1(B)/14.1.3.1(B)/14.2.4.1(B)

ネギ…………………1.1.1.1(B)/14.3.1.1(B)
ネクタイ…………………………1.3.1.1(A)
猫…………………………………14.4.1.1(A)
ねじ…………………2.4.1.1(B)/5.10.1.1(B)
ねじ回し…………………………5.10.1.1(B)
ねじる………1.3.2.1(C)/1.3.4.1(C)/5.11.2.1(C)/
　　　　　14.1.3.1(C)/17.07
ねじれる…………………………17.07
ねずみ……………………………14.4.1.1(B)
ねたむ…………2.10.5.1(B)/3.4.7.1(B)/3.7.2.1(B)
ねだる……………………………2.12.6.1(B)
値段………1.4.1.2(B)/10.1.1.2(B)/10.5.1.2(A)/
　　　　　10.6.1.2(A)/10.7.1.2(A)
熱…………………2.12.1.1(A)/11.6.1.2(B)
熱意………………………………13.4.1.2(C)
ネックレス…………1.3.1.1(B)/2.7.1.1(B)
熱心………………3.3.6.2(B)/4.5.2.2(B)
熱する……………………………16.2.3.1(B)
熱帯………14.4.1.2(B)/14.5.1.2(B)/15.2.1.2(B)
熱中………………………………1.5.1.2(B)
熱中する……1.5.5.1(B)/2.14.4.1(B)/2.15.4.1(B)/
　　　　　5.8.2.1(B)/5.12.2.1(B)/5.13.8.1(B)
熱湯………………………………1.1.1.1(B)
ネットワーク………9.1.1.1(B)/9.2.1.2(B)/
　　　　　16.3.1.2(B)
熱量………………………………16.2.1.2(C)
粘り………………………………3.3.1.2(C)
粘る…………………2.14.4.1(B)/2.15.4.1(B)
寝坊………………………………2.4.1.2(B)
寝巻き……………………………1.3.1.2(B)
根回し……………………………13.7.1.2(C)
根回しする………………………13.7.2.1(C)
眠い………………2.4.3.2(C)/4.1.4.2(C)
眠たい……………………………4.1.4.2(C)
眠る………2.4.3.1(A)/2.12.6.1(A)/4.1.4.1(A)/
　　　　　4.2.4.1(A)/12.1.7.1(A)/14.3.5.1(A)
ねらい……………………………5.13.1.2(B)
狙う………2.10.2.1(C)/5.4.2.1(B)/5.13.3.1(B)/
　　　　　10.4.2.1(C)/12.1.2.1(B)
練る…………………1.1.3.1(B)/5.3.2.1(B)
寝る………1.2.3.1(A)/2.4.3.1(A)/2.12.6.1(A)/
　　　　　4.1.4.1(A)/4.2.4.1(A)/14.1.3.1(A)/14.3.5.1(A)
年…………………………………17.06
年賀………………………………6.2.1.2(C)
年賀状……………………………9.1.1.1(B)
年鑑………………………………1.8.1.1(C)
年間………………………………17.06
念願………………2.14.1.2(B)/8.2.1.2(C)
年金………………12.3.1.2(C)/12.4.1.2(B)
年貢………………………………7.1.1.2(C)
年月………………………………17.06
年号………………………………7.1.1.2(C)
年収………………………………2.11.1.2(C)
年中………………………………17.06

燃焼………………………………16.2.1.2(B)
燃焼する……12.1.6.1(B)/14.3.5.1(B)/16.2.3.1(B)
年生………………………………4.1.10(A)
年代………1.7.1.2(B)/5.9.1.2(B)/5.9.5(B)/7.1.1.2(B)
年度………………………………10.8.5(B)/17.06
粘土………………………………5.3.1.1(B)
念仏………………………………6.1.1.2(B)
燃料………………11.6.1.1(B)/15.5.1.2(B)
年輪………………………………14.5.1.1(B)
年齢………………12.2.1.2(B)/14.1.1.2(B)

の

野…………………………………15.2.1.1(C)
ノイローゼ…………2.6.1.2(B)/2.12.1.1(B)/
　　　　　2.15.1.2(B)/14.2.1.1(B)
脳…………12.3.1.2(B)/14.1.1.1(B)/14.2.1.1(B)
農家………………………………11.7.1.2(B)
農協………………………………11.7.1.2(C)
農業………4.1.1.1(B)/6.2.1.2(B)/11.7.1.2(B)
農耕……………………6.2.1.2(C)/11.7.1.2(C)
農産物………………1.1.1.1(C)/11.7.1.2(C)
農場………………………………11.7.1.2(B)
農村………………………………6.2.1.1(B)
農地………………11.7.1.1(C)/15.2.1.1(C)
濃度………………………………16.2.1.2(B)
納入………………………………2.9.1.2(C)
農民………………7.1.1.1(A)/11.7.1.2(A)
農薬………………2.16.1.1(B)/11.7.1.1(B)
能力………………………………10.2.1.2(B)
ノート……………………………4.1.1.1(A)
逃す…………1.5.8.1(C)/5.7.4.1(C)/10.4.2.1(C)/
　　　　　12.1.3.1(C)/13.4.4.1(C)
逃れる……………………………12.1.3.1(C)
軒…………………………………1.6.1.1(C)
〜の儀……………………………6.2.1.2(C)
軒並み……………………………17.07
のこぎり…………………………5.10.1.1(B)
残す………1.5.8.1(B)/1.10.2.1(B)/2.13.2.1(B)/
　　　　　3.1.4.1(B)/5.4.3.1(B)/9.1.3.1(B)/9.2.2.1(B)/
　　　　　16.3.5.1(B)/17.02/17.04
残らず……………………………17.07
残り………………………………17.02/17.04
残る………………2.13.2.1(B)/17.02/17.04
載せる………1.8.3.1(B)/4.6.6.1(B)/5.2.5.1(B)/
　　　　　8.1.4.1(B)/8.2.5.1(B)/10.4.2.1(B)
乗せる………1.1.3.1(B)/1.2.3.1(B)/3.6.5.1(B)/
　　　　　14.3.4.1(B)
除く………………………2.6.3.1(B)/17.02
覗く………………4.4.8.1(B)/12.1.2.1(B)
のぞく……………………………17.02
望ましい…………………………3.4.6.2(C)
望み………2.12.1.2(B)/2.14.1.2(B)/8.2.1.2(B)
望む………2.12.2.1(B)/2.14.2.1(B)/4.1.9.1(B)/

索　引

	4.5.3.1(B)/17.03	
臨む	15.2.2.1(C)/15.2.6.1(C)	
後	17.05/17.06	
乗っ取る	10.4.2.1(C)/12.1.2.1(C)	
のど	1.7.1.1(B)/14.1.1.1(B)/14.2.1.1(A)/14.4.1.1(B)	
のどか	2.1.2.2(B)	
伸ばす	1.5.8.1(B)/10.4.4.1(B)/14.3.3.1(B)/14.3.5.1(B)/14.5.2.1(B)	
延ばす	2.9.5.1(A)/17.05	
伸びる	1.7.7.1(B)/4.3.3.1(B)/10.6.2.1(B)/14.1.2.1(B)/14.1.3.1(B)/14.5.2.1(B)	
延べ	17.14	
述べる	13.7.2.1(B)	
上り	2.3.1.2(A)	
昇る	15.1.3.1(B)	
上る	15.3.4.1(B)/17.04	
飲み込む	1.1.2.1(B)/2.12.6.1(B)/14.1.3.1(B)/15.3.4.1(B)	
飲み物	1.1.1.1(A)	
飲む	1.1.2.1(A)/1.2.2.1(A)/11.7.5.1(C)/14.1.3.1(A)/14.2.3.1(A)/14.2.4.1(A)	
海苔	11.8.1.1(C)	
糊	4.1.1.1(A)	
乗り換え	2.3.1.2(B)	
乗り換える	1.4.3.1(B)/2.3.6.1(B)	
乗り越し	2.3.1.2(B)	
乗り込む	1.4.3.1(B)	
乗り物	1.4.1.1(B)/1.4.1.2(B)/2.3.1.2(B)	
載る	1.3.3.1(B)/8.1.4.1(B)	
乗る	1.4.3.1(A)/2.3.5.1(A)/2.3.6.1(A)/5.1.3.1(A)/15.5.3.1(A)/17.08	
のろい	2.3.3.2(C)/17.04	
のろのろ	17.04	
のんき	3.3.1.2(B)/3.3.10.2(B)	
のんびり	3.3.1.2(B)/3.3.10.2(B)/5.1.2.2(B)/5.2.6.2(B)/5.7.5.2(B)	

は

葉	1.1.1.1(B)/11.7.1.1(B)/14.5.1.1(B)	
刃	1.1.1.1(B)/12.1.1.1(B)	
歯	1.7.1.1(A)/14.1.1.1(A)/14.2.1.1(A)/14.3.1.1(A)/14.4.1.1(A)	
派	5.6.7(B)/6.1.1.2(B)/6.1.8(B)/11.5.4(B)/13.1.7(C)	
波	16.2.1.2(B)	
場	17.03	
バー	1.2.1.1(B)/1.4.1.1(B)	
パーク	1.4.1.1(C)	
把握する	14.1.3.1(C)	
パーセント	10.6.7(A)/10.8.5(A)/12.3.6(A)/15.1.5(A)/16.1.6(A)	
パーツ	2.3.1.1(C)/11.2.1.1(C)	
パーティー	1.2.1.2(A)/2.7.1.2(A)
ハート	2.10.1.2(B)
パート	10.2.1.2(B)
パートナー	2.10.1.1(B)/2.11.1.2(B)/3.6.1.1(B)
ハーフ	1.2.1.2(B)/1.5.1.2(B)
杯	1.1.6(A)/1.2.7(B)
肺	2.16.1.1(B)/14.1.1.1(B)/14.2.1.1(B)
敗	5.12.6(B)
灰	12.1.1.2(B)
倍	5.12.6(B)/16.1.6(B)
灰色	1.3.1.2(B)/1.3.6.2(B)/5.2.1.2(B)/5.2.8.2(B)
バイオ	14.1.1.2(B)
バイオリン	5.1.1.1(B)
排気	11.2.1.2(C)
廃棄する	2.5.3.1(C)/11.6.3.1(C)/15.4.2.1(C)
売却	10.5.1.2(C)
売却する	10.5.2.1(C)
配給	13.6.1.2(C)
ばい菌	14.2.1.2(B)
ハイキング	1.4.1.2(B)/5.8.1.1(B)
俳句	1.8.1.2(B)
配偶者	2.11.1.2(C)/2.12.1.1(C)/3.1.1.1(C)/10.8.1.2(C)
配偶者手当	10.2.1.2(C)
拝啓	9.1.1.2(C)
背後	17.03
灰皿	2.4.1.1(B)
廃止	17.02/17.05
歯医者	10.2.1.1(B)/14.2.1.1(B)
買収	10.4.1.2(C)
買収する	10.4.2.1(C)
排出	15.4.1.2(C)
排出する	15.4.2.1(C)
排除	17.02
賠償	3.7.1.2(C)/13.6.1.2(C)
賠償する	3.7.6.1(C)
排水	11.5.2.1(C)/15.4.1.1(C)
排水する	11.5.2.1(C)
配する	1.3.4.1(C)
排泄	12.3.1.2(C)
敗戦	1.5.1.2(C)/13.6.1.2(C)
配線	1.6.1.1(C)/9.1.1.2(C)/9.2.1.1(C)/16.3.1.1(C)
媒体	8.1.1.2(C)
配達	9.1.1.2(B)/10.2.1.1(B)
配達する	2.3.2.1(B)/8.1.4.1(B)/9.1.2.1(B)
配置	17.02/17.03
配置する	5.13.7.1(B)
売店	2.1.1.1(B)/4.2.1.1(B)/10.1.1.1(B)
配当	5.12.1.2(C)/10.5.1.2(C)
バイバイ	17.20
売買	9.1.1.2(C)/10.1.1.2(C)/14.4.1.2(C)
配布	2.9.1.2(B)/10.4.1.2(B)
パイプ	11.1.1.1(C)
配布する	2.9.4.1(B)/5.13.4.1(B)/10.4.2.1(B)
配分	10.5.1.2(C)/10.8.1.2(C)
配分する	10.5.2.1(C)/10.8.2.1(C)
敗北	1.5.1.2(C)/5.13.1.2(C)/13.4.1.2(C)/13.6.1.2(C)
敗北する	1.5.4.1(C)/5.13.7.1(C)/13.4.4.1(C)
俳優	5.5.1.1(A)/8.2.1.1(A)/10.2.1.1(A)
培養	14.1.1.2(C)
培養する	14.1.6.1(C)
倍率	16.1.1.2(C)
入る	1.1.3.1(A)/1.4.5.1(A)/1.4.7.1(A)/1.5.2.1(A)/1.5.4.1(A)/1.5.6.1(A)/1.6.2.1(A)/1.9.4.1(A)/2.7.2.1(A)/2.9.2.1(A)/4.1.2.1(A)/4.1.6.1(A)/4.2.2.1(A)/4.2.8.1(A)/10.1.4.1(A)/10.2.5.1(A)/10.3.3.1(A)/12.3.3.1(A)/12.4.3.1(A)/13.3.2.1(A)/14.3.2.1(A)/15.1.2.1(A)
配列	14.1.1.2(C)
パイロット	10.2.1.1(B)
這う	2.12.6.1(B)/14.1.3.1(B)
ハウス	1.6.1.1(B)
パウダー	2.6.1.1(C)
はえ	14.4.1.1(B)
生える	14.1.3.1(B)/14.5.2.1(B)/15.1.3.1(B)
羽織る	1.3.2.1(C)
墓	2.16.1.1(B)/6.1.1.1(B)/7.1.1.1(B)
ばか	3.3.7.2(B)/14.4.2.2(B)
破壊	15.4.1.2(B)
破壊する	2.5.3.1(B)/15.4.2.1(B)
葉書	1.4.1.1(A)/9.1.1.1(A)/13.4.1.1(A)
剥がす	1.1.3.1(B)/2.6.3.1(B)
博士	4.2.1.1(B)
はかない	17.02
ばかにする	3.4.5.1(B)
ばかばかしい	1.8.2.2(B)/3.3.7.2(B)
袴	1.3.1.1(C)
ばからしい	1.8.2.2(B)/3.3.7.2(B)
はかり	17.04
～ばかり	17.14
図る	2.16.2.1(B)
はかる	4.1.4.1(B)/4.2.4.1(B)/4.6.3.1(B)/5.10.2.1(B)/5.11.2.1(B)/16.1.3.1(B)/16.2.2.1(B)/16.3.3.1(B)/17.04
諮る	13.7.2.1(C)
破棄	2.11.1.2(C)
吐き気	1.2.1.2(B)/1.5.1.2(B)/14.2.1.2(B)
破棄する	2.11.7.1(C)/3.6.6.1(C)/11.8.2.1(C)
はきはき	3.3.4.2(B)
吐く	1.2.3.1(B)/1.5.11.1(B)/14.1.3.1(B)/14.2.2.1(B)
履く	1.3.2.1(A)
拍	1.7.1.2(C)/5.1.1.2(C)

— 661 —

索　引

掃く …………………… 2.6.3.1(B)	パジャマ ………………… 1.3.1.1(A)	発音 …………………… 1.7.1.2(A)
白 ……………………… 5.2.1.2(A)	場所 ………… 2.7.1.1(A)/12.1.1.2(A)/17.03	二十日 ……………………… 17.06
剥ぐ ………………… 1.1.3.1(B)/2.6.3.1(B)	柱 ……………………… 1.6.1.1(B)	発芽 …………………… 14.5.1.2(C)
迫害 ………………… 12.2.1.2(C)/13.6.1.2(C)	走る ………… 1.4.3.1(A)/1.5.2.1(A)/2.12.6.1(A)/	発芽する ……………… 14.5.2.1(B)
迫害する ……………… 12.2.2.1(C)/13.6.4.1(C)	11.2.2.1(A)	発揮 ………………………… 17.02
育む ………………… 4.1.5.1(C)/4.2.5.1(C)	恥じる ………………… 2.15.6.1(B)	はっきり …… 1.7.9.2(A)/2.13.2.2(B)/5.4.5.2(A)/
爆撃 …………………… 15.3.1.2(C)	斜 ……………………… 2.1.1.2(C)/17.03	14.1.3.2(B)/15.2.6.2(B)
白菜 …………………… 1.1.1.1(B)	はず …………………………… 17.08	罰金 …………………… 2.3.1.2(C)/12.1.1.2(C)
薄弱 ………………………… 17.12	バス ………… 1.4.1.1(A)/1.6.1.1(B)/2.3.1.1(A)/	バック ………………… 1.5.1.2(B)
拍手する ……………… 1.5.10.1(B)/2.7.2.1(B)	4.2.1.1(A)	バッグ ………………… 1.3.1.1(A)
白色 …………………… 14.5.1.2(C)	パス …………………… 2.3.1.1(A)/4.3.1.2(A)	発掘 …………………… 7.1.1.2(B)
白人 …………………… 12.2.1.2(C)	恥ずかしい … 1.2.3.1(B)/2.10.5.2(B)/	発掘する ……………… 7.1.3.1(B)/11.5.2.1(C)
莫大 …………………… 16.3.2.2(B)/17.04	2.13.3.2(B)/3.4.2.2(B)	パッケージ …………… 1.4.1.2(C)
爆弾 …………………… 5.13.1.1(B)/13.6.1.1(B)	バスケット …………… 5.6.1.1(B)	発言 …………………… 4.3.1.2(B)/13.7.1.2(B)
博打 …………………… 5.12.1.2(C)/5.13.1.1(C)	外す ………… 1.3.2.1(B)/2.6.3.1(B)/2.12.5.1(B)/	発見 …………………… 7.1.1.2(B)/16.2.1.2(B)
爆破 …………………… 13.6.1.2(C)	11.2.3.1(A)/17.02	発見する …… 7.1.3.1(B)/12.1.3.1(B)/12.1.8.1(B)/
幕府 …………………… 7.1.1.2(C)	パスする …… 1.5.2.1(B)/4.4.3.1(B)/5.13.4.1(B)	14.2.4.1(B)/15.5.3.1(B)/16.2.2.1(B)
博物館 ……… 2.1.1.1(B)/2.10.1.1(B)/4.2.1.1(B)/	パスポート …………… 1.4.1.1(B)	発酵 …………………… 1.2.1.2(C)
4.6.1.1(B)/5.2.1.1(B)	弾む …………………… 2.10.4.1(B)	発行 …………………… 2.9.1.2(B)
幕末 …………………… 7.1.1.2(C)	バスルーム …………… 1.4.1.1(B)/2.6.1.1(B)	発酵する ……………… 1.1.3.1(C)/1.2.4.1(C)
暴露 …………………… 8.2.1.2(C)	外れる ………………… 17.02/17.09	発行する ……………… 1.8.3.1(B)/2.9.4.1(B)
暴露する ……………… 8.2.5.1(C)	パスワード …………… 9.1.1.2(B)/9.2.1.2(B)/	伐採する ……………… 11.7.3.1(C)
刷毛 …………………… 5.2.1.1(C)	16.3.1.2(B)	バッジ ………………… 1.3.1.1(B)/2.7.1.1(B)
激しい ……… 1.6.3.2(B)/3.3.5.2(B)/13.4.4.2(B)/	派生 …………………… 1.7.1.2(C)	発車する ……………… 2.3.6.1(B)
15.1.3.2(B)/15.2.4.2(B)/15.3.4.2(B)/17.12	パセリ ………………… 1.1.1.1(B)	発射する …… 5.13.3.1(B)/13.6.3.1(B)/15.5.3.1(B)
バケツ ………………… 2.4.1.1(B)	パソコン …… 2.5.1.1(A)/9.1.1.1(A)/9.2.1.1(A)/	発症 …………………… 14.2.1.2(C)
励ます ……… 1.5.10.1(B)/2.15.8.1(B)/3.6.4.1(B)/	11.4.1.1(A)/16.3.1.1(A)	発症する ……………… 14.2.2.1(C)
14.2.5.1(B)	破損 …………………… 2.5.1.1(C)/2.5.1.2(C)	発信 …………………… 9.1.1.2(C)
剥げる ………………… 1.6.3.1(C)	破損する ……………… 2.5.3.1(C)	発信する …… 9.1.4.1(C)/9.2.3.1(C)/16.3.6.1(C)
はげる ………………… 2.15.9.1(B)/14.3.6.1(B)	肌 ……………………… 14.1.1.1(A)/14.2.1.1(A)	罰する ……… 6.1.3.1(B)/13.2.4.1(B)/15.4.3.1(B)
化ける ………………… 2.16.5.1(B)	バター ………………… 1.1.1.1(A)	発生 ………………………… 17.02
派遣 …………………… 10.2.1.2(C)	パターン ……………… 1.3.1.2(B)/17.01	発生する …… 2.3.9.1(B)/7.1.2.1(B)/11.2.4.1(B)/
箱 ……………………… 5.3.1.1(A)/13.4.1.1(A)	裸 ……………………… 1.3.1.2(B)/14.1.1.2(B)	12.1.2.1(B)/15.1.3.1(B)/15.3.2.1(B)/
運ぶ ………… 1.1.4.1(B)/2.3.2.1(B)/2.8.4.1(B)/	肌着 …………………… 1.3.1.1(C)	15.4.2.1(B)
11.5.2.1(A)/11.7.5.1(A)/11.8.2.1(A)/	はたく ………………… 14.3.4.1(C)	発想 …………………… 10.4.1.2(B)
13.6.2.1(B)/14.2.4.1(B)	畑 ……………………… 11.7.1.1(B)/14.5.1.1(A)	発達 …………………… 14.1.1.2(B)
挟まる ………………… 1.1.3.1(B)	裸足 …………………… 1.3.1.2(C)	発達する ……………… 14.1.5.1(B)
はさみ ………………… 1.3.1.1(B)/4.1.1.1(B)/14.4.1.1(B)	果たして …………………… 17.08	ばったり …………………… 17.06
挟む …………………… 1.1.3.1(B)/13.7.2.1(B)	果たす ……… 2.14.6.1(C)/3.6.6.1(C)/17.05	発注 …………………… 11.5.1.2(C)
破産 …………………… 5.12.1.2(B)/10.1.1.2(B)/10.4.1.2(B)	二十歳 ………………… 1.2.1.2(A)	発注する ……………… 1.6.2.1(C)/11.5.2.1(C)
破産する …… 5.12.1.2(B)/10.1.6.1(B)/10.4.2.1(B)	働き …………………… 10.2.1.2(B)	バッテリー …………… 2.5.1.1(B)
箸 ……………………… 1.1.1.1(A)	働く ………… 2.3.5.1(A)/2.6.2.1(A)/10.2.2.1(A)	発電 …………………… 11.6.1.2(B)
橋 ……………………… 2.3.1.1(A)	破綻する ……………… 2.11.11.1(C)	発展 …………………… 11.1.1.2(B)
端 …………………………… 17.03	鉢 ……………………… 1.1.1.1(B)	発電所 ………………… 11.6.1.1(B)
恥 ……………………… 1.2.1.2(B)/2.15.1.2(B)	蜂 ……………………… 14.4.1.1(B)	発電する ……………… 11.6.2.1(B)
はしご ………………… 1.6.1.1(B)	八 …………………………… 17.19	発展する …… 2.1.2.1(B)/11.1.3.1(B)
始まり ……………………… 17.05	蜂蜜 …………………… 1.2.1.1(B)	バット ………………… 1.5.1.1(A)
始まる ……… 1.5.8.1(A)/2.7.2.1(A)/17.05	波長 ………… 14.5.1.2(C)/15.5.1.1(C)/16.2.1.2(C)	発動する ……………… 5.13.3.1(C)
はじめ ……………………… 17.05	パチンコ ……………… 5.12.1.1(A)	発売 …………………… 10.1.1.2(B)/11.2.1.2(B)
初めて ……… 2.13.3.2(A)/17.06	初 …………… 1.9.9(B)/2.12.9(B)/2.13.3.2(B)	発売する ……………… 2.5.3.1(B)/11.2.3.1(B)
初めまして ………………… 17.20	発 …………… 2.3.1.2(B)/5.13.10(B)	ハッピー ……………… 2.10.1.2(C)
始める ……… 2.7.2.1(A)/9.2.2.1(A)/10.4.2.1(A)/	ばつ ………… 4.3.1.2(A)/4.4.1.2(A)	発病 …………………… 14.2.1.2(B)
11.5.2.1(A)/13.3.2.1(A)/13.7.2.1(A)/	罰 ……………………… 13.2.1.2(A)	発表 ………… 4.2.1.1(B)/4.3.1.2(B)/4.6.1.2(B)/
16.3.5.1(A)/17.05	発育 …………………… 2.12.1.2(C)	5.1.1.2(B)/8.2.1.2(B)

索　引

発病する･･････････････････14.2.2.1(B)
発表する･･････1.8.3.1(B)/4.2.7.1(B)/4.6.6.1(B)/
　　　　5.1.4.1(B)/5.2.5.1(B)/8.2.5.1(B)
初耳････････････････8.2.5.2(C)/8.1.2.2(C)
発明･･････････････4.6.1.2(B)/16.3.1.2(B)
発明する･･････････2.5.3.1(B)/4.6.3.1(B)/16.3.3.1(B)
発話････････････････････････1.7.1.2(C)
発話する･･･････････････････1.7.2.1(B)
果て･････････････････････････17.03
派手････････3.5.3.2(B)/1.3.6.2(B)/1.6.3.2(B)/
　　　2.7.5.2(B)/11.2.2.2(B)/13.4.3.2(B)/14.3.4.2(B)
果てる････････････････････････17.05
ばてる･･････････････････････1.5.11.1(C)
波動･････････････････････16.2.1.2(C)
パトカー･･･････････2.3.1.1(B)/12.1.1.1(C)
鼻････2.12.1.1(A)/3.5.1.1(A)/14.1.1.1(A)/
　　　14.2.1.1(A)/14.4.1.1(A)
花････2.16.1.1(A)/5.6.1.2(A)/5.8.1.1(C)/14.5.1.1(A)
話･････････････････････････1.8.1.2(A)
話し合い･････････････4.1.1.2(B)/13.7.1.2(B)
話し合う･････････2.11.11.1(B)/13.1.4.1(B)/
　　　13.3.2.1(B)/13.7.2.1(B)/14.2.4.1(B)
話しかける･･････････2.12.5.1(B)/14.4.4.1(B)
話し言葉･････････････････1.7.1.2(B)
話し中･･････････････････9.1.1.2(B)
話す･･････1.7.2.1(A)/2.10.5.1(A)/2.12.6.1(A)/
　　　2.15.8.1(A)/13.3.2.1(A)
花束･･･････････････2.11.1.2(B)/5.6.1.2(B)
はなはだ･･･････････････････････17.14
甚だしい････････････････････････17.14
華々しい･･･････5.1.2.2(C)/5.7.5.2(C)/8.2.4.2(C)
花火･･･････････････････････6.2.1.2(B)
花びら･･････････････････････14.5.1.1(B)
花見････････････････1.2.1.2(B)/1.9.1.1(B)
華やか･･･････1.3.6.2(B)/1.5.10.2(B)/1.6.3.2(B)/
　　　2.7.5.2(B)/3.5.3.2(B)/4.1.2.2(B)/5.1.2.2(B)/
　　　5.2.6.2(B)/5.7.5.2(B)/6.1.7.2(B)/8.2.3.2(B)/
　　　11.2.2.2(B)
花嫁･･･････････････････2.11.1.2(B)
離れる･･････2.2.2.1(B)/2.8.2.1(B)/2.11.11.1(B)/
　　　3.1.3.1(B)/14.4.2.1(B)/15.1.3.1(B)
羽根････････････････1.3.1.1(B)/14.4.1.1(B)
ばね･･･････････････････････16.2.1.2(B)
はねる･･･････････････････2.3.9.1(B)
跳ねる･･････････････････････1.5.2.1(B)
パネル･･････････････1.6.1.1(C)/11.2.1.1(C)
母･････････････1.1.2.2(B)/2.12.1.1(B)/3.1.1.1(B)
幅･･････････････････････････17.04
パパ････････････2.12.1.1(A)/3.1.1.1(A)
母親････････････2.11.1.1(B)/2.12.1.1(B)/3.1.1.1(B)
幅広い･････････････････････4.2.11.2(B)
阻む･･･････5.13.3.1(C)/13.6.2.1(C)/13.7.2.1(C)
ハブ･･･････9.1.1.2(C)/9.2.1.1(C)/16.3.1.1(C)
パブ････････････････････････1.4.1.1(C)

省く･･･････････････････････････17.02
浜･････････････････11.8.1.1(B)/15.2.1.1(B)
浜辺･･･････････････11.8.1.1(B)/15.2.1.1(B)
はまる･････････････5.12.2.1(B)/5.13.8.1(B)
歯磨き･････････････2.4.1.1(B)/14.3.1.2(B)
はめる････2.11.8.1(B)/3.6.5.1(C)/5.13.5.1(C)/
　　　12.1.4.1(C)
場面･････････････5.2.1.2(B)/5.5.1.2(B)
刃物･････････････････････5.2.1.1(C)
速い･･････1.4.3.2(B)/1.5.2.2(A)/2.3.3.2(A)/
　　　2.9.4.2(A)/5.1.2.2(A)/5.4.5.2(A)/11.2.2.2(A)/
　　　14.2.4.2(A)/16.2.4.2(A)/17.04
早い･･････2.9.5.2(A)/2.12.4.2(A)/9.1.4.2(A)/
　　　9.2.3.2(A)/14.5.2.2(A)/16.3.6.2(A)
速さ･･･････････････････5.1.1.2(A)
林･･･････11.7.1.1(A)/15.2.1.1(A)/15.4.1.1(A)
生やす････････････････････14.5.2.1(C)
はやる･･････････････1.1.4.1(B)/1.3.3.1(B)
腹････････････････14.1.1.1(B)/14.4.1.1(B)
原･････････････････････15.2.1.1(C)
払い込む･･･････････10.1.2.1(C)/10.1.4.1(C)
払い戻す･････････････････10.1.5.1(C)
払う････2.8.3.1(A)/2.9.2.1(A)/2.11.11.1(A)/
　　　6.2.3.1(C)/9.1.5.1(A)/10.1.2.1(A)/10.1.4.1(A)/
　　　12.4.3.1(A)/17.02
腹立ち･･････････････････13.6.1.2(C)
原っぱ･･･････････････････15.2.1.1(B)
はらはらする･･･････････････2.12.5.1(B)
バランス･･････1.1.1.2(B)/5.7.1.2(B)/10.6.1.2(B)/
　　　10.7.1.2(B)/12.3.1.2(B)/14.3.1.2(B)
針･･･････････1.3.1.1(B)/2.4.1.1(B)/5.11.1.1(B)
梁･･･････････････････････11.5.1.1(C)
バリアフリー････････････････1.6.1.2(C)
針金････････････････････5.10.1.1(B)
貼り紙･･･････････････････10.4.1.1(C)
張り切る･･････2.14.4.1(B)/2.15.4.1(B)/10.2.2.1(B)
張る･･･････････････1.5.2.1(B)/14.5.2.1(B)
春････････1.9.1.2(A)/2.10.1.2(A)/15.1.1.2(B)
貼る･･････････････4.1.4.2(B)/4.2.4.1(B)/14.2.4.1(B)
はるか････････････････････････17.04
バルコニー･････････････････1.6.1.1(B)
晴れ･････････････････････15.1.1.2(A)
バレエ･･･････････････････5.1.1.1(B)
破裂する･･･････････････････14.2.2.1(B)
腫れる･･････････････14.2.1.1(B)/14.3.6.1(B)
晴れる･･･････････････････15.1.3.1(B)
パロディ･････････････････5.2.1.1(B)
パワー････････････････････11.2.1.2(B)
版･････････････････1.8.1.2(C)/1.8.5(C)
判･･･････････････････････2.9.1.1(C)
藩･････････････････････7.1.1.2(C)
犯･････････････････････12.1.1.2(C)
半･････････････････････････17.07
反･････････････････････････17.09

盤･････････････････････････5.1.1.1(C)
番･･････････････････5.1.4(A)/17.05
晩･･･････････････15.1.1.2(B)/17.06
パン･･･････････････････1.1.1.1(A)
範囲･････････････････････････17.03
繁栄･･･････････････････7.1.1.2(C)
繁栄する･･･････････････････7.1.2.1(C)
版画････････････････････5.2.1.1(B)
ハンガー････････････････1.3.1.1(B)
ハンカチ･･････････････････1.3.1.1(A)
パンク････････････････････11.2.1.2(C)
パンクする･････････････････11.2.3.1(C)
番組･････････････････････8.1.1.2(B)
半径･････････････16.1.1.2(B)/17.04
反撃･････1.5.1.2(C)/5.13.1.2(C)/13.4.1.2(C)/
　　　13.6.1.2(C)
反撃する･･････････5.13.3.1(C)/13.6.2.1(C)
判決････････････････････13.2.1.2(C)
判子････････････････････2.9.1.1(C)
反抗････3.1.1.2(B)/4.1.1.2(B)/13.3.1.2(B)
犯行････････････････････12.1.1.2(C)
反抗する･･････2.12.6.1(B)/3.1.2.1(B)/3.7.2.1(B)/
　　　13.3.2.1(B)
晩ごはん･･････････････1.1.1.1(A)/1.4.1.1(A)
犯罪･･････1.6.1.2(B)/5.13.1.2(C)/12.1.1.2(C)
ハンサム･････････････････3.5.3.2(B)
判事･･･････････････････13.2.1.1(C)
藩主･･･････････････････7.1.1.1(C)
繁殖･･････････14.4.1.2(C)/14.5.1.2(C)/17.04
繁殖する･･･14.4.2.1(C)/14.5.2.1(C)/15.1.3.1(C)
反する･････････････････････17.09
反省････････････13.2.1.2(B)/15.4.1.2(B)
反省する･･････1.2.3.1(B)/1.5.8.1(B)/2.10.6.1(B)/
　　　2.13.3.1(B)/12.1.4.1(B)/15.4.3.1(B)
反対･･････････11.5.1.2(B)/13.3.1.2(B)/17.09
反対する･････2.10.5.1(B)/2.11.5.1(B)/4.6.6.1(B)/
　　　13.3.2.1(B)/17.09
判断･･･････････････････2.16.1.2(B)
判断する･･････････････････10.4.2.1(B)
番地･････････････････････2.1.6(B)
パンツ･････････････････1.3.1.1(A)
判定･･････1.5.1.2(B)/2.16.1.2(B)/4.4.1.2(B)
判定する･････････････････4.3.2.1(B)
バンド･･････････････5.1.1.1(B)/8.2.1.1(B)
半島･････････････････15.2.1.1(B)
ハンドバッグ･･････････････1.3.1.1(B)
ハンドル･････････････････11.2.1.1(A)
般若････････････････････6.1.1.2(C)
犯人････････････5.13.1.1(B)/12.1.1.2(B)
反応････････････････････16.2.1.2(B)
反応する･･･････････････16.2.3.1(B)
半端････････････････････････17.04
ハンバーグ･･････････････1.1.1.1(B)
販売･･････9.1.1.2(B)/10.1.1.2(B)/10.2.1.2(B)/

索　引

11.2.1.2(B)/14.4.1.2(B)
販売する ……… 2.5.3.1(B)/9.1.5.1(B)/11.2.3.1(B)
半分 ……………………………………… 17.04/17.07
反乱 ……………… 7.1.1.2(C)/13.3.1.2(C)/13.6.1.2(C)
氾濫 ………………………………………… 15.3.1.2(C)
判例 ………………………………………… 2.11.1.2(C)

ひ

灯 ………………………………… 1.6.1.1(C)/5.5.1.1(C)
碑 …………………………………………… 2.1.1.1(C)
飛 …………………………………………… 5.13.1.1(C)
費 …………………………………… 10.1.1.1(B)/10.1.7(B)
火 ……………………………………… 11.6.1.1(A)/17.06
被 …………………………………………… 12.4.1.2(C)
美 …………………………………………… 14.3.1.2(C)
陽 ……………………………… 14.5.1.2(B)/15.1.1.2(B)
日 …… 14.5.1.2(B)/15.1.1.2(B)/15.5.1.1(B)/17.06
非 …………………………………………… 17.09
ひ …………………………………………… 17.19
日当たり …… 1.6.1.2(B)/2.8.1.1(B)/11.7.1.2(B)/
　　14.5.1.2(B)
ピアノ ……… 2.8.1.1(A)/4.5.1.1(A)/5.1.1.1(A)
ビーチ ……………………………………… 5.4.1.1(B)
ひいては …………………………………… 17.08
ピーマン ………………………… 1.1.1.1(A)/14.5.1.1(A)
ヒール ……………………………………… 1.3.1.1(C)
ビール ……………………………… 1.1.1.1(A)/2.1.1.1(A)
冷える ……………………………… 1.1.3.1(B)/16.2.3.1(B)
被害 …………………………… 13.6.1.2(B)/15.3.1.2(B)
被害者 ……………………………………… 15.3.1.2(B)
控え室 ……………………………………… 1.6.1.1(C)
控えめ ……………………………………… 2.10.7.2(B)
日帰り ……………………………… 1.4.1.2(B)/14.2.1.2(B)
控える ………… 2.9.3.1(B)/3.8.3.1(B)/14.3.5.1(B)/
　　17.02
比較 ………………………………………… 17.09
美学 ………………………………………… 5.6.1.2(C)
比較する …………………………… 4.6.3.1(B)/16.3.3.1(B)
比較的 ……………………………………… 17.14
日陰 ………………………………………… 14.5.1.2(B)
東 ………………………………… 2.1.1.2(A)/17.03
ぴかぴか …………………………………… 2.6.2.2(C)
光 ………………………………… 5.4.1.2(B)/15.5.1.1(B)
光る ……………… 15.1.3.1(B)/15.5.2.1(B)/16.2.3.1(B)
悲観 ………………………………………… 3.4.1.2(C)
彼岸 ………………………………………… 3.8.1.2(C)
悲観する …………………………… 2.15.2.1(C)/3.4.2.1(C)
悲観的 ……………………………………… 3.3.4.2(C)
匹 …………………………………… 14.4.6(A)/1.1.6(A)
引き上げる ………………………… 10.6.5.1(B)/10.8.2.1(B)
率いる ……………… 1.5.6.1(C)/7.1.2.1(C)/13.3.2.1(C)
引き受ける ………………………………… 11.5.2.1(B)
引き起こす ………………………… 11.2.4.1(C)/15.3.2.1(C)/

15.4.2.1(C)/17.02
引き下げる ………………………… 10.6.5.1(B)/10.8.2.1(B)
引き算 ……………………………………… 16.1.1.2(B)
引き摺る …………………………… 2.10.6.1(C)/14.1.3.1(C)
引き出し …………………………………… 4.1.1.1(A)
引き出す …………………………… 10.1.5.1(B)/14.1.3.1(B)
引き止める ………………………………… 2.11.11.1(C)
引き取る …………………………… 2.5.3.1(B)/2.16.2.1(B)
卑怯 ………………………………… 3.3.5.2(B)/3.7.5.2(B)
非行 ………………………………………… 4.1.1.2(B)
引き分け …… 1.5.1.2(A)/5.13.1.2(B)/13.6.1.2(A)
引き渡し …………………………………… 1.6.1.2(C)
躾く ………………………………… 2.3.9.1(B)/12.1.2.1(B)
引く ………… 2.5.2.1(A)/14.1.3.1(A)/14.3.4.1(C)/
　　15.2.5.1(B)/16.1.2.1(A)/17.04
弾く ………………………………… 2.8.3.1(A)/5.1.3.1(A)
低い ……………… 1.1.5.1(A)/1.1.5.2(B)/1.2.4.1(A)/
　　2.1.2.2(A)/13.4.5.2(A)/15.2.3.2(A)/17.04
ピクニック ………………………… 1.4.1.2(B)/5.8.1.1(B)
ひげ ………………… 14.1.1.1(B)/14.2.1.1(B)/14.3.1.1(B)
悲劇 ………………………………… 5.5.1.2(B)/7.1.1.2(B)
否決 ………………………………………… 13.7.1.2(C)
否決する …………………………………… 13.7.2.1(C)
非行 ………………………………………… 12.1.1.2(C)
飛行機 ……………… 1.4.1.1(A)/2.3.1.1(A)/5.13.1.1(A)/
　　13.6.1.1(A)
飛行場 ……………………………… 11.5.1.1(A)/13.6.1.1(A)
日ごろ ……………………………………… 17.06
ひざ ………………………………… 14.1.1.1(A)/14.4.1.1(B)
ビザ ………………………………………… 1.4.1.1(A)
被災 ………………………………………… 12.4.1.2(C)
被災者 ……………………………………… 15.3.1.2(C)
被災する …………………………………… 15.3.4.1(C)
日差し ………… 1.6.1.2(B)/2.8.1.1(B)/14.5.1.2(B)/
　　15.1.1.2(B)
久しい ……………………………………… 17.06
久しぶり …………………………… 3.2.3.2(B)/17.06
悲惨 ………………………………………… 13.6.4.2(C)
ひじ ………………………………… 14.1.1.1(B)/14.4.1.1(B)
皮質 ………………………………………… 2.15.1.1(C)
ビジネス …………………………………… 10.4.1.2(B)
比重 ………………………………… 16.2.1.2(C)/17.04
美術 ……………… 4.1.1.1(B)/4.6.1.1(B)/16.3.1.2(B)
美術館 ……………… 2.1.1.1(B)/2.10.1.1(B)/4.6.1.1(B)
秘書 ………………………………………… 10.2.1.1(B)
美女 ………………………………………… 5.5.1.2(B)
非常 ………………………………………… 17.14
微笑 ………………………………………… 14.1.1.2(B)
非常に ……………………………………… 17.14
美人 ………………………………… 2.10.1.1(C)/2.11.1.1(B)
ピストル …………… 5.13.1.1(A)/12.1.1.1(A)/13.6.1.1(A)
額 ……………………… 14.1.1.1(B)/14.2.1.1(B)/14.4.1.1(B)
浸す ………………………………………… 1.1.3.1(C)
ひたすら …………………………………… 17.04

ビタミン ………… 1.1.1.1(B)/14.1.1.1(B)/14.2.1.1(B)/
　　14.3.1.2(B)
左 ………………………………… 2.1.1.2(A)/17.03
ぴたり ……………………………………… 17.09
左手 ………………………………………… 3.8.1.1(A)
引っ掻く …………………………………… 14.1.3.1(C)
引っ掛ける ………………………………… 3.6.5.1(B)
棺 …………………………………………… 2.16.1.1(C)
筆記 ………………………………… 4.4.1.1(B)/10.3.1.2(B)
ビッグバン ………………………………… 15.5.1.2(C)
ひっくり返す ……………………………… 1.5.2.1(B)
ひっくり返る ……………………………… 1.5.2.1(C)
びっくりする ……………… 2.2.3.1(A)/2.10.5.1(A)/
　　4.4.9.1(A)
日付 ………………………………………… 17.06
引っ越し …………………………………… 2.8.1.2(B)
引っ越す …………………………………… 2.8.2.1(B)
引っ込む …………………………………… 17.02
必死 ………………………………………… 3.3.6.2(B)
筆者 ………………………………………… 1.8.1.2(C)
必修 ………………………………………… 4.2.1.1(C)
必需品 ……………………………… 1.4.1.1(C)/10.1.1.1(C)
必然 ………………………………………… 17.08
ぴったり ………… 1.3.4.2(A)/2.11.4.2(B)/3.3.3.2(B)/
　　17.09
ピッチ ……………………………………… 1.7.1.2(C)
ヒット ……………………………………… 5.5.1.2(B)
ヒット曲 …………………………………… 5.1.1.1(B)
引っ張る …………………………………… 14.1.3.1(B)
必要 ………………… 2.9.3.2(B)/2.9.4.2(B)/10.1.2.2(B)
否定 ………………………………………… 1.7.1.2(C)
ビデオ ……… 1.4.1.1(A)/2.5.1.1(A)/2.13.1.1(A)/
　　9.2.1.2(A)/16.3.1.2(A)
ひどい ………… 1.6.3.2(C)/7.1.2.2(B)/12.1.7.2(A)/
　　13.6.4.2(B)/15.1.3.2(B)/15.3.4.2(B)/17.12
一息 ………………………………………… 17.05
人柄 ………………………………………… 3.3.1.2(B)
人気 ………………………………………… 2.1.1.2(A)
人込み ……………………………………… 2.1.1.2(B)
ひところ …………………………… 2.13.1.1(C)/17.06
人差し指 …………………………… 14.1.1.1(B)/14.4.1.1(B)
等しい ……………………………… 16.1.2.2(C)/17.09
人質 ………………………………………… 12.1.1.2(C)
一筋 ………………………………………… 3.3.6.2(C)
ひとつ ……………………………………… 17.19
一通り ……………………………… 17.07/17.10
ひとまず …………………………………… 17.06
ひとみ …………… 14.1.1.1(C)/14.2.1.1(C)/14.4.1.1(C)
人見知り …………………………………… 2.12.1.2(C)
人目 ………………………………………… 2.10.1.2(C)
一人 ………………………………… 1.4.1.2(A)/17.19
日取り ……………………………………… 17.06
一人暮らし ………………………………… 12.3.3.2(C)
ひとりでに ………………………………… 17.13

索　引

一人一人 …………………… 15.4.1.2(B)
ひな ………………………… 14.4.1.1(B)
日向 ………………………… 14.5.1.2(B)
雛祭り ……… 1.9.1.1(B)/6.1.1.2(B)/6.2.1.2(B)
避難 ……………… 13.6.1.2(B)/15.3.1.2(B)
非難 ……………… 8.2.1.2(C)/13.3.1.2(C)
避難する ………… 13.6.4.1(B)/15.3.3.1(B)
非難する …… 8.2.5.1(C)/12.1.4.1(C)/13.3.2.1(C)
ビニール …………………… 11.1.1.1(B)
ひねる ……………………… 14.1.3.1(C)
日の入り ……………… 15.1.1.2(C)/17.06
檜 …………………………… 11.7.1.1(C)
日の出 ………………… 15.1.1.2(C)/17.06
被爆 ………………………… 12.4.1.2(C)
批判 ……… 5.7.1.2(B)/8.2.1.2(B)/13.3.1.2(B)
批判する ………… 8.2.5.1(B)/13.3.2.1(B)
ひび …… 1.5.1.2(C)/1.6.1.2(C)/2.5.1.1(C)/
14.2.1.2(B)
響き ………………………… 5.1.1.1(C)
響く ……………… 5.1.2.1(C)/15.1.3.1(C)/17.08
批評 …… 1.8.1.2(C)/5.5.1.2(C)/5.7.1.2(C)/8.2.1.2(C)
批評する …… 1.8.3.1(C)/5.5.4.1(C)/5.7.4.1(C)/
8.2.5.1(C)
皮膚 ……… 14.1.1.1(B)/14.2.1.1(B)/14.4.1.1(B)
暇 ………………… 1.4.1.2(B)/10.2.2.2(A)/17.06
向日葵 ……………………… 5.2.1.1(C)
肥満 ……………… 2.12.1.1(B)/14.3.1.2(B)
秘密 …… 2.10.1.2(B)/3.6.1.2(B)/8.2.1.2(B)/17.02
ひも ……………… 1.5.1.1(B)/5.10.1.1(B)
冷やかす ………… 2.10.5.1(B)/2.11.9.1(B)
百 …………………………………… 17.19
日焼け …… 1.5.1.2(B)/14.2.1.1(B)/14.3.1.2(B)
冷やす …… 1.1.3.1(B)/1.2.2.1(B)/14.2.4.1(B)/
16.2.3.1(B)
百科辞典・百科事典 …… 1.7.1.1(C)/1.8.1.1(C)
百貨店 ……………………… 1.3.1.1(C)
比喩 ………………………… 1.7.1.2(C)
費用 …… 5.10.1.2(B)/10.1.1.1(B)/10.1.1.2(B)/
12.3.1.2(B)/13.4.1.2(B)
表 …………………… 4.6.1.1(B)/16.1.1.2(B)
票 ……………………… 13.4.1.2(B)/13.4.7(B)
美容 ………………………… 14.3.1.2(B)
病 …………………………… 14.2.6(B)
美容院 ……………………… 14.3.1.1(A)
病院 …… 2.1.1.1(A)/2.9.1.1(A)/2.12.1.1(A)/
2.16.1.1(A)/4.6.1.1(A)/12.3.1.1(A)/
12.4.1.1(A)/14.2.1.1(A)/14.4.1.1(A)/
16.3.1.1(A)
評価 …… 1.8.1.2(B)/4.4.1.2(B)/5.7.1.2(B)/
8.2.1.2(B)/10.2.1.2(B)
氷河 ………………………… 1.4.1.1(C)
評価する …… 1.8.3.1(B)/4.3.2.1(B)/4.4.7.1(B)/
8.2.5.1(B)/10.2.3.1(B)
表記 ………………………… 1.7.1.2(C)

病気 …… 1.4.1.1(A)/2.12.1.1(A)/2.16.1.1(A)/
10.2.1.2(A)/15.4.1.2(A)
表現 ……………… 5.6.1.2(B)/5.7.1.2(B)
表現する …… 5.5.3.1(B)/5.6.4.1(B)/5.6.5.1(B)/
5.7.2.1(B)
標語 ……………… 13.3.1.2(C)/13.4.1.2(C)
表紙 ………………………… 1.8.1.1(B)
病室 ………………………… 2.16.1.1(C)
描写する ………… 1.8.3.1(C)/7.1.5.1(C)
標準語 ……………………… 1.7.1.2(B)
表情 ……………… 3.4.1.2(B)/14.1.1.2(B)
病状 ………………………… 2.16.1.1(C)
評定 ………………………… 4.1.1.2(C)
病棟 ………………………… 2.16.1.1(C)
平等 ……………… 12.2.1.2(B)/12.2.2.2(B)
評判 ……………… 5.7.1.2(B)/8.2.1.2(B)
屏風 ……………… 5.2.1.1(B)/5.6.1.1(C)
標本 …… 4.6.1.2(C)/14.4.1.2(C)/16.1.1.2(B)/
16.3.1.2(C)
表明する ………………… 2.16.3.1(C)
表面 ………………………………… 17.03
評論 …… 1.8.1.2(C)/5.5.1.2(C)/8.1.1.2(C)
評論する ………… 5.5.4.1(C)/5.7.4.1(C)
ひょっと …………………………… 17.06
びら ………………………… 10.4.1.1(C)
平仮名 …… 1.7.1.2(A)/9.2.1.2(A)/16.3.1.2(A)
開く …… 1.5.8.1(A)/2.7.2.1(A)/5.2.4.1(A)/
5.3.3.1(A)/13.1.4.1(A)/13.5.2.1(A)/
13.7.2.1(A)/14.2.4.1(A)/14.5.2.1(A)/17.05
ビリ ………………… 1.5.1.2(C)/17.01/17.05
比率 ………………………… 16.1.1.2(C)
肥料 ……………… 11.7.1.1(B)/14.5.1.2(B)
微量 ………………………………… 17.04
昼 …………………… 15.1.1.2(A)/17.06
ビル ……………… 1.6.1.1(A)/2.1.1.1(A)
昼ごはん …………………… 1.1.1.1(A)
ビルディング …… 1.6.1.1(A)/2.1.1.1(A)
昼間 ………………… 15.1.1.2(A)/17.06
昼休み …………… 10.2.1.1(A)/10.2.1.2(A)
比例 ………………………… 16.1.1.2(B)
比例する ………………… 16.1.4.1(B)
広い …… 1.6.2.2(A)/2.1.2.2(A)/2.3.4.2(A)/
2.8.3.2(A)/15.2.5.2(A)/15.5.2.2(A)/17.04
疲労 …… 1.4.1.2(B)/1.5.1.2(B)/14.2.1.2(B)/
14.3.1.2(B)
拾う …… 12.1.8.1(A)/14.1.3.1(B)/15.4.3.1(B)
披露する ………………… 2.7.2.1(B)
広さ …………… 2.8.1.2(B)/16.1.1.2(B)/17.04
広場 ………………………… 2.1.1.1(C)
広々 ……………… 1.6.2.2(C)/2.8.3.2(C)/17.04
広まる …… 1.10.2.1(B)/2.5.3.1(B)/3.6.7.1(B)/
3.8.5.1(B)/6.1.5.1(B)/7.1.2.1(B)
広める …… 1.10.2.1(B)/3.6.7.1(B)/6.1.5.1(B)/
7.1.2.1(B)/15.4.3.1(B)

品 …… 3.3.1.2(B)/3.8.1.2(B)/10.1.1.1(B)/11.8.1.2(C)
瓶 ……………… 1.1.1.1(A)/1.2.1.1(A)/14.2.1.1(B)
便 ……………………… 2.3.11(B)/9.1.1.1(B)
ピン …………… 2.4.1.1(B)/5.10.1.1(B)/17.14
ピンク …… 1.3.1.2(B)/1.3.6.2(B)/5.2.1.2(B)/
5.2.8.2(B)
貧困 ………………………… 10.6.1.2(C)
品質 ……………… 1.1.1.2(B)/1.2.1.2(B)
貧弱 ……………………… 17.04/17.12
品種 …… 1.1.1.2(B)/1.2.1.2(B)/11.7.1.2(B)/
14.4.1.2(B)/17.01
便箋 ……………… 4.1.1.1(B)/9.1.1.1(B)
瓶詰め …………… 11.8.1.1(B)/11.8.3.2(B)
ヒント ……………………… 4.4.1.2(B)
頻繁 ………………………………… 17.06
貧乏 …… 5.12.1.2(B)/10.6.1.2(B)/12.4.4.2(B)
品目 ………………………… 11.7.1.1(C)

ふ

歩 …………………………… 5.13.1.1(C)
婦 …………………………… 12.3.1.1(C)
不 …………………………………… 17.09
ふ …………………………………… 17.19
部 ……… 4.1.1.2(B)/4.1.10(B)/4.2.1.1(B)/17.07
分 ……………………… 10.6.7(B)/16.1.6(B)
ファイバー …… 9.1.1.1(B)/9.2.1.1(B)/16.3.1.2(B)
ファイル …… 4.1.1.1(B)/9.2.1.1(B)/16.3.1.2(B)
ファスナー …… 1.3.1.1(B)/2.4.1.1(C)/11.4.1.1(B)
ファックス ……… 2.5.1.1(B)/9.1.1.1(B)
ファッション …… 1.3.1.2(A)/2.10.1.1(A)
不安 …… 1.1.3.2(B)/1.4.2.2(B)/2.12.1.2(B)/
2.12.2.2(B)/2.12.6.2(B)/3.3.1.2(B)/
10.1.3.2(B)/10.5.2.2(B)/15.3.2.2(B)
ファン …… 1.5.1.2(B)/1.8.1.1(B)/7.1.1.2(B)/
8.2.1.2(B)
不安定 ……………………… 10.3.4.2(B)
不意 ………………………………… 17.06
部位 ……………… 14.1.1.2(B)/14.2.1.1(B)
フィルター ……… 1.1.1.1(C)/5.4.1.1(C)
フィルム …… 4.1.1.1(B)/5.4.1.1(B)/5.5.1.1(B)
風 ……… 1.1.2.2(B)/1.6.3.2(B)/1.6.5(B)/17.09
風景 ……………… 5.4.1.1(B)/15.2.1.2(B)
封鎖する ………………… 12.1.3.1(C)
風車 ………………………… 11.6.1.1(B)
風習 ……………… 1.10.1.2(B)/3.8.1.2(C)
風船 ………………………… 10.4.1.1(B)
風俗 ………………………… 1.10.1.2(C)
ブーツ ……………………… 1.3.1.1(B)
風土 ………………………… 1.2.1.2(B)
フード …………… 5.4.1.1(B)/11.8.1.2(B)
封筒 ………………………… 9.1.1.1(A)
夫婦 ……………… 2.11.1.2(B)/3.1.1.1(B)
風味 ……………… 1.1.1.2(C)/1.2.1.2(C)

— 665 —

索　引

ブーム ……… 1.1.4.2(B)/1.3.1.2(B)/1.3.6.2(B)/
　　　　　1.5.1.2(B)/8.2.1.2(B)/10.4.1.2(B)/12.3.1.2(B)
プール ……… 1.5.1.1(A)/2.1.1.1(A)/4.1.1.1(A)/
　　　　　4.2.1.1(A)
不運 …………………………………… 5.12.1.2(B)
笛 ………………………………… 1.5.1.1(B)/5.1.1.1(B)
フェリー ……… 1.4.1.1(B)/2.3.1.1(B)/11.3.1.1(C)
増える ……… 12.3.4.1(A)/14.1.2.1(A)/15.4.2.1(A)/
　　　　　17.04
フォーク ……… 1.1.1.1(A)/3.8.1.1(A)/5.1.1.1(B)
フォト …………………………………… 5.4.1.1(B)
フォント ………………………………… 1.8.1.1(C)
不可 ……………………………………… 4.3.1.1(B)
部下 ……………………… 10.2.1.2(B)/10.4.1.2(B)
深い ……… 3.2.4.2(A)/3.6.9.2(A)/6.1.2.2(A)/
　　　　　14.2.2.2(A)/15.2.4.2(A)
不快 ……………………… 2.15.1.2(B)/3.6.9.2(B)
ぶかぶか ……………………… 1.3.4.2(B)/17.04
深まる ……………………………………… 13.7.2.1(B)
深める ……………………………………… 13.7.2.1(B)
武器 ……… 5.13.1.1(B)/7.1.1.1(B)/12.1.1.1(B)/
　　　　　13.6.1.2(B)
不規則 ……………………… 10.2.2.2(B)/14.3.1.2(B)
不吉 ……………………………………… 6.1.1.2(B)
普及する ………………………………… 2.5.3.1(B)
不況 ……………… 10.3.1.2(C)/10.5.1.2(C)/10.6.1.2(C)
奉行 ……………………………………… 7.1.1.1(C)
布教する ………………………………… 6.1.5.1(C)
付近 ……………… 2.1.1.2(C)/2.8.1.2(B)/17.03
布巾 ……………………… 1.1.1.1(C)/2.4.1.1(C)
服 ………… 1.3.1.1(A)/5.11.1.1(A)/11.4.1.1(A)/
　　　　　14.4.1.1(A)
吹く ……… 1.5.10.1(B)/5.1.3.1(B)/14.1.3.1(B)/
　　　　　15.1.3.1(B)
拭く ……………………………………… 2.6.3.1(B)
福 ………………………………………… 6.1.1.2(C)
フグ ……………………………………… 11.8.1.1(C)
複合 ……………………………………… 1.7.1.2(B)
複雑 ……… 1.5.3.2(B)/9.2.2.2(B)/9.2.5.1(B)/
　　　　　10.1.4.2(B)/13.2.3.2(B)
副詞 ……………………………………… 1.7.1.2(B)
福祉 ……………………… 12.4.1.2(B)/13.1.1.2(B)
複写 ……………………………………… 2.9.1.1(B)
複写する ………………………………… 2.9.3.1(B)
復習する ……………………… 4.1.4.1(B)/4.2.4.1(B)
複数 ……………………………………… 1.7.1.2(C)
複製 ……………………………………… 1.8.1.1(C)
服装 ……… 1.3.1.2(B)/2.7.1.1(B)/3.8.1.2(B)/
　　　　　8.2.1.2(B)/10.3.1.1(B)
含む ……………………… 14.1.3.1(C)/17.09
含める …………………………………… 17.09
覆面 ……………………………………… 12.1.1.1(C)
服用する ………………………………… 2.15.9.1(C)
膨らます ………………………………… 1.1.3.1(B)

膨らみ …………………………………… 1.3.1.2(C)
膨らむ …………………… 1.1.3.1(B)/15.5.2.1(B)/16.2.3.1(B)
膨れる …………………………………… 1.1.3.1(B)
不景気 ……………… 10.3.1.2(B)/10.5.1.2(B)/10.6.1.2(B)
不潔 ……………… 2.6.2.2(C)/2.11.11.2(C)/3.5.3.2(C)
耽る ……………………………………… 5.8.2.1(C)
更ける …………………………………… 17.06
老ける …………………………………… 14.3.7.1(B)
不幸 ……………………………………… 6.1.1.2(B)
富豪 ……………………………………… 10.6.1.2(C)
符号 ……………………………………… 16.1.1.2(C)
夫妻 ……………………………………… 3.1.1.1(B)
負債 ……… 3.7.1.2(C)/5.12.1.2(C)/10.1.1.2(C)/
　　　　　10.4.1.2(C)
不在 …………………………………… 17.02
不在者投票 …………………………… 13.4.1.2(C)
塞がる …………………………………… 14.2.2.1(B)
塞ぐ ……………………………………… 11.5.2.1(C)
ふさわしい ……………………………… 3.8.3.2(C)
節 ………………………………………… 5.1.1.2(C)
藤 ………………………………………… 5.6.1.1(C)
武士 ……………………………………… 7.1.1.1(B)
不思議 ……………… 6.2.2.2(A)/7.1.1.2(B)/15.5.2.2(A)
部首 ……………………………………… 1.7.1.2(B)
不自由 …………………………………… 17.11
不順 ……………………………………… 14.2.1.1(C)
扶助 ……………………… 10.2.1.2(C)/12.4.1.2(C)
部署 ……………………………………… 3.6.1.1(C)
負傷する …………………… 1.5.11.1(C)/14.2.2.1(C)
侮辱 ……………………………………… 12.2.1.2(C)
侮辱する …………………… 3.4.5.1(C)/12.2.2.1(C)
不審 …………………… 3.4.1.2(C)/12.1.3.2(C)
不振 ……………………………………… 10.4.1.2(C)
夫人 ……………………………………… 3.1.1.1(B)
婦人 ……………………………………… 12.2.1.2(B)
ふすま …………………………………… 1.6.1.1(C)
不正 ……………………… 4.4.1.2(B)/13.1.1.2(B)
風情 ……………………………………… 5.6.1.2(C)
防ぐ ……… 1.5.4.1(B)/1.6.4.1(B)/5.13.7.1(B)/
　　　　　9.1.4.1(B)/9.2.3.1(B)/11.8.2.1(B)/12.1.5.1(B)/
　　　　　14.3.5.1(B)/15.3.5.1(B)/15.4.3.1(B)/
　　　　　16.3.6.1(B)
伏せる …………………………………… 8.1.2.1(C)
不全 ……………………… 2.12.1.1(C)/14.2.1.1(C)
武装 ……………………… 5.13.1.1(C)/13.6.1.2(C)
不足 …………………… 11.6.1.2(B)/14.3.1.2(B)/17.04
部族 ……………………………………… 12.2.1.2(C)
付属校 …………………………………… 4.1.1.1(C)
不足する ……… 4.2.6.1(B)/11.6.3.1(B)/14.3.7.1(B)/
　　　　　15.4.2.1(B)
付属品 ……………… 2.5.1.1(B)/9.2.1.1(B)/16.3.1.1(B)
蓋 ………………………………………… 1.1.1.1(B)
札 ……………………………………… 5.13.1.1(B)
豚 ………………………………………… 11.7.1.1(B)

舞台 ……………… 2.11.1.1(B)/5.1.1.1(B)/5.5.1.1(B)
双子 ……………………………………… 2.12.1.1(B)
再び ……………………………………… 17.06
ふたつ …………………………………… 17.19
豚肉 ……………………… 1.1.1.1(A)/11.7.1.1(A)
二人 ……………………………………… 17.19
負担 ……………………… 10.1.1.2(C)/12.4.1.2(B)
普段 ……………………………………… 17.06
負担する …………… 10.1.2.1(C)/10.8.2.1(C)/12.4.3.1(B)
縁 ………………………………………… 17.03
付着する …………………… 2.6.3.1(C)/14.4.2.1(C)
不調 ……………………………………… 10.4.1.2(C)
部長 ……………………………………… 10.2.1.1(B)
ぶつ ……………………… 1.5.2.1(B)/3.7.4.1(B)
不通 ……………………………………… 2.3.1.2(C)
普通 ……… 2.3.1.1(B)/3.3.7.2(B)/4.3.3.1(B)/
　　　　　9.1.1.1(B)/10.4.4.2(B)/17.10
二日 …………………………………… 17.06
物価 ……………………………………… 10.6.1.2(B)
復活 ……………………… 6.1.1.2(B)/15.3.1.2(B)
復活する ……… 1.5.7.1(B)/6.1.3.1(B)/15.3.6.1(B)
ぶつかる ……… 2.3.9.1(B)/2.14.3.1(B)/2.15.7.1(B)/
　　　　　12.1.7.1(A)/15.5.2.1(B)
物議 ……………………………………… 13.7.1.2(C)
仏教 ……………………… 2.15.1.2(B)/6.1.1.2(A)
ブック …………………………………… 1.8.1.1(C)
ぶつける ……… 2.3.9.1(B)/2.8.4.1(B)/12.1.7.1(B)
物件 ……………………………………… 1.6.1.1(C)
復興 ……………………… 13.6.1.2(C)/15.3.1.2(C)
復興する ……………… 13.6.5.1(C)/15.3.6.1(C)
物資 ……………………… 13.6.1.2(C)/15.3.1.1(C)
物質 ……………………………………… 16.2.1.2(C)
仏像 ……………………………………… 6.1.1.1(B)
物騒 ……………………………………… 12.1.2.2(C)
物体 ……………………………………… 16.2.1.2(B)
仏壇 ……………………………………… 6.1.1.1(B)
沸騰 ……………………………………… 16.2.1.2(B)
沸騰する ……………………… 1.1.3.1(B)/16.2.3.1(B)
仏法 ……………………………………… 6.1.1.2(C)
物理 ……………… 4.1.1.1(B)/16.1.1.2(B)/16.2.1.2(B)
筆 ………………………………………… 5.6.1.1(A)
不定 ……………………………………… 1.7.1.2(C)
ふと ……………………………………… 17.06
太い ……………………………… 1.3.4.2(A)/17.04
不当 ……………………… 10.2.3.2(C)/12.1.4.2(C)
舞踏 ……………………………………… 5.1.1.1(C)
ぶどう ……… 1.1.1.1(B)/1.2.1.1(B)/11.7.1.1(B)/
　　　　　14.5.1.1(B)
不動産 ……………………… 1.6.1.1(B)/3.7.1.1(B)
不動産屋 ………………………………… 2.8.1.1(B)
太る ……… 1.1.5.1(A)/3.5.2.1(A)/14.1.2.1(A)/
　　　　　14.3.6.1(A)
布団 ……………… 1.6.1.1(A)/14.2.1.1(A)/15.3.1.1(A)
船便 ……………………………………… 9.1.1.1(B)

— 666 —

索　引

無難 ………………………… 17.11	フリーター ………………… 10.2.1.2(C)	雰囲気 ……………………… 5.7.1.2(B)
赴任 ……………… 2.8.1.2(C)/10.2.1.2(C)	振り返る …………… 2.13.2.1(B)/17.03	噴火 ………………………… 15.3.1.2(C)
赴任する ………… 10.2.2.1(C)/10.2.3.1(C)	振り仮名 ………… 1.7.1.2(B)/2.9.1.1(B)	文化 ……………… 1.10.1.2(B)/6.1.1.2(B)
船 …………… 1.4.1.1(A)/2.3.1.1(A)/5.13.1.1(A)/	振り向く …………………… 17.03	憤慨 ………………………… 13.6.1.2(C)
11.8.1.1(A)/13.6.1.1(A)/15.5.1.1(A)/	浮力 ………………………… 16.2.1.2(C)	分解 ………………………… 16.2.1.2(C)
11.3.1.1(A)	武力 …………… 5.13.1.1(B)/13.6.1.2(B)	憤慨する …………………… 3.4.2.1(C)
腐敗 ………………………… 13.1.1.2(C)	不倫 ………………………… 2.10.1.2(C)	分解する ……… 2.5.3.1(C)/16.2.3.1(B)
腐敗する …………………… 13.1.5.1(C)	プリント ……… 9.2.1.2(A)/16.3.1.2(C)	文学 …………… 1.8.1.2(B)/4.6.1.1(B)/6.1.1.2(B)/
不評 ………………………… 8.2.6.2(C)	ふる …………… 2.10.3.1(B)/2.10.6.1(B)	7.1.1.2(B)/16.3.1.2(B)
部品 ………… 2.3.1.1(B)/2.5.1.1(B)/11.4.1.2(B)	フル ………………………… 5.4.1.2(B)	文化財 …………… 1.10.1.1(C)/2.1.1.2(C)
吹雪 …………………… 1.9.1.2(B)/15.1.1.1(B)	振る ………………………… 14.1.3.1(B)	分割 ………………………… 10.4.1.2(C)
不服 ……………… 4.3.1.2(C)/13.2.1.2(C)	降る ………………………… 15.1.3.1(C)	分割する …… 3.1.4.1(C)/10.4.2.1(C)/16.1.3.1(C)
部分 ………… 4.3.1.2(C)/4.4.1.2(C)/9.2.1.2(B)/	古い …………… 1.6.2.2(A)/1.8.2.2(A)/2.1.2.2(A)/	分業 ………………………… 11.1.1.2(C)
16.3.1.2(B)/17.07	2.5.3.1(A)/2.5.3.2(A)/2.8.3.2(A)/5.9.4.2(A)/	文芸 ………………………… 1.8.1.2(C)
普遍 ………………………… 17.02	9.1.3.2(A)/16.3.2.2(A)	文献 ……………… 4.6.1.2(C)/16.3.1.2(C)
不便 ………… 1.4.3.2(B)/1.6.2.2(B)/1.8.4.2(B)/	ブルー ……… 1.3.1.2(B)/1.3.6.2(B)/5.2.1.2(B)/	文庫 ………………………… 1.8.1.1(C)
2.3.2.2(B)/2.5.2.2(B)/2.5.3.1(B)/2.6.5.2(B)/	5.2.8.2(B)	文語 ………………………… 1.7.1.2(C)
2.9.4.2(B)/16.3.6.2(B)/17.11	フルーツ …………………… 1.1.1.1(A)	文庫本 ……………………… 1.8.1.1(B)
父母 ……………… 2.12.1.1(C)/3.1.1.1(C)	ふるさと ……… 1.9.1.2(B)/2.2.1.2(B)	分散 ………………………… 16.1.1.2(C)
不法 ………………………… 15.4.1.2(C)	古本 ………………………… 1.8.1.1(C)	分子 ……………… 16.1.1.2(C)/16.2.1.2(C)
不満 ………… 2.10.6.2(B)/4.3.1.2(C)/13.3.1.2(B)	振る舞い …………………… 3.6.1.2(C)	紛失 ………………………… 17.02
踏み切り …………………… 2.3.1.1(C)	振る舞う ……… 1.1.4.1(C)/5.6.3.1(C)	紛失する …………………… 12.1.8.1(C)
踏み込む …… 2.15.8.1(C)/3.6.4.1(C)/12.1.3.1(C)	震わせる …………………… 1.7.2.1(C)	噴出する …………………… 13.7.2.1(C)
踏む ………………………… 14.1.3.1(B)	触れ合い …………………… 2.12.1.2(B)	文書 …………… 2.9.1.1(C)/7.1.1.2(C)/9.2.1.2(C)/
不明者 ……………………… 15.3.1.2(B)	無礼 …………… 1.7.9.2(B)/3.4.1.2(B)/3.4.3.1(B)/	16.3.1.2(C)
ふもと ……………………… 15.2.1.2(B)	3.8.3.2(B)	文章 …………… 1.8.1.2(A)/9.2.1.2(B)/16.3.1.2(B)
部門 ………………………… 17.01	ブレーキ …………………… 11.2.1.1(A)	分数 ………………………… 16.1.1.2(C)
増やす ………… 4.2.7.1(B)/13.6.3.1(B)/14.3.3.1(B)/	フレーズ …… 1.7.1.2(C)/2.10.1.2(C)/5.1.1.1(C)/	分析 …………… 4.6.1.2(B)/16.2.1.2(B)/16.3.1.2(B)
17.04	5.1.1.2(B)	分析する …… 4.6.2.1(B)/16.2.2.1(B)/16.3.2.1(B)
冬 ………………… 1.9.1.2(B)/15.1.1.2(A)	プレート …………………… 15.2.1.1(C)	紛争 ……………… 7.1.1.2(C)/13.6.1.2(C)
不要 ………… 10.1.2.2(B)/11.5.3.2(B)/13.7.2.2(B)	フレーム …………………… 5.5.1.1(B)	文体 …………………… 1.8.1.2(C)/17.01
扶養 ………………………… 10.8.1.2(C)	プレーヤー ………………… 1.5.1.1(B)	ふんだん …………………… 17.04
扶養手当 …………………… 10.2.1.2(C)	プレゼント …… 2.7.1.1(A)/2.10.1.1(A)/	分担 ………………………… 2.6.1.2(B)
不要な ……………………… 2.9.4.2(B)	3.8.1.1(A)/10.4.1.2(A)	分担する …………………… 2.6.6.1(B)
プライバシー ……………… 8.1.1.2(C)	プレゼントする …… 2.10.2.1(A)/2.10.4.1(A)	奮闘する ……… 1.5.5.1(C)/2.12.5.1(C)
フライパン ………………… 1.1.1.1(A)	プレッシャー ……………… 1.5.1.2(C)	分配 …………… 10.5.1.2(C)/10.8.1.2(C)
ブラウザ …… 9.1.1.2(C)/9.2.1.2(C)/16.3.1.1(C)	触れる ……………………… 14.1.3.1(C)	分配する ……… 10.5.2.1(C)/10.8.2.1(C)
ブラウス …………………… 1.3.1.1(B)	風呂 ……………… 1.4.1.1(A)/14.3.1.1(A)	分泌 …………… 2.12.1.1(C)/14.3.1.2(C)
ぶらさげる ………………… 1.3.2.1(B)	プロ …………… 1.5.1.2(A)/2.8.4.2(A)/4.5.1.2(A)	分泌する …………………… 2.15.9.1(C)
ブラシ …………… 1.3.1.2(B)/2.4.1.1(B)	ブローチ ……… 1.3.1.1(B)/2.7.1.1(B)	分布 …………………… 16.1.1.2(C)/17.03
プラス …… 12.3.1.2(B)/16.1.1.2(A)/16.2.1.2(B)/	ブロードバンド …… 9.1.1.1(C)/9.2.1.2(C)/	分母 ………………………… 16.1.1.2(C)
17.04	16.3.1.2(C)	文法 ………………………… 1.7.1.2(B)
プラスチック ……………… 11.1.1.1(A)	プログラム ………………… 4.6.1.1(B)	文房具 ……………………… 4.1.1.1(B)
ブラック …………………… 5.2.1.2(B)	風呂敷 ……………………… 3.8.1.1(B)	粉末 ………………………… 1.1.3.2(C)
ブラックホール …………… 15.5.1.1(B)	プロテスタント … 3.8.1.2(C)/6.1.1.2(C)	文脈 ………………………… 1.8.1.2(C)
フラッシュ ……… 5.4.1.1(B)/5.4.1.2(B)	プロデューサー …… 5.1.1.1(B)/5.5.1.1(B)/	分野 …… 4.2.1.1(B)/4.6.1.1(B)/16.3.1.2(B)/17.03
プラットホーム …………… 2.3.1.1(B)	8.1.1.1(B)	分与 ………………………… 2.11.1.2(C)
ふらふら …………………… 14.2.2.2(B)	プロトコル ………………… 9.1.1.2(C)	分離 ………………………… 16.2.1.2(C)
ぶらぶらする ……………… 2.4.5.1(B)	風呂場 ……………………… 2.6.1.1(C)	分離する …………………… 16.2.3.1(C)
プラン ……………………… 1.4.1.2(B)	プロバイダー ……………… 9.1.1.2(C)	分量 ………………………… 1.1.1.2(B)
ブランド …………………… 11.2.1.2(C)	フロント …… 1.4.1.1(C)/2.7.1.1(C)/2.9.1.1(C)/	
振り ………………………… 3.4.1.2(C)	2.11.1.1(C)	**へ**
不利 ……………… 13.4.4.2(B)/13.5.5.2(B)	分 …………… 1.1.6(B)/12.2.1.2(B)/17.04/17.07	
〜振り ……………………… 17.06	文 …………………………… 1.8.1.2(A)	ヘア ………………………… 2.11.1.2(C)

— 667 —

索　引

ベア……………………………1.3.1.2(C)
塀………………………………1.6.1.1(B)
閉会する……………1.5.8.1(B)/2.7.2.1(B)
兵器……………………………13.6.1.2(C)
平気………………3.3.1.2(A)/14.2.2.2(B)
平均……………15.1.1.2(B)/16.1.1.2(B)
平均的…………………………12.3.3.2(B)
平行…………………………………17.03
並行…………………………………17.09
米穀……………………………11.7.1.1(C)
閉鎖…………………………………17.05
兵士………………5.13.1.1(B)/13.6.1.1(B)
平日…………………………………17.06
平常…………………………………17.06
平常点…………………………4.3.1.2(B)
兵隊………………5.13.1.1(B)/13.6.1.1(B)
平方……………………………16.1.1.2(B)
平凡…………3.3.7.2(B)/4.3.3.1(B)/10.4.4.2(B)/17.10
平面……………………………1.6.1.1(B)
平野……………………………15.2.1.1(B)
平和……………6.1.1.2(B)/13.6.1.2(B)/13.6.5.2(B)
ページ…………………………1.8.1.1(A)
ペース………………………………17.04
ベール…………………………2.11.1.2(C)
壁面……………………………2.6.1.1(C)
ヘクタール……………………11.7.7(C)
ベクトル………………16.1.1.2(C)/16.2.1.2(C)
凹む……………………………2.15.2.1(B)
ベスト………………………………17.01
ベストセラー…………………1.8.1.2(C)
へそ……………………14.1.1.1(B)/14.4.1.1(B)
下手………………1.1.3.2(A)/5.5.2.2(A)
ペダル…………………………11.2.1.1(C)
別居………………2.8.1.2(C)/2.11.1.2(C)/3.1.1.2(C)
別居する………………2.11.11.1(C)/3.1.3.1(C)
別個…………………………………17.07
別荘…………1.4.1.1(C)/1.6.1.1(C)/2.1.1.1(C)
ベッド………1.6.1.1(A)/2.8.1.1(A)/14.2.1.1(A)
ペット……………2.8.1.1(A)/14.4.1.1(A)
別々…………………………………17.07
ベテラン………………………1.5.1.2(B)
ベビー…………………………2.12.1.1(B)
部屋………1.4.1.1(A)/1.6.1.1(A)/2.8.1.1(A)/14.4.1.1(A)
減らす……………1.1.5.1(B)/11.8.2.1(A)/14.3.5.1(B)/17.04
ベランダ………………………2.6.1.1(B)
へり…………………2.1.1.2(C)/17.03
ヘリコプター…………………2.3.1.1(B)
減る…………12.3.4.1(A)/14.1.2.1(A)/14.1.3.1(A)/17.04
経る……………………………17.06
ベル……………………………5.1.1.1(A)
ベルト…………………………1.3.1.1(A)

ヘルパー……………12.3.1.1(C)/12.4.1.1(C)
編………………………………1.8.5(C)
辺…………………………16.1.1.2(B)/17.03
変………………………………17.10
ペン……………………4.4.1.1(A)/5.2.1.1(A)
変異……………………14.1.1.2(C)/14.4.1.2(C)
変化………2.2.1.2(B)/7.1.1.2(B)/16.2.1.2(B)/17.13
弁解……………………………8.2.1.2(B)
弁解する………………………8.2.5.1(B)
変革……………………………13.1.1.2(C)
変化する………1.7.8.1(B)/1.9.3.1(B)/2.2.3.1(B)/7.1.2.1(B)/11.3.1(B)/15.1.2.1(B)/15.1.3.1(B)/16.2.3.1(B)
返還…………………2.9.1.2(C)/13.5.1.2(C)
変換する…………………………16.2.4.1(C)
返還する……………4.2.9.1(C)/13.5.3.1(C)
便器……………………………1.6.1.1(C)
便宜……………………………13.1.1.2(C)
ペンキ……………5.2.1.1(A)/5.10.1.1(A)
返却……………………………2.9.1.2(B)
返却する…………1.8.4.1(B)/3.7.5.1(B)
勉強……………………………4.1.1.2(A)
勉強する……1.7.7.1(A)/4.1.4.1(A)/4.2.4.1(A)/13.5.6.1(A)
変更……………………2.9.1.2(B)/17.13
変更する………………………2.9.2.1(B)
弁護士…………………………13.2.1.1(B)
弁護人…………………………13.2.1.1(B)
偏差……………………………16.1.1.2(C)
返済…………2.9.1.2(C)/4.2.1.2(C)/10.1.1.2(C)/10.4.1.2(C)
返済する……4.2.9.1(C)/5.12.3.1(C)/10.1.6.1(C)/10.4.3.1(C)
偏差値…………4.1.1.2(C)/16.1.1.2(C)
返事する…………9.1.4.1(A)/9.2.3.1(A)/16.3.6.1(A)
編集……………9.2.1.2(B)/16.3.1.2(B)
編集する……1.8.3.1(B)/9.2.2.1(B)/16.3.5.1(B)
便所……………………………1.6.1.1(B)
弁償…………………3.7.1.2(C)/13.6.1.2(C)
弁償する………………………3.7.6.1(C)
変数……………………………16.1.1.2(C)
編成…………………2.3.1.2(C)/8.1.1.1(C)
変遷…………………7.1.1.2(C)/17.13
変態……………………………14.4.1.2(C)
ベンチ…………1.5.1.1(C)/1.5.1.2(C)/1.6.1.1(B)/5.10.1.1(B)
ペンチ………………………5.10.1.1(B)
返答……………………………13.7.1.2(C)
変動……………10.6.1.2(C)/10.7.1.2(C)
弁当……………………………1.4.1.1(C)
返答する…………4.6.6.1(C)/13.7.2.1(C)
便秘……………………………14.3.1.2(C)
便利………1.4.3.2(A)/1.6.2.2(A)/1.8.4.2(A)/2.3.2.2(A)/2.5.2.2(A)/2.5.3.1(A)/2.6.5.2(A)/

2.9.4.2(A)/9.1.4.2(A)/9.2.3.2(A)/11.1.3.2(A)/15.3.3.2(A)/16.3.6.2(A)/17.11
弁論……………………………4.1.1.1(C)

ほ

穂…………………11.7.1.1(C)/14.5.1.1(C)
保育園………2.12.1.1(C)/12.3.1.1(A)/12.4.1.1(A)
ボイコット……………………13.3.1.2(C)
母音……………………………1.7.1.2(C)
ポイント……1.3.1.2(B)/1.5.1.2(B)/4.3.1.2(B)/4.4.1.2(B)/5.13.1.1(B)/17.03
法…………1.2.1.2(B)/12.2.1.2(B)/13.1.1.2(B)/15.4.1.2(B)
ほう…………………17.03/17.09
棒………………………………17.03
法案………13.1.1.2(C)/13.2.1.2(C)/13.7.1.2(C)
放映……………………………8.1.1.2(C)
防衛…………5.13.1.2(C)/13.6.1.2(C)
放映する………………………8.1.3.1(C)
防衛する……5.13.3.1(C)/13.6.2.1(C)
貿易……………………………10.7.1.2(B)
望遠……………………………5.4.1.1(B)
望遠鏡…………………………15.5.1.1(B)
防火……………………………1.6.1.2(C)
崩壊……………………………5.12.1.2(B)
妨害……………………………13.4.1.2(C)
崩壊する………………………5.12.2.1(B)
妨害する………………………13.4.3.1(C)
方角……………2.1.1.2(B)/2.8.1.2(B)/17.03
法学……………4.6.1.1(B)/16.3.1.2(C)
ほうき……………2.4.1.1(B)/2.6.1.1(B)
放棄する…………2.6.6.1(B)/2.12.7.1(C)
防御……………………………5.13.1.2(C)
防御する………………………5.13.3.1(C)
方形……………………………5.3.1.2(C)
封建……………7.1.1.2(C)/13.1.1.2(C)
方言……………………………1.7.1.2(C)
冒険………………1.8.1.2(C)/5.13.1.2(C)
方向…………………………………17.03
暴行……………………………2.16.1.2(C)
防災………1.6.1.2(C)/11.5.1.2(C)/12.4.1.2(C)/15.3.1.2(C)
豊作……………………………6.2.1.2(C)
坊さん…………………………6.1.1.1(B)
奉仕…………4.1.1.2(C)/12.4.1.2(C)
帽子……………………………1.3.1.1(A)
防止……………………………15.4.1.2(B)
奉仕活動………………………4.2.1.1(C)
奉仕する………………………12.4.2.1(C)
防止する……12.1.5.1(B)/15.4.3.1(B)
放射……………………………11.6.1.1(C)
放射線…………………………16.2.1.2(B)
放射能…………………………15.4.1.1(B)

— 668 —

索　引

報酬 ………… 10.2.1.2(C)/10.3.1.2(C)
放出 …………………………… 16.2.1.2(C)
放出する ……………………… 16.2.3.1(C)
報じる ………………………… 13.4.6.1(C)
方針 ………………… 4.4.1.2(C)/10.4.1.2(C)
防水 …………………………… 1.6.1.2(C)
報ずる ………………… 13.4.6.1(C)/15.3.5.1(C)
宝石 ………… 1.3.1.1(B)/2.7.1.1(B)/5.13.1.1(B)
紡績 ………………… 11.1.1.2(C)/11.4.1.2(C)
放送 ………… 8.1.1.2(B)/8.2.1.2(B)/10.4.1.2(B)
暴走 …………………………… 12.1.1.2(C)
放送する ……… 8.1.3.1(B)/8.2.5.1(B)/10.4.2.1(B)
包装する ……………………… 11.8.2.1(B)
暴走族 ………………………… 12.1.1.2(C)
法則 ………………… 16.1.1.2(B)/16.2.1.2(C)
包帯 ………………… 2.4.1.1(B)/14.2.1.1(B)
膨大 ………………… 16.3.2.2(B)/17.04
放置 …………………………………… 17.02
包丁 ………………… 1.1.1.1(A)/12.1.1.1(A)
膨張 ………………… 15.5.1.2(C)/16.2.1.2(C)
膨張する ……………………… 16.2.3.1(C)
法定 ……………………………… 3.1.1.2(C)
法廷 ……………………………… 13.2.1.2(C)
方程式 ………………………… 16.1.1.2(B)
法的 ……………………………… 3.1.1.2(C)
報道 ………… 8.1.1.2(B)/8.2.1.2(B)/13.4.1.2(B)
暴動 ……………………………… 7.1.1.2(B)
報道する …… 8.1.2.1(B)/8.1.3.1(B)/8.2.5.1(B)/
　　　　　　13.4.6.1(B)/15.4.3.1(B)
防犯 ………… 1.6.1.2(B)/2.8.1.2(B)/12.1.1.2(B)/
　　　　　　13.1.1.2(B)
褒美 ………………… 1.5.1.2(C)/5.7.1.1(C)
豊富 ……… 1.1.5.2(B)/11.6.3.2(B)/11.8.2.2(B)/17.04
暴風 …………………………… 15.1.1.2(C)
方法 ……… 4.6.1.2(A)/11.5.1.2(A)/12.1.1.2(A)/
　　　　　　16.3.1.2(A)
ほうぼう ………………………………… 17.03
方面 ……………………… 2.3.1.2(B)/17.03
訪問 ………………… 10.3.1.2(B)/10.4.1.2(B)
訪問する …………… 10.3.2.1(B)/10.4.2.1(B)
坊や ……………………………… 3.1.1.1(C)
法要 ……………………………… 3.8.1.2(C)
放り出す …………………………………… 17.02
法律 ……… 1.2.1.2(B)/5.12.1.2(B)/12.2.1.2(B)/
　　　　　　13.1.1.2(B)/13.2.1.2(B)/15.4.1.2(B)
暴力 ………… 3.7.1.2(B)/5.13.1.2(B)/12.1.1.2(B)
放る ………………… 1.5.2.1(C)/14.1.3.1(C)
ほうれん草 ………… 11.7.1.1(B)/14.5.1.1(B)
飽和 ………………… 16.2.1.2(C)/17.04
飽和する ……………………… 16.2.3.1(C)
吠える ………………………… 14.4.3.1(B)
ほお ……… 14.1.1.1(B)/14.2.1.1(B)/14.4.1.1(B)
ボーイ ………………… 1.1.1.1(A)/10.2.1.1(B)
ポーク ………………………… 1.1.1.1(B)

ホース …………………………… 2.4.1.1(C)
ポーズ ………………………………… 17.05
ボート ……… 1.4.1.1(A)/1.5.1.1(A)/2.3.1.1(A)/
　　　　　　5.12.1.1(A)/5.13.1.1(A)/13.6.1.1(A)
ボード ………………… 1.5.1.1(B)/1.6.1.1(B)
ポート ……… 9.1.1.1(C)/9.2.1.1(C)/16.3.1.1(C)
ボーナス ……………… 10.2.1.2(B)/10.3.1.2(B)
ホーム ……………… 2.7.1.1(B)/12.3.1.1(B)/12.4.1.1(B)
ホール ……… 1.6.1.1(A)/2.1.1.1(A)/5.1.1.1(A)/
　　　　　　5.5.1.1(A)
ボール …………………… 1.1.1.1(B)/1.5.1.1(A)
ボールペン ……… 4.1.1.1(A)/4.4.1.1(A)/5.2.1.1(A)
保温する ………………………… 1.1.3.1(C)
外 ……………………………………… 17.03
捕獲 …………………………… 14.4.1.2(C)
捕獲する ……………… 11.8.2.1(C)/14.4.5.1(C)
他者 …………………………… 2.15.1.1(C)
朗らか ……… 3.3.4.2(C)/3.4.2.2(C)/5.1.2.2(C)/
　　　　　　5.2.6.2(C)/5.7.5.2(C)
保管する ……………………… 12.1.8.1(C)
補給する ……………… 1.1.5.1(C)/14.3.5.1(C)
補強する ……… 1.5.5.1(C)/1.5.6.1(C)/1.6.3.1(C)
募金 …………………………… 12.4.1.2(C)
募金する ……………………… 12.4.2.1(C)
僕 ……………………………… 3.6.1.2(A)
牧師 …………………………… 6.1.1.1(B)
牧畜 …………………………… 14.4.1.2(C)
捕鯨 ………………… 11.8.1.2(C)/14.4.1.1(C)
ポケット ……………… 1.3.1.1(A)/11.4.1.1(C)
ぼける …………… 5.4.2.1(B)/12.3.3.1(B)/14.2.2.1(B)
保健 …………………………… 4.1.1.1(B)
保険 ………… 10.1.1.2(C)/12.4.1.2(C)/15.3.1.2(B)
保健室 ……………… 4.1.1.1(B)/4.2.1.1(B)
保健所 …………………………… 2.12.1.1(B)
保護 ………… 12.4.1.2(B)/15.3.1.2(B)/15.4.1.2(B)
母語 ……………………………… 1.7.1.2(C)
歩行 …………………………… 12.3.1.2(C)
母校 ……………… 4.1.1.2(C)/4.2.1.2(C)
母国 …………………………… 2.2.1.2(C)
保護する …… 1.10.2.1(B)/5.6.2.1(B)/10.6.5.1(B)/
　　　　　　12.4.2.1(B)/13.2.3.1(B)/15.3.3.1(B)/
　　　　　　15.4.3.1(B)
ほこり ………………… 2.6.1.1(B)/14.2.1.2(B)
誇り ……………………………… 3.3.1.2(B)
誇る ……………………………… 1.10.2.1(C)
ほころびる …………………………… 1.3.5.1(C)
菩薩 …………………………… 6.1.1.2(C)
星 …………………………… 15.5.1.1(A)
母子 ………………… 2.12.1.1(C)/12.4.1.2(C)
補充 ……………………………………… 17.04
募集 …………………………… 10.3.1.2(C)
補修する ………………………… 1.6.3.1(B)
募集する ……………………… 10.3.2.1(C)
保守的 ………………………… 4.2.11.2(C)

補助 ……… 4.2.1.2(B)/10.2.1.2(C)/12.4.1.2(B)/
　　　　　　15.3.1.2(B)
保障 …………………………… 12.4.1.2(B)
補償 …………………………… 13.6.1.2(C)
保証人 ……………… 2.8.1.1(B)/10.1.1.2(B)
補助する ……………………… 15.3.6.1(B)
干す ………………… 1.3.5.1(B)/2.6.4.1(B)
ポスター …………… 4.2.1.1(B)/13.4.1.1(B)
ポスト …………………………… 9.1.1.1(C)
補正する ……………………… 5.4.4.1(C)
保全 ………………… 11.5.1.2(C)/15.4.1.2(C)
細い ……… 2.3.4.2(A)/3.5.2.2(A)/14.3.6.2(A)/17.04
舗装 …………………………… 11.5.1.2(C)
舗装する ……………………… 11.5.2.1(C)
補足 ……………………………………… 17.04
保存 ……… 1.2.1.2(B)/5.4.1.2(B)/9.2.1.2(B)/
　　　　　　16.3.1.2(B)
保存する …… 1.2.4.1(B)/5.4.3.1(B)/9.2.2.1(B)/
　　　　　　16.3.5.1(B)
菩提寺 ………………………… 3.8.1.1(C)
蛍 ……………………………… 14.4.1.1(B)
ボタン ……… 1.3.1.1(A)/2.5.1.1(A)/11.4.1.1(A)
牡丹 …………………………… 5.6.1.1(C)
墓地 ………… 2.16.1.1(C)/6.1.1.1(C)/6.2.1.1(C)
北極 …………………………… 15.2.1.2(C)
法華 …………………………… 6.1.1.2(C)
没収する ……………………… 4.1.8.1(C)
発足 ……………………………………… 17.02
坊ちゃん …………………………… 3.1.1.1(C)
ポット ………………………… 1.1.1.1(B)
ポップ ……… 5.1.1.1(B)/5.1.2.2(B)/5.2.1.1(B)/
　　　　　　5.2.6.2(B)/5.7.5.2(B)/5.11.3.2(B)
ほっぺた …… 14.1.1.1(B)/14.2.1.1(B)/14.4.1.1(B)
ボディー ……………… 2.3.1.1(C)/11.2.1.1(C)
ホテル ……… 1.4.1.1(A)/2.1.1.1(A)/2.7.1.1(A)/
　　　　　　2.11.1.1(A)
〜ほど …………………………………… 17.14
程 …………………… 17.04/17.06/17.14
歩道 ………………… 2.3.1.1(B)/11.5.1.1(B)
仏 ………… 2.14.1.1(B)/2.15.1.2(B)/2.16.1.2(B)/
　　　　　　6.1.1.2(B)/6.2.1.2(B)
施す …………………………… 5.3.2.1(C)
ほとり ………………… 2.1.1.2(C)/17.03
ボトル ……… 1.2.1.1(B)/2.6.1.1(B)/3.8.1.1(B)
ほとんど ……………………… 17.07/17.14
母乳 …………………………… 2.12.1.1(C)
哺乳瓶 ………………………… 2.12.1.1(C)
哺乳類 ……………… 14.1.1.2(C)/14.4.1.1(C)
骨 ………………… 14.1.1.1(A)/14.2.1.1(A)
炎 ……………………………… 12.1.1.2(C)
ポピュラー …………………… 5.1.1.1(B)
ほぼ …………………………………… 17.14
保母 …………………………… 2.12.1.1(C)
褒める ……… 2.12.5.1(A)/4.1.5.1(A)/4.2.5.1(A)/

— 669 —

索　引

	5.6.2.1(A)/5.6.3.1(A)/5.7.3.1(A)/10.4.4.1(A)	
ホモ	12.2.1.2(C)
ぼやく	2.15.2.1(B)
ぼやける	5.4.2.1(C)/14.2.2.1(C)
保有	10.5.1.2(C)
保有する	10.5.2.1(C)
保養	10.2.1.2(C)/14.3.1.2(C)
ボランティア	4.2.1.1(A)/12.4.1.2(A)/15.3.1.2(A)
堀	1.6.1.1(C)/11.5.1.1(C)
彫る	5.3.2.1(B)
掘る	7.1.3.1(B)/11.3.2.1(B)/11.5.2.1(B)/11.7.2.1(B)
ボルト	2.4.1.1(C)/5.10.1.1(C)
ホルモン	2.12.1.1(B)/2.15.1.1(B)/14.3.1.2(B)
惚れる	2.10.2.1(B)
滅びる	7.1.2.1(B)/14.4.2.1(B)/15.4.2.1(B)
滅ぶ	7.1.2.1(B)/14.4.2.1(B)/15.4.2.1(B)
〜本	2.3.11(B)/5.5.6.2(A)/14.5.5(A)
本	1.8.1.1(A)/2.8.1.1(A)/2.12.1.1(A)/2.13.1.1(A)
盆	1.1.1.1(B)/2.2.1.1(A)/6.1.1.2(B)/6.2.1.2(B)
本格的	1.1.3.2(B)/1.1.4.2(B)/1.2.4.2(B)/1.4.6.2(B)
本館	1.6.1.1(C)/2.1.1.1(C)
本国	2.2.1.2(C)
本社	8.1.1.1(B)
本心	2.10.1.2(B)/3.6.1.2(B)
本線	2.3.1.2(C)
本尊	6.1.1.2(C)
本体	2.5.1.1(B)
本棚	1.6.1.1(A)/2.8.1.1(A)/4.1.1.1(A)/5.10.1.1(A)
盆地	15.2.1.1(B)
ボンド	5.3.1.1(B)
本当	3.1.2.2(A)
本人	2.9.1.2(B)/2.11.1.2(B)
本音	3.6.1.2(B)
ほんの	17.04/17.14
本能	14.1.1.2(B)
煩悩	6.1.1.2(C)
ポンプ車	11.2.1.1(C)
本文	1.8.1.2(C)
本名	17.01
本物	5.7.1.2(A)
翻訳する	1.7.6.1(B)/1.8.3.1(B)
ぼんやり	2.13.2.2(B)/15.2.6.2(B)

ま

間	1.6.1.1(C)/17.03/17.05/17.06
まあ	17.14
マーク	4.4.1.1(C)
マークする	4.4.6.1(C)
マーケット	10.1.1.1(C)/10.5.1.2(C)
麻雀	5.13.1.1(C)
まあまあ	17.14/17.20
枚	1.1.6(A)/1.3.7(A)/5.4.6(A)/5.11.4(A)
舞	6.2.1.2(C)
米	11.7.1.1(C)
毎	17.06
毎朝	17.06
マイク	2.5.1.1(B)/5.5.1.1(B)/13.4.1.1(B)
マイクロフォン	5.1.1.1(B)/13.4.1.1(B)
マイクロホン	2.5.1.1(C)
毎週	17.06
埋葬する	2.16.4.1(C)
毎月	17.06
毎度	17.06
毎年	17.06
マイナス	12.3.1.2(A)/16.1.1.2(A)/16.2.1.2(A)/17.04
毎日	17.06
毎年	17.06
毎晩	17.06
参る	1.5.4.1(B)/1.5.11.1(B)/2.12.2.1(B)/5.13.7.1(B)
舞う	5.1.3.1(C)/15.1.3.1(C)
真上	2.1.1.2(B)/17.03
マウス	14.1.1.1(B)
まえ	17.03
前置き	4.6.1.2(C)
前向き	2.10.7.2(C)
前もって	17.06
任す	14.2.4.1(C)
負かす	1.5.4.1(C)/5.13.7.1(C)
任せる	12.3.2.1(B)/14.2.4.1(B)
賄う	10.1.2.1(C)
曲がる	2.3.4.1(B)/14.3.6.1(B)/16.2.4.1(B)
巻きつける	1.3.2.1(C)
紛らわしい	17.09
紛れる	17.09
巻く	1.1.3.1(B)/1.3.2.1(B)/14.3.3.1(B)
幕	1.6.1.1(B)/5.5.1.1(C)/17.05
まく	11.7.2.1(B)
膜	14.1.1.1(C)/14.2.1.1(C)
蒔く	14.5.3.1(B)
枕	1.6.1.1(B)/14.2.1.1(B)
マグロ	11.8.1.1(C)
負け	1.5.1.2(B)/5.13.1.2(B)/13.4.1.2(B)/13.6.1.2(B)
負ける	1.5.4.1(B)/5.12.2.1(B)/5.13.7.1(B)/13.4.4.1(B)/17.04
孫	2.12.1.1(A)/3.1.1.1(A)
まことに	17.14
まさか	17.15
まさしく	17.09
摩擦	1.10.1.2(B)/10.7.1.2(B)/13.3.1.2(B)/13.5.1.2(B)/16.2.1.2(B)
まさに	17.09
勝る	1.5.4.1(B)/5.13.7.1(B)
増し	17.04
真下	2.1.1.2(B)/17.03
まして	17.08
真面目	3.3.6.2(B)/4.2.11.2(A)
交わる	1.10.3.1(B)/17.03
増す	15.4.2.1(C)/17.04
まず	17.05/17.06
麻酔	14.2.1.2(B)
まずい	1.1.2.2(B)/1.2.4.2(B)
マスク	1.3.1.1(B)/14.2.1.1(B)
マスコミ	8.1.1.2(C)
貧しい	4.2.9.2(B)/10.6.6.2(B)/12.4.4.2(B)/17.04
マスター	1.1.1.1(B)
ますます	17.14
混ぜ合わせる	1.1.3.1(B)/1.2.4.1(B)
混ぜる	1.1.3.1(A)
股	14.1.1.1(C)/14.4.1.1(C)
また	17.06
まだ	17.06
またがる	2.3.5.1(C)
またぐ	14.1.3.1(C)
瞬き	14.1.1.2(B)
まだもう	17.06
町	1.4.1.1(A)/1.4.1.2(A)/1.10.1.1(A)/2.1.1.2(A)/3.2.1.1(A)/13.1.1.2(A)
待合室	1.6.1.1(C)/14.2.1.1(C)
待ち合わせ	2.10.1.2(B)
待ち合わせる	1.4.3.1(B)/2.10.4.1(B)
間違い	3.6.1.2(B)/3.7.1.2(B)/4.4.1.2(B)
間違う	1.7.9.1(A)/4.4.6.1(A)
間違える	3.6.8.1(A)/3.7.5.1(A)/4.4.6.1(A)
街角	5.1.1.1(C)/5.4.1.1(C)
街並み	1.4.1.1(C)
待ち望む	2.12.2.1(B)
松	11.7.1.1(B)/14.5.1.1(B)
末	17.03/17.06
真っ赤	1.3.1.2(B)/1.3.6.2(B)/5.2.1.2(B)/5.2.8.2(B)/14.5.2.2(B)
末期	17.06
真っ暗	15.1.3.2(B)
真っ黒	1.3.1.2(B)/1.3.6.2(B)/5.2.1.2(B)/5.2.8.2(B)
マッサージ	14.2.1.2(A)/14.3.1.2(A)
マッサージする	14.2.4.1(A)/14.3.5.1(A)
真っ青	1.3.1.2(B)/1.3.6.2(B)/5.2.1.2(B)/5.2.8.2(B)/14.2.2.2(B)
真っ先	17.05
真っ白	1.3.1.2(B)/5.2.1.2(B)
真っ白い	1.3.6.2(B)/5.2.8.2(B)
まっすぐ	2.3.4.2(B)/3.3.6.2(B)/12.1.7.2(A)
全く	17.07/17.14

— 670 —

索　引

マッチ ……………………… 1.5.1.2(C)/17.09
マッチする ………………………… 10.3.2.1(C)
末尾 …………………………………… 1.7.1.2(C)
マップ ………………………………… 7.1.1.2(B)
祭り ……………… 1.2.1.2(A)/1.4.1.1(A)/1.9.1.2(A)/
　　　　6.2.1.2(A)
祭る ………………………… 6.1.4.1(B)/6.2.2.1(B)
窓 …………………………… 1.6.1.1(A)/4.1.1.1(A)
窓口 …………………………………… 2.9.1.1(C)
まとまる …… 1.5.6.1(B)/10.2.5.1(B)/13.3.2.1(B)/
　　　　13.7.2.1(B)
まとめ ……………………… 4.6.1.2(B)/16.3.1.2(B)
まとめる … 1.5.6.1(B)/4.6.4.1(B)/10.2.5.1(B)/
　　　　13.3.2.1(B)/13.7.2.1(B)/16.3.4.1(B)
マナー ……………… 1.4.1.2(A)/3.8.1.2(A)/10.4.1.2(A)
学ぶ …………………… 1.7.7.1(B)/4.1.4.1(B)/4.2.4.1(B)
間に合う ……………… 2.9.5.1(B)/17.02/17.04/17.05
マネージャー ……………… 1.4.1.1(A)/3.6.1.1(B)/
　　　　4.2.1.1(A)/8.2.1.1(B)
招く ……………… 2.7.3.1(B)/2.11.8.1(B)/15.3.2.1(B)/
　　　　15.4.2.1(B)
まねする ………………… 4.6.3.1(B)/16.3.3.1(B)
まねる ………………………………… 5.2.2.1(B)
麻痺 ………………………… 14.2.1.1(C)/15.3.1.2(C)
麻痺する ……………………………… 15.3.4.1(C)
マフィア ……………………………… 12.1.1.2(C)
まぶす ………………………………… 1.1.3.1(C)
まぶた ……………… 14.1.1.1(B)/14.2.1.1(B)/14.4.1.1(B)
マフラー …………………… 1.3.1.1(A)/5.11.1.1(A)
魔法 …………………………………… 5.13.1.1(B)
まま ………………………………………… 17.09
ママ ………………………… 2.12.1.1(A)/3.1.1.1(A)
豆 ……………………… 1.1.1.1(B)/11.7.1.1(B)/14.5.1.1(B)
まもなく ………………………………… 17.06
魔物 …………………………………… 5.13.1.1(C)
守り …………………………………… 1.5.1.2(B)
守る ……………… 1.5.2.1(B)/1.5.3.1(B)/1.5.4.1(B)/
　　　　1.5.9.1(B)/1.6.4.1(B)/1.10.2.1(B)/2.3.9.1(B)/
　　　　3.6.6.1(B)/3.8.3.1(B)/4.1.8.1(B)/5.6.2.1(B)/
　　　　5.13.3.1(B)/5.13.7.1(B)/9.1.4.1(B)/9.2.3.1(B)/
　　　　10.6.5.1(B)/11.6.3.1(B)/11.8.2.1(B)/
　　　　12.1.5.1(B)/13.2.3.1(B)/13.6.2.1(B)/
　　　　13.6.3.1(B)/15.4.3.1(B)/16.3.6.1(B)
麻薬 …………………………………… 12.1.1.2(C)
眉 ………………………… 14.1.1.1(B)/14.2.1.1(B)
迷う ……………… 1.3.2.1(B)/1.4.4.1(B)/2.14.5.1(B)/
　　　　2.15.1.1(B)/5.13.2.1(B)
マラソン ……………………………… 1.5.1.1(A)
まり …………………………………… 1.5.1.1(C)
〜丸 …………………………………… 11.8.4(C)
丸 ……………………… 4.3.1.2(A)/4.4.1.2(A)/16.1.1.2(A)
まるごと ………………………………… 17.07
丸ごと ………………………………… 1.1.3.2(C)
まるっきり ……………………………… 17.14

まるで …………………………………… 17.09
丸々 ……………… 3.5.2.2(B)/14.3.6.2(B)/17.07
丸める …………… 1.1.3.1(B)/1.7.2.1(B)/2.6.4.1(B)
まれ ……………………………… 17.04/17.06
回す ……………… 1.5.2.1(B)/5.10.2.1(B)/5.13.5.1(B)
回り …………………………… 2.1.1.2(B)/17.03
周り …………………………… 2.8.1.2(B)/17.04
回る ……………… 1.4.3.1(B)/10.3.2.1(B)/15.5.2.1(B)
万 ……………………………………………… 17.19
満員 …………………………… 1.5.8.2(B)/5.5.1.2(B)
漫画 …………………………… 1.8.1.2(A)/8.1.1.1(A)
万が一 …………………………………… 17.06
満月 …………………………… 1.9.1.1(B)/15.5.1.1(B)
満場一致 ……………………………… 13.7.1.2(C)
マンション ……… 1.6.1.1(A)/2.1.1.1(A)/2.8.1.1(A)
慢性 ……………………………… 14.2.2.2(C)/17.06
満足する ……………………………… 2.11.4.1(B)
満点 ……………… 4.3.1.2(B)/4.4.1.2(B)/17.07
真ん中 …………………………………… 17.03
万年筆 ……………………… 4.1.1.1(B)/5.2.1.1(B)
真ん前 …………………………………… 17.03
万葉集 ………………………………… 1.7.1.1(C)

み

〜み ……………………………………… 17.14
実 ……………… 1.1.1.1(B)/11.7.1.1(B)/14.5.1.1(B)
身 ……………… 7.1.1.2(B)/12.2.1.2(B)/14.1.1.2(B)/
　　　　14.2.1.1(B)
未〜 ……………………………………… 17.06
見合い ………………………………… 2.11.1.2(B)
見上げる …………………… 15.2.6.1(B)/15.5.2.1(B)
見合わせる ……………………………… 17.05
見える ……………… 14.1.3.1(A)/15.2.6.1(A)/15.5.2.1(A)
見送り ……………… 1.4.1.2(B)/13.5.1.2(B)/17.05
見送る ……………… 1.4.4.1(B)/2.16.4.1(B)/17.05
見落とす ……………………………… 12.1.3.1(B)
見降ろす ……………………………… 15.2.6.1(B)
味覚 …………………………………… 14.1.1.2(B)
磨く ……………… 1.5.5.1(B)/2.6.3.1(B)/5.3.2.1(B)/
　　　　5.10.2.1(B)/14.3.2.1(B)
見かけ ………………………………… 1.3.1.2(C)
見かける ……………………………… 2.10.5.1(B)
味方 ……………… 1.5.1.2(B)/3.2.1.2(B)/5.13.1.1(B)/
　　　　13.6.1.2(B)
三日月 ………………………………… 15.5.1.1(B)
幹 ……………………………………… 14.5.1.1(B)
右 ………………………………… 2.1.1.2(A)/17.03
右手 …………………………………… 3.8.1.1(A)
見苦しい ……………………………… 3.5.3.2(B)
巫女 …………………………………… 6.2.1.1(C)
見事 ……………… 5.1.3.2(C)/5.2.7.2(C)/5.7.6.2(C)/
　　　　5.10.4.2(C)/5.13.2.2(C)/8.2.2.2(C)
見込み ……………… 4.4.1.2(C)/13.4.1.2(C)/15.1.1.2(C)

岬 ……………………………………… 15.2.1.1(C)
短い ……………………………… 13.7.2.2(A)/17.04
ミシン ……………… 1.3.1.1(A)/5.11.1.1(A)/11.4.1.1(B)
微塵切り ……………………………… 1.1.3.2(C)
ミス ……………… 2.3.1.2(A)/2.15.1.2(B)/11.1.1.2(B)
水 ……………… 1.1.1.1(A)/1.2.1.1(A)/11.6.1.1(A)/
　　　　14.5.1.2(A)/15.5.1.1(A)/16.2.1.2(A)/17.06
湖 ……………… 1.4.1.1(B)/15.2.1.1(B)/15.4.1.1(B)
水着 …………………………… 1.3.1.1(A)/1.5.1.1(B)
水気 …………………………………… 1.1.1.1(C)
ミスする ……………………………… 2.15.6.1(A)
ミステリー …………………………… 1.8.1.2(C)
みすぼらしい ………………………… 1.3.6.2(C)
店 ……………… 1.8.1.1(A)/2.1.1.1(A)/10.1.1.1(A)
見せびらかす ………………………… 5.9.3.1(C)
見せ物 ……………………… 2.7.1.1(C)/5.7.1.1(C)
店屋 ……………………… 2.1.1.1(B)/10.1.1.1(B)
見せる ………………………………… 5.9.3.1(A)
味噌 …………………………………… 1.1.1.1(B)
溝 ……………………… 2.11.1.2(B)/11.5.1.1(B)
見出し …………………………………… 17.01
満たす ……………… 2.10.2.1(C)/2.11.4.1(C)/4.2.6.1(C)/
　　　　10.3.2.1(C)/17.04
乱す ……………………… 1.5.9.1(B)/13.7.2.1(B)
乱れる ……………… 1.7.8.1(B)/2.1.2.1(B)/3.8.4.1(B)
道 ……………… 2.3.1.1(A)/5.6.1.2(A)/11.2.1.1(B)/11.5.1.1(B)
未知 …………………………………… 15.5.2.2(B)
身近 ……………………… 2.1.1.2(C)/17.04/17.10
道端 …………………………………… 2.1.1.2(B)
導く ……………… 4.6.4.1(C)/6.1.3.1(C)/15.3.3.1(C)/
　　　　16.3.4.1(C)
満ちる ……………………… 15.2.5.1(C)/17.04
蜜 ……………………… 11.7.1.1(C)/14.5.1.1(C)
三日 ……………………………………… 17.06
見つかる ……… 7.1.3.1(B)/12.1.3.1(B)/12.1.8.1(B)/
　　　　14.2.4.1(B)/15.3.1(B)/16.2.2.1(B)
密教 …………………………………… 6.1.1.2(C)
見つける …… 1.8.4.1(B)/2.8.3.1(B)/2.10.2.1(B)/
　　　　4.2.8.1(B)/7.1.3.1(B)/12.1.3.1(B)/12.1.8.1(B)/
　　　　14.2.4.1(B)/15.5.3.1(B)/16.2.2.1(B)
密集 …………………………………… 2.1.1.2(C)
密集する ……………………………… 2.1.2.1(C)
密接 …………………………………… 17.07
みっつ ………………………………… 17.19
みっともない ………………… 3.5.3.2(B)/3.8.3.2(B)
見つめる ……………………………… 2.10.4.1(B)
見積もり ……………………………… 2.8.1.2(B)
見通し ……………… 10.6.1.2(B)/13.4.1.2(C)/15.1.1.2(C)
認める ……………… 1.2.5.1(B)/1.10.3.1(B)/2.9.2.1(B)/
　　　　2.9.3.1(B)/2.10.5.1(B)/5.12.4.1(B)/
　　　　10.2.3.1(B)/10.2.4.1(B)/12.2.3.1(B)/
　　　　13.2.3.1(B)/13.5.4.1(B)/14.1.3.1(B)/
　　　　14.2.5.1(B)
緑 ……………… 1.3.1.2(A)/5.2.1.2(A)/5.2.8.2(A)/14.5.1.1(A)

— 671 —

索　引

皆 ················· 3.6.1.2(B)/17.07
見直し ················ 11.5.1.2(B)
見直す ······ 4.4.5.1(B)/13.1.4.1(B)/13.2.2.1(B)
皆さん ················ 3.6.1.2(A)
港 ········ 1.4.1.1(A)/2.1.1.1(A)/2.3.1.1(A)/
　　11.5.1.1(A)/11.8.1.1(A)
南 ············· 2.1.1.2(A)/17.03
源 ················ 15.2.1.2(C)
身なり ················ 1.3.1.2(C)
醜い ······ 1.3.6.2(C)/3.5.3.2(C)/13.6.2.2(C)
峰 ················ 15.2.1.1(C)
身の上 ················ 2.15.1.2(C)
身の回りのもの ············ 1.4.1.1(C)
実る ······ 1.9.7.1(C)/6.2.3.1(C)/14.5.2.1(C)/17.02
見晴らし ··············· 15.2.1.2(C)
身分 ··········· 7.1.1.2(B)/12.2.1.2(B)
見舞う ················ 15.3.2.1(C)
未満 ············· 16.1.1.2(B)/17.04
耳 ········ 2.12.1.1(A)/3.5.1.1(A)/14.1.1.1(A)/
　　14.2.1.1(A)/14.4.1.1(A)
宮 ················· 6.2.1.1(C)
脈 ············ 14.1.1.1(B)/14.2.1.1(B)
土産 ······· 2.7.1.1(A)/3.8.1.1(A)/5.3.1.1(A)
都 ················· 2.1.1.2(B)
ミュージシャン ············ 5.1.1.1(B)
ミュージック ············· 5.1.1.1(B)
妙 ··················· 17.10
明後日 ·················· 17.06
名字 ·················· 17.01
未来 ········· 1.7.1.2(B)/2.14.1.2(B)/17.04
ミリグラム ··············· 1.1.6(B)
ミリメートル ·············· 16.1.6(B)
魅力 ······ 1.3.1.2(B)/7.1.1.2(B)/8.2.1.2(B)
ミリリットル ··············· 1.1.6(B)
みりん ················ 1.1.1.1(C)
見る ······ 1.5.10.1(A)/1.8.4.1(A)/2.10.5.1(A)/
　　2.12.3.1(A)/4.4.8.1(A)/5.5.4.1(A)/14.5.3.1(A)/
　　15.2.6.1(A)
診る ················ 14.2.4.1(B)
ミルク ················ 11.7.1.1(A)
未練 ················ 2.10.1.2(C)
見分ける ··············· 14.4.5.1(B)
見渡す ················ 15.2.6.1(B)
民 ················· 12.2.1.2(C)
民事 ················ 12.1.1.2(C)
民主 ················ 13.1.1.2(B)
民宿 ··········· 1.4.1.1(C)/2.1.1.1(C)
民俗 ················ 1.10.1.2(C)
民族 ········ 1.1.2.2(B)/1.3.1.2(B)/1.10.1.1(B)/
　　12.2.1.2(B)/13.6.1.2(B)
みんな ······· 3.6.1.2(A)/15.4.1.2(A)/17.07
民法 ······· 2.11.1.2(C)/3.1.1.2(C)/11.5.1.2(C)
民謡 ················· 5.1.1.1(C)

む

無 ················ 17.02/17.09
六日 ··················· 17.06
ムード ················· 5.7.1.2(B)
向かい ·················· 17.03
向かう ······ 1.4.3.1(B)/2.14.2.1(B)/15.3.3.1(B)/
　　17.03
迎え ············ 2.16.1.2(C)/13.5.1.2(B)
迎える ················ 1.4.4.1(B)
昔 ·············· 2.13.1.1(A)/17.06
向き ················ 17.03/17.10
麦 ·················· 1.2.1.1(B)
向く ··················· 17.03
剥く ·················· 1.1.3.1(B)
無垢 ·················· 1.6.1.1(C)
向け ··················· 17.03
向ける ·················· 17.03
無限 ··················· 17.14
婿 ············· 2.11.1.2(B)/3.1.1.1(C)
向こう ··············· 17.03/17.06
無効 ········· 4.6.1.2(C)/13.2.1.2(C)/17.08
虫 ············ 1.3.1.1(B)/14.4.1.1(B)
無地 ·················· 1.3.1.2(B)
蒸し暑い ··············· 15.1.3.2(B)
無視する ······ 3.7.3.1(B)/4.1.7.1(B)/12.1.7.1(B)
虫歯 ················· 14.2.1.1(B)
無邪気 ········· 3.3.1.2(B)/3.3.10.2(B)
矛盾 ··················· 17.09
矛盾する ········ 4.6.4.1(C)/16.3.4.1(C)
むしる ··········· 2.15.9.1(C)/14.3.1.1(C)
むしろ ·················· 17.09
蒸す ·················· 1.1.3.1(B)
無数 ··················· 17.04
難しい ······ 1.5.3.2(A)/1.7.6.2(A)/2.14.6.2(A)/
　　2.16.3.2(A)/3.3.5.2(A)/3.6.2.2(A)/9.2.2.2(A)/
　　10.1.4.2(A)/10.3.3.2(A)/13.2.3.2(A)/
　　14.5.3.2(A)/15.1.4.2(A)/16.3.5.2(A)/17.11
息子 ············ 2.12.1.1(A)/3.1.1.1(A)
結びつき ················ 17.07
結び付く ··············· 16.2.3.1(C)
結び付ける ······ 4.6.4.1(C)/16.3.4.1(B)
結ぶ ········ 13.5.2.1(B)/13.5.5.1(B)/17.02
娘 ············· 2.12.1.1(A)/3.1.1.1(A)
無駄 ········ 11.5.3.2(B)/13.7.2.2(B)/17.08
無駄遣い ··············· 10.1.1.2(B)
無茶 ············ 12.1.7.2(B)/15.3.4.2(B)
無茶苦茶 ····· 12.1.7.2(B)/13.6.4.2(B)/15.3.4.2(B)
夢中 ········· 1.5.1.2(B)/3.3.6.2(B)/5.13.1.2(B)
夢中になる ·············· 5.8.2.1(B)
むっつ ·················· 17.19
空しい ············ 2.15.2.2(C)/17.02
胸 ·········· 14.1.1.1(B)/14.1.1.2(B)/14.4.1.1(B)

むやみ ··················· 17.14
村 ······· 1.10.1.1(A)/2.1.1.2(A)/6.2.1.1(A)/13.1.1.2(A)
群がる ················ 14.4.3.1(B)
紫 ········ 1.3.1.2(B)/1.3.6.2(B)/5.2.1.2(B)/5.2.8.2(B)
村人 ················· 6.2.1.1(C)
無理 ··················· 17.11
群れ ················ 14.4.1.2(B)
無論 ··················· 17.15

め

目 ········ 2.12.1.1(A)/2.16.1.1(A)/3.5.1.1(A)/
　　14.1.1.1(A)/14.2.1.1(A)/14.4.1.1(A)
芽 ············ 11.7.1.1(B)/14.5.1.1(B)
めい ·················· 3.1.1.1(B)
銘 ·················· 5.3.1.1(C)
名 ··················· 17.01
明確（な） ··············· 10.8.4.2(B)
銘柄 ··········· 1.2.1.2(C)/10.5.1.2(C)
名作 ············ 1.8.1.2(B)/5.7.1.2(B)
名産 ················· 1.4.1.2(C)
名詞 ················· 1.7.1.2(B)
名刺 ··········· 10.2.1.1(A)/10.4.1.1(A)
名所 ········ 1.4.1.1(B)/1.4.1.2(B)/2.1.1.2(B)
名称 ··················· 17.01
名人 ················· 1.5.1.2(B)
命題 ··········· 1.7.1.2(C)/16.1.1.2(C)
命中する ········ 5.13.3.1(C)/13.6.3.1(C)
名物 ··········· 1.4.1.2(B)/10.1.1.1(B)
銘々 ··················· 17.07
命名する ··············· 2.12.2.1(B)
名誉 ········ 1.5.1.2(C)/3.3.1.2(C)/5.7.1.2(C)
命令 ················· 13.6.1.2(B)
命令する ··············· 13.6.2.1(B)
迷惑 ············ 2.15.2.2(B)/3.7.1.2(B)
メーク ············ 2.10.1.1(C)/2.11.1.2(B)
メートル ··········· 15.2.7(A)/16.1.6(A)
メール ······ 9.1.1.1(A)/9.2.1.1(A)/9.2.1.2(A)/
　　16.3.1.1(A)/16.3.1.2(A)
目方 ··················· 17.04
眼鏡 ··········· 1.3.1.1(A)/14.2.1.1(A)
恵まれる ··············· 2.12.2.1(A)
めぐみ ················ 11.8.1.2(B)
恵み ·················· 1.1.1.1(C)
巡る ······ 14.1.3.1(C)/1.4.3.1(C)/10.3.2.1(C)/
　　15.1.2.1(C)
目指す ······· 1.5.7.1(B)/2.14.2.1(B)/4.1.9.1(B)/
　　4.5.3.1(B)/15.5.3.1(B)
目覚ましい ··············· 17.10
目覚める ················ 2.4.3.1(B)
飯 ·················· 1.1.1.1(B)
召し上がる ········ 1.1.2.1(B)/1.2.2.1(B)
メジャー ··············· 1.5.1.2(B)
雌 ················· 14.4.1.2(B)

— 672 —

索　引

珍しい ……… 1.1.3.2(A)/1.2.4.2(A)/1.8.4.2(A)/
　　1.9.2.2(A)/1.10.2.2(A)/2.7.3.2(A)/3.8.5.2(A)/
　　3.8.6.2(A)/5.3.3.2(A)/5.6.2.2(A)/5.9.4.2(A)/
　　6.2.2.2(A)/11.8.2.2(A)/15.4.2.2(A)/17.10
めちゃくちゃ ………………… 13.6.4.2(B)/17.14
目茶目茶 ………………………………… 12.1.7.2(B)
目つき ……… 3.4.1.2(C)/14.1.1.2(C)/14.4.1.1(C)
めっきり ……………………………………… 17.13
メッセージ ……………………………… 9.1.1.2(A)
めった ………………………………………… 17.06
滅亡 ……………………………………… 7.1.1.2(B)
滅亡する ………………………………… 7.1.2.1(B)
メディア ………………… 8.1.1.2(B)/10.4.1.1(B)
めでたい ………………………………… 4.1.2.2(C)
めど …………………………………………… 17.08
メニュー ………………………………… 1.1.1.1(A)
めまい ……… 1.2.1.2(B)/1.5.1.2(B)/14.2.1.1(B)
メモ ……………………………… 1.8.1.1(A)/4.1.1.1(A)
目盛 ……………………………………… 16.1.1.2(B)
メモリー ………………………………… 5.4.1.1(B)
目安 …………………………… 4.4.1.2(B)/17.04
メロディー ……………………………… 5.1.1.2(B)
麺 ………………………………………… 1.1.1.1(B)
面 ………… 1.3.1.1(C)/8.1.6(B)/16.1.1.2(C)/17.03
免疫 ……………………………………… 14.2.1.2(B)
面会 ……………………………………… 14.2.1.2(B)
面会する ………………………………… 14.2.5.1(B)
免除 ……………………………………… 10.8.1.2(C)
免除する ………………………………… 10.8.2.1(C)
面する ……………………………… 15.2.2.1(C)/17.03
免税 ……………………………………… 1.4.1.2(B)
面積 ……………………………… 16.1.1.2(B)/17.04
面接 ……………………………… 4.4.1.1(B)/10.3.1.2(B)
メンタル ………………………………… 1.5.1.2(C)
メンテナンス ……………………………… 1.6.1.2(C)
面倒 ………… 1.2.1.2(B)/1.3.5.2(B)/1.4.1.1(B)/
　　2.5.2.2(B)/4.5.2.2(B)/11.7.1.2(B)/12.4.1.2(B)
面倒くさい ……………… 2.8.4.2(B)/2.9.4.2(B)/
　　2.15.2.2(B)/3.3.4.2(B)
メンバー ………………………… 1.5.1.1(B)/2.9.1.2(B)
面目 ……………………………… 3.3.1.2(C)/17.10

も

喪 ………………………………………… 2.16.1.1(C)
もう ……………………………………… 17.06/17.14
儲かる ………… 5.12.2.1(B)/10.4.3.1(B)/10.5.2.1(B)
儲ける ………… 5.12.2.1(B)/10.4.3.1(B)/10.5.2.1(B)
設ける ……………………………………… 17.02
申し入れる ……………………… 10.2.5.1(C)/13.3.2.1(C)
申し込み ……… 1.4.1.2(B)/2.10.1.2(B)/2.11.1.2(B)/
　　10.3.1.2(B)
申し込みする …………………………… 1.4.2.1(B)
申し込む …… 1.4.2.1(B)/2.9.2.1(B)/2.11.3.1(B)/
　　4.4.5.1(B)/10.3.2.1(B)
申し立て ……………………… 2.11.1.2(C)/12.2.1.2(C)
申し出 ……………………………………… 10.2.1.2(B)
申し出る …………………………………… 10.2.5.1(B)
申し訳ない ………………………………… 3.4.4.1(B)
妄想 ……………………………… 2.10.1.2(C)/2.15.1.2(C)
妄想する ………………………………… 2.10.2.1(C)
盲点 …………………………………………… 17.10
毛布 ……………………………… 1.6.1.1(B)/15.3.1.1(B)
猛烈 ……… 1.9.6.2(C)/1.9.8.2(C)/15.1.3.2(C)/
　　15.3.4.2(C)/17.12
燃える ……… 1.5.5.1(B)/12.1.6.1(B)/13.6.4.1(B)/
　　15.3.4.1(B)/16.2.3.1(B)
モーター ………………………………… 11.2.1.1(B)
モーテル ………………………………… 2.1.1.1(C)
モード …………………………………… 1.3.1.2(B)
もがく ……… 1.5.5.1(C)/2.14.4.1(C)/2.15.4.1(C)
木 ……………………………………………… 17.06
木材 ……… 1.6.1.1(B)/5.3.1.1(B)/5.10.1.1(B)/
　　11.4.1.1(B)/11.5.1.1(B)/11.7.1.1(B)
目次 ……………………………………… 1.8.1.1(B)
木造 ……………………………… 1.6.3.2(B)/11.5.1.1(B)
目的 ……………………… 4.6.1.2(B)/16.3.1.2(B)/17.08
目標 ………… 1.5.1.2(B)/2.14.1.2(B)/4.1.1.2(B)/
　　8.2.1.2(B)/17.08
木曜 …………………………………………… 17.06
木曜日 ………………………………………… 17.06
潜る ……………………………… 1.5.2.1(B)/11.8.2.1(B)
目録 ………………………………………… 17.01
模型 ……………………………… 5.8.1.1(B)/5.9.1.1(B)
もし …………………………………………… 17.17
文字 ………… 1.7.1.2(B)/1.8.1.1(B)/9.2.1.2(B)/
　　16.3.1.2(B)
もしかしたら ……………………………… 17.15
もしかして …………………………………… 17.15
もしかすると ……………………………… 17.15
もしも ………………………………………… 17.17
もしもし ……………………………………… 17.20
模写する ………………………………… 5.2.2.1(C)
もたらす ……… 15.1.3.1(C)/15.3.4.1(C)/15.4.2.1(C)
もたれる ………………………… 14.1.3.1(C)/14.2.2.1(C)
モダン ………… 1.3.6.2(B)/1.6.3.2(B)/2.7.5.2(B)/
　　4.2.11.2(B)/11.2.2.2(B)
餅 ………………………………………… 1.1.1.1(B)
持ち上げる ……………………… 1.5.2.1(B)/10.4.4.1(B)
モチーフ ………… 1.3.1.2(C)/5.2.1.2(C)/5.3.1.2(C)
用いる …………………………………… 10.2.3.1(B)
持ち株 ……………………………………… 10.5.1.2(C)
持ち切り ……………………………………… 17.05
もち米 …………………………… 11.7.1.1(C)/14.5.1.1(B)
勿論 …………………………………………… 17.15
持つ …………… 1.4.2.1(A)/1.8.4.1(A)/2.14.2.1(A)/
　　5.2.4.1(A)/8.1.5.1(A)/10.5.2.1(A)/13.3.2.1(A)/
　　13.5.2.1(A)/13.7.2.1(A)/14.1.3.1(A)/17.06
もつ ……………………………… 2.5.3.1(A)/10.1.2.1(A)
目下 …………………………………………… 17.06
もったいない …………………… 3.4.4.1(B)/10.1.2.2(B)
以て ………………………………………… 17.08
もっと ………………………………………… 17.14
最も …………………………………………… 17.14
尤も ………………………………………… 17.17
もっぱら ……………………………………… 17.04
もてなす ………………………… 2.7.3.1(B)/5.6.3.1(B)
モデム ………… 9.1.1.2(C)/9.2.1.1(C)/16.3.1.1(C)
もてる …………………………… 3.5.4.1(B)/8.2.6.2(B)
モデル ………… 1.3.1.1(A)/5.2.1.2(A)/5.4.1.1(A)/
　　7.1.1.2(A)/8.2.1.1(A)/10.2.1.1(A)/17.01
元 ……………………………………………… 17.06
戻す ……………………………… 5.13.4.1(B)/14.2.2.1(B)
基づく …………………………………… 13.2.4.1(B)
求める …………………………… 10.4.3.1(B)/16.2.1.1(B)
戻る ……………………………… 2.2.4.1(B)/2.4.5.1(B)
モニター ………………………… 9.2.1.1(B)/16.3.1.1(B)
物 ……………………………… 10.1.1.1(A)/10.1.1.1(A)
物置 ……………………………………… 1.6.1.1(B)
物音 ……………………………… 5.1.1.1(C)/12.1.1.2(C)
物語 ……………………………………… 1.8.1.2(B)
物語る …………………………………… 7.1.5.1(B)
ものさし ………………………………… 4.1.1.1(B)
ものすごい ………………………………… 17.12
物足りない ………………………………… 17.04
モノレール ……………………… 2.3.1.1(B)/4.2.1.1(B)
もはや ……………………………………… 17.06
模範 ………………………………………… 17.01
喪服 ……………………………………… 1.3.1.1(B)
模倣する ………… 1.8.3.1(B)/4.6.3.1(C)/5.2.2.1(C)/
　　16.3.1.1(C)
もみじ …………………………………… 14.5.1.1(B)
揉む ………… 14.1.3.1(B)/14.2.4.1(B)/14.3.5.1(B)
揉め事 …………………………………… 2.11.1.2(C)
もめる ……… 2.10.6.1(C)/2.11.10.1(C)/2.12.7.1(C)/
　　3.7.2.1(C)/13.5.5.1(C)/13.7.2.1(C)
木綿 …………… 1.3.1.1(C)/5.3.1.1(C)/11.4.1.1(C)/
　　14.5.1.1(C)
もも ……………………………… 14.1.1.1(B)/14.4.1.1(B)
燃やす ………… 2.16.4.1(B)/14.3.5.1(B)/15.4.2.1(B)
模様 ……………………………… 1.3.1.2(A)/17.10
催し ……………………………… 1.9.1.2(C)/2.7.1.2(C)
催す …… 1.9.2.1(C)/2.7.2.1(C)/13.7.2.1(C)/17.02/
　　17.05
もらう ………… 1.4.4.1(A)/1.5.8.1(A)/3.8.2.1(A)/
　　4.2.6.1(A)/4.2.9.1(A)/4.6.6.1(A)/5.5.4.1(A)/
　　5.7.4.1(A)/9.1.2.1(A)/9.1.4.1(A)/9.2.3.1(A)/
　　10.2.2.1(A)/12.3.3.1(A)/12.4.3.1(A)/
　　13.4.4.1(A)/16.3.6.1(A)
漏らす ………………………… 14.1.3.1(C)/17.04
森 ………………… 11.7.1.1(A)/15.2.1.1(A)/15.4.1.1(A)
盛り …………………………………… 17.05/17.06

索　引

盛り上がる ……… 1.2.2.1(B)/1.5.10.1(B)/
　　2.10.4.1(B)/13.7.2.1(B)
盛る ……………… 1.1.3.1(B)/11.5.2.1(B)
漏る ………………………………… 1.6.3.1(B)
漏れる ……… 1.6.3.1(B)/3.6.7.1(B)/10.8.2.1(B)/
　　15.4.2.1(B)/17.04
もろに ……………………………… 17.07/17.12
間 ……………………………………… 4.4.12(B)
紋 …………………………………… 1.3.1.2(B)
門 ……………………………… 1.6.1.1(A)/4.1.1.1(A)
文句 ………………………………… 2.15.1.2(B)
門前 …………………………………… 6.2.1.1(B)
問題 ……… 4.4.1.2(A)/15.4.1.2(A)/16.1.1.2(A)
問答 …………………………………… 4.4.1.2(B)
文部科学省 ………………… 4.1.1.2(C)/4.2.1.2(C)
紋様 …………………………… 1.3.1.2(B)/5.3.1.2(C)

や

矢 ……………………………… 5.13.1.1(C)/13.6.1.1(C)
屋 ……………………………… 10.1.1.1(A)/10.2.1.1(A)
夜 …………………………………………… 17.06
八百屋 ………………………… 2.1.1.1(B)/10.1.1.1(B)
野外 …………………………………… 5.1.1.1(C)
やがて ……………………………………… 17.06
やかましい …… 2.1.2.2(C)/3.3.4.2(C)/11.2.4.2(C)
やかん ……………………………………… 1.1.1.1(B)
夜間 ………………… 14.2.1.1(B)/15.1.1.2(B)/17.06
焼き ………………………………… 1.2.1.1(B)
焼き物 ……………………………… 5.3.1.1(C)
焼く ………………………………… 1.1.3.1(A)
訳 …………………………………… 1.8.1.1(C)
役 ……………………… 5.5.1.2(B)/8.2.1.2(B)/10.2.1.2(B)
薬 …………………………………… 14.2.1.1(B)
夜具 ………………………………… 1.6.1.1(C)
訳語 ………………………………… 1.7.1.2(C)
やくざ ……………………………… 12.1.1.2(C)
薬剤 ………………………………… 14.2.1.1(C)
役者 ……………………… 5.5.1.1(B)/8.2.1.1(B)/10.2.1.1(B)
役所 ……………… 2.1.1.1(B)/2.8.1.1(B)/2.9.1.1(B)/
　　2.12.1.1(B)
役職 …………………………………… 10.2.1.2(C)
訳す …………………………… 1.7.6.1(B)/1.8.3.1(B)
約束 ………… 2.10.1.2(A)/2.11.1.2(A)/3.6.1.2(A)/
　　13.4.1.2(A)
約束する ……………………… 2.11.3.1(A)/2.11.7.1(A)/
　　2.11.8.1(A)/3.6.6.1(A)/13.4.3.1(A)
役立つ ……………………………………… 17.08
役に立つ …………………… 4.6.4.1(A)/16.3.4.1(A)
役人 …………………………… 10.2.1.1(A)/13.1.1.2(A)
役場 …………………… 2.1.1.1(C)/2.8.1.1(C)/2.9.1.1(C)/
　　2.12.1.1(C)/13.1.1.2(C)
薬品 …………………………… 2.16.1.1(C)/14.2.1.1(C)
薬物 ………………………………… 12.1.1.2(C)

役目 ………………………………… 2.12.1.2(B)
役割 ………………………… 2.6.1.2(B)/2.12.1.2(B)
火傷 ………………………………… 14.2.1.1(B)
やけに ……………………………………… 17.14
焼ける ………… 1.1.3.1(A)/12.1.6.1(A)/13.6.4.1(A)/
　　15.3.4.1(A)/16.2.3.1(A)
夜行 ………………………………… 1.4.1.1(C)
野菜 ……………… 1.1.1.1(A)/11.7.1.1(A)/14.3.1.1(A)/
　　14.5.1.1(A)
易しい ……… 1.7.6.2(A)/4.4.11.2(A)/9.2.2.2(A)/
　　10.1.4.2(A)/13.2.2.3.2(A)/14.5.3.2(A)/
　　16.3.5.2(A)/17.11
優しい ………… 2.12.5.2(B)/3.1.2.2(B)/3.3.5.2(B)/
　　4.1.5.2(A)/4.5.2.2(A)
屋敷 ……………… 1.6.1.1(C)/2.1.1.1(C)/5.13.1.1(C)
養う ……………………… 2.12.5.1(B)/11.8.2.1(B)
矢印 ………………………………………… 17.03
野心 …………………………………… 13.4.1.2(C)
安い ………… 1.1.4.2(A)/1.4.6.2(A)/2.5.2.2(A)/
　　5.10.3.1(A)/10.1.2.2(A)/10.6.4.2(A)/
　　10.7.3.2(A)
やすい …………………………… 1.2.4.2(B)/17.11
安っぽい …… 1.3.6.2(C)/1.6.3.2(C)/2.7.5.2(C)/
　　11.2.2.2(C)
休み ……… 1.4.1.2(A)/2.12.1.2(A)/4.1.1.2(A)/
　　4.2.1.2(A)/5.8.1.2(A)/10.1.1.2(A)/10.2.1.1(A)/
　　10.2.1.2(A)/10.2.1.2(A)/17.06
休む ……… 1.4.5.1(A)/2.4.3.1(A)/2.7.3.1(A)/
　　2.12.6.1(A)/2.12.8.1(A)/4.1.2.1(A)/4.1.3.1(A)/
　　4.2.2.1(A)/4.2.3.1(A)/10.2.2.1(A)/14.1.3.1(A)/
　　14.3.5.1(A)/17.05
休める …………………………… 14.3.5.1(B)/17.05
野生 ………………………… 14.1.1.2(B)/14.4.2.2(B)
痩せる …………… 1.1.5.1(A)/3.5.2.1(A)/14.1.2.1(A)/
　　14.3.6.1(A)
やたら ……………………………………… 17.14
家賃 …………………………… 2.8.1.2(B)/10.1.1.1(B)
やつ ………………………………… 3.6.1.2(B)
厄介 …………………………… 2.15.2.2(C)/17.11
薬局 …………………………… 2.1.1.1(C)/14.2.1.1(C)
やっつ ……………………………………… 17.19
やっつける ………………… 1.5.4.1(B)/5.13.7.1(B)
やっと ……………………………… 17.06/17.11/17.14
やっぱり ……………………………… 17.06/17.15
宿 …………………………… 1.4.1.1(C)/7.1.1.1(C)
雇う ………………………………… 10.2.3.1(B)
野党 …………………………… 13.1.1.2(C)/13.4.1.2(C)
家主 ………………………………… 2.8.1.1(B)
屋根 ………………………………… 1.6.1.1(C)
やはり ……………………………… 17.06/17.15
破く ………………………………… 1.3.5.1(B)
破る …………… 1.3.5.1(B)/1.5.3.1(B)/1.5.4.1(B)/
　　1.5.8.1(B)/2.3.9.1(B)/3.6.6.1(B)/3.8.3.1(B)/
　　4.1.8.1(B)/5.13.7.1(B)/6.1.3.1(B)/11.8.2.1(B)/

13.2.3.1(B)/13.6.3.1(B)
破れる ……… 1.3.5.1(B)/2.14.3.1(B)/2.15.7.1(B)
敗れる ………… 1.5.4.1(B)/5.12.2.1(B)/5.13.7.1(B)/
　　13.4.4.1(B)
山 …………………………… 4.4.1.2(C)/15.2.1.1(A)
山伏 ………………………………… 6.2.1.1(C)
病む ………………………………… 14.3.6.1(C)
止む ………………………………… 15.1.3.1(B)
やむ ………………………………………… 17.05
やめる …………… 1.5.7.1(A)/1.5.8.1(A)/2.9.2.1(A)/
　　2.11.7.1(A)/4.1.2.1(A)/4.2.2.1(A)/4.2.8.1(A)/
　　8.2.4.1(A)/9.1.5.1(A)/11.5.3.1(A)/14.3.5.1(A)/
　　17.05
辞める …………… 10.2.3.1(A)/10.2.5.1(A)/13.1.3.1(A)
やや ………………………………………… 17.14
ややこしい ………………………………… 17.11
やり通す ……………………………… 2.14.6.1(C)
やり遂げる …………………………… 2.14.6.1(C)
遣り取り ……………………………… 2.10.1.2(C)
やる ……………… 2.10.2.1(A)/2.10.4.1(A)/2.11.9.1(A)/
　　3.8.2.1(A)
柔らかい ……………………………… 3.3.5.2(B)
軟らかい ……………………………… 1.1.3.2(B)
ヤング ………………………………… 1.3.6.2(C)

ゆ

湯 …………… 1.1.1.1(B)/1.2.1.1(B)/1.4.1.1(B)/16.2.1.2(B)
唯一 …………………………… 6.1.3.2(C)/17.07
遺言 ………………………………… 3.1.1.2(B)
由緒 ………………………………… 5.6.1.2(C)
優 …………………………………… 4.3.1.1(B)
憂鬱 ………… 2.15.1.2(B)/2.16.1.2(B)/14.2.1.2(B)/
　　15.1.3.2(B)
有益 …………………………… 4.6.2.2(C)/4.6.4.2(C)
遊園地 ………………………… 1.4.1.1(B)/2.12.1.1(B)
有害 ………………………………… 15.4.2.2(B)
夕方 …………………………… 15.1.1.2(A)/17.06
勇敢 ………………………………… 3.3.8.2(C)
夕刊 ………………………………… 8.1.1.1(B)
有機 ………………………………… 1.1.3.2(C)
有給 ………………………………… 10.2.1.2(C)
夕暮れ ………………………… 15.1.1.2(C)/17.06
友好 …………… 3.4.1.2(C)/3.6.1.2(C)/13.5.1.2(C)
有効 …………………………… 13.2.1.2(B)/17.08
ユーザー …………………………… 9.1.1.2(C)
融資 …………………………… 10.1.1.2(C)/10.4.1.2(C)
融資する …………………… 10.1.6.1(C)/10.4.3.1(C)
優秀 …………… 4.3.3.1(B)/10.2.2.2(B)/10.4.4.2(B)
優勝 …………………………… 1.5.1.2(B)/5.7.1.1(B)
友情 …………………………… 3.2.1.2(B)/3.4.1.2(B)
優勝する ……………………… 1.5.8.1(B)/5.7.4.1(B)
夕食 ………………………………… 1.4.1.1(B)
友人 …………… 1.4.1.1(B)/2.2.1.1(B)/3.2.1.1(B)

— 674 —

索　引

融通 ………………………… 3.3.1.2(C)
有する ……………………………… 17.02
優勢 …………… 13.4.4.2(C)/13.5.5.2(C)
優先 ……………………………… 17.05
郵送 ……………………………… 9.1.1.2(B)
郵送する ………… 2.11.8.1(B)/9.1.2.1(B)
夕立ち …………………………… 15.1.1.1(B)
誘致 ……………………………… 11.6.1.2(C)
誘致する ………………………… 11.6.4.1(C)
誘導 ……………………………… 15.3.1.2(C)
誘導する ………………………… 15.3.3.1(C)
有能 ………… 5.2.7.2(C)/5.7.6.2(C)/5.10.4.2(C)/
　　　　5.13.2.2(C)/8.2.2.2(C)/10.2.2.2(C)
夕飯 ………………… 1.1.1.1(B)/1.4.1.1(B)
優美 ……………………………… 3.5.3.2(C)
郵便 ……………………………… 9.1.1.2(A)
郵便局 ……… 2.1.1.1(A)/2.9.1.1(A)/9.1.1.1(A)/
　　　　10.1.1.1(A)/10.6.1.1(A)
ゆうべ …………………………… 17.06
有望 ………… 5.2.7.2(C)/5.7.6.2(C)/5.13.2.2(C)/
　　　　8.2.2.2(C)/10.2.2.2(C)
有名 ………… 1.1.3.2(A)/1.1.4.2(A)/1.2.4.2(A)/
　　　　1.4.4.2(A)/1.4.5.2(A)/1.4.6.2(A)/1.5.7.2(A)/
　　　　1.8.2.2(A)/10.3.2.2(A)
ユーモア ………………………… 3.3.1.2(B)
悠々 ……………………… 3.3.1.2(C)/17.04/17.14
有利 ……………… 13.4.4.2(C)/13.5.5.2(B)
有力 …………… 10.2.2.2(C)/13.4.4.2(C)/17.12
幽霊 ……………… 2.16.1.2(C)/5.13.1.1(B)
誘惑する ………………………… 2.10.2.1(B)
故 ………………………………… 17.08
床 ………………………………… 1.6.1.1(C)
愉快 ………… 1.4.2.2(B)/1.8.2.2(B)/2.7.5.2(B)/
　　　　2.12.6.2(B)/3.4.1.2(B)/3.4.2.2(B)/4.1.4.2(B)/
　　　　4.5.2.2(B)/5.5.5.2(B)/5.13.9.2(B)
浴衣 ……………………………… 1.3.1.1(B)
歪む ……………………………… 14.3.6.1(B)
雪 ………………… 1.9.1.2(A)/15.1.1.1(A)
行方 ………………………… 17.03/17.06
行方不明 ……… 12.1.1.2(B)/15.3.1.2(B)
湯気 ………………… 1.1.1.1(B)/16.2.1.2(B)
輸血 ……………………………… 14.2.1.2(B)
輸血する ………………………… 14.2.4.1(B)
揺さぶる ………………………… 2.10.2.1(C)
輸出 ……………… 10.7.1.2(B)/11.2.1.2(B)
輸出する ……… 1.2.4.1(B)/10.7.2.1(B)/11.2.3.1(B)
ゆすぐ ……………… 1.3.5.1(C)/14.3.2.1(C)
譲る ……………… 2.11.1.2(C)/3.8.2.1(C)
輸送 ……………… 11.6.1.1(C)/11.7.1.2(C)
輸送する …… 2.3.2.1(C)/11.7.5.1(C)/11.8.2.1(C)/
　　　　13.6.2.1(C)
豊か ………… 1.10.2.2(B)/3.8.5.2(B)/5.1.2.2(B)/
　　　　5.2.6.2(B)/5.7.5.2(B)/10.6.6.2(B)/11.6.3.2(B)/
　　　　11.8.2.2(B)/12.4.4.2(B)/17.04

ゆっくり …………… 2.3.3.2(A)/17.04
ゆっくりとした ………………… 1.5.2.2(B)
ゆったり …… 1.4.2.2(C)/5.1.2.2(C)/5.2.6.2(C)/
　　　　5.7.5.2(C)
ゆでる …………………………… 1.1.3.1(B)
ゆとり ……………… 10.6.1.2(C)/17.04
ユニーク …… 1.9.2.2(B)/1.10.3.2(B)/3.3.4.2(B)/
　　　　3.8.6.2(B)/17.10
ユニフォーム ……… 1.3.1.1(B)/1.5.1.1(B)
輸入 ……………… 10.7.1.2(B)/11.2.1.2(B)
輸入する …… 1.2.4.1(B)/10.7.2.1(B)/11.2.3.1(B)
湯飲み …………………………… 1.1.1.1(B)
指 …………… 3.5.1.1(A)/14.1.1.1(A)/14.3.1.1(A)/
　　　　14.4.1.1(A)
指差す …………… 14.1.3.1(B)/17.03
指輪 ………… 1.3.1.1(A)/2.7.1.1(A)/2.11.1.2(A)
弓 ………………… 5.13.1.1(B)/13.6.1.1(B)
夢 …………… 2.11.1.2(A)/2.14.1.2(A)/5.12.1.2(A)/
　　　　7.1.1.2(A)/8.2.1.2(A)/13.4.1.2(A)
由来する ………………………… 6.2.4.1(B)
揺らぐ …………………………… 2.10.6.1(C)
百合 ……………………………… 5.6.1.1(C)
緩い ………… 1.3.4.2(B)/3.3.9.2(B)/4.1.8.2(B)/
　　　　6.1.3.2(B)/13.2.3.2(B)
許す ………… 1.2.5.1(B)/2.10.5.1(B)/2.11.5.1(B)/
　　　　5.12.4.1(B)/6.1.3.1(B)/14.2.5.1(B)
弛む ……………………………… 14.3.6.1(C)
緩む ……………………………… 15.1.3.1(B)
緩める …………………… 1.3.2.1(C)/17.12
緩やか ……… 15.2.3.2(C)/15.2.4.2(C)/17.04
揺れ ……………………………… 15.3.1.2(C)
揺れる ……………… 2.10.6.1(B)/15.3.4.1(B)

■ よ

世 ………………………………… 7.1.1.2(C)
夜 ……………………… 15.1.1.2(C)/17.06
夜明け …………………………… 17.06
良い ………… 1.1.2.2(A)/1.2.4.2(A)/1.5.6.2(A)/
　　　　1.5.8.2(A)/1.5.9.2(A)/3.3.3.2(A)/4.3.3.1(A)/
　　　　10.4.4.2(A)/10.5.2.2(A)/10.6.2.2(A)/
　　　　13.5.2.2(A)
酔う ………… 1.2.2.1(A)/1.2.3.1(A)/12.1.7.1(B)/
　　　　14.2.2.1(A)
洋 ……………… 1.6.5(B)/11.8.1.1(B)/15.2.7(B)
用 ………………………………… 2.4.1.2(B)
様 ………………………………… 17.10
用意 ………… 1.4.1.2(A)/4.4.1.2(A)/5.5.1.1(A)/
　　　　9.2.1.2(A)/13.4.1.2(A)/15.3.1.2(A)/16.3.1.2(A)
容易 ……………………………… 17.11
養育 ……………………………… 2.11.1.2(C)
養育する ………………………… 2.12.5.1(C)
用意する …… 1.4.2.1(A)/2.7.4.1(A)/2.11.8.1(C)/
　　　　4.4.5.1(A)/5.5.3.1(A)/13.4.3.1(A)/13.6.2.1(A)

15.3.5.1(A)
要因 ………… 14.2.1.2(C)/16.1.1.2(C)/17.08
八日 ……………………………… 17.06
妖怪 ……………………………… 5.2.1.1(C)
溶岩 ……………………………… 11.1.1.1(C)
容器 ……………………………… 1.1.1.1(B)
陽気 ……………………………… 3.3.4.2(B)
要求 ………… 2.8.1.2(C)/10.2.1.2(C)/11.5.1.2(B)/
　　　　13.3.1.2(B)/13.7.1.2(B)
要求する …… 2.12.6.1(C)/10.2.5.1(B)/
　　　　11.5.3.1(B)/13.3.2.1(B)/13.7.2.1(B)
要件 ……………………………… 2.11.1.2(C)
用語 ……………………………… 1.7.1.2(B)
養護 ……………………………… 4.1.1.1(C)
用紙 ………… 2.9.1.1(B)/4.1.1.1(B)/13.4.1.1(B)
養子 ……………… 3.1.1.1(B)/3.1.2.2(b)
要旨 ……………………… 4.6.1.1(C)/17.01
幼児 ……………… 2.12.1.1(B)/14.1.1.2(B)
用事 ……………………………… 2.4.1.2(B)
様式 ……………………………… 17.01
養殖する ………………………… 11.8.2.1(C)
用心する ………………………… 1.4.4.1(B)
様子 ……………………………… 17.10
要するに ………………………… 17.08
要請 ……………… 10.2.1.2(C)/13.3.1.2(C)
養成する ………………………… 1.5.6.1(C)
容積 ……………… 16.1.1.2(C)/17.04
溶接 ……………………………… 11.2.1.2(C)
溶接する ………………………… 11.2.3.1(C)
要素 ……………………………… 17.08
様相 ……………………………… 17.10
幼稚 ……………………………… 3.3.10.2(B)
幼稚園 ……… 2.1.1.1(A)/2.12.1.1(A)/12.3.1.1(A)/
　　　　12.4.1.1(A)
幼虫 ……………………………… 14.4.1.1(C)
要点 ……………………………… 17.01
用途 ……………………………… 17.08
曜日 ……………………………… 17.06
用品 ……………………………… 2.4.1.1(B)
洋品店 ……………… 2.1.1.1(C)/10.1.1.1(C)
洋風 ……………………… 1.1.2.2(B)/1.6.3.2(B)
洋服 ………… 1.3.1.1(A)/5.11.1.1(A)/14.4.1.1(A)
養分 ………… 14.1.1.1(B)/14.2.1.1(B)/14.5.1.2(B)
用法 ……………………………… 1.7.1.2(C)
要望 ………… 2.8.1.2(C)/10.2.1.2(C)/13.3.1.2(C)
羊毛 ……………………… 1.3.1.1(C)/11.4.1.1(C)
ようやく ………………… 17.06/17.14
容量 ……………………… 1.2.1.2(C)/16.2.1.2(C)
要領 ……………………………… 17.01
要領がいい ……………………… 3.3.1.2(B)
用例 ……………………………… 1.7.1.2(C)
ヨーガ …………………………… 14.3.1.2(C)
余暇 ………… 1.4.1.2(C)/5.8.1.2(C)/17.06
余興 ……………………………… 2.7.1.1(C)

— 675 —

索　引

預金 …………… 3.7.1.2(B)/10.1.1.2(B)/10.6.1.2(B)
預金する ……………………………… 10.1.5.1(B)
欲 …… 2.14.1.2(B)/6.1.1.2(B)/8.2.1.2(B)/13.4.1.2(B)
よく ………………………………………… 17.06
翌 …………………………………………… 17.06
抑圧 …………………………… 12.2.1.2(C)/13.6.1.2(C)
抑圧する ……………………… 12.2.2.1(C)/13.6.4.1(C)
よくいらっしゃいました ……………… 17.20
浴室 ………………………………………… 1.6.1.1(B)
翌日 ………………………………………… 17.06
抑制 ………………………………………… 14.2.1.2(C)
抑制する ……… 10.1.3.1(C)/10.4.3.1(C)/
　14.2.4.1(C)/14.3.5.1(C)
浴槽 …………………………… 1.6.1.1(C)/2.6.1.1(C)
欲張り ……………………………………… 3.3.9.2(B)
欲深い ……………………………………… 3.3.9.2(B)
欲望 …………… 2.10.1.2(C)/2.14.1.2(C)/6.1.1.2(C)/
　8.2.1.2(C)/13.4.1.2(C)
余計 …………………………… 17.04/17.14
預言 ………………………………………… 6.1.1.2(B)
予言する …………………………………… 6.2.2.1(C)
横 ………………………………… 2.1.1.2(A)/17.03
横切る …………………………… 2.3.4.1(C)/12.1.7.1(B)
汚す ……… 1.3.5.1(B)/2.3.10.1(B)/2.12.6.1(B)/
　11.2.4.1(B)/11.6.3.1(B)/15.2.4.1(B)/
　15.4.2.1(B)
横綱 ………………………………………… 1.5.1.2(B)
汚れ ……… 1.3.1.2(B)/1.6.1.2(B)/2.5.1.1(B)/
　2.6.1.1(B)/14.2.1.2(B)/14.3.1.2(B)
汚れる ……… 1.3.5.1(B)/2.1.2.1(B)/2.3.10.1(B)/
　2.6.3.1(B)/11.2.4.1(B)/15.2.4.1(B)/15.4.2.1(B)
予算 …………………………… 10.1.1.2(B)/10.4.1.2(B)
予習する ……………………… 4.1.4.1(B)/4.2.4.1(B)
余剰 ………………………………………… 17.04
よす ………………………………………… 17.05
寄せる …………………………… 15.2.5.1(B)/17.04
よそ ………………………………………… 17.03
予想 ……… 4.6.1.2(B)/13.4.1.2(B)/15.1.1.2(B)/
　16.3.1.2(B)
予想する …… 4.6.3.1(B)/13.4.6.1(B)/15.1.4.1(B)/
　16.3.3.1(B)
予測 …… 4.6.1.2(B)/10.6.1.2(B)/13.4.1.2(B)/
　15.1.2(B)/16.3.1.2(B)
予測する …… 4.6.3.1(B)/6.2.2.1(B)/13.4.6.1(B)/
　15.1.4.1(B)/16.3.3.1(B)
余所見 ……………………………………… 2.3.1.2(C)
夜空 ………………………………………… 15.5.1.1(B)
予知 ………………………………………… 15.3.1.2(C)
余地 …………………………… 17.03/17.04
予知する …………………………………… 15.3.5.1(C)
四日 ………………………………………… 17.06
四つ角 ……………………………………… 2.3.1.1(C)
欲求 …………………………… 2.12.1.2(C)/2.15.1.2(C)
よっつ ……………………………………… 17.19

よって ……………………………………… 17.08
ヨット …………………………… 1.5.1.1(A)/2.3.1.1(A)
酔っ払い …………………………………… 1.2.1.1(B)
酔っ払う …………………………………… 1.2.3.1(B)
予定 ………………………………………… 1.4.1.2(A)
予定する …………………………………… 2.7.3.1(B)
与党 …………………………… 13.1.1.2(C)/13.4.1.2(C)
夜中 …………………………… 15.1.1.2(B)/17.06
予備 …………………………… 10.1.1.1(B)/15.3.3.2(B)
呼びかける …………………… 10.2.5.1(B)/13.3.2.1(B)
呼び出す …………………………………… 9.1.3.1(B)
呼び止める ………………………………… 17.05
呼ぶ …… 2.7.3.1(A)/2.11.8.1(A)/11.6.4.1(A)/17.01
夜更かし …… 2.4.1.2(C)/5.13.1.2(C)/14.3.1.2(C)
夜更かしする ……………………………… 5.13.8.1(B)
夜更け ………………………… 15.1.1.2(C)/17.06
余分 ………………………………………… 17.04
予報 …………………………… 15.1.1.2(B)/15.3.1.2(B)
予防 ………………………………………… 14.3.1.2(B)
予報する …………………………………… 15.1.4.1(C)
予防する ……………………… 2.12.3.1(B)/14.3.5.1(B)
よほど ……………………………………… 17.14
読み ………………………………………… 1.7.1.2(B)
読み上げる ………………………………… 1.8.2.1(B)
よみがえる ………………………………… 1.5.7.1(B)
蘇る ………………………………………… 6.1.3.1(B)
読み書き …………………………………… 4.1.1.1(B)
読み込む …………………………………… 5.4.4.1(C)
読む …… 1.7.4.1(A)/1.8.2.1(A)/1.8.4.1(A)/
　8.1.4.1(A)
嫁 …………………………… 2.11.1.2(B)/3.1.1.1(B)
予約 ………………………………………… 1.4.1.2(A)
予約する ……………………… 1.1.4.1(B)/1.4.2.1(B)
余裕 …………………………… 10.6.1.2(B)/17.04
余裕がある ………………………………… 2.9.5.2(C)
寄り ………………………………………… 17.03
よりどころ ………………………………… 17.08
寄る ………………………………………… 1.4.3.1(A)
夜 …………………………………………… 15.1.1.2(A)
拠る ………………………………………… 17.07
因る ………………………………………… 17.08
鎧 …………………………………………… 5.3.1.1(C)
喜び ……… 2.12.1.2(B)/3.4.1.2(B)/4.4.1.2(B)/
　5.12.1.2(B)
喜ぶ …… 2.11.9.1(A)/2.12.2.1(A)/3.4.2.1(A)/
　4.4.9.1(A)
よろしく …………………………………… 17.20
世論 …………… 8.1.1.2(B)/13.3.1.2(B)/16.1.1.2(B)
弱い ……… 1.2.3.1(A)/1.5.4.2(A)/1.5.6.2(A)/
　3.3.8.2(A)/5.1.2.2(A)/5.2.6.2(A)/5.7.5.2(A)/
　17.12
弱まる …………………………… 15.1.3.1(B)/17.12
弱める ……………………………………… 17.12
弱る …… 2.15.2.1(B)/2.15.9.1(B)/14.2.2.1(B)/

　14.3.6.1(B)/14.4.2.1(B)/17.12
四 …………………………………………… 17.19

ら

来 …………………………………………… 17.06
来月 ………………………………………… 17.06
来週 ………………………………………… 17.06
来場者 ……………………………………… 5.5.1.1(C)
来場する ……………………… 1.5.10.1(B)/5.5.4.1(B)
ライス ……………………………………… 1.1.1.1(C)
ライター …………………………………… 2.4.1.1(B)
ライト ………… 1.6.1.1(B)/2.5.1.1(B)/5.5.1.1(B)
来年 ………………………………………… 17.06
ライバル …… 1.5.1.2(B)/2.10.1.2(B)/3.2.1.2(B)/
　13.4.1.2(B)/13.6.1.2(B)
ライブ ……………………………………… 5.1.1.1(B)
ライブラリー ……………………………… 1.8.1.1(C)
ライン …………… 1.3.1.2(C)/1.5.1.2(C)/2.3.1.2(C)
ラウンド …………………………………… 1.5.1.2(C)
楽 …… 1.3.5.2(B)/1.5.5.2(B)/2.5.2.2(B)/10.3.3.2(B)/
　/17.11
楽章 ………………………………………… 5.1.1.2(C)
落第 ………………………………………… 4.4.1.2(C)
酪農 ………………………………………… 14.4.1.2(B)
ラグビー …………………………………… 1.5.1.1(A)
ラジオ …… 2.5.1.1(A)/8.1.1.1(A)/10.4.1.1(A)/
　15.3.1.1(A)
ラジカセ …………………………………… 2.5.1.1(B)
螺旋 ………………………………………… 5.3.1.2(C)
落下させる ………………………………… 5.13.5.1(C)
楽観的 ………………………… 3.3.1.2(B)/3.3.4.2(B)
ラック ……………………………………… 2.6.1.1(C)
ラッシュ …………………………………… 2.3.1.2(C)
ラブ ………………………………………… 2.10.1.2(C)
ラベル ……………………………………… 4.1.1.1(C)
ラム ………………………………………… 1.2.1.1(C)
欄 …………………… 2.9.1.1(B)/8.1.1.2(C)/8.1.6.2(C)
ラン ………………………………………… 14.5.1.1(B)
卵子 ………………………………………… 14.1.1.1(C)
ランチ ……………………………………… 1.1.1.1(A)
ランド ……………………………………… 1.4.1.1(C)
ランニング ………………………………… 1.5.1.1(A)
ランプ …………………………… 1.6.1.1(B)/2.5.1.1(B)
乱暴 …………………………… 3.3.5.2(B)/12.1.1.2(B)
乱暴する …………………………………… 12.1.2.1(B)

り

リア …………………………… 2.3.1.1(C)/11.2.1.1(C)
リーグ ……………………………………… 1.5.1.2(C)
リーダー ……………………… 3.6.1.1(B)/8.2.1.1(B)
リーチ ……………………………………… 5.13.1.2(B)
リード ……………………………………… 13.4.1.2(B)

— 676 —

索　引

リードする………… 1.5.4.1(B)/5.13.7.1(B)/
　13.4.4.1(B)
利益……… 10.4.1.2(B)/10.5.1.2(B)/13.1.1.2(B)
理科………………… 4.1.1.1(A)/16.2.1.2(A)
理解……………………………… 13.5.1.2(B)
利害……… 10.2.1.2(C)/12.1.1.2(C)/13.1.1.2(C)/
　13.6.1.2(C)
理解する……… 1.10.3.1(B)/2.12.6.1(B)/4.1.4.1(B)/
　4.2.4.1(B)/13.5.6.1(B)/14.1.3.1(B)
力学………………… 16.1.1.2(B)/16.2.1.2(C)
力士……………………………… 1.5.1.1(C)
陸軍……………………………… 7.1.1.1(B)
理屈………………… 4.6.1.2(C)/16.3.1.2(C)
利口……………………………… 14.4.2.2(B)
履行……………………………… 11.5.1.2(C)
離婚……… 2.8.1.2(B)/2.11.1.2(B)/6.1.1.2(B)/
　8.2.1.2(B)
離婚する……………………… 2.11.11.1(B)
リサイクル…………………… 15.4.1.2(A)
リサイクルする……………… 15.4.3.1(A)
利子……… 4.2.1.2(B)/10.1.1.2(B)/10.6.1.2(B)
利潤……………… 10.4.1.2(B)/10.5.1.2(B)
リスク…………………………… 10.5.1.2(C)
リズム……………………… 5.1.1.2(B)/17.04
理性……………………………… 14.1.1.2(C)
理想……… 2.10.1.2(B)/3.5.1.2(B)/13.3.1.2(B)/
　13.6.1.2(B)
リゾート………………………… 1.4.1.2(C)
利息……… 4.2.1.2(B)/10.1.1.2(B)/10.6.1.2(B)
率……………… 10.6.1.2(B)/10.8.5.2(B)/16.1.6(B)
立………………………………… 4.2.12(B)
立証する……………………… 12.1.4.1(C)
リットル………… 1.1.6(A)/1.2.7(A)/11.2.5(A)/
　16.1.6.2(A)
立派……… 2.16.4.2(B)/3.3.7.2(B)/5.1.3.2(B)/
　5.2.7.2(B)/5.7.6.2(B)/5.10.4.2(B)/5.13.2.2(B)/
　8.2.2.2(B)/13.1.3.2(B)
立方……………………………… 16.1.1.2(C)
立法……………………………… 13.1.1.2(C)
立方体…………………………… 16.1.1.2(C)
利点………………………………… 17.10
リハビリ………………… 12.3.1.2(C)/12.4.1.2(C)
リハビリテーション…………… 12.3.1.2(C)/
　12.4.1.2(C)
リビング………………… 1.6.1.1(B)/2.6.1.1(B)
リフォームする………………… 1.6.3.1(B)
リポート………………… 1.4.1.1(B)/1.8.1.2(B)
リボン…………………… 1.3.1.1(B)/2.7.1.1(B)
利回り…………………………… 16.1.1.2(C)
略………………………………… 1.7.1.2(C)
略語……………………………… 1.7.1.2(C)
略す……………………… 1.7.9.1(B)/17.02
略する…………………… 1.7.9.1(B)/17.02
略奪……… 5.13.1.2(C)/12.1.1.2(C)/13.6.1.2(C)

略奪する……… 2.10.2.1(C)/5.13.3.1(C)/
　12.1.2.1(C)/13.6.2.1(C)
理由……… 2.15.1.2(A)/3.7.1.2(A)/10.2.1.2(A)/17.08
流…………………………… 5.6.7(B)/17.01
流域……………………………… 11.8.1.1(C)
留学……………………………… 13.5.1.2(B)
留学する………………………… 13.5.6.1(B)
留学生………… 4.1.1.2(A)/4.2.1.1(A)/13.5.1.1(A)
流行……… 1.1.4.2(B)/1.3.1.2(B)/1.3.6.2(B)/
　5.1.2.2(B)/5.5.4.2(B)/10.4.1.2(B)/14.3.4.2(B)
流行する……………… 1.1.4.1(B)/1.3.3.1(B)
粒子……………… 15.5.1.1(C)/16.2.1.2(C)
流通…………… 11.7.1.2(B)/11.8.1.2(B)
流通する……………… 1.2.4.1(B)/11.7.5.1(B)
流入する……………………… 15.4.2.1(C)
量……… 1.1.1.2(B)/1.2.1.2(B)/11.8.1.2(B)/
　16.1.1.2(B)/17.04
寮……… 1.6.1.2(B)/2.1.1.1(B)/2.8.1.2(B)/4.1.1.1(B)/
　4.2.1.1(B)
両…………………… 2.3.11(C)/17.03/17.07
料…………………………………… 10.1.7(B)
漁………………………… 11.8.1.1(B)/11.8.1.2(B)
領………………………………… 13.5.7(C)
領域…………………… 11.8.1.2(C)/17.03
領海……… 11.8.1.2(C)/13.5.1.2(C)/13.6.1.2(C)
両替…………………… 1.4.1.2(B)/10.1.1.2(B)
両替する……… 1.4.2.1(B)/10.7.1.2(B)/10.7.3.1(B)
両側……………………………… 17.03
両極…………………………… 17.03/17.14
料金……… 1.4.1.2(B)/2.3.1.1(B)/10.1.1.1(B)/
　10.1.1.2(B)
良好……………………………… 14.3.1.2(C)
漁師……………………………… 11.8.1.1(B)
量子……… 11.6.1.1(C)/15.5.1.1(C)/16.2.1.2(C)
領事……………………………… 13.5.1.1(A)
領事館…………………………… 13.5.1.1(A)
良識……………………………… 3.8.1.2(C)
両社……………………………… 6.2.1.1(C)
領収書…………………………… 2.9.1.1(B)
了承する……………………… 14.1.3.1(C)
両親……… 2.2.1.1(B)/2.11.1.1(B)/2.12.1.1(B)/
　3.1.1.1(B)
良心…………………………… 12.1.1.2(C)
利用する……………… 11.6.2.1(B)/15.4.3.1(B)
領地……… 7.1.1.2(C)/13.5.1.2(C)/13.6.1.2(C)
量的……………………………… 4.6.2.2(C)
領土……… 7.1.1.2(C)/13.5.1.2(C)/13.6.1.2(C)
両方………………………………… 17.03
療法……………………… 2.15.1.2(C)/14.2.1.2(C)
療養…………………… 12.3.1.2(C)/12.4.1.2(C)
料理……… 1.1.1.1(A)/1.2.1.1(A)/5.8.1.1(A)/
　8.1.1.1(A)
両立…………………… 2.6.1.2(C)/17.02
両立する……………………… 2.6.6.1(C)

旅館…………………… 1.4.1.1(B)/2.1.1.1(B)
力……………………… 1.5.12(B)/5.13.1.2(B)
旅券……………………………… 1.4.1.1(C)
旅行……… 1.4.1.2(A)/2.10.1.1(A)/3.8.1.2(A)/
　4.1.1.1(A)/5.8.1.1(A)
リラックス……………………… 14.3.1.2(A)
離陸する………………………… 2.3.7.1(B)
履歴……………………………… 10.3.1.2(C)
履歴書…………………………… 10.3.1.1(B)
理論…………………… 4.6.1.2(B)/16.3.1.2(B)
林………………………………… 14.5.1.2(B)
輪……… 2.3.1.1(C)/5.6.7.2(B)/11.2.1.1(B)
林業…………………………… 11.7.1.2(B)
リング…………………… 1.5.1.1(B)/5.3.1.1(B)
燐酸………………… 14.1.1.1(C)/15.4.1.2(C)
臨時………………………………… 17.06
臨時国会……………………… 13.1.1.2(C)
臨床…………………………… 2.15.1.2(C)
隣接する……………………… 16.1.3.1(C)
リンパ………………………… 14.2.1.1(C)

る

類………………………… 14.4.6(B)/17.01
類似………………………………… 17.09
類推…………………… 4.6.1.2(C)/16.3.1.2(C)
類推する……………… 4.6.3.1(C)/16.3.3.1(C)
ルーズ…………………………… 3.3.9.2(B)
ルーター……… 9.1.1.2(C)/9.2.1.1(C)/16.3.1.1(C)
ルーツ…………………………… 1.7.1.2(C)
ルート…………………… 1.4.1.2(B)/2.3.1.2(B)
ルーム…………………… 1.4.1.1(B)/1.6.1.1(B)
ルール……… 1.5.1.2(A)/1.7.1.2(C)/2.3.1.2(A)/
　3.8.1.2(C)/4.1.1.2(C)/5.13.1.2(A)/11.8.1.2(C)/
　15.4.1.2(A)/16.2.1.2(A)
留守…………………… 1.6.1.2(B)/17.02
留守番…………………………… 1.6.1.1(B)
ルネサンス……………………… 5.3.1.2(B)

れ

例………………………… 1.7.1.2(B)/17.01
礼……………………… 1.5.1.2(B)/3.8.1.2(B)
零………………………………… 17.19
霊………………………………… 6.2.1.2(B)
レイアウト……………………… 1.8.1.2(C)
例外………………………………… 17.01
礼儀……… 1.5.1.2(B)/3.8.1.2(B)/4.5.1.2(B)/
　10.3.1.2(B)/10.4.1.2(B)
冷却……………………………… 11.6.1.1(C)
冷酷…………………………… 13.6.4.2(C)
霊魂…………………………… 2.16.1.2(C)
冷静……………………………… 3.3.1.2(B)
冷蔵…………………… 1.1.3.2(B)/11.8.3.2(B)

— 677 —

索　引

冷蔵庫‥‥‥‥‥‥‥2.5.1.1(A)/2.8.1.1(A)
冷蔵する‥‥‥‥‥‥1.1.3.1(B)/11.8.2.1(B)
零点‥‥‥‥‥‥‥‥4.3.1.2(B)/4.4.1.2(B)
冷凍‥‥‥‥‥‥‥‥1.1.3.2(B)/11.8.3.2(B)
冷凍する‥‥‥‥‥‥1.1.3.1(B)/11.8.2.1(B)
礼拝‥‥‥‥‥‥‥‥‥‥‥‥‥‥6.1.1.2(C)
レイプ‥‥‥‥‥‥‥‥‥‥‥‥12.1.1.2(C)
冷房‥‥‥‥‥‥‥‥1.9.1.1(B)/2.5.1.1(B)/4.1.1.1(B)/
　11.6.1.1(B)
レインコート‥‥‥‥‥‥‥‥‥1.9.1.1(B)
レース‥‥‥‥1.5.1.1(B)/5.11.1.1(B)/5.12.1.1(B)
暦‥‥‥‥‥‥‥‥‥‥‥‥‥‥1.9.1.2(C)
歴史‥‥‥‥‥‥1.8.1.2(B)/4.1.1.1(B)/7.1.1.2(B)
レギュラー‥‥‥‥‥‥‥‥‥‥1.5.1.1(B)
レクリエーション‥‥‥‥‥‥‥1.9.1.2(C)
レコーディング‥‥‥‥‥‥‥‥5.1.4.1(B)
レコード‥‥‥1.5.1.2(B)/5.1.1.1(A)/5.8.1.1(A)/
　5.9.1.1(A)
レジ‥‥‥‥‥‥‥‥10.1.1.1(B)/11.4.1.1(B)
レシピ‥‥‥‥1.2.1.2(B)/2.12.1.1(B)/14.3.1.2(B)
レジャー‥‥‥‥‥‥1.9.1.2(B)/5.8.1.2(B)
レストラン‥‥‥‥‥1.1.1.1(A)/1.2.1.1(A)/
　1.4.1.1(A)/2.1.1.1(A)/2.7.1.1(A)/2.10.1.1(A)/
　2.11.1.1(A)/3.8.1.1(A)/4.2.1.1(A)/10.1.1.1(A)
劣化する‥‥‥‥‥‥‥‥‥‥‥1.2.4.1(C)
列車‥‥‥‥‥‥1.4.1.1(B)/2.3.1.1(B)/4.2.1.1(B)
レッスン‥‥‥‥‥‥2.4.1.1(A)/4.5.1.2(A)
列島‥‥‥‥‥‥‥‥‥‥‥‥‥15.2.1.1(C)
劣等感‥‥‥‥‥‥‥‥‥‥‥‥2.15.1.2(C)
レバー‥‥‥‥‥‥‥2.5.1.1(B)/11.2.1.1(B)
レベル‥‥‥‥‥‥‥1.5.1.2(B)/5.13.1.2(A)
レポート‥‥‥‥‥‥1.4.1.1(B)/1.8.1.2(B)
レモン‥‥‥‥‥‥‥1.1.1.1(A)/1.2.1.1(A)
恋愛‥‥‥‥‥2.10.1.2(C)/5.5.1.2(B)/8.2.1.2(B)
煉瓦‥‥‥‥‥1.6.1.1(B)/5.3.1.1(B)/11.5.1.1(B)
連休‥‥‥‥‥‥‥‥1.4.1.2(B)/1.9.1.2(B)
連携‥‥‥‥‥‥‥‥‥‥‥‥‥12.4.1.2(B)
連携する‥‥‥‥‥‥4.2.10.1(C)/15.3.6.1(C)
連合‥‥‥‥‥‥‥‥‥‥‥‥‥13.3.1.2(C)
連載‥‥‥‥‥‥‥‥‥‥‥‥‥1.8.1.2(B)
連載する‥‥‥‥‥‥‥‥‥‥‥5.2.5.1(B)
レンジ‥‥‥‥‥‥‥1.1.1.1(B)/2.5.1.1(B)
連日‥‥‥‥‥‥‥‥‥‥‥‥‥‥‥17.06
練習‥‥‥‥‥‥‥‥1.5.1.2(A)/13.6.1.2(A)
練習する‥‥‥‥‥‥‥‥‥‥‥1.5.5.1(A)
レンズ‥‥‥‥‥‥‥5.4.1.1(B)/11.4.1.1(B)
連続‥‥‥‥‥‥‥‥‥‥‥‥17.05/17.07
連帯‥‥‥‥‥‥‥‥1.5.1.2(C)/13.3.1.2(C)
連帯保証人‥‥‥‥‥‥‥‥‥‥10.1.1.2(C)
レンタカー‥‥‥‥‥‥‥‥‥‥1.4.1.1(B)
連動‥‥‥‥‥‥‥‥‥‥‥‥‥10.5.1.2(C)
連動する‥‥‥‥‥‥‥‥‥‥‥10.5.3.1(C)
レントゲン‥‥‥‥‥‥‥‥‥‥14.2.1.1(A)
連中‥‥‥‥‥‥‥‥‥‥‥‥‥3.6.1.2(C)

連邦‥‥‥‥‥‥‥‥‥‥‥‥‥13.1.1.2(C)
連盟‥‥‥‥‥‥‥‥‥‥‥‥‥13.5.1.2(C)
連絡‥‥‥‥‥‥‥‥9.1.1.2(B)/15.3.1.2(B)
連絡する‥‥‥‥‥‥9.1.2.1(B)/15.3.5.1(B)

ろ

路‥‥‥‥‥‥‥‥‥‥‥‥‥‥2.3.1.1(C)
炉‥‥‥‥‥‥‥‥‥‥5.6.1.1(C)/11.6.1.1(C)
廊下‥‥‥‥‥‥‥‥‥‥‥‥‥1.6.1.1(A)
老後‥‥‥‥‥‥‥‥12.3.1.2(B)/12.4.1.2(B)
労使‥‥‥‥‥‥‥‥‥‥‥‥‥10.2.1.2(C)
老中‥‥‥‥‥‥‥‥‥‥‥‥‥7.1.1.1(C)
老女‥‥‥‥‥‥‥‥‥‥‥‥‥12.3.1.2(C)
老人‥‥‥‥12.3.1.2(B)/12.4.1.1(B)/14.1.1.2(B)
労組‥‥‥‥‥‥‥‥‥‥‥‥‥10.2.1.2(C)
ろうそく‥‥‥‥‥‥1.6.1.1(B)/15.3.1.1(B)
労働‥‥‥‥‥‥‥‥10.2.1.2(B)/12.2.1.2(B)
朗読する‥‥‥‥‥‥‥‥‥‥‥1.8.2.1(C)
老年‥‥‥‥‥‥‥‥‥‥‥‥‥12.4.1.2(C)
浪費‥‥‥‥‥‥‥‥‥‥‥‥‥10.1.1.2(C)
老齢‥‥‥‥‥‥‥‥‥‥‥‥‥12.4.1.2(C)
ロープ‥‥‥‥‥‥‥1.5.1.1(B)/5.10.1.1(B)
ローマ字‥‥‥1.7.1.2(B)/9.2.1.2(B)/16.3.1.2(B)
ローン‥‥‥‥‥‥‥‥‥‥‥‥1.6.1.2(C)
六‥‥‥‥‥‥‥‥‥‥‥‥‥‥‥‥17.19
録音‥‥‥‥‥‥‥‥‥‥‥‥‥9.1.1.2(B)
録音する‥‥‥‥‥‥5.1.4.1(B)/9.1.3.1(B)
ろくな‥‥‥‥‥‥‥‥‥‥‥‥‥‥17.10
ろくに‥‥‥‥‥‥‥‥‥‥‥‥‥‥17.14
ロケット‥‥‥2.3.1.1(B)/5.13.1.1(B)/13.6.1.1(B)/
　15.5.1.1(B)
露出‥‥‥‥‥‥‥‥‥‥‥‥‥5.4.1.2(C)
路上‥‥‥‥‥‥‥‥‥‥‥‥‥2.3.1.1(C)
路線‥‥‥‥‥‥‥‥‥‥‥‥‥2.3.1.2(C)
ロッカー‥‥‥‥‥‥1.6.1.1(B)/4.1.1.1(B)
露天‥‥‥‥‥‥‥‥‥‥‥‥‥4.1.1.1(C)
驢馬‥‥‥‥‥‥‥‥‥‥‥‥‥5.2.1.1(C)
ロビー‥‥‥‥‥‥‥1.4.1.1(C)/1.6.1.1(C)
ロボット‥‥‥‥‥‥‥‥‥‥‥5.2.1.1(B)
ロマン‥‥‥‥‥‥‥5.1.1.1(C)/5.2.1.1(B)
ロマンチック‥‥‥‥3.3.10.2(B)/5.1.2.2(B)/
　5.2.6.2(B)/7.1.7.2(B)/15.5.1.2(B)
路面‥‥‥‥‥‥‥‥‥‥‥‥‥11.2.1.1(C)
論‥‥‥‥‥‥4.6.1.2(B)/4.6.7(B)/16.3.1.2(B)
論議‥‥‥‥‥‥‥‥‥‥‥‥‥13.7.1.2(C)
論じる‥‥‥‥‥‥‥4.6.4.1(B)/16.3.4.1(B)
論ずる‥‥‥‥‥‥‥4.6.4.1(B)/16.3.4.1(B)
論争‥‥‥‥‥4.6.1.2(C)/7.1.1.2(C)/16.3.1.2(C)
論文‥‥‥‥‥4.2.1.1(B)/4.6.1.2(B)/16.3.1.2(B)
論理‥‥‥‥‥‥‥‥4.6.1.2(C)/16.3.1.2(C)

わ

和‥‥‥‥‥‥‥‥‥‥‥‥‥‥‥1.6.5(B)
ワープロ‥‥‥2.5.1.1(A)/9.2.1.1(A)/9.2.1.2(A)/
　16.3.1.1(A)/16.3.1.2(A)
ワールド〜‥‥‥‥‥‥‥‥‥‥1.5.1.1(A)
ワイシャツ‥‥‥‥‥‥‥‥‥‥1.3.1.1(A)
ワイド‥‥‥‥‥‥‥‥‥‥‥‥5.4.1.2(B)
ワイヤ‥‥‥‥‥‥‥2.6.1.1(B)/5.6.1.1(B)
ワイン‥‥‥‥1.1.1.1(B)/1.2.1.1(B)/3.8.1.1(A)
和英‥‥‥‥‥‥‥‥‥‥‥‥‥1.7.1.1(C)
和歌‥‥‥‥‥‥‥‥1.7.1.1(C)/5.2.1.1(C)
和解‥‥‥‥‥‥‥‥‥‥‥‥‥2.11.1.2(C)
和解する‥‥‥‥‥‥‥‥‥‥‥2.11.11.1(C)
沸かす‥‥‥‥‥‥‥1.1.3.1(B)/16.2.3.1(B)
若手‥‥‥‥‥‥‥‥‥‥‥‥‥8.2.1.2(C)
わがまま‥‥‥2.10.7.2(C)/2.12.1.2(C)/2.12.6.2(B)/
　3.3.5.2(B)
若者‥‥‥‥‥‥‥‥1.7.1.2(B)/14.1.1.2(B)
我が家‥‥‥‥‥‥‥‥‥‥‥‥2.6.1.1(B)
分かる‥‥‥‥1.7.7.1(A)/2.12.6.1(A)/4.1.4.1(A)/
　4.2.4.1(A)/14.1.3.1(A)
別れ‥‥‥‥‥1.9.1.2(B)/2.10.1.2(B)/13.5.1.2(B)
別れる‥‥‥‥‥‥‥2.10.6.1(A)/2.11.11.1(A)
若々しい‥‥‥‥‥‥‥‥‥‥‥1.3.6.2(B)
わき‥‥‥‥‥14.1.1.1(B)/14.4.1.1(B)/17.03
沸く‥‥‥‥‥‥‥‥1.1.3.1(B)/16.2.3.1(B)
湧く‥‥‥‥‥‥‥‥‥‥‥‥‥1.4.5.1(B)
枠‥‥‥‥‥‥‥‥‥‥‥‥‥17.03/17.10
惑星‥‥‥‥‥‥‥‥‥‥‥‥‥15.5.1.1(B)
ワクチン‥‥‥‥‥‥‥‥‥‥‥14.3.1.2(B)
わけ‥‥‥‥‥‥‥‥‥‥‥‥‥‥‥17.08
分ける‥‥‥‥2.6.4.1(A)/3.1.4.1(A)/3.7.5.1(A)/
　10.4.2.1(A)/16.1.3.1(A)
ワゴン‥‥‥‥‥‥‥‥‥‥‥‥11.2.1.1(C)
技‥‥‥‥‥‥‥‥‥‥‥‥‥‥1.5.1.2(C)
わざと‥‥‥‥‥‥‥‥‥‥‥‥‥‥17.16
わざわざ‥‥‥‥‥‥‥‥‥‥‥‥‥17.16
和室‥‥‥‥‥1.4.1.1(B)/1.6.1.1(B)/2.6.1.1(B)
わずか‥‥‥‥2.7.3.2(B)/2.13.2.2(B)/17.04
忘れ物‥‥‥‥‥‥‥‥‥‥‥‥1.4.1.1(B)
忘れる‥‥‥1.2.3.1(A)/1.4.2.1(A)/2.13.2.1(A)/
　4.4.6.1(A)
綿‥‥‥‥‥‥1.3.1.1(C)/5.3.1.1(B)/5.11.1.1(B)/
　11.4.1.1(B)/11.7.1.1(B)/14.5.1.1(B)
話題‥‥‥‥‥‥‥‥5.5.1.2(B)/17.01
私‥‥‥‥‥‥‥‥‥‥‥‥‥‥3.6.1.2(A)
渡す‥‥‥‥‥‥‥‥‥‥‥‥‥3.8.2.1(B)
渡り鳥‥‥‥‥‥‥‥‥‥‥‥‥14.4.1.1(C)
渡る‥‥‥‥‥‥‥‥12.1.7.1(A)/13.5.4.1(A)
ワット‥‥‥‥‥‥‥‥1.6.5(B)/11.6.5(B)
わび‥‥‥‥‥‥‥‥3.7.1.2(C)/13.6.1.2(C)
詫びる‥‥‥‥‥‥‥3.7.6.1(C)/8.2.5.1(C)

— 678 —

索　引

和風……………………1.1.2.2(B)/1.6.3.2(B)
和服……………………………1.3.1.1(B)
和文……………………………1.7.1.2(C)
藁………… 1.6.1.1(C)/11.5.1.1(C)/14.5.1.1(C)
笑い……………………………14.1.1.2(B)
笑う…………………… 1.2.3.1(A)/2.12.6.1(A)
草鞋……………………………6.2.1.1(C)
割……………………… 10.6.7(B)/16.1.6(B)
割合…………………… 16.1.1.2(B)/17.14
割り当て………………………10.5.1.2(C)
割り込む………………………2.3.9.1(B)
割り算…………………………16.1.1.2(B)
割と……………………………17.14
割に……………………………17.14
割引……………………… 1.4.1.2(C)/17.04
割る………… 1.1.3.1(B)/1.2.2.1(B)/16.1.2.1(B)
悪い………… 1.1.2.2(A)/1.2.4.2(A)/1.5.9.2(A)/
　 3.3.3.2(A)/4.3.3.1(A)/10.4.4.2(A)/10.5.2.2(A)/
　 10.6.2.2(A)/12.4.4.2(A)/13.5.2.2(A)/
　 14.2.2.2(A)
悪口……………………………3.7.1.2(B)
悪者……………………………5.13.1.1(B)
我………………………………3.6.1.2(C)
割れる……… 1.6.3.1(B)/2.5.3.1(B)/15.3.4.1(B)
椀・碗…………………………1.1.1.1(B)
湾……………………… 11.8.1.1(B)/15.2.1.1(B)
ワンピース…………… 1.3.1.1(A)/5.11.1.1(A)

編者
山内博之

執筆者
橋本直幸（はしもと なおゆき）

山口県出身。2005年東京都立大学人文科学研究科博士後期課程単位取得退学。首都大学東京助教を経て、福岡女子大学専任講師。

（主著・主論文）「「と思っている」について―日本語母語話者と日本語学習者の使用傾向の違いから」（『日本語文法』3-1、2003年）、『日本語教育スタンダード試案 語彙』（共著、ひつじ書房、2008年）。

金庭久美子（かねにわ くみこ）

愛知県出身。2010年埼玉大学大学院文化科学研究科博士後期課程修了。博士（学術）。横浜国立大学及び実践女子大学非常勤講師。

（主著・主論文）「TVニュース構成の特徴分析とそれを支える表現」（共著、『日本語教育』101号、1999年）、「リソースの活用を目指した授業―ニュース教材を利用した聴解授業」（『日本語教育』121号、2004年）、『日本語教育スタンダード試案 語彙』（共著、ひつじ書房、2008年）、『日本語能力試験スーパー模試N1』（共著、アルク、2011年）。

田尻由美子（たじり ゆみこ）

大分県出身。2001年岡山大学大学院文学研究科修士課程修了。九州大学留学生センター非常勤講師。

（主著・主論文）「実践女子大学留学生の言語活動―『話す』活動を中心に」（『実践女子大学外国語教育センターFLCジャーナル』第3号、2008年）、『日本語教育スタンダード試案 語彙』（共著、ひつじ書房、2008年）。

山内博之（やまうち ひろゆき）

愛知県出身。1990年大阪大学経済学研究科博士後期課程単位取得退学。岡山大学専任講師、実践女子大学助教授を経て、実践女子大学教授。

（主著）『ロールプレイで学ぶ中級から上級への日本語会話』（アルク、2000年）、『OPIの考え方に基づいた日本語教授法―話す能力を高めるために』（ひつじ書房、2005年）、『誰よりもキミが好き！ 日本語力を磨く二義文クイズ』（アルク、2008年）、『プロフィシェンシーから見た日本語教育文法』（ひつじ書房、2009年）。

実践日本語教育スタンダード

発行	2013年3月14日　初版1刷
定価	8000円＋税
編者	Ⓒ 山内博之
発行者	松本功
印刷所	三美印刷株式会社
製本所	三省堂印刷株式会社
発行所	株式会社 ひつじ書房
	〒112-0011 東京都文京区千石2-1-2 大和ビル2階
	Tel.03-5319-4916 Fax.03-5319-4917
	郵便振替 00120-8-142852
	toiawase@hituzi.co.jp　http://www.hituzi.co.jp

ISBN978-4-89476-463-7

造本には充分注意しておりますが、落丁・乱丁などがございましたら、小社かお買上げ書店にておとりかえいたします。ご意見、ご感想など、小社までお寄せ下されば幸いです。

本書の本文の pdf データ閲覧について

本書の本文の pdf データを、ひつじ書房の条件を了解して下さり、かつ個人の立場で購入された方に提供します。本書の購入により、自動的に pdf ファイルを閲覧する権利が生じるということではありません。古書を購入された場合についても、pdf ファイルを閲覧する権利はありません。

1 冊に付き 1 ライセンスの電子ファイルを、契約書にご署名して下さった場合に送ります。その pdf ファイルを第三者に渡されてしまうととても困りますので、申込みの際に、住所やお名前をお聞きしまして、ファイルのプロファイルと扉に住所とお名前とメールアドレスを記入します。コピーして第三者に渡さなければ、個人情報が流出するということはありません。電子書籍に個人情報を入れる方法は、電子書籍を販売する場合にヨーロッパの専門出版社などで行っている方法です。他に方法はありませんので、お許し下さい。

本 pdf ファイルは、テキストの検索や文字列をコピーすることは、可能です。印刷についてはできない設定です。契約に基づき、個人の立場での閲覧権を設定します。閲覧権については、毎年更新するものと考えます。弊社の事情で、閲覧権を中止することがありますことをご了承下さい。詳細は契約書をご覧下さい。

本書『実践日本語教育スタンダード』は、日本語教育学史上、日本語語彙研究史上、エポック的な貴重な研究です。コピーして配布されてしまいますと、刊行できなくなってしまいます。

利用を個人に限定できない図書館での利用には pdf ファイルは提供できません。個人的な利用の契約をしていただいた場合のみ、pdf ファイルを提供します。公費での購入も、電子ファイルの閲覧権を一個人に属するということが可能であれば、pdf ファイルを提供します。

○お申し込み方法
挟み込みの葉書で申し込んで下さいましたら、契約書など必要な書類を掲載した URL をお伝えします。使用申込書と使用契約書をお送り下さいましたら、データをお送りします。